민중을 기록하라

민중을 기록하라

박태순·황석영 외 20인 지음

작가들이
발로 쓴
한국 현대사
: 전태일에서
세월호까지

실천문학사

책머리에

이 책은 부제가 가리키듯 한국 현대사의 주요한 고비마다 작가들이 발로 직접 뛰며 쓴 르포들을 모은 선집이다. 시기적으로는 1970년대를 충격으로 연 전태일 사건으로 시작하여 온 국민을 경악과 슬픔에 빠뜨린 세월호까지를 다룬다. 제목만 살펴봐도 우리가 거쳐 온 격동의 세월이 고스란히 심장의 박동처럼 느껴질 것이다.

20세기에 들어와서 르포는 문학의 한 장르로 인정받는다. 이 말은 일견 모순인 듯 보인다. 허구로서의 문학이 객관성과 사실성을 근간으로 하는 르포와 무엇이 겹친단 말인가. 하지만 엄밀한 학술적 분류에 얽매일 필요는 없다. 관찰자의 주관적 감정을 적절히 표현하는 게 오히려 '작품'으로서의 품위를 결정할 수 있기 때문이다. 물론 르포의 문학성을 승인하더라도 솔직히 그 범주에 대해 합의하는 건 쉽지 않다. 구체적으로는 탐사보도, 답사기, 인터뷰, 종군기, 기행문, 보고문학, 오체르크(Ocherk, 실화문학), 기록문학, 다큐멘터리, 현장문학, 고발문학, 실록, 논픽션, 수기, 구술자서전, 취재기, 후일담 등과 이렇게 저렇게 겹치는 부분이 많기 때문이다.

한 시대를 기록하는 임무가 꼭 르포에게 주어진 특권은 아니다. 소설과 시를 비롯해 문학의 다른 장르 또한 시대를 얼마든지 훌륭하게 그려낼 수 있다. 그러나 이 책은 우리 시대에 왜 굳이 르포 문학을 말하는지 스스로 질문을 던지고 스스로 답하기 위해 노력한 산물이다. 오늘날 정보는 아무

때, 아무 곳에나 넘쳐난다. 문제는 항하사(恒河沙) 같은 정보들이 과연 우리 삶에 어떤 의미를 지니는가 하는 점이겠다. 작가들에게도 이는 꽤 엄중한 현실일 텐데, 거기서 옥과 돌을 가려내는 일이 창작의 출발점일 수도 있기 때문이다. 그런데 이 책에 수록된 르포들은 이제 그것을 쓴 작가들의 작품집은커녕 작품 연보에서조차 거의 언급되지 않는 게 대부분이다. 그것들을 오늘 새삼 꺼내 읽는 것은 무슨 의미일 수 있을까.

  존 리드의 『세계를 뒤흔든 10일』, 에드가 스노우의 『중국의 붉은 별』, 조지 오웰의 『카탈로니아 찬가』를 흔히 세계 르포 사상 3대 걸작이라고 칭한다. 그것들은 각기 러시아혁명, 중국혁명, 스페인내전이라는 세계사적 사건에 대한 귀중한 증언록이었다. 우리 문학사에도 그 의미를 살펴봐야 할 중요한 르포들이 적지 않다. 가령 식민지 시대와 해방 직후만 하더라도 김사량의 『노마만리』와 김태준의 『연안행』은 물론, 이광수, 이기영, 이태준 등 많은 작가들이 남긴 기록 중 이 관점에서 살필 수 있는 것들이 적지 않다. 김학철은 조선의용군으로 참전한 경험을 실록에 가까운 소설로 훌륭히 형상화해 냈다. 하지만 그런 글들이 모두 당대를 남다른 작가 의식으로 포착해낸 긍정적 의미만 지니는 것은 아니다. 일제 강점기 말에는 김동인, 박영희, 임학수가 황군위문조선문단사절단의 이름을 내걸고 북중국 전선에 종군한 기록을 남겼다. 채만식의 「지인태 대위 유족 방문기—반도 최초로 진 국군의 꽃」이나 이태준의 「목포조선현지기행」 따위도 친일부역의 혐의를 떨칠 수 없는 목록을 구성한다.

  범위를 현대사로 한정할 때, 우리는 특히 르포가 문학적으로도 의미 있게 자리 잡기 시작한 1970~1980년대를 기억해야 한다. 이 책에서 소설가 박태순의 「소신(燒身)의 경고(警告)—평화시장 재단사 전태일(全泰壹)의 얼」을 허두에 배치한 것도 이 때문이다. 1970년 11월 13일의 전태일 분신 사건은 사회적으로 엄청난 파장을 불러일으켰다. 5·16 쿠데타 이후 국가

주도의 일방적인 경제개발 과정에서 노동자들은 처음부터 희생양일 수밖에 없었다. 전태일이 온몸으로 이를 입증했고, 지식인들도 비로소 민중의 비참한 현실에 눈을 떴다. 이후 노동자들은 굴종의 역할을 거부하고 역사의 주체로서 새롭게 등장한다. 이때 노동자들의 수기는 각별한 의미를 지닌다. 유동우의 『어느 돌멩이의 외침』, 석정남의 『공장의 불빛』, 장남수의 『빼앗긴 일터』와 같은 자전 기록들은 비단 노동자계급의 자기 각성을 보여주는 생생한 기록이었을 뿐만 아니라 당대 지식인들의 의식에도 큰 변화를 촉발하는 불씨로 작용한다. 이 책에 수록된 르포들은 당연히 이런 시대적 변화를 반영한다. 개중에는 오늘날의 관점에서 보면 꽤 경직되거나, 객관성이라는 원칙마저 의심하게 하는 작품들이 없지 않다. 이는 작가들이 객관적 기록자로서 엄밀한 거리를 유지하는 대신 사명감을 앞세워 투신(投身)한 결과일 것이다. 그런 자세 또한 당대의 정직한 지적 현실이자 우리 문학의 한 자산이다.

이제 이 책을 펴내는 진짜 이유를 말해야 한다. 이 책은 훨씬 일찍 기획된 것이지만, 솔직히 2015년 여름 한국사회를 뜨겁게 달군 표절 사태로 인해 드러난 한국문학의 몰골에 대한 반작용으로 해석해도 좋다. 문학은 다양해야 한다. 그러나 오늘의 한국문학은 지나치게 일방적이다. 작가들은 진작부터 현장을 등진 채 골방으로 들어갔고, 이후 작품의 주된 배경이 공장과 거리에서 아파트와 카페로 바뀌는 동안, 서사 대신 내면을 들여다보는 일이 대세를 이루었다. 거기서 물론 탁월한 감수성들이 빛을 발했고, 사회 현실에 결박된 계급으로서가 아니라 존재의 시원과 맞닿은 인간에 대한 새로운 탐구가 가능했다. 하지만 그 과정에서 문체가 서사를 현저히 압도했다. 나아가 21세기에 접어들자 '현실'은 작가의 가장 중요한 참고 목록의 지위마저 의심받는 지경에 이르게 된다.

서사만이 문학의 정수는 아닐 것이다. 하지만 오늘 우리가 목격하듯 서사를 홀대하는 풍토는 마땅히 개선되어야 한다. 우리 문학이 현실을 떠날 때, 현실도 우리 문학을 외면할 것이기 때문이다.

이 책에는 전태일 사건부터 세월호까지 우리 현대사의 중요한 고비를 다룬 르포 스물한 편을 수록했다. 책 뒤에는 현실과 문학이 만나야 하는 이 책의 특성을 반영하여 두 편의 해설을 배치했다. 정치사학자 김원은 한국 현대사에서 이들 르포가 차지하는 의미를 추적했고, 문학평론가 장성규는 르포의 문학적 위상을 재조명하는 데 힘을 기울였다. 두 글 다 르포 문학의 복원을 기대하고 있다.

스물한 편의 르포를 수록했다고 하지만, 실은 스무 편이다. 마지막 한 편은 2014년 4월 16일의 사건을 다룰 차례였는데, 결국 수록을 포기했다. 이는 그 사건이 발생한 지 무려 500일이 지나 책을 펴내는 오늘 이 순간까지 진실은커녕 가장 기본적인 사실조차 제대로 규명되지 않았다는 끔찍한 현실 때문이기도 하거니와, 우리 문학이 전대미문의 그 사건을 제대로 다루지 않고서는 앞으로 한 걸음도 나아갈 수 없다는 자기 검열 때문이기도 하다. 대신 시 한 편을 실어 물속에 사라진 영혼들을 위로한다. 누구든 제대로 된 세월호 르포를 써낼 때, 우리 문학 또한 트라우마를 딛고 새로운 자부심을 얻게 되리라.

2015년 10월
실천문학 편집부

차례

■ 책머리에 _004

1부 1970년대

박태순 소신(燒身)의 경고(警告) _013
황석영 벽지(僻地)의 하늘 _049

2부 1980년대

윤재걸 광주, 그 비극의 10일간 _083
전무용·이은식 녹두밭 윗머리 사람들 _161
윤정모 6월 항쟁, 민주국가 문은 열었다 _219
김남일 노동운동의 성지 모란공원 _243
문익환 걸어서라도 갈 테야 _259

3부　1990년대

　이원규　기수(旗手)　_291
　이상석　부신 햇살 어둔 하늘　_313
　공지영　부엌에서 우루과이라운드까지　_341
　안재성　어느 지구조각가의 아침　_361
　방현석　"여기는 목숨을 담보로 한 곡예 작업장"　_381
　송경동　"우리는 한평생이 IMF였어"　_397

4부　2000년대

　공선옥　못다 핀 꽃 두 송이 미선이, 효순이　_415
　박영희　막장을 달리는 지하철　_427
　오수연　전쟁과 독재를 견딘 이라크 작가들　_447
　김해자　다른 세상은 가능하다　_467
　정지아　한잔 들쭉술에 녹을 60년 세월인 것을　_489
　박수정　어느 낮, 대추리에 가다　_503
　윤예영　용산으로 이어진 길, 가깝고도 먼　_519
　정우영　가만히 있지 말아라　_537

■ 해설
　김원　한국 현대사와 르포　_543
　장성규　르포 '문학'의 복권을 위하여　_561

■ 부록
　현대 한국사 연표　_573
　현대 한국사의 주요 기록문학　_582
　현대 세계사의 주요 기록문학　_593
　출전　_609
　지은이 약력　_611

일러두기

1. 이 책은 1970년대 이후 한국 현대사의 중요 순간들마다 작가들이 직접 발로 뛰며 쓴 르포들을 모은 선집이다.
2. 편의상 10년 단위로 부를 나누었다 각 편이 끝난 다음에 관련 문학예술 작품의 소략한 목록을 제시했다. 책 말미 부록에는 한국 현대사 연표를 실어 시대적 흐름을 파악할 수 있게 했고, 한국과 세계 현대사 편으로 나누어 시대 순으로 주요 기록문학 목록을 추가했다. 이 목록은 엄밀한 의미의 르포만으로 범위를 한정하지는 않았다. 이 기회에 '기록문학'이라는 좀 더 큰 범주에 주목하는 것도 의미가 있다고 판단했다.
3. 부제에는 '전태일에서 세월호까지'라고 표기했지만, 세월호를 다룬 르포는 수록하지 못했다. 이에 대해 '책머리에'에서 그 이유를 밝혔다.
4. 국립국어원 표기를 기준으로 하되, 르포가 가진 현장성을 살리기 위해 당시 표현들은 가능한 한 그대로 살렸다.
5. 이 책에 실린 모든 각주는 편집자 주다.

1부

소신(燒身)의 경고(警告)—평화시장 재단사 전태일(全泰壹)의 얼
박태순

벽지(僻地)의 하늘
황석영

1970

박태순

소신(燒身)의 경고(警告)
―평화시장 재단사 전태일(全泰壹)의 얼

1970년 11월 13일 서울 평화시장의 청년 노동자 전태일(1948년생)이 분신자살했다. 그는 자신의 죽음을 통해 박정희 정권 시기 성장 일변도의 경제정책 아래 일방적으로 희생을 강요당한 노동자들의 열악한 현실을 폭로했다. "근로기준법을 준수하라", "우리는 기계가 아니다"라는 그의 외침은 당대 우리 사회에 커다란 충격을 던져주었다. 그의 죽음을 계기로 그해 11월 27일 청계피복노동조합이 결성되었고, 노동현실에 대한 지식인의 관심과 개입이 크게 확산되었다. 그의 어머니 이소선은 아들의 유언에 따라 노동운동에 헌신하여 '노동자들의 어머니'라는 별칭을 얻기도 했다. 이후 한국의 노동운동사는 이 사건을 기점으로 새롭게 구성된다.

그의 죽음은
너의 시작이었다
나의 시작이었다
하나 둘 모여들어
희뿌옇게
아침바다의 시작이었다

그는 한밤중에도 우리들의 시작이었다

_고은, 「전태일」

한 청년이 분신자살을 했다. 당국의 무성의와 업주들의 외면으로 엉망인 근로조건의 개선을 열망하며, 그 청년은 스스로 휘발유를 부어 산화(散華)하고 말았다.

그의 이름은 전태일(全泰壹), 고향은 경상북도 대구, 나이는 23세, 현주소는 성북구 쌍문동 208번지 산기슭의 단칸방, 아버지는 안 계시고 홀어머니 슬하의 2남 2녀의 장남으로 평화시장 일대의 재단사.

전태일 씨는 11월 13일 낮 1시 30분 경 동료 10여 명과 함께 데모를 벌였는데, 경찰들의 강압적인 제지를 받고, 들고 있던 플래카드마저 빼앗기자 순간적으로 휘발유를 몸에 끼얹어 불을 지른 것이다.

'바보회' 활동

고(故) 전태일 씨의 친구 정절모(가명, 24살) 씨에 의하면 1969년도에 고인에게 충격을 준 사건이 일어나서 근로자들의 비참한 실태를 조사하게 되었다는 것이다. 그가 동화상가 재단사로 일하고 있을 때 데리고 있던 시다(보조)가 갑자기 피를 토하고 쓰러졌다. 놀라서 병원에 데리고 갔더니 폐병 3기라는 진단이 나왔다.

2만 7,000여 명이라는 막대한 인구를 가진 평화, 동화, 통일 상가의 13세에서 16세가량의 어린 남녀 직공들이 얼마나 비참한 환경 속에서 비인간적인 대우를 받으며 작업을 하고 있는가를 뼈저리게 체험한 그는 이 일을 계기로 근로자들의 실태를 조사하여 개선시킬 수 있도록 노력해야겠다고 결심하기에 이르렀다. 그는 1969년도에 자기 비용을 들여서 실태조사를 했는데 그 결과 98퍼센트의 직공들이 각종 질환에 걸려 있다는 가공할 만한 사실을 알아냈다.

그러나 이 일은 중도에서 그칠 수밖에 없었다. 업주의 미움을 사게 되어 해고를 당했기 때문이다.

그의 수기 노트를 읽어보면 이 시절에 그의 이상과 현실은 심한 갈등을 일으키고 있었다. 그러다 지난봄에 그는 왕성사라는 곳에 다시 복직되었다.

『동아일보』에도 기사화되었거니와 그는 쌍문동 산비탈의 집에서 시장까지 걸어서 다녔으며 버스비 30원으로 1원짜리 풀빵 30개를 사가지고 밑에 데리고 있는 동료들의 주린 배를 채워주곤 했다.

또한 그는 '바보회'라는 종업원 친목단체를 만들어 근로자 자체의 힘으로 근로조건을 개선시키도록 온힘을 기울이기 시작했다. '바보회'는 뒤에 '삼동(三棟)동지회'로 바뀌었고 그는 그 회장이었다.

대구 청옥고등공민학교밖에 마치지 못한 학력이지만 향학에의 집요한 집념을 그는 가지고 있었다. 그의 수기 노트를 보더라도 깨끗한 글씨, 정확한 맞춤법, 세련된 문장, 꿋꿋한 의지는 그가 얼마나 성실하게 탐구하는 인간인가를 알려준다. 그는 실직했던 때 이후로 줄곧 근로기준법을 연구해왔다. 죽는 순간에도 그는 경희대 심태식 교수가 지은 『축조 근로기준법』을 가슴에 안고 있었다.

그러면서 그는 가능하다고 생각되는 모든 합법적인 방법을 동원하여 진정서를 제출하고 해당 관서를 직접 찾아가서 호소를 했다.

울분을 불사르다

그는 지난 10월 7일 노동청에 정식으로 진정서를 제출했다. 이 진정서에서 그는 126명의 종업원을 상대로 해서 조사한 결과를 밝혔다. 이들 중에 120명(95퍼센트)이 14시간에서 16시간의 과중한 근무를 하고 있고, 96명(77퍼센트)이 폐결핵 등 기관지 계통의 질환에 걸려 있고, 102명(81퍼센트)이 신경성 위장병으로 식사도 못 하고 있는 것으로 나타났다.

이렇다 할 반응이 없자 그는 노동청에 가서 구두로 항의를 제기하였다 (노동청에서는 고 전태일 씨의 진정서를 접수하여 평화시장 일대의 실태 조사를 한 바 있었다고 말하고 있음).

그는 서울시청으로 근로감독관을 찾아간 적도 있으며 심지어는 어느 상업 방송의 〈시민에게 바란다〉 프로에 나가서 평화시장 일대의 근로자들의 실정을 호소한 바도 있다고 그의 친구는 말했다.

그런 모든 합법적인 절차로써만은 되지 않음을 느끼게 되어 데모에 나섰다가 분신자살까지 하게 된 것이다.

그의 친구 말에 의하면 몸에 불을 지른 직후 전태일 씨는 메디컬센터 응급실에서 치료를 받았다고 한다. 전태일 씨는 전날 밤을 집에서 자지 않았으므로 가족들은 모르고 있었는데, 3시의 방송 뉴스를 듣고 그의 어머니 이소선(李小仙) 여사는 비로소 이 사실을 알게 되었다.

병원으로 찾아온 어머니에게 전태일 씨는 "저는 괜찮아요. 가슴만 조금 데었어요." 하고 말하면서 "어머니를 저리로 모시고 가 주세요." 하고 부탁했다.

그러나 그의 상처는 경상이 아니었다. 메디컬센터에서 성모병원으로 옮길 무렵에는 이미 절망적인 상태였다. 호흡을 하지 못해서 목젖을 잘라 산소호흡기를 대었다.

이 무렵에는 노동청의 근로감독관을 위시해서 시장 동료, 가족, 친구들이 많이 와 있었으며, 신문기자들도 취재를 하러 와 있었다고 한다.

그는 그러나 친지들과 떨어진 병실에서 8시 10분 한 많은 세상을 떠났다(신문에는 10시라고 보도). 그의 어머니를 위시한 가족들에게는 "경상이니 안심하라. 심장병이 있을 뿐 대수롭지 않다"라고 위로시켜 보냈다니, 한심한 당국의 처사가 아닐 수 없다. 다음 날 아침 방송 뉴스를 들은 동네 사람에 의해 사실을 안 어머니는 기절했다는 이야기다.

다음 날(14일) 오전 중에 노동청 국제차장 김성길 씨가 방문하여 사후의 처리 문제를 주관하다시피 처결했다. 고 전태일 씨와 함께 데모를 벌이다 손가락을 잘라 혈서를 쓰기도 했던 최종인(崔鍾寅) 씨, 김화문(金和文) 씨 등을 경찰서의 연행으로부터 석방시켜 준 것도 바로 김성길 씨였다고 한다.

이 사건은 각 신문에도 보도되었지만 유가족, 노동청, 노총, 서울법대를 중심으로 하는 학생들 사이에 고인의 장례를 놓고 심각한 의견의 충돌이 있었다. 대충 약술할 수 있다면 해당 관서에서는 이러한 충격적인 사건이 사회 문제로 크게 확대될 것을 극력 저지시키려고 노력하는 일방 고인의 장례에 따르는 모든 절차를 주관할 방침을 처음부터 뚜렷이 한 것으로 알려지고 있는데, 정절모 씨는 "강압적이면서도 치밀하게 계획적인 방법"을 썼다고 비난했다.

서울법대생들이 병원에 나타난 것은 15일 오후였는데, 고인의 어머니 이소선 여사가 학생들을 붙잡고 울음을 터뜨리면서 "당신들이 왜 이렇게 늦게서야 나타났느냐"라고 말했다는 것(법대 4학년 성덕현[가명] 군의 말)으로 미루어 보건대, 유족들의 기분이 어떠한 것이었는지 짐작해 볼 수도 있다.

고인의 어머니 이소선 여사를 비롯한 유가족들은 고인이 주장했던 여덟

개 항목에 걸친 처우 개선이 관철될 때까지는 결코 장례식을 거행할 수 없다고 강경하게 버티었다.

노동청에서는 처우 개선을 약속하면서도 원만한 수습책을 모색하려고 부심했다. 한편 서울법대생들은 다음 날 '노동자 권익 수호를 위한 서울법대 긴급 학생총회'를 열고 성토대회를 벌였다. 그들은 고인의 장례를 '서울법대장(法大葬)'으로 한다는 것, 고인을 '근로자의 스승'으로 추앙한다는 것 등을 결의했다. 그리고 이날 서울상대생, 서울공대생, 고려대학생, 연세대학생 등이 병원을 심방했다.

다음 날인 17일 독실한 기독교 신자인 고인의 어머니 이소선 여사를 대신하여 상도동 감리교회 목사(성명 미확인)가 유가족을 대변하여 나섰고, 고인의 시장 동료들 50명은 장지를 국립묘지로 할 것, 고인을 근로자의 스승으로 할 것 등 다섯 개 항목을 내걸고 이것이 관철 안 될 때에는 무기한 단식투쟁을 하겠다는 주장이 나오는가 하면, 사울법대생 5명이 연행되는 등 어수선한 분위기였는데 유가족 측과 노동청 관계자들이 밤늦게 회합을 시작하여 18일 장례를 거행하기로 타협을 지었다는 것이다.

이날 철야 회합에는 노동청장도 줄곧 임석했으며 급기야 18일 오전 6시 30분까지 계속되었다고 한다.

우린 무책임한 공범자

『여성동아』지의 부탁을 받고 내가 르포에 나선 것은 고인의 장례식이 거행되었던 11월 18일 오전이었다. 그 이전의 상황은 고인의 친지들과 학생들, 그리고 신문기사를 통하여 정리해 볼 수 있었을 따름이다.

이날로부터 닷새 동안 고인의 주변을 더듬어 보았다. 평화시장 상가 일대를 몇 번 답사했으며, 장례식에 참석했고, 고인이 살았던 집에서 유족들을 만났고, 고인의 동료, 깊은 관심을 보여 데모에 나섰던 학생들, 노총·노동청 담당자와 그리고 외국인들과 담화했다.

　더 답사해야 할 터이지만 원고를 써야 할 일이 급하므로, 지금부터 직접 눈으로 보았고, 귀로 들었던 것들을 적으려고 하는 것이다.

　"고 전태일 씨의 명복을 빕니다."

　이러한 말로부터 시작할 수는 없지 않은가.

　"우리 사회는 이상주의적인 경향을 가졌던 23세의 청년을 분신자살시키도록 만들고 나서도, 여전히 무관심과 무사안일 속에서 헛돌고 있지 않느냐?"

　이와 같은 우직한 사회비평으로부터 시작해야 하는가?

　결론 삼아 말한다면 이 사회에서 살아간다는 것에 어떤 의미를, 삶의 의미를 부여하고 밝혀내는 일이 화급하게 되었다는 말이다. 외국인처럼 싸늘한 비평안을 가지고 우리 사회를 애정 없이 비난하는 것은 기분 나쁜 일일지 모른다. 그러나 우리가 제대로 운영해 나가지 못하고 있는 것으로 판단되는 제반 잘못된 사태에 대한 뜨거운 부정 정신, 저항 태도를 잊어버릴 수는 없다. 그 잘못이 근본적인 것이라면 근본적인 차원으로부터 교정시켜 나가야 한다. 삶의 의미, 살아볼 만한 가치, 고통을 이겨낼 강인한 정신력의 단서—그런 것을 잃어버리게 된다면 어떻게 해야 하나?

　우리 모두가 무책임한 공범자들임을 인정하여 더 이상 녹작지근한 도피자, 맹랑하게 영리한 자들이어서는 안 되겠다고 느끼지 않을 수 없는 사태다. 그 어떤 미화로써도 분신자살한 고인을 도호(塗糊)시킬 수 없는 것이라면 한번 근본적으로 삶의 광장을 청소해야 할 때가 아닌가 한다. 이러한 비관적인 희생으로 인해 가장 자그마한 부분에서부터라도 사회를 밝게 하기 위한 노력이 제고될 필요가 있다는 것만큼은 절절히 느끼지 않을 수 없다. 그렇다고 이 글이 반드시 그러한 의도를 전제로 하고 있다고 믿을 수 없는 것이 안타깝다.

 '어떠한 입장, 어떠한 자격으로 고 전태일 씨의 주변을 답사하고 있는 것인가' 하는 질문이 항상 스스로에게 고통을 안겨 주었음을 말해 둔다.

내일을 위해 산다—무엇이 두려우랴

무섭도록 이해타산이 빠르게 돌아가는 이러한 현실에서 분신자살을 결행한 고 전태일 씨를 '어리석은 사람' 등등의 말로써 일축해버리는 사람도 있는 것 같다.

 고인이 어떠한 생각을 가졌던 사람인가를 밝혀내는 의미에서 1,000여 장에 달하는 고인의 수기 노트를 일별해볼 필요가 있을 것이다.

 고인이 어떠한 사람이었는가가 밝혀짐으로써 그의 행동이 가지는 의미가 달리 평가될 가능성을 부인 못 하겠기 때문이다.

 나는 고인의 수기 노트를 11월 21일 『주간조선』 이상현 기자의 호의로 훑어볼 수 있었다. 노트는 비닐 커버가 씌워진 몹시 두툼한 것으로 두 권이었다. 고등공민학교(중학 과정) 이상의 학력을 가진 적이 없는 청년의 글이라고는 믿어지지 않게, 그의 수기는 생에 대한 몸부림의 애정, 성실성, 어떤 조건에도 굴하지 않으려는 힘찬 의지력으로 충만되어 있었다. 그의 수기에서 소위 불손하다고 인정될 수 있는 과격한 요소는 찾을 수 없었다. 정확한 맞춤법으로 씌어진 세련된 문장은 사회에 대한 무책임한 불만을 토로하기 전에 반드시 자기 자신을 성찰하고 있었다.

 "내일을 위해 산다", "절망은 없다"(그것은 다섯 번이나 반복해서 씌어 있었다)라고 쓴 첫 장을 넘기면 그가 즐겨 탐독한 듯한 소설로부터 인용한 구절들이 적혀 있었다. 그리고 셋째 페이지에는 이러한 구절이 씌어 있었다.

"친구여, 나를 아는 모든 이여.

　나를, 지금 이 순간의 나를 영원히 기억해주기 바라네. 그러면 뇌성번개가 천지를 무너뜨려도, 하늘의 바닥이 빠져도 나는 두렵지 않을 걸세.

　그 순간, 무엇이 두려워야 된단 말인가. 도리어 평온해야 될 걸세⋯⋯ 순간, 그 순간만이 중요한 거야, 그 순간이 지나면, 그 후론 거짓이 존재하지 않네⋯⋯."

추정하건대 이 글은 1969년 9월 이전에 씌어졌다고 믿을 근거가 있다. 차라리 이 글은 그의 유언에 가깝다고 생각된다. 그렇다면 그는 수기를 적기 시작했을 때부터 '거짓이 존재하지 않는' 순간을 마련하려고 해 왔다고 생각될 수도 있을 것 같다.

재롱 떨 나이에 매질을

그는 '원섭이'라고 하는 친구에게 띄우는 편지(아마 편지체로 자기 심정을 나타낸 것이라고 추측된다)에서 이러한 체험담을 적고 있다.

"한 보름 전, 그러니까 9월 15일경(1969년) 공사판에 품팔이를 갔었다네. 집안 식구들은 이런 나의 행동을 이해할 수가 없다는 표정일세. 낡은 작업복 바지에 팔꿈치가 보이는 검정 와이셔츠를 입고 나왔네. 어머니께서 아무 말씀도 없으신 것이 아무래도 이상하네. 자학이다. 못난 행동이다⋯⋯ 내가 얼마나 철없는 바보였는가. 장사 광주리를 이고 만원 버스를 타려고 안간힘을 다하는 어떤 정류소의 부인을 보고 그만 내 자신 나를 책망하지 않을 수 없었네. 봐라, 얼마나 정직한, 충실한, 거짓이 없는 생존경쟁의 한 인간이냐?

전태일이 평화시장에서 시다로 갓 취직했을 때 동료 시다, 미싱보조들과 함께(뒷줄 왼쪽에서 세 번째가 전태일). ⓒ 전태일재단

왜 저런 현실적인 인간을, 사람을, 내가 정신적으로나마 학대해야 된단 말인가? 나는 오늘 아침 분명히 어머니를 정신적으로 학대한 걸세, 그리고 나를 학대할 걸세.

신체적으로 약하고 자존심이 강한 내가 공사판에서 하루를 무사히 넘길지 어미의 그런 심정을 자식은 알지 못하고 모든 부조리한 현실을 자식은 어미의 책임인 양 학대한 거야. 책임을 추궁했던 거야. 대답을 못 하게 해 놓고, 아니한다고 자신에게 냉소했지. 현실의 조롱과 냉소가 지긋지긋하고 너무 답답했다……"

"자넨 내가 3년 전부터 제품 계통의 재단사인 줄 잘 알 걸세…… 이러한 현실 속에서 떠나려고 나온 나일세. 내가 일하던 공장 종업원은 30명쯤 되는 어린아이들이 있네. 원섭아, 나는 재단사로서 눈만 뜨면 이들과 같이 지내거든. 정말 여간 고역이 아냐. 겨우 열네 살 된 아이가 그 힘에 겨운 작업량을 제시간에 못해 상관에게 꾸중을 듣고 싸 가지고 온 도시락도 코끼리 비스케트 먹는 식으로 먹네. 한창 재롱을 떨 나이에 매질을 당하고 있네……"

그런가 하면 그는 너무 많은 이상과 꿈을 가지고 있었다. 실현되기에 불가능한 것은 아니었다. 그 하나로서 1969년 11월 1일 그는 한 통의 가공적인 편지를 써놓고 있었다. 그것은 '태일피복'이라는 회사의 대표인 '전태일' 씨가 그 종업원들에게 띄우는 편지였다. 그는 이 글 속에서 피복 계통에 관하여 누구보다도 자세히 알고 있고, 그래서 종업원과 업주가 가장 이상적으로 융합될 수 있는 회사의 설계도를 펴고 있었다.

이러한 꿈은 수기 노트의 마지막 부분에 가서 구체적인 사업 계획서로 발전되어 있었다. 그는 서울의 시장(市場)의 이름을 전부 적어 놓았다. 그리고 "긍정적인 것", "부정적인 것"으로 항목을 나누어 자기 자신을 점검했다. 긍정적인 것은 예를 들어 "나는 시장의 모든 걸 체험해 봤다" 식으로 숫자를 매겨 따져갔으며 부정적인 것은 "나는 나이가 어리다. 나는 떠돌아다니는 자이다" 식으로 철저히 자기 자신을 분석하였다.

그가 세우고자 하는 '태일 피복'은 157명의 종업원과 3,000만 원의 자본금을 필요로 하고 있었다. 종업원 중에는 근로자에게 공부를 가르칠 교사 5명의 숫자도 포함되어 있었다. 그는 이러한 계획을 꾸미는 가운데에서도 "나는 나의 일생의 궁극의 목적을 달성할 수 있을 만한 인물인가?" 하고 자기 능력을 따져보는 일을 잊지 않았다.

또한 그는 분명히 자서전적인 대하소설을 쓸 준비를 하고 있었다. 그는 45장(章)에 이르는 방대한 계획을 세워 목차를 써놓았다.

① 부산 서면에서, ② 영도, ③ 범일동, ④ 입산기, ⑤ 서울로, ⑥ 서울역 뒤 중앙시장에서의 생활, ⑦ 남산 육교 밑…… ⑪ 4·19와 아버지의 사업 실패…… ㉑ 다시 부산으로…… ㊱ 막내를 데리고 서울로 오다…… ㊺ 평화시장 생활…… 등으로 목차를 써 놓았다.

"허기진 배를 움켜쥐고 부산진 역에서 옛날 내가 살던 영도 섬 남쪽으로 무거운 다리를 옮긴다. 나는 왜 이렇게 언제나 배가 고파야 하고 마음이 항상 괴로워야 할까? 아, 살아야 한다. 살아야 한다."(② 영도)

"정월 보름날 누이동생을 데리고 나는 서울의 엄마를 찾아 나섰다. 하루는 남대문시장에서 구두를 닦고 있는데 남동생 흥태가 두 거지들과 어울려가는 것을 찾아 부둥켜안고 길에서 엉엉 울기도 했다. 끝내 친구의 어머니를 통해 엄마를 만났다. 그리고 우리는 남산동 판잣집에 세 들었다……."(⑦ 남산 육교 밑)

그러면서도 그는 과거에만 집착하고 있지도 않았다.

"과거 불우했다고 지금 과거를 원망한다면 불우했던 과거는 영원히 너의 영역의 사생아가 되는 게 아니냐? 현 시점에서, 내가, 인간 태일이가 취해야 할 가장 올바른 방향은 어떤 길이냐?"

그의 수기 노트 마지막 페이지에는 "왜"라는 글자가 14번이나 반복해서 적혀 있었다.

그는 별항에 적재하는 바와 마찬가지로 대통령에게 보내는 탄원문도 썼다. 비록 이 탄원문이 발송되어진 흔적은 없지만, 그가 충심으로 바라고 있었던 것이 무엇이었던가를 알게 하기에 족하다.

중세적 무풍지대

독특한 폐쇄 지역—값싼 감상에서가 아니더라도 평화시장 상가 일대의 그곳이 근대화라는 간판 아래 희생당하고 있는 전근대적, 봉건적, 중세 사회적인 비참한 무풍지대임을 알 수 있는 것이다.

여기에 근로자들의 생활이 얼마나 불법적으로 한심한가를 자각한 전태일 씨가 "나 하나 죽어지면 뭔가 달라지겠지"(수기 노트)라는 비장한 결심 아래 스스로 불을 질러 산화됨으로써 '약간의' 회오리바람이 사회로부터 불어 들어오기 시작한 것이다.

하지만 그러한 미풍(微風)으로서는 그곳의 꽉꽉 막힌 무풍 상태를 전혀 환기케 할 수 없는 노릇이기도 하다.

고 전태일 씨의 장례식이 거행되었던 11월 18일, 『여성동아』의 양(梁) 기자와 함께 평화시장으로 갔을 때 그곳의 분위기는 살벌하면서도 냉담했다. "전태일의 장례를 추모하기 위하여 금일은 휴업합니다"라는 쪽지가 삼분지 이쯤 내리워진 샷슈 덧문에 붙어 있었지만, 상점들과 공장은 휴업을 하고 있지 않았다.

안으로 들어가서 어떤 종업원에게 질문을 던졌을 때 그는 애써 피하려고만 하였다.

"난 아무것도 몰라요. 전태일이 어떤 사람인지 모른단 말이에요. 그 이름도 처음 들어봤고요, 하여튼 경비실에 가서 물어보십쇼."

눈알이 빠릿빠릿 돌아가는 이 친구는 대뜸 저항적인 표정이 되어 기를 쓰고 잡아떼었다. 그래서 우리는 이 친구가 고인과 고인의 죽음을 누구보다도 잘 알고 있다는 것을 짐작할 수 있었다. 다만 그는 엄연한 현실 속에서 업주의 눈치를 보며 해고당하지 않고 살아야 하는 생활인인 것이다.

우리는 그의 일신상에 어떠한 피해든 입게 되는 것을 원치 않았기에 더 이상 질문을 하지 않았다(어찌 모르겠느냐. 눈치코치, 육감, 이해득실의 엇갈림 속에서 차돌멩이처럼 똘똘 뭉쳐 견디어내고 있으며, 철저히 비겁할 줄도 알아야 한다는 것을 왜 모르겠느냐. 고 전태일 씨와 달리 당신은 그저 수굿수굿 참고 지내는 인간인 줄 왜 모르겠느냐?).

이런 짐작은 할 수 있었지만 한 젊은이의 분신자살이라는 극단적인 희생으로서도 짓눌려 지내오기만 한 자들의 자기 각성은 멀다는 암담한 느낌을 갖게 했다.

2층으로 올라가 보니까 거기가 문제의 작업장이었다. 공간을 최대한으로 활용하기 위해 두 층으로(심지어는 3층도 있었다) 판자를 대어 기어 들어갔다 나왔다 하고 있었다. 낭하는 어두침침하고, 악취를 풍기고, 저주스러울 만큼 길었다. 방들은 낭하의 양편에 잇달아 감방처럼 세워져 있었다.

바로 여기가 2만여 종업원들이 질식할 듯한 환경 속에서 희망 없는 노역에 매달려 수감되어 있다시피 하는 곳이었다. 걸어가면서 대충 관찰해

봐도 그 정경의 처참함을 볼 수 있었다. 제멋대로 놓여 있는 고무신, 로힐 구두들. 갖가지 종류의 기구들('미싱', '니홈바리', '오바룩구', '나나인찌', '간너끼', '단추달이', '재단기', '재단칼' 등의 이름을 갖고 있었다).

그 한편에는 피륙이 원단으로 쌓여 있었고 헝겊 쪼가리들이 몹시 어지럽게 널려져 있었다. 피륙을 자를 때마다 일어나는 먼지와 독특한 악취는 환풍 장치가 전혀 되어 있지 않아 어두침침한 낭하에까지 절어들 대로 절어들어 있었다. 바로 이곳에서 13세로부터 16세 정도의 어린 소년 소녀들이 일을 하고 있는 것이었다.

상침, 하침, 미싱사, 시다(보조), 재단사 따위의 명칭을 가진 기술자들이 엄격한 계급으로 나뉘어진 중세 길드 사회의 노동자들처럼 지내고 있는 것이었다.

하기야 누군들 평화상가 일대의 종업원들이 법도 없고 눈물도 없이 혹사당하고 있다는 것을 모르겠는가? 알면서도 많은 변명을 준비하여 모른 체하고 있는 것이겠지. 그 무관심이 얼마나 철저한가를 지적한다는 것조차도 어려운 일인가? 더욱이 그 무관심을 타파하기 위해서는 얼마나 힘든 작업, 벅찬 사회적 에네르기를 필요로 할 것인가?

그 무관심은 한 청년이 극단적인 죽음을 택했어도 여전했다. 바로 평화시장 안에서도 여전했다. 경비실이라는 곳으로 찾아갔을 때에도 우리는 그 무관심과 다시 만나게 되었다.

"어디서 오셨소?"

우리가 고인의 장례식에 관해서 물었을 때, 노란 완장을 차고 있는 경비원은 넌덜머리나게 시달렸다는 표정으로 언성을 높였다.

"우리는 몰라요, 아무것도 몰라요. 관리 사무실에 가서 물어 보슈."

경비실 부근의 낭하에는 '불조심' 표어, 박경원 내무장관의 담화문, 경인지구 산업박람회 포스터, 빨간 페인트로 쓴 '반공 방첩'의 구호가 쓰여 있었다.

   3층으로 올라섰을 때 스피커 소리가 났다. 찾을 수는 없었지만 벽의 한 구석에 그것이 설치되어 있는 것 같았다. "여러분에게 알립니다" 소리가 두 번 반복해서 울려 나왔다. 내용은 '전태일 군'의 장례식이 오늘이므로 심심한 애도를 표하는 뜻에서 휴업하기로 했다는 말이었다.

   그런데 그 어조는 전혀 애도의 뜻을 갖고 있지 않았다.

   그러자 전기가 나갔다. 낭하가 캄캄해져서 더듬더듬 걸어가노라니 그곳 일대의 정황이 도리어 선명하게 파악되는 듯했다. 어린 직공들이 낭하로 쏟아져 나오기 시작했다. 일을 안 해도 좋게 된 그들이 좋아하고 있음을 알 수 있었다. 고인은 엉뚱한 일로 자기 동료에게 선심을 쓰고 있는 게 분명했다.

가진 자와 못 가진 자의 깊은 강

옥상의 관리 사무실은 어떤 사무실 못지않게 잘 시설되어 있었다. 책상과 응접세트도 값싼 것은 아니었다. 대여섯 명의 체격 좋은 신사들이 이쪽을 주시하고 있었다.

   "우린 모릅니다, 몰라요. 그저 장례식이 오늘이라는 것만 짐작할 뿐이에요."

   그럼 도대체 누가 알고 있는 것일까?

   "여기에서 장례식이 거행되는 게 아니거든요. 노동청에 가서 알아보십시오. 그렇지 않으면 성모병원으로 가보시든가. 고인의 유해가 거기 있는가 보던데……."

   이어서 다른 사람이 브리핑이라도 하는 듯한 사무적인 어조로 말했다.

   "사실 우린 전태일하고는 상관없어요. 그 애가 여기 있었던 것도 아니거든요. 우리가 무어 전태일이가 죽었다는 데에 책임을 져야 할 입장은 아니에요. 그 애는 그냥저냥 떠돌아다니는 애였어요. 왜 그런 애들 있지 않겠어요? 일은 하기 싫고 불만은 많고…… 어쨌든 직접적인 책임은 없고요, 도의적인 면에서 안됐다는 생각으로 휴업을 해준다 이거지요."

실정을 알지도 못하면서 사회에서 야단 짓거리를 하고 있다는 어투. '그런 애들 있지 않겠어요? 일은 하기 싫고 불만은 많고…….' 물론 그런 애들이야 있겠지. 그 깔보는 어투에는 그것 자체의 논리마저 갖고 있는 단단함으로 해서 '근로조건의 개선을 부르짖다가……'라는 고인의 모든 삶의 영역을 너무 쉽사리 짓밟고 경멸해 버리는 어처구니없는 위세를 지니고 있었다. 충분히 나이를 먹어 마멸되어 버린 이 인간의 사고 판단과 고인 사이의 거리, 간격은 어찌하여 이다지도 암담하게 멀기만 한가. 어떠한 힘, 역사 발전의 시선(視線)의 전개에 의하여 암담하게 멀기만 한 그 간격, 거리는 만인으로 하여금 가깝게 할 수 있도록 될까.

"그러니까 고인과는 전혀 상관이 없다는 말이지요?"

"그야 전혀 상관이 없다는 것은 아니죠. 상관이 없다는 것이 아니라…… 어쨌든 죽은 사람에 대해서 이러쿵저러쿵 말할 것은 없지 않겠어요? (자기 편리한 대로 돌려세우는 재간이야 이런 인간들에게 늘 비상하기 마련이겠지) 하여튼 날마다 신문에 나고 상인들을 죄인 닦달하듯 하니 요새 이곳의 경기가 말이 아닙니다. 모두 하루 벌어 하루 먹는 밑바닥 인생들이에요."

그야 밑바닥 인생들이겠지. 그래서? 그래서 그 못사는 세계 속에서의 상호 핍박, 간격, 부조화는 더욱 넓어져도 괜찮다는 건가? 그래서 약간 나은 자와 못한 자 사이의 강을 더욱 깊고 확실하게 해둘 필요가 있다는 것인가.

바깥으로 나오려고 하는데 그 인간들이 저네들끼리 나누는 소리가 들려왔다.

"이봐, 신문사에서 오셨다는데?"

그렇겠지. 결국 당신들이 생각하는 문제의식의 요점은 그것일 것이다. 결국 모든 것은 돈 문제로 귀착한다는 말이겠지.

평화시장 상가로부터 청계로 5가로 나오니까 불쾌했던 기분이 다소 나아졌다.

고가도로의 아래와 위쪽으로부터 지나가는 자동차들의 소음이 이쪽 평화시장 상가의 벽에 부딪쳐 요란한 음향이 되어 있었다. 평화시장과 고가도로―그것은 묘한 대조를 이루고 있었다.

청계로 6가 쪽을 바라보자니까 평화시장은 거대한 한을 머금은 만리장성처럼 보였다. 거의 1킬로가량 되지 않을까 싶게 뻗어나 있는 그 거대한 평화시장, 2만 7,000여 명을 수감하고 있는…… 아, 만리장성!

다음으로 우리는 고 전태일 씨가 분신자살한 현장을 가보기로 했다. 메디컬센터 쪽으로 빠지는 골목길, 국민은행 평화시장 지점이 있는 앞길이 바로 현장이었다. 나는 그것을 '분신자살지대'라고 속으로 명명했다. 시장의 저 인간들이 고인을 위한 추도비라도 그 자리에 놓아둘 성의를 가지고 있을까?

그 일대에는 평화, 동화, 통일, 삼동(三棟)상가로부터 쏟아져 나온 나이 어린 직공들로 마냥 법석거렸다. 경비원들이 호루라기를 홱홱 불고 있었고, 경찰들도 적지 않게 나와 있었다. 밑도 끝도 없이 고인의 운구가 이곳에 올 것이라는 이야기가 퍼져 있었다.

그것이야 어찌 되었든 구경 나와 있는 어린 남녀 직공들은 마냥 떠들썩하고, 호기심과 흥분에 쌓여 있었다. 서로들 소곤소곤 얘기하고 시간 약속들을 하고 유행가 가락을 흥얼거렸다.

이 바람에 오징어, 다슬기, 군밤, 번데기, 순댓국 장사들이 단단히 수지를 맞추고 있었다. 나이 어린 직공들은 누가 죽었건 말았건 일을 안 하고 쉬게 되었다는 것이 무척 즐겁다는 표정들이었다. 그야말로 축제 무드였다.

오후 1시가 조금 지났다.

"전태일 씨 장례를 추모하기 위하여 금일은 휴업합니다"라는 쪽지는 어느새 없어져 버렸고, 그러자 시장은 정상적으로 개점을 하려 하고 있었다. 아마 '어느 곳에선가' 고인의 장례식은 끝이 난 모양이고, 그런 이상 더 고인을 추모할 필요가 없다고 생각하게 된 것 같았다.

가슴 아픈 일로 끝나버리려는가

성모병원에 전화를 걸어서 고인의 장지가 모란공원 묘원임을 알아냈다. 10시에 입관을 해서 11시에 병원으로부터 떠났다는데, 성북구 창동 교회에서 장례식이 거행되었고(방영신 목사의 기도, 김익순 목사의 설교), 노총의 주관으로 2시경에는 장지에 도착할 것 같다는 말.

그런데 벌써 2시 가까이 되어 있었다. 서둘러 양(梁) 형과 나는 모란공원 묘원이란 데를 갔다. 양 형은 그곳이 아마 인천 가는 곳에 있지 않나 하는 추측이었는데, 경서중학 교통사고 사망자들을 그곳에 안장했다는 신문 기사를 읽은 기억으로 해서 춘천 가는 데에 있다는 것을 생각해 내게 되었다.

2시 40분경, 경기도 양주군 화도면 월산리에 있는 묘지에 도착했다. 그런데 운구는 아직 도착이 안 되어 있었다. 시간을 보내면서 묘지 인부로부터 알게 된 바에 의하면 묘는 7평 기준으로 가격이 13만 원, 상석과 묘석 등 장치 비용은 별도 부담이라고 했다. 갖고 간 소주를 완전히 비우고 났을 때 경찰 백차, 화환을 단 앰뷸런스, 크라운 네 대, 노란 영업용 코로나 한 대, 서울시 버스 세 대, 지프차 한 대, 승용차 두 대 순으로 운구가 도착했다.

곧이어 간단한 기도 묵념 찬송과 함께 하관이 시작되었는데, 고인의 시장 동료 50여 명, 서울법대생 30명을 합하여 대략 200명이 될 듯한 인원이었다. 언론기관으로는 우리 이외의 다른 사람이 보이지 않았다.

"고인이 성스러운 뜻을 가지고 노동운동을 하다가 목적을 이루지 못하고 분연히 순사(殉死)를 하셨는데, 앞으로 노동권의 문제, 노동조합의 문제, 근로기준법의 실현화를 위해서 전심전력을 다하겠습니다."

대략 최용수 노총 위원장은 우리에게 이러한 내용의 소신을 피력하면서 전 노동자를 대표하여 고인의 명복을 빌었다.

"현실적인 여건으로 우리 근로자들의 작업 환경에는 많은 미비점이 있는 줄 모르지 않습니다. 그렇지만 이와 같은 미비된 요건들을 합리적으로 개선시켜 나갈 방도가 없는 건 아니에요. 고인의 성스러운 뜻은 우리로서도 받들어 나가야 하겠지만, 얼마든지 합리적으로 해결해 나갈 방도가 있는데도 이와 같이 불행한 사태를 낳게 된 것을 가슴 아프게 생각하지 않을 수 없어요."

피곤한 표정의 이승택 노동청장은 이렇게 말했다.

고인의 친구가 조사를 읽고 있음을 들으면서 이번에는 한국에 온 지 3년이 된다는 독인일 노동문제 연구가 에리히 홀제 씨에게 인터뷰를 청했다. 유난히 파란 그 눈동자는 후진국 사회의 이런 광경을 진지하게 현장에서 지켜주려는 성실성을 갖고 있는 것 같았다.

"이 사태를 어떻게 생각하십니까?"

"3·1운동, 광주학생운동, 4·19와 마찬가지로 역사에 남을 의거라고 생각합니다."

"이번 사태를 계기로 한국 근로자들에게 어떠한 변화가 오리라고 믿을 수 있을까요?"

"올 것입니다. 근로자의 권익과 인간으로서의 권리를 찾기 위한 이러한 의거는 끝내 보람의 결실을 맺을 것입니다."

"독일에도 근로자의 권리를 위해 분신자살한 사람이 역사상 있었습니까?"

"없었죠. 하지만 노동자의 권리를 획득키 위한 독일인의 부단한 투쟁은 끊임없이 지속되어 왔습니다."

"끝으로 고 전태일 씨의 분신자살의 구체적인 '안티'는 무엇이라고 생각합니까?"

"어려운 질문입니다. '안티'는 너무 많으면서 또한 계속적으로 한국 사람 전체가 각 분야, 각 요소에서 찾아 지양 해결하려고 노력해야 할 것입니다."

궁극적인 대답을 이 질문에 한해서만은 회피하고 있었다.

어느덧 하관도 끝이 나 있었다. '고 전태일 장례 위원회'가 마련한 과자와 빵이 나누어지고 있었다. 전체 장지의 분위기는 깊은 애도의 뜻이나 격한 감정의 노출이 별로 없이 비교적 조용하게 허탈해져 버린 상태였다. 일꾼들은 만가를 칭얼거리면서 흙을 덮기 시작했는데, 그들도 별다른 투정을 부리지 않았다.

업주들은 얼굴도 안 비쳐

시간이 많이 흘러가 서둘러 장지를 떠나야 할 때가 되었다. 세 대의 버스 중 한 대는 시장으로 가는 것이었고, 다른 한 대는 유족의 집으로 가는 것이었다. 인터뷰를 하다 보니까 양(梁) 형과 나는 맨 마지막 버스인 시장행을 타게 되었다. 고인의 동료들이었을 청년과 소녀들은 며칠 동안의 긴장과 피로가 한꺼번에 풀려들어 묘하게 허탈해졌는지 전체적으로 침울한 분위기를 조성시켰다.

나는 열다섯 살가량의 시장 종업원 소녀와 30대의 신사가 조용조용 나누고 있는 얘기를 들었다. 신사는 근로기준법이라는 것을 소녀에게 어렵게 설명해주고 있었다. 소녀는 별 흥미도 없다는 듯이 잠자코 듣고만 있었는데 그렇다고 뜨악한 표정도 아니었다. 지당한 이야기는 그저 지당한 이야기로서 들어주되, 시장의 현실은 또한 시장의 현실이니, 지당한 이야기와 시장의 현실을 연결시켜 선량해보이는 신사를 화나게 하지 말자는 조심성이 엿보였다. 신사도 그런 낌새를 눈치채고 있으면서도 "이런 것이 지당한 이야기라는 것이니 들어보기나 해두어라"는 듯한 태도로 지치는 빛도 없고 흥분하는 빛도 없이 자기 얘기를 계속하고 있었다.

두 사람의 나른 나른한 대화는 버스 전체의 허탈한 침묵과 묘하게 걸맞았다. 그렇다고 신사와 소녀의 그 나른 나른함, 조용함이 현실적인 실감을 가지고 있는 것으로 보이지는 않았다.

버스가 어떤 네거리에 멈춰 섰을 때 우리는 유족들이 타고 있는 앞의 버스로 갔다. 이들은 시장 종업원들과는 달라서 어느 정도 활기를 띠고 있었다. 어떤 청년은 "태일아, 태일아" 하면서 넋두리 아닌 넋두리를 퍼붓고 있었고, 어떤 청년은 시장 번영회, 업주들은 한 사람도 나오지 않았다고 울분 섞인 소리로 개탄했다. 하기야 아까 시장에서 보았던 나의 섣부른 체험으로도 시장 고용주들이 장지에 나오지 않으리라는 것은 뻔한 사실처럼 느껴졌다.

이윽고 쌍문동에 도착했을 때에는 깜깜한 밤중이 되어 있었다. 쌍문동 208번지—그것은 조그만 야산에 닥지닥지 붙어 있는 판잣집들에 공통되는 번지수였다. 부엌 하나와 방 하나가 딸려 있는 바라크가 고인의 집이었다. 분명히 실례가 되리라는 것을 알면서도 그 방으로 들어갔다.

동네 사람들이 흩어지고 나서 그 방에 모여 있는 사람은 일곱 명쯤 되었다. 고인의 어머니—비록 고생한 흔적은 있을망정 아들의 장례식을 일관하여 눈물 한 방울 떨어뜨리지 않은 강한 의지력을 가지고 있는 분이었다.

몹시 피곤들 하겠다고 하면서도 고인의 어머니는 끝내 자기 자세를 흐트러뜨리지 않았다. 조금 뒤에 앞집 구멍가게로부터 삼립빵을 목판에 가지고 오더니 먹으라고 모든 사람에게 권했다. 나도 그 빵을 한 개 먹었는데, 고인보다 더 이 자택에서 호사한다는 생각이 들어 목이 메었다. 유족과 친지들은 정말로 피곤이 겹친 듯했는데, 서로들 이렇다 할 말이 없었다.

얼마 안 있어 우리는 바깥으로 나왔다. 고인의 어머니 이소선 여사는 문밖에까지 배웅을 나왔다.

"그동안 하도 여러 사람들과 만나느라 시달렸어요. 낯이 선 사람을 보기만 해도 신경이 쓰여지고 무섬증이 일어납니다."

실례를 했는지 모르겠다고 말하면서 이 어머니는 이런 변두리까지 찾아왔는데…… 하면서 미처 말끝을 맺지 못했다.

그날 밤으로 평화시장 종업원들을 만나두어야 할 일이 있었으므로 우리는 문밖에서 고인의 친구가 나오기를 기다리고 있었다. 그러는데 앞쪽에서부터 향군복을 입은 청년이 한 명 나타났다. 자세히 보니까 아까 버스에 같이 타고 온 청년이었다.

"이렇게 먼 곳까지 찾아와 주신 점, 이 동네에 사는 청년으로 정말 감사하기 그지없습니다" 하고 그는 말했다.

"정말 세상에 태일이 같은 인간은 없어요. 저하고는 여간 친했던 사이가 아니었습니다…… 사실을 말씀드리자면 1년 전에 저는 어떤 사건으로 교도소엘 갔다 나왔습니다. 보름쯤 전에 출감했습니다. 저는 인간 축에 끼지도 못할 이런 놈입니다마는 '한번 뜻있게 살아보자' 하고 태일이랑 그 사건이 일어나기 사흘 전에 얘기를 나누었댔습니다. 태일이가 죽을 것을 죽었느냐 이겁니다. 이런 일을 당해서 비겁하게 꽁무니를 빼는 인간들이 쌍문동 208번지, 이 동네에도 있단 말예요. 태일이의 죽음을 헛된 것이 아니도록 하기 위해서는 여기 못사는 사람들이 합심 단결해서 우선 장례부터 주동적으로 떳떳하게 맡아서 해야 하는 건데…… 그래 지금 비겁하게 꽁무니를 뺐던 사람들에게 훈계를 주러 다니는 중입니다……."

그는 꺼려하는 표정이 없이 이야기를 털어놓고는, 이만 실례하겠다고 하면서 가버렸다. 고 전태일 씨의 죽음이 그의 산 인생에 어떤 충격파가 되고 있는 것 같았다.

그렇다. 이런 청년이야말로 이 사회가 필요로 하는 일꾼인 것이다. 아무리 비정상적인 고통에 시달려도 꺾이지 않는 의지―나는 그 청년과 깊은 악수를 나누었다.

유족 없는 추도식

11월 20일 서울법대 교문은 굳게 잠겨 있었다. 그래서 공업연구소를 통하여 캠퍼스 안으로 들어가야 했다. 하릴없이 법대 교정에서 서성거리고 있는 동안 학생들은 내 신분이 전혀 의심스럽다는 듯이 흘끔흘끔 곱지 않은 눈길로 쳐다보며 경계를 풀지 않고 있었다.

"근로기준법을 지켜라, 소리 높이 외치며 육신을 불사르고 떠나신 평화시장 근로자 고 전태일 선생의 죽음은 우리에게 숙연한 반성과 비장한 분노의 계기를 주고 있다……."

이렇게 시작되는 서울법대 「선언문」.

"우리 학생들은 민중과 같이 호흡해야 할 당위와 필연성을 절감하여 근로노동자들의 권익 옹호에 앞장설 것을 다짐한다."

연세대학교의 「우리의 외침」에 나오는 주장.

"근대화라는 미명하에 노동의 소외, 인간의 소외는 합리화되고 있다. 그릇된 물신숭배 사조에 물든 현실은 인간의 기본권마저도 유린을 강요시키고 있다……."

날카로운 사회 비판으로부터 시작되는 서울상대의 「결의문」.

문인, 예술인과 지식인들도 '5대 살인집단'에 한몫 낄 수 있는 영예를 차지한 서울문리대의 격렬한 선언문까지 합하여, 대개 이런 유인물들을 나도 읽어볼 수 있게 되었다.

서울법대 학생들은 이날 고 전태일 씨의 추도식을 1시에 가질 예정으로 있었는데 교문 안쪽과 바깥쪽에 옛날과 마찬가지로 그러저러한 풍경이 다시 반복되고 있었다. 고 전태일 씨의 추도식이라고 하였지만, 그쪽 유족 측에서는 참석을 하지 못하게 되어버린 듯했다.

캠퍼스에 모여든 학생들은 200여 명, 일부 연세대생들이 와 있는 것 같았고, 외국인들의 모습도 보였다. 한편 이화여대 기독학생회 50여 명이 서울문리대 교정에 온 것 같았는데, 두 단과대학은 별도로 행사를 가지고 있었다.

11시 40분경 추도식이 시작되었다. 교정에 흩어졌던 학생들이 꾸역꾸역 몰려 주저앉았고 "노동자의 생존권을 보장하라"는 플래카드가 앞에 걸려 있었다. 법대 학생들이 그 의미를 사랑하는 〈The Bell of Justice〉는 가냘프게 울려 퍼지다가 얼마 안 가서 들리지 않게 되어버렸다. 임시로 마련된 연단으로 학생들이 등단해서 이야기를 했는데 마이크 장치가 되어 있지 않은 관계로 그 내용을 똑똑히 들을 수 없었다. 이때쯤 해서 교문 밖의 기동 경찰의 숫자는 좀 늘어난 것 같았으며, 교수들이 학생들을 만류하려고 하는 모습도 보였다. 마침 이 무렵에 나는 친구의 동생을 만나게 되어 좀 편한 기분을 가져도 괜찮을 만하게 되었다. 수사기관 요원으로 오해받지 않게 된 것이다.

나는 학생들로부터 어떤 법대생 한 명이 전태일 씨의 장례식에 참석한 뒤 그날 밤 9시 40분경 한강에 투신했다는 이야기를 들었다. 다행히 구조되어 요양을 받고 있다고 한다. 요컨대 이 사회에 대해 학생들이 느끼게 되는 좌절감이 어떻다는 것을 보여주는 이야기가 되겠다.

오후 1시쯤 되었을 때 학생들은 식을 마치고 잔디밭에 앉아 일단 농성에 들어갈 듯한 차비를 차렸다. 이때쯤 되어서 마침 그 자리에 참석하고 있었던 연세대 신학대학 교수인 독일인 브라이덴슈타인 씨와 잠깐 이야기를 나눌 기회가 있었다.

"학생들이 노동운동에 관심을 가지게 되었다는 것은 퍽 다행한 일입니다. 한국인의 생활조건 개선과 그 현실 타개를 위해서 무엇보다도 학생들이 애써야 하는 겁니다."

이 사람은 진지한 열성을 가지고 말했다. 언제부터 한국인은 정의와 진리를 수호하는 데 있어 비겁하고 옹졸한 인간들로 되어버렸을까. 나는 자책감을 느꼈다.

"한국의 노동운동은 아래의 근로자들로부터 위로 솟구쳐 올라가는 노동운동이 아니라, 편의에 의해 위에서 아래로 내려오고 있는 듯한 노동운동이 되고 있어요. 이래서는 되지 않습니다. 근로자들이 밑에서부터 자기 권익을 수호하기 위해 발 벗고 나서야 하며, 그것이 현실적으로 어렵다면 학생들이 근로자들의 권익을 옹호하는 운동을 일으켜야 합니다. 하여튼 전태일 씨의 분신자살은 획기적인 살신성인의 의거입니다."

그러자 학생들이 데모에 들어가기로 합의하고 우루루 일어섰다. 스크럼을 짜기 시작했는데, 한편에서는 슬그머니 꽁무니를 빼려는 학생도 보였다. 수위와 교문을 여느니 못 여느니 티격태격하는 일이 벌어지고…… 조금 뒤에 학생들은 거리로 나갔다.

그리고 10분도 채 못 되어 학생들은 다시 교문 안으로 쫓겨 들어왔다. 그 숫자가 줄어들어 있었다. 학생들이 상대로 하고 싶은 것은 국가와 민족 그 자체인 것이지만, 현실적으로는 잘 훈련받은 기동 경찰 이외의 아무것도 아닌 것으로 되어 나타나고 있었다.

하지만 그것이 전부인가?

학생들은 일단 시한부 농성에 들어갈 차비를 차리기 시작하고 있었다. 여전히 교문은 닫힌 채로 있었고, 안과 밖의 긴장은 계속되고 있었다. 데모처럼 물리적인 요소와 화학적인 요소 사이에 조화를 맺지 못하고 있는 현상도 드물 것이다. 왜 이렇게 되었을까.

학생들의 데모 현장을 지켜본다는 것처럼 사람을 피곤케 하는 노릇도 없는 것이다.

경계심으로 응축된 시장

고 전태일 씨와 친했던 사이로서 형운이(가명)가 있다는 얘기를 장례식에서 들은 바 있었다. 보도기관에 이용되지 않은 그를 찾아내기로 했다. 우리가 아는 것은 형운이가 진선사(가명)의 재단사로 일하고 있다는 것뿐이었다.

우선 평화시장엘 들러서 진선사가 어디 있는지를 찾았다. 그 결과 평화시장에는 없다는 결론을 얻었다. 다음에 동화상가를 헤매었다. 그리하여 마지막으로 통일상가를 방황한 끝에 진선사를 찾아내었다.

주인아주머니는 마흔다섯 살쯤 된 여자였는데 비유를 쓰는 것이 허용된다면 극성스럽던 '또순이'가 돈을 벌었다면 이렇게 되지 않을까 싶은, 바로 그러한 인생 경력을 걸어왔으리라고 선의적으로 추측이 되는 여자였다.

"그래요, 우리 재단사 이름이 형운이에요. 걔가 무슨 죄졌나요."

진선사 여주인의 반응은 날카롭기 짝이 없었다.

"우리 재단사가 그런 사람이 아니에요. 내가 물어봤거든요. 분신자살한 전태일 하고 친했느냐고 물어봤더니 거저 아는 사이일 뿐 친한 적은 없다고 말했어요. 재단사라는 게 그런 직책이에요. 거저 자기 일 열심히 하노라면 바빠 가지구서 딴생각을 먹으려야 먹을 수 없는 거예요."

자기 나름으로만 선량한 '또순이' 여사의 좁은 세계 속에는 간신히 자기 혼자 들어앉을 만한 공간밖에 없을 것이다.

그 가게에는 두 대의 전화가 있었다. 하나는 일반 전화이고, 다른 하나는 위층의 공장하고만 연결되는 자석식 전화였다. 진선사 여주인은 자석식 전화를 들어 태엽을 감았다.

10분쯤 뒤에 형운이는 165센티미터 정도의 키에, 까맣고 해진 작업복, 전혀 무표정한 얼굴로 나타났다.

"절대로 피해를 주기 위해 온 게 아닙니다" 하고 몇 번씩 같은 말을 되풀이했다.

형운이는 여주인 앞에서 어려워하는 기색이 있었으므로 양해를 얻어 '분신자살지대'라고 내가 명명한 골목길로 함께 나왔다.

"하지만 나는 잘 몰라요. 안다 해도 지금은 얘기할 수 없구요."

그래서 형운이의 일과가 끝나는 밤 9시 반에서 10시 사이에 막걸리 집에서 만나기로 했다. 다른 친구하고 함께 나왔으면 좋겠다고 신신당부한 뒤에 일단 헤어졌다.

그날 밤 9시 30분 나는 허름한 잠바에 백조 담배를 피워 물고 막걸리 집으로 들어섰다(원래 나는 백조 담배를 태우므로 일시적인 가장은 아닌 셈인데, 도리어 저들은 이것으로 나를 의심하는 눈치였다).

형운이는 약속 시간보다 20분 늦게 나타났다. 낮에서와는 그 모양부터가 달랐다. 허리끈이 달린 멋쟁이 바바리코트를 입었고 귀밑까지 기른 머리카락에 기름칠을 했다는 것을 알아볼 수 있었다. 그는 다가와 앉았고, 나는 돼지고기 구운 것을 주문하고 막걸리 잔을 채워 넘겼다.

"그런데 오늘은 얘기할 수가 없겠어요" 하고 형운이는 눈치를 보며 말했다.

"나는 잘 모르거든요. 일이 바빠서 태일이 장례식에도 못 갔고 애들과 만나지도 못했어요. 이런 건 나보다 다른 애들이 잘 아는데 그 애들은 지금 집에 갔구 또 다른 데서 만나고 있어요."(그럴 테지. 당신들 나름의 조직이 있다면 그 조직의 논리가 함부로 외부 사람과 만나는 걸 반가워할 리 없겠지.)

하여튼 형운이 개인으로부터는 고인에 관해서 또는 시장에 관해서 이렇다 할 얘기를 얻어들을 수 없는 게 뻔했다.

그런데 막걸리 집에는 이미 고인과 밀접한 관계를 가졌던 청년이 와 있었다(나는 그 청년이 누런 봉투를 들고 있다는 것에서 시장 종업원이라는 생각을 하지 않았다).

우리는 합석을 했다. 그때로부터 5분 상관에 6명의 청년이 막걸리 집으로 들어왔다. 장례식에서 이미 얼굴이 익었고, 얘기를 나누었던 친구들인데 저들은 끝까지 나를 본 기억이 없다고 우겼다. 그날은 너무 피곤해서 그랬는지 모른다는 말도 잊지 않았다.

"잘 부탁합니다."

두 손을 한꺼번에 내밀어 악수를 청하면서 그들이 뱉어낸 "잘 부탁합니다"라는 그 어조에는 얼마 안되는 기간 동안에 그들이 체험한 바가 무엇이었는가를 나타내 주고 있었다. 닳고 닳은 어조, 외부 사회 인사들을 많이 겪어본 상투적인 치렛말, 어색한 대로 사회가 어떤 것인지를 알아버린 듯한 반숙(半熟)의 표정들…….

알고 보니까 형운이를 빼놓은 나머지 청년들은 이미 직장으로부터 해고된 상태에 있었다. 고 전태일 씨의 분신 사건이 있은 이후로 업주들이 해고할 기미를 보이자 자진해서 뛰쳐나왔다고 했다.

하여튼 그들은 이제 상가의 방 하나를 노총 지부 사무실로 양도받으면 근로자들을 위하여 발 벗고 나설 각오들을 하고 있었다. 그들은 누런 봉투를 들고 헤어질 때, 다음 날 오후 7시 을지 예식장 지하 다방에서 다시 만나 자세한 이야기를 나누기로 굳게 약속하고 우호적으로 이별했다. 하지만 이미 11시가 넘은 밤길을 혼자 걸으면서 나는 울적한 생각에 잠겼다.

분신자살자는 이제 말이 없다

한 청년이 분신자살을 했다. 쉽사리 남과 타협하지 않으며, 자기 자신 성실했으며, 그래서 이상주의적인 색채를 띠었으며 고지식했던 청년이 분신자살을 했다. 아무나 해볼 수 없는 심각한 좌절이었으며 용기 있는 죽음의 저항이었다.

  사회가 이 청년의 죽음으로 인해 티끌만큼이라도, 모래알만큼이라도 조각돌만큼이라도 반성하여 그 사회의 무관심과 모순을 고쳐보고자 노력한다면 정말 다행한 일이 아닐 수 없다. 그리고 신문을 보면 사회가 고 전태일 씨의 분신에 의해 '미련스럽게' 정신을 차려가려고 하는 게 아닌가 하는 증거를 찾아볼 수 있을 듯도 하다. 하지만 물론 사회는 정신을 안 차리고 있다.『조선일보』일요 정담에서 고 전태일 씨에 관해 최호진 교수가 한 말처럼 "매스컴이 제발 정신 좀 차리시오"가 필요하겠고, 선우휘 씨가 한 말처럼 "위정자가 첫째고, 매스컴 또 국민도" 정신을 차려야 할 것이다. 분신자살자는 이제 말이 없다. 물론 이 사건은 전혀 끝나지 않았다.

부록 전태일의 수기 노트에서

존경하시는 대통령 각하

옥체 안녕하시옵니까? 저는 제품(의류) 계통에 종사하는 재단사입니다.
 각하께선 저들의 생명의 원천이십니다. 혁명 후 오늘날까지 저들은 각하께서 이루신 모든 실제를 높이 존경합니다. 그리고 앞으로도 길이길이 존경할 겁니다. 삼선개헌에 관하여 저들이 알지 못하는 참으로 깊은 희생을 각하께선 마침내 행하심을 머리 숙여 은미합니다. 끝까지 인내와 현명하신 용기는 또 한 번 밝아오는 대한민국의 무거운 십자가를 국민들은 존경과 신뢰로 각하께 드릴 것입니다.
 저는 서울특별시 성북구 쌍문동 208번지 2통 5반에 거주하는 22살 된 청년입니다. 직업은 의류계통의 재단사로서 5년의 경력을 가지고 있습니다. 저의 직장은 시내 동대문구 평화시장으로써 의류전문 계통으로썬 동양 최대를 자랑하는 것으로 종업원은 2만여 명이 됩니다. 큰 맘모스 건물 4동에 분류되어 작업을 합니다. 그러나 기업주가 여러분인 것이 문제입니다만 한 공장에 평균 30여 명은 됩니다. 근로기준법에 해당이 되는 기업체임을 잘 압니다. 그러나 저희들은 근로기준법의 혜택을 조금도 못 받으며 더구나 2만여 명을 넘는 종업원의 90퍼센트 이상이 평균 연령 18세의 여성입니다. 기준법이 없다고 하더라도 인간으로써 어떻게 여자에게 하루 15시간의 작업을 강요합니까? 미싱사의 노동이라면 모든 노동 중에서 제일 힘든(정신적으로, 육체적으로) 노동으로 여성들은 견뎌내지 못합니다. 또한 2만여 명 중 40퍼센트를 차지하는 시다공들은 평균연령 15세의 어린

이들로써 육체적으로 정신적으로 성장기에 있는 이들은 회복할 수 없는 결정적이고 치명적인 타격인 것을 부인할 수 없습니다. 전부가 다 영세민의 자녀들로써 굶주림과 어려운 현실을 이기려고 하루에 90원 내지 100원의 급료를 받으며 하루 16시간의 작업을 합니다. 사회는 이 착하고 깨끗한 동심에게 너무나 모질고 메마른 면만을 보입니다. 저는 여기에서 각하께 간구하지 않을 수 없습니다.

저 착하디 착하고 깨끗한 동심들을 좀 더 상하기 전에 보호하십시오. 근로기준법에선 동심들의 보호를 성문화하였지만 왜 지키지를 못합니까? 발전도상국에 있는 국가들의 공통된 형태이겠지만 이 동심들이 자라면 사회는 과연 어떻게 되겠습니까? 근로기준법이란 우리나라의 법인 것을 잘 압니다. 우리들의 현실에 적당하게 만든 것이 곧 우리 법입니다. 잘 맞지 않을 때에는 맞게 입히려고 노력을 하여야 옳은 것으로 생각합니다. 그러나 현 기업주들은 어떠합니까? 마치 무슨 사치한 사치품인 양, 종업원들에겐 가까이 하여서는 안 된다는 식입니다.

저는 피 끓는 청년으로써 이런 현실에 종사하는 재단사로써 도저히 참혹한 현실을 정신적으로 받아들이지 못합니다. 저의 좁은 생각 끝에 이런 사실을 고치기 위하여 보호기관인 노동청과 시청 내에 있는 근로감독관을 찾아가 구두로써 감독을 요구했습니다. 노동청에서 실태조사도 왔었습니다만 아무런 대책이 없습니다. 1개월에 첫 주와 3주, 2일을 쉽니다. 이런 휴식으로썬 아무리 강철 같은 육체라도 곧 쇠퇴해 버립니다. 일반 공무원의 평균 근무시간 일주 45시간에 비해 15세의 어린 시다공들은 일주 98시간의 고된 작업에 시달립니다. 또한 평균 20세의 숙련 여공들은 6년 전후의 경력자로서 대부분이 햇빛을 보지 못한 안질과 신경통, 신경성 위장병 환자입니다. 호흡기관 장애로 또는 폐결핵으로 많은 숙련 여공들은 생활의 보람을 못 느끼는 것입니다. 응당 기준법에 의하여 기업주는 건강진단을 시켜야 함에도 불구하고 법을 기만합니다. 한 공장의 30여 명 직공 중에서 겨우 2명이나 3명 정도를 평화시장주식회사가 지정하는 병원에서 형식상의 진단을 마칩니다. 엑스레이 촬영 시에는 필림도 없는 촬영을 하며 아무런 사후 지시나 대책이 없습니다. 1인당 300원의 진단료를 기업주가 부담하기 때문입니까? 아니면 전부가 건강하기 때문입니까? 나라의 경제 발전을 위해서는 어쩔 수 없는 실태입니까? 하루 속히 신체적으로 정신적으로 약한 여공들을 보호하십시오. 최소한 당사들의 건강에 영향을 끼치지 않는 정도로 만족할 순진한 동심들입니다. 각하께선 국부이십니다. 곧 저희들의 아버님이십니다. 소자된 도리로써 아픈 곳을 알려 드립니다. 소자의 아픈 곳을 고쳐 주십시오. 아픈 곳을 알리지도 않고 아버님을 원망한다면 도리에 틀린 일입니다.

  저희들의 요구는 1일 14시간의 작업시간을 단축하십시오. 1일 10~12시간으로, 1개월 휴일 2일을 일요일마다 휴일로 쉬기를 희망합니다. 건강진단을 정확하게 하여 주십시오. 시다공의 수당 현 70원 내지 100원을 50퍼센트 이상 인상하십시오. 절대로 무리한 요구가 아님을 맹세합니다. 인간으로서의 최소한의 요구입니다. 기업주 측에서도 충분히 지킬 수 있는 사항입니다.

관련 문학예술 작품

[산문] 황석영, 「일과 삶의 조건」, 『실천문학』 제4권, 실천문학사, 1983.
[소설] 강윤화 외, 『어느 왼발잡이 토끼의 무덤』(청년 전태일을 키워드로 한 소설가 15인의 짧은 소설), 삶이 보이는 창, 2011.
[소설] 이재웅 단편소설, 「전태일 동상」, 『불온한 응시』, 실천문학사, 2013.
[시] 고은, 「전태일」/김준태, 「청계천에서」/김혜자, 「전태일과 창가에서」/맹문재, 「반성」 외/문익환, 「사랑이여」/이성부, 「전태일군」/이은봉, 「사랑이여」/최두석, 「전태일」/최종천, 「사랑이여」
[영화] 박광수 감독, 〈아름다운 청년 전태일〉, 1995.

황석영

벽지(僻地)의 하늘

1973년 11월 23일 강원도 정선군 사북읍 고한3리 동고광업소 지하 탄광 1,450미터 지점에서 메탄가스가 폭발하며 작업 중이던 광부 17명 전원이 사망했다. 이 사건은 당시 빈번하게 일어나던 광산 사고의 하나로 간주되었을 뿐, 노동자들의 안전과 복지를 무시한 채 경제적 이윤을 추구하기에 급급하던 '관행'은 그 후로도 오랫동안 지속되었다. 1980년 4월 사북읍 동원탄좌에서 일어난 이른바 '사북사태'는 그러한 현실의 극적인 반영이었다. 사북 지역의 탄광은 '폐광지역개발지원에관한특별법'(1995년 제정)에 따라 대부분 폐쇄되었고, 그 자리에 대신 카지노(강원랜드)가 들어섰다.

아버지의 왼손 네 손가락
엄지손가락만 빼고는
모두 잘라냈다

그 손으로도
아버지는
나를 업어주셨고
내 팽이를 깎아주셨고
하루도 빠짐없이
탄광일을 나가신다

오늘은
축구를 하다 넘어져
오른쪽 얼굴을 깠지만
나는 울지 않았다
잘려나간
아버지의 손가락 생각을 하며
쓰린 걸 꾹 참았다

이제 나는 울지 않는다

_임길택, 「이제 나는」

사북에서 만난 소녀

난방이 전혀 없는 빈 기차에서 혼자 깨어 일어났다. 등덜미와 무릎이 시리고 온몸이 저절로 덜덜 떨린다. 잠에 곯아 떨어져서 증산에서 고한으로 들어가는 기차를 갈아타지 못하고 정선에까지 온 것이다.

주위는 불빛 한 점 보이지 않는 칠흑이어서 마치 세상의 종점인 것 같았으나 정적 속에 닭 소리가 가냘프게 들려왔다.

다시 잠들었다가 깨었더니 불을 끈 채로 기차가 느릿느릿 가고 있다. 역시 객차 안에는 아무도 보이지 않는다.

증산에서 내려 대기해 있는 고한행 기차를 탔는데, 석탄을 때는 투박한 쇠 난로가 통로에 고정되어 있었다. 난로 앞에 바싹 쪼그려 앉아서 다시 졸기 시작했다. 고한까지는 단지 두 정거장뿐인데, 기차가 유일한 교통수단이다. 전에는 여행을 하려면 석탄 수송하는 차를 타고 증산까지 나와야 했다는 것이다. 고한선이 개통된 것은 얼마 되지 않는다.

희미한 등불 빛에 사북이라고 쓴 이정표가 천천히 지나간다.

기차가 오랫동안 서 있었다. 몇 사람의 노동자가 올라왔다. 그리고 열두엇쯤 되어 보이는 소녀가 푸른 책보에 싼 도시락을 들고 올라와 난로에 제일 가까운 내 곁에 앉았다. 목도리를 머리 위에 뚤뚤 휘감아 쓰고 있었는데, 야무진 인상이다. 처음에는 국민학교 학생으로 여기고는 시골 아이들이 학교엘 무척이나 일찍 다닌다고만 생각했다. 출발할 때부터 목적지인 동고광업소가 사북에 있는지 고한에 있는지 아니면 지나서 있는지를 확인하지 못하고 허둥지둥 고한행을 탔는지라 소녀에게 길을 묻는다. 고한에서 내리면 된다기에 안심을 하고 나서 인사조로 물었다.

"무슨 학교를 이렇게 일찍 가니?"

"학교 가는 게 아니라예."

"그럼 어디 심부름 가니?"

"일하러 안갑니꺼."

경상도 사투리다. 말씨도 또라지고 표정마저 밝다.

"몇 살인데, 무슨 일을 하니?"

"열세 살입니더, 차장 다닙니더."

"니가 차장이야?"

"와요, 이래도 돈만 잘 받는데요."

시간은 5시 10분 전, 아직 꼭두새벽이다. 난로 위에 늘어뜨리워진 아이의 가는 손목이 파리해보인다. 소녀의 식구는 넷이다. 엄마, 오빠, 자기, 일곱 살짜리 동생 등이다. 예전에 영주에서 농사를 짓다가 식구가 이곳으로 이사를 왔다. 아버지가 광산 일을 다니다가 4년 전에 '물통이 터져서' 작고 했다. 즉 굴진 작업 중에 지하수를 건드려서 수로가 갱 안으로 터져 나오는 사고를 말한다. 엄마는 행상을 다니고, 열여섯 살짜리 오빠는 탄에서 잡석 골라내는 일을 하러 다닌다. 온 가족이 일을 나간 동안 일곱 살짜리가 집을 지킨다. 처음에 아버지가 죽었을 때에는 돈을 받아 고향에 갔었는데, 다 까먹어 버리고 다시 이곳에 돌아왔다는 것이다.

"어무이는 새벽마다 잠깐씩 보고, 오빠는 하마 코빼기도 못 본지가 오랩

니더."

하고 나서 소녀는 내 행색을 살핀다. 카메라가 눈에 뜨인 모양이다.

"아저씨는 늦었네예. 발써들 왔다가 안갔십니꺼. 사람 죽은 거 조사하러 가는 거 맞지예? 매달 다치고 죽고 하는데, 이분에는 웬일인지 모르겠습디더."

"전에두 죽은 사람이 많으냐?"

"한둘은 예사라예. 그래도 전부 그러려니 하니까 여기선 벨루 놀라지 않습니더."

고한에 도착했으나 전혀 불빛이 보이질 않는다. 겨울비가 부슬부슬 내리고 있다. 역을 나서자 그제야 발밑 아득한 곳에 불빛들이 보인다. 역은 산등성이를 깎은 곳에 비좁게 자리 잡았고 읍내는 골짜기 밑바닥에 박혀 있는 것이다. 까마득한 축대 사이로 가파른 층계가 내리꽂혀 있다. 방향조차 알 수 없는데 길은 비좁고 지붕은 나지막하다. 소녀는 운전수를 깨우러 하숙집으로 가버렸다. 두메산골로 들어가는 버스가 세 번 고한을 출발한다는 것이다. 캄캄한 고한읍의 길은 흙탕이었고 높은 지대라서 그런지 바람결이 세찼다. 아직 불도 켜지 않은 간이식당에서 날이 새기를 기다린다. 차츰 밝아지면서 고한의 삭막한 모습이 드러나기 시작했다. 사고 때문이었을까, 읍 전체가 이재민 지역인 것처럼 느껴졌다.

석탄은 누구의 것인가

'탄광은 허덕인다. 유류파동으로 석탄의 증산이 한껏 요청되고 있는 요즈음 강원도 탄전지대는 갱목난(坑木難)에 유류 부족으로 인한 운탄난(運炭難)이 겹쳐 증산은커녕 지난 10월 수준조차 유지하기 어려운 실정이다.'

석유의 고갈 때문에 온 세상이 들끓고 있는 터에 기묘한 생각이 들지 않을 수가 없다. 가령 지금부터 10년 전에 우리는 석유를 어떤 정도로나 생각하고 있었을까. 시골에 가면 시렁 위에 닷 되들이 술병에 담긴 석유병이 놓여 있는 것을 보았었다. 그것을 등잔에 조금씩 따라서 등잔불을 켰던 것이다. 도시 생활만을 해온 필자로서도 그맘때쯤에 석유를 본 것은 고작 산간에서의 호롱불 정도였다. 석유가 산업 에네르기의 근원적인 위치를 차지했는지 어떤지는 젖혀 놓고라도, 우리네 가정 살림의 중요한 필수 품목으로 등장한 것은 몇 년이 되지 않았다. 동네 가운데 유류 판매업소가 자리 잡은 것도, 가로에 '갈프'나 '쉘'의 마크가 그려진 광고판이 선 것도, 주유소가 담배 가게처럼 곳곳에 생겨난 것도 실로 은연중에 '어……?' 하고 놀란 다음의 일이다. 아파트와 저택에 보일러가 빠질 수 없고, 기관차는 자취를 감추었으며, 자가용을 주축으로 한 교통량이 급증되고, 석유산업의 부대 산업이라 할 만한 난방 기구와 섬유제품, 화학공업 등이 잇달아 뒤를 이은 것은 참으로 부지중의 일이었던 것이다. 최근에 나온 여러 가지 보고서들이 아메리카의 대재벌, 특히 석유재벌들의 과독점 자본집중의 위협을 지적하고 있는데, 우리는 간간이 동남아의 후진국들에서 외국의 매판자본들에 보인 심각하고 날카로운 반응을 신문 보도로써 읽고 있다. 특히 공업 근대화를 요망하고 있는 개발도상국에서의 석유 자본의 침투는 흡지에 떨어진 잉크 자국처럼 은근하고 점진적이며 그 확대 속도가 재빠르다. 따라서 그들은 투자 대상국의 정치적인 변동에 민감하고 특히 민족주의적인 대중 의식과의 충돌을 언제나 염려하여 자극하지 않으려고, 가령 사회구호사업에 적극적인 듯 가장하고 장학회를 설치한다거나 빈민 구제에 관하여 전시함으로써 투자 대상국의 민중을 무마하려 한다는 것이다. 중요한 점은 석유라든가 엔이라든가 달러가 아니다. 경제구조일 것이다. 그것을 뒷받침하는 산업구조일 것이며, 어떤 형태로 어떠한 입장으로 기브 앤드 테이크가 이루어지고 있는가 하는 점이 문제가 될 것이다. 그 연후에 정유공장이 10개가 서건 100개가 서건 관계가 없을 것이겠다. 일본이나 유럽 여러 나라가 유류난의 심각한 파동을 겪고 있는 것과 우리의 입장과는 다르겠다. 우리가 지금 유류파동을 겪으면서 새삼 중동 사태를 운운한다는 것은, 마치 수해의 원인은 비가 많이 왔기 때문이란 말과 같이 난센스다.

1972년 말에도 신문들은 한결같이 탄광의 적자운영을 보도하고 연이어 일어난 폐광 사태와 4,000여 명이란 막대한 숫자의 실직 광부들에 관하여 보도했고, 잇달아 일어난 사고의 참상들을 보도했었다. 그리고는 곧 잊혀졌다가 참사가 일어날 때마다 안전 작업 기준에 미달한 광산의 시설 미비를 개탄해 왔다. 그러한 망각의 기간 중에도 우리들 대부분의 서민들은 취사에서부터 난방에 이르는 열량의 대부분을 구공탄에 의존해 왔으며, 지금도 구공탄은 이 추운 겨울 속에 끝없이 타고 있다. 구공탄은 연탄공장의 기계가 찍어서 생산된 것이 아니라 사람의 손으로 깊숙한 땅 속에서 캐어져 나왔다는 것은 누구나 다 아는 사실이지만, 이처럼 단순한 사실을 연탄집게로 집어 올릴 적에 단 한 번이라도 되새겨 본 사람들은 드물 것이리라. 마치 하늘을 쳐다본 지가 오래되었다는 도회지의 바쁜 월급쟁이의 깨달음처럼 이 뒤늦은 고마움은 어딘가 슬프기까지 한 것이다.

우리의 국토에 묻혀 있는 것이니, 우리들의 것임에 틀림없고 대부분의 사람들이 생활 속에서 그것에 의존하고 있으니 귀중한 것임에 틀림없다. 그런데 귀중한 우리들의 것을 캐어내는 곳이 죽음의 장소이고, 캐어내는 사람들이 인간 이하의 조건 속에서 혹사당하고 있음은 유류파동이 전국을 휩쓸고 있는 요즈음 기묘한 아이러니를 느끼게 하는 것이다.

우리네 야담에 나오는 어느 현명한 재상의 일화가 생각난다. 재상이 길을 가다가 한 사내가 물속을 더듬고 있는 모습을 보았다. 연못 속에 엽전 한 냥을 빠뜨렸다는 것이었다. 그는 곧 포기하고 가버렸다. 재상은 일꾼들을 동원시켜서 물을 푸게 했고, 드디어 엽전을 건졌다. 그런데 연못을 푸는 공사에 들인 일꾼들의 노임은 열 냥이었다. 궁금하게 여긴 하인이 물었다. 어찌하여 한 냥을 얻자고 열 냥을 버리십니까? 재상이 대답했다. 만약에 저 돈의 임자처럼 나도 버리고 간다면 한 냥은 영영 우리나라에서 자취를 감출 것이다. 내가 한 냥을 건져서 가졌고 열 냥을 일꾼들이 가졌으니 우리는 아무도 손해 본 자가 없지 않으냐?

유럽에서 특히 독일이나 영국은 탄광을 민족자본이라 하여 국가에서 보호 육성하고 있으며, 채탄 조건이 나빠서 생산 수지가 맞지 않는 경우에도 생산 코스트를 넘게 직접 투자해서 채탄을 원활히 한다는 것이다. 그것은 즉, 자기 돈을 들여서 자기 땅에 묻힌 것을 캐어내는 일은 손해일 수 없다는 재상의 뜻과 같은 것이다. 채탄 조건이 나쁘다는 것은 광맥을 모두 파헤쳐서 광구에서 막장까지의 유통 거리가 길어진다는 뜻이고, 그만큼 매장량을 많이 파내었다는 것을 의미한다. 그러나 우리네는 막대한 매장량을 자랑하고 있음에도 채탄 시설이 국제 수준은커녕 광부 개인의 안전기준에도 미달된 형편이고, 전국 대소도시의 가정이 그 생활의 근본적인 열량을 탄에 의존하고 있음에도 4,000여의 실직 광부가 생겨나는 것은 어떤 이유에서인가. 풍년에도 외곡(外穀) 때문에 농산물 가격에 의하여 타격을 받는 농민들의 경우처럼 전체 산업구조의 모순에서 기인하는 것이다. 우리들의 것이 잊혀져 있는 판국에 어찌 남의 것을 잘 관리하고 있다 할 수가 있으랴. 거제도에는 또 하나의 거대한 정유 공장이 일본과의 합작투자 형식으로 지어진다는 신문 보도가 있었건만, 고한의 좁다란 골짜기에는 낡은 루핑을 이은 납작한 판잣집들이 다닥다닥 붙어 있는 것이다.

말의 숨바꼭질

U자형 계곡의 바닥에 읍내가 있으며 이 계곡은 양쪽 등성이의 파헤쳐진

광구를 따라서 뱀처럼 구불거리며 막다른 등성이인 두문동에까지 계속되어 있다. 고한의 중심지는 역시 역이 있는 부근의 비교적 넓은 골짜기 부분이다. 집들은 모두 나지막하고 모두가 시멘트 슬레이트의 지붕이다. 고한이 읍내로서 이 정도라도 면모를 갖춘 것은 최근의 7, 8년 사이였다. 골짜기 가운데로 시꺼먼 석탄을 머금은 개천이 흐른다. 비에 젖은 길도 검은 흙탕이며, 갱목으로 잘려져 벌거숭이인 산의 곳곳에도 노출된 석탄 찌꺼기 때문에 온통 검다. 비좁고 더러운 길을 빠지지 않으려 조심하면서 걷다 보면 갈래길을 지나게 되는데, 이곳은 읍내보다는 고지대이고, 점점 높아지게 된다. 누구든지 이러한 지형을 보면 쉽게 상상할 수가 있다. 여름에는 비만 조금 많이 와도 수해가 날 것이다(사실 1972년과 1973년에 읍 전체가 물에 잠기는 대 피해를 입었다). 또한 나무는 없고 파헤쳐진 산에서 사태가 그치지 않을 것이다. 해가 들면 두터운 층을 이루어 덮인 검은 먼지가 말라서 구름처럼 날아올라 주택가를 뒤덮을 것이며, 겨울에는 고지대 특유의 막대한 적설량으로 쉽게 교통이 두절될 것 등…… 주민들 아무에게나 물어보면 그러한 추측은 어김없는 사실이 된다. 골짜기 가운데 개천을 사이에 두고 자리 잡은 평지의 면적은 대략 20미터쯤이었다. 그것도 절반 이상이 도로에 먹히는 셈이니까, 결국 동네의 거개가 비탈에서 시작하고 있는 것이다. 한참 걷다 보면, 굽어진 산등성이로 가리어져 지나온 길과 동네가 보이지 않는다. 그 정도로 좁은 협곡이다. 하갈래까지는 높은 분이 왔다 가셔서 비교적 정돈이 잘 되었다는데도(실상 주민들의 증언에 의하면, 당시 열흘 동안에 200여 동의 초가집과 판잣집을 헐었다는 것이다) 벽지라는 쓸쓸한 인상을 감추지 못한다. 하갈래를 지나 삼섭탄좌의 정리된 사택을 넘어서면 시찰한 분의 발길도 거기서 끝났듯이 주변 모양이 전혀 다르다. 드문드문 덕대(德大)나 하청(下請) 아래서 일하는 뜨내기 광부들이 사는 움막집들이 두세 채씩 골짜기에 틀어박혀 있다.

유류 때문에 사양산업화한 탄광이 또다시 유류로 인해서 겨우 정책의 관심을 끌 수가 있었으나, 생산의 뒤안길에는 피맺힌 광부들의 생사를 건 작업이 이루어진다는 사실이 재차 확인되었다. 그것은 1973년 11월 24일에 일어난 동고광업소의 광부 17명 매몰 사건이었다. 이 사건의 내막을 추적해 보면 여러 가지 심각한 문제성이 드러날 것이다.

동고광업소의 사무실에는 때마침 일요일이어서 숙직 중인 계장급 한 사람과 직원 두 사람이 있을 뿐이었다. 질문에 응한 직원의 대답은 필자가 나중에 알게 된 여러 가지 사실과는 정반대여서 그들이 소속된 회사 측의 고용 방침과, 또한 진실 자체가 외부로 알려질 경우에 대해서 얼마나 경계를 하고 있는가를 입증해주는 것이었다. 회사 측의 해고, 채용에 관한 고용 방침이 공명정대하다면 회사 직원들이 진실을 말하는 것을 거리끼지 않을 것이다. 또한 기업 경영의 내막이 어떠한 사회적 비판에도 견디어낼 만큼 양심적이라면 바깥의 눈초리에 떳떳할 것이고, 오히려 내막을 공개해서 시정해 나갈 만한 도량을 보일 것이다. 사무실 측과 필자와의 대화를 적는다.

"사고의 원인은 무엇이라고 생각하는가?"

"현재 경찰에서 조사 중이지만, 회사 측으로서는 광부의 안전 부주의 사고라고 단정하고 있다. 이곳은 상공부의 조사 결과 갑종(甲種) 탄광으로 판정되었다. 즉 가스가 많이 분출되는 것을 말한다. 이미 발표된 대로 1,412미터 지점에서 죽은 조차공 조수의 주머니에서 성냥개비 두 개, 담배꽁초 한 개, 담배 은박지를 발견했다."(그러나, 갱에서 죽은 감독 김종호[35살] 씨의 유서와 광부들의 증언, 주민과 유족들의 추측은 이와 다르다. 뒤에 가서 광부들과의 대화를 중심으로 밝혀보기로 한다.)

"재해 보상은 충분하다고 생각하는가?"

"이미 회사와 산재보험과 노조 측에서 300여만 원의 보상금이 지급되기로 결정된 줄로 알고 있다. 서류 절차만 남았다. 사실, 300만 원은 큰돈이며, 유족들이 평생 만져볼 수 없는 돈이다. 이것은 쓰지 않기를 바라지만, 사람의 고기 값으로는 최고의 금액이라 생각한다. 시골에 가면 갑부가 되는 셈이다."

"종전의 알려지지 않는 사고에도 보상은 충분하였는가? 특히 부상자는 어떠한가?"

"충분히 동일하게 취급되었었다. 부상자에게도 역시 산재보험금과 퇴직금을 준다."(알려진 사실에 의하면, 종종 발생하는 한두 명의 사망자는 보상금을 제대로 받지 못했다. 부상자도 병원과 회사 측의 미묘한 타협에 의하여 처리된다. 이번에 유족들이 제법 보상을 받을 수 있었던 것은 뉴스의 각광을 받도록 떼죽음을 당했기 때문이라고 유족들은 증언했다.)

"유족들은 장례 후, 계속 남아 있는가?"

"아니다. 벌써 모두들 여기를 떠났다. 고한의 70퍼센트가 외지 사람들이다. 막다른 길로 광부직을 택하는 것이다. 유족들이 여기에 남아 있을 필요가 있겠는가."(유족들은 남아 있었다. 아니, 앞으로 추위가 가실 때까지는 보상 문제도 그렇고 해서 가장이 없는 집을 지키고 있었다.)

"노동시간은 엄수되고 있는가?"

"8시간 노동제가 지켜지고 있다. 그러나 입항과 퇴항 시간, 작업 준비 시간 등을 따진다면 실제로 6시간밖에 되지 않을 것이다."(시간 노동제가 아니고, 도급 노동제였다. 갑조[甲組]가 8시~4시, 을조[乙組]가 4시~12시, 병조[丙組]가 12~8시까지인데 보통 수당을 늘리기 위해서 12시간 이상씩 연근[連勤]을 해내는 실정이다.)

"노임은 작업에 준하도록 충분히 지급되고 있는가?"

"월급제이다. 한 사람당 4, 5만 원의 수입을 올린다. 이렇게 걱정 없이 살다가 장사라든가 다른 직업으로 전업했던 사람들이 결국은 다시 돌아오게 된다."(노임은 감독의 경우에도 본봉 외에 시간외수당을 주는데, 필자가 조사한 15개월 동안의 광부의 노임은 시간외수당이 본봉의 거의 세 배나 되었다(물론 일반 광부는 캐내는 양대로 먹는다. 그것도 몹시 불규칙했다. 조사에 의하면 1960년도부터 1969년까지 광업 부문의 평균임금은 1만 1,810원이 올랐는데 물가 상승률과 소비지수에 미달되는 임금이었다. 1969년에 임금은 1만 5,000원 선인데, 광부들의 현재 본봉은 3년 전의 수준에 머물고 있다. 그들이 생계를 유지해 나가는 것은 무리한 생산 의욕과 과도한 노동에 의해서이다.)

"휴일은 지켜지고 있는가?"

"일요일마다 휴무다."(실은 한 달에 이틀을 쉰다. 연근 희망자는 물론 계속 일한다.)

"생산량은?"

"600명이 3교대로 화차 20량을 생산해내고 있다. 한 사람당 대략 1톤을 캐낸다."

"노조는 자립되어 있는가?"

"노동자 자체에서 운영한다."(사실과 다르다. 작업 실적이 좋지 않거나, 회사에 반발했던 광부들이 해고되었다. 노조는 회사와 직결되어 있으며 그 이해를 같이한다.)

죽음에 무감각한 사람들

12월 초까지 밝혀진 탄광 사고는 2,798건이나 되며, 169명이 죽고 2,900여 명의 중·경상자를 냈다. 즉, 사고는 1년 내내 하루 8건씩 있었으며, 한 달에 14명이 사망했으니 이틀에 한 명씩 죽어간 셈이다. 한 달에 242명이 부상했으니 하루 8명꼴이다. 이것은 전쟁터의 전사상자(戰死傷者) 통계가 아니라 탄광 부문 산업재해의 통계 숫자이다. 산업재해의 건수가 전장보다 더 심한 편이라니 놀랍다. 대개 치열한 전투에서 1개 중대의 병력이 100여 명의 사상자를 내었다면, 그 중대는 완전히 전투 능력을 상실했다고 판정되며 지휘관은 설령 전과가 좋아도 인정받지 못하고, 전과가 나쁘면 군법회의감이다.

　탄광에서의 사망자 수는 지난해보다 45명이나 늘었고, 낙반 사고가 750건에 80여 명의 사망자, 가스 사고는 9건에 31명이다. 신문 보도에 의하면, 강원도 내 69개 탄광에서 소요되는 갱목은 총 35만 제곱미터인데, 금년 들어 산림보호령에 묶여 절반밖에 공급되지 못했고, 그나마도 일부 악덕 광주들에 의해 일반 용재로 변경되어 지름 40~50센티미터의 규격 갱목 대신에 잡목이 마구 사용되고 있는 실정이다. 60~80센티미터 간격으로 세워져야 하는 원칙이 지켜지지 않고 있음은 물론이다.

　채탄 도급제도 문제이다. 고정 보수가 없는 도급제는 영세한 광부들의 작업 심리를 자극한다. 위험한 작업도 불사하고 지압이 심한 3,000미터의 심부까지 파 들어간다. 외국의 경우 수직갱으로 채탄하고 있으나, 우리는 장성, 강원, 혈암의 세 개 광업소를 제외한 66개 탄광이 사항식의 원시적 방법을 택하고 있다. 당국의 무관심과 경영의 영세성도 근본적인 문제이다. 전국 무연탄 생산량의 70퍼센트를 차지하고 있는 태백탄전 지대에 안전 관리관은 단 3명뿐이다.

　필자는 읍내로 내려와서 약 30여 명의 광부, 교사, 목사, 학생, 청년, 주민들을 상대로 술집과 다방과 상가에서 질문을 했다. 두서없이 생각나는 대로 적어본다.

　탄광의 작업 과정은 탄을 꺼내는 채탄과 맥을 따라 파 들어가는 굴진의 2가지 작업을 동시에 하게 된다. 갱목을 세우는 일방 착암기로 뚫고 뇌관으로 발폭시켜 돌과 탄이 섞인 원탄을 동차로 실어 보내면, 밖에서 탄을 고르게 된다. 직영탄광과 국영탄광이 있는데, 직영탄광의 조건은 훨씬 뒤떨어지는 편이다. 광주는 조건이 까다롭고 매장량도 어중간한 광구에는 덕대를 붙인다.

 탄광의 근로조건에 장애가 되는 것이 바로 덕대와 하청이라고 할 수가 있다. 덕대는 이른바 뜨내기 광부들의 착취계급이기 때문이다. 덕대는 소자본을 투자해서 광구를 일정 기간 맡아 정규 광산에 들어가지 못한 일용 인부를 써서 막대한 이윤을 남긴다. 주민들의 얘기에, 한 차, 다섯 차, 운운하는 얘기를 들었는데 대개 하청을 해본 사람들의 말이다. 노는 돈으로 짭짤한 광구를 세내기만 하면 그냥 앉아서 몇 배를 벌 수가 있다. 물론 이윤의 담당자는 맨손으로 탄광 지대를 찾아온 뜨내기들이다. 고한에만도 10여 개의 크고 작은 광산들이 있는데 이것이 적절히 육성되려면 국가의 보호 아래 통합 운영되는 것이 광부들의 복지와 탄의 생산을 위해서도 바람직할 것이다. 그런데 더구나 사분오열된 영세 광산에 또다시 기생하는 덕대와 또 그 밑의 하청이 있으니, 노동조건은커녕 임금 문제도 도저히 알아낼 재간이 없을 정도의 난맥상이다.

 광부들은 거의가 농토를 잃고, 또는 실직하여 마지막 길로(그들 자신에 의하면 지옥 0번지, 또는 종점이라고 표현한다) 들어서게 된 직장이 항(갱[坑]이지만, 그들은 항이라고 말한다) 밑바닥이다. 초창기에 동료들의 사고를 보고는 더 이상 배겨날 자신이 없어, '항'을 떠나기도 한다. 장사를 하려해도 밑천이 없고 땅을 파려도 농토가 없으니, 결국은 대도시를 막벌이로 배회하다가 다시 돌아오게 된다. 그들에게는 백전을 거친 보병 전투원이 그렇듯이 살벌한 활기가 도는 듯이 보인다. 어제 사람이 죽은 어둠 속으로, 구조된 광부는 오늘 다시 들어가야만 하는 것이다. 느는 것은 술과 노름이다. 고한역전의(읍의 대부분을 차지한다) 시장 골목으로부터 시작된 길가에는 술집과 하숙집들이 다닥다닥 붙어 있고, 요정도 끼어 있다. 어느 청년의 말에 의하면, 여름철에 폭행 사고가 많다고 한다. 특별히 쉴 곳도 없는데 탄 먼지는 날리고 사방이 막혀서 찌는 듯한 더위에 물가를 찾으려도 모두 검은 흙탕물이다. 골짜기 뒤에 나무는 없고 비교적 맑은 물이 흐르는 장소가 있는데 고한 유일의 피서지라는 것이다. 이곳이 초만원이 되면 아예 병원 앰뷸런스와 경찰이 주둔 대기해야만 한다. 취한 광부들의 싸움이 굉장하다는 것이다.

무엇에든 긴장을 풀려는 그들의 본능적인 의도를 짐작할 수가 있다. 남자뿐만 아니라 부인네들도 월급 때가 되면 전축을 걸어 놓고 마시고 춤을 춘다는 다소 냉소적인 비판도 있었고, 그들의 생활이 내일을 모르는 타락된 생활이라는 염려의 말도 있었으나, 주민들의 대부분은 그들의 생업이 거의 광부들의 목숨 값으로 떨군 돈에 의하여 유지된다는 점은 잊고 있는 듯하다. 사실 고만고만한 가게와 밥집과 시장이 탄광에 의하여 생겨난 것이다. 대여섯의 교회마저 예외일 수 없고 곱게 화장한 작부들도 그러하다. 어떤 주민은 고한 바닥에서 돈을 버는 것은 광부를 제외하고 차주(車主, 탄을 나르는 트럭이 쉴 새 없이 한길을 오르내린다), 술집, 그리고 병원이라는 것이다. 필자에게는 특히 '병원'에 악센트를 주고 있는 주민들의 말이 처음엔 의아하게 생각되었다.

'두 겹 하늘' 밑에 광부들의 눈물과 한숨이 깔린다. 두 겹 하늘의 인생이라고 광부 자신들은 말하는데, 푸른 하늘과 갱 속의 컴컴한 천장을 말한다. 지하수를 건드려서 물통 사고가 터질 때에는 익사하는 게 아니라 무너진 돌무더기와 갱목, 차에 짓이겨 깨어지면서 이리저리 부딪쳐서 갱구로 밀려 나온다. 가스 사고 때에는 광차(鑛車) 레일(강철이다)이 엿가락처럼 돌돌 말려서 튀어나올 정도이고, 갱목은 순식간에 숯이 되며 차는 파편이 되는데 사람은 타서 뼈의 잔해나 찾을 수 있을 정도라 한다. 부상 같은 것은 불기가 일어난 근처의 팔목이라든가 면상이 날아가고 벗겨진다. 그래도 낙반 사고가 제일 점잖고 깨끗한 편이라는 것이다. 그러나 죽는 시간이 기니, 정신적으로는 가장 괴로울 것이라는 의견들이다. 낙반을 겪어본 광부의 말에 의하면 최초의 몇 분 동안에 흥분은 이미 가라앉고 갱 바깥의 일에 담담해진다는 것이다. 어둠이라든가, 천장에 대한 두려움은 없는 대신 오히려 함께 있는 동료에 대해 공포가 심해진다는 것이었다. 가령 미친 짓이 나서 가해하지 않을까, 죽은 건 아닐까, 시체 틈에 혼자 남는 것은 아닌가. 그래서 광부들은 끼리끼리 뭉쳐서 앉아 꼭 껴안고 죽음을 방어한다.

 죽음이 흔한 곳에 미신도 많다. 죽은 광부의 일화에는 아침에 출근하면서, 간밤에 동네 여자들이 모두 내게로 몰려와 곡을 하더라고 께름칙해했다는 얘기도 있고, 식은땀을 흘리며 밤새도록 가위에 눌렸다는 얘기도 있으며, 새 옷을 입고 산에 올라갔다는 얘기도 있었다. 아침에 길을 가다가 길 위로 여자가 엇갈려 지나가면 광부들은 욕을 퍼붓고 돌아가는 예도 있다. 비 오는 날 갱 속에서 부르는 소리를 들었다거나, 퇴항하는 막장에서 사람의 모습을 보았다든가, 빈 광차가 삐걱거리며 지나가는 소리가 들린다거나 하는 유령 얘기들도 있다. 어쨌든 그들이 죽음의 공포에 시달리면서 초조한 긴장 속에서 매일을 살아가고 있다는 것이 사실이다. 어떤 주민은 "17명이 죽었다고 그렇게 오래 기억하진 않습니다. 흔히 있는 일이니까요. 고한에서 그 사건은 이미 잊혀져가고 있습니다. 만성이 되었지요"라고 말한다. 그게 벌써 언젠데 지금 와서 뒤늦게 묻느냐는 기분이 전해온다. 동고광업소에서만 금년 들어 25명이 죽었으니 그럴 법도 한 것 같다. 그러나 대도시에서도 사망자가 17명이나 생겨난 사고라면 일주일은(24일 발생, 28일 시체 발굴. 필자가 도착한 것은 그 이틀 뒤이다) 그리 긴 세월은 아니다. 아니, 아직은 사건의 아픔이 생생하게 사람들 뇌리에 남아 있을 만한 기간인 것이다.

갱도차에 올라앉은 강원도 탄광지대의 광원들. 1976년. ⓒ e영상역사관

병원과 사고 현장

병원은 갈래길을 지나자마자 있다. 바라크의 교실 같은 슬레이트 건물이다. 이곳이 원래의 병원이라는데, 지금은 고한 역전에 2층의 입원 시설을 갖춘 번듯한 종합병원으로 발전했다. 이곳은 광산의 이를테면 응급실인 셈이고, 병원과 광산은 계약관계에 있다. 어느 주민은 병원에서 광산 측에 전속 계약을 위해서 이익금을 나눠 먹는다든가, 미리 돈을 먹인다고 말하는데 사실인지 알 수는 없다. 어느 교사는 병원이 환자를 통해서 폭리를 취하는 방법으로서, 중환자를 고한 밖으로 내보내지 않고 붙들어 두기, 경상 환자를 중환자로 기재해서 서류상으로 과액 청구하기, 산재보험금을 위한 진단서 떼기 등등이 있는데 대단한 이권의 하나라고 지적하지만 역시 사실인지 알 수 없다. 의원이 그 초라한 건물에서 시작하여 4, 5년 만에 종합병원으로 발전하기에는 읍 자체가 비좁고, 목욕탕 하나 없는 낙후 지역의 조건으로는 놀랄 만하기는 하다. 응답한 사람마다 병원을 들먹이는데 필자는 놀랐다. 응급실에 있는 의사에게 몇 마디 묻는다.

"병원 운영에 관해 좀 물어도 괜찮겠는지."

"필기하지 않는가. 보는 바와 같이 이곳은 종합병원의 응급실로 파견 나온 것이다."

"이번 사고에 대한 느낌은?"

"한 마디로 참혹하다. 그러나 부상자의 경우보다는 덜 참혹하다. 시체니까."

"부상자가 많은 편인가?"

"많다. 팔이나 다리를 스스로 끊고 살아 나오는 경우도 있다. 화상자도 많고……."

"주로 외과 계통인 것 같은데, 시설은 어떠한가?"

"모두 외과 계통이다. 그러나 각 전문별로 의사가 다 있다. 수술을 위해서는 주말마다 서울에서 박사가 내려온다. 환자들은 자꾸 도립 병원이나 원주의 큰 병원을 찾지만 보낼 필요가 없다. 여기가 그곳보다 시설도 좋고 의료진도 완벽하다."

"진단서라든가 재해보상 문제에 관한 병원 측의 태도는 어떠한가?"

"무슨 뜻인가?"

"회사 측과 더 가까운 건 아닌가, 환자들보다는……."

"질문이 이상하다. 여기서는 공연히 병원에 불평들을 하지만, 사실 환자들이 퇴원하라고 해도 퇴원하지 않고 못 걷는다는 둥 팔을 쓸 수가 없다는 둥으로 버틸 정도다. 투약을 끊고 임의 퇴원 조처를 시킨 뒤에 보면 잘들 걸어 다닌다. 공연히 병원 측을 불신하는 것이다."

"광부들의 가족들도 치료 혜택을 받는가?"

"물론이다. 광부의 노임에서 공제하고, 안전사고는 모두 그들이 들어 있는 산재에서 부담하게 되어 있으니까."

"의원이 새 건물을 짓고 종합병원이 되어 외부의 의사 박사를 초빙하기 시작한 것은 얼마만인가?"

"최근 3년 안쪽일 것이다."

"사고의 종류에는 어떤 것이 가장 많다고 보는가?"

"역시 광부 자신들의 부주의 때문일 것이다."

"부주의치고는 너무 환자가 많다고 생각지는 않는가?"

"탄 캐는 일이 원래 위험한 작업이다. 돈 버는 데 위험이 없겠는가?"

"환자가 병원에서 죽는 경우도 있는가?"

"있다. 시간이 너무 지체되어 응급조처를 해도 죽는 수가 있다. 그러나 살려내는 일이 더 많다."

듣고 있던 청년이 넌지시 일러주기도 한다. 어떤 특수 환자는 병실 창밖으로 주전자를 내밀어 막걸리를 받아다 마시기도 한다는 것이다. 그의 얘기로는 의무행정(醫務行政)이 중경(重輕)이 혼란될 정도로 종잡을 수가 없다는 것이다.

동네 청년과 함께(서울서 고등학교를 나온 24세의 갓 제대한 청년인데, 필자는 그의 집에서 하룻밤을 유숙했다. 그가 필자의 안내자로 구석구석을 보게 했고 사람들을 만나게 해주었다) 광업소 사무실을 지나 사고 현장인 11항 입구로 갔다.

이번 사고의 원인은 여러 가지로 의견이 구구한 가운데 몇 가지의 명확한 사실들이 있다. 나중에 검찰에서 규명되리라 믿지만, 필자가 현장 부근의 광부들과 주민들의 지적에 의해서 추리를 해본다면 대략 이러하다.

동고광업소의 제11항은 앞서 말한 대로 가스가 포함된 갑종 탄광이다. 갑종 탄광은 대기 중에서 검출된 가스가 0.4퍼센트 이상임을 의미한다. 0.4퍼센트 이상이면 사람이 후각으로 그 불쾌감을 느낄 수 있다고 한다. 그런데 11항의 경우는 1퍼센트가 넘는다는 것이다. 따라서 갱 밖에 발전실이 있어 컴프레서로 에어를 압축시켜 집어넣고 있다. 그러나 갱내 건전지 광차의 안전 방폭 장치가 되어 있지 않았고, 자동 경보 벨이 없었으며, 고정되어 있어야 할 안전등의 렌즈 나사가 고장 나서 임의로 개폐하도록 되어 있어서 심지어는 뇌관 점화용으로까지 사용되어 왔다는 것이다. 김종호 감독의 유서에 쓰여 있는 대로 광차의 스파크가 폭발 원인이라는 것은 가장 유력한 설이 될지도 모른다. 왜냐하면 기역자로 굽어지는 항내를 급커브할 때에 변속기어를 넣게 되어 있는데 우리가 옛날에 전차에서 목격한 것처럼 파란불이 번쩍인다. 가스가 공기의 압축에 제거되어 있지 않을 때에는 밑바닥에 고여 흐르기 마련인데, 화기가 닿자 폭발해 버렸을 수가 있다.

갱 입구에 가니, 문득 흰 페인트로 씌어진 경고문과 표어가 보인다.

'아빠가 지킨 안전, 엄마 웃고 나도 웃고—갈래국민학교 어린이회'

'경고문. 본 지역은 갑종 탄광 구역으로써 항내에서는 일체 끽연물(담배, 성냥, 라이터) 소지를 엄금하오니, 종업원 제위 유의하시기 바랍니다. 위배 시에는 통고안 제1호에 의하여 징계함. 흡연―해고, 소지―1주일 이상 정근'

  1퍼센트 이상의 가스 포화 지역에서 불을 켜는 것은 자살행위라 하지 않을 수 없다. 안전교육도 철저해야겠지만, 그에 못지않게 안전시설을 갖추는 기업주의 태도도 아쉽고, 그것을 감시 감독할 정부의 관리도 소홀해서는 안 될 것이다. 때마침 작업을 끝내고 광부들이 나오고 있었다. 플래시가 달린 헬멧을 쓰고 장화를 신었는데 온통 까매서 눈만 번쩍인다. 앞장 서 나오는 광부의 뒤편 어둠 속에 여럿의 불빛들이 반짝이며 움직여 나오고 있었다. 모두 긴장으로 굳어진 듯 보이는 것은 사고 현장에 왔다는 기분 탓일까. 가슴이 이상스레 뭉클하다. 갈래국민학교 어린이회의 표어가 상징적이어서 더욱 그렇다. 카메라를 들어 사진 촬영을 하려는데 경비원으로부터 제지를 받았다. 찍는다거니 안 된다거니 하는 사이에 그 장면을 놓쳐 버렸다.

  "왜 못 찍는가?"

  "현장 접근을 금지하는 것이 나의 임무다."

  "이곳은 갱외가 아닌가?"

  "그래도 안 된다. 사무실에서 사전 인가를 받아와야 한다."

  "당신의 직책은?"

  "경비주임이다. 11명을 인솔하고 있다. 광부들의 안전과 도난 방지, 통솔을 맡고 있다. 우리는 모두 '운동'을 하는 사람들이다."

  "그렇다면 광부들과의 마찰이 없는가?"

  "멱살 한 번 잡지 않았고 큰소리친 적도 없다. 갱외에 나오면 모두 온순한 가장들이다."

경비조의 H씨는 옛날에 올림픽 후보 선수에까지 올랐던 권투 선수 출신이다. 체육관 사범을 하면서 운동을 계속하다가 회사 측의 교섭을 받고 후배들과 함께 입사했다. 고한에서는 직책 대신에 예전대로 H사범이라 부르는데, 아무도 자기에게 시비할 자가 없노라고 은근한 자랑이다. 이런 곳의 경비주임이 권투 사범일 정도면 꽤는 살벌한 곳이라는 느낌이 없지도 않지만, 주민들의 얘기로는 수년 전만 하여도 무법천지였다니 그럴 법도 한 노릇이다. 법은 멀고 무엇은 가깝다는 말도 있잖은가.

비참한 아빠·그 유족

2시 45분 선산부 7명 후산부 1명 현 막장의 8명이 무사하다. 입구가 붕락되어 어떻게 할 수 없는 실정. 연층 붕락된 듯, 승 입구가 막혀 뚫고 있으나 3시 20분.

성재야 엄마와 같이 누나들과 아빠의 비참한 뒤를 따르지 말고 사나이다운 인간이 되어라, 아빠는……. 네 엄마의 기쁨이 되어라.

당신은 운명이라 생각하고 나의 비밀을 지켜 성재를 교육하도록 나의 마지막 부탁이오. 운명에 쫓겨 할 수 없소. 뒤 문제는 형에게…….

지금 3시 30분이오. 나의 친형 울진경찰서 정보과장. 강서롱 씨, 나의 선생에게 뵙지 못하고 갔다고 하시오. 당신에게 정말 미안하오. 성재야…….

나는 부탁이오. 소 차장님께 알림. 지금 시체 위에서 적음. 연층과 연락이 되지 않아 가망 없음. 눈물 나게 상사의 명령대로 1년간 더 충실히 근무하며 살려고 이 시간까지 노력한 것이 이 모양. 한 시간이 되어도 밑에서 연락이 되지 않음.

성재 엄마 연락번호 울진 410번.

형한테 연락하여라. 단양에는 일체 비밀. 애들을 잘 교육하여 주기를 바란다. 운명이다.

작업을 철수하고 나오는데 철차에서 스파크가 났다.

신문에 보도되었던 김종호 감독의 유서 내용이다. 이것을 다시 적는 것은 몇 가지 뒤에 숨은 어떤 뜻을 캐볼 수가 있기 때문이다. 감독이면 보통 근무기간 5년 이상의 고참 광부를 의미한다. 그가 지나온 세월을 밝혀보면, 탄광지대 노동자들의 생의 편린을 엿볼 수가 있을지도 모르겠다. 아직도 탄전에는 수많은 '김종호' 씨가 계속해서 어둠과 싸우고 있기 때문이다(김종호 씨는 사망 3개월 전에도 같은 장소에서 매몰을 당했다가 수첩에 사고를 기록한 채 살아나온 적이 있다고 밝혀졌다).

동고광업소 사택은 개울가에 불규칙하게 지어져 있었다. 기다란 슬레이트 집에 창문이 다섯 개 보인다. 한 지붕 아래 다섯 가구가 사는데 한결같이 부엌 한 칸, 방 한 칸씩이다. 옥외 변소를 공동으로 쓰지만 필자는 그 안에 발 딛을 틈 없이 들이찬 오물을 보았다. 검은 물에 빨래를 하고 있는데 공동 세탁장이라든가 정수 시설은 전혀 없다. 우리가 옛날에 겪었던 피난 시절의 수용소를 떠올리기에 알맞다. 길 건너편에 비슷한 집들이 층층으로 계속되어 산비탈에까지 지어져 있다. 아낙네에게 물으니 대답 없이 손가락질만 하고는 얼른 들어가 버린다(부근에서 만난 어느 광부는 유족을 찾아가 인사라도 드리는 게 도리인 줄 알지만, 회사 측에서 어떻게 볼까가 두렵고 또 남의 눈이 의식되어 찾아가지 못한다고 민망해 했다). 사고자의 유족이 외부에 연결됨을 꺼리고 또한 빨리 떠나 주기를 종용하는 이유를 알 듯하다. 유족들로서는 이상 더 거리낄 필요가 없기 때문이다. 탄광 생활을 겪어본 그들이 탄광의 모순점을 가장 날카롭게 지적할 수가 있는 것이다.

소복을 입은 김씨의 미망인 지영자 여사(35살)가 빈소를 지키고 있었다.

방 안에는 1남 4녀 중에서, 외아들 성재와 앞 못 보는 소경인 현숙이뿐이었고, 김씨의 의형제 김명기 씨, 지 여사의 언니 두 분 등이 있었다.

"참, 꿈이 많은 분이셨습니다."

지 여사의 첫마디는 그렇게 시작됐다. "꿈이 어찌나 많았는지……"라고 지씨는 거듭 되뇐다. 남편의 화장한 시체를 남자 친척들만이 영월 강가에 다 갖다 뿌렸다고 한다(필자가 도착한 날 마지막 시체 2구를 드럼통에 20갤런의 기름을 부어 태우고 있었다. 연기와, 가족들의 곡성은 고한의 비좁은 골짜기 안에 가득 차 있는 듯했다. 6구는 고향으로 먼저 떠났고, 11구가 화장됐다. 바람이 몹시 불어서 연기와 탄 가루가 뽀얗던 것이 기억에 생생하다).

지영자 씨는 2남 3녀 중 막내딸로 일찍이 가산이 기울어 고학으로 공부를 했다. 중학교 때에는 어려운 가운데서도 도지사 상을 받았을 정도로 총명했다. 월미여상을 졸업하고, 당시의 대학을 중퇴한 중농 가정의 독자 김종호 씨와 중매결혼을 했다. 부천에서 시부모와 함께 농사를 지었으나, 어찌된 일인지 아무리 농사를 지어도 살 수가 없고 가산은 줄어들기만 했다. 김종호 씨는 대학까지 중퇴한 만큼 노부모에 대한 책임감이 강한 사람이었다. 쓸모없는 공부보다는 농장 경영자로 입신해 보겠노라고 농사에 대한 정열이 대단하던 것이다.

때마침 정부에서는 화전민 정착 사업의 하나로 개간지를 알선하고 있었다. 부푼 희망을 안고 그림에 나오는 멋진 농장을 꿈꾸면서 김씨 가족은 화전민 정착지인 함백 부근의 새벗재로 이농을 갔다. 야산을 계단식으로 개간해서 채소와 감자와 옥수수를 심었다. 돌과 나무뿌리 때문에 첫해는 형편없는 수확을 올렸다. 그 무렵에 높은 분이 시찰을 오셔서 앙골라 토끼 한 쌍을 주고 가셨는데, 아마 자기네를 기억해 주실 거라고 지씨는 강조한다. 김씨 가족들은 가파른 비탈을 오르내리며 척박한 땅을 갈아엎고 지게를 지고 거름을 나르면서 피나는 투쟁을 했지만, 가을이 되자 추운 겨울을 날 일이 아득해졌다. 그래서 김종호 씨는 생활비도 벌고 농비도 대기 위해 직장을 찾아 도회지로 떠나갔다. 두 부부는 함께 농장을 건립할 꿈을 저버리지 못한 채 그 이듬해까지 이별을 했다.

김종호 씨가 돌아와서 다시 영월로 이사를 했으나, 그동안에 김씨의 노모가 자궁암으로 3년 3개월을 앓다 죽게 되었다. 드디어 온 가족이 단 한 사람이라도 잘 살아 남기 위하여 뿔뿔이 흩어지기로 작정했다. 시댁들은 단양서로 연고지를 찾아 가고, 김종호 씨 가족은 탄전지대를 향해 길을 떠났다. 땅거미가 질 무렵 고한에 도착했을 때엔 수중에 30원이 남아 있었다. 산허리에서 며칠 밤을 노숙했다. 김종호 씨가 덕대 밑에 날품 인부로 들어가게 되었다. 고한에서 30여리 깊은 골짜기의 불당골이라는 곳에 움막을 한 채 지었다. 김씨는 5개년 계획을 세웠다. 앞으로 5년 만 탄광부가 되겠노라고, 그 다음엔 느긋하게 농장을 만들어보겠다는 것이었다.

"강변엔 오리를 기르구요, 산에다는 염소를 기른댔어요. 성재 앞으로는 과실나무를 심었다가 물려주겠다구요. 어디 세상에 그런 동화 같은 얘기가 있겠어요. 그렇지만 그때는 그런 희망 없인 살 도리가 없었습니다."

지 여사는 덕대 밑에서 고생하는 남편을 돕기 위해 도로 공사장에 나가 질통을 지고 자갈을 나르는 품을 팔았다. 남편은 그런 혹사 중에서도 단양에서 소작을 하는 시댁의 농비를 댔다는 것이다. 차츰 물정을 알게 되자 지씨는 정선을 왕래하며 생선 장수를 했다. 불당골의 움막에서 2년이 흘러갔다. 1968년도에 김씨가 동고광업소의 말단 광부로 취직이 되었다. 거의 날마다 사람이 다치고 죽어나가는 탄광에 취직을 하기도 이렇게 어려운 일이었다. 드디어 날마다 가파른 산으로 계곡의 물을 지어 날라야 하는 불당골의 움집을 버리고 사택에 입실을 하게 된 것이다.

동고광업소는 본항, 서부항, 11항에서 24시간에 700톤을 생산해낸다. 그중의 11항은 위험도가 높고, 가장 조건이 나쁜 곳이다(이번 사고 지역이다). 유족들의 증언에 의하면 작업 배당이 불공정하여 융통성 없고 고지식한 사람들이 대체로 그곳에 배치된다는 것이다. 김종호 씨도 그러한 사람들 중의 하나다.

본항 근무자는 서부항으로, 서부항은 11항으로, 11항은 본항으로 하듯 순환 근무를 시키는 게 원칙이건만 11항에 계속 들어갔던 적이 많았던 모양이다. 김씨는 ×계장이 자기를 동일 항에 자주 배치시킨다며 죽일 놈이라고 울분을 터뜨리곤 했다. 필자가 조사한 그의 월급봉투를 보면 모두 연근(連勤)에 의하여 의존되고 있었다. 감독이 이러하다면 일반 광부는 말할 필요도 없을 것이다. 지시량에 미달될 때에는 회사에서 심한 문책을 받는다. 김씨는 아침과 밤의 맞교대로써 점점 건강이 나빠졌다.

맞교대라는 것은 주간 조와 야간 조를 12시간 이상씩 막바로 교대하는 것이다. 잠자는 시간 외에는 땅 속에서 있는 셈이다. 어느 날 김씨는 졸도해서 이마를 다치고 밤새 코피를 쏟았다. 지씨의 눈물겨운 간호로 회복이 되었으나, 그때부터 '항'에 들어가는 것을 죽도록 싫어하는 게 역력했다. 김씨는 일기에서도 보이듯 처자에 대한 책임감이 강하고 자녀들을 몹시 가여워 했다.

언젠가는 병적계를 떼러 고향에 갔다가 노숙 잠에다 하루 라면 세 개로 때워 여비를 절약하여 외아들 성재의 세발자전거를 사들고 왔다. 그 자전거는 지금도 밥상과 나란히 부엌 벽에 걸려 있다. 특히 선천적으로 시신경이 마비된 눈먼 막내딸 현숙이를 껴안고 취해서 우는 때가 많았다. 모종의 노사관계로 해고당한 여섯 식구의 가장 김명기 씨는 공작계만 강원과 철암 탄광에서 15년 경험자라는데, 탄광의 개선점에 대하여 지적했다.

첫째, 다른 회사에 비하여 노임이 형편없이 낮고, 둘째, 직원들의 압력이 심하며, 셋째, 안전시설이 너무 미비하다는 것이다. 그는 실직했을 때 김종호 씨가 직장을 알선해 주었던 은인이라는데, 자기 성질이 못되어서 또 실직을 당했다는 것이다. 그의 얘기로는 기업주가 안전시설에 들이는 돈보다는 이왕 들여놓은 산재 쪽과 회사의 배상금으로 광부들의 피값을 치르는 게 더 싸게 먹힌다는 결론이 아니고서야, 계속적인 사고가 발생할 리가 없다는 것이다. 지 여사는 남편의 시체에서 누군가 시계를 빼갔다며 살벌한 탄전지대의 인정을 한 마디로 표현했다.

"한둘 죽는 것은 파리 목숨이지요. 우리네처럼 공개가 되었으니 망정이지 쉬쉬하는 껀들은 쓱싹해 버리는 모양입니다."

그렇다면, 김종호 씨의 유서는 도대체 무엇을 의미하고 있는 것일까. 문맥을 되짚어 새겨본다. 그가 첫 번째 사고를 당했을 적에도 사고 경위를 적어 두었다가 구조된 일이 있었고, 이번 사고에도 또 적었다……라는 것은 광부 자신들의 부주의 사고로 뒤집어 씌워 버리는 회사 측의 횡포를 염려해서는 아닌가. 물론 전체적으로는 유족에 대한 처절한 회한과 사랑에 넘치는 글이다. 그러나 뒤의 문제를 친형이라는(그는 독자(獨子)라고 유족들이 증언했다) 경찰 계통의 정보과장 직책에 있는 분 앞으로 부탁했다는 것은 자기의 죽음이 부당하게 취급되지나 않을까 하는 염려에서가 아니었을까.

너무 주관적인 추측일 수도 있다. 편지에 나온 강 모 씨는 죽은 김씨의 학교 은사로서 이제껏 만나 뵌 일이 없다는 것인데, 편지에서 인사를 드리고 있다. 그는 높은 분과 연줄이 닿는 사람이라 한다(실제로 유족들은 필자에게 그 사람과의 연락을 해달라는 신신당부를 했다). 또한 부모님이 계시는 단양에는 일체 비밀을 지시하면서 경찰 형님께 꼭 연락하라고 전화번호까지 적어서 재삼 당부하고는 마지막으로 사고의 원인을 '스파크'라고 고집, 주장하며 끝을 맺고 있다. 학대받는 자의 지혜와 두려움이 깃든 유서라는 느낌이다. 자기가 죽을 때, 연약한 처자들이 아무의 도움도 받지 못하고 그 권리를 유린당하지나 않을까 하는 가장의 마지막 책임감이 글줄마다 서려 있는 것이다.

고한의 일기

기업주들은 탄광을 토대로 해서 벌어들인 잉여 자본을 부동산 투자, 운수업, 호텔 등등의 부대사업에 투자하는 실정이다. 탄광은 그러한 사업을 살찌게 하는 수혈원(輸血源)인 것이다. 그러나 갱 속의 작업 실태는 몇 세대 전이나 마찬가지로 원시적인 채탄 방법에 의존하고 있는 것이다. 타오르는 탄의 불길이 우리들의 추운 겨울을 덥혀주는 것은 바로 수천 광부들의 죽음을 무릅쓴 작업에 의해서가 아닌가. 유족들이 내어놓은 금전출납대장에는 김씨가 알뜰히 적은 수입 지출의 내역과 간간히 낙서, 일기 등이 적혀 있었다. 장래에 자기 집을 갖게 될 때의 가옥 설계도마저 정성스레 몇 장씩이나 그려져 있는데, 꿈을 버리지 않은 김씨의 의지가 눈물겹다.

「나의 희원(希願)」

일상생활은 평범 근실하며 가정에 충실한 힘을 주는 웃음의 얼굴로 대한다. 사회생활은 성실 근면하며 자기의 책임과 의무에 충실한다. 유흥에는 외면하자. 다방, 술집은 일체 금지. 음주 및 대인관계는 명백 실속 있는 생활을 형성한다.

나의 희원을 성취시키기 위하여 최선의 노력을 한다. 희원의 결실로서 자녀 교육의 기반을 삼는다.

위의 서약을 준수한다.

_1972년 김종호

1년만 더 참고 근무하자. 1년 뒤에는 단양으로 가자. 성재도 여기보다는 환경이 좋다. 자녀 교육이 중요하다. 현숙이 병원에 보일 것. 비용이 많이 든다고 한다. 앞날이 걱정……. 나의 얼굴을 만질 때마다 속이 아프다.

잠든 것들을 보며 오늘도 충실히 근무.

지난달 연근은 불충분하다. 더욱 열심히.

나는 다시 태어난다면 노동 감독관이 되겠다. 시험도 봐야지. 시간이 없다. 동료를 위해서 광산의 부정을 감시하겠다. 역촌동……. 해고, 해고, 해고, 약한 백성 정선군 사북읍 고한 5리 동고 직원사택.

××가 와서 화를 냈다. 내 방침이 마음에 들지 않는다고. 다른 곳에서는 탄 수득이 높은데 우리는 미달이다. 동발만 많이 세우고 단도리에 시간을 뺏긴 탓이다. 보항을 안 하면 너도 죽고 나도 죽는다. 술을 받아다 무마했다. 살고 봐야 한다.

청자 담배를 샀다. 성재 엄마 보기가 미안하다. 노력을 잊어버렸다. 5일 피운다고 결심. 신탄진은 3일 피운다. 더 싼 담배를 피우자. 여보 미안하오. 불쌍하다. 관계도 없다. 몸 생각 건강해야 산다. 항이 자꾸 무섭다. 성재야 빨리 커라.

위의 것은 아무렇게나 눈에 띄는 대로 필자가 적은 부분이다. 그의 사람됨과 근검해서 살아보려는 안간힘으로 일관되어 있음을 알 수 있다. 이러한 성실한 노력의 결과가 죽음이었다니 안타깝기만 한 것이다. 유족과 헤어져서 갈래길로 내려오는데 겨울비 내린 뒤의 이튿날이라서 날씨가 매섭도록 차가왔다. 상경하는 차를 타려니 며칠간의 긴장으로 마음이 묵직하고 생각은 복잡하였다. 구석구석마다 가득 차 있는 저 비인간화 현상은 일방적인 것이 아니라 쌍방의 문제일 것이리라. 학대받는 자들은 깨달아 그것을 변화시키려는 의지는 있으되 너무 미약하고, 학대를 통하여 누리는 자들은 너무나 절망적이다. 악조건과 악순환을 통해서 저러한 비인간화 현상은 노출되고 살이 쪄서 드디어는 다수를 일종의 윤리적인 공백지대로 이끌어 갈 것이다. 잠깐 외면하고 지나칠 수는 있을 것이다. 그러나 우리는 타인의 불행에 면역되어 아무런 고통도 느끼지 못할, 고여 있는 사회 속에 잠겨버린 것은 아닌가.

나는 도망가듯이 고한을 서둘러 떠났다.

문득, 고개를 드니 골짜기 사이로 꾸불거리며 흘러가는 좁다란 겨울 하늘이 보였다.

관련 문학예술 작품

[동시] 임길택 편, 『아버지 월급 콩알만 하네』, 보리, 2006.
[동시] 임길택, 『탄광마을 아이들』, 실천문학사, 2004.
[사진·산문] 조세희, 『침묵의 뿌리』, 열화당, 1985.
[소설] 김종성, 『탄』, 미래사, 1988.
[소설] 박상우, 『시인 마태오』, 세계사, 1992.
[소설] 박혜강, 「검은 화산」, 『문학예술운동』 제2집, 1989.
[소설] 이옥수, 『내 사랑, 사북』, 사계절, 2005.
[소설] 이인휘, 『활화산』, 세계, 1990.
[소설] 최인석, 『새떼』, 현암사, 1988.
[시] 성희직, 『광부의 하늘』, 황토, 1991.
[시] 이원규, 『빨치산 편지』, 청사, 1990.
[시] 최승호, 『대설주의보』, 민음사, 1983.
[영화] 박광수 감독, 〈그들도 우리처럼〉, 1990.

2부

광주, 그 비극의 10일간
윤재걸

녹두밭 윗머리 사람들—충남 공주군 B면 K리 1구를 찾아
전무용·이은식

6월 항쟁, 민주국가 문은 열었다
윤정모

노동운동의 성지 모란공원
김남일

걸어서라도 갈 테야
문익환

1980

윤재걸

광주, 그 비극의 10일간

1980년 5월 18일부터 5월 27일까지 특히 광주 시민과 전라남도민이 중심이 되어, 조속한 민주 정부 수립, 전두환 보안사령관을 비롯한 신군부 세력의 퇴진 및 계엄령 철폐, 김대중 석방 등을 요구하며 민주화운동을 전개했다. 공식명칭은 광주민주화운동이지만 흔히 5·18 혹은 광주민중항쟁이라고도 한다. 전두환의 신군부가 정권 탈취의 야욕에 휩싸여 5·17비상계엄 전국확대조치를 취함으로써 민주적인 헌정 질서를 파괴했다. 이에 대해 광주와 전라남도에서 민중들의 대대적인 저항운동이 전개되었고, 신군부가 공수부대를 동원하여 이를 진압하는 과정에서 수많은 시민들이 학살되었다. 이 사건은 곧이어 수립된 제5공화국 정권의 도덕성과 정통성에 치명적인 오점을 남겼으며, 1980년대 내내 민주화운동 세력의 결집을 가져오는 구심점으로서 기능했다. 아울러 이 사건은 당시 한국군의 작전지휘권을 쥐고 있던 주한미군의 역할을 둘러싸고 커다란 논란을 불러일으켰다. 1988년 여소야대 국회에서 '광주학살 진상규명 청문회'가 열렸고, 1995년에는 '5·18 특별법'이 제정되었고 1997년 4월 17일 학살의 주범으로 전두환·노태우 두 전직 대통령에 대한 실형이 확정되기도 했다. 1997년에는 법정기념일로 지정되었고, 2011년에는 5·18민주화운동 관련 자료들이 유네스코 세계기록유산으로 등재되었다.

오월 어느 날이었다
80년 오월 어느 날이었다
광주 80년 오월 어느 날 밤이었다

밤 12시 나는 보았다
경찰이 전투경찰로 교체되는 것을
밤 12시 나는 보았다
전투경찰이 군인으로 교체되는 것을
밤 12시 나는 보았다
미국 민간인들이 도시를 빠져나가는 것을
밤 12시 나는 보았다
도시로 들어오는 모든 차량들이 차단되는 것을

아 얼마나 음산한 밤 12시였던가
아 얼마나 계획적인 밤 12시였던가

_김남주, 「학살 1」 부분

암울했던 '사태'의 전야

1980년 5월, 10·26 직후의 혼란기를 한 고비 넘긴 우리 사회는 새로운 위기 국면에 접어들고 있었다. 무엇보다도 군부의 정치세력화 조짐에 대한 반발이 학생운동권으로 하여금 정치 중심부에로의 진입을 가속화하고 있었다.

5월에 들어서면서 서울대를 비롯한 학생운동권은 학생들 스스로조차 놀라움을 감추지 못하는 급속한 변화에 돌입하고 있었다. 5월 2일에 서울대 관악캠퍼스에서 개최된 '민주화 대총회'에 1만여 명에 가까운 서울시내 각 대학생들이 결집한 것도 그중 하나였다. 이후 10여 일간 계속된 이른바 '민주화 성회'를 통해 학생들은 운동을 지구화한다는 전략을 수립, 이를 바탕으로 '참 민주화'의 돌파구를 마련한다는 움직임을 보이기 시작했다.

그 결과, 5월 13일 서울 광화문 일대에는 서울시 6개 대학생 2,500명이 집결, '계엄철폐'를 외치며 본격적인 가두시위에 돌입했고, 그 이튿날(14일)은 전국 37개 대학이 일제히 가두로 뛰쳐나와 민주화 열기를 한층 고조시켰다.

정부 당국은 이에 대해 경고와 회유를 병용, "중동을 방문 중인 최규하 대통령이 귀국하면 확실한 정치 일정을 밝히겠다"며 거듭 학생들의 자제를 촉구했다. 그러나 대다수 시민들과 학생들은 당국의 저의를 의심하였고, 시위대는 경찰차를 불태우는 등 점차 가열, 연 3일째 야간 가두시위가 계속되었다.

중동을 방문 중이던 최규하 대통령은 당초의 예정보다 앞당겨 5월 16일 급거 귀국했다. 최 대통령은 귀국 즉시 청와대에서 시국과 관련한 비상대책회의를 소집, 심야 회의를 가졌다. 밤 11시부터 한 시간 동안 계속된 이 회의에는 김종환 내무, 주영복 국방, 이희성 계엄사령관, 최광수 대통령 비서실장 등이 참석, 우여곡절 끝에 18일 0시를 기해 확대비상계엄을 선포하기에 이르렀다.

한편 10여 일간의 '민주화 성회' 이후, 서울시내 각 대학들은 5월 16일에 접어들면서 어느 정도 소강상태를 보이고 있었다. 서울시내 24개 대학 학생대표들은 이날 모임을 갖고 "우리의 의사가 충분히 전달된 것으로 보인다"면서 교내 및 가두시위를 일단 중단하고 시국의 추이를 관망, 새로운 전략을 모색하자는 데 합의하고 있었다.

그러나 광주는 전혀 예외적인 현상을 보이고 있었다. 학생 시위가 전국적으로 소강상태로 접어들 무렵 광주에서는 5월 16일, 전날보다 훨씬 더 많은 3만여 명의 학생·시민이 도청 앞 분수대에 모여 횃불시위를 벌였다. 당시 전남대학교는 전국의 어느 대학보다도 일사불란한 조직체계를 확립 "박관현 총학생회장(법대 행정학과 3년)을 중심으로 똘똘 뭉쳐 있었다"고 한다. 특히 박관현 회장의 탁월한 선동성 대중연설은 학생들은 물론 광주 시민들로부터도 화제를 불러일으킬 만큼 "논리와 신념에 가득 차 있었다"는 것.

전남대학교는 1980년 3월, 31명이나 되는 '문제의 복적생'을 안게 되었는데, 이들은 '어용교수 문제'와 '유신세력 척결 문제'에 대해서 끈질기리만큼 치열한 자세를 보여주었다. "총학생회와 복적생들은 한치의 틈도 없이 합일된 뜻에 따라 움직이고 있었다"고 당시의 학생회 한 관계자는 회고했다. 그러나 조선대학교는 10·26 이후 결성된 민주회복추진위원회가 학교 측의 끈질긴 방해공작으로 총학생회조차 제대로 구성하지 못한 채 5월을 맞고 있었다.

  서울 지역의 '민주화 성회'가 불붙기 시작한 5월 13일, 전남대·조선대 학생들은 서울시내 6개 대학생들의 가두시위에 자극 받아 5월 14일을 새로운 기점으로 받아들이게 된다. 거기다가 5월 15일 서울역 광장에서 벌어진 '30개 대학 총 10만여 명의 대규모 시위'는 광주의 SM권(학생운동권)에 커다란 자극제가 됐다. 그런 의미에서 '5·18 광주사태'는 그날부터 며칠 거슬러 올라간 5월 14일부터 이미 불꽃이 일었다고 봐야 할 터였다.

| 5·16 횃불시위 |

5월 14일 오후 1시, 전남대학교 도서관 앞에 집결한 1만여 명의 학생들은 가두 진출을 시도, 정문 앞에서 기동경찰대의 완강한 저지에 직면하자 일단 후퇴하여 총학생회 지휘 아래 각 단과대학별로 담당 구역을 설정하고 분산적으로 가두 진출을 감행했다. 시위대는 여러 갈래로 흩어져 오후 3시경 도청 앞 분수대를 장악 '민주화 성회'를 개최했다. 성명서가 낭독되는 동안 시민들도 숙연한 자세로 경청, 궐기대회를 마친 학생들은 '의기양양하게' 학교로 되돌아와 철야 농성에 들어갔다.

  5월 15일의 가두 진출은 의외로 별다른 저항 없이 이뤄졌다. 도청 앞까지 무난히 진출한 전남대, 조선대, 광주교대생 등 1만 6,000여 학생 시위대는 도청 앞 분수대를 중심으로 빙 둘러앉아 '비상계엄 해제' 등을 요구하며 '민주화 성회'를 개최했다.

  이날 모임에서는 전남대의 「시국 성토문」 낭독에 이어 광주교대, 조선대 민주투쟁위원회의「시국선언문」, 전남대의「대학의 소리」, 전남대·조선대 학보사의「결의문」, 광주교대의「시민에게 드리는 글」등이 차례로 낭독되었으며, 전남대 총학생회에선 교수들에게 '민주화 동참'이란 글자가 쓰인 리본을 가슴에 달아 주었다. 학생들이 요구하는 주 내용은 '비상계엄 즉각 해제'와 '노동3권 보장', '정치일정 단축' 등으로 요약될 수 있었다. "학생과 시민들은 혼연일체가 되어 질서 정연한 시위 자세를 견지했다"고 당시의 분위기를 이 고장 출신의 K 시인(38살)은 전했다.

5월 16일은 열아홉 돌을 맞는 5·16 군사쿠데타의 날이자, 광주를 제외한 서울과 다른 지역에선 시위 중지를 결정한 날이었다. 그러나 광주의 대학생들은 어제와 마찬가지로 도청 앞 분수대에 진출, 시국성토대회를 벌였다. 전남대, 조선대, 광주교대, 조대공전, 동신실업전문, 동원전문, 성인경상전문, 기독병원간호전문, 서강전문대 등 광주시내 9개 대학과 전문대생 3만여 명은 이날 오후 3시 도청 앞 분수대 광장에서 대학별 학생대표들이 작성한 '제2시국선언문'을 낭독한 데 이어 복적생을 대표한 정동년 씨(당시 38세, 전남대 공대 화공과 4년)가 '시민에게 보내는 메시지'를 낭독, 분위기를 고조시켰다.

학생들은 오후 6시 30분부터 분수대 주위를 돌며 시위에 들어갔다. 8시경엔 다시 모여 '계엄철폐' 등의 구호와 함께 〈정의가〉, 〈투사의 노래〉 등을 합창하며 야간 횃불시위로 돌입했다. 학생들은 미리 준비한 400여 개의 횃불과 각종 구호가 쓰인 플래카드, 피켓을 들고 조선대생들을 선두로 한 1개조는 금남로→유동 삼거리→복개상가→중앙여상→현대극장을 거쳐 다시 금남로로 되돌아 왔으며, 전남대를 선두로 한 또 1개조는 광주 체신청→산장 입구→산수동 오거리→동명파출소→노동청 등을 거쳐 다시 출발지인 도청 앞 분수대로 집결, '5·16 화형식'을 가졌다.

이 과정에서 한 가지 특기할 만한 사실은 경찰들이 보여준 대응 자세. 횃불시위 과정에서 경찰들은 사고 방지를 위해 학생회 간부 측과 상호 협조적인 자세를 보여줬다는 점이다. 이러한 대응은 서울을 비롯한 타 지방의 학생 시위에서 보여준 경찰들의 자세와는 판이하게 다른 면이었다. 이날의 시위에 대해 한 관계자는 다음과 같이 기억했다.

"이날의 시위는 바로 몇 발자국 앞으로 다가온 처절한 사태를 암시하듯, 태풍전야의 고요함과 평온함으로 일관되었다. 시민들은 학생들의 평화적인 시위에 감동하고 있었다. 시민들은 흥분된 모습을 감추지 못한 채 횃불 시위대의 행렬을 따라 길 양옆으로 질서 정연하게 함께 행진함으로써 학생들과 의식의 연대감을 보여주었다……"

공포의 밤, 5·17

이날 시위를 종결하는 과정에서 학생 지도부는 "연일 계속된 피로를 풀고 전국의 타 대학과 보조를 맞추기 위해 시국의 추이를 관망한 뒤" 월요일인 5월 19일 다시 성토대회를 갖기로 약속하고, 밤 10시 30분쯤 자진 해산 형식으로 시위를 종결했다. 이와 함께 휴교령이 내려지면 즉각 오전 10시에 전남대 정문 앞으로 모일 것도 약속했다.

한편 전국 55개 대학 대표 95명은 이날(5월 16일) 오후 5시 30분부터 이화여대에 모여 제1회 전국대학총학생회장단 회의를 열고, 최근의 정세 분석과 학생운동 방향을 토의했다. 이 회의는 다음 날까지 마라톤으로 계속되었으나 뚜렷한 결론에는 도달하지 못했다.

서울과 여타 도시의 이 같은 진정된 분위기와는 달리 광주시는 며칠 전서부터 고조되기 시작한 흥분과 긴장감이 여전히 지배하고 있었다. 그와 함께 심상치 않은 몇 가지 조짐들이 포착되기도 했다. 16일 광주 외곽 고속도로에선 공수부대 병력을 실은 군용차 행렬이 많은 시민들에 의해 목격되었다.

5월 17일 오후. 전남대 총학생회장단은 서울의 급박한 사태에 접하고 ("서울의 대학생회장단이 모두 당국에 연행돼 갔으니 알아서 처신하라"는 긴급 전화연락을 받음), 일단 무등산장으로 모두 몸을 피했다. 이들은 밤 9시쯤 시내 중심가에 있는 대지호텔로 피신처를 옮기고 서울에 몇 차례 연락을 시도했으나 불통이었다. 이들은 사태의 긴박감을 재차 확인, '각자가 알아서 피신할 것'에 합의했다. 일단의 경찰이 대지호텔을 급습한 것은 이들이 흩어진 한 시간쯤 뒤였다.

5월 17일 밤 11시 40분, 이규현 문공장관은 "자정을 기해 비상계엄을 전국에 확대 실시한다"고 발표했는데, 이보다 앞선 밤 11시를 전후, 광주 시내 곳곳에선 민주화운동에 주도적인 역할을 해왔던 다수의 인물들이 체포, 연행되고 있었다. 서울에서도 이날 밤 김대중 씨를 비롯한 26명의 재야인사와 구 공화당계 정치인들이 체포되었다.

광주의 상황은 급박하게 돌아갔다. 1980년 봄에 복귀했던 전남대 복적생 정동년, 하태수, 박형선, 문덕희, 김상윤, 박선정(전남대 인사대 학생회장), 윤목현(자연대학 학생회장)과 조선대 복적생인 유재도, 유소영 그리고 교수 2명이 군부대로 연행돼 갔다.

이로부터 두 시간 뒤인 5월 18일 새벽 1~2시 무렵, 전남대와 조선대 캠퍼스엔 공수부대원들이 진주했다. 당시 두 대학에는 16일의 횃불시위 등 연이은 학생 시위로 지친 많은 학생들이 피곤한 몸으로 농성을 하고 있었다. 이들은 학교에 계속 머물면서 정부 당국의 반응과 정세 추이를 예의 관망하고 있었다.

18일 새벽, 일단의 공수부대원의 급습을 받은 학생들은 '미처 손쓸 겨를도 없이' 이들이 휘두르는 몽둥이와 군홧발에 짓이겨졌다. 대부분의 학교 잔류학생들은 학교본부 건물에 감금되었고, 몇몇 운이 좋은 학생들은 강의실, 옥상, 변소 등을 통해 도망쳐 나오기도 했다. 대학교뿐만 아니라 광주시내 주요 관공서와 요소요소의 거리에도 경찰과 전경, 군인, 공수부대원들이 배치돼 있었다.

동이 트면서 광주시의 공기는 숨 막힐 듯한 긴장감이 감돌기 시작했다. 시민이나 경찰들 모두의 표정은 한결같이 굳어 있었다. 평소처럼 출근길에 나선 많은 젊은이들은 요소요소에서 당하는 불심검문에 약간의 저항을 보이긴 했으나 별다른 사고는 일어나지 않았다. 한마디로 '폭풍전야의 정적' 바로 그것이었다.

운명의 첫째 날, 5월 18일

공수부대의 '돌격명령'에 비극은 싹트다

5월 18일 오전 9시를 전후, 광주시내 도처에 무거운 분위기가 감돌 무렵, 전남대학교 정문 앞엔 학생들이 하나둘씩 모여들기 시작했다. 일요일인데도 불구하고 많은 학생들은 "휴교령이 내리더라도 10시에 학교 앞에서 만나자"는 약속을 기억하고 사태 추이를 알아보기 위해 평일이나 다름없이 등교 자세를 취하고 있었다.

그러나 학교 정문 앞에는 이미 공수부대원들이 완전무장한 모습으로 학생들의 출입을 저지하고 있었다. 이들은 "오늘은 학교에 들어갈 수 없으니 각자 집으로 돌아가라"고 종용했다. 학생들은 학교 문 앞을 삼삼오오 서성이며 쉽사리 귀가하려 들지 않았다. 30여 분이 지나자 학생들의 숫자는 100여 명으로 불어났다. 학생들은 동료들의 수가 불어나자, "점차 겁이 없어지고" 공수부대원들은 긴장된 자세를 취하기 시작했다. 지휘관급으로 보이는 공수부대원이 직접 학교 정문 다리 앞까지 나와서 메가폰으로 귀가를 종용했다.

그러나 50여 명의 학생들은 이에 아랑곳하지 않고 다리 난간에 걸터앉아 〈정의가〉, 〈투사의 노래〉 등을 합창하며 "계엄군 물러가라", "전두환 물러가라" 등의 구호를 외치기 시작했다. 10시를 전후해서 학생들의 숫자가 200~300명 선으로 불어나자, 대치 중이던 공수부대 지휘관은 메가폰을 통해 "지금 즉시 해산하지 않으면 무력으로 해산시키겠다"고 경고를 발했다.

학생들은 더욱 목청을 높여 노래를 불렀다. 그 순간 갑자기 공수부대 쪽에서 "앞으로 돌격!" 하는 명령과 함께 "악!" 소리를 지르며 일단의 공수부대원들이 학생들을 비집고 들어와 닥치는 대로 몽둥이로 후려치기 시작했다. 숫자는 7~8명에 불과했지만 공수부대원은 경찰과 전혀 달랐다. 상당수의 학생들이 거꾸러지면서 피를 흘리는 모습이 눈에 띄기도 했다. 대부분의 학생들은 뿔뿔이 흩어져 인근 골목길로 숨어들었고 사태는 투석전 양상으로 돌변했다. '돌비'를 맞으면서도 공수부대원들은 피하려 들지 않았다. 자신에게 돌을 던지는 학생을 겨냥, "끝까지 쫓아가서" 무자비하게 구타를 가한 다음 연행했다.

공수부대원들은 잡아온 학생들을 옷을 벗긴 채 팬티 하나만 입혀 꿇어앉혔다. 이렇게 잡혀온 학생들이 삽시간에 6명으로 불어났다. 대부분의 학생들은 이들의 '비인간적인 진압 방식'에 전율을 느끼기도 했으나 대부분의 학생들은 극도로 흥분, 시민들과 합세해 새로운 돌파구를 찾자는 데로 부지불식간에 의견이 모아졌다.

약 30여 분간에 걸쳐 공방전이 계속됐으나 잘 훈련된 공수부대원들을 학생들이 당해낼 도리가 없었다. 계속 피해가 늘어나자 몇몇 리더들이 선두에 나서서 상황을 지휘하기 시작했다. 그들은 곧이어 "광주역에서 재집결하자"면서 학생들에게 시내 진입을 지시했다. 학생들은 삼삼오오 짝을 지어 광주역 앞 광장으로 향했다.

학교 앞에서 공수부대원들이 보여준 진압 방법에 '공포감'과 '분노'를 동시에 느낀 이들은 보다 짜임새 있는 시위 방법을 모색했다. 그 결과 몇몇 시위 주동자들은 광주역에 300~400명 정도의 학생들이 집결하자, 시민들의 원군을 기대할 수 있는 금남로 도청 앞으로 나아가기로 결정했다. 이들은 고속버스터미널과 시외버스공용터미널을 거쳐 금남로 가톨릭센터 앞까지 가는 동안 "비상계엄군 물러가라", "김대중 석방하라" 등의 구호를 번갈아 외쳐가며 시민들의 호응을 유도했다. 특히 이들 학생들은 아직도 많은 시민들이 모르고 있는 김대중 씨의 체포 사실을 강조했다.

시민들은 반응을 보이기 시작했다. 호남 사람들이 기대를 걸고 있던 김씨가 체포되었다는 소식을 접하자 시민들은 동요하는 기색이 역력했다. 김씨는 학생들과 시민들이 쉽게 일체감을 이루는 촉매제 역할을 자신도 모르는 사이에 떠맡고 있었던 것이다.

│ **금남로의 연좌데모** │

약 3킬로미터(전남대 정문→광주역→공용버스터미널→가톨릭센터)를 순식간에 달려온 300여 명의 학생들은 피로도 풀 겸 11시경부터 가톨릭센터 앞 금남로 도로상에서 연좌데모에 들어갔다. 학생들의 숫자는 500여 명 선으로 불어나고 금남로 일대의 교통은 차단됐다. 연좌농성 중인 학생들을 빙 둘러선 시민들의 숫자는 대략 2,000여 명에 달하고 있었다.

연좌농성에 들어간 지 10분도 채 못 되어 대기 중이던 전투경찰들이 이들을 포위하고 최루탄을 쏘기 시작했다. 학생들의 대오는 급작스레 무너지면서 경찰에 의해 많은 숫자가 연행돼갔다. 경찰들의 태도는 엊그제의 횃불시위 당시와는 판이했다. 곤봉 세례와 구둣발로 짓이기는 것쯤은 아무것도 아니었다. 이를 지켜본 시민들은 경악과 분노를 금치 못하면서 서서히 학생 세력과 동화되는 기세를 보였다. 그러나 시위에 직접 합세하는 시민은 아직은 별로 없었다.

전투경찰의 완강한 저지를 받은 학생들은 뿔뿔이 흩어져 충장로, 황금동, 불로동을 무리 지어 행진하면서 구호를 외쳐댔다. 이날 시위대는 두 방향으로 나뉘었는데, 충장로 쪽으로 향한 시위 대열은 황금동→수기동→광주공원→현대극장→한일은행 사거리를 거치면서 500여 명으로 숫자가 불어났고, 또 다른 시위 대열은 광주천에서 광주공고와 동구청을 돌면서 300명 선으로 불어나 있었다.

양 시위 대열은 곧 합류하여 공용버스터미널 로터리를 거쳐 시민관 쪽으로 진출을 시도했다. 공용버스터미널을 지나면서 학생들은 각 지방(목포, 여수, 순천, 해남) 주민들에게 광주의 시위 사실을 알려 달라고 간곡히 부탁하기도 했다. 그러나 공영터미널 안쪽으로 들어간 학생들은 순식간 포위되고, 터미널은 삽시간에 최루가스에 휩싸였다. 헬리콥터가 계속 공중을 맴돌면서 학생들의 시위 현황을 무전으로 연락, 학생들은 군·경 합동 저지망을 뚫기가 힘들었다. 계림극장 부근까지 피신한 학생들은 이 과정에서 많은 수가 붙잡혀 곤욕을 치렀다.

마지막 무리를 지은 학생 숫자는 겨우 20여 명에 지나지 않았다. 이들은 계림극장 부근 탁구장에 숨어들어 다음의 상황을 숙의하면서 자신들이야말로 중요 매개체라는 걸 확인, "끝까지 싸울 것"을 결의했다. 오후 1시 30분쯤 계림극장을 빠져 나온 이들은 각자 해산 형식을 취하고 오후 3시 충장로 우체국 부근의 광주학생운동기념관에서 재집결을 약속했다. 그러나 이들 말고도 시내 곳곳에선 20~30명의 학생들이 함께 모여 산발적으로 시위를 계속하고 있었다.

점심시간을 전후, 5월 18일의 광주 시가지는 여느 때와 다름없이 평온한 상태를 되찾는 듯했다. 오전의 시위로 인해 중심가 상가들은 대부분이 셔터를 내리고 철시 상태로 들어갔다.

한편 오후 1시쯤 수창국민학교에는 20여 대의 군용 트럭이 집결, 공수부대원들을 속속 토해내고 있었다. 그들은 운동장에서 한두 시간에 걸쳐 작전지시를 받으며 조를 편성하고 있었다. 그들은 완전무장한 채로 얼굴에는 투석방어용 철망이 부착된 철모를 썼으며, 총은 등에다 비스듬히 어깨총으로 멘 상태였다. 한 손에는 대검을, 다른 한 손에는 곤봉을 들고 있었다. 이들은 오후 2시가 지나면서부터 시외버스터미널을 시작으로 시내 곳곳으로 분산돼 진압 작전을 펴나가기 시작했다.

| 공수부대에 포위된 시위 군중 |

학생 '시위조'들은(아직 '시위대'에 이르지 못했다) 오후 2시 이후 시내 중심가와 공원 앞 광장에 집결, 학생회관 앞길과 황금동 콜박스로 서서히 옮겨가기 시작했다. 그러나 정보를 선취한 경찰이 대기 중에 있어 학생들은 주로 충장로 5가 부근의 파출소와 태평극장 사이로 몰려들었다.

오후 3시, 학생 '시위조'들은 500여 명의 '시위대'로 불어났다. 그들은 구호와 함께 산발적인 투석전을 벌이며 시민과 미참여 학생들을 끌어들이는 작전을 폈다. 공원 주위에서도 300여 명의 학생들이 투석전을 벌이며 경찰과 대치 중이라는 소식이 전해졌다.

오후 4시가 가까워오면서 학생 시위대는 1,000여 명으로 불어났다. 이들은 경찰의 경계망을 뚫고 애초에 약속했던 광주학생회관 앞으로 밀고 들어갔다. 20~30명의 경찰들이 지프를 중심으로 긴장을 풀고 서 있다가 학생들이 몰려오자 혼비백산해 도망쳐버렸다. 학생들은 경찰들이 남기고 간 장비를 남김없이 부셔버렸다. 한 학생이 무전기를 땅바닥에 내동댕이치자 다른 학생이 큰 돌멩이를 들어 박살을 내버렸다. 다 부서지다시피 한 가스 지프에 불을 붙이고 옆으로 넘어뜨렸다. 불길과 함께 연기가 치솟자 환호성이 터져 나왔다.

이날 오후의 시위는 오전보다 훨씬 밀도 있게 전개돼 갔다. 오후 2~3시를 넘기면서부터 시위대의 숫자가 기하급수적으로 불어나 시위의 물결은 보다 적극적이고 조직적인 양상을 띠어가기 시작했다. 가로변의 시민들은 시위 학생들에게 음료수와 빵 등을 공급, 무언으로 격려했다. 시위대가 점차 불어나고 구호의 내용이 격렬해지면서부터 시민들 중 상당수는 직접 학생들의 대오에 참여하기도 했다.

거의 1,500여 명으로 불어난 시위대는 광주천변을 지나면서 공원 부근에 집결해 있던 500여 명의 또 다른 시위대와 맞닥뜨렸다. 환호성이 터져올랐다. 이들은 합세해서 광주천변 도로를 따라 황금동 입구의 구 시청 부근으로 나아가 충장로 입구와 도청 앞으로 진출하려 했다. 그러나 경찰의 완강한 저항에 부딪친 시위대는 도교육위 쪽으로 방향을 선회, 돌을 던지며 "어용 교육집단"이라고 규탄했으며 인근의 호화 주택(화천기공사 사장 저택으로서, 개인집으로는 가장 호화주택으로 알려져 있다)에 일제히 돌을 던지기도 했다.

시위대들이 목표로 삼고 있는 곳은 동명파출소였다. 파출소는 이내 폐허로 변해버렸다. 정부 주요 인사의 사진을 비롯한 집기 대부분이 밖으로 내던져지고 불길에 휩싸였다. 경찰용 오토바이 2대와 자전거 2대, 그리고 전화기를 비롯한 기물과 서류 일체가 도로 한가운데서 불타기 시작했다.

시위대가 40여 명의 경찰을 포로로 잡아 동명로 입구 청산학원 부근에 이르렀을 때, 300여 명의 경찰 저지 병력과 부딪쳤다. 시위대와 경찰은 협상을 벌였다. 그러나 소득은 없었다.

협상이 결렬된 오후 4시 40분쯤, 갑자기 공수부대원들이 시위대를 포위, 학생들을 공격하기 시작했다. 이들은 경찰과 합세하여 학생들에게 곤봉으로 '본때'를 보여주었다. 우선 곤봉으로 어깻죽지와 머리통을 난타, "학생들이 쓰러지면 2~3명이 함께 달려들어 군홧발로 머리를 차고 밟고 하면서, 특히 얼굴을 앞으로 돌리게 하여 그대로 전면을 군홧발로 짓밟았다.

곤봉으로 쳐서 피가 낭자하게 돼 실신하면 먹살을 한 손으로 잡아 움켜쥐고 들어 올려 차량 위로 쓰레기 치우듯 던져버리더라"는 것. 시위대는 순식간에 아수라장이 돼버렸으며, 이를 지켜본 주위 시민들은 모두가 발을 동동 굴렀다. 경찰 병력에 밀려 시외버스공용터미널 안쪽으로 몰린 시위대에게도 강압적인 진압 작전이 시작되었다. 오후 3시쯤, 공수대원들이 이들을 향해 투입되었다. "이들은 3~4명이 1개조가 되어 학생처럼 보이는 젊은 청년이면 무조건 붙잡아 M16 개머리판과 곤봉으로 때리고 사정없이 구타하고 끌고 갔다."

공수부대의 무차별 구타와 연행

시위 군중들은 10분도 못 되어 완전 해산되었다. 공수부대원들은 "얼굴이 벌겋게 상기되어 흥분된 자세로 골목골목을 다니면서 시위 참여 여부에 아랑곳없이 주위에 서성이는 청년들과 가게의 젊은 종업원들을 닥치는 대로 잡아 두들겨 팬 후 피가 낭자해지면 손을 뒤로 돌려 포승줄로 꽁꽁 묶어 군 트럭에 던져 올렸다. 차 위에선 또 다른 공수부대원 한 명(주로 무전병)이 젊은이들의 옷을 벗겨 팬티만 입힌 채 계속 난타를 가했다"고 했다.

거리는 삽시간에 살기가 낭자하게 흐르고, 골목골목 집집마다에선 사색이 되어 도망쳐온 젊은이들을 숨겨주기에 바빴다. 어떤 학생은 북동우체국 옆 골목 마지막 집으로 뛰어들어 다급한 김에 안방 장롱 속에 숨었으나 곧 뒤쫓아온 공수부대원이 혼자 집을 보고 있던 할머니에게 방금 도망쳐온 학생이 어디에 있느냐고 물어, 할머니가 모른다고 답하자, "××년 거짓말을 해, 맛 좀 봐야겠구먼" 하면서 "할머니를 곤봉으로 쳐 실신시킨 뒤 군화 차림으로 안방까지 뒤져 기어이 장롱 속의 학생을 붙잡아 난타한 후 연행한 예가 있었다"는 것이다.

그런가 하면 오후 4시 반쯤에는 우문동 광주일고 부근에서 공수부대원이 길 가던 여학생을 붙잡아 무조건 구타하는, 차마 눈 뜨고 볼 수가 없는 광경이 목격되기도 했다.

이날 오후 4시 30분쯤 벌어진 동명로 입구 청산학원 앞에서의 격돌과, 오후 4시 무렵의 공용터미널에서의 격돌로 인해 5,000여 명의 시민·학생 시위대 중 최소한 30여 명의 살상이 난 것으로 광주 시민들은 알고 있다. 부상자와 사망자는 예외 없이 군 트럭에 실려 "재빨리 치워졌다"고 인근 주민들은 증언했다. 미처 실어가지 못한 시체 2구가 다음 날(19일) 아침 공용터미널 변소에서 발견되기도 했다는 것이다.

오후 5시쯤, 학생들의 시위 대열은 무참히 깨져버렸다. 그러나 공수부대원들의 적극 방어, 공세적 방어는 수그러들 줄 모르고 더욱 기세가 당당해져갔다. 이들은 시내 중심부 주요 상가와 다방, 이발관, 음식점, 사무실, 가정집, 당구장 등을 이 잡듯이 뒤져 아직까지 숨어 있다 미처 빠져나가지 못한 학생들을 붙잡아 질질 끌고 나왔다. 많은 사람들은 당시의 상황을 회고하기조차 싫어했다.

오후 7시쯤에는 계림동 광주고등학교 부근에서 청년·시민·학생 등 300여 명이 또다시 공수부대와 충돌, 다수의 희생자를 냈다. 시내에서 몇 차례에 걸쳐 공수부대원들의 적극방어를 경험한 시위대의 손에는 이때 이미 무기가 될 만한 각목과 쇠파이프 등이 쥐어져 있었다. 치열한 공방전이 20~30분 거듭된 끝에 공수부대가 밀리기 시작했다. 이들이 산수동 오거리 방면으로 밀려가자 시위대는 계속 추격, 증강된 공수부대의 반격에 맞닥뜨려 이 부근은 한순간 공포 지대로 돌변하였다. 공수대는 밤새워 인근 주택가를 샅샅이 뒤져 학생처럼 보이는 젊은이들이면 빼놓지 않고 연행해갔다.

이날에 있은 '무자비한 만행'과 '피 내음'은 수군거리는 귓엣말과 전화선을 타고 전국 각지로 퍼져나갔다. 윤성민 국방장관은 이와 관련, 6월 7일

"이날 출동한 병력은 전주 지역에 위치한 7공수단 예하의 33대대 및 35대대였다"고 밝힌 바 있다.

한편 이날 오전부터 본격적인 시위가 개시된 이래 오후부터 시내 변두리 지역인 산수동, 계림동 부근에선 오전에 벌어진 시위 상황에 관한 지하유인물이 나돌기 시작했다. 오전 중 자신들이 육안으로 목격한 사태의 진상을 고발하는 이같은 유인물은 바로 엊그제까지 전남대학교 내에서 지하유인물 「대학의 소리」를 발간하던 제작팀과 극단 '광대' 회원 등 전남대생 4명에 의해 발간된 것이었다. 이들은 "일반 시민들에게 경찰 및 공수부대원들의 잔인성을 알려야 한다"는 사명감으로 "시내 중심부에서 발생한 상황을 변두리 지역으로 전파시키기 위해 직접 제작 배포에 나섰다"고 말했다. 이들 지하 유인물 제작팀은 이로부터 4일 후 그동안 산발적으로 여러 팀에서 발간돼온 지하 유인물을 통합, 「투사회보」라는 이름의 유인물을 발간하기 시작했다.

둘째 날, 5월 19일

| 학생 차림의 젊은이는 무조건 연행 |

5월 18일은 광주시민들에게 있어서 전율과 공포, 치욕과 분노의 날이었다. 밤새워 공포 속에서 잠을 못 이루던 시민들은 5월 19일 날이 밝기가 무섭게 거리로 얼굴을 내밀고 주변 분위기 염탐에 신경을 곤두세웠다. 가족들 중 학생이나 젊은이가 있는 집안에선 모두가 걱정이 앞섰다. 특히 지난밤 돌아오지 않은 자식이 있는 집안에선 밤새워 가슴만 조였다. 어디다 수소문해 볼 수조차 없었다. 한마디로 무법천지였다.

5월 19일을 기해 많은 가정에선 자식들을 지방이나 시골 친척집으로 피신시키는 예가 생겨났다. 부모들의 강권에 못 이겨 집안에 '갇힌 몸'이 된 젊은이들도 적지 않았다. '살육의 현장'으로 나갔다간 언제 맞아죽을지 모르는 판국에 부모들의 이 같은 성화는 당연한 것이기도 했다. 결과적인 얘기이긴 하나, 사상자 중 상당수가 광주가 객지인 학생이나 시골청년, 종업원 등 후견인이 없는 인물들이 많았다는 사실은 바로 그러한 점을 잘 대변해 주고 있었다.

대학을 제외한 초, 중, 고교는 아직 정상 수업을 계속하고 있었으며, 시내 중심가의 몇몇 상가가 철시한 것을 제외하고 관공서와 일반 기업체 공장들은 대체로 정상근무를 계속하고 있었다.

그러나 5월 19일 아침이 밝기가 무섭게 군인과 경찰은 시내 전역에 걸쳐 삼엄한 경비를 편 가운데 학생 차림의 젊은이들을 보면 무조건 연행했다. 금남로는 일체의 차량 통행이 금지되었으나 많은 시민들과 학생들은 계속 모여들어 오전 10시경엔 1,000여 명으로 불어났다.

오전 10시 반경, 기동경찰이 확성기와 군 헬기를 동원, 시내 중심가에 운집한 시민들의 해산을 종용했다. 그러나 군중들의 숫자는 계속 불어나 10시 40분경부터는 경찰과 투석전을 벌이기 시작했다. 도청 앞 금남로 입구와 광남로 네거리를 완전 차단한 500여 명의 경찰 병력에 맞선 시민·학생들은 광주관광호텔 앞과 서울신탁은행 앞에 교통 철책과 노변의 대형 화분 등으로 바리케이드를 치고 〈애국가〉, 〈홀라송〉, 〈정의가〉, 〈전남도민의 노래〉, 〈우리의 소원은 통일〉 등을 부르며 시위를 시작했다. 삽시간에 군중은 5,000여 명으로 불어났다.

시위 군중들은 페퍼포그 최루탄 등을 마구 쏘며 진압하려는 경찰에 화염병과 벽돌, 각목 등으로 맞섰다. 경찰이 시위 군중을 진압시키지 못하자, 10시 50분경 군용 트럭 30여 대에 분승한 공수부대원이 도청 앞과 광남로 네거리에 진출, 장갑차 네 대씩을 앞세우고 시위 군중들을 포위, 압축해가기 시작했다. 이때 시민들은 금남로 3가 신축건물 공사장에서 각목과 철근, 쇠파이프 등을 뜯어내 군과 정면충돌했고, 군의 무차별 폭력에 흥분한 인도 변의 많은 시민들도 시위 대열에 합세하기 시작했다.

금남로에 투입된 1,000여 명의 공수부대 병력은 곤봉을 마구 휘두르며 착검한 소총으로 시위 군중의 어깨와 다리 등을 마구 찔렀다. 금남로 일대는 삽시간에 피를 흘리며 쓰러지는 군중과 이를 지켜보고 비명을 지르는 시민 등으로 아비규환의 소용돌이로 변했다.

시위 군중 앞에서 공포의 총검술 훈련

시위 군중들은 군인들의 무자비한 폭력에 밀려 충장로 등 인근 골목으로 피하거나 건물 등으로 뛰어들었다. 군인들은 이들을 건물 안과 골목길까지 추격, 붙들어내 길바닥에 무릎을 꿇리고 턱을 걷어차거나 엎어진 사람들의 머리와 등을 마구 짓이겨 길가 곳곳에 2열 횡대로 머리를 처박은 자세로 꿇어앉히기 시작했다.

순식간에 수많은 희생자를 내면서 시위 대열은 산산이 흩어졌다.

공수부대원들의 끈질긴 추격전은 계속됐다. 이들은 아무 집이나 가게를 밀치고 들어가 "젊은 사람들만 보이면 곤봉으로 난타를 한 후 피투성이가 된 채로 질질 끌고 나왔다". 그들은 길가로 끌고 나온 젊은이들을 가능한 한 많은 시민들이 주시하는 가운데 팬티만 남기고 옷을 다 벗게 한 후 군대의 유격 훈련장에서 실시하는 가혹한 기합을 주었다. 젊은이들은 팬티만 걸친 몸으로 화염병, 유리조각, 돌멩이가 널려 있는 길바닥에서 손을 뒤로 묶인 채 엎드려서 아랫배만으로 기어가는 '올챙이 포복'과 '통닭구이', '원산폭격' 등 고문에 가까운 잔인한 기합에 시달렸다.

여자들 역시 예외 없이 가혹한 폭력에 시달리긴 마찬가지였다. 인근 도로변이나 건물 옥상에서 이를 지켜보던 많은 시민들은 이때부터 울분과 분노를 참지 못한 나머지 시위 대열에 자발적으로 합세하는 양상을 띠기

위생병마저 페퍼포그 차량 옆에서 저항의지도 없는 학생을 곤봉으로 힘껏 내려치고 있다. 1980년 5월 19일. ⓒ 나경택(1980년 『광주매일신문』 기자)·5·18기념재단

시작했다. 공수대원들은 오전 11시 15분부터 군 지프에 장치한 확성기나 핸드폰 등을 통해 건물 옥상이나 창밖을 내다보는 시민들에게 "문을 닫고 커튼을 치라"고 소리쳤다. 장갑차를 앞세운 이들은 도청 앞 광주천, 광남로, 제봉로, 노동청 등을 포위한 상태에서 빙빙 돌며 시위대가 빠져나가지 못하도록 위협했다. 이 때문에 금남로, 광남로, 충장로 일대의 관공서와 공공건물은 낮 12시를 전후해 모두 문을 걸어 잠그고 직원들은 외곽 지대로 피신했다.

시위 대열이 일단 해산해 버리자 공수부대원들은 골목 안과 건물 안을 뒤져 30대 이하의 남녀 시민들을 집단 구타하면서 길가로 끄집어 내오는 한편, 금남로 노상에서 500여 명의 무장 병력이 우렁찬 구령과 함께 총검술 비슷한 진압 훈련을 펴 시민들을 위압했다.

공수부대원들은 피를 흘리며 길가에 쓰러져 있는 시민들을 후송하는 경찰에게까지 곤봉을 휘둘렀다. 특전단 소속의 한 중령은 부상 시민의 후송을 지휘하던 안수택 전남도경 작전과장에게 "부상 시민을 빼돌리거나 시위 학생을 피신시키면 당신들도 동조자로 취급하겠다"는 등의 폭언을 퍼부었다. 이 광경을 지켜보던 진압경찰의 한 간부(경감)는 핸드마이크로 충장로 등 골목길에서 서성이는 시민들을 향해 "제발 돌아가라. 군인들에게 걸리면 죽는다"고 안타까워하며 울먹였다.

오후 12시 30분쯤에는 금남로 1가 소재 YWCA빌딩 내에 있는 무등고시학원에서 몇몇 수강생들이 경고를 무시하고 밖을 내다봤다고 공수부대 1개 소대가 학원으로 난입, 50여 명의 학원생들을 닥치는 대로 두들겨 패면서 학원 밖으로 내몰았다. 그러자 밖에 대기하고 있던 또 한 패의 공수부대원들은 학생들이 문밖으로 몰려나오자 곤봉으로 무차별 난타, 수강생들은 거의 반죽음이 되다시피 했다. 공수부대원들은 어디서나 피투성이가 된 채 쓰러진 청년들을 군홧발로 닥치는 대로 걷어찬 뒤 군 트럭에다 던져

올리곤 지나버렸다.

수창국민학교 앞에선 청년 한 명을 전봇대에다 발가벗긴 채 거꾸로 매달아 놓고 여러 사람들이 보는 앞에서 곤봉으로 온몸을 난타하는 반인륜적 광경이 벌어져 시민들로 하여금 발을 동동 구르게 만들었다.

격렬해진 시위 군중

오후에 시민 학생이 시위에 나서기 시작한 것은 금남로에 진주해 있던 특전단 병력이 조선대학교 캠퍼스 뒤쪽으로 점심 식사를 하기 위해 빠져나간 오후 1시 반경부터였다. 금남로엔 몇 안 되는 공수부대원과 경찰 병력이 바리케이드를 지키고 있었다.

시민들은 골목마다 건물마다 숨어 있다가 슬금슬금 모여들기 시작했다. 가톨릭센터 앞에 모인 시위 군중은 오전보다 훨씬 많은 4,000~5,000명에 달했다. 이들은 금남로 양쪽을 차단한 경찰을 향해 돌과 화염병을 던지며 계속 몰아붙였다. 오전 중의 시위 대열에선 볼 수 없었던 40대 이상의 장년층과 부녀자들도 상당수가 눈에 띄었다. 돌과 화염병, 최루가스와 페퍼포그가 난무하는 가운데 쌍방은 계속 공방전을 벌였다.

흥분한 몇몇 청년들이 가톨릭센터 차고에서 승용차 4대를 끌고 나와 차 내부 의자에 기름을 부어 불을 붙인 다음, 군과 경찰의 저지선을 향해 시동을 건 채로 밀어붙였다. 그중 한 대는 CBS 취재차였다. 불붙은 차량이 경찰 바리케이드에 부딪쳐 폭발할 때마다 시위 군중들은 환호성을 올렸다.

일단의 청년들은 금남로 2가 소재 제일교회(현 광주백화점) 신축 공사장에서 사용하는 두 개의 기름 드럼통에 불을 붙여 군경 저지선에 힘껏 굴려 보냈다. 이 중 한 개의 드럼통이 커다란 폭음을 내면서 폭발, 화염이 높이 치솟아 올랐다. 시위대는 점차 흥분, 고조돼 갔고 숫자 역시 계속 불어났다.

군과 경찰은 가스차와 가스탄을 아껴 쓰려는 심산이었는지 이것들의 사용을 제한하는 대신 갑자기 시위대로 육탄 접근, 곤봉과 총, 대검 등을 휘둘렀다. 시위 대열은 흩어졌다간 이내 다시 모였다. 시위대는 도로변의 대형 화분과 공중전화 박스, 교통 철책, 버스 정류장, 입간판 등으로 바리케이드를 치고 계속 보도블록을 깨어 돌멩이를 만들어냈다. 보도블록을 깨는 작업은 주로 시위대 후미나 중간 부분의 아주머니나 아저씨들이 도맡다시피 했다. 지하도 공사장에서 일하던 인부들도 무기가 될 만한 연장이나 각목, 쇠파이프 등을 젊은 청년들에게 계속 공급했다.

오후 3시쯤 군경 저지대는 진압 화기가 바닥이 난 듯 방패를 앞세우고 곤봉을 손에 쥔 채 바짝 긴장한 모습으로 제자리를 고수했다. 바로 이때 군용헬기 두 대가 시위 대열의 머리 위를 저공비행하며 선무방송을 개시했다.

"시민 학생 여러분! 이성을 잃으면 혼란이 가중됩니다. 지체 말고 즉각 해산하여 집으로 돌아가십시오. 여러분들은 지금 극소수 불순분자 및 폭도들에 의해서 자극되고 있는 것입니다. 시민이 가담하거나 동조하면 가정과 개인에게 있어서 중대한 불상사가 닥칩니다. 그때 우리는 어떠한 사태가 발생하더라도 더 이상의 책임을 질 수 없습니다."

가톨릭센터의 처절한 참상

이때 갑자기 가톨릭센터 앞에서 함성이 터지면서 200여 명의 청년들이 가톨릭센터 안쪽으로 밀고 들어갔다. 9층 옥상에서 6명의 무장 공수부대원이 시민들의 시위 상황을 무전기로 연락을 취하고 있는 것이 목격된 직후였다. 빌딩 안으로 올라간 청년들 중 몇몇은 공수부대원의 대검에 찔려 병원으로 옮겨졌다. 그러나 수많은 청년들이 집중적으로 돌 세례를 퍼붓자 공수대원들도 비틀거리며 손을 들고 말았다. 공수대원들이 비틀거리자 청년들이 순식간에 달려들어 몽둥이와 쇠파이프로 때려눕혔다. 그리고 한 청년이 그들로부터 빼앗은 M16소총 한 자루를 번쩍 추켜올리자 도로의 시위대들은 함성을 질렀다.

그러나 가톨릭센터 빌딩으로 올라가 공수부대원을 인질로 삼은 것도 잠시였다. 오후 3시 20분경 점심을 끝낸 공수부대 병력이 다시 도청 앞과 광남로 사거리에서 점차 포위망을 좁혀왔기 때문이다. 시위대는 돌과 각목을 휘두르며 필사적으로 저항했지만 역부족이었다.

열세에 몰린 시민들은 차츰 뒤로 밀리기 시작하면서 골목골목으로 흩어지기 시작했고, 주 대열도 마침내 금남로를 벗어나 뿔뿔이 흩어졌다. 캐리버60 기관총으로 무장한 장갑차가 무서운 속력으로 시위대를 향해 돌진해왔다. 바로 이 순간 가톨릭센터 안으로 올라갔다가 미처 빠져나오지 못하고 인질로 잡은 공수부대원을 지키고 있던 청년들은 일시에 들이닥친 공수대에 의해 최후를 맞아야만 했다. 이곳에서 수많은 살상자가 생겼다.

공수부대의 공격에 밀려 문화방송(MBC) 쪽으로 밀린 시위 대열은 중앙국민학교 후문 부근에서부터 화염병을 투척, 저항하면서도 계속 열세를 면치 못했다. 시위대는 문화방송을 표적으로 삼았다. 일부 시위 군중은 방송국 내부로 들어가 공격하는 한편, 또 한 시위대는 차고로 들어가 취재 차량 두 대와 승용차 세 대 등 다섯 대를 끌어내 불을 질렀다. MBC방송국 사장이 직영하는 것으로 알려진 바로 옆의 전자제품상인 문화상사에도 불을 질렀다. 그러나 이곳에도 공수부대가 급습, 수많은 사상자가 발생했다.

시위 청년들을 뒤쫓던 공수부대원들도 흥분한 시민들에 포위되어 희생당한 예가 적지 않았다. 광주천변을 따라 양림교회 쪽으로 뒤쫓아오던 한 공수대원은 수많은 시민들이 포위, 역습하자 다급한 김에 광주천으로 뛰어내렸으나 시민들이 가만 놔두지 않았던 것. 공원 다리에서도 몇 명의 공수부대원들이 시민들에 밀려 다리 밑으로 떨어진 일이 있었으며, 양동시장에서도 한 젊은 청년을 추격하던 공수부대원이 시장 상인들로부터 몰매를 맞아 죽은 사건이 발생했다. 이밖에도 시민을 얕보고 단신으로 젊은 학생 시위대를 추격했던 공수부대원 상당수가 분노한 시민들의 희생물이 된 예가 적지 않았다.

| **시위 학생을 향한 최초의 발포** |

이날 오후 4시 반경에는 동구 학동 및 남광주 역전 등 외곽 지역으로까지 시위가 확산됐다. '피의 살상전'은 이제 광주시 전역에서 벌어지고 있었다.

이 무렵이 되면서부터는 고등학생들도 시위 대열에 합류하고 있었다. 오후 4시경 전남고, 대동고, 중앙여고 생들은 오후 수업을 거부하고 시가행진에 돌입할 기세였지만, 이미 계엄군이 진주, 학교 정문을 굳게 지키고 있었다. 또 광산군 송정읍에 소재한 광산여고와 정광고교 학생 1,000여 명도 수업거부 농성을 벌이다가 방과 후부터는 시위 대열에 가담하기 시작했다. 이날 오후 5시 전남 도교육위원회는 중고등학생들의 동요가 있자 다음 날(20일) 하루 동안 휴교 조치를 취한다고 시달했다.

오후 4시 30분, 공용터미널 바로 위편의 구 광주역 사거리에선 40대 초반으로 보이는 한 아주머니(전옥주 씨, 32살)가 휴대용 확성기를 붙들고 시민들에게 호소하는 가두방송을 하고 있었다.

"나는 공산당도 아닙니다. 난동자도 아닙니다. 단지 선량한 광주시민의 일원일 뿐입니다. 아무 죄 없이 우리 학생 시민들이 죽어가는 것을 더 이상 바라보고 있을 수만은 없습니다. 우리 모두 나섭시다. 학생들을 살립시다. 계엄군을 물리치고 우리 스스로 광주를 지킵시다."

가두방송에 접한 시민들은 눈시울을 적시면서 이내 수천 명의 시위 대열을 형성, 시내로 진출을 시도했다. 그러나 잠시 후 공수부대가 들이닥치면서 이곳은 또 한차례 피바다를 이루었다.

시위 대열은 바로 옆 공용버스터미널 쪽으로 피신하면서 대오를 정비하기 시작했다. 다시 모여든 시민들의 수는 2000~3000명에 달했다. 이곳에서도 한차례 커다란 살상전이 벌어졌다. 공용버스터미널 앞 지하도로 피신한 사람들은 지하도 출입구를 완전 봉쇄당했기 때문에 특히 희생이 컸다. 처참을 극한 '전쟁'이 30분 만에 또 한차례 벌어졌다. 부상자를 실어 나르던 택시 운전사가 이곳에서 최소한 3명이 죽은 것으로 시민들은 증언하고 있는데, 이 같은 사건은 다음 날(20일) 벌어진 '차량시위사건'의 직접적인 계기가 되었다. 공용버스터미널이 아수라장이 된 후 시외버스의 착발은 광주역으로 옮겨 행해졌다.

오후 5시 10분경에는 계림동 광주고교 앞에서 시위대와 공수대원 간에 또다시 충돌이 벌어졌다. 포위된 장갑차 속의 한 공수부대원이 최초로 발포한 총에 맞고 한 고등학생(조선대 부속고교 야간생)이 현장에서 즉사하는 사건이 발생했다.

5월 19일의 계속된 '살육전'이 진행되면서 "임신부의 배를 갈라 태아가 튀어 나왔다"는 소문과 함께 "광주역 분수대에서 여학생을 발가벗겨 놓고 유방을 도려내어 죽였다"는 소문이 일파만파로 퍼지면서 시민들을 극도로 흥분시켰다. 이 같은 소문은 사실 여부에 관계없이 온 시내에 퍼져나갔다.

이날 밤 7시경부터 비가 내리기 시작했는데도 불구하고 시민들은 헤어질 줄 모르고 요소요소에 집결, "광주시를 구하자"면서 좀처럼 흥분을 가라앉힐 줄 몰랐다.

셋째 날, 5월 20일

통곡하는 광주

5월 19일 밤 7시쯤부터 내리던 비는 20일 아침 9시부터 차츰 수그러들기 시작했다. 비극의 도시 광주는 어제의 참극을 그대로 간직한 채 소리 없이 통곡하고 있었다. 시민들은 오전 9시가 넘으면서부터 하나둘씩 시내 중심가로 나오기 시작했다. 시민들의 얼굴 표정 속에선 이미 공포감 같은 것은 찾아볼 수 없었다.

이날도 군인과 경찰은 시내 요소요소에 병력을 배치하고 지나는 차량과 사람들을 철저하게 검문·검색했다. 특히 다리나 로터리 부근, 통행이 잦은 중심가의 사거리에선 검문과 경비가 더욱 삼엄했다.

도로변에선 비를 맞으면서 주저앉아 통곡하는 사람들이 한두 명씩 목격되기도 했다. 어떤 아주머니는 자신의 치맛자락을 찢어가면서 "내 아들을 살려내라"고 거의 발광하듯 울부짖고 있었다. 누구 하나 뭐라고 위로해줄 수도 없었다. 많은 시민들도 함께 눈시울을 붉히면서 따라서 울먹일 뿐이었다.

비가 그치기 시작하면서 오전 10시경엔 대인시장 주변에 1,000여 명의 시민들이 집결하기 시작했다. 가정주부와 고등학생, 40~50대의 장년층까지 합세한 군중들은 전날의 시민들의 피해 상황을 주고받는 동안 자신도 모르게 흥분하고 있었다.

이보다 앞서 새벽 6시쯤 전남주조장 앞길에서 시체 한 구(김안부 씨, 36살)가 온몸이 짓이겨진 채 발견되었는데, 이 소식에 접하자 시민들은 더욱 흥분하였던 것.

1,000여 명의 시위 군중들은 주로 대인시장의 상인들과 인근 주민들이었다. 이들은 장사마저 접어두고 시민관 방면으로 진출해 나갔다. 금남로 도청 앞이 목표였지만 시위대들은 금남로에 채 이르기도 전에 탱크를 앞세운 공수부대원들에 의해 뿔뿔이 흩어졌다. 흩어진 시민들은 삼삼오오 금남로 부근으로 집결하기 시작했다.

그러나 공수부대와의 접전은 일어나지 않았다. 공수부대원들은 어제와 달리 M16 소총에 착검도 하지 않은 데다 말씨마저 달랐다. 공수특전단의 한 장교(중령)는 시민들에게 자신의 고향이 전남 곡성이라고 하면서 "질서를 지켜줄 것을 당부한다"고 말했다.

이날 광주역과 공용터미널, 서방 삼거리를 경비하는 공수부대원들은 화염방사기로 무장하고 있었다. 화염방사기에 의한 최초의 희생자가 서방 삼거리에서 생겨났다고도 했다. 공수부대원과 팽팽하게 대치하고 있던 시민들 중 맨 선두에 섰던 사람이 미처 피할 겨를도 없이 순식간에 불에 타고 말았으며, 그 외 몇 명은 높은 도수의 화상을 입었다는 것이다. 이를 지켜본 사람들은 화염방사기에 그을려 죽은 시체와 부상자들은 재빨리 군용 트럭에 옮겨져 실려갔다고 전했다.

동명동 부근에서는 하교하던 300여 명의 중학생들이 길거리에 늘어선 계엄군에게 돌을 던지며 대치하다 최루탄과 페퍼포그 세례를 받고 물러났다.

한편 어제 사태에서 부상자를 실어 나르던 동료 운전사가 최소한 3명이 죽은 데 대해 택시 기사들은 저마다 흥분하고 있었다. 시내 어느 누구보다도 상황을 잘 알고 있던 이들은 당일 무등경기장에 모여 대책을 세워보자고 연락을 취했다. 이 같은 택시 기사들의 움직임은 불과 서너 시간 후 커다란 위력을 발휘, 시민들의 환호를 받게 된다.

5월 20일 오후 3시. 금남로에 모인 시민들의 숫자는 수만 명에 달했다. 할머니의 손목을 잡은 다섯 살짜리 어린 꼬마에서부터 아저씨, 아주머니, 점원, 공원, 술집 아가씨, 회사원, 방위병, 학생 등 남녀노소와 직업의 구별 없이 수많은 시민들이 한마음 한뜻으로 모인 듯했다.

시위 군중, 맨주먹으로 계엄군과 정면충돌

시위 군중들은 경찰의 최루탄에 몇 차례 밀리다가 금남로와 중앙로의 교차 지점인 지하상가 공사장 부근에 주저앉아 연좌농성에 들어갔다. 시민들은 겁이 없어진 듯했다. 어떤 시민은 "차라리 우리 모두를 죽이라"면서 품에서 태극기를 꺼내 흔들어대기도 했다. 학생으로 보이는 젊은 청년이 앞에 나와 시위 군중들을 향해 구호를 선창하면서 유인물을 낭독했다. 이들은 〈우리의 소원은 통일〉, 〈아리랑〉, 〈정의가〉, 〈투사의 노래〉를 합창하면서 시민들을 규합했다. 학생들의 말이 제대로 전달되지 않아 스피커가 필요하게 되자 곧바로 40여만 원이 모금되었다.

시위 군중들이 대오를 정비하고 있는 동안, 금남로 도청 앞을 지키고 있던 군경 저지선에선 모종의 변화가 일고 있었다. 전면을 담당하고 있던 경찰 병력이 뒤쪽으로 빠지는 대신 공수부대원들이 전면으로 배치되고 있었던 것.

공수부대원들은 군중들을 향해 귀가를 종용했으나 시민들이 더욱 소리 높여 노래를 부르자 곧바로 작전을 개시, 군중들을 곤봉으로 해산시키려 들었다. 대검으로 찌르는 방법은 취하지 않았으나 강력한 공세 자세로 나온 건 어제와 다를 바 없었다.

얼마 후 모금한 돈으로 준비한 스피커가 등장했다. 자동차용 배터리에다 소형 앰프를 부착시킨 확성기에선 "우리 모두 이 자리에서 먼저 가신 님들과 같이 죽읍시다"면서 시민들의 시위를 독려했다. 이 같은 가두방송이 있고 나서 시민들은 더욱 흥분, 계엄군과 몇 차례 공방전이 거세게 일었다.

시위대의 자세는 어제와 달리 훨씬 자신에 차 있는 듯했다. 금남로를 따라 이들은 공수대의 저지선을 향해 한 걸음 한 걸음 전진해가곤 했다. 많은 사람들은 얼굴 특히 코밑 부분에 치약을 발라 최루가스를 참아내고 있었다. 이들이 목표로 삼는 도청 앞은 군경 저지선이 겹겹이 쳐져 있었고, 그 후편으로는 분수대를 중심으로 탱크를 위시한 수많은 화력이 진을 치고 있었다.

오후 5시 50분쯤 충장로 입구 쪽에서 약 5,000여 명의 시위 군중이 스크럼을 짜고 도청을 향해 돌진해왔다. 이들은 맨몸으로 계엄군과 정면충돌, 이내 힘에 밀려 많은 희생자를 내면서 물러섰다.

시민들은 "군은 38선으로 복귀하라"는 등의 구호와 〈애국가〉 등을 부르며 대표를 선출, 경찰 저지선으로 보내 "광주시민을 폭도(적)로 취급하는 공수대와 사생결단을 낼 테니 경찰들은 비켜달라"고 요구했다. 몇 차례의 싸움이 계속되었으나 시민들은 끝까지 물러설 줄 몰랐다. 희생자 수도 늘어날 수밖에 없었다.

| 수백 대의 차량 행렬 시위 |

이때 갑자기 금남로 끝 부분인 유동 쪽에서부터 수많은 차량들이 일제히 비상 라이트를 켜고 동시에 경적을 울리면서 도청을 향해 돌진해왔다. 맨 선두에는 대한통운 소속 12톤 대형 트럭과 고속버스, 시외버스가 앞장섰다. 대형 트럭 4대, 시내외 버스 11대가 선두에 섰고, 그 뒤로 200여 대의 택시가 도로를 가득 메운 채 뒤따르고 있었다. 트럭 위에는 20여 명의 청년들이 올라서서 태극기를 흔들어댔으며, 버스 속에는 남녀노소 할 것 없이 시민들이 가득 타고 있었다. 순식간에 시위 대열의 기세는 하늘을 찌를 듯 사기가 충천했다.

차량 시위 행렬과 군경의 접전은 "차마 눈뜨고는 볼 수 없는 참극"이었다. 군경은 최루탄과 페퍼포그를 있는 대로 차량 행렬을 향하여 쏘아댔다. 안개처럼 자욱한 가스에 숨이 막힌 운전사들이 더 이상 나아가지 못하자 계엄군은 이들 운전사들을 대부분 연행했다. 끌려가는 운전사들을 보며 시위대는 투석을 하며 차량 시위대를 엄호했다.

이날 밤 시위 군중과 군경 간에 수십 차례의 밀고 밀리는 공방전이 벌어졌다. 밤이 깊어지면서부터는 시 외곽 지역에서 뒤늦게 소식을 듣고 달려온 시민들이 합세, 시위 군중은 거의 20만 명에 육박하고 있었다.

오후 8시 30분, 광주소방서를 공격해 소방차 3대를 탈취한 시위대가 차를 앞세우고 금남로에 나타나 소방 호스로 최루가스를 제거하면서 군경 저지선 쪽 장갑차 앞으로 밀어닥치자 일진일퇴의 공방전이 다시 벌어졌다.

밤 9시경, 비교적 시내 중심지에서 멀리 떨어진 시청 건물의 군경 저지선이 무너지면서 시민들에 의해 장악되었으며, 문화방송국과 KBS방송국이 시민들의 공격을 받아 방송이 중단되는 사태를 낳았다. 이 무렵 시내 외각 지역의 시위대들은 곳곳의 주유소를 점거하여 휘발유를 퍼내 화염병을 만들거나 시내 전역의 파출소를 파괴하였다.

또 밤 9시 20분경에는 노동청 앞 오거리에서 광주고속버스 10여 대를 몰고 나온 시위대가 경찰 저지선을 그대로 돌파하는 바람에 함평경찰서 소속 경찰관 4명이 차에 깔려 숨진 사건이 발생했다.

시위대의 열기는 밤이 깊어갈수록 높아가 마침내 밤 10시경에는 시 외곽 지역으로 통하는 군경 저지선이 곳곳에서 무너져 M16 총성과 예광탄, 신호탄이 계속 터져 올랐다. 경찰력은 마비 상태에 빠져들었으며 외부와의 연락이 일체 두절되는 사태에 직면하게 됐다. 마치 전시를 방불케 하는 상황이었다.

이제 군경은 도청과 광주역, 조선대, 전남대 등에서만 볼 수 있었다. 20만에 육박한 시위 군중이 도청 앞의 군경 저지선을 압박해 들어오자 도청 방어가 위태롭다고 판단한 계엄군은 20일 밤 11시 5분 마침내 공식적으로 발포를 개시하기에 이르렀다. M16의 총성이 콩 볶듯이 광주의 밤하늘에 울려 퍼졌다. 순식간에 선두에 섰던 시위대가 쓰러지기 시작했다.

| 유혈 공방전 '신역(新驛)사태'

도청 앞 시위 과정 중 전옥주라는 여성은 휴대용 확성기로 "물러서지 맙시다", "모두들 도청으로", "전투경찰 아저씨 우리에게 최루탄을 쏘지 마세요.

여러분과 우리는 다 같이 힘을 합쳐 우리 민족을 못살게 구는 전두환을 몰아내야 해요" 하고 외치면서 밤새 시위 대열을 독려했다. 계엄사령부는 한때 이 여인을 간첩으로 발표한 적이 있었지만, 연행 조사 결과 사실과 다름이 밝혀졌다.

이날 밤 도청 3층 도지사실에 있던 장형태 지사는 1층 서무과로 피신했다가 얼마 안 있어 상무대에 있는 계엄사령부로 몸을 피하고 말았다.

밤 11시가 넘으면서 계엄군의 진압 화력이 약화되어 최루탄을 쏘는 속도가 현격하게 줄어들고 있었다. 그러나 군경 저지선은 여전히 요지부동으로, 시위대와 군경은 일진일퇴의 공방전을 거듭했다. 이보다 앞서 밤 10시경엔 MBC 부근에서 갑자기 폭음이 일며 불기둥이 하늘로 치솟았다. 시위대에 의한 화염병 투척이 분명했다. 주위 경계를 맡고 있던 10여 명의 계엄군도 재빨리 철수해 버렸다.

MBC는 무방비 상태에 빠지고 시위대의 수중에 들어갔다. 곧 이어서 MBC는 화염에 휩싸였다. 방송국의 불길로 전 시가지가 대낮같이 훤해졌다.

20일에 있은 주요 공방은 금남로와 신역(광주역)에서 벌어졌다. '금남로 전투'는 앞에서 본 그대로였다. '신역 전투'는 밤 10시 30분쯤 한 청년이 공용터미널에서 광주역으로 통하는 지점의 길 옆 주유소로부터 드럼통 두 개에다 휘발유를 가득 담아 트럭에 싣고 불을 붙인 뒤 계엄군 바리케이드를 무너뜨림으로써 촉발되었다. 계엄군 20미터 전방에서 그 청년은 불이 붙은 트럭에서 재빨리 뛰어내렸다. 트럭은 그대로 계엄군 진지로 돌진, 바리케이드를 박살내고 역전 앞 분수대를 들이받았다. 순간 꽝! 하는 폭발음과 함께 불기둥이 하늘 높이 치솟았다.

광주역을 중심으로 한 시위대와 계엄군의 유혈 공방전은 새벽 4시까지 계속되었다. 수많은 차량들이 광주역 앞 분수대 주위에서 불타오르고, 시위 군중들은 그곳을 가득히 에워싸고 있었다. 시위대들의 끈질긴 공략을 이겨낼 수 없다고 판단한 계엄군 측은 처음 한동안은 공포탄으로 위협사격을 가하며 시위 군중을 해산시키려 안간힘을 쏟았다. 그러나 이미 노도처럼 밀려드는 시위대를 막아낼 수는 없었다. 시위대의 손에는 무기가 될 만한 각종 잡구가 쥐어져 있었다.

계엄군의 총구의 각도가 갑자기 아래로 수그러들었다. 그 순간 시위 군중들이 풀썩 풀썩 고꾸라졌다. 피투성이가 된 시신을 보면서도 시위 군중들은 겁을 먹지 않고 계속 계엄군과 대치하며 위협했다. 계엄군들은 서서히 퇴각 준비를 서두르는 듯했다.

신역(광주역) 방어는 계엄군으로선 작전상 아주 중요한 지점이었다. 광주역과 고속도로 입구가 시위대들의 손에 들어간다면 병력 수송과 보급품 공급을 비롯, 고속도로가 차단됨으로써 빚어질지도 모를 '치안 부재'를 노출, 전반적인 행정 기능의 마비를 재촉할 위험이 컸기 때문이다.

| 발포 시작된 금남로의 처절한 비극 |

한편 금남로에서는 자정이 가까워오면서 20만에 육박하는 거대한 시위 군중이 도청 앞 계엄군을 완전 포위, 시위대의 도청 점거는 다만 시간문제일 따름이었다. 순간 총성이 몇 차례 울려 퍼졌다. 공포의 위협사격이었다. 밤하늘은 기관단총에서 내뿜은 예광탄이 검은 하늘을 가르며 날았다.

'위협사격'임을 이내 감지한 시위 군중들의 공격이 계속 죄어 들어오자 드디어 계엄군 측 M16 총구에서 콩 볶는 듯한 총성이 계속 튀겼다. 전열에 위치한 시위 군중들이 쓰러졌다. 순간 도청 앞 광장은 아수라로 변했다. 시민들은 밟히고 넘어지면서 저마다 길옆으로 피했다.

'발포'가 공식적으로 개시된 이후 시위 군중은 두 갈래 나뉘어졌다. 죽음의 공포를 이기지 못한 시민들은 서둘러 시위 현장을 빠져나갔다. 그러나 대부분의 시민은 발포에도 아랑곳하지 않고 일단 골목길과 건물 옆으로 몸을 피신, 사태의 추이를 주시하며 '공격 자세'를 늦추지 않았다. "말로만 듣던 시가전에 직접 참가했다"고 한 학생의 말처럼 이날 밤의 도청 앞은 처절을 극한 이 땅의 최대 비극으로 기록돼야 할 것 같다.

21일 새벽 1시쯤엔 광주세무서가 불탔으며, 새벽 2시 무렵엔 광주역 부근에 있는 KBS방송국이 화염에 휩싸였다. 그리고 광주로부터 외부로 통하는 모든 시외전화는 '고장'이라는 이유로 두절되었다. 광주에서 벌어지고 있는 동족상잔의 '피내음'은 더 이상 전선을 타고 시외로 빠져나갈 수가 없었다. 밤에 불타버린 두 방송국과 함께 『전남일보』, 『전남매일신문』의 편집 제작이 중단됨으로써 광주시는 완전히 고도(孤島)로 화했다.

한편 정부 당국은 20일 오후에 열린 국무회의에서 전 국무위원이 최근의 소요 사태와 관련하여 사표를 제출하였다고 발표, 과도정부를 주도했던 신현확 내각은 출범 후 5개월 6일 만에 물러났다. 그러나 광주지역의 심각한 사태에 대해선 아직도 공식적인 발표가 없었다.

넷째 날, 5월 21일

헌혈자들의 눈물겨운 행렬

5월 21일. 이날은 음력 사월 초파일로서 '부처님오신날'이었다. 그러나 광주에는 저주와 분노, 끔찍한 살육의 총성만이 난무했다. 지금도 광주시민들은 이날의 참상을 '초파일의 유혈극'이라고 부르고 있다.

계엄군의 발포가 개시된 후 광주시내 전역의 병원이란 병원은 총에 맞은 '총상 환자'들로 초만원을 이루었다. 운전자들은 앞장서서 부상자와 사망자들을 병원에 실어 날랐다. 병원마다 총상 환자들의 신음 소리로 넘쳐났으며, 분주한 모습으로 혼신의 노력을 기울이는 의사와 간호원들에게 시민들은 경의를 표했다. 병원 앞엔 미처 들어서지 못한 부상자들이 줄을 이었고, 헌혈자들의 눈물겨운 행렬이 상처받은 시민들의 마음을 그나마 위로해 주었다. 특히 적십자병원에선 인근의 속칭 '황금동 아가씨'들이 떼지어 몰려와 헌혈을 자청하는, '가슴 찡한' 모습이 눈에 띄기도 했다.

새벽 4시까지 지속된 '신역 전투'를 거쳐 오전 9시 30분쯤에 이르자 외곽 지역의 시위 군중들은 금남로 시내 중심가를 향해 몰려들었다. 10시경엔 이미 시위 대열이 10만을 넘어서고 있었다. 바로 이 무렵, 운전을 할 줄 아는 많은 젊은 시위대들은 군납방위산업체인 아세아자동차 공장에 진입, 대형 버스 22대, 장갑차 3대, 군용 트럭 33대, 민간 트럭 20대를 몰고 와 도청으로 진격하거나 외곽으로 몰며 시민들을 실어 날랐다.

이날 오전 8시를 기해 전국 각지에선 광주행 고속버스의 운행이 중단되었다. 사태가 심각하게 돌아가자 시위대는 계엄군과 협상을 시도, 오전 9시 50분쯤 시위 군중이 뽑은 시민대표 김범태 씨(27살, 조선대 법대 1년)와 전옥주 씨(32살, 가정주부) 등 2명을 도청에 들여보내 장형태 지사와 협상토록 했다. 이 자리에서 양 대표는 ① 유혈사태에 대한 당국의 공개사과, ② 연행 학생 및 시민들의 전원 석방과 입원 중인 시민과 학생들의 소재와 생사를 알려줄 것, ③ 계엄군은 21일 정오까지 모든 병력을 시내 전역에서 철수할 것, ④ 전남북 계엄분소장과 시민대표 간의 협상을 주선할 것 등을 요구했으나 이렇다 할 답변을 얻지 못했다.

오전 10시 30분에 이르자 군 헬기가 분주히 도청과 조선대, 전남대 등에 이착륙하는 모습이 보였다. 계엄당국은 이들 헬기를 통해 도청 지하실의 진압무기류와 사망자를 어디론가 공수하는 한편, 도청 내의 주요 기밀서류를 이송하기 시작했다.

| 무위로 끝난 협상 시도 |

오전 11시 40분경에는 광주시 일원에 '전남민주학생총연맹'의 이름으로 전단이 배포됐다. '4·19의거로 연결하자'는 제목의 이 전단은 "오늘 2시 도청 앞에서 궐기대회를 갖자!"면서 "각 대학은 대학별로 집결지를 정해 행동할 것"과 "시민들은 각 동별로 도청 앞에 집결하자!"고 호소했다. 이들이 제시한 각 대학의 집결지를 보면 전남대학교-공용터미널, 조선대학교-계림동 파출소 앞, 서강실업 및 간호대-문화방송 앞, 고교생-산수동 오거리 등이었다.

20일 심야에 벌어진 계엄군의 발포 개시에 따라 '광주사태'는 전혀 새로운 국면을 맞고 있었다. 시내 곳곳에서 총에 맞은 시체가 나뒹굴자 시위 군중 특히 젊은 청년들은 "우리도 살기 위해선 무장을 해야 한다"고 울부짖었다. 계엄군의 총격은 사태를 걷잡을 수 없는 와중으로 몰아넣고 말았다. 아세아자동차 공장과 관공서 차고에서 끌어낸 차량들은 속속 광주시 인접 외곽 지역을 향해 빠져나갔다. 젊은 시위대들을 태운 시위 차량들은 화순 동면, 보성 벌교 방면과 남평, 나주, 무안, 목포, 영암, 강진, 해남, 완도 방면, 그리고 담양, 곡성, 구례, 장성, 영광 등지로 빠져나갔다.

한편 도청 앞 시위 군중은 시시각각으로 불어나 이날 오전 11시 무렵엔 30만에 육박했다. 바로 이때 시위 군중 맨 앞에 도열해 있던 503 벤츠 고속버스가 군경의 저지선으로 돌격하자 계엄군 쪽에서 LMG 기관총을 난사, 차에 타고 있던 젊은 시위대원 20여 명이 살상당하는 사고가 일어났다. 시위 군중들은 이들 사망자의 시체를 대형 태극기로 덮어 2구씩 군용 지프와 리어카 등에 싣고 시내를 돌며 시민들의 동참을 촉구했다.

차량을 이용한 군 저지선 돌파 작전은 여러 차례 시도됐다. 그러나 번번이 실패, 희생자만 늘어날 따름이었다. 계엄군 중 일부 공수대원들은 한발한발 저지선을 압박해 들어오는 시위 군중을 막기 위해 전일빌딩과 관광호텔에 잠입, 시위의 선두에 선 시민들에 대해 조준 사격을 시작했다. 사망자는 대폭 늘어났고, 시민들은 남녀노소 직업을 뛰어넘어 '분노의 일체감'을 이루었다.

'무장하지 않으면 안 된다'는 절박감으로 시위 군중들은 '총'의 소재지를 찾아 나섰다. 그들이 목표로 하는 곳은 대부분이 예비군 무기고였다. "총에는 총으로!", "이대로 당할 수만은 없다. 우리도 총을 갖자!"면서 시외로 빠져나간 흥분한 젊은 청년 시위대들은 텅 비다시피 한(대부분이 광주시로 차출되었다) 경찰서와 지서를 파괴하고 무기와 탄약을 모으기 시작했다.

우선 오후 2시경 동양고속버스를 선두로 수십 대의 차량이 화순에 진입, 곧장 화순탄광으로 직행하여 광부들의 알선으로 시위대들은 무기고에서 다량의 총기와 탄약을 탈취하였다. 처음엔 광부들이 TNT를 내주려 하지 않았으나 광주시의 피비린내 나는 참상을 듣고선 곧장 다량의 TNT를 인도해줬다고 한다.

무장하기 시작한 시위대들

같은 무렵, 20여 대의 차량에 나눠 타고 나주 방면으로 내달린 500여 명의 시위대는 나주경찰서를 급습, 카빈 94정, 권총 25정, 공기총 151정을 빼앗는 한편, 또 다른 차량에 분승한 100여 명의 시위대는 나주 금성파출소를 습격, 파출소 내 예비군 무기고를 부수고 M1 2백정, 카빈 500여 정, 총탄 5만 발 등을 탈취했다. 또 오후 2시 40분경에는 50여 명의 시위대가 광주 지원동 석산화약고에 진입, 다량의 TNT와 뇌관을 날라 왔다.

한편 시민들이 '무장'의 필요성을 절감할 무렵, 광주 시가지 위를 떠돌던 군용 헬기가 도청 부근을 선회하더니 갑자기 고도를 낮추고는 MBC가 소재한 제봉로 부근에다 기총소사를 하기 시작하자, 금남로 부근의 골목에서 웅성거리던 시위 군중들은 혼비백산, 길바닥에 엎드리거나, 건물 가장 자리로 재빨리 몸을 숨겼다. 헬기로부터 날아온 탄환에 죽은 사람들이 여기저기서 나뒹굴었다. 오후 2시 30분쯤 200여 명의 시민들이 중앙로 지하상가 공사장 부근에 모여 앉아 농성 중이었는데, 앞쪽과 도청 쪽에선 총격 세례가 계속되고 있었다. 바로 이들에게 시외에서 돌아온 젊은 시위대들은 카빈 소총 30여 정과 실탄 한 클립씩을 분배하기 시작했다. 시 외곽 지역의 예비군 무기고에서 빼앗아온 다량의 총기류와 탄약이 광주에 반입된 오후 3시 30분 이후 수백 명의 무장 청년 시위대는 도청 앞 군경 저지선을 향해 진격해 들어갔다. 공수대원과 청년 시위대와의 총격전이 개시된 것이다. 광주사태는 어느 새 '시가전'의 양상을 띠게 되었다. 온 시내는 그야말로 귀가 아플 정도의 총성에 휩싸였다. 계엄군의 공수부대원들은 도청 건물과 관광호텔, 전일빌딩을 중심으로 각종 돌출물을 은폐물 삼아 조준사격을 가했으며, 청년 시위대들은 눈에 익은 골목길에 숨어서 조심스레 접근하며, 도청을 향해 응사했다. 이 같은 시가전은 계엄군이 도청에서 철수하는 오후 5시 반까지 계속되었다. 수많은 부상자와 사망자가 거리마다에 쓰러져 있었다. 이들은 급속하게 병원으로 이송 조치되었다.

 계엄군이 도청에서 물러난 직후 광주 시가지는 순간 극도의 혼란에 직면했다. 수많은 시민과 차량 행렬, 최루가스 내음과 피 내음이 뒤범벅되어 모두가 우왕좌왕 헤매고 있었다. 이러한 혼란과 무질서를 정리하기 위해 젊은 청년들은 몇 대의 군용 지프에다 마이크를 가설, 시민 홍보에 나서기 시작했다. 이들은 광주시내에 너무 많이 들어온 차량들을 우선 정리하는 게 급선무라고 생각했다. 그래서 "모든 차량은 광주공원과 유동 삼거리로 모이자"고 가두방송을 했다. 무질서하게 시가지를 배회하던 각종 차량들은 이 방송이 개시된 지 얼마 뒤 광주공원 앞과 유동 삼거리로 집결하기 시작했다. 공원 앞에는 수백 대의 차량과 수천 명의 시민이 모여 한 40대 남자의 호소에 귀를 기울이고 있었다. "여러분 지금 이런 식으로 무질서

하게 돌아다니기만 하면 우리는 이길 수 없습니다. 지금부터 저의 통제에 따라 각자 부대를 편성해서 행동합시다" 하고 커다란 목소리로 외쳤다. 그는 우선 사람들을 탑승한 차량으로부터 내리게 한 뒤 10여 명씩 줄을 세웠으며, 무기 소지자는 따로 조를 편성, 대열을 만들었다. 편성된 대열은 대부분 10대 후반과 20대가 주류를 이루고 있었다. 그들의 직업은 그곳에서 당장 정확히 알 수는 없었으나 노동자와 종업원 등 현장 근로자와 구두닦이, 넝마주이, 술집 아가씨, 일용품팔이, 부랑아 등이 대부분이었으며, 교복을 입은 고등학생들도 상당수가 끼어 있었다.

점차 조직화되는 무장 시위대

조별로 부대가 편성되자 조장은 먼저 자기 대원들에게 총기 조작법과 수류탄 투척법 등을 교육시키고 사격 요령 등에 관해서도 구두로 설명을 해 주는 모습이 여기저기서 눈에 띄었다.

유동 삼거리에서도 광주공원에서와 마찬가지로 200여 명의 무장 시민들에게 총기 조작법과 교전 요령을 가르치고 있었다. 40대 초반의 리더는 "오늘밤 격전이 예상된다"면서 아세아극장 옥상과 그 아래 도로변 양옆에 화분대로 바리케이드를 치고 LMG와 기관단총 3정을 배치토록 지시했다.

학동시장 입구에선 30여 명의 무장 시위대가 화순 방면의 진입로를 차단하는 무장 경계에 들어갔으며, 기독병원 부근에선 40~50명이 수피아여고 앞에 배치되었다. 이들은 이곳에 배치되기 직전 수피아여고 강당에서 실탄 장전 요령과 조준 및 야간 사격 요령을 교육받았다. 해남, 강진, 무안, 목포, 나주 방면으로 통하는 백운동 철도 건널목에도 20여 명의 시위 병력이 배치되었다. 이들은 도로 양옆 3층 건물로 들어가 전방 관측이 잘 되는 목표 쪽에 각자 위치를 잡았다.

한편 이날 오후 5시쯤 계엄군을 도청으로부터 결정적으로 퇴각케 하는 무장작전이 전남의대병원 12층 옥상에서 일단의 젊은 시위대들에 의해 진행되고 있었다. 그들은 LMG 2정을 의대병원 옥상의 계엄군 임시본부인 전남도청이 정확히 사정거리 안에 들어오는 지점에 설치한 것이다. 도청과 병원의 거리는 불과 300미터 내외에 불과했다. 시민 시위대는 12층 옥상에서 4층에 불과한 도청 건물을 내려다보며 유리한 위치에서 기관단총의 방아쇠를 당기기 시작했다. 삽시간에 도청 내의 계엄군 임시본부는 아수라장이 되었다. 시민들의 끈질긴 저항에도 그다지 심각성을 느끼지 않던 도청 임시본부는 전남의대 옥상에서 날아오는 총격은 피할 수 없다고 느꼈는지 크게 동요하기 시작했다. 거기에다 "휘발유를 가득 만재한 소방차가 도청문 돌파를 위해 시위대의 엄호를 받으며 속속 접근해 오고 있다"는 정보에 접하면서 더욱 초조한 모습을 보여주었다.

이 같은 상황에서 계엄군 임시본부는 오후 5시 30분 일단 철수를 결정, "장갑차 한 대가 도청에서 학동 방면으로 질주하면서 길 양옆에다 기관총을 쏘면서 빠른 속도로 지원동 입구까지 9회나 왕복을 하였다. 퇴로 확보를 위한 필사적인 위협사격임이 분명했다". 잠시 정적이 흐른 뒤 병력을 가득 실은 군용차량 10여 대가 무서운 속도로 질주하면서 M16을 길 양옆으로 난사했다. 주택가 안방까지 날아 들어온 총탄에 안타까운 희생자가 여기서도 많이 생겼다.

이와는 별도로 계엄군들은 각 소속부대 별로 조선대학교 쪽으로 집단 퇴각했다. 전남도 경찰국 중요 간부는 부하 직원들에게 "사태가 지극히 심각하니 각자가 알아서 행동하라"면서 도청 뒷담을 넘어 피신하였다.

시위 군중들은 계엄군 임시본부가 도청 내에서 완전 철수한 것도 모른 채 한동안 도청을 포위하고 시위를 계속하다가 이날 오후 8시경에야 비로소 도청 내로 진입, 드디어 도청을 시민의 손으로 '접수'했다. 그 후 광주공원, 유동 삼거리 등지로 모였던 무기들은 즉시 도청 내로 모아졌다. 이날 시민들의 손을 통해 도청에 모아진 무기류는 카빈 소총 2,240정, M1 소총 1,225정, 38구경 권총 12정, 45구경 권총 16정, 기관총 2정 등 모두 3,505정이었으며, 실탄은 4만 6,400발, TNT 4박스, 뇌관 100개, 장갑차 5대, 수십 대의 무전기, 방독면 등이었다(이 숫자는 계엄사가 5월 22일 발표한 내용이다).

| 신현확 총리 사퇴, 박충훈 신내각 들어서 |

5월 21일 밤의 광주시내 전역은 칠흑 같은 암흑으로 일관했다. 무섭게 질주하는 시민 시위대들의 암호 연락 차량과 무장 차량 외에 길거리엔 개미 새끼 한 마리 얼씬거리지 않았다. 이날 밤 시민 시위대의 암구호는 '담배연기'였는데, 이 암호는 비상 연락 지프를 통해 각 지역을 경계 중인 시위대원들에게 신속하게 전달되었다.

이날 밤을 기하여 계엄군은 송정리 방면으로 통하는 화정동, 화순 방면으로 통하는 지원동, 목포 방면으로 통하는 대동고교 앞, 장성 방면의 동운동, 여수·순천 방면의 문화동, 31사단 방면의 오치, 그리고 교도소 일대 등 7개 지점에서 광주시를 타 지역과 차단·봉쇄시키는 작전으로 전환했다. 특히 이날 밤 퇴각 과정에서 퇴각하는 계엄군 공수부대와 교체병력인 20사단 사이에 서로를 확인할 수 없었던 관계로 오인 총격전이 벌어져 최소한 30여 명의 사상자가 발생했을 것으로 인근 주민들은 추정했다. 계엄군이 도청에서 철수한 직후, 작전이 광주 차단·봉쇄 위주로 바뀌면서 이날 밤 9시경부터 서울발 광주행 하행열차가 장성까지만 운행되었다. 이와 함께 계엄사는 광주시위사태를 처음으로 밝히고 "민간인 1명, 군경 5명이 사망했다"고 거짓 발표했다. 또한 "광주소요는 서울을 이탈한 소요 주동 학생 및 깡패들이 대거 광주에 내려가 유언비어를 날조해 퍼뜨린 데 기인되었다"고 발표했다. 이 날짜로 신현확 총리가 사퇴하고 박충훈 내각이 수립되었다.

또 이날을 기해 광주시내 거주 미국인 약 200명은 송정리 비행장을 통해 서울로 빠져나갔다. 또한 송정리 미군비행장에서는 이날 밤 9시부터 자정에 이르기까지 그곳에 착륙 중이던 전투기들을 비롯, 모든 비행기들을 군산 혹은 오산 비행장으로 이동시켰다.

한편 이날에야 『동아일보』에는 '광주사태 대책강구'라는 제하에 "지난 18일 광주 일원에서 발생한 소요사태 아직 수습되지 않고 있다"고 짤막하게 보도했다. 계엄사는 이날 동시에 김대중 씨에 대한 중간조사 내용을 발표, "학원시위사태의 치밀하고 조직적인 배후 조종자"로 규정했다.

21일 오후 총격전이 개시되고부터 무장한 시위대를 광주시민들은 일반 시위 군중과 구별 '시민군'으로 호칭하기 시작하였다. 처음에는 비조직적·분산적이던 시위대들은 30~40대의 장년층이 참여하면서부터 예비군 조직과 군대 경험을 살려 점차 조직적이고 질서 정연한 편대를 갖춰갔다.

시민군을 중심으로 한 무장항쟁의 성격으로 광주시위사태가 성격이 바뀌어가는 동안, 학생운동권에선 윤상원을 중심으로 녹두서점과 보성기업에서 수차례에 걸쳐 모임을 갖고 '현 상황에서의 학생운동의 진로'에 관해 논의를 벌였다. 이 자리에는 윤상원을 비롯, 정상용, 이양현, 정해직 등 7명이 참석했다.

다섯째 날, 5월 22일

광주시의 두 얼굴

'시민항쟁' 5일째로 접어든 5월 22일의 광주시는 두 얼굴로 떠올랐다. 계엄군이 시위 군중들의 공격에 못 이겨 시 외곽으로 퇴각한 데 대한 일종의 '승리감'과 한편으로 수많은 희생자를 낸 데 대한 분노와 허탈감으로 뒤범

벽이 돼 있었다. 시내 곳곳에선 총구를 창밖으로 내놓은 채 복면을 한 시위대들의 차량이 시가지를 누비곤 했다. "계엄철폐", "전두환을 찢어 죽이라" 등의 플래카드를 달고 구호를 외치는 이들을 보면서 시민들은 마치 전투에서 막 승리하고 돌아온 개선 용사처럼 생각돼 시민군들이라면 너나없이 환호를 보냈다. 도로변 인근 주민들과 아낙네들은 각종 드링크류와 청량음료, 푸짐한 음식을 날아와 이들 젊은이들이 배불리 먹도록 했다. 그들은 시민군들이 자신이 가져온 음식을 맛있게 먹는 모습을 보면서 마냥 흐뭇해했다. 가게 주인들은 담배를 몇 박스씩 가져다 시위대 차량 속의 시민군들에게 몸소 나눠주기도 했다.

22일 날이 밝으면서 광주공원에는 많은 시민들과 지난 밤 외곽 지역 전투에 참여했던 무장 시민군들이 모여들었다. 이들은 김원갑(19살, 재수생)을 중심으로 5~6명의 청년들이 이곳으로 모여드는 차량들에게 모두 번호를 매겨주면서 일종의 '차량 등록'을 필해주고 있었다. 하얀 페인트로 차량 앞뒷면에 일련번호를 큼지막하게 쓴 차들 중 소형 차량은 주로 의료, 연락 등의 임무를, 대형 차량은 병력 및 시민들의 수송과 보급, 청소 업무를 맡겼다. 그리고 군용 지프는 지휘, 통제, 순찰, 상황통제와 전달 등 헌병 업무를, 군용 트럭은 전투 업무를 맡겼다. 이들은 몇몇 소형 차량을 동원, "등록을 필하지 않은 차량은 즉시 공원으로 모여 등록과 동시에 임무를 부여 받으라"고 홍보하였다.

이날까지 무장한 시위대는 대략 500명 정도에 달했는데 이들은 나름의 조직과 편성에 따라 각 지역에 배치, 경계 근무에 들어갔다.

이날 오전 금남로와 도청 주변에는 수많은 군중들이 분수대를 중심으로 모여 앉아 도청 내의 지도부 결성 여부에 큰 관심을 갖고 있었다. 이날 새벽 일찍 도청을 점령한 일단의 무장 시위대들은 도청을 본부로 확정하고 1층 서무과를 작전상황실로 사용하기 시작하였다. 처음 이곳에는 일반 시민들이 너나없이 들어가 체계적인 질서와 통제가 결여돼 한동안 혼란을 면치 못하였다. 그러나 시간이 지나면서 점차 질서와 체계를 갖춰갔다.

'사태수습위' 구성

이와 함께 이날 아침 일찍부터 도청 상황실 옆 사무실에는 정시채 부지사를 중심으로 한 광주의 몇몇 지명인사들이 모여 계엄사에 요구할 협상 조건에 관해 토의했다. 몇 시간의 마라톤 회의 끝에 이날 낮 12시 30분경 목사, 신부, 학생, 변호사, 관료, 교사 등 광주시내의 지도급 인사 15인으로 '5·18사태수습대책위원회'(위원장 독립투사 최한영 옹)를 결성하고 다음과 같은 7개항의 요구를 결의했다.

- 사태수습 전에 군 투입을 말라.
- 연행자를 석방하라.
- 군의 과잉진압을 인정하라.
- 사태수습 후의 보복금지.
- 책임 면제.
- 사망자에 대한 보상.
- 이상의 요구가 관철되면 무장을 해제하겠다.

그러나 이들 수습대책위의 결의사항에 대해 "시위 사태의 근본적인 원인에 대한 언급은 전혀 찾아볼 수 없고 임시방편적인 '수습'에만 급급했다"는 비판이 젊은 시위대들부터 터져 나왔다. 그럼에도 불구하고 이날 오후 1시 30분경 이들 수습위원 중 8명이 상무대로 전남북계엄분소를 찾아 군 측과 협상을 개시했다.

도청 앞에서는 주최 측은 없는 채 자발적으로 시민궐기대회가 개최되어 원하는 사람은 누구나가 나와 발표를 하고 또 이에 대해 토론을 벌였다. 궐기대회의 연장으로 이날 오후 5시경엔 수습위원들이 계엄군 측과 논의한 협상보고대회가 정시채 부지사의 사회로 이어졌다. 협상자 8명은 연단에 나와 차례로 협상 결과를 보고했는데 이들의 발언 중 '유혈 방지'와 '질서 유지' 부분에 대해선 너나없이 적극 찬동했다. 김종배 씨(27살, 조선대 3년) 등의 반대에도 불구하고 이 대회에서 '무기 회수'에 합의함으로써 도청과 공원에서 약 200여 정의 총기가 회수되었다.

수습위원들의 협상보고대회가 끝난 직후 김창길 씨(23살, 전남대 농경과 3년) 등이 "이번 사태는 대학생이 책임을 져야 할 성질의 것이므로 우리들이 사태수습에 나서자"고 제안하자, 이에 대해 약 50명 정도가 동조, 전남대, 조선대 등 종합대에서 각 5명, 그리고 나머지 전문대에서 5명을 뽑아 '15인 학생수습위원회'를 구성하였다. 이들은 전남대의 송기숙·명노근 교수와 함께 오후 6시경 1층 서무과에 들어가 위원장에 김창길, 총무에 정해민(23살, 전남대 경제과 4년), 대변인에 양원식(조선대 재학 중)·허규정(조선대), 부위원장 겸 장례담당에 김종배(조선대), 기타 총기 회수반, 차량 통제반, 수리 보수반, 질서 회복반, 의료반 등의 부서를 각각 두기로 하였다. 이렇게 해서 광주시위사태 수습대책위는 15인의 일반수습위와 15인 학생수습위로 이원화됐다.

| 새로운 지도부 싹터 |

그러나 이들 수습위에 대해 광주시민들은 여전히 '미흡하다'는 생각을 떨쳐 버리지 못하였다. 특히 젊은 청년세력을 중심으로 한 시민군과 운동권에선 이들을 불신하는 생각마저 갖고 있었다. 그 결과, 녹두서점을 중심으로 이 고장의 운동권을 형성하고 있던 많은 젊은이들은 '윤상원을 중심으로 한 민중항쟁지도부 결성의 필요성'을 제기하기 시작했다.

이런 과정 속에서도 시민 피해는 줄어들지 않고 계속되었다. 22일 새벽 시외로 빠져나가려는 효천 철길 부근에선 특히 많은 희생자들이 발생했다. 또 이날 오후 3시쯤엔 의료반에 배치된 차량이 적십자마크와 헌혈차라는 플래카드를 부착한 채 화순으로 가던 도중 지원동 너릿재 고개에서 잠복 중이던 계엄군으로부터 집중사격을 받아 차 안에 타고 있던 대학생, 남녀 고등학생 청년 등 20여 명이 한 명의 생존자를 제외하고 몰살당하는 참사가 빚어졌다. 유일한 생존자는 춘태여고 2학년에 재학 중인 여학생 홍 모 양이었다.

"이러한 일은 비일비재했다"고 한 시민은 기왕의 상황을 전하면서 "이번 사건도 사실 한 명의 생존자가 있기에 망정이지 다 죽어버렸으면 아무도 몰랐을 것"이라고 분통을 터뜨렸다. 이보다 앞서 이날 오전 중엔 전남대 박물관 뒤편 숲 속에서 대학생과 고등학생으로 보이는 시체 2구가 마대 부대에 싸여 땅속에 묻혀 있는 것이 발견되었다. 이를 계기로 노천과 우물 속, 하수구, 복개상가, 화장실 등에서도 시체가 발견되었다는 증언이 뒤를 이었다. 한마디로 많은 시민들은 "19, 20일 양일간에 희생된 상당수의 시신들이 이 같은 방법으로 암장됐을 것"이라 믿고 있었다.

정확한 보도와 정보교환이 차단된 상황에서 시민들은 사태실상과 추이에 대해 무척 궁금해했다. 이러한 일차적인 정보욕구 충족과 더불어 시민들을 선무할 매체에 골몰하던 운동권에선 5월 18일 사태발생 이후 중단된「투사회보」를 다시 발간하기 시작했다. 이 같은 유인물은「투사회보」말고도 단발적으로 대략 3군데에서 발간된 것으로 보였다. 이러한 유인물 제작 작업은 학생들과 일부 지식인, 노동자들에 의해서 이뤄졌는데, 최초의 유인물은 전남대학교의 '대학의 소리' 팀이 제작·배포했으며, 또 다른 것은 광천동 노동야학인 '들불' 팀을 중심으로 제작되었다. 며칠 후인 22~23일엔 극단 '광대' 팀을 중심으로 제작되기도 하였다.

'대학의 소리' 팀과 '들불야학' 팀은 5월 20일 광천동의 들불야학에서 합류, 윤상원의 지도를 받아 「투사회보」라는 제목의 합동 유인물을 발간키로 했다. 노동자(야학생)와 대학생(강학 담당)들로 구성된 「투사회보」 팀 10명은 차량 임무 규정, 투쟁 대상을 정한 구호, 보급 문제, 시체 운반 등에 관한 사항을 집중적으로 담기로 했다. 5월 21일 첫 호가 나온 「투사회보」는 5월 25일 8호까지 발간하다 그 다음 호수는 이어서 9호로 하면서 제목만 '민주시민회보'로 변경, 발간하였으나 마지막 호인 10호는 미처 배포되기 전 계엄군에 의해 압수되었다고 한다. 당시 제작에 참여한 주요 인물들을 보면 다음과 같다.

- 문안 작성조 — 윤상원(27살, 전남대 정외과 졸. 양동신협직원. 광천동 들불야학 창립. 본명 윤개원) 등
- 필경조 — 박용준(20살, YMCA 신협이사)
- 등사조 — 김성섭(들불 야학생) 등
- 종이 보급조 — 김경국(20살, 전남대 중문과 2년. 강학), 나명관, 윤순호 등
- 배포조 — 나명관(18살, 공원. 야학생), 윤순호(22살, 공원. 야학생) 등

여섯째 날, 5월 23일

5월 18일 시민들의 시위 사태가 발생한 이래 6일째로 접어든 5월 23일 광주시의 표정은 점차 안정을 되찾아 가는 듯했으나, 시 외곽 지역에서 들려오는 간헐적인 총성에 여전히 긴장감을 씻어버리지 못하고 있었다. 이날 날이 밝기가 무섭게 새벽 6시부터 남녀 고교생 700여 명(여학생 50명)은 시내 전역의 청소 작업에 앞장섰다. 이에 대해 수많은 시민들이 호응, 청소를

함께 했으며 대다수의 상가들도 문을 열기 시작했다.

그러나 아직 '전쟁 상태'는 끝나지 않고 있었다. 22일 밤, 공수부대원 2명이 외곽 경계 근무 중이던 일단의 시민군들에게 생포되었는가 하면, 23일 아침 7시경에는 나이 어린 학생 3명과 할머니가 살해당하는 끔찍한 사건이 발생하기도 했다. 이 사건을 놓고 시민 측에선 공수부대원의 소행으로 보는 데 반해 계엄사 측에선 시민군의 소행이라고 맞섰다.

그간 숨겨졌던 끔찍한 사건들이 터져 나와 시민들을 다시 한 번 경악케 하는 경우도 적잖았다. 23일 오전 11시 광주세무서 지하실에 시체 1구가 있다는 제보에 접한 시민군 측에선 현지에 나가 직접 시신을 확인했는데, 이 시신은 "유방과 음부가 도려내져 있었고 얼굴이 대검으로 난자당한 여고생이었다"고 했다. 교복에서 나온 학생증으로 이 시신의 신원은 광주시내 모 여고 2학년에 재학 중인 이 모양으로 확인되었다. 주소를 찾아 시신을 인도하자 부모들은 그만 실신하고 말았다고 한다.

오후 2시경엔 백운동 지역을 경계하던 시민군들은 50엠티 무장헬기가 시내 동태를 정찰하는 것을 발견하고 대공사격을 개시, 헬기를 추락시켰다. 이로 인해 헬기에 타고 있던 중령 1명과 사병 1명, 조종사 1명 등 3명이 사망했다는 것이다. 그런가 하면 이날 저녁 무렵엔 시위대 4명이 군 지프차를 몰고 화순 너릿재 고개를 넘어가던 중 헬기로부터 기총소사를 받아 차에 타고 있던 4명 전원이 몰살당하기도 했다.

오후 8시쯤에는 광주시 외곽에 위치한 교도소 부근을 지나던 시민군들이 공수부대원들의 공격을 받고 총격전을 벌였다. 계엄군은 교도소 수비를 위해 교도소 옥상에다 K50 대공기관단총을 설치해 놓고 시위대들의 공격에 대비했다. 이날 총격전에서 시위대 3명이 사망하고 2명이 부상을 당했다.

이후에도 시민군 교도소를 경계 중인 계엄군 사이엔 몇 차례에 걸쳐 충돌이 일어났으며, 그때마다 많은 수의 희생자가 뒤따랐다. 시위대들은 21일 다량의 차량을 노획, 담양, 곡성, 순천, 여수 방면으로 진출키 위해 교도소 부근의 고속도로를 통과하려다 교도소 경계 경비가 철통같이 엄해 많은 사상자를 냈던 것이다. 시민군은 교도소 옥상으로부터 날아오는 기관총의 포화를 피하기 위해 폭발물을 장치한 3~4대의 차량으로 진격하기도 했으나 그때마다 계엄군에 의해 모두 저지되었다. 이에 대해 계엄사는 "남파간첩 및 좌익수만 해도 170명이나 수감된 광주교도소를 습격해 이들을 탈옥시켜 시위에 가담시키기 위한 시위대들의 교도소 습격"이라고 발표하였다.

| 광주시 빠져나가는 피난민 줄이어 |

5월 23일을 기해 계엄군과 시민군의 전선이 형성된 시 외곽 지역에서는 광주시내를 빠져나가는 행렬이 줄을 이었다. 그런가 하면 광주에서 학교에 다니는 자식들의 생사 여부를 확인하기 위해 시골에선 끊임없이 많은 사람들이 올라오고 있었다. 그들은 계엄군과 시민군의 대치 지역을 피해 주로 들판 가운데로 난 작은 오솔길이나 소로를 통하여 광주시내로 진입해 들어왔다. 그러나 이 과정에서도 무고한 희생자는 발생하고 있었다. 젊은이가 끼어 있는 행렬은 시위대의 의심을 받아 총격 대상이 되었기 때문이다.

이날까지도 광주시내 분위기는 전체적으로 "계엄군을 시민 스스로의 힘으로 몰아냈다"는 승리감, 해방감으로 고조돼 있었다. 사태 과정에서 수없이 흘러나온 차량들은 통제를 받아 점차 질서가 잡혀가는 반면 시민들 사이에선 '무기 회수' 문제가 쟁점으로 등장하면서 여러 의견들이 백가쟁명식으로 분출하기 시작했다.

오전 11시경 도청 앞 광장은 시내 각 방면에서 모여든 시민들로 거의 메위지다시피 했는데, 여러 자료에 따르면 "10만여 명의 시민이 모인 것"으로 돼 있다. 도청 주변 담벼락엔 "민주시민 만세", "살인마 전두환 찢어 죽여라", "노동3권 보장하라", "어용노조 물러가라", "김대중을 석방하라", "죽을 때까지 싸운다", "승리의 그날까지" 등등 빨간색과 검은색 페인트로 쓰어진 각종 현수막이 여기저기 걸려 있었다. 또한 도청 오른편 쪽의 남도예술회관 벽면과 충장로 방향의 YMCA 부근 담 벽에는 지금까지 확인된 사망자 명단과 함께 참혹하게 죽은 시체나 부상자들 그리고 병원에서 죽어가고 있는 응급처치 환자들의 모습을 급히 담은 흑백사진들이 무수히 걸려 있었고, 그 주변에는 많은 시민들이 운집, 엊그제의 분노와 울분을 되새기고 있었다. 이날 제1차 민주수호 범시민궐기대회는 원래 오후 3시로 예정돼 있었으나 엄청난 인파가 몰린 데다 수습위원들의 불화로 인해 열리지 못하고 있던 중 '녹두서점'을 중심으로 한 운동권이 시민궐기대회의 진행을 주도, 11시 30분경부터 비로소 시작되었다.

이날 모임은 먼저 한 학생의 제안에 따라 '광주민중민주항쟁 기간 중 목숨을 잃은 민주영령에 대한 묵념'과 〈애국가〉 제창으로 시작되었다. 이어서 시민들 중 노동자, 농민, 교사, 주부 등 각계각층의 사람들이 차례대로 분수대 위로 올라와 자신의 신분을 밝힌 다음 의견을 토로하고 억울함을 호소하기도 하면서 "싸워서 쟁취한 해방을 끝까지 수호하자"고 한결같이 주장했다.

이날 제1차 민주수호 범시민궐기대회에선 시민과 학생의 피해 상황이 임시 파악된 대로 보고되었는데 "전대의대병원, 조대의대병원, 기독교병원, 적십자병원 등 종합병원을 전부 합하여 가족에 의해 신원이 확인된 시신 30여 구를 포함, 미확인 사망자 600여 명과 중경상자 3,000여 명, 그 외에 공수부대에 의해 옮겨진 시체와 실종자는 파악할 수조차 없다"고 했다. 시민들은 대회를 치르는 동안 연신 울기도 하고 연사에게 박수를 치기도 하였다. 이 자리에 참석한 시민들은 또 누군가의 제안에 의해 장례 준비를 위한 즉석모금 운동을 벌였는데, 모금된 액수는 100여만 원으로 곧 수습대책위에 전달되었다.

　도청 앞 광장 맞은편에 위치한 상무관(유도체육관)에도 많은 시체들이 질서 정연하게 흰 무명천에 덮여 진열돼 있었고, 관이 부족하여 아직 입관 처리되지 못한 시체들도 수십 구가 넘었다. 이들 시신을 덮은 흰 무명천들은 빨갛게 피로 물들어 있었다. 이곳 입구에는 분향대가 설치돼 향이 피어오르고 있었다. 시체들은 부패되지 않도록 방부제가 뿌려졌으며, 많은 시민들은 계속 줄을 이어 분향하면서 간간이 오열을 터뜨리기도 했다.

행방불명자 신고 접수 개시

이날 아침부터 도청 내에서는 각 가정에 돌아오지 않은 행방불명자 신고를 접수하면서 동시에 각 병원에 입원 중인 환자와 사망자 명단을 입수 확인하고 있었다. 이 같은 확인 행렬은 끝이 없었는데, 주로 나이 먹은 아주머니들이거나 노인네들이 많았다.

　이들은 한결같이 눈물을 짓고 있거나 수심에 싸인 표정들이었다. 도청 정문에는 '수습대책위원회'라는 글씨가 쓰인 띠를 어깨로부터 가슴으로 비스듬히 두른 청년들이 출입을 통제했다. 도청 내에 안치돼 있는 사망자를 확인하러 오는 시민들의 신원을 확인한 다음 이들을 직접 안내해 사망자를 확인시켰다.

　대부분의 사망자들은 그 형상을 알아볼 수 없을 정도로 일그러져 있었다. 총을 맞았거나 대검과 몽둥이로 난자·난타당한 상태가 역력히 남아 있었다. 어떤 경우는 팔이 떨어져 따로 관 속에 놓여 있거나 목이 다 잘리어져 몸통과 목이 거의 분리된 시신도 있었으며, 얼굴은 상당수가 원래의 모습을 알아볼 수 없을 만큼 푸르스름하게 퉁퉁 부어올라 있어 그 비참함은 이루 형언할 수 없었다.

도청에서 신원이 확인된 시신은 곧 상무관으로 옮겨지고 입관 수속이 밟아졌다. 학생수습위 부위원장 겸 장례담당인 김종배(조선대생)는 관이 절대적으로 부족하게 되자 수습대책위원장이 보증하는 확인서를 가지고 모금이 되는대로 갚겠다는 후불 조건으로 시내 장의사를 다 뒤져 관 100여 개를 준비하였으나 시내에 관이 동이 나버려 전남도 보사국장에게 외지에서의 도입을 주선해 주도록 부탁했다.

이날 오전 일반수습대책위는 당초 15명에서 5명이 사퇴, 10명만이 남았는데, 여기에 학생수습위를 통합, 총 30명의 확대수습위원회(일반수습위 10명, 전남대생 10명, 조선대생 10명)를 구성했다. 위원장에는 윤공희 대주교가 추대되었으며, 일반수습위원으로는 조비오 신부, 신승균 목사, 박영봉 목사, 박윤봉 적십자사 전남지사장, 독립투사 최한영 옹, 변호사 이종기, 태평극장 사장 장휴동, 교사 신영순 씨 등이 위촉되었다.

오후 1시 회수된 총기 200정을 장휴동, 김창길 양 씨가 계엄사를 찾아 반납한 후 연행됐던 34명의 신병을 인수해 오자, 수습위는 '무조건 무기 반납' 측과, '조건부 무기 반납' 측으로 갈라져 갈등이 표면화되었다. 무조건 반납을 주장하는 김창길(전남대생) 등은 "계엄사가 실제로 구속된 사람들을 풀어주었다. 우리가 무기만 모두 회수하여 반납한다면 우리의 요구가 받아들여질 것이고, 만약 이 상태에서 더 이상 계엄군과 대결했다가는 엄청난 피를 흘릴 것이다. 서둘러 무기를 반납해야 한다"고 주장한 반면, 김종배(조선대생) 등은 "지금 이 시점에서 무조건 무기를 반납한다는 것은 광주시민의 피를 팔아먹는 행위이다. 시위대가 반납하려고 하지도 않을 것이다. 시민들을 납득시키기 위해서는 적어도 우리 광주시민을 폭도라고 주장하는 정부의 태도에 변화가 있어야 되며 구속되어 있는 학생과 시민이 석방되어야 하고, 금번 사태로 인한 피해가 정당하게 보상되고 사망자의 장례식이 시민장으로 치뤄져야 한다"고 주장하며 언성을 높였다.

무기 회수율 50퍼센트에 육박

5월 23일 밤 도청 안의 수습대책위원 중 대부분의 일반수습위원들은 귀가하고 학생수습대책위원들만 남아 계속 '무기회수'를 둘러싸고 의견 대립을 보이고 있었다. 이 과정에서 도청 내에 장치돼 있던 거대한 양의 TNT는 화순탄광에 근무한다는 모 씨에 의해 뇌관이 전부 제거돼 버렸다. 도청 수습위원 중 신부, 목사와 학생수습위원들은 무기 회수에 주력, 23일 새벽 7군데의 시 외곽 지역을 돌면서 총기 반납을 권유, 모두 2,500정이 회수됨으로써 애초의 시민군 무장 상태(총 5,400여정)에 비해 50퍼센트 가까이가 무장해제된 셈이었다.

한편 계엄사령부는 공식적으로 광주지역 일원에 투입된 계엄군의 행동 조치 결과를 발표, "시민들이 점차 시위 군중에 합세하여 난폭화 되기 시작, 계엄군 병력을 증원, 주요 시설의 경비를 강화하는 한편 난폭 시위자는 연행 조사했다. 군중 시위가 과열되자 계엄군은 외곽 지대로 철수, 교도소 등 주요 시설을 경비하면서 난동자들이 총격을 가하더라도 발포를 억제하고 전단 등을 활용한 선도활동을 전개해왔다"고 밝혔다. 계엄사가 뿌린 적색 글씨의 전단 내용은 다음과 같다.

「경고문」

친애하는 시민 여러분!
이제까지는 여러분의 이성과 애국심에 호소하여 자진 해산과 질서 회복을 기대해 보았습니다. 그러나 총기와 탄약과 폭발물을 탈취한 폭도들의 행패는 계속 가열되고 있으며, 이러한 상황 하에서는 부득이 소탕하지 않을 수 없게 되었습니다.

　시민 여러분!

　소요는 고정간첩, 불순분자, 깡패에 의해 조종되고 있습니다. 지금 즉시 대열을 이탈하여 집과 직장으로 돌아가십시오.

_계엄사령관 육군대장 이희성

　한편 이날 구상용 광주시장은 '80만 광주시민에게 호소합니다'라는 호소문을 통해 "불행한 마찰로 인명이 더 이상 희생되어선 안 되겠다. 전 시민이 머리를 맞대고 수습책을 강구하자"고 호소했다.

일곱째 날, 5월 24일

| 계엄사 측과 협상 8개항 발표 |

사태 발생 7일째인 5월 24일 아침 8시, 계엄사는 임시 재개된 KBS라디오 방송을 통해 "24일 정오까지 광주시는 광주국군통합병원에, 기타 지역은 각 경찰서에 무기를 반납하면 책임을 묻지 않겠다"는 요지의 방송을 했다.
　어제의 승리감과는 달리 시간이 갈수록 광주시민들은 점차 불안해지기 시작했다. 지금까지 승리와 해방감에 도취돼 있었던 열광적인 흥분 상태에서 조금씩 벗어나 시민들 사이엔 투쟁 열기가 서서히 식어가는 징후가 역력했다. 도청 앞 광장 주변의 담 벽엔 여러 종류의 구호가 적힌 플래카드와 사진, 대자보 등이 어지럽게 나붙어 있었는데 그중에는 수습대책위의 '투항주의적 자세'를 맹렬히 비난하는 문구도 나붙기 시작했다. 광주시민 궐기대회의 기사와 사진이 실린 일본의 『마이니치 신문』이 붙어 있기도 했다.

이날 오전 수습대책위원회는 계엄사 측과의 협상 답변 내용 8개항을 인쇄하여 시내 일원에 배포하였다. 그 내용은 계엄군이 시내에 한 명도 없다는 점과 과잉 진압을 인정하며, 연행자 927명 중 79명을 제외하고 모두 석방하였으며, 보상 계획 수립과 치료 대책 완비, 사실 보도에 대한 노력, 폭도나 불순분자라는 용어의 사용 중지, 비무장 민간인의 시외 통행, 사태 수습 후 보복 금지 약속 등이었다. 그러나 이를 본 많은 시민들은 노골적인 불만을 표시하였다. 이러한 불만은 오후에 제2차 시민궐기대회에서 구체적으로 폭발하였다. 어제에 이어 24일 오후 2시 30분께 제2차 민주수호 범시민궐기대회가 열렸다. 참여 인파는 어제와 비슷하게 10만을 넘어섰다. 상무관 주위에는 그윽한 분향 냄새와 함께 시신이 부패하는 냄새로 가득했으나 시민들은 떠날 줄을 몰랐다. 대회 개최에 앞서 흥분한 시민들은 수습대책위의 무성의한 자세와 투항주의적 자세를 맹렬히 비난했다. 이들은 마이크 시설이 부착돼 있는 전경의 가스 차량 속으로 들어가 "지금 도청 안에서는 수습대책위원회가 대다수 시민들의 뜻과는 반대로 계엄당국과 야합하여 무조건적인 타협을 시도하려 하고 있습니다. 우리는 그들의 음모를 막아야 합니다. 우리 모두 피 흘린 대가를 보상받도록 강력히 촉구합시다……"라고 외쳤다. 수습대책위에 대한 일부 시민들의 불신과 분노는 아예 이 단체를 해체시켜버려야 한다는 주장으로까지 확산되었다. 시민들은 수습대책위를 향하여 계엄사와의 협상 내용을 소상히 밝힐 것을 요구하였고, 수습대책위는 두세 시간이 지난 뒤에야 마지못해 8개항의 협상 내용을 이종기 변호사가 발표하였다. 이에 대해 시민들은 "시민들의 근본적인 요구와는 다르다"면서 노골적인 비난을 서슴지 않았다. 대회 도중 갑자기 소나기가 쏟아져 분위기가 한순간 어수선해졌으나 사회자가 "이 비는 원통하게 숨을 거둔 민주영령들이 눈을 못 감고 흘리시는 눈물입니다"라고 말하자 잠시 혼란스러웠던 군중들은 곧 우산을 접고 다시 숙연한 분위기로 되돌아가 안정을 찾았다. 허수아비 화형식과 '전국 민주시민에게 드리는 글'이 낭독된 데 이어 한 여고생에 의해 '민주시'가 낭송되었다.

한편 이날 도청 내 수습대책위는 오후 1시경 도청상황실에서 위원장인 김창길의 사회로 학생수습대책위원회를 열었는데, 김종배, 허규정 등의 강경한 요구로,

첫째, 금번 광주사태에 대하여 일부 불순분자들인 폭도의 난동으로 보도하고 있는데, 현 광주항쟁은 전 시민의 의지였으므로 폭도로 규정한 점을 사과하라.

둘째, 이번 사태로 사망한 사람들의 장례식을 시민장으로 하라.

셋째, 5·18사태로 구속된 학생, 시민 전원을 석방하라.

넷째, 금번 사태로 인한 피해보상을 전 시민이 납득할 수 있도록 하라.

등의 네 개 항목을 계엄당국에 요구하기로 결의했다.

밤 9시경 도청상황실에선 또다시 학생수습대책위가 열려 '무기 반납'에 대한 토의를 벌였다. 회의는 자정을 넘어서까지 계속됐고, 25일 새벽 1시경에는 학생수습대책위원들 중 일부가 조직에서 이탈하는 사태가 발생, "이런 엄청난 규모의 사태를 학생들만 책임지고 수습한다는 건 힘들다"고 판단하고 황금선, 박남선, 김화성 등 일반인도 포함하여 학생수습대책위의 기구를 확대 개편하였다. 위원들은 다음과 같다.

- 위원장―김창길
- 부위원장 겸 총무 및 대변인―황금선
- 부위원장 겸 대변인 및 장례담당―김종배
- 상황실장―박남선
- 경비담당―김화성
- 기획실장―김종필

- 무기담당 — 강경섭
- 홍보부장 — 허규정

여덟째 날, 5월 25일

의문의 '독침사건' 발생

사태가 발생한지 8일째, 광주시내를 시위대들이 장악한 지 나흘째에 접어든 5월 25일 아침, 도청 안에선 느닷없는 '독침사건'이 발생, 갑자기 분위기가 어수선해졌다. 오전 8시경 장계범(21살, 황금동에서 술집 경영)이란 사람이 도청 농림국장실로 쓰러지듯 들어오면서 어깨를 움켜쥐고 "독침을 맞았다"고 소리쳤다. 경비 중이던 시위대의 한 명인 신만식(방위병)이 어깨를 살펴보려고 하자 장계범은 "너는 필요 없어, 정 형한테 부탁하네" 하면서 옆에 서 있던 정한규(23살, 운전사)를 지목했다. 정한규는 장의 웃옷을 벗겨 상처 부위를 몇 번 빨아낸 후 부축하여 대기 중이던 차로 전남대병원으로 급히 실어갔다.

이 사건으로 도청 내의 분위기는 삽시간에 혼란의 도가니로 빠져들고 말았다. '독침사건'에 접한 상당수 시민군은 "도청 안에 간첩이 침투한 모양"이라며 "불안해서 더 이상 못 있겠다"고 하나둘씩 빠져나가기 시작했다. 이 사건에 접한 학생들은 즉각 "시위대 교란을 위한 작전"이라고 주장했다. 나중에 안 일이지만, 이 사건은 시민군의 전열을 흐트러뜨리기 위한 고도의 음모임이 밝혀졌다.

부위원장인 김종배는 도청 내 시민군들의 동요를 가라앉히고, 순찰대원 윤석두, 이재호, 이재춘 등 6명에게 지시하여 이 사건을 확인토록 하였다. 독침에 찔렸다던 장계범은 전남대병원에서 도망친 지 이미 오래였다. 장과 정은 첩자였다고 수습대책위는 공식 발표하였다.

광주시는 며칠째의 평온을 바탕으로 어느 정도 질서가 회복돼가고 있었다. 시장과 상점들이 상당수 문을 열었고, 시 외곽 지역으로부터 경운기에 실려 야채가 시내로 반입되고 있었으며, 고아원 및 사회복지단체 등에 대한 식량 공급은 시청 직원들의 지원에 의해 별다른 어려움이 발생하지 않고 있었다. 은행이나 신용금고 등 금융기관에서도 사고가 단 한 건도 발생하지 않았다. 부상자와 사망자가 줄을 이어 혈액 공급이 원활치 못하던 병원은, 이젠 헌혈차들에 의해 피가 남아돌아 가고 있었다. 도청 내 시민군 지도부의 300~400명에 달하는 식사는 처음엔 시민들이 밥을 지어 날랐으나 항쟁이 장기화될 조짐을 보이자 각 동 단위로 식량을 거두어 보내기도 했고, 모금된 돈으로 부식을 사오기도 했다. 24일부터는 시청당국의 협조로 비축미를 공급받고 있었다.

이날부터 일선에서 잠시 물러나 있던 대학생들이 활발하게 움직이기 시작했다. 지난 밤 편성한 잠정적 지도부의 역할 분담에 따라 자신들이 할 일을 찾아 앞장서게 된 것이다. 이와 때를 같이하여 보성기업에 모여 사태의 전망과 추이를 숙의했던 이 고장 운동권 청년들은 평소 자신들과 민주화 운동에 함께 앞장서왔던 광주권 재야인사들에게 개별적으로 'YMCA에서 오전 10시에 회합을 갖기'로 연락을 취했다. YMCA 2층 총무실에서는 홍남순 씨(변호사), 이기홍 씨(변호사), 이성학 씨(장로), 송기숙 교수(전남대), 명노근 교수(전남대), 장두석 씨(신협), 윤영규 씨(장로), 조아라 여사(YWCA 회장), 이애신 여사(YWCA 총무) 등 재야민주인사와 청년대표인 정상용, 윤상원 씨 등이 참석한 가운데 사태 수습 방안에 대한 진지한 토의가 있었다. 재야인사들 중 이성학 장로와 윤영규 장로 등 몇몇 인사는 청년들의 강경 입장을 지지했으나, 명노근 교수 등 대부분은 청년들의 입장을 반대하거나 미온적인 태도로 일관했다. 이 자리에서 청년들은 궐기대회에 함께 참석, "여러 어른들께서 성명서를 발표해달라"고 요청했으나 모두 거절당했다.

회의가 끝난 후 오후 2시 민주인사들은 남동 성당에서 김성룡 신부, 조비오 신부, 오병문 교수 등이 함께 모여 재야인사들의 도청수습대책위 참여 문제를 논의, 합류키로 결론을 얻고 오후 5시 도청에 들어갔다. 이들은 도청 부지사실에서 회의를 속개, 여기서 김성룡 신부가 제의한 4가지 사항을 만장일치로 통과시키고 김신부를 대변인으로 해서 25명의 광주사태 수습대책위원들이 이에 서명했다.

우리는 왜 총을 들 수밖에 없었나?

23일과 24일에 이어 25일에도 제3차 민주수호 범시민궐기대회가 도청 앞 광장에서 오후 3시를 전후해서 개최되었다. 시민들은 각 동별로 플래카드를 들고 도청 앞 광장으로 집결, 그 숫자가 15만을 넘어서고 있었다.

이 대회에선 '희생자가족, 전국종교인, 전국민주학생에게 드리는 글'이 채택되었고 '한국 정치 보복사'에 대해 토론과 성토가 있었다. 특히 시민군 대표에 의해 '우리는 왜 총을 들 수밖에 없었는가'가 낭독되어 주목을 끌었다. 이어서 '광주시민의 결의문'이 채택되었다.

「우리는 왜 총을 들 수밖에 없었나?」 성명 전문

먼저 이 고장과 민주주의를 수호하기 위해 피를 흘리며 싸우다 숨진 시민, 학생들의 명복을 빕니다. 우리는 왜 총을 들 수밖에 없었는가?

그 대답은 너무나 간단합니다. 너무도 무자비한 만행을 더 이상 보고만 있을 수 없어서 너도 나도 총을 들고 나섰던 것입니다. 18일 아침, 각 학교에 공수대를 투입하고 이에 반발하는 학생들에게 대검을 꽂아 '돌격 앞으로'를 감행하였고, 이에 우리 학생들은 거리로 뛰쳐나와 정부 당국의 불법 처사를 규탄했던 것입니다.

그런데, 아 이럴 수가 있단 말입니까? 계엄 당국은 18일 오후부터 공수대를 대량 투입하여 시내 곳곳에서 학생과 청년들에게 무차별 살상을 자행하였으니! 아! 설마, 설마 했던 일들이 벌어졌으니! 우리 부모 형제들이 무참히 대검에 찔리고, 차에 깔리고, 연약한 아녀자들이 젖가슴을 짤리우고, 차마 입으로 말할 수 없는 무자비하고도 잔인한 만행이 저질러졌습니다.

또한 나중에 알고 보니 군 당국은 계획적으로 경상도 출신 제7공수병들을 보내 지역감정을 충동질했으며, 더구나 공수대를 3일씩이나 굶기고, 더더구나 술과 흥분제를 복용시켰다 합니다.

시민 여러분! 너무도 경악스런 또 하나의 사실은 20일 밤부터 계엄 당국은 공식적으로 발포명령을 내려 무차별 발포를 시작했다는 사실입니다. 이 고장을 지키고자 이 자리에 모이신 민주시민 여러분! 그런 상황에서 우리가 할 수 있는 일이 무엇이겠습니까? 묻고 싶습니다. 우리는 더 이상 당할 수만은 없습니다. 그래서 우리는 이 고장을 지키고 우리 부모형제들을 지키고자 손에 손에 총을 들었던 것입니다.

그런데도 정부와 언론에서는 계속 불순배, 폭도로 몰고 있습니다. 여러분! 잔인무도한 만행을 일삼았던 계엄군이 폭돕니까, 이 고장을 지키겠다고 나선 우리 시민군이 폭돕니까! 시민 여러분! 우리 시민군은 온갖 방해에도 불구하고 여러분의 안전을 끝까지 지킬 것입니다. 또한 협상이 올바르게 진행되면 우리는 즉각 총을 놓겠습니다. 민주시민 여러분! 우리 시민군을 절대적으로 밀어주시고 적극 협조해주시기 바랍니다. 감사합니다.

_1980. 5. 25. 시민군 일동

운동권이 참여한 '확대수습위' 구성

이날 궐기대회에선 지금까지 파악된 시민 피해 상황이 보고됐는데, 도청 본부 집계에 의하면 현재 시내 각 병원에서 사경을 헤매고 있는 환자는 520명, 경상자가 2,170명, 사망자는 병원 영안실에 안치되었거나 상무관 도청 뜰에 있는 신원이 파악된 시체가 169구, 형체를 알아볼 수 없는 시체가 40여 구, 공사 중인 충장로 지하상가에서 집단으로 발견된 23구의 시체 등이었다. 이밖에 도청본부는 "이보다 훨씬 많은 수의 시체가 계엄군에 의해 어디론가 실려가 버렸으며, 행방불명자는 2,000여 명이 훨씬 넘는 것으로 보고되었다"고 밝혔다.

이날 궐기대회가 끝난 직후 운동권의 지시를 받는 대학생들이 속속 YMCA로 모여들었다. 오후 7시경에는 그 수가 100여 명에 달했다. 이들은 10명을 한 팀으로 조를 짠 후, 윤상원 등 운동권 주체의 인솔하에 도청에 들어가 수습위와 합류하였다. 이 과정에서 '투항파'로 비난의 대상이었던 김창길, 황금선 등이 조직을 이탈, '투쟁파'가 학생수습위를 완전 장악하게 되는 변화를 맞았다. 밤 9시 무렵이었다. 광주 운동권의 중심인물들이 새로이 참여한 수습위원의 면모를 보면 다음과 같다.

- 위원장— 김종배(25살, 조선대 3년)
- 내무담당 부위원장— 허규정(26살, 조선대 2년)
- 외무담당 부위원장— 정상용(31살, 회사원. 전남대 법대 졸)
- 대변인— 윤상원(29살, 전남대 정외과 졸. 들불야학 운영. 5·29계엄군 진압 시 피살됨)
- 상황실장— 박남선(26살, 운전기사)
- 기획실장— 김영철(32살, 신협이사)
- 기획위원— 이양현(30살, 노동운동. 전남대 사학과 졸)

- 기획위원 — 윤강옥(28살, 전남대 4년. 민청학련 관련자)
- 홍보부장 — 박효선(중학교 교사, 국문과 졸. '광대' 창단멤버)
- 민원실장 — 정해직(29살, 국민학교 교사. 흥사단아카데미 활동)
- 조사부장 — 김준봉(21살, 회사원)
- 보급부장 — 구성주(25살, 시민)

아홉째 날, 5월 26일

5월 26일, 날이 채 밝기도 전인 새벽 5시 무렵 농성동을 경계 중이던 한 시위대로부터 "계엄군이 탱크를 앞세우고 시내로 진입하고 있다"는 다급한 목소리가 무전기를 타고 도청으로 흘러들었다. 도청 안은 벌집을 쑤신 듯 벌컥 뒤집혔다. 전 시위대에 초 비상령이 하달되었다. 이날의 긴박한 분위기를 김성룡 신부는 광주 정의평화위원회 간행 『광주의거자료집』에서 다음과 같이 쓰고 있다.

김성룡 신부 등의 '죽음의 행진'

죽음의 행진! 새벽 5시 30분경이라고 기억하고 있다. 돌연 초 비상사태를 맞이했다. 전차가 진입해 온다. 순간 수라장으로 화했다. 총을 가진 시민군, 학생 전원이 소리를 지르며 달렸으며, 혼란은 극에 달했다. 어떻게 할 것이냐, 전원 자폭하자, 상황실에서 정보를 확인하기 위하여 차가 출동하였으며, 여기저기 다이얼을 돌리면서 주변의 동태를 물었다. 의자에서 자고 있던 부지사가 벌떡 일어나 확인해 보겠다는 말을 남기고 나가서는 다시 나타나지 않았다. 또 속은 것이다.

이 사태를 어찌할 것인가. 어떻게 해야 좋을지 알 수 없다. 괴롭고 불안하다. 철야로 화약고를 지키고 어떻게 하든지 이 사태를 수습해야 한다는 일념으로 불안과 공포 속에서 설득을 계속해 왔는데…….

순간, 자칫 잘못하면 광주시민은 파멸한다. 자지 못하고 끊임없는 공포와 피로에 심신이 소모된 젊은 사람들이 TNT에 불을 붙이면 모든 것이 끝난다. 막아야 한다. 흥분하고 있는 젊은 사람들을 진정시키고 이 위기를 넘어야 한다는 생각이 번개같이 나의 머리를 스쳐갔다. 용기를 내자. 주여, 구해주소서. 힘을 주시옵소서!

큰 소리로 부르짖었다. 조용해졌다. 나의 말을 들어주시오. 전원 흥분된 얼굴로 나를 쳐다보고 있다. 일단 성공이다. 주여 감사합니다. 또 한 번만이라도 용기를 주십시오…….

우리 어른들이 방패가 되어서 나갑시다. 철야한 수습대책위원은 17명이었다. 전차가 진을 치고 있는 데로 나갑시다. 지금 이 상태로는 우리들은 불을 뿜을지 모르는 전차 앞에 나가도 죽을 것이며, 여기 있어도 죽을 것입니다. 그러니 전원 나갑시다. 그리고 젊은이들은 여기 남아서 여기를 지켜주십시오. 전원이 찬동하여 일어났다.

제의합니다. 그들과 대화를 이룰 수 있다면 우선 항의합시다. 왜 약속을 배반했는가 하고, 해명하고 사죄하라고 합시다. 그것을 이 자리에서 결의합시다.

① 한 시간 이내에 군은 본래의 위치에 철퇴하라.
② 그렇지 않으면 전 시민의 무장화를 호소하고,
③ 게릴라전으로 싸웁시다.
④ 최후의 순간이 오면 TNT를 폭발시켜 전원 자폭합시다.

전원 찬동하고 굳게 결의했다. 밖에 나가 공중전화를 잡았다. 방송반이 이미 시민을 향하여 외치고 있었다. 계엄군이 공격해 옵니다. 전차가 진공해 옵니다.

모두 10시까지는 도청 앞에 모여 주십시오.

까리따스 수도원에 전화를 걸었다. 신호가 가는 데 받는 사람이 없다. 시계를 보았다. 6시 30분이 지난 것 같다. 센터에 전화를 걸었다. 박 신부가 대답한다. 빠른 말로 상황을 알리고, 대주교에게 보고해 달라고 부탁하고 죽음의 행진을 시작했다. 어떻게 알았는지 외국인 기자들이 차까지 내어서 처음부터 취재를 계속하며 따라온다.

4킬로미터 정도 행진했을 것이다. 농촌진흥원 앞에 보도를 차단하고 서 있는 전차가 마치 괴물과 같은 포문을 길게 뻗치고 있었다. 한 사람 두 사람 따라오기 시작한 시민이 어언간 수백 명에 달했다. 드디어 2층으로 쳐진 바리케이드까지 갔다. 소령 한 명이 굳은 표정으로 맞이하면서 부사령관이 곧 올 것이니 기다리라고 한다.

아침 9시경이다. 시민은 점점 증가했다. 양측 인도에는 착검한 계엄군이 실탄을 장전하고 시민을 경계하고 있으며, 양측 빌딩 2층과 옥상에도 군인들이 기관총을 내걸고 발포태세를 취한다. 상상도 못할 광경이다. 외국인 기자 앞에서 부끄럽다. 이것이 대한민국 군대인가. 괴뢰군인가. 외국인 기자가 우리들의 치부를 필름에 수록하기 위하여 전차 사이를 내왕해도 말 한마디 못하는 자들이 국민에 대해서는 뽐내고 총을 대는 모습이 원망스럽다. 이야말로 불량배 집단, 폭력배의 부하들이 아닌가. 강자 앞에선 비굴하게 행동하며 약자를 짓밟는 로봇이 아닌가.

검은 세단 차에 탄 장군이 나타났다. 두 개의 별이 빛난다. 부관들을 대동하고 나타난 장군은 부끄러운지 계엄사령부에 가서 이야기하자 한다. 행진 중 대변인으로 선택된 나는 단호히 말했다. 군이 어젯밤의 위치에 후퇴하지 않는 한 갈 수 없다. 장군은 후퇴하겠다고 말하고 전차병에게 명령하자 전차는 소음을 내면서 사라졌다. 시민은 일제히 박수의 세례를 보냈다.

부사령관 김 소장의 제의를 받아들여 학생대표를 포함 11인이 상무대로 갔다. 서로 인사를 교환하고 자리에 앉으니 오전 10시가 되었다. 대변인으로서 입을 열었다. 그러나 김 소장은 이야기를 막고 30분간만 이야기하자는 것이었다. 준장이 2인, 소장이 2인, 그리고 중령인 헌병대장의 순서로 앉고 그 옆에 내가 앉게 되었다. 나는 항의했다. 대화라는 것은 대등한 입장에서 이야기해야 하지 않느냐. 그렇게 일방적으로 위협하고 이야기를 중단시키고 시간을 제한하면 어떻게 대화가 되느냐고. 약속을 위반하고 전차를 이동케 한 데 대한 항의로부터 시작하여 우리의 결의를 말했다. 그리고 무엇 때문에 신부가 여기에 왔는지 진심으로 이 이상 귀중한 피를 흘리지 않고 수습할 것을 요청, 이 일은 전 광주시민뿐 아니라 국가적인 일이니 이렇게 신부도 수습위에 참가했다고 역설했다. 그러나 말은 통하지 않았다. 교묘히 나의 말을 왜곡하고 유도하면서 이제까지의 이야기는 없었던 것으로 하자는 것이었다.

나는 군인이다……

나는 군인이다. 정치문제는 모른다. 그러므로 대화를 하자면 ① 무기회수, ② 군에 반납, ③ 그렇게 하면 경찰로 하여금 치안을 회복케 하고 싶다는 일방적인 각본을 강요하는 것이었다. 분명히 같은 얘기를 하면서도 개념이 달랐다. 이질감을 느끼지 않을 수 없었다. 수습회의는 연 네 시간 반이나 계속되었다. 군인들과 이 이상 이야기해도 별 수가 없다는 것을 뼈아프게 느꼈다. 밤 12시까지 수습하지 않으면 안 된다는 최후통첩이다. 그래서 무조건 수습을 위하여 다섯 개 항목의 요구를 제시했다.

- 시간이 필요하다. 노력해서 수습한 것을 군이 약속을 깼으니 시간을 달라고 요구했다. 그러나 한마디로 거절당했다. 며칠을 참고 후퇴까지 한 군의 사기에 영향이 있다는 것이다. 군은 항상 이겨야 한다는 것이다. 타

당한 말이다. 국군은 언제나 이겨야 한다. 그러나 적군에 이겨야 하는 것이지 나라의 주인인 국민, 80만 광주시민에게 이겨야 한다는 것은 아니다. 시간이 없어서 다시 묻지 못했다.

- 약속을 위반하여 전차를 행동케 한 데 대한 이유를 분명히 하고 사죄하라. 이미 방송을 통하여 시민에게 전했다는 것이다.
- 군은 절대로 광주시내에 진공해서는 안 된다. 오늘 아침에도 느낀 일이다. 총구를 국민에게 돌리는 군대를 어떻게 대한민국 군인으로서 받아들일 수 있겠는가. 더욱이 돌연 무자비한 살상행위를 한 군을 광주시민은 절대로 용서하지 않기 때문이다. 나는 신부이며, 살상행위를 목격하지는 않았으나 김 장군을 처음 만났을 때 혐오감을 느꼈다. 하물며 직접 살상을 목격한 시민, 가족을 잃은 시민, 분노와 원한에 찬 시민이 어떻게 군을 용서할 수 있겠는가. 군인 중에도 많이 살상한 전우의 이러한 모습을 본 젊은 군인들이 분개하고 있다고 한다. 그들은 애국 애족에 관하여 교육이 잘 되어서 참고 있다는 것이다. 말이 통하지 않는다. 민주 학생이 정당한 권리를 주장하고 시위하고 있는 것을 총검으로 무차별 살상하고 전 시민의 의거로 쫓기고 지금 와서 피차 매한가지라니……
- 경찰에게 치안을 담당시켜라. 무기가 회수되어 군에 반납되면 그렇게 하고 싶다는 조건을 낸다.
- 보도로 화해를 호소하는 방법을 지양하고 시민을 자극하지 말라. 메모로 하여 전령에게 주어라. 노력한다고 약속한다.

지금 와서 거의 불가능케 된 수습을 위하여 죽음을 각오하고 시민들에게 돌아가서 호소해 보아야지…….

지프를 타고 공업단지 입구까지 와서 내렸다. 시외도로가 통하게 파헤쳐졌던 길들이 정리되어 있었다. 시민이 주의 깊게 왕래하고 있었으며 택시까지 눈에 띈다. 시민이 야채를 구입할 수 있게 한 것이라고 해명하고 있었으나 분명히 군의 작전을 위하여 취해진 것이 틀림없었다.

어떻게 하면 좋을까……. 다른 수습위원을 돌려보내고 본당을 향하여 급히 걸었다. 사제관은 굳게 닫혀져 있었으며 아무도 없었다. 수녀들이 놀란 모습으로 나를 본다. 공포와 긴장 속에 밤을 새우고 사령부에서 네 시간 반이나 회담을 하고 돌아왔으니 피곤에 지친 내 얼굴이 무섭게 보였을 것이다.

윤 대주교에게 전화로 보고하고 세수를 했다. 몇 번 얼굴을 씻어도 마찬가지다. 수녀들에게 감사하는 마음으로 빵 한 조각과 토마토를 먹었다. 이것이 아침 겸 점심이다. 이미 오후 3시다. 밤 12시까지는 수습해야 한다. 무거운 마음으로 걸었다. 신도의 집을 찾았다. 민심을 알고 싶었다. 분노에 찬 시민, 무장한 시민군과 학생 설득을 위해서였다.

4시에 겨우 가톨릭센터에 도착했다. 많은 시민이 모여 있었으며 또 모이고 있었다. 시민 속을 헤치고 도청에 갔다. 총을 갖고 경비를 담당하고 있던 10대의 젊은이가 신부인 줄 알고 통과시켜 주었다. 부지사실에는 외국인 기자까지 합하여 많은 사람이 모여서 나를 기다리고 있었다. 어떻게 말을 끄집어내야 하느냐. 우선 시간을 끌기 위하여 수습대책위원 전원이 모인 다음에 이야기하고 싶다고 보고서와 호소문 내용을 정리하기 시작했다.

'진실' 알리려 광주 탈출

이때였다. YMCA에서 젊은이가 와서 곧 서울에 가지 않으면 안 된다는 전언이 도착했다. 잠시 생각했다. 지금 이 순간 이 장소를 뜨면 도망하는 것이 아닌가. 시민이 어떻게 생각할까. 비겁한 신부, 아무것도 알지 못하는 무력한 교회라고 비판받을지도 모른다. 그러나 진실을 알리는 것도 중대한 일이라고 생각하면 누군가가 탈출해야 한다. 옆에 앉은 조 신부에게 조언을 구했다. 가지 않으면 안 된다는 말을 듣고 결단을 내리고 일어섰다.

도중 도지사가 시체 안치소에 가는 것이 보였다. 원한과 분노가 가슴 속에서 동시에 끓어올랐다. 80만 광주시민과 생사를 같이 해야 할 도지사가 가족과 같이 자취를 감추었다가 지금 와서야 나타나다니 철면피가 아닌가. 그는 그대로의 이유가 있었겠으나⋯⋯ 시민의 앞에서 규탄하고 싶은 충동을 억제하면서 길을 재촉했다.

보다 큰 사명을 다해야 한다. 왜곡된 실상, 공수단의 만행과 계엄군의 무차별 사살을 세상에 폭로해야 한다. 진실은 진실이라고 말하는 예언자적 사명을 받은 신부가 아니냐. 그래야 비로소 80만 광주시민의 피의 대가를 찾을 수가 있다. 무장폭도, 불순분자라는 오명을 씻고 자랑스러운 민주시민임이 인정되어야 한다.

서울에 가자. 추기경에게 알려야 한다.

주님의 자비와 성모님의 도움, 그리고 형제들의 따뜻한 헌신적인 보호를 받으면서 다음 날(27일) 밤 10시경 무사히 명동에 도착했다. 9번이나 엄한 검문을 통과했으나 잘못하면 그들에게 화가 미칠까 봐 탈출 경과는 밝히지 못한다.

임시 민주수호 범시민궐기대회 개최

계엄군이 시내에 진입한다는 소식에 접한 시민들은 아침부터 도청 앞 광장으로 모여들었다. 오전 10시 경 3만여 명의 시민이 모이자 자발적으로 '임시 민주수호 범시민궐기대회'를 개최, 시민들은 "계엄군들이 협상을 위반하고 있다"면서 '전 언론인에게 보내는 글'과 '대한민국 국민에게 보내는 글' 등을 채택했다. 점심시간 무렵 궐기대회가 끝난 후 시민들은 대형 태극기를 앞세운 채, 전남대 스쿨버스와 1,000여 명의 고등학생을 선두로 하여 참석한 시민 전원이 시가행진에 돌입했다. 시위 군중들은 5월 18일, 19

일의 기세가 다시 되살아난 듯 "우리는 싸움을 포기할 수 없다", "무기 반납은 절대로 안 된다", "살인마 전두환을 찢어 죽이자"는 구호와 함께 〈투사의 노래〉, 〈우리의 소원〉을 외쳐 불렀다. 이들 시위대들은 금남로를 출발→광남로→광주공원→양림교→전남대병원→청산학원→계림파출소→구역→한일은행→도청 앞으로 재집결 했다.

한편 이날 오전 도청 내 시위 지도부는 각 부서별로 업무를 분담하여 각자 집행에 들어갔으나 계엄군의 일시 진입으로 인해 뒤숭숭한 가운데 급박한 상황 속에서 체계가 잘 잡히지 않았다.

기획부에서는 도청 내부 통제 및 시민군의 전반적인 조직 통제로 도청 내 출입을 엄격히 제한하고 유류 사용을 통제하기 위해 유류사용증명서를 발급받은 후 시내 저장창고에 가서 주유토록 했으며, 무기 및 보급품 관리와 모금활동을 벌여 모금된 돈으로 필요한 곳에 지불했다. 기타 서무 및 총무 일반에 관한 사항 등 투쟁위원회 전체적인 업무를 종합적으로 관장, 조정하는 역할을 수행하기 시작했다.

민원부에서는 피해자 접수, 상무관 시체 정리, 민간인 업무 개시 촉진, 관공서 정상 가동, 시내 강력 사건 접수 및 조사부 이전, 시외전화 재개 추진, 도로 청소 등을 수행했다. 조사부는 지금까지 계엄군 측의 첩자나 경찰, 기타 정보요원들이 가장 많이 침투해 있는 부서였기 때문에 특별히 도청 내 사정을 정확히 알고 있는 운동권 청년대가 신고를 받고 출동하여 체포해온 시민질서 교란범들을 조사하여 일반적인 강력보안사범인 경우에는 기획부로 이첩시켰다.

공보부에서는 지금까지의 궐기대회를 앞으로는 대대적으로 확대시키고 전반적인 홍보활동을 강화하기 위해 전일방송과 『전남매일신문』을 가동시키도록 계획했다.

또한 「투사회보」를 「민주시민회보」로 바꿈과 동시에 27일부터는 전남대출판부 인쇄기를 사용토록 했다.

　보급부에서는 장례식에 필요한 관과 기타 물자, 그리고 시민군의 식량 조달을 위해 시장과 부지사, 기타 도청 내 각 국장급들에게 협조를 요구했다.

　대변인은 항쟁 지도부 내의 모든 결정 사항에 대한 대외적인 창구를 일원화하여 시민들로부터 집행부의 공신력을 회복하고, 항쟁의 확산을 피하기 위한 기자회견 등을 개최하기 위해 지도부 내에서도 감각이 뛰어나고 상황 판단을 정확히 하면서 실질적으로 집행부 내부의 모든 일을 전체적으로 컨트롤하고 있었던 윤상원이 맡아 오전 10시에 대변인실에서 기자회견을 일차적으로 개최하였다.

　기자회견 석상에서는 주로 외신 기자들이 많이 참석하고, 국내 기자도 일부가 참석을 허락받았다. 외신 기자로는 프랑스『르몽드』지, 미국의『월스트리트저널』지, CBS방송, NBC방송국, UPI통신, 영국의『선데이타임』지, 독일의『차이퉁』지, 일본의『아사히 신문』, NHK방송국 등과 그 외 4~5명쯤 더 되었으며, 국내 기자로는『동아일보』,『경향신문』,『전남매일』등이 참석했고, 이 중 외신 기자들을 위해 한국 특파원인 한국인 기자가 영어로 통역을 했다.

　외신 기자들은 모두 비디오로 한 시간 동안에 걸친 기자회견을 전부 촬영하였는데, 대변인 윤상원은 미리 준비된 차트로 지금까지의 전반적인 상황을 설명했고, 설명이 끝난 후 외신 기자들부터 차례로 투쟁의 목적, 현재의 상황, 피해 상황에 대한 질문을 받았다.

　상황실장인 박남선은 일차적으로 지금까지의 순찰대를 다시 보강, 기동타격대장에 윤석두(1961년생, 19살. 자개공), 부대장에 이재호(1947년생, 33살. 한양공대 졸. 회사원)를 임명하고, 5~6명씩을 1개조로 하여 각 조마다 조장 1명, 타격대원 4~5명, 군용 지프차 1대, 무전기 1대, 개인 화기로는 카빈 소총 1정과 15발들이 실탄 1클립씩을 지급, 모두 13개조로 편성하였다. 기동타격대는 위원장과 부위원장의 지시를 받아 상황실장-기동타격대장-부대장-조장-조원에 이르기까지 지휘 계통을 확립하고 외곽지 시민군과의 연락업무 등의 임무가 부여되었다.

　상황실장은 위원장과 부위원장의 지시를 받아 시내 지도가 부착된 상황판에 병력 배치 지도를 작성하여 외곽지 계엄군과 대치 중인 지역을 점검하고 도청을 중심으로 한 투항파의 끈질긴 교란작전을 직접 저지하는 일들을 수행했다. 따라서 상황실장이라는 자리는 일단 유사시 시민군의 총지휘관 역할까지 자동적으로 겸한 셈이 됐다. 이날 아침 상황실장은 무기창고를 지키는 일을 전원 대학생 팀으로 교체했다. 무기고의 허술한 통제를 긴급 정비한 것이다.

'도민장' 등 8개항 요구

위원장과 부위원장 등 지도부는 25일부터 출근하기 시작한 도청 국장급 간부들과 정시채 부지사와 함께 참석, 이날 오후 2시 도청기획실에서 광주시장에게 다음과 같은 사항을 요구하였다.

　　첫째, 매일 백미 한 가마씩 제공하라.
　　둘째, 부식 및 연료를 제공해 달라.
　　셋째, 관 40개를 제공해 달라.
　　넷째, 앰불런스를 지원해 달라.
　　다섯째, 생필품 보급을 원활케 해 달라.
　　여섯째, 치안문제는 일반사범에 한하여 경찰이 책임지라.
　　일곱째, 시내버스를 운행토록 해 달라.

여덟째, 사망자 장례는 도민장으로 해 달라.

이와 같은 여덟 가지 요구사항을 내걸고 협상을 시도한 결과, 대부분의 제안이 모두 받아들여졌고, 도민장은 5월 29일에 치르기로 합의를 보았으며, 당시 지도부의 판단으로는 최소한 5월 29일 장례를 치를 때까지는 계엄군이 공격해오지 않을 것이라는 생각 속에 그동안 모든 조직을 재정비할 계획이었다. 이러한 협상 과정 속에 정시채 부지사는 무기를 회수하여 반납할 것을 요구하자 시위 지도부는 이것을 거절하고 "현 정권의 전면적인 퇴진"을 요구하면서 "만약 이것이 관철되지 않으면 당신들과 협상조차 하지 않겠다"고 맞섰다.

이날 오후 3시에는 또 제5차 민주수호 범시민궐기대회가 개최되었다. 참가 시민들의 상당수는 '계엄해제', '구속자 석방' 등의 구호를 쓴 머리띠를 두르고 있었다. 이 자리에서는 행정 지도부의 동별 예비군 조직을 동원하기 위한 조직 작업에 대한 계획이 발표되었고, 시민들의 호응은 적극적이었다.

연사들 중 증심사에서 온 젊은 스님(27일 피살됨) 한 사람이 분수대 위에 올라 조용한 말투로 설득력 있게 불교인인 자신이 왜 싸우자고 할 수밖에 없는가를 시민들에게 이야기한 데 이어 또 한 시민은 총기 강도사건을 왜곡, 과장 보도하는 언론을 규탄하기도 했다.

그는 "평상시에도 도시에서는 강력사건이 하루 보통 몇 건씩은 일어난다. 지금껏 10여 일 동안 광주에서 강도 등 강력사건이 도대체 몇 건이나 발생했단 말인가. 5,000여 정의 총기가 시내에 나와 있는데도 은행과 금은방이 한번이라도 털린 적이 있단 말인가. 눈물이 나도록 광주시민의 긍지가 고맙고 자랑스러울 뿐"이라고 역설, 청중들의 뜨거운 박수를 받았다.

대회 도중 장례 준비를 위한 모금 운동이 계속되었고, 이날 오후 2시 30

분경에는 기독교 대표 4인이 사태 수습비로 1,000만 원을 모금 중인데, 그 중 일부라는 말과 함께 100만 원을 도청 지도부에 전달해왔다.

한편 계엄군은 이날 아침부터 정시채 부지사를 통해 계속 3회에 걸쳐 최후통첩을 해왔다. 이날 오전 9시경 일반 수습대책위원회가 계엄분소를 찾아가 협상을 계속했는데, 계엄군 측은 무장해제와 무기 반납을 요구하면서 사태수습을 위해 계엄군 대신 경찰을 치안유지에 투입할 것을 약속했으나 "오후 6시까지 무기를 반납하라, 최후통첩이다"라고 무력 진압을 강력 시사했다. 또 오후 5시에는 "이제 더 이상 기다릴 수 없다"면서 오늘 밤 공격해 들어올 의사를 분명히 전달해왔다.

또한 상무대 부근에 근무 중인 방위병에 의해 목격된 바로는 군 병력 증강과 출전 전야의 돼지고기 파티를 벌였다는 소식을 비롯, 상무대에 근무하는 한 장교 부인이 퇴근시간이 지나도 남편이 집에 들어오지 않아 전화를 해보니 "오늘 저녁에는 못 들어가고 내일 저녁에나 들어갈 수 있겠다"는 등 여러 가지 징후로 미루어 보아 이날 밤 공격은 확실해 보였다.

지도부로서는 이 같은 사실을 시민들에게 알릴 것인가, 말 것인가를 두고 한동안 당혹스러웠으나 어차피 알릴 수밖에 없는 입장이라면 비록 시민들의 고양된 분위기가 다소 침체된다 할지라도 상황을 정확히 알려 대비책을 강구토록 해야 한다는 판단 아래 궐기대회가 끝날 무렵 "오늘밤 계엄군이 공격해올 가능성이 매우 크다"고 발표했다.

순식간에 궐기대회장 분위기가 싸늘해지면서 침통한 분위기에 휩싸였다. '드디어 올 것이 오는 모양이구나'라고 생각들을 하면서 사회자를 비롯해 많은 사람들은 오늘밤 휘몰아 닥칠 피의 살육과 자신들의 운명, 그리고 고귀한 생명을 수없이 희생시킨 끝에 바람 센 어두운 광야에 간신히 켜놓은 민주 제단의 촛불이 꺼질지도 모를 마지막 위태로운 순간을 머릿속에 그리고 있었다.

한동안 비장한 침묵이 감돌더니 시민들의 눈에는 저마다 눈물이 괴기 시작했다. 궐기대회는 끝났으나 아무도 일어서려고 하지 않았다. 시민들은 지금 현재 상태에서 계엄군과 싸워 이길 수 있을 것이라고 생각하는 사람들은 거의 없었다. 너무 많은 무기가 회수되어 버렸고, 많은 시민군들이 해체되어 버린 상태에서 증강된 계엄군의 탱크와 화력에 어떻게 대처할 수 있단 말인가. 이런 상황 하에서 아무리 탁월한 지도 역량을 발휘한다 하더라도 무력 대결 앞에서는 어쩔 수 없을 터였다.

며칠 전부터 끓어오르는 분노가 폭발적 행동으로 연결되기에는 지금의 상황은 너무나 합리적이고 강한 피해 의식에 젖어 있었다. 날이 어두워지기 시작했다. 어느 곳에선가부터 "우리의 소원은 통일, 꿈에도 소원은 통일⋯⋯"이라는 노래의 시냇물이 점차 강물로 변하기 시작했다. 모든 시민들이 통일의 노래를 통해 한마음이 돼감과 동시에 노래의 바다를 이루었다.

시가행진이 시작됐다. 많은 사람들이 빠져나가고 6,000여 명 정도가 금남로, 유동 삼거리, 양동복개상가, 화정동 고개를 거쳐 공단 입구로 나아갔다. 수많은 병력이 한전 앞에서 진을 치고 있었다. 인근 주민들이 참가해 시위대는 3만여 명으로 다시 불어났다. 계엄군 대치 지역의 100여 미터 전방에서 "계엄군 물러가라, 우리는 최후의 일인까지, 최후의 순간까지 싸운다"라고 외치며 계엄군을 성토한 후 시위대는 다시 도청으로 돌아왔다. 최종적으로 도청 안에 남은 사람은 대략 200여 명 정도로 추산되었다.

광주민주항쟁의 종막, 5월 27일

드디어 계엄군은 27일 새벽 0시를 기하여 광주 외곽 진입로를 봉쇄하면서 M16, 화염방사기, 수류탄 등 각종 화기와 탱크를 앞세우고 무력 진압

작전을 개시했다. 시민군은 전남대 입구에서, 또 한일은행 앞에서 계엄군을 발견하고 급히 도청으로 되돌아 왔다.

이때 계엄군은 양림동에서 하천을 따라 적십자병원을 거쳐 도청 남쪽으로(양평 20사단), 지원동에서 학동과 전남대병원을 거쳐 도청 후문으로(20사단), 백운동에서 월산동과 한일은행을 거쳐 도청 정문으로(20사단), 화정동에서 유동으로(상무대 병력), 서방에서 계림국교와 시청을 거쳐 도청 북쪽으로(31사단) 다섯 개 방면에서 공수부대를 선봉에 세우고 공격해 들어왔다.

이에 대해 시민군들은 YMCA에 농성 중이던 200여 명을 모두 도청에서 무장시킨 후 전일빌딩과 YMCA, 계림국교에 배치하였다. 또한 박영순(21살, 송원전문대 2년) 양은 지프차를 타고 가두방송에 나가 "시민 여러분, 지금 계엄군이 공격해오고 있습니다. 우리 형제자매가 계엄군의 총칼에 죽어가고 있으니 전 시민은 도청으로 오셔서 무기를 들고 싸웁시다"고 대인동, 신역, 산수오거리 등지를 돌며 애절한 목소리로 호소, 많은 시민들이 도청으로 속속 몰려들어 저마다의 손에 총을 거머쥐었다.

그러나 도청으로 뛰어오다 100여 명이 '도청방화' 혐의로 체포되고 또 100여 명 정도가 사살되는 참극이 벌어져 시내는 순식간에 아비규환의 지옥으로 돌변, 쓰러진 시신이 여기저기서 나뒹굴었다. 새벽 4시 10분경, 도청은 계엄군에 완전 포위되었다. 공수부대는 도청 후문을 돌파하고 도청에 난입해 무자비한 살육작전을 자행, 수많은 시민군이 힘없이 스러져갔다.

이때 수습위원회 대변인을 맡고 있던 윤상원이 계엄군의 총탄에 옆구리를 맞고 휘청거리자, 수습위원 동료들이 그를 자리에 눕히고 이불로 덮어주었으나 수류탄이 터지는 바람에 모두 사망하고 말았다. 또한 "무기를 버리고 항복하라"고 외치는 계엄군의 고함 소리에 무기를 버리고 두 손을 든 채 몸을 드러냈다가 계엄군이 무자비하게 난사하는 M16에 맞아 많은 시민군들이 죽어 넘어졌다.

27일 오전 4시 55분께, 마침내 도청의 시민군들은 전우의 시체를 넘으며 두 손을 들고 투항했다. 그러나 전일빌딩에 배치됐던 20여 명의 시민군들은 끝까지 싸우다가 27일 오후 2시경, 마지막으로 옥상에 올라가 최후까지 항전, 모두가 장렬하게 전사하고 말았다.

도청 및 YMCA, YWCA 등지에서 체포된 생존 시민군들은 일단 상무대 전투병과사령부 건공단으로 끌려가 계엄군들에게 10파운드 곡괭이 자루로 초죽음이 되도록 두들겨 맞았다.

한편 이날(27일) 계엄군은 시내 전역의 가택을 샅샅이 수색하여 수백 명의 청년들을 끌고 갔으며, 여관이나 여인숙에서 잠을 자고 있거나 길거리를 통행하고 있던 젊은이는 무조건 시청, 아모레화장품, 관광호텔 등지로 끌려가 무자비한 고문과 구타 속에 적지 않은 사람들이 죽고 다쳤다.

생과 사의 갈림길에서 끈질기게 살아남은 사람들 역시 27일 밤 8시께 모두 헌병대로 이송되었다. 이후 계엄군은 골목골목마다 경계를 펼치고 시민들이 일체 바깥출입을 하지 못하도록 했으며 심지어 창밖으로 내다보는 것조차 금했다. 창밖을 내다보다 조준 사격에 희생된 시민도 수 명에 이르렀다. 그리고 언제 끝날지 모르는 검거 선풍이 광주시 전역에 몰아닥쳤다.

이리하여 열흘간에 걸쳐 한반도를 뒤흔들었던 '광주민중항쟁'은 일단 겉으로는 막을 내린 듯싶었다. 씻을 수 없는 통한을 남긴 채…… 차디찬 아스팔트 위로 싸늘하게 식어간 내 자식과 형제·자매들의 영혼을 부여잡고 통곡하던 유족들의 한 많은 오열을 뒤로 한 채…… 80만 광주시민들의, 400만 전남도민들의, 아니 4,000만 대한민국 국민들의 가슴마다에 원(怨)과 한(恨)이 얽히고 맺힌 채…….

관련 문학예술 작품

[드라마] 김종학 연출·송지나 극본, 〈모래시계〉, 1995.
[만화] 강풀, 『26년』(전3권), 재미주의, 2012.
[문학] 5월문학총서간행위원회 편, 『5월문학총서』(전5권), 문학들, 2012.
[소설] 임철우, 『봄날』(전5권), 문학과지성사, 1997.
[소설] 임철우 외, 『꽃잎처럼』(5월광주 대표소설집), 풀빛, 1995.
[소설] 최윤, 『저기 소리 없이 한 점 꽃잎이 지고』, 문학과지성사, 2011.
[소설] 한강, 『소년이 온다』, 창비, 2014.
[소설] 한승원 외, 『일어서는 땅』(80년 5월 광주항쟁 소설집), 인동, 1987.
[소설] 홍희담 소설집, 『깃발』, 창비, 2003.
[소설] 황석영, 『오래된 정원』, 창비, 2000.
[시] 고은 외, 『하늘이여 땅이여 아아, 광주여』, 황토, 1990.
[시] 김남주·김준태 편, 『마침내 오고야 말 우리들의 세상』, 한마당, 1990.
[시] 김시종, 『광주시편』, 2014.
[시] 김준태, 「아아 광주여, 우리나라의 십자가여」, 『전남매일신문』, 1980년 6월 2일자.
[시] 문병란·이영진 편, 『누가 그대 큰 이름 지우랴』, 인동, 1987.
[연극] 극회 광대, 〈호랑이 놀이〉(1981)/놀이패 신명, 〈일어서는 사람들〉(1982)/극단 토
    박이, 〈금희의 오월〉(1988), 〈모란꽃〉(1993), 〈그대에게 보내는 편지〉(1995) 등.
[영화] 김지훈 감독, 〈화려한 휴가〉, 2007.
[영화] 이은·장동홍·장윤현 감독, 〈오 꿈의 나라〉, 1989.
[영화] 이정국 감독, 〈부활의 노래〉, 1990.
[영화] 이창동 감독, 〈박하사탕〉, 2000.
[영화] 장선우 감독, 〈꽃잎〉, 1996.
[영화] 조근현 감독, 〈26년〉, 2012.
[희곡] 황지우, 『오월의 신부』, 문학과지성사, 2000.

전무용·이은식

녹두밭 윗머리 사람들

—충남 공주군 B면 K리 1구를 찾아

1979년부터 정부는 농산물가격의 강력한 통제에 기초하여 경제를 안정화시키려고 하였다. 이후 전두환 정권은 농가소득 감소에 대처하기 위해 복합영농, 영농후계자 육성 등을 골자로 여러 지원책을 펼쳤으나 농민의 생활수준은 점점 악화될 뿐이었다. 나아가 1980년대에 들어서서 점점 증가하던 농산물 수입은 1986년 이후 3저 호황에 따른 대규모 무역흑자가 발생하면서 본격적으로 늘어났다. 이른바 개방농정시대로 접어들었다. 농민들은 미국의 농산물 개방 압력으로 생활이 더욱 어려워져 갔다.

한편 1980년 신군부의 권력장악 이후 농민운동 또한 침체 상태에 빠졌으나 곧 부당농지세 시정 운동, 농협조합장 직선제 실시 100만인 서명운동, 수매량 확대 요구투쟁, 농가부채 탕감운동 등을 연이어 벌이며 투쟁을 고양시켰다. 나아가 농축산물 수입금지 요구는 1985년이 되면서 농민들의 전국적인 투쟁 목표가 되었다. 이런 움직임들을 바탕으로 1987년 6월 항쟁을 전후해서는 전국적인 농민운동 조직망이 건설되고 '전국농민협회'가 이를 기반으로 탄생했다.

아이구, 벼농사라구 워디 별 수 있남유
조상 대대루 심거 먹든 경께, 헐수읎이 짓지
아닌 말루다 스무 마지기 짓는다 처봐유, 상답(上畓)으루 쳐두 잘 져봐야 마지기당 슥 섬,
그러니께 한 마지기에 여섯 가마
쌀 한 가마에 육만원 치구,
육육은 삼십육, 삼백육십만 원 되남유.
―그래두 대처 월급쟁이 삼십만원 꼴은 되잖남?
―그게 그란디 맞벌이루 벌은 거잖여?
맞벌이뿐여, 모내기철 되믄
숟가락 몽둥이 하나락두 아쉽다니께,
―손이 모자라니께 소핵교 다니는 아들 딸내미……
―그려그려, 얼골이 쌔까매지두룩 부려가면서,
거시기 또 일꾼 한 서른 명 사가지구선……
아이구 말하자믄 한두 읎다니께유.
―그래두 이왕 혔으니께, 더 혀봐.
종자값, 농약값, 비료값, 일꾼덜 반찬값, 술값, 담배값, 경운기값, 탈록기값……
―재산세, 농지세, 수세, 주민세, 방위세, 향군회비, 적십자회비……
아이구, 무슨 세금이 그렇게 많대유?

(중략)

―틈틈이 여기저기 부줏돈,
간이상수도 설치허니께, 수돗세두 내야 허구,
결과적으로 말혀서 지 품팔어 먹구 사는 거라니께유.
―이제 농민덜은 품팔이꾼이 됬어, 것두.

_공동창작 농민시 「옹매듭두 풀구유」 부분

1. 머리말

이 글은 평범한 사람들이 바라는 조그마한 행복이 무엇보다도 소중하다는 믿음에서 출발한다. 인간은 누구를 막론하고 자신의 행복한 삶을 추구할 권리를 가지고 있다. 또한 그러한 삶을 추구하는 과정에서 어떠한 제약이 부당하게 가해져서도 안 되며, 그것을 파괴하는 어떤 행위도 정당화 될 수 없다.

그러나 오늘날 고도로 분화된 산업사회 속에서 대부분의 사람들은 그러한 관심을 자기 자신의 문제, 즉 개인의 문제로만 수렴시키고 있는 것이 현실이다. 많은 사람들이 자신의 울타리를 정해 놓고 그 속에서 안주하며 이웃들에게 눈 돌릴 겨를도 없이 하루하루를 살아간다. 이와 같은 굴레의 연속에서 우리는 우리의 이웃이 누구이며, 그들이 무엇을 생각하고 어떻게 살아가고 있는가 하는 문제에 대해 소홀하기 쉽다.

현대사회에 살고 있는 우리들은 전달매체의 다양한 분화와 발달로 인해 다른 사람들의 삶의 모습과 생각들을 비교적 쉽게 접할 수 있다. 그러나 이러한 표현 매체로부터 소외된 사람들의 생각은 접하기가 쉽지 않다. 혹 그것들이 표현된다 하더라도 보이지 않는 제약이나 전달자들의 의도에 가려

참모습이 드러나지 못하는 경우 또한 없지 않다.

개개인의 삶의 과정들이 한데 모여 드러나는 총체적 현상을 우리는 문화라고 이름 짓는다. 나날의 삶이 시간 속에 무르녹아 역사의 부분을 이루는 이 문화엔, 그 가운데 사실의 기록으로 드러나 있는 부분과 드러나 있지 않는 부분이 공존한다. 실제로 드러나 있지 않은 부분 속에 더 많은 삶의 애환들이 담겨 있음을 간과해서는 안 된다.

농촌사회에 대한 연구나 자료들은 많은 경우 통계화된 숫자로 발표된다. 그러나 그러한 숫자만으로 그 속에서 하루하루를 살아가고 있는 사람들의 바람이 무엇이고, 그들의 기쁨과 슬픔, 그리고 아픔들을 알고 함께 나누기는 어렵다.

그동안 우리가 그곳을 드나들며 만났던 사람들은 이 땅에 살고 있는 농민들의 대표단수도 아니고 우리가 선정한 마을 또한 이 나라 농촌 현실 전체를 극명하게 대변해주는 것도 물론 아니다. 그런 점에서 볼 때 그들은 다만 예외적인 개인일 뿐이다. 그러나 그들의 삶은 이 나라 농촌 어디에서나 볼 수 있는 구체적인 생활 현실이다. 따라서 어떤 의미에서 보면 그들의 말과 생각은 가장 보편적이면서도 객관적인 농촌 현실을 대변해 준다고 할 수 있다.

우리는 이번 작업을 통해 농촌 한 마을의 농민들이 살아가는 모습을 가능한 한 사실적이고 구체적으로 드러내 보이고, 그를 통해 우리가 새롭게 시도해보는 문학 형식인「공동창작 농민시 ― 옹매듭두 풀구유」의 가능성을 탐색해보고자 하였다. 이 분야에 관하여는 이 특집에 따로 정리되어 있는「공동창작 농민시 ― 옹매듭두 풀구유」38편과 그에 대한 새로운 시각을 정리한 평론「농민시의 가능성」을 참고하기 바란다.

2. 대상지역 및 접근과정

우리가 대상 지역으로 선정한 충남 공주군 B면 K리 1구 마을은 대전에서 계룡산 동학사로 들어가는 입구(자연부락 명—박정자)를 지나 공주읍 쪽으로 약 3킬로의 거리에 위치해 있는 시골 면 소재지이다. 이곳의 자연부락은 연전·길만동·양지말 등으로 나뉘어져 있으며, 173헥타르의 면적에 총 119가구 624명(남자 309명, 여자 316명)이 살고 있다. 이 가운데 농가호수가 92가구, 비농가가 27가구이며, 비농가는 대부분 행정관서의 공무원이거나 상업에 종사하는 사람들이다. 경지면적은 논이 31.9헥타르, 밭이 13.5헥타르이며, 몇몇 사람들은 축산에 전적으로 종사하고 있기도 하다(1982년 B면 면세일람 참조).

다분히 우연성을 포함한 부락 선정이었지만, 몇 차례의 방문을 통해 우리는 부락 선정이 성공적이었다는 느낌을 가졌다. 우선 거리상으로 볼 때 이 마을이 우리 편집진들이 쉽게 왕복할 수 있는 지점(대전에서 시내버스로 약 30분 소요)에 위치해 있고, 탑제를 비롯해 시골 자연부락 공동체만이 가질 수 있는 전통문화의 원형을 그대로 간직하고 있으며, 무엇보다도 마을 자체의 민주화 작업이 끈질기게 이루어지고 있음을 보았기 때문이다.

이 글 속에 포함된 대부분의 이야기는 ㄱ씨의 사랑방을 중심으로 이루어졌는데, 간혹 이 마을의 음식점이나 길을 걸어가며 주워들었던 이야기들도 단편적으로 포함되어 있다.

방문에 앞서 편집인들은 '무엇을 물을 것인가?'에 관해 기본적인 골격을 갖추는 작업을 했는데—예를 들면, '추곡 수매가에 대한 농민들의 의견', '농협의 기능에 대한 농민들의 기대' 등—이 작업은 별로 쓸모없는 것이 되어 버리고 말았다. 편집진의 대부분이 농촌 출신이긴 했지만 그동안 우리는 너무 오랫동안 고향으로부터 떠나 생활을 해왔기 때문에 우리의 기초

작업 자체가 다소 막연하고, 현실과 동떨어진 문제에 거의 초점을 맞추고 있었기 때문이었다. 그러나 이 문제는 쉽사리 해결되었다. 그런 문제들에 관해 오히려 그들이 전문적인 안목을 가지고 얘기를 진행시켜 주었기 때문이었다. 그래서 우리는 오히려 얘기를 듣는 쪽이 되어버렸고, 우리가 이 작업을 통해 한 일은 그들의 입을 통해 다소 산만하고 순서 없이 드러난 갖가지 문제들을 내용별로 정리, 순서를 매기는 정도의 일이었다.

우리가 르포 형식을 빌려 이 글을 정리하는 이유는 그것이 우리가 찾은 마을의 현실적인 문제들을 보다 극명하게 드러내는 데 가장 적합한 서술 방식이라는 판단 때문이다. 따라서 이 글은 기왕의 농촌문제 연구가나 사회과학도들의 시선과는 얼마간 다른 각도에서 서술되어진다.

3. 이야기의 출발

가. 어떤 가위눌린 의식

"거 녹음기는 치웠으믄 좋겠구먼, 엥? 녹음기 끄지 그랴."

자기들이 하는 이야기들이 있는 그대로 녹음된다는 사실이 왠지 꺼림칙하다는 눈치였다.

"아니, 우리가 여기서 못할 얘기 하능 겨? 우리네덜 살어가는 얘기하는디 뭐가 어뗘서 그랴."

"그래두 그렇지. 녹음기는 점 거시기 하잖여."

"우리가 읎는 얘기 따루다 꾸며내는 것도 아니구, 그깃말해서 남 모함하는 것도 아닌디, 뭐가 어뗘. 이 냥반덜 말따마나 농촌생활이 알구 싶어서 왔다닝께, 우리는 그냥 우리네덜 사는 얘기를 그대루다 허면 되는 겨. 신경 쓰지 말구 술이나 한 잔 혀, 자."

시작부터가 여러 가지를 생각하게 되는 대화였다. 우리 사회에 아직도 자기의 생각을 정직하게 표현하는 것을 꺼리게 하는 어떤 제약이 있다는 것을 드러내 주는 단적인 예가 될 수 있기 때문이다. 언제쯤이면 모든 사람들이 건강한 의식으로 자유롭게 살게 될 것인가.

나. 별명이 '개떡'인 내 친구

"촌이나 도시나, 예전이나 지금이나 헐 거 읎이 약한 늠은 밟히게 마련이여."

먼저 ㅂ씨가 허두를 떼었다.

"우리 어릴 때, 그러닝께 그게 여나무살 때쯤일 겨. 별명이 '개떡'인 친구가 있었는디……."

그는 늙은 아버지와 단 둘이 살고 있었다. 어머니는 그가 어렸을 때 돌아가셨다. 형은 군대에 가 있었고, 형수는 어느 날 고무신을 거꾸로 신고 도망쳤다. 집이라고 해야 땅뙈기 한 자락도 없었고, 그나마 먹고살 것조차 궁했기 때문이었다. 그의 아버지가 산으로 돌아다니며 유두뿔(편자 주―가정의 부엌에서 사용하는 솔을 만드는 재료로 소나무의 잔뿌리)을 캐다가 팔아 그것으로 밀가루를 사다가 개떡을 쪄서 근근이 연명했다.

"밭이 가서 호박잎을 뜯어다 솥바닥에 깔구서 개떡을 찌는 겨."

ㅂ씨의 말에 모두들 그러한 빈궁한 시대를 자신들의 지나간 삶 속에서 떠올리는 눈치였다. 해방과 6·25를 이 땅에서 겪은 사람이라면 모두가 그 궁핍했던 시대를 기억할 것이다. 누군가가 다시 말을 받았다.

"그 개떡도 가끔 해먹어 보닝께 맛있더라구요."

"그려. 그란디 지금은 그걸 별미루다 먹지만서두, 그 땐 그게 주식이나 마찬가지여. 그것두 못 먹어 굶는 사람이 허다했구."

당시 그는 학교에 안 다녔기 때문에 때도 없이 동네에 나가 놀았다. 그러면 그의 아버지가 나와서 그를 불렀다.

"아무개야. 솥이 가보믄 개떡 있다. 그거라두 먹구 놀어라."

그래서 그 친구의 별명이 '개떡'이 되었고, 지금도 친구들 사이에서는 '개떡'으로 통한다.

"그란디 이 녀석이 동네에 나와서 놀믄 흰둥이구 검둥이구 할 거 읎이 모두덜 그늠을 뚜디려 패구 못살게 굴더란 말여. 그늠은 그냥 당하기만 하구. 내 자랑이 아니라 그때 당시에 동네 애덜이 걔를 뚜디려 패믄 내가 가서 말렸지……. 그 약하구 불쌍한 것을 왜 때리냐구……."

ㅂ씨는 그 일 때문에 동네 애들하고 드잡이질도 많이 하고, 멱살도 많이 잡히고, 콧잔등도 여러 차례 터졌다. 그래서 그 친구는 지금도 ㅂ씨를 만나면 30년도 더 지난 그때 일을 기억하고 고마워한단다.

얼마 전 ㅂ씨는 친척집 잔치에 가볼 일이 생겨 오랜만에 고향을 찾았다. 그때 옛날 친구들이 그 '개떡'이란 친구의 이야기를 하는 것을 들었다.

"생각나? 개떡 말이여, 갸 인저 지법 살게 되았어."

"어떻게."

"논만 해두 스물댓 마지기나 되구……."

그날 해거름 무렵에 ㅂ씨는 잔칫집을 나와서 그 친구를 찾아갔다. 열한 살짜리 막내딸이 마당에서 놀고 있었다.

"얘, 느이 아빠 집에 계시냐?"

친구가 나오면서 반갑게 맞는다.

"아이구, 이게 누구여. 어서 오라구."

"야, 이늠아. 솥이 가서 개떡 점 가져 와라."

"이누무 새끼. 또 그 소리냐."

친구도 옛날 일을 생각하면서 그의 말을 전혀 고깝게 생각하는 눈치가 아니다. 그 배고프던 때가 아련한 아픔으로 되살아온다.

함께 안방으로 들어갔다. 우리 농촌 어디서나 볼 수 있는 평범한 살림살이였지만, 찌그러진 오막살이에서 굶기를 밥 먹듯 하던 친구의 과거지사를 생각하면 하나도 그대로 눈길을 지나칠 수가 없다.

"야, 너 부자 됐다구 소문이 짜하던데, 그 비결 좀 가르쳐주라. 나두 배워 갖구 부자 좀 되보게……."

"부잔 무슨 부자……. 새끼덜 하구 밥은 안 굶게 되얐지."

"이게 엄살떠네. 그랴, 어떻게 그 많은 재산 모았나?"

"넌 그때 객지루 나가서 잘 몰르겠지만, 너 나가구 나서 내가 장갈 들었다. 내가 그 지경이니 부잣집으룬 뭇 가구 우리 집처럼 읎이 사는 집 딸내미하구 결혼을 했지. 그라구서는 8년간을 머슴살일 혔어. 마누라는 친정에서 살게 하구. 가끔 잠이나 하냥 자줬지……. 그때 고생한 걸 우떻게 말루 다 하겠냐……."

친구는 말을 하면서 담배를 하나 꺼내 문다.

"새경을 쌀루다 여섯 가마부터 최고 열세 가마까장 받았넌디, 그걸 한 푼두 안 쓰구 길렀지. 그렇게 8년이 지나구 나닝께 그 쌀이 수월찮게 되더라. 니가 잘 알다시피 내가 이 동네에서 얼매나 고생하믄서 컸냐……. 그래 그 돈으루다 이 동네에 논을 열닷 마지기 샀어. 그라구선 마누랄 데려다가 츰이루 내 살림이라구 차렸지. 이 오두막집여……. 여지껏 헛돈은 써본 일이 읎구. 지금두 시오리 장을 다니는디 남덜은 차를 타구 다녀두 난 걸어다녀. 장이 갔다가 좀 늦어져두 밥 한 그릇 사 먹어본 적이 읎구, 꼭 집이 와서 먹어. 또 친구덜찌리 모여서 놀믄, 나두 사랑방에 마실 가구 싶어. 그렇지만 안 가. 마실가믄 담배라두 한 대 더 피우게 되구, 술이라두 한잔 읃어 먹게 되믄 나두 한 잔 사얄 거 아니냐. 그건 돈 아닝감? 그거 먹어두 살구, 안 먹어두 살어. 그래서 내가 마실을 안 가닝께 나더러 '지독한 놈', '구두쇠'라구 욕덜을 혀싸. 그래두 나는 그런 소릴 들어두 남덜한티 해 안 끼치구, 내 새끼덜 밥 안 굶기구 살어. 그렇게 해서 올해 논 열 마지기를 더 샀어. 그러닝게 그걸 재산이라구 동네에서 입을 삐죽거리구, 올챙이 개구리 된 게 언제냐구 야단덜이여…….”

친구와 이런저런 얘기를 나누다보니 때가 되어서 저녁상이 들어왔다. 라면이었다. 친구가 한마디 하면서 상을 받는다.

"여보, 거 밥을 하지 그랬어."

"미안해유. 난 우리 식구만 생각하구선."

친구의 부인이 계면쩍은 표정으로 말을 받는다.

ㅂ씨가 그릇 안을 보니 라면 가닥은 별로 보이지 않고 멀건 국물만 한 그릇씩이다.

"야. 모처럼만이 식사 대접인디 이거 라면이라 어떡하냐. 우리 식구가 생각을 점 들한 모양인디 그냥 먹자 야."

친구의 말에 곁에 서 있던 부인은 몸 둘 바를 모르고 연신 미안스런 표정으로 서 있다.

"괜찮아. 난 잔칫집에서 많이 먹구 왔어. 먹어두 그만 안 먹어두 그만여. 니가 그렇게 흉허물 없이 같이 먹자구 하닝게 먹긴 먹겄는디, 이거 좀 많으닝게 건더기는 너한티 좀 덜자."

"그냥 먹어둬."

"아녀. 아무래도 내겐 좀 많어."

ㅂ씨는 굳이 친구의 그릇에 라면 가닥을 덜었다. 그리고는 부인에게 찬밥 남은 것을 달라고 해서 라면 국물에다가 말아서 먹었다. 그러는 중에 막내딸이 투정하는 투로 한마디 한다.

"엄마. 라면을 여섯 개 삶었으믄 건더기가 많을 거 아녀? 왜 네 개만 삶어 가지구 맨 국물만 퍼줘."

그러면서 언니에게 라면 가닥을 좀 덜어 달라고 조른다.

친구의 이야기 말미에 ㅂ씨는 한마디 덧붙인다.

"그 친구 안사람 살림하는 거 보구 놀랬어. 단단한 땅에 물이 고인다드니, 그 친구 얘기더라구. 그렇게 아둥바둥 사는 걸 보니 고맙기두 하고, 암턴지 그날두 그 친구 내가 마실 가자구 해두 안 가더라구. 그런 걸 보구 참 많이 배웠네. 하지만 우린 그렇게 못햐. 엊저녁이두 고수덥 쳐서 1,700원이나 나갔네."

"너 같은 늠덜온 잃어두 싸. 이 술두 끊으야 혀. 화투두 끊구."

옆에서 듣고 있던 ㅁ씨가 걸쭉한 욕을 섞어가며 한마디 거들고 나서며 앞에 놓인 술잔을 홀짝 비운다.

이웃과 스스로를 철저하게 단절시킨 채 자기 생각대로 살아가는 ㅂ씨의 친구 '개떡' 씨에게 우리는 아무도 손가락질을 할 수 없을 것이다. 그러나 그가 하루하루를 살아가는 모습은 왠지 가슴 아픈 부분으로 남아 있다. 이 땅 위에서 제발 행복은 무엇인가.

다. 숟갈로 떠먹는 별미 떡

"가난한 사람 얘기 하나 더 해야 쓰겄네. 조선 가난 반은 짊어지구 있었다믄 딱 맞어. 그 집두 그때 참 빼저리게 고생혔지……. 그 집 옆댕이에 방앗간이 하나 있었어. 면 부자라구 소문난 집이었는디, 그 집 아들놈이 나하구 친했지."

어느 날 ㅂ씨는 그 방앗간 집엘 갔다.

"야. 느이네 밀가루 샀든 거 을매나 있나?"

"응, 저기 몇 가마 있어."

"시방 방아에다 밀가루 빻는 건 누구네 거여?"

"저 아주머니네 꺼여."

ㅂ씨는 밀가루를 자루에 퍼 담고 있는 아주머니에게로 다가갔다.

"아주머니, 그 막가루 한 바가지만 줘유. 그 대신 내가 저 밀 한 바가지 더

퍼 넣을 테닝께유."

아주머니가 말을 받는다.

"아이구, 그래두 되능규? 밀 한 바가지믄 가루는 두 바가지가 더 나오는디유?"

"걱정마유."

그리고 그는 밀을 한 바가지 퍼서 아주머니에게 넘긴다. 곁에서 보고 있던 친구가 귀청이 떨어지도록 소리친다.

"저 새끼가 미쳤나? 야, 임마. 너 뭣허능 겨?"

"시끄러, 가만 있어 봐."

바가지에 막가루를 가득 눌러 담아서 정미소를 나온다.

"임마, 어디루 가져갈라구 그라는 겨?"

"나 먹을라구 하는 거 아녀, 새꺄. 이 옆집 아주머니가 지금 먹고 사능 게 대근햐. 거기 점 갓다 줄라구 그랴. 그렁께 너는 그냥 모른 척 햐."

그는 밀가루를 들고 가서 옆집 아주머니를 부른다. 아주머니가 나온다.

"왜 그랴?"

"이거 받으세유. 방앗간이어서 쬐끔 훔쳐왔슈."

"아이구, 이거. 이렇게 해서 으떡햐?"

"이거 나쁜 밀가루유. 존 거는 못 가져 왔유. 욕일랑은 하지 말구 모른 체 하구 받어 놔유."

아주머니는 몇 번씩이나 고맙다는 말을 되풀이 하면서 밀가루를 받는다. 그리고 나서 얼마 후의 일이다. 그 아주머니가 B씨를 불렀다.

"도령, 도령, 나 점 봐유."

"왜 그래유?"

"일루 점 와 봐."

B씨가 그 아주머니를 뒤따라 집 안으로 들어갔다.

"떡을 쬐금 했어. 한 번 먹어볼텨?"

"어이구, 웬 떡은유? 나두 떡 좋아해유. 한 접시 내놔 봐유."

아주머니가 콩가루를 노르스름하게 켜켜로 올린 떡을 한 그릇 가져온다. 그런데 젓가락이 아니고 숟가락을 내밀면서 웃는다.

"먹어 봐. 별미 떡이여. 다른 데선 구경 못해 봤을 거여."

"근디, 떡을 먹는디 워째 저범이 아니구 숟갈이래유?"

"그건 저범으루 먹는 게 아니구 숟갈루다 먹는 떡이여."

아주머니는 말하면서 또 웃는다. ㅂ씨가 숟가락을 들고 한 술을 뚝 떠서 입 안으로 가져간다.

"아주머니. 이건 떡이 아니구 비지잖어유?"

아주머니가 깔깔대고 웃으면서 말을 받는다.

"아, 우리가 생전 떡을 못해 먹으닝께 막내 딸년이 떡 점 해달라구 햐. 그래 저 밑이 두부하는 집이 가서 비지를 쬐금 읃어다가 그걸 해 안쳐서 콩고물 발러주닝께, 이년이 우리두 떡 해 먹었다구 으쌀 줄을 모르구 좋아하더라구……."

아주머니의 눈가에 눈물이 고인다. 그 말을 듣는 ㅂ씨도 왠지 모르게 목이 콱 메인다. 가슴이 뭉클해지며 양쪽 어깻죽지로부터 힘이 쫙 빠져 나가고 온몸이 저려온다. 맛이 없어서 못 먹겠다는 얘기는 차마 하지 못했다. 떡 한 접시를 아주 맛있다는 듯이 먹었다.

"맛있네유, 아주머니. 맛있슈……."

아주머니는 자기 앞에 놓여 있는 떡 접시를 바라보며 한없이 운다. ㅂ씨는 또 어깻죽지가 저려왔다.

ㅂ씨의 이야기는 그렇게 끝을 맺었지만 사랑방에 모여 앉은 사람들은 한동안 입을 열려 하지 않았다. 누구는 담배를 꺼내 물었고, 또 누군가는 자기 술잔을 비웠다. 그리고 술잔이 다시 한 순배 돌고 나서 ㅂ씨가 하던

이야기를 마무리 지었다.

"내가 그걸 먹구 나서는 친구덜한티 그랬네. 야, 이늠덜아. 떡 중에서 젤루다 먹기 대근한 건 비지떡이여, 비지떡……."

이야기는 ㅂ씨의 호탕한 웃음으로 끝이 났다. 그러나 그 자리에 있던 아무도 따로 웃지 않았다. 잠시 후에 누군가가,

"그 비지떡 얘기나, 라면 얘기나…… 참…… 남 얘기 같지 않네."

"아, 얘기할 거 읎지. 그때야, 아, 쑥뿌리가 안 남어났잖아."

그렇다. 그의 말대로 쑥뿌리마저 남아나지 않던 시절은 이제 갔다. 그 시절은 이제 옛날의 얘기 속으로 자리를 잡고 들어앉았다. 그렇다면 지금 농민들은 행복하게 사는가. 정말 배고프지 않은가.

4. 농민들의 어떤 생활 모습

이야기는 조금씩 자신들의 구체적인 생활 주변으로 좁혀져 갔다.

가. 우둔한 사람들

"그 사람은 동네에서 '곰'이라고 제쳐 놓았던 사람이여."

ㄱ씨의 원래 고향은 강원도였다. 그는 이곳에서 농사를 짓다가 얼마 전 대전으로 떠났다. 몇 마지기의 땅은 동네 사람에게 반타작을 주고 미련 없이 떠나갔다. 그러니까 거기에서 나오는 곡식으로 양식은 해결된다는 생각이었다.

그는 지금 대전에서 청소부 일을 하며 생활하고 있다. 새벽 3시에 집을 나가서 오후 3시쯤이면 일이 끝난다. 매달 꼬박꼬박 나오는 월급을 타서 연탄 값 정도만 쓰고 나머지는 전부 저금통장에 집어넣는다. 그러다 보니 돈이 조금 모아지더란다. 자녀들은 모두 국민학교까지만 졸업하고 모두

공장에 취직했다.

"세상에 눈치고 체면이고 모르구 사는 사람여. 빚지는 것두 모르구. 빚 안 진다는 얘기는 있으믄 먹고, 읎으면 읎는 대로 한 끼 굶는다는 말여. 그런 사람은 그래두 빚 안 지구 그냥저냥 먹고는 살어."

얘기를 들어보면 그는 참으로 알뜰하고 성실하고 자기의 분수를 아는 사람이다. 그런데 어째서 그는 자기가 속한 공동체에서 '눈치고 체면이고 모르는 곰'이라고 불리워지고 있는가.

누군가가 그들을 한데 뭉뚱그려서 '아주 우둔한 사람들'이라고 말했다.

ㅈ씨도 그러한 부류에 속하는 사람 가운데 하나이다. 그는 말 그대로 순박한 농사꾼이다. 논 다섯 마지기를 가지고 식구들과 함께 열심히 농사를 지으면서 살아간다. 동네 사랑방에 모여도, 장에 가면서 버스를 한 번 타도, 어쩌다가 술을 한 잔 같이 마셔도 그는 철저하게 자기 주머니를 축내는 일이 없다. 마을 사람들과 차를 같이 타게 되는 경우 누군가가 차비를 내주면 그냥 '고맙다'는 말 한 마디뿐이다. 누군가가 술 한 잔 하자고 해도 '고마워'라는 말뿐이다. 그러니까 그에게는 모두가 고마운 것일 뿐이다. 친구에게도 담배 한 개비 권하는 법이 없다. 세상일이야 어찌되든 알 바가 없다. 특용작물이나 기타 부업 같은 것은 아예 엄두조차 내 본 일이 없다. 무엇보다도 당장 자금이 없기 때문이다. 농협융자가 있기는 하지만 그는 그런 것이 자기 같은 사람에게는 해당되지 않는다는 것을 미리부터 잘 알고 있다. 그렇기 때문에 ㅈ씨는 빚을 져 본 적이 없다. 자식들도 국민학교든 중학교든 형편 닿는 대로 공부시키면 그것으로 족하다.

"그 사람두 그렇게 되고 싶어서 그런 게 아녀. 살다보니께 그렇게 된 거지. 그 속이야 오죽하겠어?"

누군가의 뼈 있는 말이다. 사람을 그렇게 만든 것은 무엇일까. 그런 사람들에게 희망은 무엇이며, 또 행복의 조건은 무엇인가.

| 나. 머리가 쫌 깬 사람들 |

그런가 하면 농사는 부모에게 맡기고 구멍가게를 하는 사람들도 있다. 이 사람들도 본래는 순박한 농민이었는데, 장사를 하기 시작하면서 돈맛을 알게 되니까 사람이 조금씩 달라지기 시작했다. 돈이 오가면서 이해관계에 얽히고 심지어는 형제간에 의를 끊은 경우까지 생겼다. 그런 사람들은 관공서 가까운 곳에서 장사를 하면서 그 사람들 비위 맞추느라 정신이 없다보니 마을 일은 아예 뒷전으로 밀어버리고 만다. 그러나 그들도 농사만 짓고 살던 옛날엔 마을 공동사업에만은 언제나 내 일처럼 열심이었다. 그렇다고 한다면 이 경우 문제의 핵심은 절대적 빈곤이라기보다는, 상대적 빈곤이나 물질만능주의의 오염에서 비롯된 것이라고 할 수 있다.

ㅇ씨는 재작년까지 겨울철 농한기를 이용하여 비닐하우스에 봄 채소를 재배했다.

비닐하우스 속에 일단 씨앗이 뿌려지고 나면 4월이나 5월 수확이 끝날 때까지는 밤낮없이 하우스 속에서 살아야 한다.

"마누라에다가 자식새끼덜까지 식구란 식구는 더덕짱아찌처럼 온통 새까매져. 거기다가 허구헌 날 새벽부터 밤늦게꺼정 하우스 속에서 살아야 혀."

다른 데로 눈 돌릴 겨를이 없다. 수확이 되면 일단 트럭에 싣고 대전으로 나가서 판다.

그런데 ㅇ씨는 금년엔 양봉으로 바꾸었다. 농사일이 하두 고되니까 육체노동이라도 피해볼까 하고 시작했던 일이었지만 양봉도 대단한 육체노동이다. 꿀벌의 부지런함에 따라가야 하기 때문이다.

농사꾼이라고 해서 논농사, 밭농사만 잘 지으면 모든 것이 해결되는 것은 아니다.

그들에게 있어서도 자녀들의 교육문제, 결혼문제 그리고 가족들의 건강

문제 등 모두가 남의 일이 아니다. 그 때문에 그들은 순수 농사 이외에도 특용작물이나 축산 등에 손을 대게 된다.

이런 사람들은 그들의 표현대로 '머리가 좀 깬 사람들'이다. 그러나 요즈음 그것으로 가욋돈을 버는 사람은 거의 없다. 그들의 얘기다.

"현실적으루다 우리가 땅만 믿구 농사에 매달릴 때는 지났다구. 논농사 밭농사만 가지구는 안 되여, 그래서 축산이나 특용작물에다가 손을 대보는 겨. 근디 요즘은 축산이 옛날처럼 농가 부업이 아니구 대기업의 투자 대상이란 말여. 돼지만 해두 보통 1,000이니, 2,000, 3,000이라는 얘기가 나와. 즉어두 1,000마리 이상 맥여야 어떻게 한 번 비벼보지 50마리, 많아야 100마리 정도 가지구 근근히 버팅기는 우리네덜은 자멸해버리고 말어. 결과적으루 기업 축산가만 살어 남는다는 얘기지, 그때만 해두 옛날 얘기여. 요즘은 사료 값이 두 배 이상 뛰었거들랑. 인저 돈 쌓아놓구 버티는 늠덜만 사는 겨. 괴기값이 한 번 요술을 부렸다 하믄 집안이 말짱 거덜나능겨……. 돈 많은 양반덜은 그짓 안 해두 먹구살 만할 틴디, 왜 하필 시골의 돼지, 소까지 상관하구 나서는지 몰르겄어. 식성이 돼지 못잖다닝께. 큰일여, 큰일……."

"먼 옛날 얘기가 아녀. 돼지 새끼 장에 내다 팔어 갖구 자식새끼 월사금 내등 게. 인저는 어림두 읎는 얘기여. 또 언제 돼지 새끼 갖다 버리게 될지 몰러."

ㅈ씨의 얘기를 듣다 보니 '돼지 같은 녀석'이라는 말이 생각난다. 앞뒷일 생각 안 하고 눈앞에 보이는 것이라면 가리지 않고 먹어치우는 식성 좋은 사람을 일컫는 말이다.

다. 돼지에게 하는 것 반만 부모에게 하면 효자되여

"돼지고기 값 쇠고기 값만 오른다구 하믄 도시 냥반덜 금방 난리라두 나

소 값의 급락으로 생계에 위협을 받자 농민들이 거리로 소를 끌고 나와 시위를 벌이는 모습. 1985년 6월. ⓒ 박용수·민주화운동기념사업회

는 것처럼 야단덜이지. 게다가 정부서는 무조건 수입을 해서라두 값을 내란다나 안정시킨다나 해서 그런 야단법석이 없는디, 농촌에 와서 소 돼지 키우는 걸 눈으루다 보믄 괴기값이 비싸니 어떠니 하는 소리는 쏙 들어갈 거여."

"말이라구 혀? 새끼 돼지 한 마리 키워갖구 규격돈 만들라믄 즉어두 늑 달은 키워야 혀. 쉽게 계산해두 하루에 세 번씩 밥을 줘야 허닝께 늑 달이믄 삼삼은 구에다가, 사구 삼십 육, 삼백 육십 번은 밥을 퍼 날르야 혀. 거기다가 아픈 놈 생기믄 돼지 똥 뒤집어 써가믄서 붙들어다 주사 맞혀야지. 즉어두 이틀에 한 번꼴로 똥 쳐야지……"

돼지를 50여 마리 먹이는 ㅂ씨는 그래서 늘 체육복에 장화 차림이다. 돼지막에 한 번 들어갔다 나오면 옷이고 어디고 할 것 없이 온통 똥칠이니 그럴 법도 하다. 체육복은 빨기도 쉽고 일하기도 편하기 때문에 언제부터인가 그는 그런 차림에 더 익숙해졌다.

"돼지한티 하는 거 반만 부모한티 해 봐. 그런 효자가 읎을 거닝께."

실제로 ㅂ씨는 돼지 치다꺼리하느라 나이 드신 부모님을 잘 모시지 못하는 것이 늘 마음에 걸린다. 요즈음 또 돼지 값이 들먹이고 있다. ㅂ씨 같은 생산자를 생각하면 반가운 일이다. 문제는 폭락과 폭등의 악순환이다. 언제쯤이면 정책의 기준이 도시 중산층 위주에서 벗어나 생산자와 소비자의 기대를 함께 수용할 수 있는 정책으로 안정될 것인지 안타깝기만 하다.

라. 염생이 사육

"좌우간 시골에서는 지금 탈진 상태여. 한 가지라두 뭐 맘 놓구 해볼 게 있어야지. 염생이만 해두 그렇다구. 작년에는 그래두 에미가 30만 원, 새끼가 15만 원 했는디, 열 달두 못 가서 30만 원짜리가 10만 원짜리루 떨어지더라구. 죽어라구 키워서 새끼 값두 못 받았다닝께."

"세상에 병이 읎다구 하능 게 염생이 아녀? 그것두 한두 마리 멕일 때 얘기지, 열 마리 이상 넘어가믄 설사다 뭐다 해서 잔병치레하다 판나."

"염소 도둑놈두 있다구 하드만."

"자가용 차 대놓구서 싣구 내뺀대유. 지 놈덜 몸보신할라구 그러는 늠덜은 아닐 건디……. 문딩이 콧구녁이다 껴 논 마늘씨까장 빼먹을 늠덜여, 얘기할 거 읎이……."

| 마. 부락민들의 부수입 |

이 마을 사람들의 부수입 가운데 상당한 비중을 차지하는 것이 품팔이이다. 얼마 전까지는 IBRD(국제개발은행) 차관으로 이루어진 지방도로 포장공사(공주-박정자 간)장에 나가 폐품을 팔았다.

또 한 가지 이들에게 빼 놓을 수 없는 부수입원은 부락에서 약 8킬로가량 떨어진 유성 컨트리클럽 골프장의 잔디 작업이다. 주로 아낙네들이 그곳에 나간다. 모내기가 끝나고 난 뒤부터 11월 말경 땅이 얼기 전까지 일거리가 있고, 하루 3,000원 정도의 일당으로 일을 하지만 이들에게는 소중한 부수입원이다.

| 바. 농업이 부업인 사람들 |

"우리 동네에두 농사를 부업으루 하구 있는 사람덜이 몇 있어. 바로 면서기나 학교 선생님덜이여. 그 사람덜이 알부자지. 농사짓는 걸루 먹을 것은 해결되구, 봉급 타 가지구는 철저하게 모이는 모양인데, 사모님덜이 그 돈으루다 빚놀이두 하구. 한 마디루 괜찮지, 뭐. 자기들이 동네에 별루 아순 일이 읎어서 그런지는 몰러두 동네일에는 관심이 읎는 편여."

바로 그들은 농민들에게 선망의 대상이 된다.

"부러워할 거 읎어. 송충이는 솔잎 먹구 살게 마련인 겨."

누군가가 심드렁하게 얘기를 끼어들었다. 그런데 '송충이'라는 말이 자조적으로 들리는 것은 왜일까. 농자천하지대본(農者天下之大本)이라고 했다. 농민이 농사일에 긍지를 갖지 못하는 현실, 물론 그것이 하루아침에 이루어진 것은 아닐지 모르지만 그것을 바로잡는 것이 가장 중요한 농업 정책의 출발점이 되어야 하지 않을까.

5. 농민들의 자의식

"농민덜은 대근햐. 솔직히 시방 농촌에서 죽어라고 땅 파봐야 금싸래기 같은 건 안 나와. 차라리 도회지에 가서 구멍가게라두 하능 게 백 배 낫다구. 몸도 그게 훨씬 편할 거구 말여……. 그게 살다 보닝께, 마누라하구 자다 보닝께, 애덜만 줄줄이 생기구……, 생기더라구, 그게. 하, 하, 하하……."

"안 생기믄 비응신이지 뭐."

"하긴 우리 또래가 젤 대근햐. 요즘 젊은 사람덜은 약어서 하나나, 많아야 둘 낳구, 여자덜이 알어서 뭘 낑군다구 하더만, 우리야 즉어두 너댓씩은 보통 넘어……. 나논 거 그대루 내팽개칠 수도 읎구 말여."

"도루 집어넣으면 되잖어."

오랜만에 사랑방 안에 웃음이 터져 나온다.

"죽어라구 땅 파봐야 100만 원 수입이 안 되여. 지도소에서는 참깨가 어떠니 비닐하우스가 어떠니 해싸두 그게 빌어먹을, 돈이 되야지. 이건 죽어라구 노력해두 안 되는 걸 어떡햐. 저번에 지도소에 가닝께 300평이다가 참깨를 심으믄 세 가마가 나느니 네 가마가 나드니 해쌓던디, 누가 물러서 안 갈간디? 농민덜두 한 번 살어볼라구 바둥바둥한다구……. 또 지도소에서 하는 얘기 듣다간 손해만 보더라구. 왠중 알어? 지도소에서 말 나와서

했다 하믄 과잉 생산이 돼 가지구 똥값이 되는 거여. 또 판로가 보장되어 있는 것두 아니구. 심지어는 정부서 뭐 하라구 시키면 그 반대루다 농작물을 심어야 한다는 말까지 나돌아다니니, 우리 촌늠덜은 어느 장단에 춤을 춰야 하는 건지……."

"나두 사과나무가 쬐끔 있는디, 수확을 볼라믄 봄부터 쎄빠지게 거름 져내구, 약만 해두 스무 번 이상 쳐야 된다구. 그렇게 여덟 달을 씨름하다 보믄 어떤 놈이 알이 실한지 어떤 놈이 쭈그러진 건지, 또 어떤 놈이 벌레 파먹었는지 내 자식 얼굴보다 더 잘 알게 되여. 그렇게 해서 공판장에 내가믄 장사꾼덜이 즈이덜찌리 여기서 저기루 주구, 손가락 멕 개루다 이렇게 저렇게 하구선 한 상자에 이삼백 원, 많을 때는 천 원씩두 받아 처먹어. 좌우지간 사과 열 상자만 땠다 하믄 그 늠은 빼꼴 빠진 늠이라구 생각하믄 딱 맞어."

답답한 얘기만 계속되니 사랑방에 담배 연기만 자욱해지고 입 안에 침이 마른다. 앞에 놓인 찌개 냄비가 어느새 방바닥처럼 썰렁하게 식어버렸지만 이야기는 아직도 식지 않고 계속되고 있다. 그들의 얘기를 듣지 않아도 문제가 계획 생산과 유통 구조 모두에 있음을 이 자리에서 다시 되풀이 설명할 필요는 없을 것이다. 다만 자기가 일한 노력의 대가만큼은 어떻게든 보장받을 수 있는 농업정책이 말로 그치지 않기를 바랄 뿐이다.

가. 떠나간 사람과 남은 병신들

어느 날 B씨는 논에 비료를 내려고 바지게에 복합비료 한 포를 짊어지고 집을 나섰다. 그의 논은 집에서 약 1킬로가량 떨어져 있다.

한복을 입은 60대 노인과 양복 차림의 젊은 사람이 함께 걸어가면서 이야기를 나누고 있었다.

"여보게. 자넨 참 잘 떠났어."

노인의 말이었다.

"예, 제가 생각해두 참 잘 떠났다 싶어유."

젊은이의 대답이었다.

"나는 참, 어찌어찌하다가 여기서 늙구 말었지만, 내 자식 늠덜이 대처로 나간다구 하길래 안 말렸어. 나가라구 헸지."

"그류, 맞어유. 시골서 사는 늠덜은 죄다 등신이라구 보믄 틀림없슈."

그 말을 듣는 순간 ㅂ씨는 자기도 모르게 혈압이 높아졌다. 지게 위의 비료 포대가 갑자기 무겁게 등을 짓눌러 왔다. ㅂ씨는 청년에게로 다가서서 지겟작대기로 그의 등을 콱 찔렀다.

"뭐, 등신? 등신만 시골서 살아? 당신 도회지 가서 을매나 살었어? 좆 같은 새끼, 좆 같은 소리 허구 있네, 씹팔. 등신한티 이 작대기루 한 대 맞아볼텨? 병신 육갑 점 해야겄구만."

그때 일을 말하면서 ㅂ씨는 모처럼만에 통쾌하게 웃어 제친다.

"어떻게 된기 요새 시골서 사는 사람덜은 죄다 빙신인개 벼. 내가 생각해두……. 죄두 없이 지서서 오라구 하믄 벌서 가심버텀 벌렁벌렁하닝께 말여."

"좌우지간 무녀리덜만 남은 겨. 그때 우리 부모네덜이 어떻게 해서던지 땅 한 자락이라두 물려줄라구 말여……. 안 그랬으믄 우리두 지금 당신네덜처럼 선생이 됐을지 사장이 됐을지 누가 알어?"

나. 어떤 도시 사람 정 사장

얼마 전에 ㅈ씨는 온양에서 예산으로 가기 위하여 버스를 탄 적이 있다. 앞자리에서 50대 중년이 30대의 새파란 젊은이와 이야기를 하고 있었다. 중년이 먼저 입을 열었다.

"고향에 왜 땅 안 사. 정 사장, 땅 좀 더 사."

그만한 나이의 젊은이 보고 '사장'이라고 부르는 것까진 이제 귀에 설지 않다. 도회지에 나가면 너도나도 어중이떠중이까지 모두 사장이라면 통하는 세상이니까.

"땅은 그만 살랍니다."

"왜?"

"논 서른 마지기나 사놨는데 더 사서 뭘 합니까?"

"아, 돈 있는 거 뒀다 뭐하게."

"생각해 보세요. 평당 7,000원씩 해서 논 한 마지기에 140만 원씩 샀어요. 거기서 나오는 쌀이 마지기당 열닷 말씩 쳐갖구 1년이면 마흔다섯 가마 가져가요. 그것만 가지구두 제 처하고 식구들 실컷 배 두드려가며 살 수 있는데요, 뭐. 딴 사람들은 다 굶어 죽어두 전 까딱없어요."

ㅈ씨는 그 자리에서 뺨을 맞더라도 할 말을 해야 직성이 풀리는 사람이다. 가만히 듣다보니 이야기가 되어 가는 꼴이 도대체가 비위에 거슬렸다.

"어이, 젊은 친구."

정 사장이라고 불리던 젊은 친구가 뒤를 돌아다본다.

"여보슈. 옛날에는 옆에서 부황이 나서 뚱뚱 부어갖구 굶어 죽어두 옆집에서 대지주라구 해서 도지 받어다 놓구 배 뚜디려가매 살었어. 그게 벌써 50, 60년 전의 얘기여. 그때는 그래두 굶넌 게 더 흔하던 시절여. 그러나 앞으루 당신 같은 사람이 있어서 그런 상황이 온다구 하믄 그렇게는 안 되여······. 보슈. 시골 가믄 세발 쇠스랑 있지유?"

"······예. 있습니다."

"그걸루 당신 같은 사람 머리를 콱 찍어서 두엄자리루 끌어다 내 놓구, 당신네 광에 가서 쌀 끄내다 먹구 살어. 딴 사람덜 굶어 죽는디 당신만 배 뚜디려가매 살성 싶어? 그건 벌써 옛날 야기여. 죽으믄 같이 죽구, 살믄 같이 사는 거여. 젊은 양반이 얼매나 벌어서 얼매나 잘 사는지는 몰러두."

"아니, 무슨 말씀을 그렇게 과격하게 하슈?"

"당신이 먼저 기분 나쁘게 말했잖여. 세상사람 다 굶어 죽어두 당신은 혼자 산다구. 쌀 마흔다섯 가마 가지구……. 나 점 봐, 젊은이. 살믄 같이 살구, 죽으믄 같이 죽는 겨. 내 말이 틀렸어?"

ㅈ씨는 타고난 얘기꾼이다. 얘기 끝에 가서 그는 언제나 눈꼬리가 가늘게 주름지며 웃곤 했는데, 그때마다 우리는 입 안으로 침이 바짝바짝 타들어옴을 느꼈다. 그의 말대로, 살면 같이 살고 죽으면 같이 죽는 사회, 참으로 그런 마음들이 한데 모여 살 수 있는 사회가 언제쯤이나 우리에게 올 것인지.

다. 사모님덜 왜 이래유

도시 사람들의 구매 심리와 구매 경향은 농사 현장에 직접 영향을 미친다.

"글세, 요새 도시에 있는 돈 많은 사모님덜은 닭을 살라믄 다리가 노란 늠만 찾는다매? 그래서 닭두 다리가 더 노란 늠을 에이급으루 친다데. 그게 돈두 많이 나가구. 아예 병아리 때부터 사료에다가 노란 색소를 타서 멕인다드만. 그라믄 다리가 노랗게 된다는 겨. 거, 다리 색깔이야 노랗건 하얗건 그냥 갖다 잡수믄 얼매나 좋아. 그란디 이상한 짓들을 하닝께 육계하는 사람덜 애멕이구, 신랑덜 색소 멕이구, 결과적으루다가 색소 공장만 돈 벌어 주는 거여."

"그게, 색소를 타서 먹이면 정말로 다리가 노래지나요?"

신기한 나머지 우리들 가운데 누군가가 물었다.

"그럼, 몸뚱아리까지 뇌랗게 잘 빠지지."

"하긴 도시 사모님덜 몸에 좋다구 하믄 안 갖다 멕이는 게 있간디. 저그번에 텔레비전 보닝께 굼벵이까지 잡숫더먼 그려, 뭘."

"거시기, 그 뭐야. 해구신이라나 허능 거 말여."

"해구신은 무슨 해구신이여, 물개 좆이라구 혀, 물개 좆."

누군가가 말을 도막치자 사랑방에 웃음이 터진다.

"글쎄, 그게 좋다구 하닝께, 돼지 좆에다가 염생이 자지까지 물개 좆으루 다 둔갑을 해서 팔린다느만."

우리가 이 자리에서 이 얘기의 사실 여부를 확인하는 것은 무의미하다. 그러나 일부 도시인들의 그러한 작태는 아무래도 비웃음을 받아 마땅하다. 그러나 그 자리에 있던 농민들의 비웃음은 모두 건강한 것만은 아닌 듯한 느낌이 들었다. 왜냐하면 다분히 자조적이고 자기 위안적인 분위기가 함께 느껴졌기 때문이다.

라. 나 먹는 건 약 안 쳐

농촌에 살고 있는 ㄱ씨이지만 서울에 잘 사는 친구들이 몇 있다. 언젠가 한 친구 집에 볼일이 생겨 갔다 온 일이 있다. 그네들의 사는 모습을 보자 은근히 부러웠다. 자기도 일찌감치 시골을 뜰 걸 그랬다는 생각이 들기도 했다.

"지수 씨. 들어봐유. 서울서 좋은 음식 잘 먹구 잘 지내시지유? 하지만 좋은 거 먹는 걸루 치믄 나만 어림두 읎어유."

"왜요?"

"난 나 먹는 곡식에는 농약 안 쳐유. 집에 사과낭구두 몇 낭구 있구 딸기, 봉숭아두 있지만, 우리 식구하구 애덜 먹을 거는 약 안 해유. 채소두 나 먹을 건 손으루다 벌거지 잡아내구 키워 먹어유. 하지만 장에 내다 팔 늠은 농약을 그것두 독한 걸루 쳐유."

실제로 농약 공해 문제가 여간 심각하지 않은 것이 우리의 현실이다. 옛날에는 농약이 유제(油劑)로 나와서 직접 살충을 했다. 그때는 비가 오면 농약이 그대로 빗물에 씻겨 내려갔다. 그러나 지금은 전착제(展着劑)의 사용이 일반화되어 있다. 그래서 과일이나 채소에 묻어 있는 농약이 비가 와도 잘 씻겨 내려가지 않는다. 요즘은 입제(粒劑) 농약이 보급되면서 약 기운이 뿌리로 흡수되어서 살균 작용을 한다. 이때 약 기운은 줄기를 타고 식물의 열매에 그대로 흡수되게 된다. 이제 논에는 메뚜기와 우렁이, 그리고 미꾸라지가 살지 않는다. 무분별한 농약 과다사용의 단적인 예라고 할 수 있다. 토양과 인체에 직접 피해를 미치지 않는 농약의 개발과 적절한 사용이 필요하다.

마. 쌀은 우리 농민덜의 땀이여

"가끔 시내에 사는 친척들이 집이나 도회지 식당에 가보믄 쓰레기통에 밥알이 허옇게 널려 있는디 이것두 문제라구."

모두들 싱겁게 웃었다. 너무 소소한 것을 가지고 말한다고 생각했기 때문일까.

"웃지 말라구. 이건 단지 경제적인 측면으루다 하는 얘기가 아녀. 이전엔 새 메누리가 들어와서 구정물통에 밥알이 뜨믄 쫓겨났다는 거여. 그란디 그게 뭐냔 말여. 보릿고개가 읎어진 게 은제라구."

"맞는 얘기라구. 그게 다 우리네 땀 덩어리라구."

그렇다. 한 되의 쌀을 담배 한 갑, 커피 한 잔 값과 똑같이 비교해서 설명할 수는 없다. 그것은 곧 우리의 일용할 양식이며, 농민들의 검게 탄 얼굴이고, 지문조차 닳아서 없어져버린 그들의 돌덩이 같은 손바닥이고, 가뭄때 비를 기다리는 농부의 목마름이며, 농사일로 허리가 굽은 할아버지의 허리와 어깨를 쿡쿡 쑤시는 신경통인 것이기 때문이다.

6. 농사일의 현장과 행정지도

가. 눈 가리고 아옹

가을 추수가 끝나면 농촌지도 담당의 행정관서에서 나와서 가을 논갈이를 하라고 한다. 가을갈이를 하면 토양의 신진대사가 촉진되어 벼의 생장에 도움을 주기 때문이다.

논갈이는 되도록 깊이 하는 것이 좋다. 왜냐하면 1년 동안 농작물이 논바닥의 거름기를 흡수했기 때문에 깊은 곳에 있는 새로운 흙과 뒤섞어 주면 다음 해의 농작물 생장이 좋아지기 때문이다. 그러나 모든 토양이 가을갈이를 필요로 하는 것은 아니다. 진흙탕은 반드시 가을갈이를 쳐야 한다.
"그래서 들녘에선 치지 말라구 해두 일손 있는 사람덜은 모두 가을갈이를 쳐. 그러나 여기는 달러. 땅이 모두 자갈 모래땅이기 때문에 가을갈이를 치믄 땅이 헤식어서 베 이삭이 잘어진다구. 그리구 봄에 두엄 내기두 힘이 들구 말여. 그런디두 면직원덜 그 사람덜 부랄두 몰르는 것덜이 자꾸 탱자탱자 하는디, 참 사람 환장시킨다닝께……."

농민들의 이러한 지적은 경직된 하향식 행정체계의 허점을 여실히 드러내 준다. 행정의 상부에서 가을갈이가 농사에 좋다는 이론에 근거해서 그것을 권장하라고 지시하면, 하급 공무원들에게는 거의 법조문화해서 농민들에게 입김을 미친다. 지시사항 이행에 대한 자신들의 업무실적 혹은 행정지도 능력평가와 그대로 직결되기 때문이다. 그런데 앞에서의 이유 때문에 가을갈이가 이 마을에서는 잘 이행되지 않는다. 그러니까 면에서 일괄적으로 경운기를 빌리고 품을 사서 가을갈이를 쳤다. 가을갈이를 하면서 면에서 얼마간의 보조금이 있었는데, 그 보조금의 혜택은 도로변의 논에만 해당되었다. 그래서 눈 가리고 아옹 하는 식의 가을갈이가 이루어졌다. 제대로 논을 가는 것이 아니라 멀리서 보면 갈아엎은 것처럼 보이도록 적당히 갈아놓는 것이다.

"그래, 논을 갈아엎는 것두 좋다 이거여. 그란디 이건 서너 자썩 띠우고, 엉성하게 갈아엎는단 말여."

"서너 자가 뭐여? 내가 보닝께 2미터씩은 벌어졌던디."

"하여튼 그렇게 해서 멀리서 지나가매 보믄 모두 갈아 놓은 것처럼 해놔. 이게 뭐난 말여."

그들의 얘기는 전혀 근거가 없는 것은 아니었다. 마침 가을갈이를 끝내 놓은 논을 직접 눈으로 확인할 수가 있었는데, 틀림없는 얘기였다. 물론 이러한 일이 모든 농촌에 해당되는 것은 아닐 거라고 믿고 싶다. 그러나 어떤 형태로든 농촌 실정을 살피지 못하고 일방적인 지시에 의하여 이루어지는 농촌 행정지도는 마땅히 재고되어야 하며, 이 마을 농민들의 얘기의 진실성 내지는 객관 타당성 여부는 차치하고라도 만일 그들의 얘기가 일견 일리가 있다면, 앞으로의 행정지도는 농촌 실정을 고려에 넣고 이루어져야 할 것이다.

나. 땅힘은 길 옆댕이만

위와 같은 천편일률적인 행정지도는 지력 증진을 위한 행정지도에서도 똑같이 나타난다. 지력 증진은 소위 논에 '짚 펴기 운동' 얘기다. 가을 추수가 끝난 논에 볏짚을 펴서 썩게 하여 땅힘(地力)을 높여 준다는 착상이다.

얼마 전에 군수가 낙후 부락 지도자들을 불러서 간담회를 가졌다. 그때 군수의 강조 사항이 지력 증진을 위한 논에 짚 펴기 운동이었다.

"지난번에 차 타구 지나가면서 보니까 짚을 편 곳이 있고 안 편 곳이 있었습니다. 짚을 편 곳은 벼 잎새가 성하고 농사가 잘 됐는데, 짚을 안 폈던 논은 문고병에 걸리구 파농을 했더군요. 그래서 나는 내년 농사부터 우리 군내에 있는 모든 농가들이 모두 짚을 펼 수 있도록 지도자 여러분들

이…….'

군수의 말에 누군가가 자리에서 벌떡 일어섰다.

"군수님, 제가 한 말씀 드리겠습니다. 지력 증진, 지력 증진 하지만 참 애매한 부분이 많습니다. 우선 짚이라는 게 한정이 있는 것이구, 지역적으로 볼 때 짚을 펴서 좋은 논이 있고 펴서는 안 될 논이 있는 겁니다. 또 형편상 집집마다 논에다가만 짚을 펼 수도 없습니다……. 그것두 그렇지만 어떻게 된 것이 도로가만 지력 증진입니까? 그리구 도로변이라두 내가 짐승을 멕여서 봄에 두엄으루 낼 자리가 있는디, 식량 증산은 도로변만 하는 것인지, 아니믄 높은 양반덜 지나다니는 곳만 골라서 지력 증진이 되어야 하는 것인지는 몰라두, 이거 문제가 있는 거 아닙니까?"

이 문제에 대해서는 사랑방에 있는 농민들 모두가 한마디씩 거들고 나섰다.

"군수나 도지사 지시라두 지역적으루다 헹펀을 봐가면서 해야 하는 겨. 세상에 자식 늠 키워서 훌륭한 늠 만들구 싶지 않은 늠이 어디에 있고, 농사 잘 짓구 싶지 않은 늠이 어디 있느냐 말여."

"그려, 나두 도로가에 있는 논이 타작이 끝나구 논이다 짚단을 쌓아두구, 미처 일꾼을 구하지 못해 못 실어들인 늠까지 면직원덜이 나와서 말짱 논에다 헤쳐놨더라구. 이건 숫제 농민을 돕는 게 아니라 죽이는 거여. 소두 멕여야 되는디."

"우리 지역은 면×× 계장 담당이여. 글쎄 집이다가 쌓아 놓은 짚을 다시 신구 나오라는 거여. 다시 신구 나갈 걸 좃 빨라구 집으루 들여? 그래 내가 한마디 했지. '야, 너 과잉충성 하지마. 그렇게까지 안 해두 모가지 안 떨어져.' 그러냈더니 그담부턴 다시 그 소리 안 하더라구."

"옛날 자유당 때나 유신 때 얘기지, 대한민국에 즌시행정 할 때는 벌써 지났어. 지금이 워니 때라구……."

희망이나 바람은 냉정한 현실 위에 탄탄히 뿌리를 내릴 때 비로소 의미를 갖게 되고 가치 있는 빛을 발하게 된다. 그들의 얘기를 들으면서 우리는 그들의 바람이 무엇인지를 명확하게 이해할 수가 있었다. 그들은 커다란 것을 요구하지 않는다. 다만 현재의 상태에서 지나치게 외형적 실적만을 강조하는 행정지도는 이제 그만 이 땅 위에서 사라져갔으면 하는 것이 그들의 소박한 기대이다. 그것은 누구나가 공감할 수 있는 구체적 현실이다. 이것은 어쩌면 이 마을의 문제인 동시에 우리 농촌사회 전체의 문제일는지도 모른다.

다. 피사리

피사리의 경우에도 전시행정의 속성은 여지없이 똑같은 문제점을 드러낸다.

"××네는 손포가 모잘러서 피사리를 못 했는디 면 서기가 다니믄서 피 모가지를 꺾더라는 거여. 그란디 이 피라는 게 일단 뽑어서는 신주 모시듯 곱게 모셔가지구 갖다 묻던지 태우던지 해야 하는 건디, 제멋대루 아무 데나 던져놨더라는 겨. 그러니 논이 뭐가 되었어. 그 다음 해 농사야 알쪼지, 알쪼. 베농사가 아니라 피농사여."

"피만 그런 게 아녀. 재수읎이 도로가에 서 있다 죽는 베는 두 번 죽어. 면 서기덜 동원해가지고 죽은 베 모가지까지 그냥 놔두는 중 알어?"

누구를 위해 있는 면 서기이며 무엇을 위해 하는 피사리인가.

라. 들샴은 18미터루

"가뭄이 들믄 펭균 잡아 40일 중에 20일은 들판에 나가 잠을 자유. 논이다 물 댈라구 하는 사람덜찌리 오밤중에 먹살잽이두 가끔 하구. 난리유, 난리."

연중행사처럼 치러야 하는 가뭄의 정황이 눈에 보이듯 선하다. 가뭄 대책을 위해 정부에서는 오래전부터 관정을 파기 시작했다. 발상 자체는 상당히 바람직한 것이다. 그러나 이 '들샘'을 파는 과정에서 업자들의 무책임한 시공으로 인해 막상 가뭄 때 양수기로 물을 퍼 올리려 하니까 70, 80퍼센트가 물이 나오지 않았다. 그래서 담당 관서는 지하 관정의 깊이를 17, 18미터로 파도록 규정을 못 박았다. 우리나라의 경우 그 정도의 깊이만 파면 거의 지하수가 나온다는 데서 정해진 기준이었다. 그런데 이 지역은 대부분이 암반 지대라 5미터 내외만 파면 암반이 나온다. 지하수는 대부분 암반과 표토 사이를 흐르기 때문에 대부분의 이 지역은 그 정도만 파면 물이 솟는다. 들샘을 하나 파는 데는 정부 보조가 20만 원이 나온다.

"그래서 저그번에 건의를 했지유. 이 지역의 특성을 고려해서 18미터가 안 되더라두 보조를 점 해달라고. 그런디 18미터가 안 되는 곳은 해당이 읎다는 겨. 그게 규정상 안 된다는 거지. 규정이 무슨 말라비틀어진 규정여. 즈이 늠덜 모가지 날러갈깨미 그라는 거지. 덮어놓고 책임만 피할라구 하능 겨. 5미터 가지구는 아무리 물이 많이 나와두 소용이 읎다. 물론 이 지역 가운데두 18미터를 파서 물이 안 나온다구는 할 수 읎어. 그러나 그렇게 파두 안 나오는 데가 있구, 반면에 5, 6미터만 파두 지하수가 나오는 곳이 대부분이란 말여. 저 아래두 3, 4미터만 파믄 물이 한정 읎이 나오는 곳이 있다구. 날이 아무리 가물 때라두 양수기 서너 대 갖구 품어두 물이 안 딸려. 이런 실정인디 꼭 18미터를 파야지 보조를 해준다니 이게 뭐냐 이거여."

사랑방에 자리를 틀고 앉아 있던 농민들 대부분이 이 얘기 저 얘기 한마디씩 거들면서 분통을 터뜨렸다. 아무리 행정체계가 하향식이고, 또 경직되어 있다고 하더라도 담당 실무 공무원에게 그 정도의 융통성조차 없고 그 정도의 일을 현실에 맞추어서 시행할 소신마저 허락되지 않는 분위기라고 하면 문제가 보통은 넘는다. 과연 누구를 위한, 무엇을 위한 규정인가. 규정은 규정대로 지킬 때만 의미가 있는 것이라면 그 규정은 언제 어디서 적용되어도 무리가 없을 때의 얘기가 아닐까.

마. 밀가루는 땅 속에서 캐는 건지

"거, 밀 농사두 문제점이 많다구. 이건 우리 마을뿐이 아니구 전국적인 문제여. 작년까지만 해두 정부에서 밀 매상을 받었는디, 올부터는 매상두 안 받는다구. 그란디 이상하단 말여. 왜 밀 매상 가격은 한 가마에 2만 3,230원씩인디, 밀 씨앗은 면에서 사닝께 4,300원씩에 주느냐 이거여. 이것두 뭔가 잘못된 거 아녀?"

"아, 그건 잘못된 게 아니구, 밀을 심어서 수확하구 준 게 아니라 모심기 전에 베어가지구 소한테 멕이라구, 목초 조성용으로 지원해 준 거여. 그러닝께 그건 고맙게 생각하믄 되어. 결과적으루다 우리 농민덜을 위한 것이닝께."

누군가의 이와 같은 해명에 다른 사람이 대뜸 반말하고 나섰다.

"모르는 얘기 하네. 그걸 싸게 줄라믄 똑같이 줘야지, 왜 도로변에 논 있는 집만 골라서 주느냐 이거여. 속 뵈는 짓 아녀? 내 말은 밀 씨앗을 싸게 준 게 잘못이 아니라 바루 그게 잘못되었다는 얘기여."

"문제는 그것뿐 아녀. 수확을 해 보믄 보리보다 밀이 수입이 많은디, 왜 매상을 안 받는지 몰르겄어. 농사 지어먹기도 밀 농사가 더 편하구……. 매상 안 받는다닝께 종자를 샀던 사람덜까지 죄다 보리를 갈었다구."

"나두 그랬어. 밀을 일곱 마지기 심을라구 했는디, 이장이 와서 그 얘기 하길래 보리루다 바꿔 심었어."

"이건 증말 웃기는 거라구. 시내에 나가보믄 늘어나는 게 빵집이구 밀가루 음식 파는 집인디, 그 밀가루는 다 어디서 나느냐 말여. 석탄처럼 땅 속에서 캐내는 건지, 원……."

무슨 말 못할 사정이 있기에 짓겠다는 밀 농사는 못 짓게 하고, 앰한 보리타령으로 피리를 부는 것인지. 입 안을 살살 녹여주는 제과점의 빵들과, 시내 곳곳에 들어서 있는 분식집, 그리고 얼마 전부터 불티나게 팔리면서 매상고를 올리고 있는 '1분에 오케이' 컵라면의 재료로 쓰이는 밀가루의 수요는 모두 어디에서 공급되고 있는 것인가?

7. 교육 현장의 이면

가. 신설 학교의 학부형들

이곳에 중학교가 들어선 것은 7년 전의 일이다. 당시 이곳 출신의 국회의원 이(李) 모 씨가 여러모로 힘을 써서 어렵지 않게 이루어졌다. 중학교가 들어선다는 말이 나돌자 주민들은 지역 발전의 안목에서 모두 반가와 했다. 그때만 해도 중학교를 가는 학생들은 15킬로가량 떨어진 유성이나 20킬로 이상 떨어진 대전으로 통학을 해야 했기 때문이다. 그런데 일부에서는 학교 설립에 대한 반발이 있었다. 당시에도 지방의 몇몇 유지들은 유성만 해도 시내인 대전보다 학력이 떨어진다는 이유로 자녀들을 대부분 대전시내로 진학시키고 있었다. 그런 판에 시골에다 학교를 세워서 촌놈들끼리 모아놓으면 자녀들을 끝내 촌놈 만들고 마는 것이 아닌가 하는 걱정이 주된 반대 이유였다. 그러한 우여곡절 끝에 학교가 세워졌다.

신설 학교에 대한 지역사회 주민들의 관심은 대단했다. 신입생들이 입학하자 학부형들과 지역사회의 유지들이 한자리에 모여서 학교 일에 대해서 여러 가지로 의견을 나누는 기회가 있었다. 그때 어느 학부모가 입을 열었다.

"지가 한번은 논에 두엄을 내다가 보닝께 국민학교 학생덜이 부로꾸를

죽 들고 가더먼유. 그란디 한 학생이 힘이 부쳐서 벽돌을 깼시유. 그러닝께 선생님이 길 한가운데서 그 어린 것을 쥐어박더라구유. 그래서 내가 화가 나서 한마디 한 적이 있었슈……. 여긴 신설 학교구 하닝께 학교 주변 정리다 뭐다 해서 일거리가 많을 거 아뉴? 학생들 데리구서 작업이나 시키구 그라믄 공부는 원제 하겄슈."

그 학부형의 말은 모든 사람들에게 공감되어졌고, 학교 주변의 자질구레한 작업들은 학부모들이 맡기로 의견이 모아졌다. 학교장에게도 학생들에게는 일체의 작업을 시키지 말 것을 건의했다. 학생들의 교육을 위해 학부형들의 협조가 필요하다면 언제든지 육성회 임원을 통해서 해달라는 부탁도 곁들였다. 학부형들의 그러한 건의를 학교장은 두말없이 받아들였다.

1회 입학생부터 3회까지는 모든 학부형들이 참여하여 작업을 했다. 물론 이러한 작업은 그 지역이 농촌사회이기 때문에 가능한 것이기도 했다. 왜냐하면 대부분의 잡업이 근로봉사였기 때문이다. 개중에는 못 나오게 되는 경우 일부러 품을 사서 내보내는 집들도 있었다. 차츰 학교의 기틀이 잡혀가면서부터는 마을 단위로 순번을 정해 놓고 작업을 분담하기도 했다. 한 가지 예로 운동장 가장자리에 뗏장을 입히는 작업을 하는 경우에 이쪽 마을은 뗏장을 떠서 나르는 작업을 하고, 저쪽 마을에서는 그것을 가지고 운동장 가에 심는 작업을 했다.

그러나 시간이 지나면서 간간히 작업에 빠지는 사람들이 생기기 시작했다. 그러면 작업을 꼬박꼬박 나오는 사람의 입에서 불만이 터져 나오기 마련이다.

"누군 뼤빠지게 일하는디 누군 볼일 봐? 안 나온 사람덜 모고치는 냉겨두자구."

"아, 그러지 말구, 십시일반으루다 얼렁 조금씩만 뜨구 가지, 뭘 그랴."

그 대신 빵과 음료수를 사다가 나눠주고 작업을 마친다. 거기에 드는 경비는 빠진 사람의 숫자대로 나누어서 분담시켰다. 물론 선뜻 돈을 내는 사람도 있지만 그렇지 않은 사람도 있다.

"제기랄, 내가 낭중에 가서 할라구 했는디 왜 돈을 내라는 겨. 내 모고치 냉겨 놓으면 내가 낼이구 모레구, 봐 가믄서 시간 나는 대루 할 건디."

워낙 돈이 귀한 시골이기 때문에 돈 내는 일에는 언제나 꼬리부터 감춘다. 몸으로 때우는 일이야 괜찮지만 당장 내 주머니에서 돈이 나가는 것은 아무래도 달갑지가 않다. 그렇게 되면 또 문제가 생긴다. 빵과 음료수를 먹고 일을 더 한 사람들 중에서도 일이 바쁘다는 핑계로 자기들도 돈이나 조금 내고 하루를 때우겠다고 나서기 때문이다.

학부형들 가운데 남자가 바쁜 집들은 대신 아주머니가 작업을 나오기도 했다. 작업하러 나온 사람들 가운데 남자들을 '알맹이'라고 부르고 여자들을 '깜부기'라고 불렀다. 여자들은 나와도 일은 별로 못하고 머리 숫자나 채우기 때문이다.

"붕알 달린 사람은 잘해야 대여섯 나오고 나머지는 죄다 깜부기 덜이더라구. 면 소재지라 그런지 공무원 부인이다 뭐다 해서 나온 것을 보면 전부 깜부기들이여."

당시 육성회 이사였던 ㅂ씨의 말이었다.

한번은 K리 1구의 차례여서 작업을 하고 있는데 교장선생님께서 고맙다는 인사도 할 겸 작업장에 나왔다.

"참 수고덜 많이 허시네유. 그런데 어떻게 K부락은 맨 아주머니들만 나오셨네유?"

육성회 이사 가운데 한 사람이 말을 받았다.

"그러닝게 저그번에 지가 말씸디렸잖아유. K부락은 맨 깜부기들뿐이닝께 쉬운 일 좀 달라구……."

이러저러한 어려운 일을 겪으면서도 학부모들이 했던 일은 적지 않았다. 학교 주변의 환경미화 작업을 비롯해서 나무 심기, 학교 진입로 정비 작업, 장마 후 운동장 복구 작업 등등 이루 헤아릴 수 없을 정도이다. 그러나 해가 거듭될수록 초창기의 열기도 차츰 식어가기 시작했다.

"부서지믄 고쳐주구, 패이믄 메워주구, 원제까장 이랄 겨. 알어 보닝께 그런 일은 나라에서 다 해주는 거라는디 왜 나서서 지랄들이여. 육성회 임원늠덜 선생덜헌티 잘 보일라믄 지들 돈 걷어서 허든지 허라구 혀."

그런 말을 하는 사람들은 대개 전부터 일을 잘 나오지 않고 막상 일을 나와서도 괭이로 땅거죽만 긁적거리며 뒷전으로 쳐져서 뱅뱅 돌던 사람들이다. 그렇게 학부형들의 반발이 점차 늘어나자 학부형들의 근로봉사는 흐지부지되고 말았다.

"그때 당시에 교육장이 와서 보구선 놀라더라구. '이걸 국가 돈으루 할라믄 2,000만 원 가지구두 다 못 합니다. 학부형님덜이 이렇게 열심히신데 제가 어찌 그냥 보고만 있겠습니까' 하구 가더니만 도서관두 져주구 변소두 새루 신식으루다 져준 거여. 운동장두 비만 왔다하믄 질어서 발목까장 빠졌는디, 900만 원 예산을 올렸더니 1,200만 원이 나왔더랴. 인저는 비가 와두 끄떡 읎어. 세상일이라는 게 다 정성을 쏟으믄 그만큼 대가가 돌아오더라구."

말을 끝내는 ㅂ씨의 얼굴은 약간 상기되어 있었다. 뭐니 해도 주민들이 힘을 모아 자발적으로 했던 일이니만큼 성과 또한 컸다. 그는 요즈음 육성회 활동이 예전과 같지 못함을 아쉬워했다.

"여기 이 자리에 선생님덜두 계시지만 참 부끄러운 얘깁니다. 지난번 애덜 졸업식 때 선생님들 즘심 한 그릇 대접하는디두 참 땀 뺐내유, 맨 아주머니들만 나와서 돈 몇 푼씩 내라구 하기가 무섭게 내빼는디, 가서 붙잡을 수두 읎구."

"아, 그거야 읎으닝께 그러는 거지, 뭐. 게다가 이 동네나 저 동네나 다 녹두밭 웃머리(편자 주—박토라는 뜻)잖여."

나. 선생님께 드린 100원짜리 담배 한 갑

"우리 집 애가 국민학교 심학년 때여. 이놈이 소풍을 간다구 즈이 엄마한티 200원인가를 탔던 모양여. 그런디 딴 애덜을 보닝께 선생님한티 이것저것 사다 바치네. 그래 내 아들 늠두 쭈루루 가서 100원짜리 담배 한 갑을 사다가 선생님한티 디린 겨. 허, 허. 낭중에 그런 얘기를 나한티 하더라구. 그래서 내가 그랬지. '이놈아, 사다 디릴라믄 한 200원짜리루 사다 디리던지 혀야지 선생님이 100원짜리 담배 피우시겠냐' 하닝께 이놈이 그럼 난 뭐 갖구 과자 사먹느냐. 그 뒤루는 도시락두 두 개씩 싸서 주고 담배두 한 뒤갑씩 따루 사서 보내네, 허, 허……."

듣기만 해도 푸짐한 인정이 넘치는 얘기였다.

다. 돼지 새끼 여덟 마리 팔어 조졌유

"한번은 육성회 임원회가 있다구 해서 갔었어. 일하는 애가 코피두 주구 박카스두 주구 하더라구. 그러더니 육상부를 위해서 모금을 해달라는 겨. 그런디 동학사에서 장사혀서 돈 잘 버는 사람이 있어, 그 자가 하는 말이 '내가 2만 원 낼팅게 우리 십시일반으루다 냅시다' 이러더라구. 그라믄서 최하루다 만 원 이상씩은 내야 한다는 겨. 그늠은 동학사서 장사혀서 하루 10만 원은 뭐하구 5만 원씩은 버는 늠이랴. 그 친구한티는 2만 원이 별게 아닐지 몰러두 우리네야 어디 그려? 또 워디서 돈을 구해서 낼지 까마득하데. 그래두 내긴 냈어. 명색이 나두 임원인디 먼저 나자빠질 수도 읎잖여? ……그때 30만 원인가 걷혔댜."

ㄱ씨는 씁쓸하게 웃었다. ㅈ씨가 말을 받는다.

"시골학교서 운동부 운영하는 것두 문제점이 많어. 우리 애가 시방 고등학교 3학년이닝께 벌서 7년 전 얘기네. 국민학교 농구부가 창설됐을 때 얘기여. 그런디 하루는 이늠이 떡 하는 얘기가……."

"아버지, 나 농구부에 들으래유, 선생님이."

"안혀. 시골에서 운동을 할라믄 부모가 뒷받침이 되어야 하는디 시방 우리 집 형편이 그렇덜 못햐."

이튿날 ㅈ씨는 그 일 때문에 학교로 교장선생님을 찾아가 만났다.

"교장선생님, 이 학교 오륙백 명 학생들이 모두 가정에 가믄 귀중한 자식들이지유. 여기 ××라는 학생두 즈이 집에서는 아주 기맥힌 자식이에유. 6대 독자 외아들이란 말이에유. 빼주세유."

ㅈ씨는 교장선생님에게 전후사정을 설명했다.

"예, 잘 알겠습니다만, 너 나 할 것 없이 모두 빼달라고 하면 누굴 데리고 농구부를 운영하겠습니까?"

교장은 한마디로 ㅈ씨의 요구를 거절했다.

"그래도 재질이 있는 아이들이 많이 있을 거 아니에유?"

"이게 상부에서 지시가 내려와서 하는 일이 돼 놔서……. 어떻게 이해 좀 해주셔야 되겠습니다."

오히려 교장이 사정하는 꼴이었다. ㅈ씨는 내친 김에 아예 농구부 창설이 현실에 비추어볼 때 불합리하다는 사실을 설명했다. ㅈ씨가 걱정했던 것은 무엇보다도 무리한 훈련에서 오는 부상이었다. 그는 그런 일을 여러 차례 보아 왔었다. 국민학교 송구부에 소속되어 운동을 하다가 무릎에 골수염이 걸려서 수술을 했던 학생이 하나 있었고, 육상을 하던 서 씨네 딸도 3년 후에 뒤늦게 증세가 나타나 근 50만 원을 들여서 수술을 했었다.

"아무런 사고가 읎다믄 별문제지만 만약 불상사가 생긴다면 그땐 어떻게 하겠유?"

"그런 걱정일랑 마십쇼. 제가 책임지겠습니다."

교장이 그런 식으로 나오자 ㅈ씨는 하는 수 없이 아들이 농구를 하도록 허락했다. 그리고 나서 7, 8개월 후의 일이다. 오후에 어떤 학생이 집으로 와서 ㅈ씨에게 알린다.

"××가 다리가 아프다고 해서 병원에 갔시유."

그 말을 들은 ㅈ씨는 가슴이 덜컥 내려앉으며 불길한 생각까지 들었다. 저녁 무렵에 아들이 돌아왔다.

"너 오티기 해서 오디가 아파서 병원에 갔었냐?"

"이쪽 다리가 아파서 병원에 가서 침을 맞었시유."

얼른 보기에도 대수로운 것 같지는 않았다. 그런데 며칠을 두고 계속 아프다고 해서 ㅈ씨는 아들을 데리고 다시 병원을 찾았다.

"어떡허겄어. 내 자식인걸. 연탄불을 피워 놓고 오뉴월 삼복더위에 찜질을 해줬지. 그랬더니 괜찮다구 햐. 그걸루 학교에 가서 농구부에서 우리 애를 빼 달라구 했어. 안 된다능 겨. 중요한 공격수라나 뭐라나 하면서······. 그러구서 한 달쯤 지났을까, 또 아프다는 거여. 데리구서는 대전에 있는 대학병원이라는 델 갔어. 거기서 하는 애기가 급성 골수염이랴. 근 한 달간을 치료받는디 돈이 수월찮이 들더먼. 그때 여기 보건소장한티 혜택 많이 봤어. 주사약을 사오라길래 사다줬더니 매일 주사를 놔주고 아무턴지 고마운 분이었어."

그런 상황이었는데도 학교에서는 누구 한 사람 얼굴을 내미는 사람이 없었다. 그때 치료비 갚느라고 돼지 새끼 여덟 마리를 내다 팔았고, 남의 돈도 20만 원이나 빌려 썼다. 모두 60만 원 가까이 치료비가 들었다. 다행히 ××의 병은 나았다. ××가 다시 학교에 나가게 되니까 체육 선생이 찾아왔다.

"형님, 여지까지 훈련을 해서 군 대표루 도 대회에 출전하게 됐는디, ×× 대학 강당을 빌려서 합숙훈련을 합니다. 거기에 ×× 좀 내보내 주세요."

첫 인사가 그랬다.

"못 보냐. 당신 체육 선생이라구 했지? 츰에 애가 아프다구 하닝께 유성으로 데리구 가서 막 침을 찔렀지?"

"예."

"그 침 끝이 뼈를 근디려서 골수염이 디았어. 당신 우리 ××가 급성 골수염이라는 소리 들었지?"

"예, 들었습니다."

"당신 그동안 내 집에 한 번이라두 찾아왔어? 그게 꼭 인사를 받어 맛이 아니라⋯⋯. 교장이란 분두 츰이는 그렇게 얘기한 분이 이렇다 저렇다 말 한마디 읎었어. 그래, 내가 돼지 새끼 여덟 마리 팔어 조지구 사채 빚 20만 원씩이나 저 가믄서 병 고쳐 노닁께, 또 데리구 가서 합숙훈련 시킨다구? 그렇게 해서 당신 낯 내겠다는 얘기여, 뭐여? 난 못햐!"

"치료비 많이 들어간 줄은 압니다. 그러나 지금 ××가 빠지면 여러 가지로 어렵습니다."

"그거야 당신네 사정 아녀."

체육담당교사는 막무가내로 머리를 조아렸다. 어지간히 사정이 급한 모양이었다. 결국 ㅈ씨는 인정에 끌려 마음이 누그러지고 말았다.

"그렇다면 좋아. 그러나 난 피해를 본 사람여. 교장두 츰이 헌 얘기가 있구. 그러니 치료비 일부라도 물어주구 애를 데려갈라믄 데려가. 나두 돼지 까장 사놓으라구 안 할테닁께. 사채 빚 진거라두 학교에서 갚어줘."

그리고 얼마 후에 대전 충무체육관에 가서 시합을 했는데 국민학교 농구부는 입상권에 들지 못했다. 자연히 농구부는 흐지부지 해체되었다. 학교 측에서는 이렇다하게 아무런 말 한마디 없었다. ㅈ씨는 화가 머리끝까지 치밀어 올랐다. 그래서 그는 그동안의 일을 생각나는 대로 써 가지고 우체국장을 찾아갔다.

"국장님, 이세를 맡아서 교육하는 학교에서 이렇게 해두 되는 거유? 난 무식해서 서두가 어떻게 되는 건지, 조리에 닿는지 어짠지는 잘 몰르지만 서두, 내 나름대루, 내가 당한 고대루다 쓴다구 썼슈. 교육장을 걸어서 고소를 할 거유. 한번 읽어보시구 내용증명을 떼 주세유."

우체국장이 읽어 내려가면서 얼굴색이 변한다.

"허어, 이럴 수가 있나, 이거 안 되겠는데……. 조금만 말미를 늦춰줘. 내가 학교에 가서 교장을 만나 얘기를 하지."

다음 날 교장과 교사 7, 8명이 집으로 우르르 몰려왔다.

"정말 죄송하게 됐습니다. 저는 전혀 모르구 있었습니다. 체육 선생이 나한테 한 마디도 안 하길래……."

교장이 변명 겸 사과를 했다.

"교장선생님, 저는 교육장을 걸어서 상대할 거유. 지난번에 교장선생님이 분명히 얘기했지유. 상부에서 농구부를 창설하라구 해서 마지못해 하는 거라구."

ㅈ씨는 막무가내로 고집을 부렸다. 그러자 다음 날에는 마을 유지, 기관장들이 모두 찾아와서 그를 설득하려 들었다. 그래도 ㅈ씨는 여전히 막무가내였다.

"보슈. 형님덜, 내가 이리저리 돈 꾸러 다닐 때는 여러분덜 와서 안됐다구 빈말 한마디 안 하더니, 왜 이제 이렇게덜 몰려와서 열을 내? 참아 달라구 하는 얘기가 도대체 뭐여? 앞으루 교장이나 교육장 허구 사둔이라두 삼을려구 그려는 거유?"

그랬지만 결국 ㅈ씨는 한 발 양보를 하고 말았다. ㅈ씨의 말이 끝나자 누가 토를 달았다.

"그때 여기서 피 본 사람들 많아요. 그 전에 국민학교에서 송구부 할 때두 그랬구……."

물론 하나의 단편적인 예를 들어서 운동선수 훈련의 전부를 말할 수는 없다. 그러나 행여 지나치게 승부에만 집착하는 훈련을 시키는 나머지 선수들의 건강관리에 무리가 생기고 있는 것은 아닌지.

8. 의료 보건의 현실

가. 개울물이 똥물로

"우리 동네뿐만 아니라 우리 대한민국에 화장실 읎는 영업집, 이거 읎애야 햐. 여기 ××동네를 보는 견지에서두 영업집에 화장실 하나 읎는 집이 많아유. 그런디 이게 워떻게 허가가 나왔느냐 이거유?"

"그려, 법적으루다 화장실이 읎으믄 허가를 안 내주게 되어 있더라구. 내가 한번 알아보닝께……."

"그러닝께 남자들 술 먹으믄 아무데서나 그거 내놓구 쉬를 봐유, 엥? 아낙네덜 일허는 바루 옆댕이서두 그 지랄덜 한다구."

주민들이 함께 이용할 수 있는 화장실이 전혀 없는 것은 아니다. 공동변소가 한 군데 있기는 하다.

"그란디 시장통에서 거리가 너무 멀어유. 그라구 관리덜을 통 안해유. 막상 똥 치울 때는 다들 자기넨 거기서 똥 안 눴다구 나자빠지구."

"그게 그렇다구. 누다락에 요강 갖다 놓구선 오줌 똥 받어다가, 저 아래선 채소 씻어 먹구 생선 씻어 먹는 이 또랑에서, 요강 부시는 척허면서 쏟아 내빌구……. 말뚝만 한 거, 이거 똥뎅이가 둥둥 떠 내려오구, 이 지랄덜 한다구."

"마누라 자랑하믄 거시기에 든다구 하더면서두……. 그래 우리 식구는 거기서 빨래두 잘 안 해 입어."

"여기가 계룡산 물 내려오닝께 물 맑다구 허지만 오히려 시내보담두 더

지저분하다구 봐야 혀."

"화장실 웂는 영업집에 허가내주는 늠덜, 이거, 보건소가 뭐하는 데냐 이거……. 엥?"

"뭐하긴, 이 사람아. 부랄 까구 배꼽 수술하는 데지."

"아, 부랄 까는 것만 첫째여? 이거 안된다구."

주민들의 의식도 문제지만 면 단위 상하수도 문제가 의료 보건의 차원에서 전혀 고려되고 있지 않은 실정이었다.

| 나. 보건소장, 새파란 그 친구 |

"나두, 우리 외삼촌 아프셨을 때 얘기어……"

방 한구석에서 누워있던 ㅅ씨가 벌떡 일어나 앉으며 입을 열었다.

"아, 그 링기루 맞을 때?"

"그때 내가 갔었어. 금방 돌어가실 거 같더라구. 거길 갔더니……"

보건소장이 H리로 출장을 갔다고 했다. 그래서 외사촌 동생을 시켜 H리로 찾으러 보냈다. 반장 집을 돌며 보건소장을 찾았으나 그림자도 구경할 수가 없었다. 하는 수 없이 ㅅ씨는 유성의 어느 개인병원을 찾아가 왕진을 부탁했다.

"댁이 어딘데요?"

"저쪽 K리인디유."

사정은 딱하게 됐지만 거기까지는 좀 곤란하다는 대답이었다. ㅅ씨는 할 수 없이 대전에 있는 모 신경외과에 근무하는 친구를 찾아갔다. 친구가 자기 차를 가지고 와서 진찰한 보람도 없이 ㅅ씨의 외삼촌은 그날 저녁을 넘기지 못하고 돌아가셨다.

"운명하시구 나닝께 ×면장 딸이 왔더라구. 갸두 모자보건요원으루다 보건소에 와 있었잖여. 보건소라는 디가 맬짱 이 모냥여."

"보건소장, 이거 순전히 도둑 늠이유. 그 새끼 말유. 세네 시만 되믄 그냥 내빼유. 갸가 내빼는 코스가 워딘지 알유? 우리 집 앞으루 해서 저쪽으로 새서는 ××네 집 앞이서 차 타구 대전으로 빼유. 아, 열흘이믄 아흐레는 대전으루다 빼유. 그런 늠덜은 애당초 있으나 마나 하지만서두……."
 "나두 한번 봤는디, 어디 왕진을 가나 했더니, 인저보닝께 그게 내빼는 길이었구만."
 "동네 아점니덜두 엥간하믄 다 알어유. 노상 보닝께. 요 앞이 버스정거장에서 차를 탄 사람덜 눈에 띠닝께 저쪽이루 가서 타는 거라구……. 대전 워디 부속병원인가 나간다데유."
 "제깐 늠이 의사 되믄 다여? 젊은 늠이 건방지기가 한읎이 건방진 늠. 이런 늠 갔다 놓구선 우떻게 서민덜 병 낫기를 바라느냐, 이거여."
 "이번에 보건소에 오토바이가 한 대 나온 모양이던디, 그것두 나오나 마나여."
 "왜? 그거 타구 동학사루 빼기 좋잖여."
 "아, 뭐, 자질구레한 것까장 다 얘길할라믄 한두 끝두 읎어유. 수백 가지여."
 이 얘기 속에 등장하는 보건소장이 현재 인턴 과정을 밟고 있는 것인지 아니면 어느 개인병원에 나가 좀 더 폭넓은 경험을 쌓기 위해 시간을 쪼개 쓰는 것인지는 알 수 없다. 그러나 이 지역 주민들의 가슴 속에 응어리진 분노와 불신의 감정, 그리고 그들이 겪었던 고통이 곧 생명의 존엄성과 직결된다는 점을 생각할 때 우리는 그의 행위를 여하한 명목으로도 미화할 수 없을 것이다.

9. 공동체를 향한 움직임

가. 탑제(塔祭)

이 마을에서는 매년 음력 열나흗날 부락민들이 한 자리에 모여 마을 어귀에 있는 돌무덤에서 제사를 지내는데 이를 마을 사람들은 보통 탑제사라고 부른다. 돌무덤의 크기는 보통의 무덤보다 약간 큰 정도이며 그 옆에는 높이 15미터, 둘레 3.5미터 정도의 느티나무가 서 있다.

탑제의 기원은 지금으로부터 약 350여 년 전 이조 중엽부터라고 전해지고 있다.

계룡산에서 수도하던 한 보살이 하산하여 이 마을에 와 집집마다 방문하며 가정과 자손에 대한 안녕을 축원하고 탁발을 했다. 그러던 중 어느 정월 열나흗날 밤에 촌장을 비롯한 동민들에게 현몽하여 말하기를 마을 앞 용수천 변에서 죽어 혼은 극락세계로 등천했고 시신만이 남아 있으니 정성껏 장례를 치러주면 영원히 부락의 행운이 대통하도록 축원을 해줄 것이라고 했다. 동민들이 총동원되어 보살의 시신과 보살이 가지고 있던 염주와 목탁, 거울 그리고 구슬 등을 거두어 그 자리에 묻고 돌을 쌓아 묘를 썼다. 그 후 매년 정월 열나흗날에 부락민들이 모두 모여 제사를 지내고 보살의 혼을 달랬다. 그 후로 관재(官災), 질병, 수해 등을 예방할 수 있었으며, 농사도 대풍이요, 동민 상호 간에 화목을 누렸다. 동민들은 그를 '탑 할머니'라고 부르고 동신(洞神)으로 삼았는데, 그 후 약 150여 년 전에 보살이 다시 동민들에게 현몽하여 말하기를 탑을 동네 어구의 현재 위치로 옮겨 달라고 했다. 동민들은 보살의 현몽대로 돌무덤을 현재 위치로 옮겼다. 그 후에 부락의 남쪽과 북쪽 두 개소에 수구막(守區幕—높이 2미터 정도의 돌기둥)을 세워 부락의 재앙을 막도록 했다.

부락민들은 매년 정월 초사흗날부터 동민 전체가 살생을 금하고 부락

내외를 청결히 함은 물론 심신을 단정히 하여 제사에 임한다. 초사흗날에는 농악을 앞세우고 가가호호 방문하여 지신(地神)을 누르고 가정의 행운을 축원해 주고, 돌탑제의 제수 마련을 위해 성미와 성금을 정성껏 추렴한다. 특히 이 지역의 주민들은 이 행사에만은 각종 종교를 초월하여 참여하는 것이 특징이다.

한편 부락 내에서 가장 정성이 있는 집을 선정하여 제주를 삼는데, 제주가 되는 조건은 대단히 까다롭다. 가족 중에서 2년 이내에 출생 및 사망한 자가 없는 집. 가축이 새끼를 낳지 낳은 집. 배우자가 월경이 끝난 사람. 심신이 맑은 사람. 가족 중 질병이나 재액이 없는 사람. 장수하는 사람. 생기복덕(生氣福德)한 사람. 이러한 조건에 합당한 사람 중에서 이장이 제주를 선정하며, 이에 대하여 부락민 전체가 아무런 이의가 없어야 한다. 금년의 제주는 작년에 이어 서두식 노인이 선정되어 이 행사를 주관하였다. 그리고 제주를 돕는 제관들도 5, 6명 정도 제사에 참여한다.

저녁 6시 30분경 농악을 앞세우고 제주와 제관 그리고 부락민들이 제주의 집을 나섰다. 풍물을 치는 사람들은 대부분 50대가 넘은 사람들이었는데, 옛날에는 풍물이 귀했기 때문에 파손을 우려한 나머지 젊은이들에게는 풍물을 만져볼 기회를 별로 주지 않았기 때문이다.

마을 어귀에 있는 돌무덤에 도착했을 무렵, 대보름달이 둥그렇게 솟아오르고 있었다. 징과 장고, 그리고 꽹과리 소리가 한데 어우러지는 가운데 일행은 돌무덤 앞에서 잠시 농악을 울리고 나서 곧바로 남쪽 수구막으로 향했다. 마을로부터 약 1킬로가량 떨어진 수구막에는 돌기둥이 하나 세워져 있었는데, 수구막의 현 위치는 도로 확장 공사관계로 원래 위치에서 약 3, 4미터가량 옮겨 앉은 것이라 했다. 돌기둥 앞에 촛불을 켜 놓고 간소한 제물을 차린 뒤 제사가 진행되었다. 제사가 진행되는 동안 농악을 하는 삶들은 뒤로 돌아선 채 자진모리, 중모리, 중중모리를 번갈아 쳤고, 나머지 사람들은 제사가 끝난 뒤 돌기둥을 향해 절을 올렸다. 제사가 끝나고 나서 재수술이라면서 함께 음복을 했다. 일행은 다시 마을을 지나 북쪽 수구막으로 향했다.

북쪽 수구막의 제례 절차는 남쪽 수구막의 그것과 대동소이했다. 음복 술로 조금씩 취기가 돌자 사람들은 추위를 잊은 듯 훨씬 더 넉넉한 표정들이었고, 농악 소리가 모두의 가슴 속에서 흥겹게 출렁댔다.

북쪽 수구막을 떠난 일행은 다시 제주의 집으로 돌아와 본제(돌무덤에서의 제사)에 쓸 제물들을 챙겨 이 날의 마지막 제사 장소인 돌무덤으로 향했다. 돌무덤이 도착하자 주민 100여 명이 모여 있었다.

제사 절차는 대체로 유교식을 따르고 있었는데, 이것은 아마 서고청(편자 주: 이조 선조 때의 선비, 학문이 깊었고 이 마을에서 주자학을 강하였다함) 선생과 마을 내에 있는 충현서원의 영향이 아닌가 짐작되었다. 한마디로 불교와 유교, 그리고 민간 무속신앙이 완전히 하나로 뒤섞인 공동체의 살아 있는 현장이었다.

제주가 절을 한 후 마을 내의 유지들이 차례로 절을 했고 마지막으로 이장이 첨작을 했다. 뒤를 이어 부락민들이 일제히 절을 했다. 제사의 마지막 순서는 소지(燒紙)를 올리는 일이었다. 소지는 걸음걸이(편자 주―음력 정월 초사흗날 제수를 장만하기 위해 치는 풍물) 때 성미와 성금을 낸 사람들이 올리게 되는데 여기에는 관공서의 명의로 올려지는 경우도 있었다. 새마을지도자가 호명하는 순서에 따라 소지가 올려지는데 참석하지 못한 사람들의 소지는 다른 사람이 대신 올려주기도 했다.

"양짓말 늑대 서영진 씨! ……꼼생이 양반 서수복 씨! ……중대장 노대우!"

8시 10분경 탑제사는 모두 끝이 났다. 제물로 준비된 백설기를 마을 사람들에게 나누어주고 나서, 제사에 참석한 어른들은 다시 제주의 집으로 향했다.

부락민들은 이러한 의식과 기원을 통해서 자신에게 복이 내려지리라고 믿고 있지는 않았다.

"이걸 미신이라구 헐 수두 있겠지만, 실제루다 미신이라구 딱 잘러 말할 순 읎쥬. 아무두 탑 할머니가 나한테 복을 내려주리라구는 믿구 있지 않으닝께유. 우리는 다만 조상한티서 내력으로 이어받은 것이닝께, 우리가 또 다음 세대에게 이어서 물려줘얄 게 아니야. 그렇게 생각하구 있는 거지유. 그런 면에서 보면 어떤 믿음이라기보담은 부락민덜의 총화단결에 더 큰 뜻이 있다구 볼 수 있능 것 아니겠슈? 일단은 이 일루 해서 한마음 한뜻으루 한자리에 모일 수 있으닝께 말유."

그들의 말대로 이 행사의 현실적 의의는 부락민 전체가 함께 참여하는 가운데 이웃 간에 얽힌 매듭도 풀고, 이를 통해 마을 내의 일체감을 조성할 수 있다는 데서 찾을 수 있을 것이다.

나. 윷놀이

11년 전에 정부에서 마을 단위로 새마을금고를 설치, 운영할 것을 권장했다. 그래서 부락 내에서 뜻 있는 사람들을 중심으로 마을금고를 만들었다. 처음에는 35명의 회원이 쌀 한 말(당시 1,200원)씩 출자하여 기본 자산으로 삼고 ㅅ씨가 초대 이사장이 되었다. 그런데 그 액수가 적다고 생각되어서 회원들이 매월 100원씩 더 출자하기로 했다.

"그게 돈두 얼마 안 되구, 이자만 몇 푼씩 늘어나닝께 벨루 재미가 읎는 거라. 계 같으믄 먹어 조지는 재미라두 있는디. 이거야 그런 재미두 읎이닝께 시들해지더라구."

이렇게 시작할 때의 열기가 식어가던 무렵, ㅊ씨가 제2대 이사장이 되었다. 그가 이사장의 자리에 앉고 나서 역점을 두었던 것은 회원 확장이었다.

35명의 회원으로 마을금고가 운영된다면 계 모임의 형식에서 크게 벗어나지 못한다고 생각했기 때문이다. 그래서 집집마다 찾아다니면서 마을금고의 필요성을 설명했다. 차츰 회원 수가 증가했다.

그렇다고 회원들의 참여 의식이나 소속감이 하루아침에 생겨나는 것은 아니었다. 그래서 ㅊ씨는 매년 정월 대보름날 회원들 간에 친목도모와 참여 의식을 고취시키기 위해 윷놀이를 제안했다. 그러면서 그는 상품으로 돼지 새끼 한 마리를 개인 명의로 희사했다. 이 돼지가 윷놀이에서 1등을 한 사람에게 상품으로 주어진다. 그러나 이 돼지는 상을 탄 사람에게 완전히 주어지는 것은 아니다. 상을 탄 사람은 다음 해에 다시 새끼 돼지 한 마리를 내놓기로 했다.

마을금고 회원은 의무적으로 윷놀이에 참여하게 되고 회원 개인당 1,000원씩을 받아서 그날의 경비로 삼았다. 그 후로 윷놀이는 매년 계속되었고, 몇 년 후에 ㅊ씨는 돼지 새끼 두 마리를 추가로 희사했다. 그런데 윷놀이 참가 자격을 마을금고 회원으로 한정한 것은 그 돼지 새끼를 타간 사람이 다음 해에 다시 새끼 돼지를 내놓을 수 있도록 하기 위해서였다. 돼지를 상금으로 타간 사람들 중에는 돼지 값이 1년 사이에 크게 올라 그야말로 재미를 보았던 사람도 있었고, 때로는 형편없이 폭락해서 손해를 보는 경우도 있었다. 더러는 돼지가 중간에 죽어서 새로 새끼 돼지를 사서 상품으로 내놓아야 하는 경우도 있었다.

해가 거듭되면서 윷놀이는 명실공히 부락의 잔치가 되었다. 해마다 정월 대보름날이 되면 한자리에 모여 윷도 놀고 막걸리도 마신다. 윷이란 것이 한번 놀고 떨어지면 서운하니까 패자부활전도 만들었다. 그날의 희비 가운데서 약간의 금액을 떼어 삽, 괭이, 낫 등의 농기구를 구입하여 상품을 추가하기도 했다.

현재의 마을금고 회원은 55명이다.

전날의 탑제사의 흥겨움이 그대로 살아 있는 푸근한 분위기였다. 농심(農心)이 훈훈하게 어우러지는 자리였다. 살아 숨 쉬며 움직이는 농촌이 바로 거기에 있었다.

다. 투표함이야 말[斗]루 하믄 되지

"총대가 뭐 하는 일이 있남. 구관이 명관이라구 그냥 하든 사람이 하믄 되지, 뭘."

"뭔 얘기여. 총대가 우리 조합원을 대표해 가지구 1년에 한 번 총회에두 참석하구, 조합 일을 그 사람덜이 결정하는 건디. 아, 우리가 제대루 뽑아야지, 그냥 아무 사람이나 뽑으믄 어떡햐."

"그려? 그럼 어떤 식으루다 뽑아야 햐?"

"투표루다 해야지……. 우리가 손들구 어쩌구 할라믄 안면두 있구 거서기 허닝께."

농협 총대의 피선거권은 농협 단위조합 출자액이 7만 원이 넘는 사람으로 임기는 2년이다. 부락 내에서 총대 입후보자의 자격을 갖춘 사람은 모두 7명이었다.

"누가 가서 달력이나 하나 가져와."

그래서 달력 뒷장에 7명의 입후보자 명단을 매직펜으로 써서 기둥나무에 걸었다.

"투표할라믄 투표용지도 있어얄 거 아녀?"

"달력 쫌 짤르지 뭘."

누군가가 달력을 가위로 잘랐다.

"그라믄 투표함두 있어야 헐 거 아녀?"

"투표함이야 말루다 하믄 되지, 뭘."

곧바로 투표가 진행되었고, 기둥에 걸어놓은 달력의 입후보자 명단 위에 바른 정(正)자를 쓰며 개표를 했다. 이렇게 해서 처음으로 민주적 투표 절차에 의해 2명의 농협 총대가 선출되었다.

"모처럼 선거 한번 제대루 해봤네 그려."

모두가 흐뭇한 기분으로 풍물을 꺼내다 치면서 마을을 한 바퀴 돌았다.

라. 이장 선거

농협 총대 선거의 경험은 곧바로 이장 선거로 이어졌다. 이 마을의 이장은 일을 맡은 지 10년 가까이 된 사람이었다. 한 사람이 오랫동안 일을 하게 되니까 여러 가지로 보이지 않는 비리가 쌓였고, 부락민들 사이에 불만도 싹트기 시작했다.

현재의 이장의 보수는 월 4만 5,000원이다. 이 정도의 보수로는 생활에 별로 보탬이 되지 않는다. 그리고 맡겨진 일이 적지 않기 때문에 전적으로 농사일에 매달리기도 어렵다.

이러한 여러 가지 어려움이 있는 데도 이장은 몇 차례 계속 유임되었다. 그때마다 개발위원회에서 적당히 유임시키고, 마을 총회 때 통고하거나 인준을 받는 식이었다. 그렇게 해도 눈만 뜨면 대하는 얼굴들이기 때문에 사사건건 따지고 드는 사람은 없었다.

"벨 과오 있어? 그동안 열심히 했잖어. 그냥 허라구 혀."

"그려, 그려, 별 뾰죽한 사람두 읎는 게구……. 아무나 허믄 되능 거지. 뭘."

그런데 주민들 간에 이장을 한번 바꾸어보자는 여론이 돌기 시작했다. 그래서 몇몇 사람들이 동네 사랑방에 모여 그 문제를 구체적으로 상의했다. 이장 선거를 하기 이틀 전이었다.

"누굴 뽑을 겨?"

"글쎄, 아무래두 동네 사람덜하구 관계두 원만해야 허닝께 ㅅ씨가 어떠?"

모두들 찬성했다. 그 자리에서 부락 총회의 분위기를 검토해 보기로 했다.

"아무나 하믄 어떠냐구, 그냥 하던 사람 시키자구 하는 사람두 있을 거 아녀?"

"만약에 사회자가 현 이장을 싫어하는 사람 손들어 보라구 하믄 누가 손을 들었어? 서루 빤한 얼굴덜찌린디……. 그래 가지구선 무투표루다 당선시킬 경우두 생각해야잖어?"

"그땐 내가 나설텨. 손을 들어서 하능 것이 좋지 못한 이유를 설명하구……. 이번에두 저번 총대 선거 때처럼 투표루다 뽑아야 한다구 헐테닝께."

"현 이장이 무슨 과오가 있었느냐구 하믄 뭐라구 햐?"

"그땐 꼭 무슨 과오가 있어서라기보다두 주민덜 전체의 신임을 묻기 위해서라두 한번 투표 절차를 거쳐야 한다구 하지, 뭘."

"기호두 정해야 헐 거 아녀? 이장 선거라는 게 할머니 할아버지에다가 벼라별 사람이 다 올텐디, 자기 이름도 못 그리는 사람이 틀림없이 있을 거라구."

그러면서 그들은 표를 점검했다. 그리고 다음 날 집집마다 돌면서 이장을 갈아야 하는 이유를 설명했다.

선거 당일 아침 새로 이장 후보로 추천된 ㅅ씨는 왠지 어색해서 현재의 이장을 찾아갔다.

"사람덜이 나보구 자꾸 이장을 해보라구 그러는디, 사실은 뭐 당신하구 관계두 그렇구……. 차라리 둘 다 사퇴해버리믄 어떻 것어유? 보닝께 지금 날 내세우는 이유가 그저 한번 바꿔봤으믄 좋겠다는 얘기 같은디……. 만일 그렇게 되믄 누구 하나는 떨어지는 사람이 생길 건디……."

"나두 뭐, 꼭 이장을 더 하겠다는 건 아녀. 그렇지만 그건 내가 결정할 승

질두 아닌 것 같구……."

그날 저녁에 선거가 진행되었다. 모두들 심각하면서도 진지한 분위기였다. 모두 86명이 투표에 참가해서 12표 차이로 이장의 교체가 결정되었다. 투표용지에 이름을 쓴 사람도 있었지만, 기호로 써넣은 사람이 반이 넘었다.

"이장이 바꼈으닝께 이취임식을 해얄 거 아녀?"

"그럼, 물러나는 사람두 10년이나 수골 했으닝께 정식으루다 부락민덜 있는디서, 그러닝게 떠나는 마당에서 한마디 헐 기회를 주구, 새 이장의 포부두 한마디 들어야 헐탱게."

다음 날 아침에 이취임식을 하기로 했다. 그날도 참석 인원이 100여 명이 넘었다. 전날보다 더 많은 사람들이 모인 셈이었다. 그만큼 이장 선거에 대한 부락민들의 관심이 높았음을 반증해 준 것이었다. 구 이장은 그 자리에 나타나지 않았다. 간단하게 취임식을 하고 나서 풍물을 꺼내다 치면서 신나게 마을을 한 바퀴 돌았다. 누군가가 국수를 냈고, 어떤 사람은 막걸리를 다섯 말이나 내기도 했다.

"분위기가 대통령 뽑은 폭은 됐다고. 모두덜 신이 나서 마을을 돌구, 잔치를 벌이구……. 민주주의란 선거를 통한 징벌 제도가 있어야 허능겨."

ㅊ씨의 말이었다. 이러한 과정을 통해서 마을 일에 대한 부락민들의 관심이 두드러지게 높아졌다. 자연히 새 이장도 매사에 책임감을 가지고 임하게 되었다.

"지난번 이장도 원래는 성실한 농사꾼이었어. 그런데 10년 동안 이장을 하면서 넥타이를 매고 서류 봉투를 끼고 면이나 군에 다니면서 다방이나 드나들고, 완전히 손에서 농사를 놓았던 거여. 인제 다시 농사를 지을려니까 일이 손에 안 잡히는가 벼. 지금은 동학사에서 기념품 장사한다. 이장 10년에 사람 버리고, 농사 잃고……."

| 마. 마을 청년회 |

마을에 초상이 나면 상여를 메고 가는 사람들이 장난을 한다. 그러면 상주 측에서 약간의 돈을 놓고 절을 한다. 마을에 따라서는 그 돈을 상여꾼들이 술을 마시거나 나누어 쓰는 경우도 있다.

그런데 이 마을에서는 그 돈을 상주 측에 돌려주었다. 한번은 상주 측에서 나온 돈과 회수된 돈과의 차이로 인해서 말썽이 난 적이 있었다. 그래서 그 돈을 모아서 마을의 공동 경비로 쓰기로 했다. 물론 반대하는 사람들도 없지 않았다.

모아진 경비를 가지고 최초로 했던 것이 경로잔치였다. 막상 경로잔치를 하려고 보니까 돈의 액수가 너무 적었다. 그래서 상의한 끝에 면내의 유지 및 기관장들의 도움을 청하기로 했다. 몇 명의 대표들이 지서, 농촌지도소, 면사무소, 학교 등의 기관장들을 찾아갔다. 모두들 좋은 일을 한다고 격려하면서 성의껏 돈을 희사해 주었다. 그러고 보니 희사받은 돈이 원래의 기금보다 액수가 더 많았다.

마을의 젊은 사람들이 개울에 가서 물고기를 잡아다 지지고, 부인들은 음식을 장만했다. 그리고는 경로당 옆에 솥을 걸고 푸짐하게 잔치를 벌렸다.

두 차례의 경로잔치와 광복절 기념행사를 하고서도 상당한 액수의 돈이 남았다. 그리고 남은 돈을 가지고 장례도구 일체를 새로 장만했다. 특히 상여에 쓰이는 나무 대신에 영구히 쓸 수 있도록 쇠파이프를 사용하여 조립식으로 만들기도 했다.

한편 부락 내의 젊은 사람들에게 대접을 잘 받은 노인들도 우리가 이렇게 고마운 대접을 받고 그대로 있을 수 없다는 얘기가 돌았다. 노인들끼리 모여서 자신들이 할 수 있는 일들을 상의했다. 결국, 아들딸들에게서 얻은 용돈이지만, 그거라도 조금씩 모아 젊은 사람들을 위한 술자리를 만들어서 그들을 격려해 주기로 했다. 젊은 사람들은 손끝 하나 꼼짝 못하게 하고선, 노인들 가운데 일부는 개울에서 고기를 잡고, 막걸리를 받아오고, 일부 할머니들은 경로당 옆에 솥을 걸고 음식을 장만해서 마을의 젊은이들을 한데 모아 대접했다.

어른들 간에 이처럼 흐뭇한 일들이 자주 있으니까 그것이 바로 어린 학생들에게까지 영향을 미쳤다. 선후배 간에도 우의가 돈독해졌다. 입학시험 때가 되면 선배들은 선배들대로 후배들은 후배들대로 서로 찾아다니면서 격려하기도 했다.

이러한 과정을 거치면서 금년에는 청년회의 운영을 다음 세대인 30대 전후로 넘겨주었다. 그들에게 넘겨진 기금은 약 30만 원 정도였다. 그 기금을 가지고 이들이 했던 최초의 일은 경로당의 보수 작업이었다. 경로당은 8년 전에 정부의 보조로 지어졌다. 이것이 동네 아이들에 의해서 난간도 없어지고, 군데군데 허물어진 곳도 많았다. 특히 고치는 과정에서는 마을 내의 어린 학생들을 참여시켰다. 왜냐하면 보수 작업에 직접 참여시킴으로써 그것을 함부로 대하고 부수던 아이들 스스로 공유물을 아끼는 마음을 길러주기 위함이었다.

근래에 들어선 청년회의 활동이 조금씀 침체되는 듯도 하다. 청년층의 사람들이 외지로 많이 나갔기 때문이다. 며칠 전의 청년회 모임에 장년층 몇 분이 가서 여러 가지 조언을 해주었다.

"청년회 일의 주체는 마을에 남아 있는 너희들이 되어야 혀. 하지만 외지에 나가 있는 애덜두 죄다 동참을 시키능 게 좋을 겨. 그래야지 느이들 간에 서로 연락두 되구, 나가 있는 애덜두 마을에 관심을 가질 거 아녀?"

이 마을에도 많은 젊은이들이 도시로 떠나갔다. 그러나 남아 있는 청년들은 끝없이 낙심하면서도 이곳 농촌에 뿌리내리기 위하여, 그리고 더 나은 삶을 꾸려가기 위하여 열심히 움직이고 있다.

"청년회는 앞으로 잘 될 겁니다. 또 마땅히 그렇게 되어야 허능 게 구……."

이렇게 말하는 ㅈ씨의 희망처럼 우리도 마을 청년회가 더욱 잘 운영되어 가기를 진심으로 바란다.

10. 맺는 말

이제 여기서 이야기를 마무리 짓기로 하자.

우리 편집진들의 의도는 이번 작업을 통해 농촌 한 마을의 현실을 가능한 한 구체적으로 드러내 보이려는 데 있었다. 그러나 우리의 노력과 능력의 부족으로 소기의 성과를 달성했는지는 의문이다. 그러나 여기서 분명히 말할 수 있는 것은 우리가 이런 작업을 통하여 그동안 우리가 관념적으로만 머릿속에 그려왔던 농촌 현실에 한 발짝 더 가깝게 접근했다는 사실이다.

지금 우리가 이 자리에서 그들의 아픔을 치유할 어떤 해결책을 제시할 수는 없다. 이 부분은 우리 모두에게 숙제가 될 것이다.

가능하다면 우리는 이 마을 농민들과 계속적으로 연대감을 갖고 우리의 불충분한 작업들을 좀 더 세부적으로 보완해 나갈 생각이다.

행여 이 글로 인하여 마을의 참모습이 왜곡되었거나, 특정한 분들에게 누를 끼친 점이 있다면 이는 전적으로 우리의 불찰이다. 너그러운 용서를 바랄 뿐이다.

우리는 이 마을에서 아직도 현대문명에 찌들지 않은 푸근한 농심(農心)을 만났다. 그들의 그러한 마음들이 이 나라, 모든 백성들에게 되살아나 참으로 내 이웃을 내 몸과 같이 사랑하며 사는 아름다운 나라가 되기를 진심으로 희망한다.

관련 문학예술 작품

[산문] 윤정모, 『황새울 편지』, 푸른숲, 1990.
[소설] 이문구, 『우리동네』, 민음사, 2005.
[소설] 이은식, 『땅거미』, 창비, 1987.
[시] 고재종, 『일어나 또 가자』, 실천문학사, 1988.
[시] 문병란, 『땅의 연가』, 창비, 1981.
[시] 박선욱 편, 『한국민중문학선』(제2권 농민시), 실천문학사, 1985.
[시] 박운식, 『모두 모두 즐거워서 술도 먹고 떡도 먹고』, 실천문학사, 1989.
[시] 박운식, 『아버지의 논』, 시와에세이, 2005.
[시] 실천문학편집위, 『농민시 선집』, 실천문학사, 1985.
[시] 정규화, 『농민의 아들』, 실천문학사, 1985.
[시] 조재훈 편, 『삶의 문학 시선집』, 실천문학사, 1985.
[시] 홍일선, 『농토의 역사』, 실천문학사, 1986.

윤정모

6월 항쟁, 민주국가 문은 열었다

1987년 6월 10일부터 6월 29일까지 전국적으로 벌어진 반독재 민주화운동이 일어났다. 1987년 1월 14일 서울대학교 학생 박종철 군이 치안본부에 끌려가 고문을 당하다가 사망하는 사건이 발생하였고, 이를 계기로 전국적으로 추모 열기가 뜨겁게 일어났다. 6월 9일에는 연세대생 이한열 군이 시위 도중 최루탄을 맞고 사경을 헤매는 사건이 발생했다. 그럼에도 전두환 정권은 4월 13일 일체의 개헌 논의를 유보하겠다는 이른바 호헌 조치를 발표함은 물론, 6월 10일 민주정의당 전당대회를 열고 노태우를 제13대 대통령 후보로 선출했다. 이에 맞서 민주화운동 세력은 민주헌법쟁취국민운동본부를 구성하고 같은 날 '박종철 군 고문치사 조작, 은폐 규탄 및 호헌철폐 국민대회'를 개최했다. 이날부터 민주화를 요구하는 전 국민적 항쟁이 거세게 타올랐다. 마침내 6월 29일 노태우는 직선제 개헌을 수용하는 담화를 발표함으로써 사태의 큰 불길을 잡기에 이르렀다.

3호선 전철이 지하철 공사장 붕괴사건이 일어났던 독립문 아래쯤을 통과하고 있을 적이었다. 남방 차림의 청년 한 명이 주위 눈치를 살피더니 한국인 잡지 기증 꽂이가 있는 곳에 무슨 종잇장들을 집어넣고 얼른 사라져버렸다. 아마 무슨 상품선전 광고물을 뿌리는 거겠거니 짐작하면서 서춘환은 그 종잇장 하나를 집어들었다. "민주헌법 쟁취하여 민주정부 수립하자!" 고딕체로 써놓은 이런 제목이 그의 눈에 들어왔다.

그는 주위 눈치 살피며 그 종이를 바지 주머니에 집어넣었다. 공연히 마음이 긴장되었다. 조애실의 절박해 하는 표정 대신 어이쌰 어이쌰! 승리하리라! 외쳐대며 외계인 비슷하게 눈 귀 코 입에 유니랲이라든가 가제 마스크 따위를 집어쓴 청년 시위대의 모습이 눈앞에 어른거렸다. (중략) 시위대는 매일 밤마다 명동을 순회하고 있었고, 강강수월래를 하고 있었다. 을지로 쪽에서 와아와아 하다가 신세계 쪽으로 돌고 퇴계로 쪽으로 술래잡기를 하다가 다시 충무로 쪽으로 제일백화점 앞으로, 그리하여 명동성당 쪽으로 원무의 무대를 바싹 좁혀 놓곤 했다. 밤길의 사람들은 새로운 기질을 만들어 가고 있었다. 최루탄이 터지면 마치 불꽃놀이에 놀란 강아지들처럼 흩어졌다. 그러나 금세 다시 모여들었다. 결코 집으로 돌아갈 생각을 하지 않았다.

_박태순, 「밤길의 사람들」 부분

"조용하던 광주, 시위 군중 30만, 중고등학생 선두"

"이리, 여수, 순천에서도 절반 이상의 시민 참여"

"부산, 곳곳에서 파괴되는 파출소, 신부와 수녀들 민주화 위한 행진"

"진주와 울산 각지에서 경찰이 무장해제를 당함"

"대구, 안동, 포항, 김천에도 시위 물결"

"충청권, 강원권, 대학이 있는 모든 도시, 제주도까지 '독재타도'의 함성"

"전국 38개 시, 군 270여 곳에서 들어 올린 깃발 '군부독재 물러가라.' 시위 참가자 600만······"

"전국적인 시위, 4·19 이후 처음"

_1987년 6월 26일 각지 일간신문 대타이틀.

1월 14일부터 6월 17일까지

1987년은 청년의 죽음, 박종철 고문사로 시작되었다. 사인은 '탁, 하고 치니 억, 하고 죽었다'였다. 민가협[1] 어머니들은 남영동 대공분실 앞으로 몰려가 종철이를 살려내라고 울부짖었다. 추도 집회가 줄을 이었다. 어머니들은 머리에 검은 수건을 쓰고 거리를 시위를 했고 민주인사, 사제단들이 범국민 추도회를 주도했으나 경찰 병력과 최루탄으로 원천 봉쇄를 당했다.

1987년 2월 중순, 영등포 구치소에 수감 중이던 해직기자 이부영은 박종철 고문 주범 조한경이 같은 구치소로 왔다는 정보를 입수, 의도적으로 접근했고 몇 차례의 대화로 놀라운 사실을 알게 되었다. 조한경은 경찰 간부들의 각본에 의한 가짜였다. 진범은 따로 있었고 그들의 실명까지 알아낸 이부영은 모든 사실들을 깨알같이 적어 당시 교도소 우군(友軍)으로 근무하던 전병용에게 전했다. 전병용은 이부영의 친구이자 언론인인 김정남에게 전했고 김정남은 그 즉시 인권변호사, 민주화운동 동지들과 규합해 박종철 고문치사사건의 진실을 알리기로 결정, 성명서를 준비했고 최종 발표일을 5월 18일로 잡았다. 5월 18일, 명동성당에서는 광주민주화운동 7주기 미사가 있었는데, 이때 김승훈 신부가 떨리는 목소리로 성명서를 읽었다.

"박종철 고문치사 사건 진상은 조작되었습니다⋯⋯ 고문살인 진상은 명쾌하게 밝혀져야 하며⋯⋯."

성명서 내용은 신문마다 대서특필되었고, 정부는 은폐조작에 관여한 치안감 등 3명을 마지못해 구속했다. 안기부장과 국무총리까지 경질한 후 4·13호헌 선언대로 정부는 6월 10일 대통령후보를 지명한다는 발표를 곁들였다.

5월 27일, 향린교회에서 민주 인사들이 모여 '민주헌법쟁취국민운동본부' 이하 국본 발기인 대회를 가졌다. 상임공동대표와 집행위원 선출이 있

1   민주화실천가족운동협의회

었고 전 국민의 호응과 동참을 위해 전국적인 연합을 결의했다. 야당과 모든 재야, 민주화운동 단체, 종교계, 농민, 교사, 여성단체, 문화예술계, 각 지역의 지부 조직과 노동자회, 학생회 등을 건설하고 22개 시와 도 지도부가 속속 결성되어 광복 후 가장 큰 연합체가 만들어졌다. 국민의 호응도 뜨거워 엄청난 민주성금이 국본 통장으로 들어왔다.

디데이는 6월 10일, 대통령후보 지명대회가 열리는 바로 그날로 정했다. 국본은 '시위는 평화적으로, 직장인의 참여를 위해 집회시간은 오후 6시, 차량은 그 시간에 경적을 울려줄 것' 등을 지침으로 정하고 각 단체 시민들에게 알렸다.

6월 9일, 디데이 하루 전이었다. 오후 5시경 연대 앞에서는 마스크를 한 1,000여 명의 대학생들이 몰려나와 '국민평화 대행진 발대식'을 했고 맞은편에는 전경들이 원천 봉쇄로 진을 치고 있었다. 한 학생이 메가폰으로 선언한다.

"우리는 평화적으로 대행진을 할 것입니다. 그 누구도 짱돌을 들지 않을 것이며, 화염병 사용을 하지 않을······."

그 말이 끝나기도 전에 최루탄들이 다연발로 날아왔고 정문 앞은 삽시에 뿌연 가스로 휘덮였다. 선두열 학생들이 주저앉거나 무너졌다. 교문 맞은편 기찻길 둑에서 대기하고 있던 로이터 통신 정태원 기자는 최루탄 파편을 맞고 피를 흘리며 쓰러지는 이한열과 그를 부축해 끌어올리는 친구 이종창의 모습을 카메라에 담은 후 황급히 사무실로 들어가 그 사진을 전 세계로 전송했다.

6월 10일, 11시 잠실 체육관에는 인기가수와 치어리더들의 노래와 춤, 호화찬란한 축제 분위기 속에서 1만여 명의 민정당 대의원들이 찬반 투표를 진행했다. 노태우 대통령후보가 만장일치로 선출되었고 전두환이 노태우 손을 잡고 연단으로 나와 그 사실을 공식으로 선언했다.

전두환의 권력승계 선언이 끝난 직후, 성공회 대성당에서는 타종과 함께 민정당 대통령후보 지명대회는 반민주적이고 반역사적인 사기극임으로 무효임을 선언했고 도심지 곳곳에서는 국본의 행동 강령이 유인물로 뿌려졌다.

- 저녁 6시 국기 하강식 때 성당, 교회 사찰에서는 타종을 해주십시오.
- 그 시간 보행중인 시민들은 한자리에 모여 애국가를 불러주십시오.
- 운행 중인 차는 경적을 울려주십시오.
- 차가 경적을 울리면 거리의 시민들은 일제히 손을 흔들어주십시오.
- 시작 의식이 끝나면 학생, 시민들은 '호헌 철폐 독재타도'를 외치며 평화적으로 도보 행진을 해 주십시오…….

여성단체와 민가협 어머니들은 보라색 스카프를 준비하고 5시부터 남대문과 서울역에 분산 집결했다. 경찰차가 곳곳에 전경들을 풀어놓았다. 경적이 울리면 스카프를 흔들기로 했으나 동참하는 차량이 별로 없었다. 이한열이 죽어간다! 동참해라! 오늘 동참하지 않으면 내일은 당신 아이가 당할 수 있다! 어머니들은 차도로 뛰어들어 경적을 울리라고 소리쳤다.

최루탄이 빗발쳤다. 엄청난 숫자의 전경들이 방패와 곤봉을 들고 몰려왔다. 학생들이 퇴계로, 충무로로 쫓겨 갔고 일부는 남대문시장 골목으로 몰이를 당했다. 전경들이 몰이 해간 학생들을 방패로 찍었다. 상인들이 나와 피 흘리고 쓰러진 학생들을 응급실로 보냈다. 평화 행진을 선언했던 시위대는 그렇듯 무참히 짓밟히고 있었다. 물론 폭력 시위도 더러 있었다. 종로 쪽과 충무로 파출소가 전소당했고 전두환 초상화가 잘게 찢겨 발로 짓밟히기도 했다.

밤 10시경, 약 800여 명의 학생 시민들이 경찰에 쫓겨 명동성당으로 몰려 갔다. 성당 마당엔 상계동 철거민들이 천막을 치고 농성하던 중이었고 쫓겨 온 시위대들은 그들 천막 신세를 지거나 한데 잠을 잤다.

 6월 11일, 오전 8시경부터 경찰 병력이 몰려와 성당을 에워쌌다. 정각 10시, 최후통첩 5분 만에 전격적인 진압이 시작되었다. 최루탄 발사기를 든 전경들이 일제히 최루탄을 쏘며 성당으로 진격해 왔고, 100여 명 되는 체포조, 백골단들이 뒤따라 들어와 파편을 맞고 쓰러진 학생, 시민, 철거민들을 찍거나 곤봉으로 갈겨댔다.

 6월 15일까지 최루탄 파편에 다친 환자가 수백 명으로 집계되었다. 의대생이 발견하지 못하거나 즉시 치료받지 못한 사람은 더 많을 것이라고 했다. 한 여학생은 종아리에 수십 개의 파편이 박혀 오랜 시간 제거수술을 받았고 의사는 앞으로 치마를 입기가 곤란할 것이라고 했다.

 민가협 어머니들이 최루탄 피해를 줄일 방법을 찾고 있을 때 '필리핀 마르코스 대통령이 우리나라에 최루탄 수입을 하려고 성능을 의뢰했다, 그 최루탄은 사람에게 사용이 금지된 인마살상용이었고 그는 자기 국민에게 그런 독가스를 사용할 수 없다 하여 수입을 보류했다'는 소식을 들었다. 인마살상용? 우리도 그 성분에 대해 확실히 알아야 한다면서 어머니들이 전문가에게 의뢰했다.

 "현재 사용되고 있는 최루탄은 사과탄과 지랄탄입니다. 사과탄은 사과처럼 둥근 모형이고 지랄탄은 매스게임용 곤봉처럼 생겼습니다. 지랄탄은 벌이 온몸을 쏘듯 못 견디게 만든다 하여 붙은 이름인데 그건 단순한 최루탄이 아닌 총유탄입니다. 어느 나라에도 사용하지 않는 특수한 독가스로 전쟁 중에도 사용이 금지되고 있습니다."

 "살인 정권이라더니 전혀 틀린 말이 아니네."

 "단가도 매우 높아 사과탄이 개당 4만 원, 총류탄이 7만 원 정도입니다. 한 해 동안에 지불되는 최루탄 값이 무려 250억 원이구요."

"국민들의 목숨을 국민 세금으로 희롱하는군. 한데 그 지랄탄인가는 대체 어느 회사에서 만든대요?"

"삼양화학입니다. 최루탄 상자에 찍혀 있는 글자는 '폭동진압용 총유탄 CSI, SY-44, 삼양-84'입니다."

삼양화학(마포구 도화동 43-1 성지상가 아파트 소재, 전화 719-3110에서 33, 719-1280)의 사장 한영자는 최루탄 생산으로 국내 종합소득 4위까지 부상했고 뇌관을 만드는 한국화약은 빙그레, 경인에너지 등을 거느린 대재벌로 공해물질을 생산하는 대표적 악덕기업이며 인천 앞바다의 양식 조개를 떼죽음시킨 장본인이기도 했다.

"성분을 '인마살상용'이라고 발표한 책임자는 미국 MIT공대 연구진들이었습니다."

"그럼에도 갓난아기에서 칠순 노인을 가리지 않고 무차별로 쏘아대고 있다! 한열이가 죽어가는 것도 파편이 아닌 독가스 때문이다!"

한참이나 살인 정권, 군부 정권을 성토를 하다가 해가 져갈 무렵 하나의 방법을 도출해냈다. 최루탄 발사기에 장미꽃을 꽂아주자는 것이었다. 장소는 철옹성이라는 미 대사관 앞으로 정했다.

6월 17일, 민가협 어머니들과 여성단체 회원들 50여 명이 각자 장미꽃 한 송이씩을 들고 교보 옆 골목으로 해서 미 대사관으로 향했다. 대사관 앞은 경찰차가 가로막고 있었고 전경들은 최루탄 발사기를 정조준하고 있었다. 여성들은 꽃을 쳐들고 전경들 앞으로 줄을 지어 걸어갔다. 지휘자가 이 뜻밖의 방문객들을 막아야 할지 말아야 할지 판단이 서지 않아 망설이는 사이 여성들은 전경들의 가슴과 투구, 최루탄 발사 총구에 차례로 장미꽃을 꽂아주며 속삭였다.

"힘들죠? 알아요. 하지만 오늘, 오늘 딱 하루만이라고 최루탄을 쏘지 마세요."

그때 맞은편 세종문화회관 쪽에서 시위대들이 함성을 지르며 몰려왔고 지휘자는 발사를 외쳤으며 전경들은 자동 로봇처럼 최루탄을 쏘았다. 장미꽃과 함께 허공으로 날아가는 최루탄들, 건너편에서 쓰러지고 있는 시위대들을 보며 어머니들이 소리쳤다.
"쏘지 말아! 쏘지 마, 제발!"

6월 18일에서 22일까지

6월 18일 오전 10시, 명동에 있는 계성여고 후문 앞에 자유실천문인협의회 소속 회원들이 집결했다. 청년들은 '호헌철폐', '군부타도'라고 쓴 피켓을 들었고 여성들은 목이나 팔뚝에 스카프를 감았다. 10시 반, 우리의 리더 채광석이 "출전!"이라고 외치며 앞장섰고 회원들은 그의 뒤를 따랐다. 명동 거리는 평일 오전임에도 제법 많은 사람들이 나와 있었고 노점상 좌판도 즐비해서 시위대가 연일 이곳을 지나갔다는 것이 믿기지 않을 정도로 평온해보였다. 우리는 구호를 외치며 거리로 나섰다. 채광석 말에 의하면 "오늘 시위는 승산이 있다, 서울 전역에서 동시에 일어나므로 전경 숫자가 아무리 많아도 커버하진 못할 것"이라고 했다.

국립극장으로 향할 때였다. 노점상인들이 급하게 물건들을 덮고 좁은 골목으로 손수레를 끌어들이는가 했더니 극장 뒤쪽에서 선발대 학생들이 구호를 외치며 오고 있었다. 한가롭게 거닐던 시민들도 슬며시 합세를 했다. 뭉쳐진 시위대들은 앞뒤에서 구호를 선창했다. 호헌철폐! 군부타도! 명동거리는 인파로 꽉찼고 그 인파를 헤치고 한 젊은 여성이 나서서 크게 구호를 외쳤다. 군부독재 지원하는 미국은 물러가라! 우리도 힘차게 복창했다. 물러가라! 물러가라! 학생들이 무자비하게 당하고 있을 땐 모두 숨을 죽였던 우리들이 이제는 너도나도 당당하게 소리쳤다. 동생이 감옥에 있다는 젊은 여성은 종이 표어까지 높이 쳐들었다. 살인정권 물러나라! 바로 그때 퇴계로 쪽에서 투구를 쓴 전경 부대가 새까맣게 몰려왔다. 곧 사과탄과 직격탄이 날아왔다. 무차별 투탄. 학생들도 돌멩이로 대항했지만 최루탄에는 이겨낼 수가 없었다. 시위군들이 흩어지기 시작했다. 나는 독한 가스가 내 눈알을 뽑는 듯해서 털썩 주저앉고 말았다. 뛰던 학생이 나를 잡아 일으켰다.

"아주머니, 파편이 튀어요. 어서 피하세요."

나는 엉엉 울면서 골목으로 뛰었다. 골목에는 먼저 피신한 시민들이 충혈된 눈으로 가스 눈물을 줄줄 흘리고 있었다. 재채기하거나 토하는 사람도 보였다. 몸 전체의 세포가 낱낱이 뜯겨나가는 듯한 그 괴로운 순간이 지나고 정신이 돌아오자 나는 도망칠 길부터 찾았다.

6월 20일, 다시 명동으로 나갔다. 김규동, 현기영 등 대선배님들이 참가하고 있어 기피할 수가 없었다. 엄청난 인파를 헤치고 약속 장소로 가보니 처녀 시인 신동원이 김규동 선생님 안경 위로 랩을 씌워주고 있었다. 가스로부터 눈을 보호하기 위해서였다.

랩과 마스크를 쓴 학생들이 구호를 외치며 신세계백화점 방향으로 시위 물결을 이끌었다. 차량이 통제된 거리는 휑하니 비어 있었다. 빈 도로 그 앞쪽은 시경이었다. 남대문과 한국은행 사이는 접근이 거의 불가능했다. 시위대들이 며칠간 계속해서 접근을 시도했으나 실패했다. 경찰들의 본거지였고 그곳만 점거하면 시위대가 이기는 것이다, 오늘은 반드시 점거하자면서 큰길로 나설 때 최루탄이 비 오듯 날아왔다. 대열은 일단 뒤로 물러났다. 다시 진격을 시작하면 그 즉시 직격탄이 연발로 날아들었다. 몇 차례 더 시도했으나 부상자가 속출해 시위대는 진로를 바꾸었다.

5시 반경, 일행을 잃어버린 나는 혼자 중앙극장 앞으로 갔다. 지나는 승합차와 승용차들이 저마다 경적을 울려주었고 도로변으로 몰린 사람들은 박수를 치거나 손수건을 흔들었다. 그곳은 뜨거운 열기로 가득했다. 백병원 앞에 진을 치고 있던 전경들이 슬그머니 떠났고, 시민들은 박수를 쳤다. 다른 거리가 점령당해 그곳으로 이동해가는 것인지 알 수 없었음에도 피하거나 떠나는 경찰은 처음 보는 시민들은 그것도 좋은 징조라고 박수를 친 것이었다. 나는 시민들 얼굴에서 새로운 세상을 갈구하는 소망들을 보았다. 이번에는 우리의 힘으로 민주화 문을 열 수 있을까? 패배의 역사를 딛고 이번만은 우리 손으로 민주화를 쟁취할 수 있을까? 동학혁명이나 3·1만세, 5·18광주항쟁처럼 결국은 진압이 되어 시위나 봉기, 항쟁의 의미만 남게 되지는 않을까? 잘 싸워낸 4·19까지 민족양심결핍병자에게 가로채인 그러한 진로를 밟지는 않을까? 그래, 봉건시대부터 지루하게 기다려왔으니 이번엔 기필코 우리 손으로 민주화를 획득해야 한다. 기필코 그래야 한다!

　나는 봉고차를 얻어 타고 서울역으로 향했다. 신세계 건물 이쪽 네거리쯤에서 치열한 접전이 벌어져 있었다. 얼마나 쏘아댔는지 그 일대는 가스가 부옇게 떠 있었고 차들은 시위 인파를 피해 곡예를 하듯 달려 나갔다. 독한 가스는 차 속에도 스며들었다. 승객들도 눈이 매워 징징 울어댔다. 차창 밖을 보니 서너 명의 학생들이 차 가까이로 쫓겨 오고 있었다. 두 명의 사복 체포조가 그 뒤를 따랐다. 기사가 차를 세워 쫓기는 학생들을 태웠다. 그리고 재빨리 문을 닫은 후 유유히 그곳을 떠났다. 체포조들은 발길을 멈추고 떠나는 차를 노려보았고, 차 속의 한 남자 승객은 그들을 향해 팔뚝감자를 먹였다. 승객들이 쿠르르 웃어댔다.

　퇴계로 도로가 끝나가는 지점에서 차가 멈추었다. 시위대들이 강풍에 밀리는 구름처럼 쫓겨오고 있었다. 기사가 길가로 차를 붙이며 더 이상 갈 수 없으니 모두 내리라고 했다. 나는 학생들을 따라 남대문시장 골목으로 들어갔다. 그곳은 무슨 해방구 같았다. 거리는 북적였고 식당마다엔 시위객들로 만원이었다. 호프집 앞을 지날 때 자유실천문인협의회 청년이 나와 안에 우리 회원들이 있다고 알려주었다. 현기영, 이창동 등 시인, 소설가들이 목구멍에 붙어 있는 최루탄 가스를 씻어낸다면서 생맥주를 마시고 있었다.

저녁 8시경, 호프집을 나왔다. 도로는 뚫렸으나 왕래하는 차가 별로 없었다. 시댁인 충정로까지 걸어가자면 서울역 안을 통과해 서부역으로 나가면 되었다. 서울역 시계탑 앞 광장 여기저기엔 사람들이 모여 섰거나 앉아 이야기를 하고 있었다. 의대생들은 주차장 쪽에 스티로폼을 깔고 앉아 한 청년의 머리에 붕대를 감아주고 있었다. 나는 갈월동 쪽으로 내려가 빵과 음료수를 사들고 의대생들에게로 되돌아갔다.

"밥 안 먹었지? 이 빵이라도 먹을래?"

최루탄에 다친 환자는 세 명이었고 그들 모두 배가 고팠는지 허겁지겁 빵을 먹었다. 나는 의약품과 워키토키 사이에 끼어 있는 유인물을 집어 들었다. 국본에서 내려온 선언문이었다.

첫째, 4·13 독재헌법 옹호는 도덕적으로 법률적으로 무효이므로 국민적 행동을 조직하고 전개한다! 둘째, 광주 사태 진상구명! 셋째, 고문살인 범인의 색출처단, 넷째, 민주인사에 대한 연금, 구속, 공민권 박탈을 중지! 다섯째, 관영 방송의 시청료 거부! 여섯째, 대중 집회는 철저히 평화적으로 진행되어야 한다…… 슬로건은 '고문살인 은폐조작 규탄 및 호헌철폐와 직선제 개헌쟁취', 전국 대학과 전 국민 동참을 요청하는 것이며…… 전대협 선두는 피켓과 머리띠를 착용하고…… 각 가정에서는 저항의 표현으로 '아홉시 땡전뉴스' 때 일제히 소등해 주십시오…….

빵을 다 먹고 물을 마실 때 내가 머리에 붕대를 감은 학생에게 물었다.

"붕대를 감은 걸 보면 많이 다친 것 같은 데 병원에 가야 하지 않아요?"
의대생이 대답했다.
"아니에요. 귀 위로 파편이 살짝 스쳐갔는데 제가 일부러 붕대를 감았어요. 이 친군 학보사 기자거든요. 이렇게 하고 있으면 전경들이 공격을 하지 않을 것 같아서요."
"의대생 전부가 이번 시위에 참여하는 거예요?"
"서울에서는 그래요. 모든 대학이 지역을 배정받아 의료 활동을 하고 있어요. 이한열 군 사건 이후에 전대협에서 내린 지시예요. 의대, 간호대 학생은 전부 시위 현장으로 가라……."
"참, 이한열 말이에요, 학생들이 병실을 사수하는 까닭이 환자를 탈취해 갈지 몰라서 그런다는데, 정말 그런 낌새가 있었어요?"
"낌새가 있었는지 아닌지는 모르겠지만 그럴 가능성은 충분하잖아요? 시위가 걷잡을 수 없이 확신되고 있으니 볼모로 탈취해갈 수 있지요."
"사경을 헤매는 아이를 볼모로? 아무리 살인 정권이라 해도 그 정도까지야 하겠어요?"
학보사 기자가 조금 언성을 높였다.
"그들은 지금 계엄령을 준비하고 미국 승인을 기다리고 있어요! 확인까지는 하지는 못했지만 지방에는 탱크가 나와 있다는 소문도 있어요. 이 정부, 이미 광주시민을 잡아먹은 전력도 있잖아요? 무슨 짓인들 못하겠어요?"
미국의 승인을 기다린다? 광주 때가 생각났다. 그때 미군은 자기들 통제 아래 있던 20사단을 전두환에게 내주었고 오키나와에 있는 항공모함까지 우리 해역으로 급파했다. 전두환은 광주시민을 북한의 사주를 받은 폭도라고 했고 미군은 북한의 오판을 막기 위해서라고까지 하면서 전두환을 도왔다. 하지만 지금은 광주라는 한정 지역이 아니다. 그땐 바깥과의 통신도 차단했지만 지금은 시위 소식으로 전국통신이 불이 나고 있다. 그런데도 미국이 승인할까? 박정희 수법을 쓴다면 가능할 것이다. 그랬다. 박정희는 승인을 기다리지 않고 선수를 쳤다. 탱크로 서울을 완전히 장악한 뒤 미국에 통보를 했다. 전두환이 그 수법을 차용한다면? 아니다, 그는 이미 미국의 도움을 받은 처지라 박정희 흉내를 낼 수는 없을 것이다.

"기자학생, 전체 시위 상황은 어때요?"

"외국어대학, 경희대학 학생들 1,000여 명이 시내 진출을 위해 의정부발 인천행 전동차에 올랐는데 신설동에 정차한 뒤 움직이지 않았대요. 뿔이 난 학생들이 일제히 철로로 뛰어들어 주머니마다 자갈을 넣었죠. 그래서 국본의 비폭력 지시를 어기게 된 거죠. 짱돌 대 최루탄, 정말 치열한 공방이었어요."

"서울역 오후 접전도 완전 전투였어요. 그때 부상자들이 두 시간 동안 무려 50명이 넘었어요."

"남대문 시장 일대와 을지로, 종로 등에서도 치열했어요. 세 시간 가까이 짱돌이나 육탄전으로 버티다가 결국은 쫓기게 되었고 그때 상인들이 가게 셔터를 올리고 학생들을 숨겨주거나 물을 주었어요. 명동에서는 계성여고 학생들까지 합류했고……."

그때 한 학생이 뛰어와 어서 라디오를 켜보라고 했다. 의대생이 라디오를 켜자마자 국무총리의 특별담화가 흘러나왔다.

불순 세력이 국가 안보를 위협하고 있다. 시민들은 불순세력에 부화뇌동하지 말라. 법과 질서의 유지가 더 이상 어려워지면 정부로서는 비상한 각오를 할 수밖에 없다.

최후통첩이었다. 내일도 시위가 계속되면 계엄령을 선포할 것이다.

6월 23일에서 26일까지

6월 23일, 시위가 더 격렬해졌음에도 계엄령은 선포되지 않았다. 정보통에 의하면 전두환이 미국에 '불순분자들의 극렬한 시위가 전국적으로 확산되고 있다, 이대로 두면 대한민국은 공중분해가 될 것이니 좀 도와 달라'고 구원을 요청했으나 미국은 '학생들이 반미를 외치며 분신하는 등 반미 감정이 고조되고 있고 그에 대해 자국에서도 부정적인 여론이 커지고 있으니 군이 출동하는 비상사태는 절대로 일어나지 않기를 바란다'고 오히려 역당부를 했다는 것이었다.

오전 11시, 서울역에도 벌써 가스 냄새가 질펀했다. 갈월동 쪽 다방 계단이나 약국 앞에 모여 있는 사람들 또한 여러 차례 접전을 치룬 듯 눈 주위가 붉게 익었고 그러면서도 연신 사방을 두리번거리는 것이 언제라도 다시 뛰어들 태세였다. 나는 새마을 대합실 쪽으로 천천히 올라갔다. 그때 역 광장 북편에서 학생, 시민들이 다급하게 쫓겨 왔다. 그 위 파출소를 접수하자마자 최루탄과 기동대들한테 쫓긴다는 것이었다. 최루탄 터지는 소리가 낭자했다. 시위대들은 본관 대합실과 새마을 대합실로 몰려갔고 나도 얼결에 휩쓸려 갔다. 가스탄이 내 발꿈치를 따라왔고 지레 오금이 저린 나는 구석 쪽 의자에 주저앉고 말았다. 대합실엔 차를 타러 나온 사람, 미처 피하지 못한 시위대들이 서로 부딪치며 우왕좌왕했다. 그때였다. 유리창이 깨지면서 직격탄이 날아들었다. 어디선가 짧은 비명 소리가 들렸으나 계속 터지는 가스 때문에 얼굴을 들 수가 없었다. 탄 소리가 멎자 한 아이가 자지러질듯 울어댔다. 엄마를 따라 차를 타러 온 그 아이는 온몸에 불이 붙은 듯 펄쩍펄쩍 뛰었다. 다행히 파편을 맞은 건 아니었다. 역 직원이 물 호스를 들고 나와 아이의 눈을 씻어주었다. 턱 주위가 온통 벌겋게 부풀어 오른 한 청년이 물 호스 곁으로 다가왔다. 가스에 쏘여 화상을 입은 모양이었다. 가까이서 보니 벌써 검붉은 수포가 일어나고 있었다. 역 직원이 말했다.

"젊은이는 물로 씻어내서 될 일이 아닌 것 같아요. 개찰구 안으로 들어가 봐요. 거기 의대생들이 있으니 응급치료를 받을 수 있을 게요."

청년이 개찰구 안으로 들어갈 때 체포조가 들어왔고 나는 그들을 피해 건물 밖으로 나왔다. 대합실 옆 수송차가 드나드는 철문 아래쪽에 고급 승용차 몇 대가 세워졌고 그 주위로 서너 명의 남자가 둘러서 있었다. 모두 신사들이었다. 한 사람은 소매를 걷고 팔뚝에서 흐르는 피를 손수건으로 닦았고 다른 남자는 로얄살롱에 앉아 다리를 밖으로 내놓고 있었는데 종아리에서 제법 많은 피가 흘렀다. 시위 때문에 길이 막혀 잠깐 차를 이리로 들여놓고 내리다가 파편을 맞았다고 했다. 주변 사람이 피를 닦으라고 휴지를 주자 로얄살롱 남자가 벌컥 화를 냈다.

"병신 자식들. 눈깔은 어따두고 아무한테나 쏘는 거야? 지 놈들이 가엾어서 박카스까지 사다줬는데"

"난 정말 학생들만 폭력을 쓰는 줄 알았어요. 오늘 보니까 학생들이 불쌍해요."

팔을 다친 신사가 말했다. 다시 로얄살롱이 퉁명스럽게 되받았다.

"그러니까 잠자코 있으면 이런 난리도 없을 것 아니오."

"저렇게 악귀처럼 쏘아대고, 잡아가는데……."

팔을 다친 신사가 말끝을 흐렸다. 금딱지 오메가에 다이아 반지, 그래서 부유한 냄새가 물씬 풍기는 그 남자의 얼굴이 갑자기 슬퍼보였다. 잘 먹고 잘살아온 만큼 체제를 두둔했는데 오늘 현장을 보니 그게 아니었다 싶었을까.

"정말 하루 빨리 이 썩은 군부가 무너져야 학생들이 덜 다칠텐데……."

묵묵히 서 있던 남자가 혼잣말로 중얼거리자 팔을 다친 신사가 그에게

지다위를 걷듯 물었다.

"이런다고 무너질까요?"

"글쎄요, 오늘은 시민들도 많은데요."

나는 머리가 아파 그길로 귀갓길에 올랐다.

6월 25일, 요충지를 탈환하거나 빼앗기는 나날이 반복되었다. 부산, 광주, 대구, 대한민국 전국이 격전지였다. 제주도에서도 많은 학생들이 포위되거나 구타, 감금을 당했다. 4·3 이후 처음이라고 했다.

오전 10시 30분경, 남대문과 퇴계로 쪽에서 학생들이 투석전을 벌이며 내려오고 있었다. 대우건물 앞에서도 역 광장에서도 학생 시민들이 도로로 뛰어들어 한순간 그 일대를 점령했다. 수많은 시위대들이 한군데로 합류하려는 그 순간 수십 발의 직격탄이 집중적으로 쏟아졌다. 고가도로 위에서 쏜 것이어서 돌맹이나 화염병으로 막아낼 수는 없었다. 그래도 학생들은 그 자리를 지키려고 죽을힘을 다해 화염병과 돌맹이를 던져댔다. 시민들이 먼저 달아나기 시작했다. 최루탄이 달아나는 시민들의 발뒤꿈치까지 따라다녔다. 그 많던 사람들이 여기저기로 흩어져버렸다.

부상자들이 계속해서 늘어났다. 적십자 완장을 찬 의대생들이 그들을 눕히거나 지혈을 했다. 머리에 피가 흐르는 고등학생이 실려왔다. 의대생이 워키토키로 응급환자가 있으니 즉시 좀 출동해달라고 긴급요청을 한 후 고등학생 환부의 머리칼을 잘라내고 응급처치를 했고 고등학생은 머리를 숙이고 연신 침을 뱉었다. 헬멧을 쓴 미국과 일본 외신기자가 다가와 시위 중 다친 상황을 녹음할 때 주머니를 찬 가스총 대원들이 바닥에 최루탄을 타앙, 터트리며 다가왔다. 외신기자들이 달아났고 의대생들이 고등학생 환자를 부축한 채 부리나케 건물 안으로 뛰었다. 나도 뒤쫓아 가며 물어보았다.

"머리를 다친 부상자를 마구 움직이게 해도 되는 거예요?"

매점 옆 후미진 곳에 고등학생을 내려놓으며 의대생이 대답했다.

"그들은 부상자도 몰라봐요. 또 파편 맞으면 어떡해요?"

가스총이 대합실 안까지 따라오진 않았다. 응급차를 부르러 갔던 의대생이 돌아왔다.

"곳곳에 부상자가 생겨 응급차가 없대. 택시를 태워 가지"

이날 의대생들의 활약은 정말 대단했다. 워키토키로 주변의 상황을 수시로 점검하거나 응급환자를 알렸고 부상자가 발생하면 맨 먼저 달려가 치료를 해주었다. 부상자들도 가지각색이었다. 파편에 살이 찢긴 사람, 가스에 쏘여 종아리 전체가 부풀어 오른 사람, 쫓기다가 다친 사람도 많았다. 나 역시 대합실 문 앞에서 넘어져 가슴에 타박상을 입고 숨을 헐떡거리고 있자 흰 가운을 입은 여대생이 구석으로 데리고 가 분무 파스를 뿌려주었다. 그러자 정말 숨쉬기가 한결 편해졌다.

그렇게 수없이 다쳐나가면서도 시위는 계속되었다. 최루탄을 쏠 때마다 시민들은 치를 떨었다. 저것들도 사람이냐? 누구 배 속에서 저런 악질을 쏟아냈나? 뭐, 저것들이 백골단이라고? 개백정 같은 인간들…… 나 역시 살의를 느꼈다. 나에게 만약 총이 있다면 주저 없이 쏘고 싶었다. 최소한 가스나 그물총이라도 갖고 싶었다. 그리하여 직격탄을 쏘는 전경들마다 기절을 시키거나 그물로 가두고 싶었다. 그래, 나는 정말 훈련을 하고 싶었다. 그들의 곤봉과 구타와 발길질이라도 이겨낼 수 있는 운동이라도 피나게 해두고 싶었다. 하지만 그건 대안이 아니었다. 그들은 명령에 따라야 하는 군경이 아닌가. 대적을 하는 대신 그들을 잡고 하소연하는 것이 옳을 것이다. 당신이 겨누고 있는 상대는 당신의 형제입니다. 이건 잘못된 명령이니 불복하세요. 당신들이 집단으로 불복을 한다면 당신들도 우리와 함께 참된 국가의 문을 열 수 있습니다.

6월 26일, 오전 11시, 서울역 앞 도로가 봉쇄되었다. 광장에는 시위대들이 인산인해를 이루었고 염리동, 남대문, 퇴계로, 후암동 쪽에서도 '독재타도', '호헌철폐'를 외치는 시위대들이 계속해서 몰려왔다. 이제 정말 시위대들의 세상이 된 것 같았다. 광장에 임시 발언대가 마련되었다. 박 정권 때에 아들을 잃었다는 노인이 나와 대통령에게 보내는 편지를 읽었다.

> 대통령 각하! 나는 박 정권 때 내 아들을 잃었습니다. 하지만 건국 이후 당신이 가장 많은 청년을 죽였습니다. 그 사실은 당신이 알고 모든 국민도 알고 있습니다. 그리고 지금 이 순간에도 당신은 진압만을 생각하고 있을 것입니다. 이제 그만 멈추십시오. 과거의 죗값을 씻고 눈물로 사죄를 하십시오. 당신이 사죄의 방법을 모르신다면 제가 그 방안을 일러드리겠습니다.
> 1. 당신이 착복한 모든 재산을 국민들에게 돌려주십시오.
> 2. 국군은 방위만 지키도록 하십시오.
> 3. 미국과의 주종관계를 참된 형제국으로 바꾸십시오.
> 4. 민주주의 보호를 위배하는 자는 형벌에 처하십시오.
> 5. 고문 폭력을 일삼던 안기부 등 60만 정보원은 과거 암행어사의 소임을 주어 민생을 보살피는 파수꾼으로 바꾸십시오.

그때였다. 대우빌딩 쪽에서 노인을 향한 직격탄이 정조준한 총알처럼 날아왔다. 학생들이 노인을 끌어내렸고 직격탄은 역사 벽에 맞고 터졌다. 도동과 고가도로 위에서도 최루탄을 날아왔다. 긴장을 풀었던 시위대들은 혼비백산이 되어 역사 안으로 몰려갔다. 그 와중에도 학생들은 노약자들 뒤에 붙어서 '질서, 질서'를 외치며 넘어지지 않도록 보호했다.

다시금 진압군의 세상이 되었다. 그들은 가스탄, 지랄탄, 직격탄을 맘껏 살포하며 대합실로 쳐들어왔다. 그랬다, 쳐들어왔다고밖에 표현할 수가 없었다. 사람들은 우왕좌왕하거나 화장실에 숨었다. 건물 구석엔 학생들이 겹겹이 머리를 감싸거나 코를 막고 숨어 있었다. 백골단이 곤봉으로 머리를 후려치며 한 사람씩 끌어내 체포조에게 넘겼고 체포조는 넘겨받은 학생들을 끌고 나갔다.

작가들은 대합실 안쪽 의자에 앉아 기침을 하거나 숨을 돌리려고 헐떡거렸고 나는 김규동, 현기영 선배와 함께 온몸을 뒤틀며 고통을 참고 있었다. 백골단들이 구석자리에서 이창동, 김남일 등 청년작가들을 체포해 나오자 노 시인이 달려가서 그들을 막아섰다. 체포조들은 '늙은 것이 죽으려고 환장했냐'고 노 시인을 밀쳐내고 젊은 작가들을 끌고 갔다. 나는 더 참을 수가 없어서 체포조한테 달려가 팔을 잡았다.

"야, 이 자식들아! 이 청년들이 누군지 알고 잡아가! 어서 이 손 놓지 못해?"

"이건 또 뭐야!"

유도나 검도를 했다더니 한 녀석이 정말 가라테를 하듯 칼손으로 내 팔을 쳐냈다. 나는 팔뼈가 마비되는 듯했지만 다른 손으로 그들을 잡아챘다. 또 한 녀석이 팔꿈치로 내 옆구리를 질렀다. 나는 숨이 막혀 손을 놓았고 청년 작가들도 내 역성을 들다가 구타만 당했다. 그들은 역 광장으로 끌려갔고, 엎드려뻗쳐를 당한 채 야구방망이로 얻어맞았다.

오후 6시, 시위 대열이 사방에서 성난 파도처럼 밀려왔다. 전세가 다시 역전되었다. 얼굴에 배추를 붙인(가스 해독용) 노동자, 농민들, 치약을 바르거나 마스크를 쓴 청년들이 발언대를 만들었고 여학생들이 올라와 개사한 노래를 불렀다.

"새 나라의 대통령은 일찍 물러납니다. 장기 집권 없는 나라 우리나라 좋은 나라."

노동자, 여성 단체에서도 나와 주걱턱과 대머리에 대한 개그를 했고 그

익살에 시위객들이 하하 웃으며 피로를 풀었다. 고가도로에 진을 친 외신 기자들이나 사진, 촬영기를 돌리는 사람들도 익살스러운 퍼포먼스를 보고 뜻을 알 만하다는 듯 미소를 지었다.

8시쯤 되었을까, 고가도로 위에서 사람들이 갑자기 팔을 쳐들고 다급하게 휘저어댔다. 뒤쪽에서도 시위대들이 외쳐댔다.

"온다!"

공중전화 쪽에서 가스총 대원들이 철판 로봇들처럼 일시에 모습을 드러냈다. 벌써 첫발이 터졌다. 집회장 사람들은 소낙비처럼 대합실로 몰려갔다. 시민들은 비명을 지르며 서부역 통로나 열차 승강장으로 달아났다.

오후 9시 40분, 자유실천문인협의회 회원들은 승강장으로 내려가는 계단에 앉아 쉬고 있었다. 철로에는 부산행 새마을 열차가 대기 중이었다. 계단 위에서 랩에 마스크를 쓴 학생들이 열차 출발을 막겠다고 우르르 내려왔다. 열차 안에는 연행한 시위대들이 실려 있다고 했다. 9시 50분 열차가 출발신호로 기적을 울렸다. 승강장에 서 있던 대학생들이 일제히 선로로 뛰어내려 열차를 막았다. 기관사가 길을 비키라는 듯 거듭해서 기적을 울려댔다. 학생들은 팔을 벌린 채 꼼짝도 하지 않았다. 열차가 덜컹 움직였다. 그때 김규동 선생님이 선로로 내려갔다. 깡마른 체구에 랩으로 안경을 덮은 선생님, 그 조그마한 육신에서 거인의 일성이 터져 나왔다.

"이 열차에 시위로 연행된 학생시민들이 실려 있다! 그들을 내려줄 때까지 우리는 한 발자국도 물러나지 않을 것이다!"

기관사는 출발을 포기했고 학생들은 선로 바닥에 깔린 자갈을 주머니에 채워 역 광장으로 나갔다.

광장으로 진출한 학생들은 주머니에 넣어 온 돌멩이가 바닥이 날 때까지 치열하게 싸웠다. 새벽 1시경 시위대들은 전경들을 모두 물리쳤고 그렇게 탈환 이후론 광장을 두 번 다시 빼앗기지 않았다.

6월 29일, 노태우가 6·29 선언을 했다. 모두 8개항으로 자신의 제안이 정부에서 관찰해주지 않으면 대통령 후보와 당대표를 포함한 모든 공직을 사퇴하겠다고 했다.

7월 5일, 이한열 열사의 장례식이 있었다. 그의 운구 행렬이 시청 앞 광장으로 들어설 때 백만 시민들이 울었고 운구가 단상에 놓이는 순간 갑자기 하늘이 어두워졌다. 그리고 찬란한 빛이 어둠 위로 천천히 떠올랐다. 내 생애 처음 본 신비한 전경이었다.

시청 앞 광장을 지나는 고(故) 이한열 운구를 지켜보기 위해 모인 인파. 1987년 7월. ⓒ 경향신문사·민주화운동기념사업회

관련 문학예술 작품

[기사] 최재봉, 「문학으로 만나는 역사(38) — 박태순, '밤길의 사람들'」, 『한겨레신문』, 1996년 11월 19일자.
[만화] 최규석, 『100℃』, 창비, 2009.
[소설] 박태순, 「밤길의 사람들」, 『밤길의 사람들』(채광석·김명인 편), 풀빛, 1988.
[소설] 백진기 편, 『깃발』, 정음사, 1988.
[소설] 조태일·황석영 편, 『동트는 새벽』, 시인사, 1988.
[전기] 김윤영, 『박종철』, 민주화운동기념사업회, 2003.
[전기] 박선욱, 『채광석』, 민주화운동기념사업회, 2003.
[전기] 서성란, 『이한열』, 민주화운동기념사업회, 2003.

김남일

노동운동의 성지 모란공원

경기도 남양주군 화도읍 월산리에 있는 묘지공원으로, 특히 1980년대 이후 각종 민주화운동, 민중운동, 통일운동 과정에서 숨진 이들의 집단 묘역이 조성되어 광주 망월동의 5·18묘역과 더불어 민주주의를 상징하는 추모 장소. 흔히 마석 모란공원이라고 일컫는다. 1970년 11월 13일 분신자살한 청계피복 노동자 전태일의 시신을 안장한 것을 계기로, 수많은 노동자, 농민, 민주인사들의 유해가 안치되었다. 수은중독으로 사망한 노동자 문송면, 1987년 고문 치사한 서울대생 박종철, 통일운동가 문익환 목사, 전태일의 어머니이면서 역시 노동운동가였던 이소선 여사 등이 모란공원에 묻혔다. 1986년 3월 17일, 서울 구로구 소재 신흥정밀에서 임금인상투쟁 중 경찰과 대치 끝에 회사 옥상에서 분신자살한 노동자 박영진의 유해도 이곳에 묻혔다.

전태일(노동자, 1970년 11월 13일, 열악한 노동현실 고발하며 분신)

김진수(노동자, 1971년 5월 16일, 노동조합을 파괴하려는 구사대에 의해 사망)

김경숙(노동자, 1979년 8월 11일, 신민당사 농성 강제 해산 도중 사망)

박영진(노동자, 1986년 3월 17일, "근로기준법 및 노동3권 보장하라"고 외치며 분신)

정낙현(노동자, 1988년 노동운동 중 목매 자살)

문송면(노동자, 1988년 7월 2일, 산업재해―수은중독―로 사망)

성완희(노동자, 1988년 7월 9일, 동료의 복직 투쟁 중 회사측의 탄압에 맞서 분신)

송철순(노동자, 1988년 7월 15일, 노조사무장으로 파업 도중 현수막을 걸다가 추락 사망)

김종수(노동자, 1989년 5월 4일, 파업 중 "무노동 무임금 철폐" 외치며 분신)

조정식(노동자, 1989년 5월 24일, 노동운동가로 산업재해로 사망)

최종길(교수, 1973년 중앙정보부에서 의문사)

박종철(학생, 1987년 1월 14일, 남영동 대공분실에서 고문사, 6월 항쟁의 기폭제가 됨)

박래전(학생, 1988년 6월 6일, "광주학살 원흉 처단 군사파쇼 타도" 외치며 분신)

.

.

.

마석 모란공원의 안내판에 나를 비춘다
너도 저럴 수 있느냐?

_맹문재, 「반성」

온몸으로 역사를 살다간 사람들의 영원한 안식처. 모란공원묘지.

노동운동의 불기둥 전태일에서부터 수은중독으로 쓰러져간 문송면에 이르기까지 수많은 노동열사들이 잠들어 있다.

산 자들을 깨우는 그들의 묘지명에서 우리는 '노동해방의 새벽'이 열리고 있음을 감지한다.

어느 날 묘지에서 벌어진 일

마석에 다녀오라는 부탁을 받았을 때, 내 머릿속에는 기가 막힌 '그림' 한 장면이 섬광처럼 떠올랐다.

그때가 1986년 봄날. 아직 꽃샘바람에 묻어오는 추위가 만만치 않았다. 그렇지만 평범한 소읍에 불과한 마석은 날씨와 상관없이 진작부터 팽팽한 긴장감 속에 잠겨 있었다.

완전무장한 전경대가 곳곳에 위압적으로 포진해 있었고 주민들은 주민들대로 1년 열두 달을 가야 이렇다 할 구경거리 하나 없던 한가로운 가촌을 스물스물 파고드는 묘한 긴장감에 숨마저 크게 쉴 수 없었다. 2층 창문

너머로 고개만 빼꼼히 내민 다방 레지들이나 장 보러 왔다가 길 한편으로 내몰리게 된 촌로들이 영문을 알 턱이 없었다.

그 긴장감의 진원지는 마석 읍내에서 얼마 떨어지지 않은 곳에 자리 잡은 모란공원묘지였다. 수백 명의 사람들이 묘역 한 부분을 완전히 점거하고 있었다. 한식이나 추석날도 아니었는데, 그렇다고 어느 돈 많은 사업가나 생시에 별을 주렁주렁 달고 있던 고급 장성의 장례식도 아니었는데, 도대체 그 많은 문상객들은 무어란 말인가? 휴일을 맞아 가족의 묘를 찾아온 사람들이 벌어진 입을 다물지 못한 채 궁금해 하던 의문점은 곧 밝혀졌다.

그것은 수많은 만장에 씌어 있듯이, '민주노동열사 박영진'의 장례식이었다. 한 사람의 노동자가 죽었는데 저 많은 사람들이 모여들다니…… 그렇다. 사람들은 그날 비로소 알게 되었다. 한 사람의 노동자가 이 땅의 역사를 바꾸어 놓을 수 있다는 사실을! 내 머릿속에 지울 수 없는 그림으로 남아 있는 한 장면은 더욱 생생한 충격이었다. 박영진 열사가 죽자, 경찰은 잽싸게 열사의 시신을 빼앗아 화장을 해버렸다. 그리하여 열사의 시신은 한 줌의 재가 되어 벽제 화장터의 부근 야산에 아무렇게나 뿌려지고 말았다. 열사의 넋이 제 있을 곳을 못 찾고 구만리장천을 헤맸을 건 너무나 당연한 일이었다. 마침내 사람들은 마침 내린 비에 젖은 채 한 줌도 안 되는 재로 남은 열사를 찾아냈다. 그리하여 열사가 그토록 가까이 가고 싶어 하던 고 전태일 열사의 묘가 있는 모란공원묘지로 모셔, 초혼의 제를 올리게 된 것이었다.

식이 거행되는 동안 사람들은 눈물에 젖은 구호를 쉴 새 없이 외쳐댔다. 그것은 열사가 분신을 하며 외쳤던 구호였으며, 동시에 거기에 참석한 수많은 노동자들이 온몸으로 쟁취하고자 하는 열망의 내용이기도 했다. 그런데 그야말로 기가 막힌 일이 벌어졌다.

어느 순간, 한 무리의 노동자들이 우르르 몰려나갔다. 그리고 얼마 후,

그들은 묘역 주변의 야트막한 야산에서 망을 보던 경찰 한 명을 달랑 잡아서는 번쩍 들고 내려왔다. 환호성이 울려 퍼졌다. 일제히 침묵이 깔렸다. 박영진 열사를 묻기 위해 파놓은 구덩이 속으로 바로 그 '포로'를 내던지려 했기 때문이었다. 이미 피투성이가 된 포로는 분노한 노동자들의 험한 발길질을 고스란히 당하고 있었다.

잠시 후, 두 가지 각기 다른 반응이 나타났다. 한 패는 "파묻어버려! 그래야 열사가 편히 눈을 감지"라며 고함을 쳐댔고, 다른 한 패는 "꼭 이럴 필요가 있나" 하는 반응을 보였던 것이다. 안경을 쓴 사람들은, 나를 포함하여, 후자에 속했다. 소란이 일었다. 어느 노동자가 화를 냈고, 우리는 말을 잊었다. 그렇지만 결국 포로는 석방되었고, 뒤따라온 원군의 손에 넘겨져 병원으로 직행했다. 문익환 목사와 전태일 열사의 어머니 이소선 여사, 그리고 이부영 씨 등이 적극적으로 설득한 때문이었다. 어쨌거나 그 짧은 순간에 벌어졌던 광경은 지식인 작가로서 그제야 겨우 활동을 시작한 내게 엄청난 충격을 안겨주었다.

어디에서 저런 분노가 나오는 것일까!

그날, 열사의 초혼제를 올린 사람들은 마석으로 나왔고, 거기에서 마침내 자그마한 소읍 전체를 뒤흔들어 놓을 만한 일대 격전이 벌어졌던 것이다.

전태일에서 박종철까지

이제 잘 닦여진 4차선 경춘 가도를 달리던 버스는 상봉동 터미널을 떠난 지 불과 30분 남짓한 시간에 나를 마석에 떨궈놓았다. 거기에서 모란공원까지 다시 버스를 탔는데, 겨우 한 정류장 거리였다. 휴일이라지만, 이미 오후로 접어든 시각이라서 그런지 공원에는 사람들의 발길이 뜸한 편이었다. 벌서 3년이 넘은 기억을 되살려 열사들이 묻힌 묘역을 찾으려던 나는 입구에서 얼마 안 가 바로 목적지를 찾아냈다. '민주, 노동열사묘역'이라는 입간판이 초행자라도 쉽게 찾을 수 있도록 서 있었기 때문이었다.

반가웠다.

당당하게 이런 안내판을 세울 수 있다는 자체가 우리 민족민주운동의 커다란 발전을 증명해주는 일이 아닐 텐가.

그러나 곧이어 나는 그런 내 생각이 얼마나 속 좁은 마음 씀씀이인가를 후회했다. 생각해보라. 이런 안내판까지 세워질 정도라면 그동안 얼마나 많은 희생들이 이어졌다는 말인가를. 몇 년 전만 해도 모란공원묘지에 묻힌 열사는 전태일 열사밖에 없었다. 그런데 이제 이렇게 묘지가 있는 곳을 안내해야 할 만큼 많은 열사가 생겨났다니…….

안내판은 묘역의 그림과 함께 입구에서부터 차례로 열사들의 이름을 적어 내려가고 있었다. 김종수, 조정식, 송철순, 정낙현, 성완희, 고정희, 이진수, 박영진, 문송면, 최종길, 박래전, 전태일, 그리고 박종철. 그중에는 직업상 되도록 귀를 크게 열어두고자 애쓰는 편에 속하는 나로서도 처음 접하는 열사들도 있었다. 서울대 교수로 재직 중 1973년에 중앙정보부에서 의문사했다는 최종길 열사나, 학생으로서 지난 대통령 선거 때 죽은 고정희 열사가 그러했다. 그렇지만 그들의 죽음도 전혀 낯설게 느껴지지 않았다. 돌이켜보면, 우리는 그동안 얼마나 많은 죽음을 보아왔던가. 이름도 없이 이 땅의 한구석에 묻힌 주검들은 또 얼마나 될 것인가. 그 모두가 정녕 귀하지 않을 수 없다. 그들이 죽어, 오늘의 우리가 있기 때문이다.

1천만 노동자 염원 담은 추모비문

한 기 한 기, 열사들이 묻힌 곳을 찾아나섰다.

다행히도, 열사 묘들은 찾기 쉬웠다. 일부 묘지처럼 커다란 분묘도 아니었고, 널찍하니 묘 터를 쓰고 있는 것도 아니었는데, 멀리서 바라봐도 금세 식별해낼 수 있을 정도로 특징이 있었기 때문이었다. 1년이 가도록 한 번도 발길이 닿지 않는다는 게 증명되는 묘지들이 적지 않은 속에서, 열사들의 묘는 무수한 사람들의 발길이 스쳤다는 게 너무나 쉽게 증명되었다. 비석이나 추모비의 상단 빨간색 리본이 휘둘러 묶여 있었는데, 거기에 씌어 있으되, '노동해방'의 선명한 네 글자! ―게다가 내 앞에 다녀갔을 많은 사람들이 고인들을 위해 바친 꽃묶음들이 풍성하게 놓여 있는 것이었다.

간단한 추모의 예를 올리고, 나는 지극히 직업적으로 비문과 추모비의 글귀들을 적어 내려갔다.

「노동자 박영진의 묘」

노동자가 주인이 되는 사회가 되어야 한다. 이 땅에 정의가 넘치고 사랑이 있어야 하며 평화가 있어야 한다. 동지여 끝까지 투쟁하라! 미안하다. 끝까지 싸우지 못하고 먼저 가서.

_죽음에 임박하여

「민중해방열사 박래전의 묘」

겨울꽃이 되어버린 지금
피기도 전에 시들지도 모릅니다
그러나 진정한 향기를 위해
내 이름은 동화(冬花)라 합니다
세찬 눈보라만이 몰아치는

당신들의 나라에서
그래도 봄을 비틀며 피어나는 꽃입니다

_자작시 「冬花」에서

「삼백 만 근로자대표 전태일 묘」

세월이 흐를수록 더욱 생생하게 되살아나는 죽음이 있어 여기 한 덩이 돌을 일으켜 세우나니 아아 전태일. 우리 민중의 고난의 운명 속에 피로 아로새겨진 불멸의 이름이여. 1948년 8월 26일 대구의 한 가난한 노동자 가정에서 태어나 어린 시절부터 낯선 도회지의 길거리를 그늘에서 그늘로 옮겨다니며…… 이 폭탄과 같은 죽음이 사람과 사람들의 억눌린 가슴을 뒤흔들어 저 숨 막히는 분단독재의 형틀에 묶여 있던 노동운동의 오랜 침묵을 마침내 깨트렸고……

_1988년 11월 13일 삼동친목회와 청계피복노조가
일천만 노동자의 뜻을 모아 조영래의 글과 장일순의 글씨로 새긴
추모비문 중에서

「고 문송면 산업재해 노동자의 묘」

문송면, 그는 열다섯 꽃다운 나이에 수은중독으로 목숨을 잃었습니다. 그의 죽음은 우리 노동자가 얼마나 참혹한 환경에서 생명의 위협을 받으며 일하고 있는가를 생생하게 증거했습니다. 이곳은 머지않아 부활의 터전이 되어 앞으로 산업재해 없는 새 세상을 이룰 때까지 모든 노동형제들이 그 뜻을 새겨나갈 첫출발의 자리가 될 것입니다.

_추모비문 중에서

마석 모란공원에 서 있는 전태일 상 ⓒ 전태일재단

분노로써 사랑 가르치는 성지

예외는 있지만, 모란공원에 마련되어 있는 민주묘역은 주로 노동운동을 위해 싸우다가 먼저 가신 열사들을 모시고 있다. 처음에는 우리 노동운동사에 가장 빛나는 전환점을 이룩한 청계피복노동자 전태일 열사의 묘만이 쓸쓸하게 자리 잡고 있었던 이곳이 언제부턴가 소리도 없이 우리 노동운동의 성지처럼 바뀌었다.

그동안 줄기차게 계속된 노동해방을 위한 투쟁의 과정에서 스스로의 몸을 던져 해방의 그날을 앞당기는 들불이 되었거나, 혹은 열악한 작업환경과 폭력적 노동조건 속에서 싸우다 목숨을 잃은 열사들이 하나둘씩 이곳을 찾기 시작한 것은, 앞서도 말했듯이 그리 오랜 과거의 일이 아니다. 그렇지만 어떤 형태의 죽음이든 그것이 의미하고 뜻했던 바는 다 같았다. 그러므로 누가 시키지 않아도 사람들은 열사의 주검을 이곳으로 모셨는데, 그것은 이 공원묘지의 한복판에 바로 전태일 열사의 묘가 있었기 때문이었다.

어쨌거나 모란공원의 민주노동열사묘역은 광주 망월동과 더불어 이 나라 민주화운동의 가장 숙연한 증언지가 되어 있는 것이다. 사람들은 끊임없이 이곳을 찾는다. 찾아와 옷깃을 여미고 고개 숙여 명복을 빈다. 그렇지만 이곳을 찾는 이들의 추모는 어딘가 다른 묘지를 찾아온 추모객들의 그것과 다른 구석이 있게 마련이다. 그것은 이들이 다만 고인의 넋을 위로하기 위해 이곳을 찾는 것은 아니라는 점 때문이다. 그렇다. 이곳을 찾는 사람들은 그들이 노동자건 아니건 간에 다만 명복을 빌고 돌아서지는 않는다. 그들은 한결같이 다짐을 하고 돌아선다. 찬송가 대신 운동가를 목청 높여 부르고, 때로는 구호까지 외치는 게 다 그런 다짐의 의식이다. 슬퍼하는 대신, 그들은 분노한다. 분노하면서 사랑을 배우고 사랑이야말로 진정으로 인간적인 사랑이라는 것을 스스로 깨닫는다.

「우리는 결코 너를 빼앗길 수 없다」

오늘 우리는 뜨거운 눈물을 삼키며
솟아오르는 분노의 주먹을 쥔다

차가운 날
한 뼘의 무덤조차 없이
언 강 눈바람 속으로 날려진
너의 죽음을 마주하고
죽지 않고 살아남은 우리 곁에 맴돌
빼앗긴 형제의 넋을 앞에 하고
우리는 입술을 깨문다

누가 감히 너를 앗아갔는가
감히 누가 너를 죽였는가

(중략)

철아
살아서 보지 못한 것
살아서 얻지 못한 것
인간, 자유, 해방
죽어서 꿈꾸어 기다릴 너를 생각하며
찢어진 가슴으로 네게 약속한다
거짓으로 점철된 이 땅

> 너의 죽음마저 거짓으로 묻히게 할 수는 없다
>
> _박종철 열사 추모비
> 서울대 언어학과 학우들이 쓴 시

이제 모란공원묘지는 이 땅 노동자들의 단결을 위한 산교육장이다.

묘지에서 만난 노동자들

마침 그런 다짐을 하기 위해 이곳을 찾은 한떼의 노동자들을 만날 수 있었다. 그때 나는 이미 묘역 전체를 한 바퀴 휘돌고 난 뒤였는데, 아무리 해도 최근에 분신자살한 경동산업 노동자들의 묘를 찾을 수 없어 관리 사무실까지 다시 갔다가 오는 길에 그들을 만난 것이었다. 한눈에, 그들이 예사 추모객이 아니라는 걸 깨달았다. 그들은 자가용을 타고 오지 않았다. 그들은 등에는 배낭을 메었고, 한결같이 간편한 옷차림이었다. 누군가의 손에는 북이 들려 있었다.

아니나 다를까, 그들은 안내판을 훑어보더니 곧바로 박영진 열사의 묘 쪽으로 줄지어 올라갔다. 잠시 후, 〈노동해방가〉가 우렁차게, 그러나 완전히 목청을 틔우지는 못한 숙연한 목소리에 얹혀 울려 퍼졌다.

"강제와 감시 속에 우울하고 고통에 찬
죽음의 고역 같은 노동에서 해방되어……"

나는 또다시 직업적인 호기심을 발동했다. 묵념을 끝낸 그들은 누군가의 설명으로 박영진 열사의 생전의 활동에 대해, 그리고 그의 죽음이 어떤 의미를 지니고 있는가에 대해 되새기고 있었다. 나는 그들과 자연스럽게 어울릴 수 있었다. 지리산에서 노래만 듣고도 그 노래의 주인공들을 찾아가 '동지애'의 뜨거운 정—가령 함께 식사를 나눈다거나 서로 간에 필요한 물건들을 교환한다거나 하는—을 나눈 경험을 갖고 있는 나로서는 먼저 왔다는 것 한 가지 이유로 다른 열사들의 묘를 일러주며 한자리에 끼일 수 있었던 것이다.

그들은 총 스물여덟 명으로, 모두가 서울 봉천 1동에 있는 경성반도체 노동조합(위원장 안용국, 33살)의 조합원들이었다. 짐작했던 대로, 그들은 근처 대방리에 조합 수련회를 다녀오는 길이라고 했다. 위원장은 조합원들을 빙 둘러앉힌 다음, 나의 질문에 차분하게 대답해 주었다. 설명에 따르면, 경성반도체노조는 올해 8월 12일 결성되어 이제 막 출범한 셈이었다. 그런데도 벌써부터 시련은 끊이지 않아, 조합 결성 후 닷새 만에 조합 간부 두 사람이 해고당했고, 여든한 명이 해고 위협을 받았다는 것이었다.

원래 삼성이나 다른 대기업에서 컴퓨터 부품을 하청받아 생산하는 업체인데, 노조가 생기자마자 느닷없이 원청에서의 수주 문제를 걸어 현재는 조업이 전면적으로 중단된 상태가 되어버렸다고 한다. 그렇지만 열악한 작업환경이 회사 측의 뒤를 구리게 해서 그랬는지 정작 법적으로 휴업 신고를 내지는 않고 통상임금을 다 지급하고 있다는 것이었다.

"말도 마세요. 작업환경이 아주 열악합니다. 저기, 수은중독으로 사망한 문송면 열사가 누워 계시지만, 우리 공장도 납이라든지 공해문제가 아주 심각합니다. 인두 작업을 하기 때문에 특히 그렇지요."

그래서였을까. 이곳을 찾은 소감을 물었더니 어느 조합원이 나 역시 가슴 아프게 느꼈던 바를 말했다.

"다른 노동자들의 묘는 그래도 나은 편입니다. 문송면 열사의 묘는 보기가 안됐어요. 길가에 아무렇게나 놓여, 비석도 제대로 박히질 않았고…… 아마, 우리 평범한 노동자들의 상태를 그대로 말해주는 것 같아 가슴이 몹시 아팠습니다."

그들은 이곳을 노동조합의 단결을 위한 산 교육장으로 삼았다. 묘지를 순례하며 먼저 가신 선배 노동자들의 명복을 빌었고, 그와 동시에 분노를 되새겼다. 사랑은 그런 분노와 함께라야만이 진정한 가치를 발휘할 것이었다. 세창물산 노조위원장으로서 파업농성 중에 현수막을 내걸다가 공장 옥상에서 추락 사망한 송철순 열사의 묘 앞에서는 내가 주제에 넘는 설명을 해야 했다. 나는 80년대 우리 소설에서 가장 탁월한 노동소설이랄 수 있는 방현석의 단편 「새벽출정」을 입에 올려, 그 속에 나오는 송철순 열사의 이야기와 아울러 지역 내 다른 노조와의 굳건한 연대투쟁을 통해 승리의 그날을 위해 싸워나가던 세창물산 노조의 이야기를 늘어놓았다. 그야말로 공자 앞에서 문자를 쓰는 격이었다고나 할까.

되살아나는 열사들의 뜻

그들과 함께 공원을 빠져나온 것은 기차 시간을 한 시간 정도 남겨둔 저녁 어스름이었다. 우리는 마석역 광장에서 다시 어울렸다. 그들은 어둠 속에서 이번 수련회를 자체평가 하였고, 그런 다음에 비좁은 역전 광장을 누비며 '해방 부르스'를 추기 시작했다. 남자와 여자, 간부와 평조합원의 구별이 따로 있을 리 없었다. 땀을 뻘뻘 흘려가며 힘차게 '하나가 되어가는' 그들을 지켜보며 나는 좀 전에 그들과 함께 술잔을 돌리며 나눴던 건배의 의미를 되새겼다.

"임금은 높게

물가는 낮게

남녀는 평등하게(노사는 평등하게)"

그렇다. 모란공원을 찾아보라는 부탁은 내게 참으로 귀중한 경험을 안겨주었다. 이 땅의 민주화와 노동해방을 위해 싸우다가 폭탄과도 같이 산화한 열사들의 죽음이 오늘, 바로 이 땅 어디에서나 힘차게 되살아나고 있다는 것을 두 눈으로 똑똑히 확인할 수 있었기 때문이었다.

부록 **모란공원 민주열사 추모비**

만인을 위한 꿈을 하늘 아닌 땅에서 이루고자 한
청춘들 누웠나니
스스로 몸을 바쳐 더욱 푸르고 이슬처럼 살리라던
맹세는 더욱 가슴 저미누나.
의로운 것이야말로 진실임을, 싸우는 것이야말로
양심임을 이 비 앞에 서면 새삼 알리라.
어두운 세상 밝히고자 제 자신 바쳐 해방의 등불 되었으니
꽃 넋들은 늘 산 자의 빛이요 볕뉘라.
지나는 이 있어 스스로 빛을 발한
이 불멸의 영혼들에게서 삼가 불씨를 구할지어니.

김남일

관련 문학예술 작품

[소설] 김남일, 「파도」, 『울어라 조국아』, 풀빛, 1988.
[소설] 김인숙, 「우리 하나 되는 날」, 『전태일문학상 수상작품집』 제2권, 세계, 1988.
[소설] 김인숙, 「함께 걷는 길」, 『선비』, 1988년 여름호.
[소설] 김하경, 「전령」, 『실천문학』 1988년 봄호.
[소설] 김한수, 「성장」, 『창작과비평』 1988년 겨울호.
[소설] 김한수, 『봄비 내리는 날』, 창비, 1992.
[소설] 방현석, 『내딛는 첫발은』, 문학과비평사, 1988.
[소설] 방현석, 『내일을 여는 집』, 창비, 1991.
[소설] 석정남, 「불신시대」, 『노동문학』, 실천문학사, 1988.
[소설] 석정남, 「장벽」, 『노동의 문학 문학의 새벽』(자유실천문인협의회 기관지 제3호), 1985.
[소설] 안재성, 『파업』, 청년사, 1989.
[소설] 유순하, 『생성』, 풀빛, 1988.
[소설] 이인휘, 『내 생의 적들』, 실천문학사, 2004.
[소설] 정도상, 『천만 개의 불꽃으로 타올라라』, 청사, 1988.
[소설] 정화진, 「쇳물처럼」, 『전환기의 민족문학』, 풀빛, 1987.
[소설] 최순임, 「수출자유지역의 하루」, 『마산문화』 1집, 1982.
[시] 김해화, 『인부수첩』, 실천문학사, 1986.
[시] 박노해, 『노동의 새벽』, 풀빛, 1984.
[시] 박영근, 『김미순전』, 실천문학사, 1993.
[시] 박영근, 『대열』, 풀빛, 1987.
[시] 채광석 편, 『노동시선집』, 실천문학사, 1989.
[전기] 박영희, 『김경숙』, 민주화운동기념사업회, 2003.
[전기] 유영갑, 『성완희』, 민주화운동기념사업회, 2003.
[전기] 이인휘, 『박영진』, 민주화운동기념사업회, 2003.
[희곡] 민족극 연구회 편, 『민족극 대본선(3)―노동연극 편』, 풀빛, 1991.

문익환

걸어서라도 갈 테야

1989년 3월 25일 전국민족민주운동연합(전민련) 고문이던 문익환 목사가 통일민주당 당원 유원호, 재일 평론가 정경모와 함께 비밀리에 금단의 땅 평양을 방문한다. 1980년대 내내 민주화운동을 이끌어온 문익환 목사는 민간 주도로 통일운동의 새로운 물꼬를 틀겠다는 각오로 방북을 시도한 것이다. 사건이 알려지자 정부 당국과 보수단체들은 정부와 사전 협의 없는 방북이 궁극적으로 북한의 대남적화전략에 놀아날 뿐이라며 신랄하게 비판했다. 평양에 도착한 문익환 목사는 김일성 주석과 만나 회담을 갖는가 하면, 여러 장소를 방문하여 다양한 활동을 벌이면서 남한 사회를 충격과 환희로 몰아넣었다. 이 사건으로 문익환 목사는 국가보안법에 의거, 징역 7년을 언도받았다. 연이어 평화민주당 소속 서경원 의원이 이미 1988년에 체코슬로바키아를 거쳐 밀입북하여 사흘간 머물렀던 사건이 뒤늦게 밝혀지고, 비슷한 시기 작가 황석영의 방북은 물론, 1989년 6월 30일 한국외국어대학교에 재학 중이던 임수경 양이 평양 세계청년학생축전에 전국대학생대표자협의회(전대협) 대표로 방북한 사건까지 발생하자 당국의 공안몰이는 극에 달하게 된다.

난 올해 안으로 평양으로 갈 거야
기어코 가고 말 거야 이건
잠꼬대가 아니라고 농담이 아니라고
이건 진담이라고

(중략)

이 양반 머리가 좀 돌았구만

그래 난 머리가 돌았다 돌아도 한참 돌았다
머리가 돌지 않고 역사를 사는 일이
있다고 생각하나
이 머리가 말짱한 것들아
평양 가는 표를 팔지 않겠음 그만두라고

난 걸어서라고 갈 테니까
임진강을 헤엄쳐서라도 갈 테니까
그러다가 총에라도 맞아 죽는 날이면
그야 하는 수 없지
구름처럼 바람처럼 넋으로 가는 거지

— 1989년 첫 새벽에 —

_문익환, 「잠꼬대 아닌 잠꼬대」 부분

이 글은 1심 재판에서 10년 형을 선고받고 현재 서울구치소에 수감되어 있는 문익환 목사가 수사기관에서 북한 방문의 일정과 행적을 스스로 기록한 진술서이다. 집필이 불가능한 상황에서 이것이 문익환 목사의 유일한 북한방문 기록인 까닭에 가족의 동의를 구해 여기에 싣는다. 수사기록의 요건을 갖추기 위해 들어간 일부의 요식적인 표현은 삭제하였으며 종결어미를 '하다'체로 바꾸었음을 밝힌다.

통일의 염원을 안고

본인은 평소 통일이야말로 민족문제의 근본적인 해결의 실마리라고 믿고 통일 문제를 다각도로 생각하고 말해왔다. 그러나 날이 갈수록 통일의 길은 멀어만 가고 분단의 장벽은 높아만 갔다. 상호 불신의 뿌리는 깊어만 갔다.

분단의 장벽이 높아갈수록, 상호 불신으로 남과 북이 대각선적으로 멀어져가면 멀어져갈수록 통일을 바라는 민족의 열망은 뜨겁게 달아올랐다. 젊은 학생과 노동자들은 줄을 이어 분신 등 극한적인 방식으로 제 몸을 민족의 제단에 바치고 있다.

이 비장하기까지 한 통일의 염원은 곤봉과 최루탄과 국가보안법으로 처절하게 분쇄되어 갔다. 이런 광경을 그냥 보고만 있을 수는 없었다. 본인도 이 아우성 속에 묻히지 않을 수 없었다. 휘두르는 공봉과 최루탄 세례 속에 땅바닥을 뒹굴며 눈물을 흘리지 않을 수 없었다. 네 번 감옥에도 갔다.

이리하여 통일운동은 본인의 생의 핵심이 되었다. 자나 깨나 통일이 생의 전부나 다름없이 되었다. 특히 젊은이들이 그 꽃 같은 청춘을 아낌없이 민족제단에 바치는 걸 보면서 한없는 부끄러움마저 느꼈다. 그리고 그 부끄러움은 무거운 책임감으로 온몸을 짓누르는 것이었다. '무언가 해야 한다', '이 분단의 장벽을 뚫는 일을 해야 한다'는 책임감을 떨쳐버릴 수 없었다. 그와 동시에 김일성이 민족문제를 어떻게 생각하고 있는지 그 가슴을 두드려봐야 한다는 생각도 날이 갈수록 더 강해졌다.

그러던 차에 작년 6월 10일의 좌절을 목격했다. 관이 주도하는 통일운동의 한계를 뚜렷이 볼 수 있었다. 관이 뚫지 못하는 장벽을 민이 뚫어주어야 한다는 확신이 섰다. 민의 통일운동을 젊은 학생들에게 맡겨둘 수 없다는 생각과 함께 책임 있는 기성세대가 이 일을 하지 않으면 안 된다는 것이 본인의 움직일 수 없는 확신이 되어갔다.

그런데 7·7선언이 나왔다. 통일원은 학생들이 정치적인 문제만 의제로 삼지 않는다면 판문점에 가서 북쪽 학생들을 만나는 걸 허락하겠다는 말을 했다. 이리되면 내가 안 가도 되는 것이 아닌가 하는 생각이 들었다.

그러나 8·15는 그게 아니라는 걸 보여주었다. 슬픈 일이었다. 북쪽에서는 백두산에서 행진하여 판문점까지 왔는데, 이쪽에서는 학생들이 처절하게 깨지는 모습은 대조적이었다. 대한민국의 국민의 하나로서 수치심을 떨쳐버릴 수 없었다. 이 정부가 정말 통일을 원하는가 하는 의심마저 들었다.

이제 본인의 결심은 확고해졌다. 이 장벽을 뚫는 일은 내가 나서서 해야 할 일 가운데 하나라는 생각 말이다. 주변에서 그런 권면을 하는 사람들도 있었다.

날아든 초청장

그러던 차에 동경에 있는 친구 정경모에게서 편지가 왔다. 9월 중순경이었다고 생각한다. 그 편지를 전달해준 것이 유원호 씨였다.

여기서 정경모 씨와 유원호 씨와 나와의 관계를 말하는 것이 순서일 것 같아서 우선 정경모 씨와 나와의 관계부터 말하겠다.

정경모 씨는 6·25동란 때 맥아더사령부 G2에서 처음 만났다. 공산군의 문서들을 분류, 정리, 번역하는 일을 같이 하게 되었다. 그때 어느 날 정경모 씨는 5년 전에 사귀던 여자를 만나게 된다. 5년 전 종전 때까지 그는 일본 게이오대학교 의예과를 다니고 있었다. 통신도 끊어진 채 5년 동안 만날 기약이란 전혀 없었는데, 그 여성은 정경모 씨를 잊지 않고 기다리고 있었던 것이다.

그는 고민하기 시작했다. 일본 여자와 결혼해야 하나 하고. 그는 마침내 그 고민을 본인에게 털어놓고 의견을 묻는 것이었다. 나는 그때 결혼할 것을 권했고, 그 결과 주례까지 서게 되었다. 그 후 판문점 휴전회담 통역 일을 같이 했고 동경에 돌아가서는 UN군 군인들에게 한국말 가르치는 일도 같이 하다가 길이 갈라졌던 것이다.

그 후의 일은 잘 모르겠으나 그가 조총련 신문 편집일을 맡아 한다는 소식이 전해졌다. 이번에 가서 알아보니까 조총련 신문이 아니라 한민통 신문 편집장이었다. 아무튼 조총련 신문 편집장은 본인으로서는 기피 인물일 수밖에 없었다.

그러던 차에 1978년 봄이었다. 정경모 씨가 테러를 당해 그 신문사에서 쫓겨났다는 소식을 들었고, 얼마 되지 않아 『씨알의 힘』(シアルヒム)이라는 잡지를 내는 걸 보면서 그가 함석헌 선생님의 민족주의 노선으로 몸을 세우려고 한다는 걸 알고 적이 안심되었다. 그리고 그 잡지에 「찢겨진 산하」

를 연재하는 걸 읽으면서 정경모 씨는 마침내 민족주의자로 몸을 세운다는 걸 확신하게 되었다. 이때부터 그의 필봉은 일본에 있는 교포들의 인권 옹호에 돌려지는 것이었다. 그 대표적인 작품이 『일본을 묻는다』(日本を問う, 창작과 비평사에서 『日本의 본질을 묻는다』로 번역 출판됨)였다.

『씨알의 힘』이 출판되는 대로 정경모 씨는 그걸 본인에게 보내오기 시작했다. 이리하여 오래 끊겼던 우정이 다시 이어지게 된다. 그리고 그것은 신뢰의 회복이기도 하였다.

그는 『씨알의 힘』을 편집 출판하면서 일본인들에게 한국말을 가르치는 일을 했다. 그 학생들의 한국말 교재로서 본인의 옥중서한집(『꿈이 오는 새벽녘』)이 채용되게 된다. 그걸 교재로 삼아 한국말을 공부하다가 이걸 일본말 번역으로 출판하기에 이른다.

이렇게 해서 그와 나는 함석헌 선생의 민족정신-여운형의 좌우합작-김구와 장준하의 통일이라는 민족주의 산맥에 어울리게 되었던 것이다.

유원호 씨는 그가 비서로 거들고 도와드리던 김녹영 국회부의장이 동경에서 마지막 투병을 하던 때에 알게 된다. 김녹영 부의장이 그를 본인에게 보내어 기도해달라고 부탁했던 것이다. 그래서 본인은 동경 병실로 전화를 걸어 기도를 해드렸다. 그것이 본인이 그를 처음 만난 때였다.

그 유원호 씨가 9월 중순께 정경모 씨의 편지를 가지고 본인의 집에 나타난 것이다. 그 편지와 함께 『중공의 조선인들』이라는 책과 여운형 씨의 딸 여연구의 전문 사본도 전달되었다. 잘은 기억이 되지 않지만 그 전문의 내용은 정경모 씨가 주관해서 거행한 몽양 추모행사에 참석할 수 없어서 유감이었다는 것과 아버지의 추모행사를 해주어서 고맙다는 내용이었다.

편지의 내용은 여연구 씨를 통해서 김일성 주석에게도 연락이 닿을 것 같은데 한번 평양행을 생각해보지 않겠느냐는 걸 물으면서 내가 가겠다고 하면 자기도 같이 가고 싶다는 것이었다. 평양행은 이미 마음에 확고히 결정하고 있던 차라 간단한 회신을 적어서 유원호 씨에게 주며 정경모 씨에게 전해달라고 부탁했다.

그 편지의 내용은 그렇지 않아도 꼭 가야 한다고 마음을 먹고 있던 차라 잘 되었으니 주선해보라는 것과 가능하면 한번 직접 다녀오라는 것이었다.

이 편지에 대한 회답이 12월 초순에 왔다. 1988년을 보내고 1989년을 맞으면서 「잠꼬대 아닌 잠꼬대」라는 시로 본인의 평양행 결의를 스스로에게 다짐했는데, 그날 김일성 주석이 본인을 평양으로 초청한다는 소식이 전해졌다.

마침 유원호 씨가 세배차 찾아와서 묻기에 나의 평양행 결의를 담은 시를 보여주었다. 그러나 날이 가면서 김일성의 7인 초청 때문에 본인의 북행길은 일단 막힌 것으로 보였다. 간다면 같이 가야 하는 건데, 여야 총재들이 그 초청을 거부한 마당에 본인이 개인으로 평양에 가는 일은 어렵게 된 것으로 보였던 것이다.

그러던 차에 금년 2월 초순경 유원호 씨가 찾아와서 정경모 씨의 편지를 전해주는 것을 받아보니, 그가 평양에 다녀왔다는 것과 허담의 초청장이 왔다는 것이다. 그리고 초청장의 사본도 함께 전해졌다. 이리하여 7인 공동 초청으로 막혔던 길이 개인 초청으로 다시 열리게 되었다. 그 편지에 회신하면서 아내와 장남 호근이도 동행하여 북간도까지 다녀올 계획이라는 걸 알렸다.

2월 하순경 서울 모처에서 유원호 씨를 만나 홍콩 경유와 동경 경유 여행계획서를 받고 동경 경유로 갈 것이라는 걸 알렸는데, 유원호 씨가 잘못 전달하여 3월 초순경 홍콩 경유 여행계획서를 가지고 유원호 씨가 다시 돌아왔다.

그때 유원호 씨에게 동경 경유로 갈 것임을 다시 알리면서 그러기 위한 명분을 만들고 JNCC[1] 초청장을 받아오도록 했다. 동경행의 명분으로

JNCC에서의 좌담과 재일 한인 교역자들에게 통일신학 강의 등을 준비하라고 부탁했다.

마침 정성모(정경모의 실제[實弟]) 장로가 출판 관계로 동경에 갔다 올 기회가 있어서 JNCC의 초청장을 가져왔으나, 여행사에서 일본 비자를 내는 데 그 초청장을 쓰지 않고 관광비자를 냈던 것이다.

예정되었던 20일 유나이티드항공 오후 2시 40분발 비행기를 예약, 출발하기 이르렀다.

이렇게 평양을 향해 떠나는 것도 1989년에 들어서서 두 번이나 주춤했다. 1월 말쯤 해서 정주영 씨의 방북을 기해서 정부의 북방정책이 적극성을 띠는 듯이 보이자, 내가 갈 필요가 있을까 얼마간 주저하면서도 일은 그대로 추진되고 있었다. 그러다가 학생들의 평양 청년축전 참가를 위한 예비회담이 막히고 범민족대회를 위한 예비회담도 막히는 걸 보면서 또다시 가기로 마음을 굳혔다.

일본 비자도 받고 비행기 예약도 하고서 나는 우선 김일성의 초청을 동생 문동환과 상의하고 김대중 평민당 총재의 의견을 묻기로 했다. 가는 것이 좋으냐는 의견을 물으려는 것이 아니었다. 국가원수를 만나는 데 알아두어야 할 의전은 어떤 것이며, 통일 문제를 어떤 각도에서 접근해야 할 것인가 등을 알아보기 위한 것이었다.

그래서 만난 것이 16일 저녁 올림피아호텔에서였다. 회동한 사람은 우리 형제와 김대중 총재. 김 총재는 자기는 반대이지만 결정은 어디까지나 내 스스로 하라 하면서 꼭 가겠다면 정부의 승인을 얻으라는 것이었다. 이유는 그래야 앞으로 다른 사람들이 가는 길도 열릴 것이 아니냐는 것이었다. 그 교섭은 문동환 박사가 직접 통일원 장관을 만나서 승인을 구하는 것

1   일본기독교교회협의회

이 좋지 않겠냐는 것이었다.

돌아가는 길에 차 안에서 나는 동생에게 일본에 가서 2, 3일 지나서 전화를 할 테니까 그때 통일원 장관을 만나달라고 했다. 그때의 상황으로서는 정부의 승인을 얻어가지고 떠나는 것은 떠나지 않겠다고 하는 것과도 같은 일로 보였기 때문이다.

그래서 그런 약속을 하고 떠났는데, 막상 동경에 가보니 본인의 평양행이 이미 누설되어 있어서 그럴 만한 시간이 없는 형편이었다. 그래서 주일 대사를 오찬에라도 초청해서 양해를 구하려고 했으나, 그것도 안 가겠다는 것과 같은 일이 된다는 정경모 씨의 의견이 옳다고 생각되어 떠나는 날 주일 대사에게 편지를 띄우고 나서 떠나기로 했던 것이다. 그런데 정경모 씨가 정신없이 뛰다가 그걸 잊어버리고 북경에 가서야 붙이게 되었던 것이다.

다음으로 알려야 한다고 생각한 사람은 김일성의 초청을 같이 받은 백기완 씨였다. 그에게 알린 것은 17일이나 18일 어느 날이었다. 중간평가와 국민투표를 앞두고 떠날 수 없다는 것이 그의 대답이었다. 떠나더라도 중간평가가 끝나고 떠나라는 것이었다.

다음으로 알린 사람은 전민련[2] 상임의장 이부영 씨였다. 19일 한양대 모임에서였다. 그의 대답도 같은 대답이었다. 절대로 못 떠난다는 것이었다. 그래서 마지막 순간에 또다시 떠나는 걸 연기하지 않을 수 없었다.

그런데 20일 아침 노태우 대통령의 국민투표를 연기한다는 방송이 있었다. 그 방송을 듣고 부랴부랴 짐을 싸가지고 김포비행장으로 향했던 것이다. 김포공항 출입국 관리청을 통과한 다음 집에 계시는 어머님께, 다음으로 백기완 씨와 이부영 씨에게, 마지막으로 유원호 씨에게 비행기를 타게 되었다고 전화로 알렸다. 김영상 총재에게도 알리도록 이르고 비행기

2   전국민족민주운동연합

에 올랐던 것이다.

　동경에 도착해보니, 나의 방북이 누설되어 있어서 호근이 들어오기를 기다릴 수 없어서 전화로 호근의 출발을 중지시키고, 호근이 올 때 가지고 오기로 되었던 돈과 책을 유원호 씨 편에 보내달라고 이르지 않을 수 없었고, 유원호 씨는 그 돈과 책을 가지고 22일 동경에 와서 합류하게 되었다.

　유원호 씨가 21일 올 것으로 알고 22일 중국행 비자를 받아 23일 떠나려고 했으나, 유원호 씨가 22일 오는 바람에 25일 떠나기로 했었다.

　중국대사관 직원이 23일 출장을 갔다가 24일에 돌아오게 되어 있었기 때문이다. 그런데 그분이 23일 출장을 떠나기 전 아침 일찍이 출근해서 우리 비자를 처리해주었기 때문에 24일 비행기를 탈 수 있었다.

　동경에서 만난 사람은 우선 야쓰에[安江] 씨였다. 21일 아침 호텔(시부야에 있는 동무호텔)로 찾아와서 조반을 먹으며 이야기를 나누었다. 도이[土井] 씨는 22일 11시쯤 그의 사무실로 찾아가서 만났다. 한 15분 동안 이야기를 나눌 수 있었다.

　두 사람과의 대화 내용은 김일성을 만나서 어떻게 대해야 하며 무슨 이야기를 하는 것이 좋겠느냐는 것이었다. 그들의 한결같은 의견은 무엇이나 중요하다고 생각되는 것은 다 허심탄회하게 이야기하는 것이 좋다는 것이었다.

　동경을 떠나기 전에 출발 성명서를 작성해서 JNCC의 나까지마[中島] 목사에게 전달되도록 하고 『한겨레신문』에 단독회견을 해놓고 평양에 도착한 직후에 공개하도록 하면 어떻겠느냐고 정경모 씨가 의견을 내기에 좋다고 하고 『한겨레신문』에 전화해서 기자를 보내달라고 요청하였고, 정경모 씨에게도 출발 성명 초안을 작성케 하였다.

　정경모 씨가 집으로 돌아가서 출발 성명서를 준비하는 동안 본인은 『한겨레신문』의 이주익 기자와 호텔방에서 단독회견을 했고 27일 월요일 아침에 발표하도록 했다. 정경모 씨가 준비한 출발 성명서는 저녁에 받아 손질해가지고 돌려주었다. 그것이 23일이 아니었나 싶다.

이렇게 분초를 다투는 동경 일정을 마치고 북경을 향해서 동경을 떠난 것이 24일 오후 2시 50분이었고 북경에 도착해서 입국 수속을 마치고 비행장으로 나서니 날은 이미 어두워 있었다.

그런데 거기는 정작 마중 나와야 할 사람들이 보이지 않았다. 한 30분 기다리다가 택시로 예약된 토론토호텔로 가서 여장을 풀고 저녁 먹으러 식당에 가 앉았는데 북경 주재 북한대사관 직원 하나와 평양에서 마중 나온 사람 하나가 헐레벌떡 찾아들어서는 것이었다.

이야기를 들어보니, 23일 간다는 연락을 받았다가 다시 25일 간다는 연락을 받고 평양에서는 다음 날 특별기가 오는데, 그날(24일) 5시에야 우리가 그날 간다는 연락이 와서 북경에 있는 호텔들을 찾아 헤매다가 여기 와서 만났다는 것이었다.

가슴으로 만난 평양

다음 날 오후에 비행기에 올랐다. 특별기 편으로 마중 온 사람의 말이 공개로 들어간다는 말을 듣고(공개로 들어간다는 걸 동경에서 평양 쪽에 알렸다) 공개 환영준비를 하고 있으니 도착성명이 있어야겠다는 것이었다. 그래서 정경모 씨에게 갑자기 도착성명을 준비시켰고, 그걸 본인이 손질해 가지고 있다가 비행장에 내리니, 정준기 부주석, 윤기복, 최덕신, 여연구, 백인준, 기독교 지도자들, 그리고 6촌 동생 문익준, 문순옥이 나와 있어서 반가이 만났다.

비행장 귀빈실에 들어가서 기자들 앞에서 도착성명을 읽고 간단한 기자회견을 했다. 그 자리에서 본인은 말로 하는 대화가 아니라 가슴과 눈으로 하는 대화를 하려고 왔다는 말을 했다. 저녁 7시에 조국평화통일위원회의 환영만찬에 참석했다. 허담 위원장은 이탈리아로 여행을 가고 없었기 때문에 정준기 부위원장이 환영사를 했고 본인이 즉석 답사를 했다.

다음 날은 부활절이었다. 아침 10시 봉수교회 부활절 예배에 참석해서 예배 끝난 다음 소개를 받고 나가서 "민주는 민중의 부활이요 통일은 민족의 부활"이라고 믿고 있었는데 통일을 위해서 온 제가 부활절 예배에 참여할 수 있어서 감개가 깊다는 인사말을 했다.

오후 3시에 만수대의사당 소회의실에서 제1차 공식회담이 있었다. 북쪽을 대표해서 정준기, 윤기복, 여연구, 안병수가 나왔고, 비공식이기는 하지만 해외교포를 대표하는 정경모 씨를 대동하고 본인이 전민련 고문의 자격으로 마주앉았다.

정준기 씨가 북쪽을 대표해서 개회사를 했다. 그 개회사의 내용은 통일에 관한 북쪽의 입장을 밝히는 것이었다. 연방제 통일만이 현실적이며 합리적인 통일 방안이라는 점, 평화협정 체결, 남북 불가침선언 등을 위한 정치·군사회담의 중요성, 팀스피리트 군사훈련은 평화통일을 추진하는 데 바람직하지 못하다는 점 등을 내용으로 하는 개회사였다.

그에 뒤이어 내가 우선 남쪽 국민의 통일 열기가 얼마나 뜨겁게 달아오르고 있느냐는 것을 설명하고 이제 분단 50년을 넘기는 것을 민족적인 치욕으로 알고 유연하고 열린 자세로 대승적인 입장에 서서 문제를 보고 풀어나가자는 말을 했다.

그러나 본인은 금번 방문은 어디까지나 이쪽을 저쪽에 바로 알리고 저쪽의 진의를 타진함으로써 국회 대 국회, 당국 대 당국 차원에서 못 푸는 걸 민간 차원에서 풀어 광범위한 회담과 교류를 원활히 하고 이에 박차를 가하자는 데 목적이 있다는 걸 말했다.

그렇게 의견을 주고받는 중에 정준기 부위원장에게 쪽지가 전달되었다.

그 쪽지의 내용은 김 주석이 발전소 건설현장에서 급거 귀환해서 내일 아침 본인과 만나겠다는 것이었다.

이리하여 27일 월요일 아침 9시 30분 김일성과 본인의 제1차 단독회담이 열리게 되었다. 장소는 평양시내에서 20, 30분쯤 자동차로 나가는 교외에 있는 건물이었는데, 김 주석의 공관으로 보였다. 참석자는 우리 두 사람 말고 비서 한 사람뿐이었다.

선물로는 본인의 저서 『죽음을 살자』와 박용수 저 『우리말 갈래사전』을 가지고 갔는데 그것은 회담을 시작하기 앞서 김 주석에게 드렸다.

준비해가지고 들어갔던 인사치례·외교사례 같은 것은 필요 없었다. 전날 있었던 회담 내용을 이미 소상히 알고 있어서 금방 본론으로 들어갈 수 있었다. 이야기는 타진을 목적으로 간 본인의 질문으로 시종 전개되었다.

본인은 남쪽의 통일 열기는 이미 아무도 끌 수 없을 정도로 뜨겁게 달아오르고 있다는 말을 하고는 분단 50년을 넘기는 것은 민족적인 수치라고 생각한다는 말을 했는데, 크게 공감하면서 "잘하면 될 수도 있죠"라고 하는 것이었다.

김 주석은 본인의 통일론을 알고 있었다. "문 목사님의 통일론은 민주이자 통일이요, 통일이자 민주지요?"라고 묻기에 "그것은 70년대의 통일론입니다. 지금은 민주와 자주와 통일, 이 셋이 하나입니다"라고 대답했더니 "나와 같구만" 하는 것이었다. 민주가 무엇이냐는 데 있어서 우리 두 사람의 생각이 다르다는 것은 말할 나위가 없지만 그 말은 하지 않았다.

이런 말이 오고 간 다음에 본인의 첫 질문이 던져졌다.

"저도 분단을 고정시키는 교차승인은 반대합니다. 그러나 통일을 전제하고 통일을 지향하는 과도기적인 단계로서의 교차승인제는 고려할 여지가 없습니까?!"

이 질문에 대한 답변은 단호한 거부였다. 과도기적인 단계라고 아무리

못을 박아도 그 과도기가 언제까지 갈지 누가 아느냐? 그렇기 때문에 교차 승인제는 어떤 형태로든 고려될 수 없다는 것이 그의 확고부동한 자세라는 걸 확인할 수 있었다.

다음으로 북쪽이 주장하는 고려연방제에 질문을 던졌다.

"북쪽이 주장하는 고려연방제는 남과 북을 두 단위로 지방자치제를 실시하여 남과 북의 현 체제를 존속 공존시키자는 것입니까?"

김 주석은 그렇다고 대답하였다.

"군사·외교는 연방정부의 주관하에 두고 통일정부 밑에서 남과 북이 같은 권한과 의무를 지니고 각각 지역자치제를 실시하는 연방공화국을 창립하여 통일해야 합니다."

본인은 연방제가 이질화된 남과 북의 두 사회를 통일하는 불가피한 길이라는 점에 동의하면서도 구체적인 실행 방법에 대해서는 다음과 같은 의견을 제기하였다.

"남과 북 사이에는 불신과 적대감이 깊을 대로 깊어졌기 때문에 연방제 통일도 단계적으로 추진하는 것이 필요하지 않겠습니까? 당분간 남과 북이 군사와 외교까지 독립적으로 운영하는 단계를 두고 여건이 성숙한 후 연방정부의 주도하에 외교와 군사를 점진적으로 통합해야 분단 50년을 넘기지 않고 통일을 이룩할 수 있지 않겠습니까?"

김 주석은 의외로 쉽게 "단번에 할 수도 있고 협상을 통해서 단계적으로 할 수 있다"고 합의해주었다. 그러나 UN에 한 나라로 가입한다는 건 절대적인 조건으로 강조를 했다.

다음으로 본인이 제기한 것은 영세중립화의 문제였다. 그는 중립화 문제에 관해서는 거의 흥분상태에서 열을 올려 강조하였다. 주체사상의 논리적인 귀결이라는 강한 인상을 받았다. 오스트리아 수상이 평양을 방문했을 때 "나는 너희들이 정말 부럽다"는 말을 했다는 걸 거듭 강조했다.

다음으로 제기한 문제는 정치·군사회담과 병행해서 광범위한 각 분야에 걸친 회담과 교류를 동시에 추진하느냐 하는 문제였다. 본인은 이렇게 물었다.

"북쪽은 정치·군사회담이 결착되지 않은 상태에서 하는 모든 회담·협상·교류는 독일식 항구 분단에 기여하기 때문에 이에 매우 소극적인 입장이라고 알고 있는데 과연 그런 겁니까?"

대답은 그렇다는 것이었다.

"저도 정치·군사회담이 꼭 이루어져야 한다는 데 이의가 없습니다. 그러나 그와 병행해서 다른 회담과 교류를 적극 추진하는 것이 정치·군사회담에도 좋은 압력이 된다고 생각되지 않으십니까? 교류가 이루어지는 만큼 긴장이 풀리고 긴장이 풀리는 만큼 통일의 전망이 밝아오고 통일의 전망이 밝아오는 만큼 통일의 열기는 더 뜨겁게 달아오를 것입니다. 통일의 열기가 이미 달아오를 대로 달아오른 민중을 믿읍시다."

이렇게 말했더니, 그는 이번에도 쉽게 동의해주었다.

이상으로 본인은 김일성 주석의 통일 의지가 얼마나 뜨겁고 얼마나 확고한가를 확인함과 동시에 통일 문제에 접근하는 그의 자세 또한 매우 유연하다는 것을 확인한 셈이다.

이에 용기를 얻어 팀스피리트 군사훈련과 남북회담에 관한 문제를 제기해보았다.

"한미 합동으로 팀스피리트 훈련이야 하건 말건 모든 회담을 중지하지 않고 추진하는 것이 좋지 않겠습니까? 그렇게 하면 팀스피리트 훈련이 실질적으로 무의미한 것이 될 터인데요."

그것만은 안 된다고 단호한 거부 태도를 보였다.

"그런 자세로는 어떤 회담에도 임할 수 없습니다."

이렇게 딱 잘라 말하는 것이었다. 평화회담장에 들어가려면 피스톨을 떼놓고 들어가야 하지 않겠느냐며 매우 불쾌한 표정을 지었다.

그래서 본인은 금년 팀스피리트 훈련 기간 중에 보인 북쪽의 유연한 자세가 좋았다는 말을 해주었다.

그러자 김일성은 비서에게 4월 1일 본인의 숙소(모란봉 초대소)로 찾아가서 제2차 단독회담을 열도록 시간 조정을 하라고 지시했다. 시간은 11시 30분이었다.

이리하여 2시간에 걸친 제1차 단독회담은 뜻밖의 성과를 거두고 끝났다. 그의 의중을 거의 확실하게 알 수 있었다. 자기 대에 통일을 이루고 싶다는 확고한 뜻을 가지고 있다는 것이 확인된 셈이다. 그 뜻이 이렇듯 중대한 사항들에 그리도 쉽게 합의하게 했던 것이라고 생각된다.

회담을 마치고 걸어 나오다가 정경모 씨, 유원호 씨, 황석영 씨가 걸어 들어오는 것을 만났다. 세 사람이 김일성과 인사를 나누고 식당으로 들어갔다. 식탁에는 정준기, 윤기복, 여연구, 안병수, 김 주석의 비서 등이 동석했다. 즐거운 오찬이었다. 아무 긴장이 없는 담소가 계속되었다. 오찬이 끝나고 일어서 나온 것이 오후 1시.

통일을 비는 건배

숙소에 돌아와서 좀 쉬다가 2시에 학생소년궁전으로 갔다. 이곳은 인민학교의 어린이들이 과외활동을 하는 곳이다. 과외활동은 세 가지로 나누인다. 하나는 과학기술 습득이요, 하나는 예능활동이요, 또 하나는 체육이다. 전쟁놀이 같은 것은 없었다.

참관 중에 제일 감격했던 것은 '바른말 쓰기' 소조에서였다. 어린이 셋이 '편지'라는 제목으로 촌극을 하는 것이었다.

"무슨 편지나 우표만 붙이면 가는데 이 편지는 우표를 붙여도 못 간다."

"왜 그래?"

"이 편지는 광주에 계시는 할아버님께 가는 편지거든."

이때에 본인이 뛰어들어서 "그 편지 내가 전해줄게. 편지만이 아니야. 너희들이 광주 계시는 할아버님, 할머님 만나는 세상 만들려고 내가 왔어"라고 했더니, 그 세 아이가 눈물을 펑펑 쏟으며 우는 것이었다. 그 세 아이뿐만 아니라 한 20명 되는 그 소조의 아이들이 다 울음을 터뜨리는 것이었다. 통일교육이 얼마나 철저하면, 이 어린이들까지 이렇듯 울 수 있을까 하는 걸 느끼게 되었다.

참관이 끝나고 강당에 들어가서 어린이들의 춤, 노래, 무용 공연을 보았다. 이렇다 할 이념의 표현이 거의 없는 그냥 아름답고 평화롭고 즐거운 예술이었다. 숙소로 돌아오니 익준이와 순옥이가 와 있어서 같이 저녁을 먹고 이야기를 나누다가 돌려보내고 자리에 들었다.

다음 날(28일)은 만경대를 갔다. 만경대가 어떤 곳이냐는 것은 이미 알고 있었기 때문에 새삼스런 느낌이 없었다. 인상적인 것은 돌아오는 길에 거친 광복거리의 건축 광경이었다. 거기 새로 선 운동경기장에 들어가 보았을 때는 통일된 다음에 다시 올림픽을 초치해서 평양과 서울에서 동시에 이 경기 저 경기를 할 수 있었으면 얼마나 좋으랴 싶어 통일된 다음에 올림픽을 초치 주최하자는 말을 남기고 돌아왔다.

돌아오는 길에 옥류관에 들러서 그 유명한 평양냉면을 먹었다. 과연 별미였다. 본인이 왔다는 소문이 퍼지자 냉면 먹으러 왔던 손님들이 가지 않고 밖에 서 있다가 나오는 우리 일행을 뜨겁게 환영해주었다.

오후에는 봉수교회 회의실에서 신·구교 기독교 지도자들과 환담하는 시간을 보냈다. 평양의 교회는 아직 독자적으로 서는 교회도 아니고, 독자적인 목소리를 가진 교회도 아니라는 인상을 받았다. 갓 돋은 연한 움에 지나지 않는 것 같았다. 정부와 교회에는 아무 갈등이 없고 모든 일을 한마음

한뜻으로 잘 협력해가는 사이라는 말을 거듭 강조했다.

그래서 본인이 문제를 제기해보았다. 기독교 신앙과 유물사관 사이에도 갈등이 없느냐고. 그제야 그것이 자녀교육에 있어서 심각하게 문제된다는 걸 고백하였다. 밥상 앞에서 하느님께 감사하던 아이들이 학교에 가서 몇 해 공부하면 "수령님께 감사해야지 왜 하느님께 감사해야 하느냐?"는 질문을 한다는 것이었다.

교회가 독자적인 비판의 목소리를 낼 수 있어야 빛의 구실이며 소금의 구실을 할 수 있을 것이 아니냐는 한마디 충고를 남기고 숙소로 돌아갔다가 〈꽃 파는 처녀〉라는 가극을 보러 인민극장(?)으로 갔다. 북쪽에서는 불후의 명작이라고 입에 침이 마르게 자랑하는 작품인데, 괜히 길기만 하고 노랫가락도 거의 같은 것이어서 별로 감복할 수 없었다.

다음 날(29일)은 남포로 가서 서해 갑문을 보았다. 대동강을 최대한으로 활용하고 있다는 인상을 받았다.

거기서 돌아와서 만수대의사당에서 조국평화통일위원회 2차 회담에 참여했다. 이때는 이탈리아에서 돌아온 허담이 조국평화통일위원회 수석이었다. 이 회담에서는 제1차 김 주석과 본인의 단독회담에서 합의한 것을 확인하였다. 허담 씨가 합의된 사항을 공동성명으로 발표하는 것이 어떻겠느냐고 제안했고 내가 동의하여 문안 작성을 안병수와 정경모에게 맡기기로 하였다. 또 이 자리에서 본인이 판문점으로 돌아오는 것은 좋지 않고 갔던 길로 돌아오는 것이 좋겠다는 결론을 내렸다.

이 문제는 김 주석과 본인의 제1차 단독회담에서 본인이 제기했던 문제이다. 허담은 본인의 신변을 생각해서 돌아가는 것이 좋겠다는 결론을 내렸다고 말했다. 그런 결론은 내렸다는 말을 듣고 보니, 남북문제를 틀려고 왔는데, 본인 때문에 남북관계가 경색된다면 본래의 의도에 어긋난다는 생각이 들어 그 결정을 따르기로 결정을 내렸다.

숙소에 돌아와서 점심을 먹고 오후에는 주체탑, 개선문을 거쳐 혁명열사릉과 애국열사릉을 돌아보았다.

다음 날(30일)은 아침에 헬리콥터로 묘향산에 가서 세계친선전람관을 돌아보고 보현사에 가서 스님들을 만나 인사를 나누었다. 다음에는 순천으로 날아가서 경공업단지 건설을 둘러보고 평양에 돌아왔다.

다음 날(31일)은 오전에 숙소에서 쉬고 점심에 고려호텔로 갔더니, 익준이, 순옥이 외에 또 두 6촌 동생들이 나타나서 같이 점심을 먹었다. 꼭대기 회전하는 층 식당이었다. 숙소로 돌아와 6시부터 7시까지 백기완 씨의 누님을 만났다. 그는 해주에서 사는데, 본인이 평양에 도착했다는 소식을 듣고 만나고 싶다고 해서 오라고 했던 것이다. 7시가 되어 내 6촌 외에 이종사촌 형님과 그 아들, 이종사촌 누이 모두 일곱이 와서 반가이 만나고, 저녁은 백기완 씨 누님과 함께 아홉이 먹으며 이야기들을 나누었다. 저녁 후에 백기완 씨 누님은 돌아가고 우리만 남아서 11시 반까지 이야기를 하며 회포를 풀 수 있었다.

다음 날(4월 1일)은 김 주석이 본인의 숙소로 오게 되어 있는 날이었다. 9시 반 정각에 그는 본인의 숙소에 나타났다. 우리는 곧 회담장에 들어가 인사를 몇 마디 나누고 본인이 미군 철수문제를 제기했다.

"미군의 단계적인 철수를 주장하는 종전의 입장에 변함이 없습니까?"

이 물음에 그는 "변함이 없다"고 단호하게 답하기에 그 문제는 그 이상 논하지 않았다.

다음으로 남과 북의 경제협력과 교류를 적극적으로 추진해 줄 것을 강조했더니, 저번 날 합의한 대로 적극 추진할 것이라고 확고한 답변을 하면서 금강산 공동개발에 관해서 이런 말을 하였다.

"군사분계선 때문에 남쪽의 군부가 난색을 보이는가 본데 배로 해서 원산으로 들어오면 되지 않습니까?"

다음 이산가족 문제를 제기했더니, 이산가족 문제는 자유로운 민간 교류가 열리면 자연히 해결될 것이 아니냐는 답변이었다. 민간 교류를 활발히 할 것을 바라는 희망을 전제로 한 답변이었다고 생각된다.

다음으로 실현 가능한 구체적인 일들을 몇 개 제안해보았다.

첫째, 남북한 공동국어사전편찬사업.

긍정적인 답변이었다.

둘째, 북경 아시아 경기대회에 단일팀으로 참가할 때 국가 대신 〈아리랑〉을 부르는 것보다는 새 노래를 지어 부르는 것이 어떠냐 하는 문제

북에서 가사를 지으면 남쪽에서 곡을 붙이고, 남에서 가사를 지으면 북에서 곡을 붙이는 것이 좋겠다고 제안하였다. 이것도 긍정적으로 받아주었다.

셋째, 남에서 출판되는 책들을 파는 서점을 북쪽 몇 도시에 여는 일.

이에 대한 응답은 긍정도 부정도 아니었다.

마지막으로 주체사상에 대한 질문을 던졌더니, 이런 답변이었다.

"어느 나라나 다 주체사상이 있지요. 그런데 우리가 그걸 강조하는 까닭은 우리가 약소국가이기 때문입니다."

그래서 저는 주체사상을 민족주의라고 보아도 되겠냐고 했더니, 그렇다고 하는 것이었다. 그래서 국제우호전시장에서 본 것을 이야기했다.

"중국에서 온 선물을 전시한 곳에 들어서니 초상화는 모두 모택동이었습니다. 월남 선물 전시장에 있는 초상화는 호지명, 소련 선물 전시장에 걸려 있는 초상화는 레닌이었습니다. 그러다가 동독에서 온 선물을 전시한 전시장에 들어서니까, 거기 비로소 마르크스의 초상화가 걸려 있습디다."

이 말을 듣고 의미심장한 표정으로 고개를 끄덕이는 것이었다. 그리고 사회주의도 민족을 위해 있는 것이라는 것을 재삼 강조했다. 그러면서 자기는 기독교인들에게도 민족을 위한 기독교여야 한다는 점을 늘 강조한다고 말했다.

그래서 본인은 이동휘 선생 이야기를 했다. 이동휘 선생을 따라 소련으로 가려는 젊은 제자에게 "자네는 국내에 들어가서 목사가 되어 민족운동을 하라"고 했다는 이야기를 하면서 이동휘 선생에게도 기독교건 사회주의건 다 조국독립운동을 위한 것일 때만 의미 있고 가치 있는 것이었다는 것을.

그리고 정말 말하기 힘든 이야기를 꺼냈다.

"이제 주체사상은 인민에게로 강조점이 옮겨져야 하지 않겠습니까?"

이 질문에 대해서는 심중하고 무겁게 입을 열어 말했다.

"그렇지요. 주체사상도 인민에게서 온 거지요."

이렇게 해서 제2차 단독회담은 끝났다. 때는 정확하게 11시 30분이었다.

이 회담에서 기록으로 덧붙여 남아야 할 일은 남과 북의 회담 이야기를 하는 과정에서 김일성이 비서에게 내린 다음의 지시다.

"노태우 대통령, 김대중 총재, 김영삼 총재, 김종필 총재, 김수환 추기경, 백기완 선생 등 누구나 집단적으로든 개인적으로든 오면 만날 용의가 있다는 걸 오늘 밤으로 방송하시오."

회담이 끝난 다음 오찬을 하려고 식당으로 향했다. 이때는 정준기, 윤기복, 여연구, 황석영 등은 참석하지 않았다. 오찬은 1시까지 화기애애한 분위기 속에서 진행되었다.

오후에는 외화 상점에 가서 정경모 씨는 우리를 돌보는 남성들에게 주려고 담배를 샀고 본인은 여성들에게 주려고 화장품을 샀다.

4월 2일(부활절 다음 첫 주일) 우리는 장춘성당 미사에 갔다. 아침 10시였다. 신부님이 몇 번씩이나 눈물을 흘리면서 말씀의 전례만으로 미사를 간단히 끝냈다. 미사가 끝난 다음 소개를 받고 나서니 봉수교회 때보다 한결 마음이 가벼웠다. 해야 할 일을 기대 이상으로 하고 난 다음에 느끼는 홀가분함이랄까. 신·구교가 하나라는 걸 실감하면서 감사하는 심정으로 인사를 겸해 소감을 말했다.

"주의 사도로서 민족의 숙원인 조국통일의 문을 열려고 외세에 의해 강요당한 분단의 장벽을 넘어 여기까지 왔습니다.

저의 평소의 신념은 민주는 민중의 부활이요 통일은 민족의 부활입니다. 그러던 차에 민족의 부활을 이루려고 왔더니 다음 날이 부활절이었습니다. 우리 다 같이 민족의 부활 곧 통일을 위해서 열심히 삽시다. 김일성 주석을 만나 준비해간 인사치레 말을 할 필요가 없었습니다. 저의 제일성은 '분단 50년을 넘기지 맙시다. 그것은 민족적인 수치입니다'이었습니다. 주석님은 아주 기뻐하시면서 '좋아요. 해봅시다, 잘하면 되겠지요'라고 하며 제 손을 잡으시더군요. 북쪽에 와서도 뜨거운 통일 열기를 느꼈습니다마는 남쪽에도 통일 열기는 뜨겁게 달아오르고 있습니다. 통일은 멀지 않았습니다."

성당을 나온 것이 10시 50분. 만수대의사당에 도착하여 별관 소회의실에 들어갔더니, 우리 세 사람에게 주는 김 주석의 선물이 있었다. 허담 씨가 김 주석 대신으로 우리에게 그 선물을 주었다.

선물 내용은 ① 어머니와 아내에게 주는 옷감 한 벌씩, ② 산삼 다섯 뿌리, 조개 병풍(두 자 높이에 한 자 반 넓이) 세 쪽 자리, ③ 금강산 사진첩, ④ 고구려 고분벽화 두 장, ⑤ 술 네 병 등이었다.

그 옆방 조인실에 들어가서 인쇄된 공동성명문을 자세히 읽어보고 조인한 다음 이를 교환해가지고 숙소로 돌아온 것이 11시 40분이었다.

곧 부벽루 강가 선착장에서 배를 타고 대동강을 내려가다가 용악산 기슭에서 내려 자동차를 타고 산정에 올라 대동강을 굽어보며 점심을 먹었다. 초대소에 돌아온 것은 오후 2시 30분.

오후 3시에 인민문화궁전에 다다라 공동기자회견실로 들어갔다. 먼저 정준기 조국평화통일위원회 부위원장이 공동성명서를 낭독하고 본인이 소개를 받고 일어서서 간단한 인사말을 하고 기자회견에 들어갔다.

첫 질문은 이번 방북의 성과가 무엇이냐는 것이었다.

나는 다음과 같이 대답하였다.

"첫째로, 남북을 갈라놓은 장벽을 뚫으려는 것이 이번 방북의 목적인데, 그 목적은 아직도 미완성입니다. 서울로 나가서 붙잡히면 이 목적은 이루어지지 못하는 것이기 때문입니다.

둘째, 목적은 남과 북이 서로 알리고 알려는 것이었는데, 그 일은 상당한 성과를 올렸다고 생각합니다. 북쪽에도 남쪽에 못지않은 통일 열기가 있어서 통일의 전망이 밝다는 것을 확신할 수 있게 되었습니다.

셋째로, 조금 전에 읽은 공동성명서는 생각지 않았던 성과입니다. 그런 광범위한 합의에 이르러 공동성명서까지 수표(서명)하여 발표할 수 있으리라고는 꿈에도 생각지 않았던 일입니다."

다음에는 서울에 가서 붙잡히면 어떻게 하겠느냐는 질문이 있었다. 이 질문에 대해서는 "저는 지금까지 얻어맞으면서 민중을 억압하는 법을 깨면서 살아왔습니다. 이번에는 잡히고 싶지 않지만, 잡혀가면 또 그렇게 사는 수밖에 없지요"라고 대답했다.

범민족대회의 전망을 어떻게 보느냐는 질문에 대해서는 "전망이 어둡습니다. 그러나 우리는 해낼 것입니다. 우리는 지금까지 된다는 일, 해도 된다는 일만 한 게 아닙니다. 안 된다는 일, 해선 안 된다는 일을 해왔습니다. 기자 여러분들도 이 대회의 뜻을 잘 알아서 널리 선전해 봄으로써 범민족대회가 개최되어 통일에 이르는 문을 열 수 있도록 도와주시기 바랍니다"라고 대답했다.

초대소에 돌아온 것은 오후 4시 30분. 좀 쉬었다가 마지막 결별만찬장으로 갔다. 도착한 시간은 저녁 7시였다. 허담 위원장의 인사말에 이어 본인의 답사가 있었고, 곧 통일을 비는 건배를 들고 식사를 시작했다. 동석자 중에 백인중 씨가 본인의 고우(故友) 윤동주와 연전 동기라면서 윤동주와 같이 박은 흑백사진 두 장을 기념으로 주었다.

밤 10시에 숙소에 돌아오니 선물이 도착해 있었다. 풀어본 다음 동경으로 부치기로 하고 잠자리에 들었다.

새롭게 깨닫는 분단의 슬픔

4월 3일 출발일이다. 비행장에 도착한 것은 오후 2시 30분경이었다. 비행기가 떠난 것은 3시. 북경에는 4시 15분에 도착했다. 북경 주재 북한대사의 영접을 받고 그의 차로 숙소인 건국호텔로 들어갔다. 들어가는 길에 차에서 아침 민항으로 오는 줄 알고 많은 기자들이 비행장으로 나갔었다는 말을 들었다. 호텔에 내리니 벌써 기자들이 알고 들이닥쳤다. 그래서 대사관 직원들에게 부탁하여 공동기자회견을 주선해줄 것을 요청했다.

이튿날 아침 일본대사관에 가서 일본 입국 비자(9일간)를 받고 기자회견장으로 향했다. 회견은 11시부터 12시 30분까지 중국어와 영어 통역으로 진행되었다. 회견은 먼저 본인의 소감을 말하는 것으로 시작되었다. 나는 다음과 같은 내용을 피력하였다.

첫째, 판문점을 통과해서 오갈 수 없는 민족적인 비애를 느꼈으며, 만시지탄은 있으나 민간 차원에서 이제 드디어 본인이 처음으로 길을 텄다는 일이 벅찬 감개를 안겨주었다.

둘째로, 압록강을 사이에 두고 중국과 한국이 한 가족처럼 살아가는 동양의 새 질서가 모색되어야 하는데, 그때 중요한 것이 한반도의 통일이다.

셋째로, 본인의 평양 방문의 충격이 잦아들면서 정부가 이성을 되찾게 된다면, 이 충격은 통일 문제를 전 국민적인 관심사로 만드는 계기가 되리라는 점, 이건 전연 기대하지 않았던 성과가 될 것이다.

넷째로, 북경에서는 기자회견을 할 생각도 없었는데, 기자들이 이렇게 관심을 가지는 걸 보면서 금번 본인의 평양 방문이 한반도의 통일 문제를 세계적인 관심사로 부각시키는 또 하나 뜻밖의 성과마저 올리게 되었다.

첫 질문은 귀국 후 체포된다면 어떻게 하겠느냐는 것이었다.

이 질문에 대해서는 체포되기를 원치 않지만 체포된다면 정부와 대화하는 기회로 삼겠다고 말했다.

다음은 북한에 갔다 옴으로 해서 본인의 통일론에 무슨 변화라도 생겼느냐는 질문이었다.

나는 북쪽이 본인이 생각했던 것보다 더 완벽한 통제사회라는 걸 알게 되었고, 그 결과로 이렇듯 이질화된 두 세계를 통일하는 길은 두 체제를 공존시키는 연방제밖에 없다는 확신이 더 굳어졌다는 점을 지적하고, 연방제는 불가피한 통일의 길인 동시에 민주주의의 기본인 지방자치제라는 점에서 민주주의 원칙과도 일치한다는 점을 강조했다.

통일을 이루려는 자세는 차이점을 찾는 것도 중요하지만 그보다 더 중요한 것은 어떤 공통점이 있느냐는 걸 찾는 일인데 연방제에 대해서 북쪽과 본인 사이에 이상 지적한 두 점에 있어서 공통된다는 걸 말하고, 다음으로 차이점을 말했다. 북쪽에서 말하는 연방제의 앞 단계가 필요하다는 점, 다음으로 거기 멎지 않고 더 발전된 진정으로 민주화된 3단계를 설정했다는 점에서 본인의 통일론은 북쪽의 통일론과 다르다는 걸 강조했다.

이번 본인의 평양 방문 결과 달라진 것은 본인이 아니라 북쪽이었다는 점, 본인이 제시한 제1단계를 북쪽이 인정하게 되었다는 점을 말해주었다.

기자회견을 마친 후 고궁(古宮)을 구경하고 북한대사관에 가서(6시에) 대사가 마련한 저녁 만찬에 참석하였다.

다음 날(5일) 9시 50분 북경발 중국 민항을 타고 동경으로 향하였다. 동경에 도착한 것은 오후 2시 5분. 일본 JNCC 사무실에 갔다가 거기 강당에서 6시부터 8시까지 기자회견을 가졌다. 이 회견에서는 북경기자회견에서 문제되었던 연방제 통일 문제가 제일 먼저 제기되었다.

통일을 향한 길에서 남과 북이 해야 할 일이 무엇이냐는 질문에 대해서는 북은 자유를 향해서 남은 평등을 향해서 궤도 수정을 해야 한다는 본인의 평소 주장을 말했다.

북쪽이 자유를 위해서 궤도 수정을 하고 있느냐는 질문에 대해서 그런 노력을 하고 있다고 생각한다고 말했다. 그 일례로 종교의 자유가 허락되고 있다는 점을 지적했다.

이 회담에서는 다방면에 걸친 남북회담을 정치·군사회담과 동시에 병행해서 추진하기로 한 합의에 관한 설명도 하였다.

7일에는 동경 주재 한국특파원들을 한양원으로 초청해서 점심을 먹으며 11시 30분부터 1시 30분까지 기자회견을 하였다. 이 회담은 본인의 망명설에 관한 질문으로 시작되었다. 그때는 13일발 비행기 예약까지 끝난 때여서 그것이 사실무근이라는 건 긴 설명이 필요 없었다.

4자회담 제의에 관한 질문이 있었다. 사실은 5자회담을 제의했던 건데, 그것이 4자회담 제의로 잘못 보도되었던 것이다. 민간 차원의 회담교류는 국회나 정부 차원의 회담교류가 갖는 한계성을 극복해서 더 원활하게 하자는 데 목적이 있었던 만큼 이를 각 당 총재들에게 보고하는 것은 본인의 당연한 의무라는 점을 강조했다.

이미 한 기자회견에서 밝힌 것 말고 좀 세부적인 질문으로 회담은 시종되었다.

저녁에 일본인 목사로부터 한통련이 준비 중인 본인 환영대회에 관한 유인물을 받았다. 그러나 나는 이에 대한 생각이 달랐기에 다음 날 아침 정경모 씨를 시켜 한통련 고문 배동호 씨를 불렀다. 오후 2시에 배동호 씨가 왔기에 그 환영회(9일 1시로 예정)를 중지해줄 것을 요청했다. 조용히 이성적인 대화로 문제를 풀려고 하는데, 이에 도움이 되지 않는다는 것이 주된 이유였다.

그날 아침에 서울 전민련 사무실에도 전화를 걸어 환영회를 중지해달라

문익환이 방북으로 투옥됐을 때 일본의 거리에 붙은 포스터. 1989년.

는 요청을 했다. 이유는 같은 것이었다.

9일 일요일에는 아침에 가와사키 한인 교회에서, 저녁에는 시나노마치 일본교단 교회에서 설교를 했다. 아침 설교는 해방과 자유를 주제로 저녁 설교는 평화를 주제로 하였다.

10일에는 이원경 주일 대사를 만나고자 정경모 씨를 대사관으로 보냈으나 거절당하였다.

11일에는 오후 2시부터 한국 YMCA 회의실에서 한인 목사들과 좌담회를 열었다. 여기서는 북한의 기독교에 관한 이야기, 기독교와 공산주의의 관계에 관한 이야기가 많았던 걸로 기억된다. 저녁에는 사회당 당수 도이 씨의 초대 만찬이 있었는데 그는 바빠서 못 나오고 그의 비서가 나와서 저녁을 대접해주었다.

다음 날(12일)에는 오후 2시부터 3시 30분까지 외신기자클럽의 요청으로 외신기자들과 회견을 했다. 내용은 지금까지 해온 기자회견 내용들과 다른 것이 없었다. 계속해서 4시부터 6시까지 동경 주재 한국특파원들과 다시 만나고 고별 기자회견을 했다. 이때에 「국민에게 드리는 글」을 나누어주었다.

이상으로 본인의 동경 일정을 다 마치고 13일 아침 10시에 노스웨스트 항공편으로 귀국길에 올랐다. 기상에서 기자들이 질문에 대답하면서 처음으로 "나는 슬프다"는 말을 했다. 45년에 걸친 분단이 사람들을 이렇게도 비이성적으로 만들다니 슬프지 않을 수 없었다.

돌아와서 하려고 하였던 일은 첫째, 이번 나들이에서 얻은 새 통찰, 새 깨달음과 확신을 여·야 정계와 국민에게 널리 알리는 일이요, 둘째, 이제 운동권의 지도력은 젊은 세대에게 넘겼으므로 본인은 모처럼 일어난 통일에 대한 전국적인 관심을 북돋우며 전 국민이 합의할 수 있는 구체적인 통일 방안을 창출해내도록 정계와 운동권과 학계와 국민 모두의 슬기와 지식과 열의와 뜻을 모으는 일에 전심하고 싶었다.

관련 문학예술 작품

[기사] 최재봉, 「문학으로 만나는 역사(40)—문익환의 '잠꼬대 아닌 잠꼬대'」, 『한겨레신문』, 1996년 12월 3일자.
[산문] 문익환, 『가슴으로 만난 평양』, 삼민사, 1990.
[소설] 정도상, 「여기 식민의 땅에서」, 『친구는 멀리 갔어도』, 풀빛, 1988.
[시] 문익환, 『꿈을 비는 마음』, 실천문학사, 1992.
[시] 문익환, 『두 하늘 한 하늘』, 창비, 1989.
[평전] 김형수, 『문익환 평전』, 실천문학사, 2004.

3부

기수(旗手)
이원규

부신 햇살 어둔 하늘
이상석

부엌에서 우루과이라운드까지―여성 농민의 하루
공지영

어느 지구조각가의 아침―중장비기사의 하루
안재성

"여기는 목숨을 담보로 한 곡예 작업장"―60년대로 돌아간 한라중공업 삼호조선소의 산업재해
방현석

"우리는 한평생이 IMF였어"―IMF 2년, 건설 노동자의 삶
송경동

1990

이원규

기수(旗手)

1991년 4월 24일 명지대학교 시위 도중 경제학과 재학생 강경대(1972년생) 군이 백골단이 휘두른 쇠파이프에 맞아 살해당했다. 1987년 6월 항쟁 이후 신군부는 직선제 개헌을 수용한 뒤 실시한 대통령 선거에서 승리했으나, 더 많은 민주주의를 요구하는 국민들의 열망을 받아들일 수는 없었다. 노태우 정권은 사회주의 소련과 동구권의 대격변을 기화로 이데올로기적 통제를 한층 강화했고, 이에 맞서 민주화운동 세력 역시 전에 없이 강경한 투쟁을 전개했다. 이날 경찰은 백골단까지 동원하여 학생들의 시위를 무자비하게 진압하였다. 강경대 군은 머리에 심각한 타격을 입고 병원으로 옮겨졌으나 끝내 숨을 거두고 말았다. 사건 발생 다음 날 정부는 안응모 내무장관을 경질하는 선에서 사태를 서둘러 매듭지으려 했으나, 재야단체들은 대책회의를 구성하고 훨씬 강력한 대정부 투쟁을 벌여 나갔다. 그 과정에서 많은 학생과 사회운동가들이 격렬한 분신투쟁을 전개하여 우리 사회에 엄청난 충격을 던져주었다.

젊은 벗들! 나는 너스레를 좋아하지 않는다. 잘라 말하겠다. 지금 곧 죽음의 찬미를 중지하라. 그리고 그 굿판을 당장 걷어치워라. 당신들은 잘못 들어서고 있다. 그것도 크게!
(중략) 지금 당신들 주변에는 검은 유령이 배회하고 있다. 그 유령의 이름을 분명히 말한다. 네크로필리아 시체선호증이다. 싹쓸이 충동, 자살특공대, 테러리즘과 파시즘의 시작이다. 이미 당신들의 화염병은 방어용 몰로토프 칵테일 수준을 넘어서고 있었다. 파괴력에서가 아니라 상황과의 관계상실과 거기에 실린 당신들의 거의 장난기에 가까운 생명말살충동에서다. 당신들의 그 숱한 죽음을 찬미하는 국적불명의 괴기한 노래들, 당신들이 즐기는 군화와 군복, 집회와 시위 때마다 노출되는 군사적 편제 선호 속에 그 유령이 이미 잠복해 있었던 것이다……

_김지하, 「죽음의 굿판 당장 걷어치워라」 부분

늘 미안했다.

　연대 학생회관 4층 강당 벽모퉁이, 콘크리트 바닥 위에 대충 스티로폼 한 장을 깔고 누웠지만 좀체로 잠이 오질 않았다. 지난 밤 전화선을 타고 달려온 아내의 목소리가 벌써 어슴푸레 밝아오는 새벽빛처럼 신문지로 간신히 덮은 가슴을 후벼 파고 들어왔다.

　"왜 안 오는 거야! 벌써 언제부터 온다고 해놓고선 계속 거짓말이야!……, 이젠 나도 몰라!"

　울먹이는 아내의 말을 들으며 나는 그저 미안했다.

　"그래그래, 알았다니깐! 이번 주에는 꼭 갈게. 너도 내 사정 알잖아. 텔레비전 좀 봐. 심각해, 심각하다니까!"

　한편으로 미안해하면서, 어쩌면 또 지키지도 못할 약속을 하고는 전화를 끊었다.

　아내는 한 달 전 문경새재 너머에 있는 처가로 첫아이를 낳으러 갔다. 내심 불안했지만 다행히 순산하여 첫아들을 낳았다. 그날 새벽 진통이 시작되어 병원에 간다는 연락을 받고 부랴부랴 달려갔지만 내가 도착했을 때는 이미 아내는 붕알 하나 달랑 달고 나온 첫아들과 함께 퇴원해 있었다. 푸석푸석한 아내의 얼굴과 아직 눈도 제대로 뜨지 못하고 얼굴이 빨간 아이를 번갈아 보면서 나는 히죽히죽 웃기만 했다. 아마 이 웃음은 아내가 힘들어할 때 오지 못하고 늦게 왔다는 미안한 마음과 지지리도 가난한 형편에 탈 없이 아이를 낳았다는 안도감과 함께 따르는 아내에 대한 고마움, 그리고 아비가 되었지만 아직은 아비 자격도 제대로 갖추지 못한 남편으로서의 자괴감이 묘하게 만들어낸 어쩔 수 없는 표정이었으리라.

"아이구마, 우짜문 요리도 지 애비를 쏙 빼다 박았을까이!"

오랜만에 온 사위가 멋쩍은 듯 한마디 하시는 장모의 말을 듣고 나서야 겨우 정신을 차렸다. 그제야 퉁퉁 부은 아내의 손을 잡고 상투적이나마 위로의 말 한마디라도 할 수 있었다.

"고생 많았지. 돈도 제대로 못 부쳐주고……."

그게 벌써 언제이던가. 가만 있어보자, 며칠 내로 다시 오마고 약조를 하고 서울로 돌아온 지 벌써 보름이 훨씬 더 지났던가. 지금쯤 아내와 아기는 무얼할까? 아직 새벽이니 잠들어 있을까?

결국은 아내와 했던 약조도 지키지도 못하고, 애비를 쏙 빼닮았다는 그놈의 이름도 아직 짓지 못한 채, 온밤을 지새우며 나는 무슨 대단한 일을 하고 있는 것일까? 여기 농성장 옆 콘크리트 바닥 위에 어째서 잠 못 들고 있는가? 온통 머릿속이 지끈지끈 아파왔다.

"기상! 기상!"

무대 밑에 먼저 잠들어 있던 사수대들을 깨우는 소리가 강당 어둠을 퍼내며 귓전을 때렸다. 학생들로 짜여진 사수대들은 언제 밀고 들어올지 모르는 공권력에 대비해 조별로 정문과 영안실 그리고 교내 곳곳을 지키고 있었다. 돌아다보니 사수대들이 하나둘 기지개를 켜며 고단한 몸을 일으키고 있었다. 나는 무표정한 얼굴로 바라보다 다시 돌아누우며 잠을 청했다. 그러나 잠은 오지 않고 아이와 아내의 얼굴만 더욱 또렷이 떠올랐다. 어느새 사수대 새벽조의 노랫소리가 바깥 교정에서 들려왔다.

"동지들 모여서 함께 나가자 무등산 정기가 우리에게 있다 무엇이든 두려우랴 출정하여라……."

또 하루가 사수대의 우렁찬 노랫소리로 열리고 있었다. 그러나 나는 그제야 몸을 덮었던 신문지를 눈썹 위까지 끄집어 올려 유리창을 뚫고 들어오는 새벽빛을 가리며 다시 잠을 청했다.

"이봐, 이 형! 일어나, 벌써 10시야! 일어나!"

누군가 어깨를 흔들며 깨웠다. 곤하게 잠든 나는 금방 눈이 떠지질 않았다. 쓰윽쓱 눈을 비비고 게슴츠레 눈을 떠보니 부지런하기로 소문난 송 형이었다. 벌써 5월 햇살이 눈부시게 창문을 타고 쏟아져 들어와 사수대들이 가지런히 개어놓은 침낭들을 검열하듯 하나씩 들춰보고 있었.

"지금이 몇 시라고?"

"벌써 9시 55분이야. 유인물은? 그리고 참, 깃발은?"

급한 성미만큼이나 송 형은 기지개할 틈도 주지 않고 물어왔다.

"으응, 겨우 다했어. 유인물은 인쇄소 넘기기만 하면 되고 깃발은 그 누구더라…… 문예위원회 그림패 주 형 있지? 그 친구한테 맡겼는데, 아마 다 됐을 거야. 어젯밤에 그리는 것 봤는데 마르기만 하면 될 거야. 그런데 송 형, 성명서는 어찌됐어?"

"야 이 친구야! 그거 벌써 대변인실에 넘겼지. 자 일단 밥이나 먹자구."

백골단 해체의 날이었다. 오늘 해야 할 일들을 송 형과 일일이 점검하며 1층 식당으로 내려갔다.

그런데 이왕 송 형 얘기가 나왔으니 하는 말인데 송 형은 철인이었다. 대단한 달변가요 정력가였다. 컴퓨터든 뭐든 못 다루는 게 없고 모르는 게 없고 못하는 게 없는 친구였다. 나서기도 좋아하지만 일을 해도 시시껄렁하게 하는 것을 보면 누구의 일이든 참지 못하고 달려드는 성미였다. 그런데다 닷새고 열흘이고 잠도 제대로 못 자면서 일을 해내는 것을 보면 대단한 정력가인데, 이는 강경대 군 치사사건 이후 작가회의에서 범국민대책회의 문예위원회로 파견된 뒤로도 선전국이나 상황실이나 대변인실을 오가며 별의별 잡일을 다 맡아 옆 사람이 피곤해질 정도로 언제나 바쁜 사람이었다. 그런 그에게 붙여진 별명은 『태백산맥』에 나오는 하대치였다. 그런데 하대치라 불려질 만큼 강한 이미지에다 다혈질의 성격, 그리고 사내답게 딱 벌어진 풍모와 굵은 목소리에 비해 이해되지 않는 게 있었다. 다름이 아니라 보기보다 마음이 여리다는 것이다. 말하자면 송 형은 소설가인데 소설을 수십 편 써놓고도 막상 청탁이 들어오면 발표를 못 하고 이래저래 끙끙 앓기만 하는 것이었다. 그야말로 소설에 대해선 대단히 까다롭고 엄격한 자기 자신의 잣대를 놓고 평소와는 달리 소심해지는 것 같았다.

송 형과 나는 강경대 죽음 이후 뒤따르는 박승희, 천세용, 김영균 등등 이루 헤아려본다는 사실 자체가 희망은 고사하고 분노보다 절망에 가까운 죽음의 행렬이 이어지는 동안 거의 같이 잠을 자고 같이 밥을 먹고 같이 일을 했다. 시 창작 선전대사로 참여한 작가회의 여러 동지들과 함께 상황실 벽보판에 붙은 속보 보기가 두려울 정도로 끝날 줄 모르는 기나긴 죽음의 행렬 앞에 우리는 넋 나간 사람들처럼 조시와 만가, 한풀이굿시, 그리고 민족문학인 627인이 「국민 여러분께 드리는 글」 등을 써야 했다. 절망감이나 분노를 느낄 틈도 없이 그야말로 기계적으로 그 기나긴 죽음의 행렬을 따라 나서고 있었다.

그 오랫동안 나는 그 죽음의 긴 행렬을 뒤따르는 기수였다. 오십 몇 개 단체로 이루어진 범국민대책회의 문예위원회 시창작단 일을 하면서 나는 가두 투쟁 어디에서나 "민족·민중해방의 문예일꾼! 민족문학작가회의"의 깃발을 들고 다니는 기수였다.

오후 4시가 가까워오자 다소 긴장되기 시작했다. 윗옷을 벗어 팔소매에 낚싯대로 접어 만든 깃발을 감추어 들고, 이미 시청 주변은 물론 거리거리마다 깔려 있는 전경들 앞에 태연히 지나려 애쓰지만 등에선 식은땀이 줄줄 흘렀다. 윗옷 소매를 빠져나온 흰 천으로 만든 깃발이 보일까 봐 가슴 조이며 구 중앙일보로 가면서 능청스럽게 전경들의 얼굴을 빤히 쳐다보며 걷기도 했다. 전경들의 눈을 피하면 도리어 의심을 살까 봐 일반 시민으로 위장해보려는 잔재주였다.

'검문하면 어쩌지? 한방 치고 튀어?'

내심 불안한 기색을 감추려 하지만 순간순간 섬뜩한 기운을 느끼지 않을 수 없었다.

드디어 이미 약속된 구 중앙일보 앞에 무사히 도착해 동이 뜨기만을 기다리며 두리번두리번 살펴보았다. 오가는 시민들 속에 미리 와 있는 어르신들과 동지들이 보였다. 서로 가벼운 눈인사나 담소를 나누며 초조하게 동이 뜨기만을 기다리고 있었다. 아직 멀리 시청 앞을 지나는 차량들은 아무 일 없다는 듯이 물결처럼 흘러가고 있었다. 긴장된 탓인지 언뜻언뜻 시위대의 함성 소리와 북소리가 들려왔다. 그럴 때마다 깃발을 들고 뛰어나갈 마음의 준비를 하며 황급히 소리가 나는 쪽을 둘러보았지만, 시가지는 아직 아무런 조짐도 보이지 않았다. 환청이었다. 사위가 전쟁 전야처럼 고요했다. 다만 시위꾼들로 보이는 사람들만 몰래몰래 눈치를 주고받으며 곳곳에서 심장을 노리는 야수처럼 도사리고 있었다.

"약정된 택이 바뀌었나?"

속으로 생각하며, 건너편에 포진한 전경들의 위치를 살펴보았다. 그리고 급박할 상황을 대비해 퇴로도 물색해놓았다. 그리고는 빼앗겨서는 안 될 깃발을 윗옷 팔소매와 함께 다시 한 번 움켜잡았다. 바로 그때였다.

"살인 정권, 폭력 정권! 노태우 정권 타도하자!"

맨 앞쪽에 민중당 깃발을 선두로 한 무리의 청년들이 서대문 쪽에서 뛰어오고 있었다. 뒤를 이어 얼굴이 꽤나 익은 어르신들이 뒤따르고 있었다. 삽시간에 도로는 시위대로 메워졌다. 나도 재빨리 깃발을 펼쳐 들고 앞으로 나가 깃발을 흔들기 시작했다. 곧바로 기다렸다는 듯이 길 건너 전경들도 대열을 지으며 사과탄을 던지기 시작했다. 어느새 시청 쪽에서도 지랄탄이 날아오기 시작했다. 마침내 자욱한 최루탄 가스가 안개처럼 피어오르고 삽시간에 거리는 아수라장으로 변했다. 최루탄 가스를 피하려는 시위대를 잡으려고 백골단들이 아니, 강경대 치사사건 이후로 헬멧을 청색으로 바꿔 쓴 청골단들이 달려들었다. 그러나 깃발을 내릴 수는 없었다. 그것은 깃발을 든 자의 최소한의 의무였다. 숨이 막혀오고 눈물 콧물이 줄줄 흘러 앞이 안 보여도 깃발은 자욱한 최루탄 가스 속에 나부껴야 하는 것이었다. 그래야지만 흩어지던 대열이 다시 형성된다는 것을 나는 잘 알고 있었다.

"사아랑도 명예도 이름도 남김없이 한평생 나가자아던 뜨거우운 매앵세……."

드디어 청골단들이 선봉대의 짱돌 공격에 밀리며 주춤주춤 밀리기 시작했다. 그러자 시위 대열이 다시 형성되기 시작했다. 그러는 사이 시청 쪽에서도 이미 동이 뜬 시위대가 성난 파도처럼 거리를 휩쓸며 신세계 쪽으로 가고 있었다.

"강경대를 살려내고 노태우 정권 퇴진하라!"

"강경대를 살려내고 노태우 정권 퇴진하라! 퇴진하라! 퇴진하라!"

"신세계 쪽으로 갑시다. 가서 본대와 합류합시다."

누군가 먼저 선동을 하자 시위대는 하늘이 떠나갈 듯 구호를 따라 외치며, 서서히 그러나 횡단보도는 신속히 건너 신세계 쪽으로 물길을 돌리기 시작했다. 나는 시위 대열의 선두와 후미를 왔다 갔다 하며 흩어진 작가회의 회원들을 모으기 위해 팔이 빠져라 깃발을 흔들었다. 역시 깃발은 우리들의 자랑이었다. 희망이었다. 흩어진 동지들이 하나둘 깃발을 보고 찾아오는 것보다 더한 기쁨을 맛보기란 여간 쉽지 않을 것이다. 때로 동지들을 다 잃어버리고 혼자 시위 대열 속에 묻혀 다른 단체들 사이를 헤매고 다닐 때의 고독감은 이루 헤아릴 수 없는 것이었다. 그것은 참으로 기묘한 일이었다. 혼자 떨어져 있어도 같은 뜻을 가진 동지들이건만 잘 알지 못하는 사람들 틈에 끼어 있다는 사실이 그렇게 불안하고도 고독하게 만드는지 잘 알 수가 없었다. 혼자 깃발을 들고 동지들을 찾아 헤매다 최루탄 가스를 그대로 덮어쓰고는 질식할 것만 같아 골목 어귀에 고꾸라져 구토를 할 때보다 더한 절망은 없었다. 그러한 마음은 아마 기수인 나뿐만 아니라 깃발을 찾지 못하고 거리를 헤매며 눈이 빨개지도록 깃발을 찾는 동지들에게 있어서도 마찬가지일 것이다. 시위대가 전진할 때에도 그렇고 후퇴할 때에도 그렇지만 특히 급박한 상화에 처했을 때 기수의 임무는 실로 막강해지는 것이었다. 살인적인 폭력으로 백골단과 전경들이 밀고 들어올 때 기수가 퇴로를 잘못 선정하고 물러선다면 실로 끔찍한 사태가 일어나기 십상인 것이다. 때로 가야 할 길이 보이지 않을 때 전선의 깃발이 안겨주는 희망이나 기쁨과 마찬가지로, 때로 깃발은 절망이나 비극적 상황을 우리의 가슴팍에 그리고 적들의 코앞에 적나라하게 보여주기도 하는 것이다. 그리하여 깃발은 예로부터 승리의 상징이요 자존심이었던가.

  마침내 시위대는 신세계백화점 앞을 완전히 점거했다. 온통 거리는 '백골단 해체'의 날답게 전경과 백골단들을 무장해제시키고 페퍼포그 차량을 불태우며 투쟁의 열기가 하늘을 찌르고 있었다. 수만의 함성으로 물밀듯이 을지로와 종로를 휩쓸고 돌아와 마침내 노태우 정권 퇴진을 요구하며 청계천을 지나 시청 앞으로 나섰을 때 전경들은 물대포와 페퍼포그를 동원하여 총력전으로 배수진을 쳤다.

한동안 팽팽한 긴장을 유지했다. 한 5분이나 지났을까. 모든 깃발이 앞으로 나서고 마침내 시위 대열이 진압경찰들을 밀어버리려는 순간 빠바방, 귀청을 울리는 소리와 함께 전경들의 진압은 시작되었다. 시위대 사이를 미친년처럼 뛰어다니는 지랄탄이 꼬리에 자욱한 가스를 뿜어대고, 물대포는 폭포 같은 물줄기를 엄청나게 뿜어대기 시작했다. 대열 후미는 혼비백산 가스를 피해 흩어지고, 물대포에서 뿜어져 나오는 최루가스 물줄기에 시위 대열 선두는 물난리에 쓰러진 벼처럼 뒤엉키기 시작했다. 드디어 백골단들이 성난 이리떼처럼 달려드는 것이 언뜻언뜻 보였다. 나는 물대포에 흠뻑 젖은 깃발을 대충 말아 쥐고 최루가스를 헤치며 골목으로 뛰어들었다. 골목 안엔 이미 먼저 도망 온 시위대들이 엎드리고 앉아 심한 토악질과 눈물 콧물을 닦고 있었다. 하늘이 노랬다. 정말 아무 생각이 없었다. 한참을 쭈그리고 앉아 있으니 목구멍이 컬컬해졌다. 담배 한 개비를 피워 물었다.

'이제 그만 일어서야지. 일어서야지. 또 나가봐야지.'

<u>스스로 다짐을 하면서도 도대체 엄두가 나질 않았다.</u>

'송 형은 어디로 갔을까? 그리고 이 선생은, 홍 선생은? 선두에 따라 나섰던 그 외 다른 동지들은? 잡히지나 않았을까?'

그제야 모두들 걱정이 되었다. 골목으로 숨어든 시위대들이 하나둘 다시 거리로 나가는 것을 보고는 나도 일어섰다.

'깃발이 먼저 나가야지. 뒤늦게 나가선 안 되지.'

알 수 없는 강박관념에 사로잡혀 나도 모르게 거리로 빨려들어 갔다. 이미 거리는 다시 시위대들로 가득 차 있었다.

선봉대가 서서히 앞으로 나서며 싸울 준비를 하고 있었다. 간간히 종이백에 숨긴 화염병과 보도블록을 잘게 깬 짱돌들이 앞으로 앞으로 전달되고 있었다. 나도 두리번두리번 둘러보았다. 아직 함께 나온 동지들은 한 명도 나타나질 않았다. 선봉대 뒤로 빠지며 깃발을 흔들었다. 물대포에 젖어서 그런지 잘 날리지 않는 깃발을 흔들자니 먼저 가슴이 답답해왔다. 또 최루탄을 쏠 것을 대비해 한 시민이 나누어주는 휴지를 받으며 둘러보는데 유독 눈에 띄는 상점이 있었다. 대개 시위대가 지나면 셔터문을 내리는데 그 집만 반쯤 내리고 바깥 동정을 살피고 있는 것이었다. 30대쯤 되는 아줌마가 유리문을 통해 무슨 불구경이라도 하듯이 빼꼼히 내다보고 있었다. 그러나 그 아줌마보다 내게 보이는 것은 그녀의 허리쯤에도 미치지 못하는 아이의 모습이었다. 자세히 보니 그것은 마네킹이었다. 머리보다 훨씬 큰 모자를 눌러 쓴 채 고개를 갸우뚱하며 커다란 눈을 껌벅이고 있었다. 간판을 올려다보니 '아가방' 대리점이었다. 그 순간 아직도 처갓집에 있는 아내와 아이가 생각났다. 한 번밖에 보지 못했으나 아이의 얼굴이 아슴아슴 떠올랐다.

'며칠 내로 간다는 약조를 해놓고서는 벌써 몇 번째인가. 가기는 고사하고 전화마저 변변히 못하지 않았던가. 아비로서 여태 아이 옷 한 벌 사다주지 못했구나!'

자책감이 최루가스보다 더 독하게 온몸 구석구석 파고들었다. 깃발을 잡은 손이 가볍게 떨려왔다. 손목에 힘을 주었으니 깃발이 꽉 움켜잡히지 않았다. 다리에 힘도 서서히 풀리는 것만 같았다.

"하나 둘 셋!"

구호 소리와 함께 선봉대의 공격을 알리는 구령 소리가 들려왔다. 먼저 화염병이 날아가고 짱돌이 뒤를 이어 날아갔다. 그와 동시에 빠바방, 최루탄 쏘는 소리가 온 거리거리를 울렸다. 나는 뒤로 물러서면서도 자꾸만 '아가방' 점포를 힐끗힐끗 바라보았다. 자욱한 가스를 피해 물러서면서도 퉁퉁 부은 아내의 얼굴과 눈도 제대로 못 뜨던 아이의 빨간 얼굴이 떠올랐다.

'미안해, 미안해······.'

작업 장소를 명지대로 옮겼다. 강경대 군의 장례식 준비를 해야 했다. 명지대 대강당에 자리한 문예위원회는 미술패의 영정과 만장 제작, 그리고 시 창작단의 만가, 한풀이굿시, 조시, 방송멘트 작업에 열중했다. 나는 지난 어버이날 고향에 어머님께 잘 있으니 걱정 말라는 전화 한 통과 아내와 장모님께 늘 미안한, 그래서 더욱 전화하기가 두려운 전화 몇 통을 제외하고는 평소와 다름없이 동분서주하고 있었다. 송 형은 송 형대로, 다른 동지들은 동지들대로 각자 맡겨진 임무를 수행하고 있었다. 5월 9일 '민자당 해체의 날'도 그랬고 다른 날의 가투에서도 나는 깃발을 들고 꾸준히 참석했다. 깃발을 오래 그리고 높이 흔들고 있을수록 길 잃은 동지들이 더 많이 찾아온다는 사실 하나만으로 나는 최루탄 가스 자욱한 거리를 뛰어다닐 수 있었다.

마침내 강경대 열사의 장례식 일정이 잡혔다. 내일이면 우연한 사고가 아니라 예고된 살인으로 희생된 강경대 학생은 망월동으로 가야 했다. 정든 교정을 떠나 울음을 터뜨리는 가족과 학우들 그리고 동지들의 오열 속에 강경대는 끝내 눈물을 보이지 않고 영정 속의 무표정한 얼굴로 뚜벅뚜벅 앞서서 걸어가야 했다.

명지대 강당에 엎드려 내일을 위해 잠을 청했지만 쉽사리 잠이 오질 않았다. 만장과 영정을 다 그려놓은 민미협[1] 동지들과 민가, 조시, 방송멘트를 다 써놓고 지쳐 쓰러져 잠든 작가회의 동지들 사이를 몰래 빠져나와 창가로 갔다. 벌써 새벽 네 시였다. 6층에서 내려다보는 도시의 불빛들을 보았다. 잠든 도시의 밤은 그래도 아름다웠다.

'얼마나 더 죽어야 하는가.'

강경대, 김영균, 천세용, 박창수, 김기설, 윤용하⋯⋯ 기나긴 죽음의 행

---

1 민족미술인협회

렬이 우기의 개미 행렬처럼 그칠 줄 모르고 이어지고 있었다.

'이러한 죽음의 행렬 속에 우리는 제대로 싸우고 있는가. 모든 검찰과 언론과 그에 아부하는 몇몇 교수와 한때 저항시인이라 불리던 시인이 공공연하게 분신배후 조종설을 유포하며 분신한 열사들을 두 번 죽이는 현실을 목도하면서 우리는 제대로 싸우고 있는가. 이미 우리는 지는 싸움, 장례식 투쟁만 급급하게 치르고 있는 것은 아닐까?'

지난 보름 동안의 투쟁들이 주마등처럼 지나갔다.

가슴이 답답해왔다. 고개를 빼고 6층 아래 화단을 내려다보다 묘한 생각이 들었다.

'여기서 떨어지면 나도 먼저 간 열사들처럼 그렇게 죽고 마는 것일까?'

6층 아래 화단이 자꾸만 가까워 보이기 시작했다.

'이렇게 죽어갈 수도 있는 것일까? 슬픔을 넘어 분노를 넘어 투쟁을 넘어 이토록 희망이 보이지 않을 때, 적들에게 이처럼 철저하게 유린당하고만 있을 때, 그들처럼 죽어갈 수도 있는 것일까? 이렇게 죽음의 공포라는 강을 쉽게 건널 수도 있는 것일까? 죽음에 이르기까지 다섯 개의 계단이 있다는데 지금 살아 있는 우리들은 이미 몇 개의 계단을 한꺼번에 건너뛰고 있는 것일까? 우리는 지금 어디까지 와 있는 것일까? 아니 나는 지금 어디까지 와 있는 것일까?'

문득 아내의 푸석푸석하던 얼굴과 지금쯤 아내 옆에 잠들어 있을 첫아이의 얼굴이 떠올랐다.

먼 하늘부터 밝아오기 시작했다. 불빛들만 살아남아 지키던 잠든 도시도 서서히 깨어나기 시작했다.

'벌써 한 달이 넘었던가? 오늘 장례식이 무사히 끝나면 무슨 일이 있어도 아내와 아이를 데리고 가야 할 텐데……'

그러나 상황은 또 다른 길목으로 치닫고 말았다. 강경대 군 1차 노제가

고(故) 강경대 열사의 영정사진을 들고 있는 시위학생. 1991년 5월. ⓒ 박용수·민주화운동기념사업회

치러질 신촌로터리에는 오전부터 수많은 인파가 모여들기 시작했으나, 예정된 11시가 지나고 오후 4시가 지나도록 동교동 쪽을 목이 빠져라 바라보았지만 명지대를 떠난 운구행렬은 보이지 않았다. 오후 4시가 넘어서야 전경들의 제지를 뚫고 신촌으로 들어선 운구 행렬은 87년, 이한열 장례식과 비교할 때 수적으로 모자랐지만 질서 정연하고 조직적이어서 민족민주세력의 질적 성장을 보여주기도 했다. 특히 신민당 버스를 개조한 방송차와 노래패 10여 명이 탄 방송 트럭은 현장 상황에 맞게 외치는 노래와 구호, 그리고 즉석연설로 길가에 늘어선 시민들의 박수를 독차지하였다. 그러나 뒤늦게나마 신촌로터리에서의 1차 노제는 무사히 치렀지만, 2차 노제 장소인 시청으로 가는 길목, 이화여대 앞에서 막힌 운구 행렬은 사수대와 선봉대의 격렬한 투쟁에도 불구하고 저지되고 말았다. 밤 8시가 넘어서야 운구행렬은 연대로 돌아가고 나머지는 시내로 삼삼오오 빠져나가 밤늦도록 가두 투쟁을 벌여야 했다.

그리고 나흘 후 광주항쟁 11주년 기념일이자 연기된 강경대 열사의 장례식, 그리고 국민대회로 예정된 18일 오전 11시, 작가회의 동지들은 연세대 정문에서 만났다. 연세대 정문에 꽂아놓은 깃발을 보고 하나둘 모여들었던 것이다. 깃발과 플래카드를 들고 연대 정문 앞에 서서 방송 차량에서 흘러나오는 노래와 구호를 따라하며 대열을 정비하고 있었다.

조직마다 깃발을 필두로 질서 정연하게 신촌사거리로 나갈 준비를 하며 투쟁의 열기를 높이고 있었다. 왼쪽 세브란스병원에서 나올 강경대 열사의 영정과 운구를 기다리며 눈길을 주고 있을 때, 문화선전대 방송 차량에서는 눈물 섞인 목소리의 속보가 울려나왔다. 모두들 불길한 예감을 지우지 못하고 두려움에 가득 찬 눈길로 방송 차량을 바라보았다.

'속보라니? 제발, 제발!…… 죽음의 행렬 속에 속보라는 말은 우리를 얼마나 깊은 절망 속으로 몰아넣었던가! 아아, 속보! 이 얼마나 섬뜩한 말이

었던가!'

"사랑하는 동지 여러분, 사랑하는 애국시민 여러분! 방금 들어온 속보를 말씀드리겠습니다. 오늘 오전 광주에서 고등학생이 분신하였다고 합니다. 아직 자세한 것은 알 수 없지만 오늘 오전 10시경 꽃다운 청춘의 고등학생이 죽어갔다 합니다. ……사랑하는 동지 여러분, 사랑하는 애국시민 여러분! 구호 하나 외치겠습니다. 꽃다운 청춘 다 죽이는 노태우 정권 타도하자!"

구호를 외치는 격앙된 목소리가 떨리고 있었다. 그러나 아무도 선불리 구호를 따라하지 않았다. 저마다 알 수 없는 침묵이 대열 사이를 휘젓고 다녔다. 잠시 서로의 눈빛만 확인해볼 뿐 침통한 표정으로 고개를 숙이거나 담배를 빼어 물 뿐이었다.

드디어 침묵을 깨며 강경대 열사의 영정이 나오고 있었다. 이미 차량이 완전 통제된 횡단보도를 막 건너자 만장들이 일제히 바른 자세로 일어서기 시작했다. 모두들 영정이 나가는 것을 보기 위해 발돋움을 하였다. 바로 그때였다. 연대 앞 철교 위에서 연기에 휩싸인 불덩이 하나가 떨어져 내렸다. 멍하니 바라보았다. 삽시간의 일이었다. 의아한 눈빛으로 모두들 연기가 오르는 곳만 바라보았다. 그때 앞쪽에서 조용한 목소리로 그러나 처절한 목소리로 누군가 말했다.

"분신이다!"

황급히 뛰어간 사람들 속에서 연기만 자욱이 올랐다. 대열은 금방 술렁이기 시작했다. 3분이나 지났을까. 연기가 줄어들고 사람들 틈으로 길을 트는 학생들이 보였다. 그 길을 따라 분신한 사람이 세브란스병원 쪽으로 들려가고 있었다. 그때서야 또 누군가가 말하는 소리가 들렸다.

"죽었어……."

그리고 곳곳에서 훌쩍이는 울음소리가 들리기 시작했다. 깃발을 잡은 손이 가슴 깊은 곳에서부터 떨려왔다. 어금니를 꽉 물었으나 나도 모르게 눈물이 흘러내렸다.

그날도 14일보다 더 치열한 공방전에도 불구하고 이화여대 사거리를 뚫지 못했다. 시청 노제를 포기하고 공덕동로터리에서 강경대 열사 노제를 치러야했다. 그리고는 광주로 가는 운구차량 행렬을 지켜보며 예전과 다름없이 우리는 시내로 가두 투쟁을 나갔다. 그 후로 '고 강경대 군 폭력 살인규탄과 공안통치 종식을 위한 범국민대책회의'는 '공안통치 분쇄와 민주정부 수립을 위한 범국민대책회의'로 이름을 바꾸고 명동성당으로 옮겼지만 검찰 측의 김기설 유서대필 논쟁에 말려들기에 급급해했다. 국민회의는 탄압과 자체 분열에 의한 지도 역량의 손실에도 불구하고 운동이 대중에게 착실하게 뿌리를 내려 조직화된 역량과 시민의 참여를 유도해내기도 했지만 투쟁의 질적 전환의 계기를 마련하지 못한 채 소모전적인 가두 투쟁의 양상을 띠기 시작했다.

그 무렵 명동성당으로 들어간 나와 송 형은 상당히 지쳐 있었다. 가두 투쟁마다 들고 나가던 깃발은 순전히 오기로만 나부꼈으며, 내 머릿속엔 처갓집에 거의 방치하다시피 한 아내와 아이를 데리고 갈 생각만으로 가득했다. 송 형도 한 달 동안의 지난한 투쟁 속에 국민회의 성명서 하나에도 쩔쩔매야 했다. 도대체 머리가 텅텅 비어 아무런 생각도 떠오르지 않는다고 했다.

그리고 나는 깃발을 빼앗겼다.

'공안통치 민생파탄 노 정권 퇴진을 위한 제3차 국민대회'에 참가한 5월 25일, 비가 부슬부슬 뿌리던 날이었다. 우리에게 주어진 예정된 택은 오후 3시 대학로 파랑새극장 앞이었다. 3시가 가까워오자 이미 대학로는 전경과 백골단으로 가득 메워져 있었으며 거리의 차량도 통제되어 다니지 않고 있었다. 원천 봉쇄였다. 나는 여느 때와 마찬가지로 깃발을 윗옷

소매에 감추어 들고 파랑새극장 앞으로 다가갔다. 벌써 30여 명에 달하는 동지들이 모여 있었다. 바깥이 보이는 찻집에 올라가 차를 마시며 동이 뜨기만을 기다렸다. 그러나 3시가 훨씬 지나서 국민회의 측은 서울대병원 2층 건물 내에 설치된 방송으로 선전선동을 하기 시작했으며, 노 정권 측은 흥사단 쪽에 설치된 방송을 통해 시위 해산을 종용하는 보기 드문 진풍경이 빗속에 연출되기도 했다. 우리는 서울대병원 정문 쪽으로 모여 간단한 시위를 하다 뒷문으로 빠져나가 대한극장 앞으로 5시까지 집결하기로 했다.

우리가 대한극장 근처 필동로터리까지 갔을 때 이미 시위대는 대한극장 앞 도로를 완전히 점거한 채 삼일로터리에서 퇴계로 4가 로터리까지 꽉 차 있었다. 나는 잽싸게 깃발을 꺼내어 4단 낚싯대를 펼쳐 세워 들었다. 어르신들이 여러분 계시므로 선두에 나서지 말라는 얘기를 들으며 안전을 생각해 필동로터리쯤에 위치하였다. 시위대 선두에는 격렬한 공방전이 벌어지고 있는지 자욱한 최루가스와 연기로 가득했다. 전경들은 시위대를 향하여 지랄탄을 쏘아대었지만 시위대 앞부분 정도에만 떨어질 뿐 그나마 내리는 비의 위력으로 제대로 발휘하지 못하고 있었다. 최루가스가 비바람에 날려 전경들 쪽으로 날릴 때마다 함성 소리와 함께 휘날리는 깃발들은 거대한 물결을 이루고 있었다. 그러고 보니 그동안 수많은 가두 투쟁 속에서 깃발의 수도 엄청나게 늘어났다. 단체별, 지역별 깃발들을 모두 들고 나온 것 같았다. 4월 26일 강경대 치사사건 이후 규탄대회가 벌어지던 날 가두 투쟁에서 내가 처음 깃발을 들고 나갔을 때만 해도 자욱한 최루가스 속에 휘날리는 깃발은 단 몇 개에 불과했다. 그러나 5월 투쟁이 무르익어 가면서 깃발도 하나둘 늘어갔다. 그러나 5·18투쟁을 기점으로 깃발의 수는 그대로인 것 같았으나 시위대는 안타깝게도 줄어들고 있었다.

구호를 외치며 함성을 지르는 동안 어느새 스카라극장 쪽에서 전경들이 밀고 들어오고 있었다. 시위대의 허리를 자르려는 모양이었다. 곧이어 전투조들이 나아가 전경대와 맞붙기 시작했다. 그러나 화염병도 없이 투석전만으로 지랄탄을 쏘며 밀려오는 전경들을 막기에는 역부족이었다. 갑자기 밀어닥친 백골단과 전경들에 의해 전투조는 순식간에 꼬리를 빼며 돌아서서 뛰기 시작했다. 최루탄 터지는 소리가 머리 위에서 들려왔다. 사거리에서 전투 장면을 지켜보며 응원하던 시위대들은 혼비백산하여 돌아서서 뛰었다. 백골단이 달려드는 모습이 언뜻언뜻 보였다. 그제야 다급해진 나도 돌아서서 퇴계로 4가 시위 본대가 있는 쪽을 향하여 뛰었다. 아아, 그러나 퇴계로 4가 쪽에서도 밀려오는 시위대에 막혀 꼼짝할 수가 없었다. 포위되고 만 것이었다. 이미 백골단들은 무지막지하게 파이프를 휘두르며 사과탄을 머리 위로 던지며 포위망을 좁혀오고 있었다. 그야말로 아수라장이었다. 곳곳에 비명 소리와 앞도 안 보일 정도의 최루탄 가스. 급박한 경황 속에서도 퇴로를 물색해보았지만 이미 완전히 포위되어 있었다. 그러나 깃발은 죽어도 빼앗길 수 없다는 생각이 떠올랐다. 치켜든 깃발은 죽어도 내리려 했지만 도저히 내릴 수가 없었다. 앞뒤에서 비명을 지르며 조여드는 시위대의 힘에 의해 치켜든 손을 내릴 수가 없었다. 퇴로도 주지 않은 토끼몰이식 진압이었다. 빨리 깃발을 내려 접어 가슴속에 숨겨야 했다. 그러나 내리기만 하면 쉽게 접을 수 있도록 낚싯대로 깃대를 삼았지만 별 도리가 없었다. 앞도 보이질 않았다. 그날따라 마스크도 준비하지 않아 휴지 몇 조각을 꺼내어 왼손에 쥐고 코와 입을 틀어막았다. 이미 절망적인 상황이었다. 그때 바로 옆 사람의 비명 소리가 들리고 아직 내리지 못한 깃발을 누군가 확 낚아채고 있었다. 악을 쓰며 깃대를 움켜쥐었지만 어깨를 치는 둔탁한 소리와 함께 어느새 깃발은 부러지며 내 손을 떠나갔다. 그리고 꿇어앉았다. 등짝을 내리밟는 발길질도 아프지 않았다. 아무런 감각도 아무런 생각도 떠오르지 않았다. 다만 '이렇게 죽을 수도 있구나! 차라리 이

대로 질식해버렸으면……' 하는 절망감만 가득했다. 화살 맞은 산짐승처럼 엎드려 고개를 처박고 가만히 있었다.

5분쯤 지났을까? 백골단들의 발길질과 욕설이 멈춰지고 시위대의 아우성 소리가 흐느낌으로 바뀔 무렵에서야 조금 정신이 들었다.

다행히 연행은 되지 않고 풀려나와서야 깃발 생각이 났다. 그리고 함께 있던 이 선생님, 현 선생님, 홍 선생님, 그리고 젊은 동지들의 생각이 떠올랐다.

'그분들은 무사하실까? 젊은 나도 죽을 지경이었는데 어르신네들은 괜찮을까?'

미친놈처럼 거리를 뛰어다녔다. 아무도 보이지 않았다. 진양상가 쪽으로 들어가 골목을 꺾어 들어갔을 때, 골목 안에서 학생 네댓 명이서 축 늘어진 여학생 한 명을 베니어판 위에 눕힌 채 아래에 우산을 받쳐 들고 골목을 빠져나오고 있었다. 자세히 보니 여학생은 청바지 차림의 맨발에다 생머리의 아리따운 여학생이었다. 별 상처도 없이 잠든 듯이 누워 있는 여학생을 보며 궁금하여 물어보았다.

"도대체 어떻게 된 겁니까?"

그때 옆에 서 있던 아주머니 한 분이 말했다.

"기절했답니다."

나도 그 여학생을 보면서 죽었을 것이라고는 생각지도 못했다. 빨리 병원으로 옮기라는 말을 건성으로 남기며 어르신들과 동지들을 찾아 나섰다. 골목을 휘젓고 다니면서도 줄곧 빼앗긴 깃발을 생각했다.

'빼앗긴 것은 한낱 천과 낚싯대에 불과할 뿐이다. 그리고 어쩔 수 없는 상황이었다'라고 자위도 해보았지만 가슴을 짓누르는 치욕감을 지울 수 없었다. 나중에야 그렇게도 걱정하던 동지들을 만났다. 가로수 밑에서 눈이 벌겋게 충혈된 이 선생님을 만났고, 울분을 참지 못해 부들부들 떨고 있는

홍 선생님을 만났다. 그리고 옷이 다 찢어지고 신발을 잃어버린 선배와 후배 동지들을 만났다.

그리고 저녁 9시쯤에야 실신했다던 학생이 다름 아닌 성균관대 여학생 김귀정이었다는 얘기를 들었다. 그때 이미 질식사했었다는 것이었다. 그리고 나는 술을 마셨다. 빼앗긴 깃발과 그 여학생의 얼굴이 자꾸만 떠올랐다. 모두들 백병원으로 달려갔지만 나는 심한 무력감에 빠져 이미 경찰에 의해 차단된 백병원 앞에서 망설이다 돌아와 다시 술을 마셨다.

취중에도 처가에나 가야겠다는 생각이 떠올랐다.

며칠 후 새벽 6시 30분, 문경행 버스는 일찍 이어서인지 텅텅 비어 있었다. 첫애가 태어나고 두 달 만에 가는 길이었다. 전날 밤 겨우 20만 원을 빌려 처가에 있는 아내와 아이를 데려올 생각이었다.

'5월 투쟁을 빌미 삼아 얼마나 무심했던가!'

구의동 터미널을 출발한 버스는 한강을 건너고 있었다. 한강 위로 아침 물안개가 자욱이 피어오르고 있었다. 물안개 사이로 5월 투쟁을 함께했던 송 형과 동지들의 얼굴이 떠올랐다. 그리고 방독면 속에서도 눈물을 흘렸다며 양심선언을 하던 전경과 포로가 되어 울면서 제발 부서진 방패라도 돌려달라며 애원하던 전경의 얼굴도 떠올랐다. 그리고 강경대를 비롯한 열사들의 영정과 김귀정 여학생의 잠자는 듯하던 모습과 그리고 아아, 빼앗긴 깃발!…….

어느새 문경행 버스는 이화령을 넘고 있었다. 이 고개만 넘으면 처가다. 되돌아보니 멀리 굽이굽이 서울길이 보이고 그 길 위로 막막한 서울의 하늘, 찌푸린 서울의 하늘을 배경으로 아직 이름도 짓지 못한 첫아이의 얼굴이 환하게 떠올랐다.

관련 문학예술 작품

[걸개그림] 민족미술협의회 공동작품, 〈강경대〉, 1991.
[미술] 김호석, 〈역사의 행렬 1: 죽음을 넘어 민주의 바다로—강경대열사 장례식〉, 1991.
[미술] 김호석, 〈역사의 행렬 2: 시대의 어둠을 뚫고〉, 1991.
[산문] 김지하, 「죽음의 굿판 당장 걷어치워라 환상을 갖고 누굴 선동하려하나」, 『조선일보』 1991년 5월 5일자.
[소설] 양헌석, 「태양은 묘지 위에 붉게 타오르고」, 『세계의 문학』 1988년 봄호.
[소설] 정도상, 「십오방이야기」, 1987.
[시] 고은 외, 『유월, 그것은 우리 운명의 시작이었다: 6월 민주항쟁 20주년 기념 66인 시집』, 화남출판사, 2007.
[시] 오철수, 「어머니의 통곡」, 『먼 길 가는 그대 꽃신은 신었는가』(강경대·김귀정 추모시집), 하늘땅, 1991.
[평전] 이동권, 『강경대 평전』, 민중의소리, 2011.

이상석

부신 햇살 어둔 하늘

1989년 5월 28일 창립된 전국교직원노동조합(약칭 전교조)은 창립 자체를 불법으로 내모는 정권에 맞서 처음부터 격렬한 합법화 투쟁을 전개했다. 그 과정에서 노태우 정권은 교육공무원법과 사립학교법 등을 내세워 수많은 조합원들을 해직하는 초강경 탄압을 자행했다. 이에 전국의 학교 현장에서는 해직교사들의 해직 무효와 전교조 합법화를 요구하는 투쟁이 끊이지 않고 전개되었다. 이들의 투쟁이 민주화운동과 결합되어 파급력이 커지자 위기감을 느낀 노태우 정권은 1993년부터 해직교사들의 복직을 수용하는 유화정책을 펴기 시작했다. 전교조는 민주정부가 들어선 뒤인 1999년 1월 6일 '교원의 노동조합 설립 및 운영 등에 관한 법률'이 국회를 통과하면서 합법화되었다. 하지만 보수정권이 들어선 후 전교조에 대한 탄압은 다시 이어졌고, 정부는 2013년 10월 해직교직원 9명을 노조원으로 포함하고 있다는 이유로 전교조에 법외노조 통보를 내렸다. 2015년 현재 이를 두고 정부와 전교조 간에 치열한 법적 다툼이 전개 중이다.

나는 또 너희들 곁을 떠나는구나
기약할 수 없는 약속만을 남기고
강물이 가다가 만나고 헤어지는 산처럼
무더기 무더기 멈추어 선 너희들을 두고
나는 또 너희들 곁을 떠나는구나
(중략)
나는 다만 너희들과 같은 아이들 곁으로
해야 할 또 다른 일을 찾아 떠나는 것이라고 달래도
마른버짐이 핀 얼굴을 들지 못하고 어깨를 들먹이며
아직도 다하지 못한 나의 말을 자꾸 멈추게 하는구나
우리 꼭 다시 만나자
이 짧은 세상에 영원히 같이 사는 사람은 없지만
너희들이 자라고 내가 늙어서라도 고맙게 자란 너희들의 손을 기쁨으로 잡으며
이 땅의 인간다운 삶을 위해 함께 일하는 사람으로
하나 되어 꼭 다시 만나자.

_도종환,「지금 비록 너희 곁을 떠나지만」부분

죽음과 함께 온 5월

4월 26일. 신용길 선생[1] 49재를 지내기 위해 안날 밤에 멀리서 가까이서 동료 해직 교사들이 모여들었다. 여관을 빌려 밤을 새우면서도 우린 신 선생 얘길 거의 하지 않았다. 죽은 자는 이렇게 쉬 잊히고 마는 것일까, 불과 두 달도 채 안 됐는데. 살아서 투병을 하고 있을 때는 그토록 우리 마음을 부여잡고 안타깝게 만들더니 땅에 묻히고 난 후로는 하루가 다르게 멀어져가 버린다. 예사로운 죽음이 아니었던 죽음마저 이렇게 쉬 잊을 수 있다는 사실에 잠시 가슴이 아리었다.

수서비리[2]가 터져 나와도 사람들은 예사롭게 흘려듣지 않던가. 권력 가진 자들이 그 정도 이권 챙기는 것은 으레 있는 일 정도로 생각하는 터이

---

[1] 1991년 구덕고 국어교사로 재직하던 중 전교조 부산지부 결성식에서 축시를 낭송했다는 이유로 파면되었고, 출근투쟁을 하다 경찰에 연행되어 수감되었다. 감옥에서 오랜 단식투쟁을 하다 위궤양이 발병해 병보석으로 풀려났으나 1991년(당시 34살) 위암으로 사망했다.

[2] 1989년 3월 택지개발 지구로 지정된 강남구 수서, 대치 택지 개발 공공용지 3만 5,500평이 당시 개발이 불가능한 개발제한구역이었으나, 이곳에 아파트를 건립하겠다는 26개 주택조합에 서울시가 아파트 건축허가를 내주면서 촉발된 비리사건. 수사 과정에서 한보그룹이 청와대 관계자, 국회 건설 위원회 소속 의원들, 건설부 등 공무원에게 뇌물을 건네준 사실은 밝혀냈지만, 외압과 배후의 실체에 대한 수사는 한계를 드러낸 채 마무리되었다. 6공화국의 정·경·관 유착관계를 보여 준 사건이다.

었다. 세상이 어디 수서에만 썩었더냐. 페놀 섞인 수돗물이 흘러나와도 마찬가지. 아직도 수돗물 믿고 마시는 놈 있었더냐 식이다. 우리들은 너도 나도 비리와 부패에 면역이 되어 있어서 웬만한 일은 하룻저녁 술안주거리 푸념 정도로 흘려버린다.

그날 밤에 '명지대 강경대 군 시위 중 사망' 소식을 들었다.

"이럴 수가 있나. 저놈들이 끝내 학생을 죽이고 말았어. 쳐 죽일 놈들. 이제사 죽은 것도 다행이지. 벌써 여러 애 죽어야 했어. 요샌 저놈들이 쇠몽둥이를 들고 설친다니까……."

"학생들이 병원을 지키고 있어도 안 될 걸. 내일 아침부터 텔레비전 딱 막아버리고 사체 부검해서 넘어져 죽었다고 발표하면 끝이야. 이경현 양[3] 보라고. 평생 바보가 되어버린 그 애도 학생들이 던진 돌에 맞았다고 하면 그만이야. 그것 때문에 한 사람이 분신을 하며 외쳐도 그 사람만 불구되고 끝나잖았어."

"이놈의 세상 억울하게 죽은 원혼이 하나둘이어야지……."

우린 잠시 답답한 가슴을 치며 치를 떨다가 곧 아까 하던 얘기로 돌아가 버리고 말았다.

다음 날 신 선생의 영정 앞에 앉으니 묘한 생각이 떠올랐다.

'용길아 너는 잘 죽었다. 이런 더런 놈의 세상. 전경이 학생을 백주대낮에 패 죽여도 끄떡없는 이놈의 세상에 살면 뭐하겠노. 너는 더러운 꼴 안 봐 좋겠다…….'

그리고 나는 일상의 일로 돌아갔다. 하늘만 쨰지게 맑았다. 다행히 강경

---

3   부산교대 재학중이던 4학년 이경현 양이 1989년 4월 12일, 부산교대에서 열린 '참교육 실현을 위한 한새인 결의대회' 당시 경찰의 과잉진압으로 머리를 다쳐 식물상태에 놓였다가 10개월만에 깨어났지만 신체마비와 정신장애를 피할 수 없었다. 이경현 양은 오늘날까지 오른팔과 다리가 마비된 상태이며, 지능지수도 6~7세 정도에 머물고 있다.

대 군의 소식이 비교적 상세히 보도되기 시작했다. 이제 겨우 대학 1학년이란 것. 아버지 어머니께 애교 어린 쪽지를 남기고 등교했다는 것. 90학번이면 바로 내가 가르쳤던 제자들 아닌가. 내가 가르쳤던 애들 그중에서도 90학번 애들이 막 떠올랐다. 그때서야 제자를 앗긴 분노가 구체적으로 절실하게 가슴을 때렸다(상세한 보도가 이어지지 않았다면 아마 또 그냥 한 목숨이 소리 없이 죽어갔을 것이다).

29일 아침, 국민연합 비상확대집행위가 소집되었다. 나도 참관인 자격으로 참석했다. 국민연합 소속 단체장들이 거의 다 모였다. 사태의 심각성이 여느 사건과는 다르다는 느낌이 온 방에 가득하다. 곧 '고 강경대 열사 폭력살인 규탄 및 노태우 정권 퇴진을 위한 부산비상시국회의'(약칭 부산비상시국회의)가 결성되었다. 야 3당 지부까지 포함해서.

"저놈들이 발 빠르게 내무장관만 그놈이 그놈으로 바꿔치우고 시국을 잠재울 모양입니다. 우리가 성명서나 발표하고, 사무실에 앉아 농성이나 하고 있다면 아무 소용이 없을 겁니다. 바로 거리로 나가야 합니다. 최루탄에 죽고 물고문에 죽고 한 것과도 이건 다릅니다. 공권력이 학생을 직접 쇠몽둥이로 때려 죽였어요."

"당장 시경으로 갑시다. 우리가 모두 구속당할 각오로 나갑시다. 시민들의 공분을 불러일으키고 이 탄압 국면을 돌파하지 않으면 저놈들은 광역선거 분위기로 사태를 모면하고 자기네 구도대로 정국을 끌어갑니다."

"이번에도 학생들에게만 일을 맡기면 절대 안 됩니다. 어른들이 나서야 합니다. 지난번 보안대 민간인 사찰 건[4]으로 시위를 할 때도 어른들은 거의 안

---

4 1990년 11월 4일 보안사 소속 윤석양 이병이 양심선언으로 육군보안사의 민간인 사찰활동을 폭로한 일. 1990년 8월 과거 학생운동권에 함께 몸담았던 동지들의 동태를 파악하는 프락치 역할을 강요받고 괴로워하던 윤 이병이 민간인 사찰자료를 들고 나와 한국기독교교회협의회(KNCC)의 도움으로 기자회견을 갖고, 보안사의 민간인 사찰활동을 폭로했다. 이 사건으로 5·6공을 통해 정권 보위에 동원되었던 보안사가 이름이 기무사로 바뀌었으며, 대폭적인 기구개편이 이루어졌다.

나왔습니다. 학생들이나 청년들이 나가봐야 늘 하던 그 모습 아닙니까. 재야 어른들이 모두 참석하는 조건으로 1차 시경 앞 항의 시위를 제안합니다."

30일 9시 시경 앞 시위가 결정되고 각 단체는 역할을 분담했다. 회의를 마치고 사무실로 돌아오니 전남대 박승희 양이 분신했다는 소식이 들려왔다.

말문이 막혔다. 화창한 5월의 하늘이 원망스럽다. 올봄은 아이들의 죽음으로 열리는구나. 캄캄한 세상. 사람들은 다시 선거 대책에 대해 얘기를 하고 있다. 난 답답한 가슴 가눌 길이 없어 화난 듯 사무실을 나와 버렸다.

윤부한 선생이 눈치를 채고 따라 나와 소주집으로 데리고 간다.

"제자들이 죽어나가니 정말 죽을 지경이지요. 이 선생 우짜겠소. 우리가 당장 죽을 수도 없는 노릇이고······."

둘은 말없이 갑갑한 가슴에 소주만 들이부었다. 얼마 안 있어 사무실 동료들이 하나둘 가세하여 소주집이 문을 닫을 때까지 소주만 씹어 삼킨다. 마실수록 가슴만 답답해져 온다. 더런 놈의 세상.

다음 날 아침 시경에서 좀 떨어진 건물 뒤편에 사람들이 모였다. 그러나 정해진 시간에 나온 사람은 반도 안 되었다. 화가 났다. 도대체 사람들은 이번 항의 시위도 사건이 터지면 으레 해보는 일 정도로 여기는 걸까. 대학생들과는 별도로 재야 단체들만 모이기로 한 것이 잘못이었다. 스무 명 남짓한 사람들은 주뼛주뼛 시경 정문만 흘끔거리고 있다. 변호사, 대학교수, 종교계 어른들. 이런 분들은 기자회견 할 때나 앞에 나서지 막상 이런 시위엔 스스로 나서는 법이 없다. 우리 교사들이 도저히 화염병이나 돌을 들지 못하듯이 이분들도 점잖게 앉아 농성은 할 수 있어도 막 대놓고 악다구니 쓰는 일은 못 하는가 보다.

"우리끼리라도 갑시다. 이 선생님이 앞에 좀 서시지요."(그리고 보니 모인 사람 중에는 내가 나이 든 축에 속한다.)

'살인 정권 물러가라' 어깨띠를 두르고 플래카드를 펴들고 시경 쪽으로 걷기 시작했다.

"살인 정권 폭력 정권 노태우 정권 퇴진하라."

출근시간에 맞추어 시위를 한다고 했는데 알고 보니 사람들은 택시로 버스로 쌩쌩 달릴 뿐 거리에는 사람도 별로 없다. 점심시간쯤으로 할걸 시간을 잘못 정했다. 좀 쁠쭘하기도 하다.

정문 앞에서 보초를 서던 전경도 몇 안 되는 사람이 모여드니 별로 긴장하는 기색도 없다. 더구나 정문엔 이미 바리케이드까지 쳐두었으니. 평상복을 입은 전경들이 삽시에 몰려나와 정문을 막아선다.

"우리는 시경국장에게 강경대 열사 살인 규탄을 하러 왔다. 정문을 열어라."

물론 씨알이 먹힐 리가 없다. 구호를 외치고 노래를 하며 버티고 앉아 있어도 경찰들은 잡아갈 생각도 않고 할 테면 해보란 듯이 장승처럼 둘러서 있기만 한다. 우린 전경에 에워싸여 악을 써대고, 사람들은 없고. 우리의 분노는 혼자만의 분노인가. 메아리도 없다.

이놈들이 학생을 때려죽인 뒤끝이라 그냥 보고만 서 있구나. 그전 같으면 잽싸게 닭장차에 싣고 어디로 끌고 갈 텐데, 시간이 오래 지나도 우리가 지쳐 떨어질 때까지 기다릴 모양이다. 우리도 마냥 이러고 있을 수 없다. 차라리 시내 쪽으로 행진을 하자.

"시경국장은 도저히 우리의 뜻을 받아들일 수 없는 모양입니다. 우리는 이제 시민들에게 이 사실을 알리러 갑시다."

그러나 우리가 움직이려 하자 모퉁이에 대기하고 있던 백골단이 앞을 가로막는다. 그래, 저놈들 탄탄한 투구와 방탄조끼, 그리고 저 몽둥이. 오늘은 쇠파이프 대신 몽둥이야? 분노와 전의가 한꺼번에 북받친다.

"살인 폭력 자행하는 백골단을 해체하라."

맨몸으로 달려들어 멱살을 잡아 흔들어도 요지부동. 우리는 다시 주저앉을 수밖에 없었다. 그날 결국 우리는 자진 해산을 해야 했다.

다음 날인 5월 1일 동아대학교에서 '102주년 노동절 기념 및 강경대 군 살인 규탄대회'가 열렸다. 노조가 탄탄히 꾸려진 사업장에서는 파업을 하고 모여들었다. 그렇지, 그렇지 이젠 되는구나. 노동자, 학생, 시민들이 스탠드가 꽉 차도록 모였다. 한 가지 뜻으로 모인 사람들 모습은 얼마나 아름다운가. 어제는 대표단의 선전포고였다면 오늘부턴 싸움이다. 이 창창한 5월 더 이상 너희들한테 짓밟히지 않을 것이다.

그런데 대회장 곳곳에 급히 쓴 대자보가 나붙는데 보니 안동대 김영균 군이 또 분신했다는 소식. 정말로 기가 찰 노릇이었다. 가슴에 뜨거운 핏덩이가 엉키는 듯이 답답한 속을 가눌 길이 없다. 그러면서도 기껏 내뱉는 말 "이 일을 우짜모 좋노. 글쎄 우짜꼬. 이놈의 자식들이 와 자꾸 죽을라카노 죽으면 안 되는데…… 죽어버리면 안 되는데……" 이것뿐이었다.

대회를 마칠 때쯤 거리 시위 연락이 왔다. 1차 집결지는 사상공단 앞거리. 공단 노동자들의 퇴근시간을 맞추어 시위를 하기로 했다. 시위 장소로 차를 타고 가면서도 조마조마했다. 87년 이후 대학생들의 기습 시위 외에는 별 시위를 보지 못했는데 오늘도 전경이 먼저 진을 치고 있는 게 아닐까. 그러나 공단 앞 거리엔 전경 코빼기도 보이지 않았다. 웬일일까. 대오는 금방 형성되었다. 차도를 따라 뛰기 시작했다. 어디서 언제 덮쳐올지 모르는 불안감. 학생들은 아무 겁도 없는 듯한데 나는 왜 이리 켕기는지. 인도에 올랐다가 차도로 합류했다가 연신 불안해하며 시위대를 따랐다. 시민들은 무덤덤하게 우리를 바라만 볼 뿐 박수를 보내거나 합류해주는 사람도 별로 없다. 다 안다는 투였다. 학생이 죽었으니 그럴 만도 하겠다는 투였다. 재미난 구경거리 만났다는 투였다. 오히려 고등학생들이 신이 난 듯 대열 끝에 붙어 장난스레 구호를 따라하고 있다. 1차 시위는 이렇게 시시하게 끝났다.

2차 집결지는 부산의 금싸라기 땅 남포동. 이곳에 도착하니 어둠이 깔린 거리에 백골단이 먼저 와서 위력 시위를 하고 있다. 그리고 현란한 네온 불빛과 허벅지를 다 드러낸 처녀들의 행렬.

문득 절해고도의 고독함이 물밀려온다. 한쪽에선 아이들이 불길 속에 죽어가도, 한쪽에선 온갖 퇴폐와 음란 속에 히히덕거리고, 그리고 또 한쪽에선 아이를 쳐 죽인 자들이 끄떡없이 버티고서 눈을 부라리고. 그중에 우리는 무엇인가. 갈가리 찢기는 가슴으로도 어찌할 수 없는 무력감과 고독. 그러나 이것도 잠시 우리의 용감한 아이들이 함성을 지르며 골목골목에서 거리로 뛰쳐나온다.

"강경대 살인 진짜 주범 노태우 정권 퇴진하라."

백골단도 지지 않겠다는 듯이 독사처럼 달려들고 아이들은 다시 흩어지고 흩어진 자리엔 벗겨진 신발, 신발들. 함께 나서지 못하는 나의 비겁함에 울화가 치밀었지만 아이들 잡아가는 전경에 대고 "그러지 마. 이놈들아. 또 패 죽여라 이놈들아" 소리만 지를 뿐(그것도 놈들이 가까이 오면 쑥 죽어버리면서) 주먹만 벌벌 떨고 섰다. 몇 번 기습 시위가 계속되다가 드디어 수천의 학생들이 남포동 큰길을 장악했다. 100미터가량 되는 도로에 빼꼭히 학생들이 들어차자 그때부터 모여드는 시민들. 삽시간에 남포동 거리는 시위대로 꽉 찼다. 최루탄을 쓰지 않고 시위대를 흩는 데만 힘을 쓰는 전경들 작전으로는 시위대를 감당할 수 없다. 이게 맞아 죽고 불타 죽고 해서 뺏은 공간인가. 한목소리로 내지르는 함성과 구호 속에 고독감은 씻은 듯 사라진다. 보석상, 고급 옷 상점, 고급 구두 가게…… 해맑은 얼굴을 한 주인들은 뭐라 볼멘소리로 주절거리며 셔터를 내리고 서둘러 도망을 갔지만 대개의 시민들은 빼꼭히 둘러서서 시위대의 얘기에 귀를 기울인다. 대열은 500미터는 족히 됨직했다. 6월 항쟁 때 보았다. 그 환희의 대열을. 나는 주

전교조 결성을 적극 지지하는 서울대 학생들의 응원 광경. 1989년 6월. ⓒ 박용수·민주화운동기념사업회

머릿돈을 있는 대로 털어 빵도 사고 우유도 사고 사탕도 사고, 신이 나서 막 던졌다.

"어? 선생님, 선생님."

팔짝팔짝 뛰며 매달리는 제자들. 나는 좋아서 오냐오냐 수고가 많구나. 보는 대로 덥석덥석 안아주었다. 마음 한편 왠지 모를 아픔을 느끼면서. 시위는 12시까지 계속되었다. 애들은 지치지도 않는지 끝없이 구호를 외친다. 그런데 가만히 보니 밤이 깊어갈수록 시민들은 집으로 가버리고 학생들도 시위의 마무리를 어찌해야 할지 모르는 듯했다. 예상치 못하게 경찰은 전혀 최루탄으로 흩어 놓을 생각을 않고 오히려 구경꾼이 되어 퍼질러 앉아 있으니 이건 계획에 전혀 맞지 않는 판인 듯하다. 지도부 몇이 내게로 왔다.

"어른분들이 영 안 보입니다. 선생님이 집회 마무리 말씀을 좀 해주시지요. 이대로 두면 집회 모양이 이상해지겠습니다."

나는 어설픈 몸짓으로 시위대 앞에 섰다. 이 일로 괜히 시위 주도 혐의로 찍히지는 않을까 하는 걱정도 떨칠 수 없는 마음으로.

"여러분 저는 전교조 해직 교사 이상석입니다."

아이들 함성과 박수.

"전교조 해직 교사는 여러분들 앞에 서야 이렇게 대접을 받는 모양이지요."

"엄마가 사랑하는 참교육, 아빠가 좋아하는 전교조. 해직 교사 복직으로 참교육을 쟁취하자."

학생들은 다시 열기를 되찾은 듯 구호로 화답해주었다. 이런 시위대에게 자진 해산 하자는 얘길 어떻게 하지…… 내가 괜히 앞에 선 건 아닌가 싶었지만 얘길 계속했다.

"오늘 우리는 87년 6월 항쟁의 그 뜨거운 열기를 되찾았습니다. 사랑하는 학우의 죽음이 우리의 가슴에서 부활하고 있습니다. 우리는 이제 91년 5월 투쟁을 힘차게 열었습니다. 우리의 투쟁 의지는 날이 갈수록 들판의 불길로 타오를 것입니다. ……그러나 오늘 이 시간은 내일의 투쟁을 다짐하며 이 집회를 마무리하도록 합시다. 마음이야 밤을 새워 청와대로 달려가고 싶겠지만 내일의 싸움을 위해 오늘은 이것으로 집회를 마치도록 하겠습니다."

시위대 중간중간에서 "자진 해산 웬말이냐. 시청으로 갑시다" 하는 고함이 나오곤 했지만 대부분은 참 대책 없는 소리라고 여기는 듯했다. 만세 소리로 밤하늘을 뒤덮으며 시위대는 흩어졌다.

학생들 몇은 내게 와서 불만을 털어놓는다. 이런 비폭력 시위가 무슨 효과가 있느냐. 지도부의 온건한 태도 때문에 투쟁 열기를 고양시키지 못했다. 결국 대중 추수에 빠지고 말 것이다. 아이들의 이런 불만을 들으며 나는 아무 말도 하지 못했다.

'지금 선도적 투쟁은 어떻게 하는 것이냐, 대중을 이끌 다른 방법은 무엇이냐' 묻고 싶었지만 사실은 내가 지금의 시위 판에서는 동조 시민 이상의 무엇을 아는 바 없기 때문이었다.

나는 눈에 띄는 제자들 몇을 데리고 택시를 탔다. 자정이 넘은 시간, 혼자 갈 수 있다는 애들이라도 도무지 혼자 보낼 수가 없었다. 대학 2학년이라지만 내게는 늘 고등학교 1학년 그 모습이다. 애들이 살가워서 뭐든지 주고 싶어 민숙이한테는 내 시계를 채워주고(민숙이가 마침 시계가 없었다) 명희한테는 손수건을 주고, 일경이한테는 에라, 이 라이터뿐이다, 쥐어주고. 시위의 감격보다 앞으로의 투쟁 일정보다 내겐 이 아이들이 더 소중하다. 그런 아이들이 화려한 봄날 죽어간 것이다.

아이들이 죽었다. 우리 제자, 우리 아이들이 죽었단다.

죽음밖에는 싸울 무기가 없는가

집회가 있는 날은 있는 날대로 없는 날은 없는 날대로 자정이 넘어서야 집에 들어오게 되었다. 밤마다 술이었다. 팍팍한 가슴에 소주만 들이붓고 있었다. 시위 계획을 짜거나 정세 전망을 분석하거나 할 능력도 위치도 아니면서 혼자서 무슨 큰일이나 하는 양 아내에겐 입도 달싹 못 하게 해두고서는. 몸과 마음이 파김치가 되어 쓰러져 누우면 죽어간 아이들이 어른거려 잠을 이룰 수가 없었다.

나도 죽어버렸으면 싶은 심정이었다.

'학생들이 배후 조종으로 죽어간다는데. 그래 나이 40이 된 나도 죽고 싶은 심정이다 이놈들아. 내가 죽으면 배후 조종으로 죽었단 말은 못하겠지, 나쁜 놈들.'

자다가 와락 일어나 일기장을 폈다. 붉은색 볼펜을 찍어 누르며 가쁜 숨 몰아쉬며 일기를 썼다.

1991년 5월 9일, 새벽 2시

죽어가는구나. 불꽃으로 불꽃으로, 이빨 갈리는 노여움으로. 어른들의 이 무지한 안일의 늪에 온몸 던지며 사랑하는 우리 아이들이 끝도 없이 죽어가는구나.

온몸 불살라, 캄캄한 어둠 찢어발기기 위해 꽃다운 목숨들, 죽음보다 더한 절규, 산산이 부서지는 불덩이로 저렇게 죽어가는구나. 추악한 5월의 하늘, 캄캄한 어둠으로 짓눌린 하늘, 철벽 같은 폭정의 하늘.

더 이상 어떤 것으로도 이룰 수 없는 극단의 절망과, 그 절망 끝에 비로소 열리는 이 땅의 희망을 위해 살점 같은 우리 아이들이 죽어가고 있구나.

강경대, 박승희, 김영균, 천세용, 박창수, 김기설 자고 나면 떨어져내리는 피 같은 우리 아이들.

어른들은 천만 근 돌덩이처럼 침묵하고, 독재자는 푸른 5월을 핏발선 눈으로 즐기며 지금은 안정된 민주 시대라 음탕하게 웃고, 아귀 같은 독재의 무리들 죽음의 배후를 조사하겠다며 죽은 자를 끌어내어 심장을 찢고, 변절자는 온갖 요설로 죽은 자의 하얀 가슴 위에 가증스런 웃음 흘리는데. 어찌할 거나 우리 아이들, 터지는 열정으로 불꽃 되어 떨어지는구나.

속 편한 놈들은 그러나 어쨌든 죽지 말아야 한다고 인품을 잡는다. 그래 죽지 말아야 한다. 원통하고 절통해서라도 죽지 말아야 한다. 우리도 죽고 싶지 않다. 살아서 싸우고 싶다.

그러나 이토록 절박한 캄캄한 철벽 앞에서, 죽음밖에는 도무지 가진 것 없는 이 절박한 벼랑의 끝에서 젊음은 피 솟구치는 분노로 맞닥뜨려, 그래! 우리는 작은 몸뚱어리 던지는 죽음밖에는 싸울 무기가 없다.

훗날 역사는 1991년 5월의 죽음을 어떻게 설명하고 있을까. 후세에게 우리는 지금의 이 엄청난 죽음을 어떻게 전할 수 있을까. 이 죽음의 시대. 어른들은 무엇을 하고 있는가. 나는 무엇을 하고 있는가.

싸워야 한다. 대가리에 썩어 고인 안일의 늪, 무관심의 허울 걷어내고 어른들이 싸워야 한다. 천으로 만으로 수만으로 맨주먹으로 심장으로, 젊음을 지키고 이 땅을 지키고 이 하늘을 지키기 위해, 어른들이 싸워야 한다.

사람이 사람으로 살 수 없는 폭정의 시대에 무엇을 하느냐. 시퍼렇게 칼 갈아 나서지 않으면 이것이야말로 암울한 죽음일 뿐이다. 산송장일 뿐이다.

  투쟁은 가장 절실한 사랑의 실천
  응징은 가장 확실한 정의의 실천
  죽창을 벼려들고 뚜벅뚜벅 나가야 한다, 지금.

5월 9일 저녁에는 거의 저항을 받지 않고 남포동 거리를 장악했다. 거의 1킬로미터 가까운 행렬로 거리를 메우고 집회를 시작했다. 현장에 계신 선생님들도 많이 참석을 했다. 우리 아이 담임선생님이신 노 교사도 만날 수 있었다. 각 단체의 깃발이 펄럭이는 집회장은 87년 6월과 확실히 달랐다. 모두가 조직화된 대중들이었다. 조직 대중이 이 정도이면 이제 민주세력의 힘은 막강한 것이다. 또다시 마음이 들뜨기 시작한다. 나는 자꾸 일어나서 빼꼭하게 들어찬 사람들의 아름다움을 즐기고 있었다. 그러나 대열의 외곽 시민들은 아무래도 무관심한 표정들이다. 길이 막혀 집에도 못 가니 구경이나 해보자는 표정이랄까. 온갖 유인물이 홍수처럼 뿌려지는 데도 문제가 있지만 시민들은 유인물에 거의 관심을 갖지 않는다. 길거리엔 버려진 유인물이 수북하다. 그리고 바로 코앞에서는 도박장의 현란한 불빛이 번쩍이고 화사하게 차려입은 남녀들은 고급 술집을 찾고 있었다.

　민자당 해체를 외치는 소리가 아무리 커도 이런 상황을 저들은 손바닥 들여다보듯 알고 있는 듯하다. 아니면 이렇게 요지부동으로 강고할 리가 없다. 처음에는 제법 개선안이라도 내놓을 듯하더니 웬걸 갈수록 강경 돌파 전략을 세우고 있지 않은가. 사실 나도 민자당 해체를 외치면서도 그 이후 구체적 대안을 알지 못하겠다. 지도 구심점의 역량 부족도 문제이고 대안 세력을 갖지 못하는 것은 더 큰 문제였다. 대중은 확실하고 구체적인 대안을 갖지 못하는 민민세력에 대해 심정으로 동조는 할지언정 행동으로는 동조하지 않는구나.

　"지금, 87년 6월 항쟁을 연상하기엔 너무 이른 자기 위주의 판단이야."
　교사들은 이렇게 속삭이고 있었다.

　민주당 김 모 의원이 연설을 하러 등단하자 학생들은 '우' 하는 야유와 함께 모두 들고 일어나 노래와 구호를 하며 연설을 막아버린다. 신민당에게도 마찬가지. 사회자가 연신 자제를 호소해도 막무가내. 심정을 이해하면서도 나는 다시 한 번 씁쓸한 기분을 떨칠 수 없었다.

'행동하는 양심'은 '행동하는 욕심쟁이'가 된 지 오래이지만 지금 단계는 이게 아닌데 싶어 안타까웠다. 시민 대중이 우수수 떨어져나가는 듯하여. 그래 놓고는 자기네 의장이 등단하자 팡파르를 울리며 환호를 한다. 시민들은 들러리였던가. 나는 내처 고개를 흔들고 있었다.

"싸움의 방법은 이게 아니야. 이래 가지고는 제도 야당을 견인해낼 수 없어. 아예 '비상시국회의' 구성부터 야당을 배제해버렸으면 모를까."

옆에 앉은 고재명 선생은 나의 이 말에 다시 고개를 흔든다.

"아니죠, 선생님. 진실이 없는 야당한테 우리가 얼마나 당했습니까. 죽 쑤어 개 주기를 얼마나 했는데요. 학생들 심정도 이해가 되는데요. 시민들한테 야당의 본질을 이렇게 폭로해야 하는 것 아니겠어요."

"……글쎄. 고 선생도 젊어서 그러는 거 아니야? 난 운동에 가장 중요한 게 사랑과 너그러움이지 싶은데……."

"사랑과 너그러움하고 옳고 그른 것을 밝히는 것 하고는 다르지요."

그러고 보니 나는 할 말이 없다. 그러나 도리질은 멈추어지지 않았다. 집회가 끝나고 가두 행진. 부산역까지는 행진이 허용되어 있었다. 경찰은 늘 시위대의 세를 보고 허용과 봉쇄를 결정하는 모양이다. 평화 행진은 늘 가슴 설레는 축제와도 같다. 풍물과 깃발을 앞세우고 행진을 하자 처졌던 신명이 살아나서 목청껏 노래를 했다.

그러나 그날 밤 자정 무렵부터는 서면 일대가 아수라장이 되도록 공방전이 벌어지고 말았다. 자정 가까운 시간부터는 최루탄이 난사되었던 것이다. 시민들이 떨어져나간 시위대는 마음대로 잡아 족쳐도 좋을 학생과 노동자들뿐이라서?

백골단은 여전히 포악한 야수가 되어 밤거리를 누비며 곤봉을 휘두르고 청년들은 골목골목에서 돌멩이를 들고 응수하고 있었다.

아무도 없는 밤. 이런 공방전이 무슨 소용일까. 허허로운 마음으로 택시를 탔다.

간밤 일기를 쓸 때의 그 처절한 분노는 역시 감정으로만 끓어올랐던 것일까. 나는 종일 시위대만 따라다녔을 뿐 아무것도 한 것이 없다. '죽창을 벼려들고 뚜벅뚜벅'이라 했지만 나는 무엇을 했을까.

부신 햇살 어두운 하늘

5월의 하늘은 갈수록 화사해져간다. 부시게 맑은 봄볕을 맞아 창문을 열면 햇살 흐드러진 교정에 아이들 웃음소리가 들려온다. 무성하게 푸르러가는 미루나무 이파리들이 바람에 사삭거리는 소리가 아이들 재잘거리는 얘기소리 같다. 해직 교사가 맞는 5월은 온통 그리움 덩어리다. 아이들이 보고 싶다. 환장하겠다. 그러나 올 5월은 학교에 있지 않은 것이 오히려 다행이구나 싶다. 뒷산에 뻐꾸기가 울어도 저 무심한 것 싶어 화가 나고, 문득 올려다본 하늘이 파랗게 맑아도, 아이구 이 무심한 하늘아 싶어 울화가 치밀 판인데 교무실에서는 교장이 입 닫고 귀 막고 수업만 열심히 하라고 을러댈 테고, 때로는 동료 교사들까지 죽은 아이를 두고 가슴 찢는 말을 예사로 해댈 테고, 아이들은 아이들대로 "선생님, 대학생들이 분신하는 이유가 뭐예요?", "선생님, 분신 얘기 같은 그런 것 말고 귀신 얘기 해주세요, 네" 철모르고 빤한 눈 들어 쳐다볼 텐데 속으로만 타는 가슴 안고 어떻게 살아가라고.

억하심정 내리누르는 고통이 새삼스레 가슴 저며온다. 더구나 제자들의 죽음에 도저히 침묵할 수 없는 절박한 심정으로 시국선언에 서명했다 하여 이놈이 불러젖히고 저놈이 불러젖히는 어처구니없는 현실에 가슴에 병이라도 안 생겼을라고. 해직 교사가 오히려 배짱 편치. 아이들 그리움에 떨다가 이렇게 자위를 한다.

강경대 군 장례가 14일로 잡히자 부산에서도 장례식을 하기로 했다. 여느 집회와 다르니 선생님들 중에서 사회를 맡았으면 좋겠다는 '비상시국회의' 결정으로 내가 사회를 맡기로 했다. 안날 저녁에 장례행사를 알리는 포스터를 붙이러 풀통을 들고 동료 교사들과 거리로 나서니 사회도 못 보고 잡혀가는 게 아닌가 싶어 계속 허둥거려졌다. 무슨 큰 불온 전단이나 붙이는 듯이. 손으로 풀을 개어 벽에다 바를라치면 온몸에 풀이 튀어 엉망이 된다. 그렇게 거리를 헤매다가 제자를 만났다. 제자는 안쓰러운 듯이 나의 행색을 보며 눈물을 질금거린다. 얘는 이 포스터가 어떤 내용인지도 모르고 단지 한 손에 풀통을 들고 한 손은 풀이 엉켜 엉망인 모습이 안타까운 모양이다. 나는 겸연쩍게 웃으며 "선생이 이런 것 하면 안 돼? 괜찮아" 하며 헤어졌지만 새삼 내 모습이 처량해지는 것이었다.

나이 40에 이게 무슨 꼴이람. 친구들은 자가용 몰고 처자 데리고 외식을 즐길 이 시간에 아무리 세상이 꼴사납게 돌아가도 걱정 없이 잘도 살더니만 나만 이렇게 나잇값도 못하고 그런 친구들과는 아예 멀어져서 이런 꼴이 되다니. 이젠 이런 일 안 할 때도 되지 않았는가. 등 따시고 배부를 일 찾아 안주할 때인데……

집회 허가가 안 날 줄 알았는데 웬일로 부산역 광장 장례식과 서면까지의 거리 행진이 허용되었다. 사실, 원천 봉쇄를 하고 최루탄을 쏘아대면 식은 어찌 이끌며, 또 그렇게 되면 잡아들이려고 설쳐댈 텐데 얼마나 불편해질까 싶어 내심 겁을 많이 내기도 했는데 어휴 살았구나 싶었다. 부산은 웬일인지 강경대 군 피살 이후 '비상시국회의'가 주최하는 공식 집회는 거의 묵인하고 있는 눈치였다(부산의 주력부대가 서울의 본 장례 행사 저지를 위해 차출되어 갔다는 기자들의 얘기가 있긴 했지만).

그런데 전경의 저지가 없는 집회인데도 갈수록 참여 인원이 줄어들고 있는 것이 눈에 띄도록 표가 났다. 연일 계속되는 시위에 학생들이 많이 지친 탓도 있겠지만 도무지 시민들의 동조가 미미한 것이 가장 큰 문제였다. 식이 시작된 시각에도 부산역 광장엔 4,000, 5,000명 정도의 사람뿐이다. 지난 5월 9일 집회 때 야유를 받은 민주·신민당에서는 대표들만 참석했는지, 극성스럽게 자기당의 깃발을 흔들어대던 당원들 모습이 보이지 않는다.

그러나 가장 경건하고 맑은 마음으로 강경대 군의 넋을 기리고자 내 딴에는 온 정성을 다했다.

서면까지 행진을 하는 중에 동부경찰서 앞을 지나는데 행렬의 일부가 경찰서로 쳐들어가야 한다고 뿌득뿌득 대열을 이탈하기 시작했다. 그러자 삽시에 기자들이 모여들고 덧붙여 시위대는 다시 모여들고. 나는 아찔했다. 경찰서는 정문을 굳게 걸어 잠그고 사무실 불도 완전히 끈 채 쥐 죽은 듯 웅크리고 있는데 시위대가 덮쳐버리면 이건 완전히 저들의 함정에 휘말리는 꼴이 될 것이 뻔하기 때문이다.

"여러분 이러시면 안 됩니다. 저놈들 계략을 모르고 이러십니까. 이건 함정입니다. 참으십시오 여러분, 그리고 우리는 끝까지 평화적 시위를 해야 합니다. 저들이 폭력을 쓴다고 우리도 폭력을 써서야 되겠습니까. 방어 이상은 안 됩니다. 먼저 공격하지 맙시다."

땀을 뻘뻘 흘리며 호소해도 분노에 찬 사람들은 흩어질 줄 모른다.

"넌 뭐야 임마 나와. 씨팔 이런 데모하면 뭐하겠다는 거야. 뿌쇠, 뿌쇠버려."

급기야 전교조 교사들이 달려와 겨우 시위대를 밀어내며 설득하여 진정을 시켰다.

서면에 도착하여 정리 집회를 준비하고 있는데 소식이 들어왔다. 강경대 군의 시신은 결국 광주 장지로 가지 못하고 되돌아갔다는 소식. 하늘을 올려다보니 시커먼 하늘에 별 한쪽 보이지 않는다.

"저승길마저 가는 곳마다 맵고도 쓰리구나. 국민을 적으로 생각하는 이

정권이 앞으로 또 무슨 짓을 저지를까."

장례식을 이끌어가면서도 눈물 한 방울 흘릴 겨를 없었는데 그때사 눈물이 북받쳐 올랐다. 하늘의 어둠이 도시를 향해 무겁게 내리누르듯이 덮쳐왔다.

집회를 마치고 늦은 저녁을 먹으며 지도부 사람들끼리 간단한 평가회를 가졌다. 사람들은 집회 내용의 본질을 따져보고 향후 방향을 잡아나가려는 성의가 없어 보였다. 민주·신민 양당은 향후 집회에 재야와 동참하기를 꺼리는 눈치가 역력하다. 두 당은 당대로 독자 집회가 계획되어 있고 곧 실시될 광역의회 선거 준비에 골몰해야 할 처지란 것이었다. 결국 야당은 재야와 함께 일해봐야 승산이 없을 것이란 계산을 한 듯하였다.

밖에서는 흩어져가던 시위대가 경찰과 붙은 모양이었다.

최루탄 가스가 첩첩이 닫힌 창문 사이로 스며들고 있었다.

"지금 바깥에서는 노동자와 학생들 조금, 그리고 서면 슬리퍼부대(술집 등 야간업소 종업원을 이렇게 불렀다. 룸펜까지 포함하여)가 거의 다 나왔어요. 방금 민자당 ×××사무소가 깨졌고, ××× 사무소는 간판만 태웠어요. 잡혀가는 사람들 보니 전부 슬리퍼부대더만 개들은 한잔 하고 나와서 고함 몇 번 지르다가 욕보게 생겼네……."

바깥 동정을 살피고 온 한 사람이 전하는 말이었다.

"다음 집회는 18일로 박읍시다. 계획된 국민대회니까. 야당도 이때까지만이라도 참석해주십시오. 우리가 지금 각자의 이기주의에 빠진다면 죽도 밥도 안 됩니다. 오늘부터 대학 선봉대들 30여 명은 가톨릭센터에서 단식농성에 돌입했습니다. 시국회의 차원에서는 지도부가 동참하기로 했으니 내일부터라도 동참하기로 합시다. 투쟁 열기를 고양할 수 있도록 실무 차원에서도 노력하겠습니다. 어르신들이 자꾸 우리는 빠지겠다고 하면 우짭니까……."

민련 사무국장은 이렇게 호소 반 강요 반 설득을 하고 있었다.

그러나 다시금 전의를 불러일으킬 만큼 힘을 갖지는 못했다.

계속된 집회에 모두 지쳐 있고 전망이 불투명한 싸움에 조금은 불안해하는 듯도 하다.

문득 나는 비탈길을 굴러 내려오는 수레를 떠올리고 있었다. 수레는 비탈길 저 아래가 어떤 곳인지 확실히 모르면서 관성에 의해 쉼 없이 굴러 내려간다. 누군가 아래가 늪인 것을 알고 멈추어 세우고자 해도 이미 관성이 붙은 수레를 세울 수가 없다. 그러면서도 수레에 탄 사람은 으레 굴러가는 수레라 여기고 어디로 가고 있는가에 대해선 별 관심이 없다. 수레의 관성과 수레에 타고 있는 사람들의 타성은 수레가 가는 방향을 잡지 못하는 법이다. 사람들은 눈을 지그시 감은 채 사무국장의 얘기를 듣고 있었고, 나는 나대로 이런 엉뚱한 생각을 하고 있었다.

5월 18일, 경찰의 태도는 돌변해 있었다. 아니 이제 본래의 모습을 되찾고 있었다. 백골단은 기세등등하여 행인이고 시위대고 관계없이 서너 명만 모이면 사과탄을 까 던져버린다. 버스를 기다리다 매운 열기에 폭삭 주저앉은 노인 한 분이 겨우 정신을 수습하고 "야 이놈들" 하고 대드니 바로 발 아래다가 사과탄을 다시 터뜨려버린다. 무지막지 온 시가지를 휘젓고 다니며 거리를 숨 막히는 연기로 뒤덮어버리는 데는 어느 장사도 당해낼 재간이 없다. 시민들은 잠시 분노하다가 서둘러 시내를 빠져나가고 있었다. 무엇이 어떻게 되었느냐고 따져보기 전에 우선 당하는 고통이 싫고 고통을 이기려 하기보다는 나 혼자 피해버리면 된다는 꼴이었다. 한 50명 시위대가 형성되어 구호를 할라치면 득달같이 달려가 최루탄을 쏘고, 백골단은 먹이를 노리는 야수가 되어 시위대를 뒤쫓는다. 청년 몇이 포장마차 수레 보관하는 곳을 골목으로 알고 뛰어들었다가 와르르 덮친 백골단에게 짓밟히고 깨져서 끌려나올 때 우리는 치만 떨며 지켜볼 수밖에 없었다. 웃통이 찢겨진 채 머리끄덩이를 휘어잡힌 채 끌려나오던 한 청년은 애절하게 소리친다.

"시민 여러분 동참합시다."

사람들은 신음소리만 낼 뿐 말이 없다. 그러다간 흩어져버린다. 시위 지도부를 찾은 것은 거의 온 시가지가 진압된 후였다. 지난 14일 밤부터 가톨릭센터에서 단식농성을 벌여온 비상시국회의 공동대표단과 단식농성 선봉대 학생 30여 명이 국제시장 앞 도로를 점거하고 앉아 있었는데 이는 마치 전경에게 포위된 채 생포되어 있는 모습이었다. 겹겹이 둘러선 전경들은 벽처럼 버티어 섰고 시위대는 초췌한 얼굴에 두 눈만 이글이글 분노를 태우고 있다. 전경들을 비집고 들어 그 대열에 합류를 했다. 나흘을 꼬박 굶은 우리 지부장님이 걱정되어 옆에 같이 있어야겠다고. 민중당 김영수 위원장은 이미 최루탄 파편에 팔을 찢겨 붕대를 감고 있었고 노무현 의원은 콧잔등이가 찢겨져 있다. 지부장의 바짓가랑이는 최루탄 가루가 하얗게 묻어 있다. 앉아 있는 사람에 대고 마구 사과탄을 깐 모양이다. 단식조 학생들 중에는 고 1학년 때 내가 담임했던 애가 셋이나 끼여 있었는데 서로 나눈 눈인사가 비통하다. 저들에게 물려준 이 세상이 무슨 꼴인가. 나는 집에 혼자 앉아 일기장 앞에서나 분노할 줄 알았지 세상을 이 모양으로 만든 장본인이 아닌가. 또다시 열패감이 가슴을 찢는다.

뜨악하게 버티고 섰던 전경이 다시 손마이크를 들고 심드렁하게 뇌까린다.

"여러분은 무단 도로 점거로 집회와 시위에 관한 법률을……"

"닥쳐라. 이놈아 너희들이……"

열패감으로 떨던 내가 와락 달려들자 "발사" 하는 소리와 함께 다시 사과탄이 수도 없이 날아들고 뒤로는 최루탄이 연발총 쏜 듯 떨어진다. 당장 숨이 막혀 죽을 것 같다. 결국 지도부 대열도 노무현 의원과 우리 지부장 등 몇 명만 남고 흩어질 수밖에 없었다. 우리는 하는 수 없이 가톨릭센터 앞으로 후퇴해야 했다. 센터 앞으로 모인 시위대는 1,000여 명. 거의 전부가 조직화된 학생과 노동자들뿐. 결국 우리만 자꾸 고립되어가는 것이 아닐까. 죽든지 살든지 대중 속에서 부대껴야 하는데 우린 결국 이렇게 밀려와 명분만의 싸움만 하고 있는 것 아닐까. 안타까운 마음으로 매운 가스 속에서 나는 눈물만 닦아내고 있을 뿐이었다.

이제 모두들 보도블록을 깨기 시작했다. 맨몸으로는 도저히 감당할 수 없다. 화염병도 몇 개 날았지만 금방 바닥이 났다. 준비가 안 된 모양이었다. 전경은 센터 앞에 모인 시위대까지는 쳐서 흩으려 하지 않고 조금만 나오면 최루탄으로, 기습 체포로 공방전을 벌인다. 시간이 갈수록 부상자가 속출하고(백골단이 이쪽에서 던진 돌을 되받아 던지는데 이게 제일 위험하다) 피로에 지쳐 하나둘 떨어져나간다. 어둠이 짙게 깔릴 때까지 이런 공방전이 계속되었으나 아무 진전 없이 시위는 잦아들었다.

나는 너희의 밥줄을 쥐고 있으니 오직 나만을 경배하라

온통 시멘트인 아파트 마당에 어렵사리 터를 잡아 가꾼 꽃밭이 있는 건 작은 축복이기도 했다. 그 꽃밭에 어른 키만큼 자란 복숭아나무 한 그루는 출근길에 만나는 귀한 나의 손님이다. 5월 햇살을 받아 복사꽃을 탐스럽게 피워낼 때는 꽃이파리 하나에도 고향의 냄새가 묻어났다. 때로는 흐드러진 연분홍이 눈물겹도록 곱기도 했다. 그러다가 며칠 안 본 사이에 꽃잎을 다 떨구고 불쑥 아기 붕알만 한 열매를 달고는 푸르게 씩씩하게 자라나는 것이었다.

세상도 이렇게 햇살 골고루 받으며 제각기 제 빛깔로 살아갈 수 있으면 얼마나 좋을까. 그런데 올해 5월은 이 복사꽃마저도 보기가 싫었다. 그러고 보니 그 나무 앞에 멈춰 섰던 기억도 없다. 처음엔 '6월 항쟁'을 떠올리며 울분으로 뒹굴다가 말쯤부터는 알지 못할 답답함에 또 술만 들입다 쏟아붓고 있었다. 손에 하나 잡히는 게 없다.

5월 25일 제3차 국민대회가 무산되고, 그날 밤 또 한 목숨이 어이없이 죽어갔다. 김귀정 양. 귀정이의 사진을 보고 있노라니 영문도 없이 자꾸 복사꽃 생각이 났다. 눈물겹도록 고운 복사꽃. 그리고 언제 어디에선가 분명히 만났던 아이 같았다. 언젠가 성균관대에 강연을 갔을 때 봤던 아이일까……. 아니면 내가 가르친 여고생들이 모두 귀정이처럼 컸을 것이기 때문일까.

분노보다는 슬픔이 가슴을 찢는다. 새삼스레 서울서 공부하고 있는 제자들이 못 견디게 보고 싶다. 그리고 그 아수라장에서 그 숨이 턱턱 막히는 고통, 목을 졸라 비트는 고통 속에서 꽃이파리 짓이겨 밟히듯 숨져갔을 생명에 평평 눈물이 솟았다. 새로 부임한 총리는 이렇게 죽음의 너울을 쓰고 텔레비전에 나타난 것이다. 우리 1,600교사들의 목을 거침없이 잘라놓더니 그 실력 그대로 여린 처녀의 가슴을 짓밟으면서.

올해 5월은 끊임없는 장례의 행렬이었다. 그러고도 우리는 또 한 주검을 맞아야 했다.

6월 30일. 고 박창수 한진중공업 노조위원장.

죽은 지 50일이 넘어서야 고향 부산으로 돌아온 것이다. 관을 덮은 꽃들은 시들시들 말라버렸고, 함께 따라온 사람들도 시들시들 피로에 지친 채. 아직도 강하게 살아 있는 것은 두 주먹 움켜쥐고 대열을 선도하는 박창수의 부라린 두 눈, '부활도'뿐이었다.

5월 6일 박창수 씨가 죽었다는 소식을 듣고 긴가민가했다. '연이은 학생들의 죽음에 이젠 노동자들까지 죽어가는구나' 하고 생각하다가도 '이 사람은 죽을 이유가 없는데……' 싶은 생각도 들었다. 아니나 다를까 죽음의 진상을 밝히라는 가족과 노동자들의 요구에 느닷없이 백골단을 앞세워 영안실 벽을 부수고 시신을 탈취해 가버렸다니.

상상해보라. 느닷없는 구속에 가슴 떨던 가족(1991년 2월)은 교도소 안에서 부상당해 입원해 있다는 소식(1991년 5월 4일)을 듣고 이건 또 웬일인가 싶어 얼마나 가슴 졸였으랴. 그리고 이틀 후 5월 6일 새벽에 싸늘한 시신이 되어 굳어버린 남편. 건장하던 남편이 구속된 지 석 달 만에 시체로 굳어버리다니. 가슴에 돌덩이가 채여 아무 정신도 차리지 못하고 있는데 다음 날, 대명천지 한낮에 영안실 벽을 쾅쾅 부수는 함마 소리. 벽이 뚫리고 그 지긋지긋한 백골단이 덮쳐들어 시신을 앗아가 버렸을 때. 의지할 곳 없는 불쌍한 노동자는 살아서도 죽어서도 이렇게 어이없이 밟히고 짓밟히고 짓뭉개져도 좋은가. 그리고는 '자살했다'는 간단한 발표 한마디.

자살이든 타살이든을 제쳐두고라도 이렇게 자기들 마음대로, 남편을 졸지에 잃은 아내에게, 장대 같은 아들을 잃은 부모에게 무지막지한 폭력을 휘둘러도 좋은가. 노동자에겐 아예 인권이 없다.

분명히 타살되었다는 증거들을 아무리 내세워도 언론은 고개 돌린 채 〈아, 대한민국〉을 노래하고 안기부는 가소롭다는 듯 낄낄거리고 있을 뿐.

나는 박창수 위원장의 추도식에 읽을 글을 쓰면서 온갖 욕지거리를 끓어 퍼붓다가 그래도 무너져 내리는 억장을 가눌 길 없어 혼자서 부들부들 떨며 울고 말았다.

영결식장에는 노동자들과 학생 그리고 근처 주민들(주로 한진중공업에서 일하는 사람들의 식구들)이 모여들었다. 좀처럼 장례식은 시작되지 않았다. 무슨 일이 있는가 둘러보니 장례집행위원들이 보이지 않는다. 식장에는 사전문화행사가 이어지고 있었다. 식단 옆 귀빈석에는 동네 할머니와 땟자국이 흐르는 동네 꼬마들이 슬리퍼를 끌고 몰려와 앉아 있다. '전국 노동자장'으로 치러지는 영결식장 귀빈석에 앉은 꼬마들 모습. '그래 누구든지 와서 너희 아버지 같은 삼촌 같은 설움 받는 노동자 한 분의 이 힘찬 장례식을 지켜보아라. 이곳은 인품 잡는 넥타이들이 거짓스레 근엄한 표정으로 앉아 있는 자리가 아니니까. 너희가 이어갈 자리이니까.'

광역 선거에서 민자당이 싹쓸이를 하고 난 뒤부터 정권은 5월 투쟁의 열기와 죽음들을 무자비하게 짓밟고 있었다. 민주세력들에게 역공을 취할 계기만 마련되면 이전의 모든 약속을 헌신짝 버리듯 팽개치고 아귀가 되어 달려드는 정권이었다. 특히 노동운동에 대해서는 더욱 포악했다. 여기 모인 사람들은 오늘 밤을 새우지도 못하고 빠져나갈 것이다. 그렇게 되면 내일 당장이라도 수십 배의 병력이 쳐들어와 짓밟아버릴 것이다. 장례마저도 못 치를지 모른다. 나의 걱정은 불안으로 바뀌어버린다. 나도 여기 남아 싸울 자신이 없다.

울분은 감정이고 싸움은 현실이었다. 시간이 지날수록 사람들은 현저히 줄어갔다. 오후 서너 시가 되자 광장을 메웠던 사람들이 반 넘게 빠져나가고 없다.

"나는 너희의 밥줄을 쥐고 있나니 오직 나만을 경배하라."

자본가는 누런 이빨을 드러내며 이렇게 우리를 비웃고 있다.

박종철 열사의 아버지, 이한열 열사의 어머니, 강경대 열사의 아버지, 김귀정 열사의 어머니…… 아들을 잃고 딸을 잃은 아버지 어머니들이 죽은 아이들의 영정을 들고 나온다. 아! 저 죽음의 행렬. 가슴에 자식을 묻은 저 부모들은 지금 무엇을 생각하고 있을까. 저토록 많은 피를 흘리면서 우리는 그동안 무엇을 싸워 빼앗았는가. 50일이 넘도록 절박한 밥줄을 내걸고 싸웠어도 어느 하나 건지지 못하고, 대접 못 받는 노동자의 잘리고 토막 난 몸뚱어리를 떠나보내며 우리는 저 부모님들께 무엇을 드릴 수 있었는가.

서둘러 영결식을 마치고 거리에 나섰을 땐 이미 밤은 깊어 있고 영도 앞

바다의 안개는 행렬을 삼킬 듯이 스멀거리며 우리를 휘감는다. 큰 영정과 부활도, 수십 개 만장이 펄럭였지만 추모 행렬은 어이없도록 짧고, 도심의 빌딩들만 우리를 비웃듯이 버티고 서 있다. 그리고 열사의 뜻을 부활시키지 못한 산 자들의 가슴에 돌덩이 같은 분노가 무겁게 자리 잡고 있었다.

박창수 위원장의 장지는 신용길 선생 바로 옆이었다. 이건 또 무슨 인연일까. '솔밭산 묘지'를 '부산의 망월동'으로 하자는 얘기를 나누며 우린 덤덤하게 박 위원장을 뉘었다. 억울하고 원통한 가슴엔 눈물마저 말라버렸다. 묻는다는 실감이 나지 않았다.

'그렇다. 지금은 가매장을 하고 있는 것일 뿐, 5월의 모든 주검 어느 하나도 땅 속에 묻을 수 없다. 가슴에 서리서리 맺힌 원한과 분노는 묻히지 않는 법. 지금 우리 가진 것 맨주먹으로 훔치는 눈물과 깨어지는 아픔뿐일지라도 저 청청한 5월 하늘에 수없이 뿌려진 핏빛 사랑들은 반드시 다시 살려내고야 말 것이다.

관련 문학예술 작품

[만화·콩트] 문학교육연구회 편, 『학교야 학교야 뭐하니?』, 풀빛, 1989.
[산문·소설] 성내운, 『사랑을 위한 반역』, 실천문학사, 1985.
[산문] 도종환, 『지금은 묻어둔 그리움』, 푸른나무, 1990.
[산문] 윤영규 외, 『참교육의 함성으로』, 미래사, 1989.
[소설] 강병철, 『함께 걷는 길』, 실천문학사, 1990.
[소설] 김정한 외, 『누이를 위하여』, 실천문학사, 1987.
[소설] 유시춘, 『우산 셋이 나란히』, 푸른나무, 1990.
[소설] 임정진, 『행복은 성적순이 아니잖아요』, 고려원, 1989.
[소설] 정도상, 『열아홉 절망 끝에 부르는 하나의 사랑노래』, 녹두, 1990.
[시] 고광헌, 『신중산층 교실에서』, 청사, 1985.
[시] 교육출판기획실 편, 『내 무거운 책가방』, 실천문학사, 1995.(조재도·최성수 편 개정판, 2010)
[시] 김진경, 『갈문리의 아이들』, 청사, 1984.
[시] 도종환, 『지금 비록 너희 곁을 떠나지만』, 제3문학사, 1989.
[시] 민족문학작가회의 시창작 제2분과 공동창작시집, 『내 사랑 한반도여 교직원노조 물결쳐라』, 푸른나무, 1989.
[시] 배창환, 『다시, 사랑하는 제자에게』, 실천문학사, 1988.
[시] 정영상, 『슬픈 눈』, 제3문학사, 1990.
[시] 정영상, 『행복은 성적순이 아니다』, 실천문학사, 1989.
[영화] 강우석 감독, 〈열아홉 절망 끝에 부르는 하나의 사랑노래〉, 1991.
[영화] 강우석 감독, 〈행복은 성적순이 아니잖아요〉, 1989.
[영화] 이재구 감독, 〈닫힌 교문을 열며〉, 1991.

공지영

부엌에서 우루과이라운드까지

—여성 농민의 하루

1986년 9월 세계 각국의 관세, 비관세 장벽을 철폐하기 위하여 전 세계 116개국이 우루과이 푼타델에스 테에 모여 시작한 GATT(관세와 무역에 관한 일반협정)의 제8차 다자간 무역협상이 열렸다. 약칭 UR. 이 협상은 각국의 시장개방 확대, GATT체제 강화, 서비스, 지적재산권 등에 대해 기존의 보호무역 정책을 완화하는 새로운 국제규범의 제정을 목표로 삼았다. 실제로는 1980년대 이후 세계경제의 주도권을 일정 부분 상실한 미국이 농업과 서비스 산업, 그리고 첨단기술에서 확보하고 있는 비교우위를 무기로 패권을 회복하고 자신의 이익을 강화하려고 한 데서 비롯했다는 분석이 지배적이다. 한국에서는 특히 농업 부문의 개방이 미칠 파장을 두고 격렬한 반대가 이어졌다. UR은 1994년 4월 15일 모로코의 마라케시에서 열린 각료급회의를 통해 완전한 타결을 이루었다.

그때 연단으로 한 자그마한 여성이 올라온다. 노동자 대표 이영순, 그녀는 노동자의 현실을 알린 후 농민의 아들딸인 노동자와 노동자의 부모인 농민형제들이 힘을 합쳐 민중이 해방되어나가는 세상을 이룩하고 노동자 농민이 앞장서서 이 땅의 해방투쟁을 해나가자고 당부했고, 뒤이어 군산 농민이 올라와 술 취한 양키한테 맞아죽은 한 농민 친구의 일을 보고하자 사방에서 죽일 놈, 당장 쫓아내라는 원성이 터져 나오기도 한다. 그러자 강기종은 다시 마이크를 잡고
"외국인들에게 경고합니다. 이 대회장 근처에 오지 마십시오. 지금 농민들의 감정은 극에 달했습니다. 이런 상황에 비춰볼 때 본부 측에서도 도저히 신변안전을 책임질 수 없으니 돌아가주시길 바랍니다."
하고 경고한다. 그러자 외신기자들까지 슬그머니 뒤로 빠진다. 그때 전대협 의장 임종석이 나와 마이크를 잡고, 농활을 가고 노동자 파업현장을 보면서 우리가 왜 이렇게 억눌려 살아야 하는지 그 이유를 똑똑히 알았다고 씩씩하게 연설한다.

_윤정모, 「들」 부분

12시간 만의 도착

기차가 남원역에 다다랐음을 알리자 비로소 내 마음속에서는 덮어두려고 애쓰던 불안이 불쑥 고개를 치켜들었다. 서울에서 태어나 서울에서만 30년을 자란 내가 농촌 여성의 현실을 얼마나 잘 파악해 전달할 수 있을까에 대한 불안이었다. 기차에서 내리기 전에 나는 가방 속에서, 찾아가야 할 마을의 주소가 적힌 쪽지를 꺼내 조심스레 살펴보았다.─전북 순창군 팔덕면 창덕리 덕진마을.

남원역에서 순창으로 가는 버스를 갈아타고 한 시간 남짓. 순창 버스 터미널에 내린 나는 버스로 30여 분 걸리는 덕진마을로 들어가기 위해 두 시간을 기다려야만 했다. 배차 간격이 두 시간 반. 더구나 밤 8시 30분 차가 막차였다.

겨우 버스를 탔지만 그날이 장날이었고 여고생들의 하교 시간까지 겹쳐 도시의 러시아워를 연상시켰다. 버스는 출발한 지 5분쯤 지나자 완벽한 어둠 속으로 달려갔다. 길도 험했고 몹시 덜컹거렸다.

덕진마을에 내렸을 때, 민영 어머니가 마중 나와 있었다. 하늘엔 별빛 하나 보이지 않았고 바람이 몹시 찼다. 나는 민영 어머니의 뒤를 따라 더듬듯이 김용석 씨 댁으로 갔다. 전형적인 농촌의 한옥집. 어두워서 사방을 분간할 수 없었지만 집은 그런대로 규모가 있어 보였다.

안방에는 가족들이 모여 나를 기다리고 있었다. 두 평 반 남짓한 방에는 티브이가 한 대, 그리고 경대가 있을 뿐 간소한 모습이었다. 중학교 2학년인 민영이는 방바닥에 도화지를 펴놓고 포스터를 그리고 있었다.

"우린 졸려서 텔레비전을 잘 못 봐요. 어쩌다 괜찮은 프로를 볼라혀도 왜 그리 늦은 시간에만 혀주는지…… 촌사람들이야 해뜨기 무섭게 일어나서 일찍 자는디……"

모두 평소 같았으면 잠자리를 준비하는 시간인 모양이었다. 나는 주섬주섬 사 가지고 간 고기와 과자를 내놓았다. 졸린 얼굴을 하고서도 아이들은 과자를 열심히 먹었다. 나중에 안 일이었지만 그 마을에는 가게가 한 군데도 없었다. 그래서 이 마을에서는 아이들이 과자를 먹고 싶어도 마음대로 먹을 수 없다고 한다. 소비조합이 있었는데 남자들이 술만 자주 마시게 되고 아이들이 군것질을 한다는 이유로 폐쇄되었다고 한다.

"사실 농촌에 현금이 있나요. 자꾸 외상 쓰게 돼서 안 좋았지라우. 헌디 어쩌다 설탕 한 봉지라도 떨어지면 난감하지라우."

그날 나는 첫 밤을 그곳에서 보냈다. 예상외로 피곤했다. 생각해보니 서울을 출발한 지 12시간 만에 이곳에 도착한 것이었다. 불과 오륙백 리 떨어진 곳을 12시간 만에 도착하다니. 쓴웃음이 나왔다.

부엌으로, 들판으로, 산으로

방문 밖에서 분주히 오가는 사람들의 소리 때문에 잠을 깼다. 창문에는 아직 어둠이 배어 있는 시간, 나는 서둘러 일어났다. 시계를 보니 6시 10분 전. 나무를 땐 방은 한밤에는 따뜻했지만 새벽녘부터는 식기 시작했고 문을 여니 바로 새벽의 한기가 몰려들었다. 대문 밖을 내다보니 김용석 씨와 민영 어머니가 트럭에 부지런히 꿀통을 나르고 있었다.

한 박스에 1리터짜리 꿀통이 열두 개씩 들어 있었다. 안녕히 주무셨냐는 인사를 할 겨를도 없이 함께 꿀통을 날랐다. 민영 어머니는 꿀통 개수를 세랴, 부엌에 드나들며 국을 끓이랴, 첫차를 타고 읍내에 있는 학교에 가야 하는 맏딸 민영의 아침상 차리랴, 그야말로 동분서주하고 있었다.

꿀통을 대충 날라놓고 나는 부엌으로 들어섰다. 나무를 때는 아궁이와 가마솥이 있는 부엌이었다. 민속촌에서 본 부엌의 모습과 똑같았다. 다르다면 부엌 상단에 생뚱맞게 놓여 있는 가스레인지 정도일까.

민영 어머니의 모습은 마치 초인처럼 보였다. 큰딸의 밥상을 먼저 작은 상에 차려 들여보내고 가족들의 상을 보면서 아이들 셋의 도시락을 부지런히 쌌다. 그러면서 한편으로는 남편이 꿀통을 나르면서 간간이 시키는 심부름도 하고 장작불도 살폈다. 식구들의 밥상을 들여보내자 민영이가 책가방을 들고 나왔다. 민영에게 차비를 주어 보내고 숭늉을 만들어 들어갔다. 방 안에는 김용석 씨와 아이들 둘이 거의 식사를 마치고 있었다. 우리가 예전에 너무도 익숙하게 보아온 모습 그대로 민영 어머니는 식구들이 먹다 남은 반찬을 청소하듯 먹었다. 하지만 그 식사도 그리 한가하지는 못했다. 아이들의 양말을 챙겨주고 또 학교 가는 모습을 바래다줘야 했다. 나는 방에서 상을 들고 나와 구멍이 숭숭 뚫린 붙박이 찬장에 반찬 그릇들을 넣었다.

부엌에는 수도가 없기 때문에 설거지할 그릇들을 바케쓰에 모아 마당으로 가지고 나왔다. 고무장갑을 끼었지만 물이 차서 손이 시렸다.

"촌에 오니까 고생이지라우? ……우린 다들 이렇게 살지라우."

쭈그리고 앉은 내 모습이 불편해 보였는지 민영 어머니가 살짝 웃었다.

김용석 씨 댁은 간단한 밭농사 외에는 짓지 않았다. 물론 예전에야 논농사도 지었지만 이것저것 다 실패하고 나서 자신들의 먹거리 이외에는 농사를 짓지 않는다는 것이었다.

"한번은 배추 농사를 힘겹게 지어났더니 한 통에 10원이라고 안 허요. 배추 열 통을 팔아야 껌 한 통을 살 수 있다고 생각허니 얼마나 부아가 치미는지. 그해 배추를 뽑지도 않고 허옇게 서리를 맞힌 채 죽여버렸지라우."

민영 어머니는 별로 분개하는 기색도 없었다. 김용석 씨 댁 주 소득원은 토종꿀이었다. 3년 전부터 시작했는데 가장 큰 골칫거리는 판매 통로였다. 농협을 통한 판매가 안 되니 서울에 있는 친척들을 상대로 팔 수밖에 없는 모양이었다. 꿀 1리터의 소매가는 만 원, 1년에 한 번 수확하는데 1,000리터쯤 된다고 했다. 그러나 문제는 현금이 잘 거둬지지 않는다는 것이다. 연고 판매를 하니 독촉할 수도 없다는 것이었다. 게다가 요즘은 설탕물을 벌집 앞에 놓아두고 속성 토종꿀을 만드는 사람도 있고, 기업적으로 토종꿀을 재배하면서 1리터의 꿀을 심하면 4,000원까지 덤핑을 하는 사람들이 있는 바람에 어려움이 많은 듯했다. 그래도 김용석 씨 댁은 이 마을에서 살기가 그리 나쁜 편이 아닌 모양이었다.

"현금이 없는 것이 골치지라. 요즘 학교에서 컴퓨터 가르친다고 하는데, 어차피 저 애들을 이곳에서 살라고 하고 싶은 마음도 없고 그래서 컴퓨터라도 가르쳐야 나중에 취직이라도 잘 되겠다 싶기도 헌디……."

설거지를 끝내고 시린 손을 햇볕에 말리면서 앉아 있자니 비로소 마을의 모습이 한눈에 들어왔다. 한 30여 호 되는 집들이 아직 걷히지 않은 아침 안개에 묻혀 있었다. 그러나 그중 다섯 호는 빈집이었고 나머지 다섯 호는 노인들만 혼자 살고 있다고 했다. 김용석 씨 집에 이웃하고 있는 네 채의 집이 빈집이었고, 그 곁의 두 채에는 노인들만 살고 있다고 했다. 그 노인들 모두 돌아가시고 나면 이제 사람 사는 집이 몇 채 남지 않을 거라면서 민영 어머니는 쓸쓸하게 웃었다.

"당최 농사만 짓고 애들 가르치고 먹고 살 수가 있어야제. 지금 이 마을에서 농사만 짓는 집은 두세 채밖에 안디야. 예전에야 논밭을 한 뙈기라도 더 늘리려고 산비탈까지 다 개간을 했지만 요즘은 그런 밭은 아예 올라가려고도 안 혀요. 비싼 돈을 준대도 사람도 못 구하고, 기껏 구해 농사 지어봤자 인건비도 못 건지지라우."

우루과이라운드에 대해 어떻게 생각하냐고 물었더니 민영 어머니는 한숨만 쉬었다.

"큰일이지라. 정부가 이 나라 농민들을 위하는 마음이 조금이라도 있는지 의심스러라우. 허긴 이제 우린 정부가 무슨 말을 한다 혀도 조금도 믿지 않지만…… 허지만 먹는 것까지 남의 나라에 의지하고 보면…… 참 나랏일이 걱정이여라우." 곁에 있던 김용석 씨가 조금 흥분된 어조로 이야기했다.

"이곳 관리들은 뭐라고 이야기하지요? 예를 들어 농어촌발전 종합대책이라는 것을 홍보하고 있다던데요?"

김용석 씨는 더 생각하고 싶지도 않다는 듯 담배만 피우고 있었다. 민영 어머니가 내게 얇은 소책자 하나를 내밀었다. 툇마루의 걸레통 밑에 깔려 있던 책이었다. 우루과이라운드의 실제 내용은 농업 분야에 대한 미국 측의 제안들, 즉 모든 농산물 수입제한 조치의 철폐(자국 농산물 보호를 위한 관세의 철폐), 영농지원자금 철폐, 수입농축산물에 대한 자국의 위생검사 철폐 등이고 또한 식량안보 정책, 고용기회 제공, 환경보전, 국토균형개발 등 농업의 비교역적 기능은 오직 수입완전 자유화를 실시한 다음에야 극히 예외적으로 실시한다는 것이며, 이에 대해 현 정권은 "우리는 우루과이라운드에서 미국 측 입장을 전폭 지지하며, 만약 우루과이라운드 협상의 결과가 미국 측에 만족스럽지 않은 경우, 앞으로 미국과의 쌍무 협상에서 다른 나라보다 더 많은 폭의 개방을 해준다"라는 입장을 가지고 있음에도 불구하고, 소책자에는 그러한 내용에 대한 공개 및 구체적인 해결 방향의 제시보다는 이 위기를 슬기롭게 대처해야 한다는 말만 강조하고 있을 뿐이었다.

우루과이라운드에 대처한다는 의미에서 제기된 농어촌발전 종합대책의 주요 내용을 보면, 농어촌공사의 설립과 농지관리기금의 설치, 전업농 중심의 농업인력 개발, 농기계 사후관리 지원 강화, 농지 장기임대제도와 공동영농 조직제도의 도입, 농업진흥권역의 설정·운영, 농수산업 구조조정 기금의 신설 등으로서 그 기본 골격만 들어도 우리나라 농업이 금세 재생할 듯하다. 그러나 그 이면을 면밀하게 살펴보면, 결코 문제의 핵심에 다가가고 있지 않다는 것을 쉽게 알 수 있다. 즉, 정부의 농업정책의 기본적인 핵심은 농산물 수입개방에 있으며 다른 여러 시책들은 이러한 농산물 수입개방정책으로 야기되는 제반 문제점을, 농민의 입장에서가 아니라, 자본의 입장에서 해결하기 위한 일종의 보완 대책적인 성격을 띠고 있음을 알 수 있다.

맹독성 농약이 묻었는지 안 묻었는지를 우리 마음대로 검사할 수도 없고, 국토개발조차 뒤로 미루어야 한다니, 국민학교 1학년짜리가 읽는다 해도 슬기 운운하는 것이 얼마나 무책임한 말인가는 한눈에 알 수 있었다.

현 정부는 슬기롭게 대처한다는 명목으로 1인당 경작면적을 확대하기 위해 농업인구를 5퍼센트 이하로 줄이겠다고 발표하였다. 농촌인구의 고령화를 감안하지 않은 채, 단지 숫자상의 인구를 줄이는 것이 경지면적을 확대하는 일인 양 선전하는 것이 놀라웠다. 이곳에 온 지 얼마 되지 않은 나도 깨닫게 된 사실을 농업 정책 전문가인 그들이 모르고 있단 말인가. 설사 만에 하나 경작지 확대 정책이 이루어진다 해도 지금과 같이 저가의 농산물이 쏟아져 들어오는 판에, 그 확대된 경지에 무엇을 심으라는 것인지, 더구나 평균 2.7정보의 땅을 가진다고 해도 우리나라의 전업농이 200정보 규모의 미국이나 30정보 이상의 서독과 같은 선진국의 농가와 경쟁한다면 그 결과가 어떻게 될는지는 불을 보듯 뻔한 일이었다.

"우리야 이 땅을 떠나기에는 이미 늦었지만 자식들을 농촌에 남으라고 하고 싶은 생각은 전혀 없지라."

우울한 이야기들만 나누고 있는데 김용석 씨는 읍내에 볼일이 있다며 나갔다. 조금 있다 민영 어머니와 나는 갈퀴를 하나씩 들고 뒷산으로 향했다.

길목에서 마주치는 사람들은 모두 다 노인들뿐이었다. 민영 어머니는 이 마을에서 30대 여자가 자신과 이장 부인 둘뿐이라고 말했다. 이 마을엔 장가를 못 간 총각도 없었다. 처녀는 물론 총각도 한 사람도 남아 있지 않았기 때문이었다. 아이의 울음소리가 그친 것은 물론 오래 전 일이었다.

김용석 씨 댁은 주 연료를 나무로 하고 있었다. 연탄을 주 연료로 바꾼 집이 몇 있긴 하지만 공급 사정이 나쁘다고 한다. 더군다나 민영이네의 경우 집 자체가 워낙 낡아 한 곳을 손보기 시작하면 집 전체를 뜯어고쳐야 하는 실정이니 엄두를 못 내고 있다고 한다.

"우리 집 부엌 흙벽에 구멍 뚫린 것 봤지라? 앞으로 몇 년 안 가 집이 다 허물어질 것 같아서 새로 짓긴 지어야 하는디 엄두를 낼 수가 있어야제, 농협에서 주택신축자금으로 융자가 나오는 것이 있긴 헌디 매년 한 명당 한 집씩 정해서 주는 거라니 신청해볼 엄두도 안 나고…… 게다가 돈을 빌리면 뭘혀. 지금 우리 형편으로는 갚을 길이 있어야지……."

산에 올라간 민영 어머니와 나는 산에 떨어져 있는 솔잎들을 갈퀴로 긁어모으기 시작했다. 일손이 너무나 달렸던 모양인지 민영 어머니는 나를 안쓰러워하면서도 만류하지는 않았다.

"수확하고 나서부터는 내내 나무를 해야 혀요. 그래야 한겨울을 날텅께."

그 나뭇단의 구조는 도회에서 자란 내게는 참으로 신기한 것이었다. 우선 4~5미터 되게 꼰 새끼줄을 三자 모양으로 놓고, 그 위에 활엽수 가지들을 낫으로 잘라 얼기설기 놓은 후, 솔잎 긁은 것을 놓았다. 솔잎들은 갈퀴로 몇 번 긁어주면 마치 잘 빗질된 짐승의 털처럼 일렬로 누워서 빠져나가지 않았다. 그것을 보통 사람 키만 한 길이에 허리만 한 높이로 쌓고 그 위에 다시 한 번 활엽수의 잔가지를 놓고 새끼줄로 묶으면 되는 것이었다. 한 단쯤 묶었을까, 쌀쌀한 바람이 불었지만 금방 이마에서 땀이 나기 시작했고, 나보다 더 힘든 일만 하는 민영 어머니는 거의 속옷 차림이 되었다.

보기에는 별것 아닌 것 같았던 갈퀴질도 내게는 몹시 벅찼다. 계절 따라 바뀌는 농촌일에 빨래며 음식 장만, 설거지, 집안 청소, 게다가 땔감 장만까지…… 농촌 여성의 노동강도가 얼마나 엄청난지 새삼 느껴졌다.

땀을 흘리며 한나절을 일했지만 묶인 단들은 겨우 다섯 개. 이런 것들을 스무 개는 더 만들어야 한다니.

잠시 쉬는 동안 민영 어머니는 농촌으로 시집올 마음이 있느냐고 물었다. 나는 대답하기 곤란했으나 솔직히 아니라고 대답했다. 민영 어머니는 이제 그런 말에 별로 놀라워하지도 않는 것 같았다.

우리가 앉아 쉬는 산 아래로 길이 보였다. 담양으로 가는 길이라고 했다. 민영 어머니는 큰아들 민이의 진학 문제를 걱정하였다. 이곳에서는 광주가 더 가까운데 행정구역상으로 전북이기 때문에 전주로 나가야 한다는 것이었다. 게다가 하숙비도 꽤 비싸다고 하는데 아들을 어떻게 가르쳐야 할지 걱정이라고 했다. 민영 어머니는 큰딸 민영의 진학에 대해서는 고민을 전혀 안 하는 것 같았다. 하지만 나는 그것까지 캐묻지는 않았다.

마을 저쪽으로 버스가 지나갔다. 이 마을에 버스가 들어온 것이 불과 오륙 년 전이라고 했다. 아시안게임을 치른다고 법석을 떨 즈음에야 비로소 이 마을 사람들은 순창읍에서 20여 리를 걸어 들어와야 하는 불편에서 겨우 벗어날 수 있었다.

나는 민영 어머니가 어떻게 김용석 씨와 결혼하게 됐는지가 궁금했다.

"첨엔 이렇게 촌일 줄 몰랐지라. 그저 사람이 좋다고 허길래 다방에서 서로 선보고 광주 있는 우리 친척 언니 집에서 그야말로 물 한 그릇 떠놓고 식을 올렸지라. 식 올린 날 바로 택시를 대절해서 담양 길을 따라 이 마을로 들어오는데 아뿔싸 생각이 들데요. 시부모는 일찍 돌아가시고 시할머니 시할아버지와 시동생 시누이들, 그 밥 다 해대고 밭에 나가고…… 지금이사 그래도 우리 식구들끼리니까 그때에 비하믄……."

민영 어머니는 힘없이 웃었다.

일을 마치고 내려오는 길에 꿀벌 이외의 이 집의 소득원이라고 할 수 있는 포도밭에 들렀다. 논농사 밭농사 다 실패하고 이삼 년 전에 포도 농사를 시작했다고 한다.

"하지만 우루과인지 뭔지가 되면 이것두 큰일인디 그땐 뭘 심어야 될지…… 어쨌든 우루과인가가 다 망쳐놓는다니께……."

집으로 돌아온 나는 파김치가 다 될 지경이었으나 민영 어머니를 따라 다시 부엌에 들어갔다.

시금치 팔다 낳은 아이

다음 날 아침에도 같은 일이 반복되었다. 다만 꿀통을 실어 나르지 않아 덜 번잡스럽기는 했지만 여전히 눈코 뜰 새 없이 바빴다.

"마을 아주머니들이 오늘 아침에는 보이지 않네요."

민영 어머니 말이 마을 아주머니들은 모두 나무하러 남원 근처로 나갔다고 했다. 민영 어머니는 김용석 씨가 여자가 벌면 얼마나 버냐며 집에서 아이들이나 잘 돌보라고 말리는 바람에 거기서 빠졌다고 한다. 무슨 말인지 의아해하는 나에게 민영 어머니는 마을 아낙들이 부업으로 하고 있는 바구니짜기에 대해 이야기 해주었다.

"산에서 나무를 해다가(아마 대나무와는 좀 다른 이 지방 특유의 나무인가 보았다. 이름은 알 수가 없었고) 밤새 가마솥에 쪄요. 그걸 지키고 있다가 아침이 되면 그 가는 나뭇가지의 껍질을 하나하나 벗겨서 바구니를 짜는 거지. 그걸 찌는 날은 잠도 제대로 못 자는 거는 말할 것도 없고 그 나무껍질로 방이 가득 차버리지라우. 애들은 추운디 늘 밖으로만 나돌아야 허지, 잘 받아 봤자 한 개에 5,000원이나 될까. 밤새 짜면 두세 개 짜기도 허고…… 하지만 나무 구하는 게 너무 힘들어서…… 촌사람들이야 힘이 들어도 밑천 적은 일을 할 수밖에 없으니께……."

우리는 밭으로 배추를 뽑으러 나갔다. 이 마을은 광산 김씨 집성촌인데 며칠 후 당제가 있다고 했다. 해마다 돌아가면서 거기에 쓸 음식을 장만하는데 이번에 민영이네 집에서는 김치를 맡았다고 했다. 떡이며 술이며 김치며 음식까지 언제나 그렇듯 노동은 여자들이 하고 그날의 주인공들은 김씨 성을 가진 남자들이 하는 것이리라.

배추를 두 대야쯤 가지고 와서 우리는 그것을 절였다. 도무지 내가 이곳에 온 이후로(분명 농한기였는데도) 나는 민영 어머니가 쉬는 것을 본 일이 없다.

배추를 절여놓고 나자 민영 어머니는 내게 한 집을 소개해주었다. 나는 민영 어머니가 가르쳐준 길을 따라 그 집으로 향했다.

그 집은 마치 폐가 같았다. 부서진 부엌문, 마당 가득 쌓인 허물어진 문짝 부스러기들. 장독대가 있어서 사람이 사는 곳일지도 모르겠다고 생각했으나 그것은 다른 빈집에서도 볼 수 있었던 것이었다. 집을 잘못 찾았나 보다 생각하고 돌아서려는데 그 부서진 부엌 문짝을 열고 키가 훌쩍 큰 여자가 나왔다. 순임이네라고 했다.

순임이 엄마는 잡동사니들이 흩어진 마루를 대강 치워놓고 나를 앉게 한 다음 쑥스러운 미소를 지었다.

"심란허지라? 사는 게 심란허당께."

그이는 변명하듯 말을 해놓고 바구니 속에서 감을 하나 꺼내 내게 내밀었다.

"좋은 건 시장 가서 팔려고 내놨고 이건 애들 줄려고 놔둔 거여."

감은 군데군데 터져 있었고 곰팡이도 약간 피어 있었다. 내가 곰팡이를 떼어가며 감을 먹고 있는데 그녀는 고무대야 속에 풀주머니 같은 것을 담아 가지고 나와서 맨발로 밟기 시작했다. 당제에 쓸 술을 담그기 위해 누룩을 뜨는 것이라고 했다.

당제는 광산에서 열리는데 마을 사람들 모두 버스를 대절해서 참석하는 모양이었다. 매년 조금씩 나누어서 한다고는 하지만 순임이네 같은 경우는 이런 누룩뜨기조차 부담스러운 게 아닌가 하는 생각이 들었다.

그때 아무도 없는 것 같던 방 안에서 무슨 기척이 들렸다. 이 집에 오기 전에 나는 그녀의 남편이 알코올중독자라는 이야기를 들었는데 아마 그 사람인가 보았다.

"손님이 왔으니께 조용히 있어요. 나 밭에 갔다 올 텡께."

일상적인 대화가 늘 그런 식으로 진행되는 것 같았다.

"아저씨는 뭐 하세요? 주로."

"그냥 앉아 있제."

그냥 앉아 있다니. 내가 다시 묻자 그녀는 덧붙여 말하는 것이었다.

"앉았다 누웠다 하지 뭐."

순임이 엄마의 밭은 산 중턱에 있었다. 집처럼 돌보지 않은 티가 역력했다. 그녀는 순창 읍내 시장에서 미꾸라지를 팔아 생계를 꾸리고 있었다. 그 돈으로 아이들 셋을 공부시키며 생활을 꾸려가야 했던 것이다.

"순임이가 대학엘 가고 싶어 한다면서요?"

나는 그녀가 벤 결명자를 털면서 말했다.

"아이들 셋이 모두 공부를 잘허니 걱정이제."

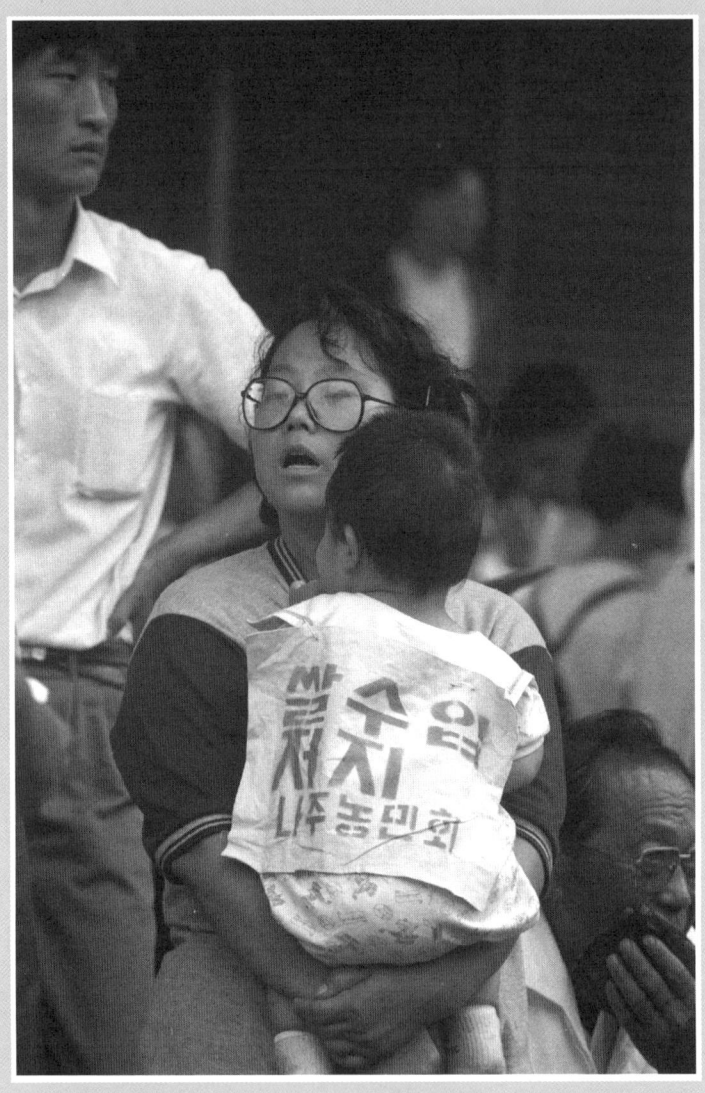

쌀 수입 저지를 위한 농민대회에 어린 자녀와 함께 참가한 여성 농민. 1993년. ⓒ 박용수·민주화운동기념사업회

그녀는 생각하기가 괴로운 듯 말을 돌렸다.

"우리 밭 꼴도 심란허제? 남들은 진즉에 다 거둬들였는디. 시장 나가랴 애들 뒤치다꺼리하랴 통 시간이 있어야제…… 내 말 좀 들어보더라고. 지난봄에는 순임이랑 같이 학교 다니던 기집애 둘이 부산 신발 공장으로 떠났는디 속으로 저것이 차라리 갸들하고 같이 떠나버렸으믄 얼마나 좋을까 하는 생각이 들더라구. 헌디 책이라믄 불 다 끄구 나서도 눈에 켠 불로 밝혀 보는 것 한티 워찌 그런 말이 나오것어. 한번은 학교 그만두라고 혔더니 사흘 동안 밥을 안 먹구 버티더라구. 내가 졌제. 그것이 이 에미 마음속에 천불이 나는 줄도 모르고…… 이 세상 어느 에미가 지 자식 공부시키고 싶지 않것어."

나는 결명자를 털다가 옆의 밭으로 갔다. 고추들이 열매를 그대로 단 채로 시들고 있었다.

"놔둬. 우리 식구 먹을 것은 다 땄어. 더 따봤자 똥금인걸 뭐."

날이 어둑해질 때까지 고추를 따자 거의 내 키만 한 부피가 되었다.

나는 다시 순임이 엄마를 따라 그녀의 집으로 갔다. 국민학교 3학년짜리 막내가 돌아와 있다가 그녀와 내가 들고 있는 고추 자루를 들어 방에 들여놓았다.

저녁을 먹고 가라고 권하기에 방으로 들어섰다. 방 두 개 사이에는 사잇문이 터져 있었다. 내가 들어선 곳은 아이들의 방이었던 모양으로 시멘트가 그대로 드러난 벽과 서까래가 다 보이는 천장에는 발가숭이 전구가 덩그러니 매달려 있을 뿐, 금방이라도 지붕의 흙들이 바실바실 떨어져 내릴 것 같았다. 커다란 쌀독 외에는 아무 세간도 없는 방 한구석에 놓인 앉은뱅이책상이 나의 눈길을 끌었다. 그리고 그 위에 놓여 있는 가지런한 책들.

나중에 안 일이지만 그녀는 이 마을뿐 아니라 타지에까지 아이들 교육에 열성적인 사람으로 소문이 나 있었다. 없는 살림이었지만 방학 동안에는 아이들을 순창 읍내에 있는 도서관으로 보내 그녀 자신이 집에서 사 줄 수 없는 책들을 읽게 하고, 선생님들에게는 다만 호박 한 덩이라도 마음의 선물을 보낸다고 한다. 학년이 바뀌면 선생님들에게 찾아가 머리를 조아린다고도 했다. "선상님, 저희는 없이 살지만 그게 지 자식의 잘못은 아니구만요. 절대로 기죽지 않고 학교 다니게 해 주씨요"라고.

그녀의 고생담은 끝이 없었다. 신혼 초 이 집에서 열 명 정도의 식구들과 함께 살던 때부터 살림에 조금이라도 보탬이 되기 위해 농한기면 담양산 대소쿠리를 들고 거제도까지 팔러 다녔고, 시집살이 또한 심했던 것 같았다.

"우리 둘째 녀석은 길바닥에서 낳았는디……."

그녀는 그 당시의 이야기를 했다. 그때 만삭의 몸으로 찬 땅에 쭈그리고 앉아 시금치를 팔고 있었다. 임신이 되었다 해도 병원에 가서 진찰을 받아 본다는 것은 꿈도 못 꿀 일이니 다만 짐작으로 아이가 곧 나올 것 같다 생각했을 뿐이었다. 그런데 그날따라 시금치가 잘 팔리는 바람에 아픈 배도 참고 견뎠다. 시금치가 열 단 정도 남았을 때, 비로소 그녀는 사태가 심각함을 알았다. 이미 배 속의 아이가 이 세상으로 나오기 위해 힘찬 움직임을 시작한 것이었다. 집으로 가려면 20리가 넘는 산길을 걸어야 하고 그렇다고 시장 바닥에서 아이를 낳을 수도 없었다. 그녀는 눈앞에 보이는 병원을 향해 힘겹게 걸음을 옮겼다. 그러나 병원 문을 열기가 무섭게 아이가 나와 버린 것이었다.

덕택에 그녀는 난생 처음 호사스레 병실에 누워 보게 되었다. 더 즐거운 것은 시장 동료들이 그녀가 팔다 남은 시금치를 마저 팔아 아기 옷을 사다 준 것이었다.

드디어 저녁이 준비되고 나는 그 알코올중독자라는 남편과 대면하게 되었다.

"아무 짓도 안 한당께. 을매나 어진 사람이었는디……."

까맣게 타들어간 얼굴, 초점 잃은 눈동자, 한때는 건강했다지만 이제 바스라질 것처럼 마른 몸.

"원래 술을 입에도 못 댔더랬는데 뭣이냐, 그 노풍벼[1] 때문에 빚지고, 소 키우다 망하고, 그담부터 이렇게 되얐어. 술만 끊으믄 되는디 그놈의 술만 딱 끊어뿌리믄……."

농민은 누구보다도 단호한 낫질을

덕진마을은 부녀회 조직이 되어 있기는 하지만 활동이 그리 활발한 것 같지는 않았다. 취재 기간이 짧아 농민회나 부녀회 조직의 움직임을 세세히 살펴보기에는 역부족이 아니었나 싶다. 그러나 피상적으로나마 살펴본 바에 의하면, 이 마을에서 부녀회 활동이 부진한 것은 아마도 부녀회 조직의 근간이 되는 젊은 여성들이 거의 없다는 점과, 여자가 집 밖에 나가 활동하는 것을 금기시하는 봉건적 잔재가 남아 있는 탓인 것 같았다.

사실 정부의 잘못된 농업정책으로 인해 농촌에서는 광범위한 탈농이 가속화되었고 그 후속 조치도 미미한 탓에 전국 어느 마을에서나 볼 수 있는 고령화 및 과도한 노동력 투입 등이 우리나라의 전반적인 농촌 현실이고 보면 이 마을도 예외는 아닐 것이다.

하지만 지난 87년 이후 농민들의 집단적 움직임은 '부당수세 거부투쟁'을 시발로 봇물처럼 터져 나왔고, 농촌 여성들 또한 지난날의 소극적이고 수동적인 태도에서 벗어나 자신들의 권익을 지키기 위해 싸우고 있다. 실

---

[1] 1978년부터 정부가 보급한 신품종 볍씨. 병충해에 강하고 수확량도 많다며 전국에 강제로 보급을 했는데, 노풍벼는 곧 이상 증세를 보이며 말라죽었다. 이로 인해 상당수의 농민들이 피해를 입었다.

례로 지난 9월 7일 강진에서 열렸던 '쌀값쟁취 및 반농민정책철폐 전국농민대회'에는 경찰의 탄압과 차단에도 불구하고 여성 농민회 회원들 아줌마들과 이제 손주까지 본 할머니들의 적극적인 싸움으로 빛나는 성과를 얻기도 했었다.

"이렇게 며칠 다녀가면서 농촌에 대해 뭘 알겠소. 허지만 여그 사람들도 이제는 정부에서 뭐라 그래싸도 믿는 사람이 없다는 것을 알아주씨요."

떠나는 나를 정거장까지 바래다주면서 민영 어머니는 말했다.

버스가 도착했다. 나는 손을 흔들어주는 민영 어머니의 모습이 멀어져 가는 것을 보면서 이 겨울이 가기 전에 저들은 다시금 스스로 살아갈 수 있는 방법을 찾아내게 될 거라고 생각했다. 씨를 뿌린 후의 심성을 가지고 기다리고 있는 것이지만 거두어야 할 때는 누구보다도 단호히 낫질을 하는 농부들이라는 것을 나는 알고 있기 때문이었다.

관련 문학예술 작품

[무용] 서울시무용단, 〈두레〉, 1993.(2014년 서울시무용단 40주년 기념공연작)
[소설] 박민규, 『지구영웅전설』, 문학동네, 2003.
[소설] 박혜강, 『안개산 바람들』, 시와사회사, 1994.
[소설] 윤정모, 『들』(상, 하), 창비, 1992.
[소설] 윤흥길, 「쌀」, 『쌀』, 푸른숲, 1993.
[연극] 극단 자갈치, 〈전량수매 쟁취, 수매가 인상〉, 1991.
[연극] 놀이패 신명, 〈밥이 지일이여〉, 1991.
[연극] 놀이패 우금치, 〈아줌마 만세〉, 1992.
[연극] 놀이패 우금치, 〈호미풀이〉, 1990년 제3회 민족극한마당.

안재성

어느 지구조각가의 아침
―중장비기사의 하루

대한민국은 1997년 12월 3일 국가부도 위기를 타개하기 위해 국제통화기금(IMF)으로부터 자금을 지원받는 양해각서를 체결했다. 이는 외형적 경제 성장에 만족하여 대외적으로는 급변하는 국제 경제 환경에 능동적으로 대처하지 못하고 대내적으로는 무리한 기업 확장 등을 통해 금융부채가 과도하게 급증한 데 따른 것이다. 특히 1997년 1월 한보그룹은 빚을 10조원이나 지고 침몰했다. 이는 금융기관까지 파산 직전으로 몰아갔으며, 삼미, 진로, 대농, 한신공영 등 기업들의 연쇄부도로 이어졌다. 재벌 순위 8위인 기아마저 부도 위기에 내몰리자, 정부는 결국 IMF에 20억 달러 외환의 긴급 융자를 요청하였다. 그 후 IMF로부터 총 195억 달러의 구제금융을 받아 간신히 국가부도 사태는 면했다. 하지만 수많은 국민이 직장에서 해고되어 졸지에 길거리를 방황하는 노숙자 신세로 전락하는 등의 고통을 감내해야 했다. 이 사건 와중에서 제15대 대통령 선거가 치러졌고, 야당이 승리했다. 새로 집권한 김대중 정부는 IMF의 개입을 전면적으로 받아들이고 대대적인 경제개혁에 착수했다. 국민들은 정부의 금모으기운동에 적극 동참하였다. 그 결과 대한민국은 예상보다 빠른 시기에 위기를 극복할 수 있었다. 2001년 8월 23일 IMF 관리 체제는 공식적으로 종료되었다.

1999년 봄 노량진역 — 우리는 햇살을 받아 마른버짐처럼 하얗게 빛나는 육교 위에 앉아 농담처럼 그랬다. 되고 싶은 것? 대학생. 존경하는 사람? 대학생. 네 꿈도 내 꿈도 그러니까 대학생과 '좆나' 똑같은 대학생.

열차가 노량진을 떠나고 있었다. 그러자 오랫동안 잊고 있던 일들이 한꺼번에 떠올랐다. 내 인생의 성좌 중 어느 한 점. 유난히 흔들리며 약하게 빛났던 작은 별에 깃든 이야기. 노량진. 좌절된 꿈처럼 그곳을 감싸 안고 있던 성운들과 고운 색의 먼지들.

좀 쑥스러운 이야기지만, 내가 재수를 한 것은 공부를 못해서가 아니었다. 비록 최상위권은 아니지만 서울에 있는 대학은 무난하게 지원해볼 수 있었다. 그런데 고등학교 2학년이던 97년에 IMF가 터졌고, 다음 해 나는 교대에 떨어졌다. 갑자기 교대에 지원하는 학생이 많아 경쟁률이 높아졌던 것이다. 그동안 나는 '수학'이나 '내신' 탓이면 몰라도 'IMF' 때문에 대학에 떨어지리라고는 상상도 못했었다. 게다가 'IMF'는 태어나 처음 들어보는 말이었다. 그것은 마치 누군가 '네가 대학에 떨어진 이유는 올해 카시오페이아좌에 있는 7789베타별이 자오선을 지나갈 때 반짝거렸기 때문이란다'라고 말해주는 것과 같이 들렸다.

_김애란, 「자오선을 지나갈 때」 부분

1

　새벽 5시 반, 아무도 없는 정류장에 서서 인천행 시외버스를 기다린다. 추석이 지나면서 밤이 완연히 길어져 거리가 한밤중처럼 어둡다. 낮에는 덥지만 새벽에는 긴팔 옷을 입어도 서늘하다. 벌써 잠바를 입을 때가 왔나보다. 찬 공기에 재채기가 나올 것 같다. 제자리 뛰기라도 하고 싶지만 방금 잠에서 깨어 무거운 몸이 말을 듣지 않는다.
　정류장 건너편 공터에는 대형 포클레인 두 대가 서 있다. 벌써 두어 달째 녹슨 바가지를 흙에 처박은 채 꼼짝 않고 있다. 트랙은 빽빽하게 녹이 슬었고 차체에도 먼지가 앉았다. 하지만 운전석 유리창은 깨끗하다. 먼지가 쌓였다 싶으면 어느 틈에 깨끗해진다. 언젠가 다시 작업하러 갈 날을 기다리며 차주가 와서 닦아내는 모양이다. 저 비싼 장비를 세워두고 가끔 나타나 걸레질을 하고 시동을 걸어보는 차주의 마음이 어떨까?
　저 장비들만이 아니다. 안산에서 인천 가는 국도 변에는 버려지다시피 한 포클레인이 곳곳에 널렸다. IMF 시대가 되면서 건설 경기가 나빠진 탓에 일하는 장비보다 노는 장비가 더 많다는 얘기가 나온다. 새 중장비 판매 대수가 작년의 삼분지 일로 줄었고 중고 중장비의 상당수가 중국이나 동남아로 팔려가고 있다고 한다.

　버스가 온다. 손님이라고는 작업복이 담긴 종이 가방을 든 노동자 몇 사람뿐이다. 자리에 앉아 잠이 덜 깬 아픈 눈을 감는다. 이렇게 편히 의자에 등을 기댈 때마다 오늘도 운이 좋구나 생각한다. 소설 쓰기를 그만두고 포클레인을 배운 지 만 4년, 그동안 일거리를 놓쳐 일주일 이상 논 적이 없고 공황이나 다름없는 요즘에도 쉬지 않고 일할 수 있으니 확실히 행운이 따르는 것일까?

　늘 기분이 좋은 건 아니다. 요즘은 많이 맥이 빠졌다. 가을 들어 장비 임대료가 일방적으로 줄었기 때문이다. 보통 350만 원 수준으로 나오던 임대료가 아무런 사전통보 없이 320만 원으로 깎였다. 며칠 동안 사정을 했지만 다음에 또 일을 시켜주겠다는 말에 큰소리 한 번 치지 못하고 물러나야 했다. 워낙 놀고 있는 장비가 많아서 서로 헐값으로 일하려 들기 때문에 예전처럼 계약 조건을 내세울 처지가 못 된다.

　정리해고나 감봉으로 시달리는 이들에게는 현재 내 수입도 대단해 보이겠지만 내가 가진 굴착기는 골목에서 볼 수 있는 소형임에도 3,400만 원짜리다. 여기에 돌 깨는 데 쓰는 장비인 브레이카가 370만 원에 이 브레이카를 붙였다가 떼는 데 필요한 부속품인 링크가 170만 원 별도로, 할부 이자까지 하면 4,000만 원이 넘은 고가품이다. 게다가 포클레인은 험하게 일하는 장비라서 3년이면 사방이 고장 나기 시작해서 5년이면 폐차 지경에 이른다. 감가상각비까지 계산하면 머리가 복잡해지고 만다.

　그나마 320만 원이 현금으로 나온다면 다행이지만 4개월짜리 어음으로 결제되니 사채업자에게 할인을 할 경우 내 수중에 남은 돈은 290만 원, 여기서 배차 사무실 수수료 20만 원에 차비 15만 원에 아침 점심 식비 15만 원, 종합 보험료 월 12만 원, 매월 정기적으로 들어가는 부품 교환비 평균 10여만 원을 제하고 나면 내 손에 쥐는 돈은 200만 원 남짓하다. 소형 장비인 내 사정이 이러니 1억 원 이상 주어야 살 수 있는 대형 장비로 근근이 월세 500만 원을 받고 있는 다른 사람들은 수지타산을 맞추기가 정말 난감하다. 그런 장비를 할부로 사는 포클레인 기사들의 산수 실력은 가히 불가해한 수준이다.

내가 기분이 나빠진 이유는 단지 지난달 임대료가 깎였다고 해서만은 아니다. 벌써 3년 전부터 일해 온 중견 건설업체인 D건설의 지하철 공사가 끝나고 있기 때문이다. 며칠 후부터는 소규모 하청회사에서 일하게 된다. 한 달에 무조건 얼마를 받는 월세도 아니고, 일하는 날만큼만 받는 일세인데 아무리 봐도 한 달에 절반을 일하기도 힘들 듯하다. 남들은 놀아서 걱정인데 그나마 다행이라지만, 이번 회사는 이미 부도를 낸 적도 있고, 지금도 무척 어려워 노동자 임금조차 지급하기 힘들다는 걸 알기 때문에 영 불안하다.

아침부터 이런 계산이나 한다는 사실이 한심스럽다. 아침부터 저녁까지 머리 속에 온통 돈 생각이 가득하다니 내가 어쩌다 이렇게 되었는가 싶다. 만 19살부터 30대 중반까지 민주주의와 노동자 인권을 위해 살았고, 한때 고리타분한 계몽소설을 쓰기도 했고 다시 언젠가는 글을 써야 할 텐데 말이다. 노동운동을 하거나 소설을 쓸 때는 지금하고는 비교도 못 하게 가난했어도 이렇게 돈 얘기를 하지는 않았다. 돈을 버니 돈 걱정이 늘어난다. 옛 선인들의 잠언이 새삼스러워진다.

포클레인 일 자체가 싫은 건 아니다. 노동운동을 위해 공장과 탄광에 취업한 적은 있지만 한 가지 일을 이렇게 오래 하기는 처음이다. 이 일이 내 적성에 맞다는 말이 반은 진심이다. 독자니 평론가들에게 시달릴 필요도 없이 일만 열심히 하면 대우받고, 아무리 어렵다 해도 해마다 베스트셀러 목록에 올라야 벌 수 있을 정도의 수입을 올리기 때문만은 아니다.

내게 포클레인을 가르쳐준 이는 처남이었다. 기름밥을 먹고 살아도 감정이 섬세하고 정이 넉넉한 처남은 자신을 지구조각가라 불렀다. 지구의 표면을 깎고 다듬어 새로운 아름다움을 창조하는 예술가라 했다. 한겨울 동안 처남을 따라다니면서 나 역시 그 말을 이해하게 되었다. 아침 안개가 가시기 전, 지표면 깊숙한 곳에서 김을 내며 퍼 올려지는 붉은 흙의 향기가 좋았다. 내 손으로 다듬은 운동장이 측량기로 찍을 필요조차 없이 완벽하게 평탄했을 때, 위태하기 짝이 없는 H빔을 한 치 오차 없이 꿰어 맞추었을 때 얼마나 기분이 좋은지. 유치한 표현이지만 언젠가는 이 '지구조각가'라는 말을 써먹어야겠다고 생각하게 되었다.

남들 다 잠든 새벽에 집을 나서고, 남들보다 먼저 끝나 퇴근하는 규칙적인 생활도 좋았다. 봄이면 봄대로, 겨울이면 겨울대로 새로운 새벽과 황혼이 나를 사로잡았다. 서울에 살았다면 또 달랐을지 모른다. 안산에서 인천이나 서울로 출퇴근하면서 바라보는 들판과 산이 좋았다. 원래 계획대로라면 한 3년 일해 모은 돈으로 생활비 걱정 없이 글을 써야 했지만, 지금은 그만둘 생각이 없다.

버스가 인천시내에 들어서자 가로수 밑에서 펄쩍펄쩍 높이뛰기를 하는 이들이 눈에 띈다. 은행을 따려는 동네 사람들이다. 인도 위에 노란 은행 알이 널렸고, 막대로 나무를 때릴 때마다 연하게 탈색된 은행잎들이 떨어진다. 이렇게 낙엽이 지고 찬바람이 시작될 때면 강원도 정선 땅이 생각난다. 해마다 가을이면 정선과 영월, 평창을 도는 한적한 여행을 했었다. 하지만 올해는 추억을 회상하는 것으로 넘겨야 할 것 같다. 경제적으로도 어렵지만 심리적으로 여유가 없는 탓이다. 더구나 지하철 일을 하다 보니 마음 푹 놓고 이삼일 놀 수 있는 날이 없다. 쓰고 싶은 글 쓰고 다니고 싶은 곳 여행하려고 시작한 포클레인인데 오히려 갈수록 여유가 없어지고 만다.

레미콘 노동자들이 노동기본권과 적정운송료, 조출·야간·연장노동 수당, 표준임대차 계약서 작성을 촉구하며 번호판을 목에 걸고 행진하고 있다. 2013년. ⓒ 변백선·노동과세계

2

시내버스로 갈아타고 지하철 현장에 내리니 6시 40분이 조금 넘었다. 현장 한편 공터에 벌써 수십 명의 노동자가 모여 체조를 하고 있다. 초창기의 지하 터파기 작업 때는 인원이 적었으나 내장 공사가 시작된 뒤로 200명이 넘기 때문에 함께 모이기가 힘들다. 다른 사람들은 함바 식당과 숙소에 모여 체조를 하고 있을 것이다.

체조하는 노동자들 곁에는 도심에서 일하는 기종 중에는 가장 큰 편에 속하는 대형 포클레인이 서 있다. 나온 지 얼마 안 되는 새 차라 보기는 좋지만 알고 보면 무척 딱한 처지다. 계단 파는 공사를 위해 들어왔던 하청회사에서 임대한 포클레인인데 회사가 부도를 내고 망하는 바람에 큰 손해를 입고 여러 주일째 서 있다.

더구나 이 차의 차주는 같은 기종의 대형 장비를 3대나 그 하청회사에 넣어 일해 왔기 때문에 피해가 크다. 인건비와 달리 장비 일을 하면 두 달 후에나 4, 5개월짜리 어음을 받는다. 내가 일한 D건설처럼 큰 회사 어음이야 사채시장에서 할인이나 되지만 하청회사 어음은 꼼짝없이 결제일을 기다려야 하니 일한 지 6, 7개월 만에 돈을 받게 되는 것이다. 그런데 부도가 났으니 장비 3대의 6개월치 임대료가 휴지가 되어버린 것이다. 500만 원씩 쳐도 9,000만 원이다. 운전기사를 고용했으니 이미 수천만 원을 월급으로 지급했을 터이고 대당 1억짜리 장비로 할부금도 막대하다.

부도 맞은 돈을 건지기란 거의 기대할 수 없다. 원청회사에서 부도난 회사에 미지급한 돈이 남았을 경우 이를 나눠주기도 하지만 많은 하청회사들이 기본적으로 적자 운영을 하다 보니 자기네가 일해 준 액수보다 더 많은 돈을 미리 받아쓰는 경우가 태반이다. 재판 따위는 소용없다. 업자들은 법망을 빠져나가기 위해 철저히 준비한다. 아무리 작은 회사라도 법인을 만들어 개인에게 책임을 묻지 못하도록 장치해 두고 돈이 될 만한 재산은 모두 빼돌려 놓는다. 건설업체 사장들 중에 자기 앞으로 집이나 땅이 등기된 사람은 거의 없고 있다 해도 이미 은행에 저당 잡혀 있다.

　부도를 냈다는 이유로 감옥살이를 하는 자는 거의 없다. 고의로 사기 칠 목적을 가졌을 경우에만 처벌되기 때문이다. 하청회사 사장들의 상당수는 부채가 쌓이면 반 고의적으로 부도를 내어 한바탕 빚잔치를 하고는 아내나 동생 이름으로 새로운 회사를 만들어 재기한다. 채권자들로 하여금 수십 억에서 수백 억에 이르는 부채를 포기하게 만드니 애써 공사해서 돈 버는 일보다 훨씬 빠르다.

　반면에 중장비 차주들이나 공사에 필요한 자재를 대준 이들은 부도에 속수무책으로 당해야 한다. 대개 장비를 할부로 사기 때문에 이런 일을 당하면 담보로 제출한 집까지 하루아침에 날리고 만다. 겨우 10퍼센트 남짓한 이윤을 위해 수천, 수억 원어치 자재를 현찰로 사서 납품한 업자들은 자살을 생각하지 않을 수 없다.

　하나의 대형공사가 발주되면 제일 먼저 담당 공무원들이 달라붙어 돈을 빨아먹기 시작하고 삼중 사중으로 하청이 내려오면서 업자들마다 한 뭉치씩 챙긴다. 그러다가 부도내고 달아나 버리면 맨 밑에서 땅 파고 물건 대준 이들만 거지가 되고 만다.

　우리나라에서의 부도란 단순히 경제적인 시각으로만 볼 수 없는, 사회의 근본적인 질서와 도덕률이 뒤엉킨 현상이다. IMF의 특징이 아니라 신용이라고는 존재하지 않는 한국식 천민 자본주의 고유의 축재 수단이다.

　체조를 마친 노동자들이 흩어진다. 지하 26미터 아래 만들어진 지하철도 승강장으로 내려가 레일을 까는 사람부터 미장공, 철근공, 용접공, 방수하는 사람들까지 제각기 반장들에 이끌려 흩어진다. D건설 정식 직원으로 토목기사인 정 기사가 온다. 얼굴에 피로가 가득하다.

"당직했어? 눈이 부었네?"

내 말에 하품까지 한다.

"어제 줄파기 한 도면 그리느라고 11시 넘어 집에 갔어요."

줄파기란 지하에 매설물이 있는가 확인해 주는 일이다. 지난 몇 달간 정기사와 내가 이 일대의 땅을 모조리 들추다시피 하면서 매설물을 찾아냈다. 지하철 역사의 마지막 단계인 출입구 계단을 파기 위한 조사 작업이었다.

오거리를 낀 이 구역에는 여러 가지 굵기의 도시가스와 수도관은 기본이요 고압선, 중압선, 통신선, 신호등선, 광통신 케이블, 경찰청과 연결된 폐쇄 회로 티브이 선이며 가로등 전선까지 수십 가닥의 위험물이 사방으로 얽혀 있다. 뒷골목 공사와 달리 이곳은 모두 대형 관들이 묻혔기 때문에 사고를 낼 경우 보상 액수가 상상을 넘는다.

광통신은 최소한 1억 원이요 가스 같은 경우는 최소 수천만 원, 10센티 두께의 통신관도 내부에 진공 가스가 차 있기 때문에 곡괭이 자국만 내도 천만 원대의 수리비가 나온다. 단위 빌딩용 전화선이며 수도관도 건드리면 무조건 수백만 원이다.

몇 달간 줄파기를 하면서 사소한 사고조차 한 번 없던 것은 소심한 내가 철저히 조심한 탓이기도 하지만 정 기사가 워낙 천천히 꼼꼼하게 감독했기 때문이다. 하청회사 토목기사들처럼 무조건 빨리하라고 다그쳤다면 어떤 사고가 있었을지 모를 일이다. 두 달 전에 광명시 지하철에서 이 작업을 하다가 광통신을 건드려 1억 8,000만 원을 물었다는 소식도 들었고 얼마 전에는 이곳에 수도공사를 하러 온 이들이 통신선을 건드려 천만 원을 물어야 했다.

"월급이라곤 고것 주면서 매일 10시를 넘기면 어떻게 해? 야간 수당이 있는 것도 아니고 말야. 국내 굴지의 건설회사가 어쩌다 이렇게 됐어?"

내 말에 정 기사는 회사를 두둔할 생각도 않는다.

"누가 아니래요? 잘 나갈 때 번 돈은 보험회사니 투자신탁 만드는 데 넣었다가 다 날려버리고 이제와 우리한테 뒤집어씌우니 열 받지 않게 됐어요? 지난달 월급이라고 90만 원에 추석 상여금도 한 푼도 못 받았잖아요."

작년까지만 해도 상여금 700퍼센트에 식대와 자가용을 위한 유류대, 당직 수당, 휴일 수당 등을 합쳐 월 200만 원 정도를 받던 이들이 올해부터는 모두 폐지되어 세금 제하고 90여만 원을 받는 게 전부란다. 그나마 해고되지 않고 남는 이는 행복하다. IMF 직후부터 1,500여 직원 중에 600명가량이 이미 정리해고 되었다는데, 앞으로도 더욱 줄어들 거라 한다. 특히 이곳 토목기사들의 장래는 위태롭다. 지하철이 완공되려면 1년이 남았지만 토목공사는 올해 안에 끝나기 때문에 두어 달 후면 모두 해고될 판이다. 예전 같으면 벌써 여기저기 다른 현장에 교섭이 왔겠지만 새로 시작하는 공사가 전무하다시피 한 지금은 이들을 받아들일 곳이 없다. 고작해야 강원도나 전라도 산골짝의 도로 현장이 남았다고 한다.

"그나저나 안 기사님도 걱정이네요. 새로 들어온 하청회사도 영 시원찮은 모양인데 일만 해주고 돈 못 받으면 어떻게 하지요? 당장 다음 달부터 하청 어음 나오면 앞으로 반 년 이상 한 푼도 돈을 만져보지 못할 것 아니에요?"

아침부터 구차스러운 얘기를 하고 싶지는 않지만 허물없는 사이라 한숨을 쉬어 보인다.

"그러게 하는 말이지. 어서 정 기사가 다른 현장에 가서 나를 좀 불러줘. 전라도건 경상도건 공사만 있으면 따라갈 테니까. 그런데 과장님은 아침부터 또 저 집에 가네?"

매일 아침 공사 과장이 가는 곳은 오거리 한가운데 자리 잡은 공구상 점포다. 아직 사장은 출근도 않고 직원이 철문을 열고 있는데 먼저 들어가 자리를 잡고 앉는다. 며칠째, 밥 먹을 시간 빼고는 거의 그 점포에서 살았다.

공구상 간판 위에는 'D건설은 부실시공을 즉각 중단하라'는 내용의 현수막이 내걸렸고 전봇대에는 D그룹 회장이 정치권에 뇌물을 주었다는, 명예훼손에 가까운 내용이 걸려 있다. 과장은 이것들을 떼어내도록 설득하기 위해 그 집에서 살다시피 하는 것이다.

지하철 공사로 인해 영업 손실이 크다면서 공구상가 주인이 싸움을 걸어온 게 어제오늘 일은 아니다. 4년 전 터파기를 시작할 때부터 주차 문제니 먼지니 소음이니 사사건건 시비를 걸고 방송국이며 시청에 전화를 해왔다. 그래도 지금까지 어떤 말 상대도 않았고 보상도 해준 적이 없었다. 더욱이 이번에는 인부들이 자기 점포 앞에 흙을 묻혀놓았다는 사소한 이유로 트집을 잡아 현수막까지 만들어 붙여놓고는 매달 500만 원씩 영업보상금을 내라고 터무니없는 조건을 내세웠다. 부실 공사가 걱정되어 장사를 할 수 없으니 점포를 닫는 대신 막대한 권리금을 내라는 최후통첩까지 보내왔다.

내가 경험한 바로는 D건설 정도면 우수한 건설회사다. 빔 하나 용접하는 것에서부터 바닥의 방수처리, 레미콘 배합 등등 모든 면에서 꼼꼼하고 철저하다. 얼마 안 되는 경력이지만 삼풍백화점 붕괴 현장에서 일해 보았고, 유명한 여러 건설회사에 들어가 일을 해봤기 때문에 비교할 수 있다. 이런 말도 안 되는 요구에 명예훼손이라 마주 싸워도 될 것 같다.

그러나 담당인 공사 과장은 보기에 딱하리만큼 저자세로 일관한다. 내가 보기에 공사 과장이 손바닥이 아프도록 사정을 하는 이유는 법이나 도덕적인 문제와 상관없이, 과장 자신의 난감한 처지 때문인 듯하다.

지난여름에 대리급 이상 모든 간부 사원들이 사표를 제출해 놓았다고 했다. 회사에서 맘에 안 들면 언제든지, 누구든지 해고할 수 있게 한 것이다. 사소한 트집거리라도 잡히면 곧장 해고당해야 하는 공사 과장으로서는 거의 악질적이기까지 한 공구상가 사장에게 온갖 수모를 당하면서도 그 가게에서 버틸 수밖에 없을 거였다. 본래부터 다른 공사 과장들과 달리 부드럽고 세심한 사람이었는데 이번에 성격을 유감없이 써먹을 데가 온 듯했다. 다른 상인들조차 나쁜 놈이라고 욕하는 공구상가 주인을 상대로 한 설득이 어느 정도 성과를 거두어 현수막 제작비 정도의 보상금으로 마무리되리라는 얘기를 들었다.

"나 같으면 저런 놈을 당장 명예훼손에 영업방해죄로 고소하겠네. 공사 과장은 넉살도 좋아. 기왕에 사표 써놓았으니 쫓겨날 때 쫓겨나더라도 한바탕 하지 말이야."

내 말에 정 기사가 쓰게 웃는다.

"그러니까 목구멍이 포도청이죠. 누군들 저런 사람한테 아부하고 싶어서 하겠어요? 과장뿐 아니에요. 앞으로는 말단 기사들까지 파리 목숨이에요."

"왜? 언제는 안 그랬나?"

정 기사는 고개를 젓는다.

"어제 사무실에 올라갔더니 앞으로는 하급사원들도 계약직으로 바뀔 거라고 하네요. 지금까지 D건설 사원이었지만 앞으로 안 기사님처럼 필요할 때 왔다가 할 일 끝나면 그만두는 계약직으로 바뀐다는 거예요. 어젯밤에는 진짜 잠이 오지를 않대요."

정 기사처럼 대학 나온 지식인 노동자가 이 모양이니 공장노동자들이 어떤 대우를 받고 있을까 하는 생각부터 든다. 탄광에서 알았던 노동자들, 구로동과 울산에서 아직도 일하고 있는 이들 모두 어떻게 지내고 있을까 하는 생각부터 든다.

"서양식 고용제도를 도입하겠다는 거지. 나쁜 자식들! 회사 운영은 개판으로 하면서 고용제도만 악용을 하니, 하여간에……."

몇 년째 함께 일해 온 이들이지만 D건설 기사들에게 나도 한때는 시위대 맨 앞에서 돌을 던졌다느니, 노동자들을 선동하는 글을 썼다느니 하는 얘기를 하지는 않았다. 만 19살부터 지금까지 포클레인만 해온 사람처럼 행세했다. 오히려 인부들이 게으름 피우는 모습을 질책하다 보면 회사 편에 서 있는 나 자신에 씁쓸해 하곤 했다.

그러나 노동자 개개인의 불성실함과 이기주의를 가지고 자본주의를 분석할 수는 없다. 주식을 소유한 자본가 개개인이나 관리사원들은 실제로 노동자들보다 더 이성적이고 부지런하고 이타적일 수 있지만, 그들 개인의 성품이나 인격에 상관없이 기업이라는 개체의 생존 방식은 너무 잔인하고 무자비하다.

내가 보기에 IMF는 기업주에게가 아니라 노동계급에게 잔혹할 뿐이다. IMF는 우리가 1980년대에 자본에게서 빼앗았던 몽둥이들을 고스란히 되돌려주었다. 수많은 노동자가 분신하고 감옥에 가면서 쟁취했던 권리들…… 최소한의 생계를 유지할 최저임금과 한 번 정한 임금을 삭감당하지 않을 권리, 조합을 만들어 인격적인 대우를 받을 권리, 평등한 조건으로 고용되어 해고로부터 보호될 권리 등을 모조리 빼앗아가 버렸다.

자본은 이제 마음껏 비수를 휘두른다. 웬만하면 수백 대 일의 경쟁률을 나타내는 취업난 속에 마음대로 고용권을 휘두르고, 노조니 연대활동 따위는 숨도 쉬지 못하게 눌러버리고, 회사가 잘 되건 못 되건 마음대로 인원을 감축하고도 제재를 받기는커녕 정부의 칭찬과 지원까지 받는다. 무방비 상태였던 1970년대의 노동자들도 이런 대우를 받지는 않았을 것이다.

"그나저나, 오늘 일은 뭐지?"

"이 바닥을 걷어내고 지장물을 확인하면 돼요."

"그럼 D건설에서 내 일은 아주 끝나네?" 말하며 포클레인에서 내린다. 아스팔트를 꺼내기 위해 브레이카를 장착하기 위함이다. 면장갑을 끼는데 젊은 녀석 하나가 웃으며 다가온다. 손에 빈 기름통을 들었다.

"안 기사님, 경유 좀 없어요?"

지하실에서 흙을 퍼서 옮기는 초소형 장비인 스키로더를 모는 녀석으로, 한때는 이곳 지하 터널 전체의 터파기 공사를 맡은 하청회사의 총무였다.

"왜 또 떨어졌어? 저쪽에서 한 통 가져가."

"아이고, 고맙습니다."

깍듯이 존대를 한다. 총무 노릇을 할 때는 전혀 이렇지 않았다. 나이가 어린데도 함부로 반말을 찍찍대고 자기네 기름 갖다 쓸까 봐서 내가 빈 통만 들고 다녀도 먼저 저리 가라고 막아섰을 정도로 싹수가 없는 녀석이었다. 올해 들어 자기네 회사가 일감을 거의 얻지 못하는 바람에 혼자 기어들어와 일하게 되면서 사람이 아주 다르게 변했다. IMF가 좋은 점이 있다면 이런 인간들이 겉으로나마 겸손해졌다는 사실일까?

"앞으로는 나도 내 돈 주고 기름 넣어야 해. 이번이 끝이야."

내가 다짐을 주자 비굴하게 고개를 숙여 보이기까지 한다.

"아, 알았습니다. 고마워요."

엄살이 아니다. 지금까지 하청회사에 소속되었더라도 중장비 경유를 회사에서 내주었지만 앞으로는 철저히 따진다고 한다.

"그래, 다른 사람들은 어떻게 지내? 일거리 좀 생겼나?"

녀석은 무거운 기름통을 들며 인상을 쓴다.

"다 놀아요. 사장부터 백수건달인 걸요 뭐."

얘기도 하기 싫어하는 눈치다. 바지에 기름을 묻히지 않으려 쩔쩔매며 지하 계단으로 내려가는 녀석을 바라보는데 서늘한 바람이 분다.

3

가을바람을 맞으니 또다시 정선 땅이 떠오른다. 오대산으로부터 발원된 오대천 깊은 계곡과 나란히 흐르는 가리왕산 준엄한 산줄기가 떠오른다. 넓어진 오대천이 강이 되어 흐르는 평창강의 새벽안개가, 좀 더 하류를 내려가 정선읍을 굽어 도는 동강의 고요함이 현실처럼 느껴진다. 동강의 또 다른 지류가 시작되는 정선 소금강의 소박한 바위절벽과 물운대 절벽 위의 오래된 소나무 등걸들이 떠오른다. 이 물줄기들이 모여 영월 분지를 굽이쳐 흐르는 전경을 내려다볼 때의 느낌을, 칠흑 같은 밤중에 기차를 타고 험준한 산줄기를 달리다가 멀리 탄광 도시의 불빛을 보게 되었을 때의 기분을 나의 미천한 문장력으로는 표현할 수가 없다.

나의 절망은 늘 이 지점에서 출발한다. 경제적으로 풍족했기 때문에 소설을 쓸 수 있었던 건 아니다. 돈을 벌기 위해 소설을 포기했다는 말도 거짓이다. 시간이 아무리 많고 경제적으로 여유가 있어도 좋은 글은 작가의 재능에서 나온다. 내가 글을 쓰지 않는 이유는 가정을 꾸리기 위해서가 아니라 좋은 글을 쓸 수 없었기 때문임을 인정해야 한다.

마찬가지로, 이놈의 경제구조 역시 본질적으로 썩었기 때문에 이런 시절이 온 것이지 IMF가 원죄는 아니라는 생각이 든다. 이번 공황은 아직까지도 많은 이들에게 자가용을 포기하게 하고 여행과 외식과 과외공부를 하지 않게 하는 불편 정도에 그치고 있다. 갈수록 극빈층이 늘어나고 세계대공황으로 확대될지 모른다는 불길한 예언들이 두려움을 주지만, 진실로 빈곤한 것은 사람들의 주머니가 아니라 그들의 가슴이 아니었던가.

불과 1년 전, 모두가 자기 지갑에 돈이 넘친다고 믿었을 때, 사람들은 과연 무얼 하고 있었나? 도덕과 사랑이 넘치고 문화와 예술이 꽃피는 그런 사회를 만들고 있었나? 누가 얼마나 진정으로 진지한 소설을 쓰고, 또 그

책을 사주었던가? 정치가들의 파렴치함과 자본의 냉혈성이 어제오늘의 일인가? 건설회사들의 부도 행각과 부실 공사가 올해 들어서 시작되었나?

차라리 오늘날의 고통이 사람들의 굳어버린 감정을 풀고 동정심을 자극하지는 않을까. 자본과 권력에 의해 암에 걸린 듯 죽어버린 인간의 심성이 조금씩 숨을 쉬기 시작하지는 않을까? 아니면 이야말로 철없고 배부른 공상인가?

삼풍백화점이 붕괴된 3년 전 여름, 억수같이 퍼붓는 빗속에서 보름 넘게 잔해를 헤쳐 시신 조각을 찾는 일을 했었다. 시멘트 기둥이라기보다는 석회 기둥에 가까워 보이는 허연 시멘트 덩이들은 내 작은 바가지로 누르기만 해도 부서졌다. 속에 박힌 녹슨 철근을 잡아당기면 국수 가닥처럼 삐져나왔다. 불탄 잔해 속에서 무더기로 쏟아져 나오는 외제 팬티며 티셔츠에는 35만 원이니 50만 원이라는 가격표가 붙어 있었는데, 가끔씩 나오는 여직원들의 손지갑에는 고작 1, 2만 원이 들어 있을 뿐이었다. 지갑의 주민등록증에는 겨우 스무 살 안팎의 앳되고 예쁜 처녀들이 웃고 있었다. 악취를 뿜어내는 잔해 속에서는 그녀들의 것으로 보이는 가는 팔목 뼈며 손가락 마디들이 나올 때마다, 잘린 채 불에 그을린 목이 나왔을 때, 나는 정말로 환상을 보았다. 끔찍하게 조각난 자신의 몸을 들여다보며 악에 받혀 처절히 울부짖으며 허공을 떠돌아다니는 처녀들의 유령을 보았다.

그때가 3년 전이다. 한 벌에 1억 원이 넘는 외제 모피와 만 원이 든 지갑이 전부인 처녀들이 공존하던, 쓰레기터에 모래로 지은 건물이 무너지던 때가 분명 IMF가 오기 전이었다. 나는 생각한다. 모든 문제는 IMF 이전부터 있었다고.

오히려 IMF는 세습적으로 권력을 유지해 온 자들에게 선거 패배라는 첫 수모를 안겨주었다. 부실 경영에도 불구하고 국민의 세금과 서민들의 주머닛돈을 마음대로 털어가던 자본가들을 위협하고 있다. 아직은 진행

중이지만, 수십 년간 이 나라 민중을 착취하고 지배하던 자들에게 더욱 심한 모멸감을 안겨주어야 한다. 부실 경영으로 수많은 이들의 피땀을 우려먹던 자들을 감옥으로 보내야 한다. 금전의 위력에 마비되어 돈벌레처럼 살아온 자칭 평범한 이들에게 다시금 가난의 고통이 가져오는 낭만을 느끼게 해주어야 한다.

내 나이 곧 마흔 살, 먹을 만치 먹었음을 알면서도 나는 또 이런 철딱서니 없는 얘기를 한다. 극빈자로 전락한 여러 전업 소설가들과 직장에서 해고당한 시인 친구들을 분개하게 만들고 있다. 이제 그만하자. 쓸데없는 망언 그만두고, 아직 땅을 팔 수 있을 때 땅이나 파자. 지구를 조각하는 일만으로도 내 인생은 보람이 있었노라고 말할 수 있도록…… 언젠가 지금의 나의 일이 조각이 아니라 지구 파괴였음이 드러날지라도.

관련 문학예술 작품

[소설] 구경미, 「노는 인간」, 『노는 인간』, 열림원, 2005.
[소설] 김도언, 『악취미들』, 문학동네, 2006.
[소설] 김미월, 「서울동굴가이드」, 『서울동굴가이드』, 문학과지성사, 2007.
[소설] 김숨, 『백치들』, 랜덤하우스코리아, 2006.
[소설] 김애란, 「성탄특선」, 『문학과사회』 2006년 여름호.
[소설] 김애란, 『달려라 아비』, 창비, 2005.
[소설] 김애란, 『침이 고인다』, 창비, 2007.
[소설] 박민규, 「갑을고시원 체류기」, 『카스테라』, 문학동네, 2005.
[소설] 박민규, 『그렇습니까, 기린입니다』, 도서출판 아시아, 2013.
[소설] 박민규, 『삼미 슈퍼스타즈의 마지막 팬클럽』, 한겨레출판, 2003.
[소설] 박주영, 『백수생활백서』, 민음사, 2006.
[소설] 이기호, 「버니」, 『최순덕 성령충만기』, 문학과지성사, 2004.
[소설] 이상윤, 『내 머릿속 개들』, 문학동네, 2006.
[소설] 한유주, 「그리고 음악」, 『달로』, 문학과지성사, 2006.
[시] 김정환, 『레닌의 노래』, 열림원, 2006.

방현석

"여기는 목숨을 담보로 한 곡예 작업장"

—60년대로 돌아간 한라중공업 삼호조선소의 산업재해

(주)한라중공업(대표이사 강경호) 삼호조선소에서 1996년 첫 진수를 한 후 채 나흘이 지나지 않은 2월 12일 새벽, 첫 번째 산재 사망사고가 발생했다. 경사시험을 하기 위해 서영상(36살, 종합설계부서 소속) 씨가 첫 진수식을 마친 콘테이너선의 물탱크에서 작업을 하던 도중 추락해 사망한 것이다. 사고 콘테이너선에는 작업등이 설치돼 있지 않고 추락방지용 그물망도 설치돼 있지 않은 상태였다. 삼호조선소에서는 3월 8일 가공부 소속 문영복 씨, 19일 건조부 소속 김장국, 김두완, 김영욱 씨가 사망하는 등 산업재해가 연이어 발생했다. 한달 보름 동안 무려 5명의 산재사망자가 발생하자, 한라중공업 노조원 40여 명과 유족들은 상경 투쟁을 전개했다. 이 사건은 노동자의 안전은 뒷전인 채 이익을 내기에만 급급한 대기업의 탐욕과 우리 사회의 열악한 노동현실을 그대로 반영한 사건이었다.

직접 제 몸뚱이 내놓고 일하지 않는 관리자들은 안전, 안전 했지만 그것은 어디까지나 생산 실적에 차질이 없는 경우에 한해서 적용되는 말이었다. 블록 측면 용접작업을 할 때도 족장을 놓지 않고 그냥 매달려서 작업할 것을 지시하기 일쑤였다. 위험하다고 몸을 사리며 족장을 놓아달라고 하는 조합원들에게 관리자들이 하는 말은 뻔했다.
"족장 놔야 되는 거, 그걸 누가 모리나? 일이 바쁜이까네 글치. 옛날에는 이거보다 억수로 높은 거도 다 족장 안 놓고 했는데 뭐로 그래 쌓노. 머슴아자슥이 무신 겁이 그래 많노?"
그러면 대부분의 조합원들은 마지못해 그대로 작업을 했지만 다 그렇게 통하지는 않았다.

_방현석, 「겨울 미포만」 부분

두 달 사이에 세 번의 산재 사고로 5명이 싸늘한 시체가 돼버렸다.
　이것이 최첨단의 기술과 설계에서 진수까지 선박 건조의 모든 과정이 자동화되었다고 자랑하는 공장에서 일어난 일이라면 믿을 수 있을까. "세계적인 조선소가 되는 것이 목표"라던 한라중공업 삼호조선소.
　그 목숨을 담보로 한 곡예 작업의 실태를 고발한다.

삼호조선소는 『나의 문화유산답사기』로 장안의 지가를 올린 유홍준이 남도 답사 1번지라고 손꼽은 해남, 강진으로 가는 길목, 바로 영암에 있다. 유홍준은 그의 답사기 첫 장을 영암의 월출산과 도갑사, 그리고 무위사의 아름다움을 극찬하는 데 할애했다.
　내가 영암을 찾은 것은 15대 총선 다음 날인 4월 12일이었다. 서울역에서 오전 10시 5분에 출발하는 새마을호를 탔다. 그 무슨 절경을 감상하기 위해서가 아니라 달포 사이에 5명의 노동자가 죽어나간 삼호조선소를 찾아서였다.
　삼호조선소는 한라그룹(회장 정인영)의 주력 기업인 한라중공업이 지난 1992년 6월에 착공해서 작년 7월에 1차 가동에 들어간, 두 개의 드라이독과 연간 30만 톤의 강재를 처리할 수 있는 설비를 갖춘 대형 조선소다. 한라그룹은 6,000억 원을 투자해서 영암 앞바다를 낀 29만 평의 대지 위에 조선소를 조성, 연 1조 원의 매출을 올리겠다는 야심찬 계획을 밝히고 있다.

지난 2월 9일 오전 10시, 삼호조선소에서는 이곳에서 처음으로 건조된 선박의 진수식이 거행될 예정이었다.

독일 뎃젠사로부터 수주한 2,500TEU급 컨테이너선과 싱가포르 오스프레이 마리타임사의 4만 톤급 석유 제품 운반선 등 2척이 95미터 높이의 골리앗 크레인 사이로 선수를 내밀고 있었다. 그러나 목포, 영암 지역은 며칠째 강풍과 눈보라가 계속되었고 김포발 목포행 여객기는 결항되었다. 지난 몇 개월간 진수식을 앞당기기 위해 휴일 없이 작업을 강행해온 노동자들은 우의를 입고 안전모를 쓴 채 강풍이 몰아치는 야드에 도열해서 회장 일행을 기다렸다.

노동자들의 얼굴이 추위에 완전히 얼어갈 무렵 특별 전세기편을 이용, 예정 시간보다 30분 늦게 정인영 회장 일행이 행사장에 나타났다. 정 회장의 식사를 시작으로 나웅배 부총리, 허경만 전남지사, 지역 국회의원, 선주사 측의 축사가 차례로 이어졌고 마지막 뱃고동 소리와 함께 진수식이 끝난 것은 정오가 지난 시간이었다.

총리를 비롯한 내외빈들은 조선소 3층에 마련된 오찬장으로 자리를 옮겼고 두 시간 동안 부동자세로 서 있는 노동자들도 야드를 떠나기 시작했다. 따뜻한 실내로 자리를 옮긴 정 회장과 나웅배 부총리 일행은 멋진 얼음 조각을 중앙에 두고 둘러앉아 현악 4중주를 들으며 축배를 들었다.

이날 정 회장은 다음과 같은 말을 했다.

"천혜의 입지 조건을 갖추고 있는 삼호조선소는 현재 최첨단의 기술을 갖추었으며 설계에서 진수까지 선박 건조의 모든 과정이 자동화되었다. ……우리의 목표는 세계적인 조선소가 되는 것이다."

새벽 2시 15분에 실시된 선박 시험

그러나 그날 이후 삼호조선소에서는 최첨단 기술을 갖추었다고 한 정 회장의 말을 전면적으로 뒤엎는 사고가 계속됐다.

첫 번째 사망 사고가 난 것은 진수식 사흘 뒤인, 지난 2월 11일 새벽 2시 15분경이었다. 경사 시험을 하던 서영상 대리가 13미터 아래로 떨어져 목숨을 잃었다. 진수식을 끝낸 배의 경사(기울기) 시험을 하기 위해 배 위에 올라가 있던 그를 보호해줄 수 있는 시설이라고는 손전등 하나뿐이었다. 아무런 조명 시설도, 추락 방지 난간도 없이, 그것도 새벽 2시 15분까지 기울기 실험을 강행했다는 것은 도무지 상식으로 이해가 되지 않는 일이었다. 겨울 해풍이 몰아치는 선박 위에서 일요일 아침부터 시작한 작업을 다음 날인 월요일 새벽 그 시간까지 계속하던 서영상 대리는 결국 짧은 비명과 함께 돌아올 수 없는 길을 떠났다.

여기서 유의할 점은 그가 사무기술직, 그것도 회사에서 무척 중요하게 생각하는 종합설계팀의 대리라는 점이다. 현장 노동자들의 자조 섞인 표현으로 '현장직 100명과도 바꾸지 않는 사무기술직 1명'인 그가 몇 개월째 제대로 쉬지 못하고 그런 무리한 작업을 계속했다면 나머지는 어떠했겠는지 미루어 짐작할 수 있을 것이다.

서영상 대리는 이천 서 씨 집안의 14대 종손이었다. 죽기 사흘 전 안양에 있는 그의 부인은 이천 서 씨 집안의 15대 종손을 출산했다. 인천 한라중공업에서 전출 온 그는 업무에 밀려 일요일인 그날도 안양에 올라가지 못한 채 일하다 끝내 아들의 얼굴 한번 보지 못하고 어이없는 죽음을 당했다. 유능하고 성실했던 그는 회사로부터 인정받는 종합설계팀의 대리였지만, 회사가 노조 탈퇴 압력을 가해왔을 때 '회사를 그만두면 그만두었지 노조는 탈퇴할 수 없다'며 의연히 맞서서 주위 동료를 감격케 만든 의리 있는 노동자기도 했다.

이튿날 한라중공업 노조(위원장 백윤선)는 즉각 조합원들에게 작업중지 명령을 내리고 회사 측에 산업안전보건위원회의 개최를 요구했다. 한라중공업 노조는 인천에서 삼호조선소로 이전이 시작되기 전에 이미 대표이사를 위원장으로 하는 노사 공동의 산업안전보건위원회를 만들어두고 있었다. 중대 재해가 발생할 경우에는 작업을 중지시키고 노사 공동으로 사고 원인을 규명하고 안전대책을 수립하며 노조의 동의 없이는 작업을 재개할 수 없다는 단체협약과 산업안전규정도 명문화해두었다. 워낙 산업재해의 박물관과 다름없는 조선업종의 한라중공업 노조가 지난 수년간 '임금'보다 더 중요하게 산업안전문제에 관심을 쏟아온 결과였다.

"돈보다는 목숨이 소중하지 않습니까. 조합원들도 잘 몰라주는 산업안전과 관련된 그 한 조항 한 조항을 따내기 위해 우리 노조 간부들이 어떤 대가를 치뤘는지 압니까. 노조가 조합원들의 목숨을 외면하면 누가 그걸 지킵니까?"

백윤선 위원장의 얼굴에 서글픔이 드리워졌다.

"그런데 산업안전보건위원장인 대표이사는 나오지 않고 회사 측이 일방적으로 작업 재개를 통보했어요. 노조의 동의 없이 작업 재개할 수 없다고 분명히 명시되어 있는데 말입니다. 단체협약을 휴지 조각으로 만들면서 조합원들을 사지에 몰아넣고 계속 작업을 시키겠다는 것뿐이 더 됩니까?"

인천에 있던 한라중공업 노조가 본조를 삼호로 옮기고 제대로 기틀을 갖추기도 전에 당한 사망 사고였다. 노조는 대충의 점검을 통해서도 작업 표준과 안전규정을 벗어난 위험 요소가 산재한다는 사실을 확인할 수 있었고 산업안전보건위원회의 위원장인 대표이사의 출석을 요구했다.

대표이사는 현장에 얼굴을 나타내지 않았고 사고 이틀 뒤 회사 측은 '자체 조사를 했고 안전에 문제가 없다'며 일방적으로 작업 재개를 통보했다.

단체협약을 무시한 회사 측의 일방적인 작업 재개에 '밀려' 노조는 2월 14일부터 '어쩔 수 없는' 파업에 들어갔다.

애향심을 악용한 노동 통제 정책

파업 참가자는 조합원의 1/3에도 못 미치는 400명 정도였다. 노조의 호각 소리 한 번으로 전 조합원이 순식간에 집결하던 한라중공업의 인천조선소와는 달랐다. 2월의 바닷바람은 차가웠고 기온이 급하강하면서 참가자는 점점 더 줄어들었다.

"안전사고로 목숨을 잃고 평생 불구자가 되는 일을 되풀이하지 않으려면 함께 동참해야 하는 것 아니냐?"는 질문에 조합원들은 도리어 "참가하고 싶지만 나도 압력 받아서 죽을 지경이었다"며 "하루에 부서장 등으로부터 대여섯 번의 전화가 왔다"고 말했다.

한라는 부서장의 소개와 인맥을 통해서 삼호조선소의 신규 사원을 채용했고, 다시 그 부서장들을 통해 노동자들을 통제하는 낡은 노무관리 방법을 동원했다. 입사를 주선해 준 부서장들이 파업 참가를 만류하는데 뿌리치기 어려웠다고 신입사원들은 털어놓았다.

다른 한편으로 전혀 예상치 못했던 사태가 야기되었다. 파업을 비난하는 유인물이 현장에 뿌려지고 노조 사무실과 간부들의 집으로 협박전화가 걸려왔다.

특히 노조 비방 유인물들은 지역민들의 애향심을 교묘히 악용하여 노조를 고립시키려는 의도를 노골적으로 드러냈다.

"지금 남도 사람, 남도 이야기는 정인영 회장님이 오래 살으셔야 우리 지역이 발전한다면서 그분의 만수무강을 빌고 한라조선, 한라제지 등 한라기업을 남도인의 효자 기업으로 육성, 발전시키는 데 전 도민이 떨쳐나서고자 아우성이다. 계속해서 더 많은 기업체를 우리 지역으로 유치하자는 운동이 거도적으로 전개되고 있다. 그러기 위해서는 우리 지역만은 노조가 필요 없다는 것이다. ……우리 고장에서는 어떠한 이유로도 싸울 수 없으며, 정히 싸우려면 이곳을 떠나야 그렇지 않으면 좌시하지 않겠다. ……누가 뭐라고 해도 우리 남도인들은 한라를 끝까지 지키고 보호할 것이며 회장님을 영원한 은인으로 모실 것이다…….'('영암 군민 일동' 명의의 괴유인물 중에서)

그동안 지역분할 통치세력들에 의하여 소외돼온 이 지역민들에게 대기업인 한라중공업은 분명히 환영의 대상이었다. 그러나 한라그룹이 영암에 조선소를 세운 것은 가장 적합한 입지 조건을 가지고 있고 다른 지역보다 저렴한 비용이 들어서지 결코 지역민들을 위한 자선사업을 하기 위해서가 아니라는 건 분명하다.

"이 지역에 공장을 세웠다는 건 좋은 일이지요. 그러나 그 이유만으로 이 지역 주민들 모두가 한 기업가를 은인으로 모셔야 한다는 주장이야말로 이 지역 주민들의 자존심과 애향심을 모독하는 겁니다. 노동자들을 존중하고 안전한 일자리를 보장하면서 한라의 노동자들과 지역 주민들이 다 같이 잘 살 수 있도록 기여한다면 누가 존경하지 말라고 해도 존경하겠지요. 그렇지만 당장의 이윤에 급급해서 노동자들이 죽어나가도록 만들고, 노동자들과 지역 주민들 사이를 분열시킨다면 어떻게 존경받겠습니까?"

퇴근 시간 잠깐 노조 사무실에 들른 30대 조합원의 말이었다. 그러나 그의 생각이 얼마나 현장 노동자나 이 지역 주민들의 정서를 반영하는지는 알 수 없었다.

"머나먼 울산, 인천, 거제에서 짧게는 4~5년, 길게는 15~20년씩 고향을 떠나 회사 생활을 해오면서 많은 것을 느꼈습니다. 그 지역이 어떻고 그쪽 사람들은 어떻다는 등 숱한 수모와 정신적 피해, 그리고 많은 갈등 등, 그러하기에 고향에 이렇게 우뚝 세워진 기업을 환영했고 좋은 회사를 만들자고 앞장섰던 것입니다. 고향을 사랑하는 사우 여러분. 노조를 앞세워 파업이나 하고 앰프나 크게 틀어서 회사를 어렵게 만들자고 했던 것은 더욱 아니며 머나먼 곳에서 고향을 찾아올 때 회사를 엉망으로 만들자고 이곳에 모인 것은 더더욱 아니었겠지요. …… 울산이나 거제, 진해, 부산 등 동종 업체에서 쌍수를 들고 환영하는지도 모릅니다."('이 지역을 사랑하는 임직원 일동' 명의의 유인물 중에서)

상여금으로 목포의 술집을 녹여라

첫 진수식이 있던 날 노동자들에게는 휴일을 반납하고 공기를 앞당긴 대가로 1인당 4만 원의 상여금이 주어졌다. 물론 현금으로 상여금을 받은 사람은 한 명도 없었다. 부서별로 1인당 4만 원에 해당하는 술을 먹고 영수증을 끊어다주면 회사에서 계산을 해줬다.

　상여금을 돈으로 주지 않고 목포 전역에서 술을 먹도록 하고 영수증을 끊어오면 술값을 계산해준 이유가 무엇이겠는가?
　"목포의 술집들 그날 노가 났지라. 억지로라도 먹어제꼈응께요."
　목포역 근처 술집 주인이 한마디로 그렇게 말했다. 최병권 사장은 그런 방법으로 삼호조선소의 위력을 유감없이 과시한 것이다. 그날 회식 끝에 다음 날 한 명의 노동자가 길거리에서 얼어 죽은 시체로 발견될 정도로. 또한 그 술자리를 통해서 부서장들은 자기가 입사를 주선한 노동자들을 계속 얽어둘 수 있었다.
　결국 이런 상황에서 노조는 서영상 대리의 죽음에도 불구하고 안전사고 예방을 위한 명확한 대책을 세우지 못한 채 3월 1일 회사로부터 몇 가지 합의를 얻어내고 물러서야 했다.

"조합원들이 움직여주지 않으면 아무것도 할 수 없는 것이 노조 아닙니까? 우리는 서영상 조합원의 죽음을 계기로 여기 삼호조선소의 실태가 어떤지를 확실히 알 수 있는 계기가 됐습니다. 노조가 작업중지명령을 내려가며 싸울 때는 목숨이 달린 문제기 때문에 그랬어요. 그때 제대로 대응만 했어도 그 다음 사고들은 피할 수 있었는데…… 안전은 생각하지 않고 소 몰이하듯이 그렇게 작업자들을 몰아붙이면 사고가 날 수밖에 없지. 어떻게 무사하기를 바라겠어요."

이학승 노조 수석부위원장은 말끝을 흐렸다.

노조의 우려대로 3월 8일 오전 가공부 소조립작업장에서 크레인이 추돌하는 사고가 발생했다. 두 대의 천장크레인을 이용하여 작업장 왼쪽에서는 가공 5, 6반이, 오른쪽에서는 7, 8반이 똑같은 공정의 작업을 진행하고 있었다. 이때 두 대의 크레인 중 뒤쪽에 있던 크레인이 앞으로 이동해오면서 앞에 있던 크레인을 추돌하자 앞 크레인에 매달려 있던 소형 버스의 측면만 한 3톤가량의 부재가 그네처럼 밀려와 7, 8반과 함께 작업 중이던 문형복 씨(27살)를 때렸고, 병원으로 옮겼지만 내장 파열과 과다 출혈로 손 한 번 써보지 못한 채 숨을 거두었다.

자동 센서가 꺼진 살인 크레인

이 사고가 생산 제일주의가 불러온 살인행위라는 점은 다음 몇 가지 사실만 짚어 봐도 분명해진다. 첫째는 중량물 작업하는 천장크레인에 운전석이 없는 원격 조정기를 사용케 하였다는 점이다. 크레인 위에 운전석이 있으면 운전사가 위에서 내려다보고 운전할 수 있고 아래에서 신호수가 보아주기 때문에 사고 확률이 적지만 아래에서 한 사람이 부재를 물리고 리모컨으로 운전도 하는 원격 조정 크레인은 주변 상황을 살필 수 없어서 사

조선소 중대재해 대책 마련을 촉구하는 금속노조 조선분과 상경투쟁. 2014년 5월. ⓒ 신동준

고 확률이 몇 배 높다. 그럼에도 두 명의 일손을 줄이기 위해 중조립 작업 크레인을 원격 조정토록 한 시설 자체에 문제가 있었다.

"운전석이 있는 크레인은 정해진 운전자가 있고, 숙달된 운전자만 만지기 때문에 사고가 없어요. 노동자들이 자기가 다루는 기계에 대한 애착이 얼마나 강합니까. 절대 다른 사람이 못 건드리게 하잖아요. 그러나 바쁘면 아무나 목에 걸고 움직일 수 있게 해놓은 리모컨은 다르죠."

노조의 이창길 산업안전국장의 말이다.

두 번째는 크레인끼리 거리가 가까워지면 자동으로 정지하게 장치된 자동 센서가 작동하지 않았다는 것이다. 통상적으로 10미터 이내로 접근하면 작동하게 되어 있는 센서 장치를 작업 능률을 높이기 위해 작동을 정지시켜 놓았거나 정지 거리를 임의로 조작했기 때문에 어처구니없는 죽음을 당한 것이다.

세 번째는 정해진 안전교육을 실시하지 않았다는 것이다. 크레인 운전자는 16시간 교육을 받게 되어 있음에도 전혀 교육받은 바 없는, 입사한 지 겨우 20일밖에 되지 않은 신입사원이 원격 조정기로 크레인을 움직인 것이다.

네 번째는 소몰이식 작업 공정의 문제다. 두 대의 크레인은 서로 건너 뛰어다닐 수 없으므로 왼쪽의 5, 6반과 오른쪽의 7, 8반은 동시에 크레인을 움직이지 않도록 다른 공정을 맡기거나 한쪽의 작업 위치를 반대 방향으로 옮겼어야 함에도 똑같은 공정의 중조립 취부 작업을 나란히 배치하여 크레인 충돌을 야기시켰던 것이다. 그 이유는 양쪽 작업을 경쟁시켜 공정을 앞당기려 했다는 것 말고는 설명할 수 없다.

다섯 번째는 안전을 무시한 회사 측의 생산 제일주의를 들 수 있다. 사고가 발생하기 전에 이미 노조의 산업안전 담당자가 완성검사를 받지 않은 크레인에서는 작업하지 말 것을 회사에 요구하고, 노조에서 직접 작업중지명령을 내리면, 담당부서장이 '내가 책임진다. 니가 뭐냐?'며 작업 강행을 지시했던 것이다.

이것만으로도 문형복 씨의 죽음이 운수가 나빠서거나 단순한 실수로 비롯된 사고가 아니라는 것은 너무나 명백하다.

노조의 작업중지명령을 무시하고 '내가 책임진다'고 작업 강행을 명령했던 간부들은 막상 사고가 나자 모두 발뺌하고 피하기에 급급했을 뿐 책임지려는 어느 누구 하나 없었다.

"조선소 자리에 있던 측성암이라는 암자를 사원아파트 부지가 있는 쪽으로 옮겼는데 그것 때문인가 하는 생각을 우리끼리 한다. 이번 사고가 수습되면 고사를 지낼 생각이다."

임룡빈 관리상무가 한 이 말을 전해들은 노동자들은 어이없다 못해 서글퍼질 뿐이라고 했다.

회사 책임자는 서영상 대리가 장례를 치르기까지 23일 동안 영안실 한 번 찾아오지 않았다. 문형복 씨가 사망한 뒤에도 마찬가지였다. 문형복 씨의 유족들이 문 씨 사망 열흘이 넘은 3월 18일 회사로 찾아와 사장실에서 농성을 시작했지만 작업 계속 지시만 내리고 간부들은 모두 피해버렸다.

조선업계에서도 일찍이 볼 수 없었던 탑재된 외벽 블록이 무너져 다시 3명의 노동자가 목숨을 잃는 참혹한 사고가 발생한 것은 바로 다음 날인 3월 19일이었다.

2번 독 천호선 작업 현장백에서 높이 15미터, 폭 20미터, 무게 232톤짜리 블록을 이미 조립된 구조물과 세팅하려던 작업자 6명이 부실한 버팀용 파이프가 견디지 못하고 쓰러지면서 블록에 깔려 김장국 씨(45살), 김두완 씨(25살), 김영욱 씨(29살)가 숨졌으며, 두 발이 절단되고 항문이 파열되는 중상자가 발생했다. 블록(철 구조물) 조립 작업을 할 때면 구조물이 중심을 유지하고 무게를 견딜 수 있도록 버팀 파이프를 받치거나 크레인으로 물고 작업토록 해야 함에도 중심과 무게를 견딜 수 없는 단 한 개의 버팀 파이프만을 세워놓고 작업토록 하여 참변을 불러온 것이다.

또 무너져 내린 232톤의 철 구조물

회사 측은 버팀용 파이프를 한 개만, 그것도 안전율의 절반에도 못 미치는 것을 사용한 것에 대해 '신공법'이라고 우겼다.

그러나 삼호조선소는 노동부가 신공법을 뒷받침할 작업표준서를 제출하라고 했지만 제출치 않다가 작업중지명령을 받고야 뒤늦게 해제 요청서를 내면서 작업표준서라는 것을 제출했는데 사후에 짜 맞추었다는 인상이 짙다. 그 공정서에 보면 옆 블록과 임시로 연결시켜 용접해놓는 떡판(스트롱백)을 제거할 때는 반드시 크레인으로 물고 작업토록 명시했지만 당일 골리앗 크레인 사용 계획 자체가 없었다는 사실이 이를 반증하고 있다.

앞의 두 사고와 마찬가지로 이 사고 역시 공정을 단축하기 위해 안전을 고려치 않는 삼호조선소의 생산 제일주의가 불러온 참사였다. 고부가가치 선박을 건조하겠다는 정인영 회장의 말과는 달리, 한라가 6,000억 원의 투자액을 단시일 내에 회수하려는 의도를 가지고 70년대식 공기 단축을 위해 노동자를 사지로 몰아넣고 있다는 의혹을 떨칠 수 없다. 삼호조선소는 30만 톤급 VLCC 1척, 16만 8,000톤급 살물선 7척, 10만 5,000톤급 유조선 2척 등 향후 2년치 작업 물량을 확보하고 올해 선박 수주 목표도 지난해보다 네 배 가까이 늘려 잡고 있다.

노동부 집계에 따르면 지난 한 해 동안 산업재해로 사망한 노동자는 총 2,647명이고 다친 사람은 7만 5,000명이 넘었다.

4월 13일까지도 목포터미널 옆의 한국병원 영안실에는 아직 장례를 치르지 못한, 3월 19일 사고로 숨진 김장국 씨가 안치되어 있었다. 숨진 김씨의 친형 김장근 씨(46살)는 "내 동생 같은 어이없는 죽음은 내 동생으로 끝나야 한다"고 입술을 깨물었다. 그러나 한라그룹이 기술 축적과 노사 간의 신뢰를 바탕으로 생산성을 향상시키려 하지 않고 지역 주민의 애향심을 역이용하여 생산 제일주의를 고집한다면 불행은 계속될 수밖에 없을 것이다.

관련 문학예술 작품

[소설] 김남일, 「파도」, 『일과 밥과 자유』, 현암사, 1988.
[소설] 김소진, 『양파』, 세계사, 1996.
[소설] 김하경, 『워커바웃』, 삶이 보이는 창, 2012.
[소설] 방현석, 「겨울 미포만」, 『랍스터를 먹는 시간』, 창비, 2003.
[소설] 방현석, 「지옥선의 사람들」, 『실천문학』 1990년 겨울호.(소설집 『내일을 여는 집』, 창비, 1991)
[소설] 정수리, 『우리 갈길 멀고 험해도』, 녹두, 1990.
[소설] 정화진, 「쇳물처럼」, 『민족문학의 현단계』, 1987.
[소설] 정화진, 『철강지대』, 풀빛, 1991.
[시] 백무산, 『동트는 미포만의 새벽을 딛고』, 노동문학사, 1990.
[시] 백무산, 『만국의 노동자여』, 실천문학사(초판, 청사, 1988), 2014.
[영화] 이은·장동홍·장윤현 감독, 〈파업전야〉, 1990.

송경동

"우리는 한평생이 IMF였어"

—IMF 2년, 건설 노동자의 삶

[1997년]

1월 23일 한보철강 부도/3월 18일 삼미그룹 부도/7월 15일 기아 협조융자 요청(사실상 부도)/10월 15일 쌍방울 부도/10월 22일 기아차 법정관리 신청/10월 28일 종합주가 500선 붕괴. 모건 스탠리, "한국을 떠나라" 보고서/11월 1일 해태 부도/11월 10일 원화 환율 1,000원 돌파/11월 21일 IMF에 구제금융 공식신청 발표. 사실상 국가부도/12월 5일 한라그룹 부도/12월 11일 자본시장 전면개방. 환율 1,719원까지 치솟고 외환시장 사실상 마비상태/12월 18일 김대중 제15대 대통령 당선/12월 24일 정부, IMF 구제금융 협상 공식 발표

[1998년]

1월 5일 노사정위원회 발족/1월 18일 극동건설 부도/3월 23일 IMF 서울사무소 설치/4월 9일 외평채 40억 달러 발행 성공

나는 오래도록 신용불량자였고 그때 은행이나 장사하는 사람들이 나를 사람으로 보지 않는 것 같았다. 그러니까 경제적으로는 투명인간이었다. 사실 돈 모아서 부자 될 게 아니고 남들한테 자랑할 게 아니면 돈 많이 필요 없다. 투명인간이 되면 어차피 보이지 않는데 사람들에게 옷 자랑, 돈 자랑, 피부 좋다 자랑할 일이 뭐 있는가. 기본적인 생활만 해결되면 끝이다. 나는 시간이 나는 대로 여전히 사회생활을 하고 대가를 번다. 다른 식구들도 마찬가지다. 그게 편하고 사람 사는 노릇을 하고 산다는 기분을 안겨준다.

_성석제, 『투명인간』 부분

그러나 물구나무서기를 하고 대가리를 박아도 국방부 시계는 돌아가듯이 목수가 떨어져 죽고, 토공이 깔려 죽고, 가스폭발로 용접공이 죽어도 건물은 올라갔다. 말 안 듣는 하청이 쫓겨나고 임금체불의 원성이 심장을 찌르고 개밥 같은 함바의 식판이 뒤집어져도 건물은 올라갔다. 도비(철골 설치 작업자)가 빔 위를 미친 듯이 날뛸수록 오피스텔은 더 빨리 올라갔다. 용접사 대가리는 진흙탕에 박히고, 떨어지는 불똥이 등어리를 사정없이 태워먹어도 빈틈없이 때워야 도시가스가 들어온다.

건설 노동자가 아니면서 우연히 이 책을 보는 고마운 국민이여!

당신은 63빌딩의 화려함과 금빛 번쩍이는 위용 속에 파묻힌 건설 노동자의 위대함 대신 혹시 '아, 아, 대한민국'을 노래하지 않았는지?

_『건설 노동자』 서문 중에서,
전국건설일용노동조합협의회 편집위원회 펴냄, 1995

"건설 노동자 중 50만 이상이 실업 상태"

안산역 앞에 도착한 시각은 새벽 5시. 아직 자욱한 안개가 걷히지 않은 상태였다. 안산건설일용노동조합에서 운영하는 무료취업알선센터는 역 앞

노상 주차장의 끝에 놓인 컨테이너 두 동을 이용하고 있었다. 움츠린 표정들이 경계의 빛을 보낸다. 그들은 조경수가 몇 그루 심어진 쉼터나, 쌀쌀한 새벽 날씨 탓으로 켜 둔 모닥불 주위를 서성이고 있었다.

"안산에서는 올 초 들어 조금 풀린 편이에요. 공단이 있고, 고잔뜰 신도시 공사가 시작된 때문이죠. 그래도 한 달 평균 많이 나가는 사람이 15~20일 안팎이에요."

센터 장희윤 부소장의 말이었다. 작년까지만 해도 공단 가동률이 50퍼센트 선까지 떨어지고, 신도시 공사도 터지지 않아 한 달 평균 4~5일에서 많으면 10일 정도의 일밖에 없었다고 한다.

"지금 임금도 20퍼센트 정도가 깎인 수준이죠. 그간 2년 반 동안의 물가 상승률을 고려해본다면 실질임금 하락폭은 최대 40퍼센트도 넘는다죠, 아마."

부소장과 이야기를 나누는 도중 공공근로자 석외술 씨(50살)가 반으로 찢어진 문서 한 장을 들고 와 더듬거리며 상담을 청한다. 문서는 안산시장 명의로 온 것이었다. '실직 인력을 기업으로 유도하면서 구인난을 해소해야 하고, 실직자에겐 능력에 맞는 대우와 보람을 느낄 수 있도록 하기 위해서', 그리고 무엇보다도 2000년 3/4분기 이후의 예산 사정으로 공공근로사업을 대폭 축소하는 것이 불가피하다는 요지였다. 말을 하는 그에게서 술 냄새가 풍겨 나왔다. 이들에겐 이 문서 한 장이 사형선고와 같은 것이었다.

"200만으로 추산되는 건설 노동자 중 50만 이상이 실업 상태에 놓여 있어요. 그런데도 정부는 올해 실업 예산을 절반으로 줄이고, 공공근로 예산도 대폭 삭감했어요. 이 예산도 총선 전 선심용으로 70퍼센트 이상을 써버려, 하반기엔 공공근로 자리도 없게 생겼어요."

전날 전국건설산업노조연맹(이하 연맹)에서 만났던 최명선 선전차장이

들려준 사면초가의 현실이었다.

봉고차를 가지고 온 사람이 사이로 창고(곡물 창고)에서 짐 쌓을 잡부를 찾으러 왔다가 간다. 관심을 보였다 퇴짜를 맞은 건설잡부 최호윤 씨(65살)는 고리발전소에서 정년퇴직한 '일꾼'이었지만 이젠 잡부일에서마저 배제당하는 '쓰레기인간'(잉여 노동력으로 버려지는 실업노동자들을 일컬음)으로 취급당하고 있었다. 한편 30년 경력의 조적공 진전근 씨(55살)는 건설 경기 중 가장 일이 많다는 요즘도 한 달에 10~15일 일 나가기가 힘들다고 한다.

"IMF 터지고 나서 마누라도 스텐 이스메(이음매) 만드는 공장에 다니기 시작했어. 근데 그거도 직장이라고 가족 중에 한 사람이 버니, 나는 공공근로도 요건이 안 된대. 난 요만한 혜택도 받아본 적이 없어."

그의 손끝은 오랜 조적일로 퉁거워져 있었다. "우리는 평생이 IMF였어"라는 푸념이 뒤따랐다.

아침 8시도 채 안 되었지만 벌써 새벽시장은 파장 분위기였다. 남은 사람들은 대부분 잡부일로는 '쫀심'상 못 나가겠다는 기능공들이거나, 늙은 노동자들이었다. 대신 8시가 넘어서도 구직 등록을 하러 오는 이들이 이어졌다. 구직 등록을 하러 온 이들의 정보를 모아 둔 카드를 훑어보니 대부분 50대에 가까운 노령층들이었고, 어떤 분야든 십수 년씩 기능을 쌓아온 이들이 태반이었다. 그러나 그들은 대부분 카드의 기타 사항에 '아무 일이나 가능'이라고 적고 있었다. 그래도 오늘은 30여 명 중 15명 정도가 나갔으니 반타작은 한 셈이다.

"영종도는 독재공화국 같아요"

40대 후반, 13년 경력의 목수 김철수 씨(가명)는 자신의 이름과 현장 명을 쓰지 않는 것을 조건으로 인터뷰에 응했다. 무엇보다 20년 지기인 오야지에게 의리를 지키고자 하는 선의였다.

"외국에서는 이렇게 하면 당장 감리들에게 걸려요. 보세요. 다 땜방이죠. 저 위에 보이는 게 내가 말한 손 하나가 들어가서 철근이 다 만져진다는 슬라브(지붕 골조)예요. 보여요? 보여요?"

그의 목소리가 동굴 속 같은 5미터 높이의 거대한 홀 안에서 공명되고 있었다. 라이터 불 하나가 한 치 앞을 간신히 비쳐주고 있었다.

"교통 센터 쪽 기둥에서 주먹이 들어갈 정도였는데 감리들이 오니까 다시 거푸집(형틀)을 덮어버렸죠. 담당 기술자들도 '폭파시키고 재시공할 거냐'라고 했는데 땜방하고 말았어요."

부실공사 현장을 나와 그가 취재진을 데려간 곳은 슬라브 공사를 진행 중인 곳이었다.

허술하게 매어진 철근 뼈다귀를 잡고 슬라브에 오르자 놀라운 광경이 펼쳐졌다. 5미터 높이 허공 중에 손발을 디딜 곳이라곤 30미터 너비의 벽체 윗머리밖에는 없었다. 거기엔 안전대도, 안전그물망도 없어 하루에 단 한 번이라도 발을 헛디디면 '즉사'할 수밖에 없는 '안전사각지대'가 펼쳐져 있었다. 보통 사람들은 올라만 가도 구토 증세가 일 만한 곳이었다. 이들은 이곳에서 곡예하듯 하루 온종일을 산다. 공기에 쫓기면 어둑 무렵까지 이 '사선'을 타야 한다.

오늘도 회사에서는 1시에 공항관리공단에서 감사를 나오기로 했으니까 건물 안에 숨어 있으라 했다 한다. 안전장치의 부실이 눈에 띄거나, 노동자들에게 이것저것 물어보는 것이 신경 쓰였던 것이다. 밖에만 와 보고 가는 것이라 "40분 동안 잘 쉬기는 했지요"라며 콧방귀를 뀐다. 이런 부실을 묻고 지금 영종도에서는 공사 면적 1,700만 평에 총공사비 7조원을 들이는 '단군 이래 최대의 역사(役事)'가 2001년 3월 개항을 목표로 진행 중이다. 착공 이후 투입된 인원만 600여만 명에 이른다고 자랑하고 있고, 지금도 일이 없어 몰려든 전국의 1만 3,000여 노동자들이 피땀을 흘리며 이 '역사'에 동원되고 있다.

"밥 안 먹여주는 건 그렇다 치고, 안전화 값을 월급에서 까는 데가 어딨어요. 집에서 내는 주민세는 왜 이중으로 떼요. 컨테이너 방 하나에 20~30만 원씩 방값 받는 곳도 있어요. 숙소에서 현장 가는 통근버스비까지 받아 챙겨요. 부두로 나가는 차도 한 대 안 내줘서 2만 원씩 주며 택시 타야죠, 뱃삯 내야죠. 깎인 임금에 이런저런 것 더하면 뼛골이 세요."

그는 꼬불쳐둔 월급 명세서를 가지고 나와 한 항목 한 항목 조목조목 짚어준다. 당연히 있어야 할 주차·월차 수당도, 시간외수당도 그의 명세서에서는 보이지 않는다.

"영종도는 독재공화국 같아요. 집단수용소 같아요. 여기선 근로기준법도, 정부 시책도, 인권도 모두 안 통해요. 자본이 왕이고, 불법용역업체들이 영주 노릇을 하는 봉건왕국이죠."

길 안내로 따라나선 김정호 인천건설일용노동조합 사무국장은 영종도의 상황을 달달 외고 있었다.

삼목도의 컨테이너 숙소는 불결하기 짝이 없었다. 복도를 사이에 두고 열린 문들로는 양말이며 내의 등이 걸려 있는 게 보였고, 복도의 끝에 붙은 화장실 문은 열려 있어 악취와 함께 날벌레들이 날아들었다. 아직 서늘할 때인데도 샤워장에서는 찬물만이 콸콸 쏟아져 내렸다. 이곳엔 세탁기도, 빨래 건조대도, 따뜻한 온수도, 식수도, 최소한의 문화생활에 필요한 티브이, 냉장고 한 대도 지원되지 않았다. 이불도 주지 않아 싸들고 와야 했다.

매점을 겸한 식당에서는 2,500원짜리 식권 하나로 고작 참이슬 소주 한 병을 살 수 있었고, 식사는 중노동을 견디기에는 몹시도 질이 낮은 것이 대부분이라고 했다. 문화시설이랍시고 노래방이나 당구장, 만화방, 다방, 술집 등이 있긴 했지만 그것은 '문화'라기보다는 '소비'라는 느낌을 더 강하게 받게 하는 곳들이었다.

"현장에 있는 사람들이 그래요. '안'에서는 관행이 있어 안 되니, 노조에서 나서서 '밖'에서라도 어떻게 좀 해주라고요. 그러면 '안'에서도 일어날 수 있대요."

이런 현장의 요청에 답해 건설연맹에서는 '투쟁선봉대'를 조직해 올 5월만 해도 두 차례에 걸쳐 숙소촌 내 컨소시엄 본부들을 썩은 계란으로 물들이는 '타격 집회'를 가졌다고 한다.

"중앙 차원의 진상조사단이 빨리 꾸려져야 돼요. 부당노동행위 사업주 구속이 있어야 하고요. 자신들이 정말 '일'이 바빠 못 하겠다면 노조에 일정 권한을 주는 명예산업안전감독관제를 실시해서라도 현장의 부당노동행위를 막아야죠. 양성적인 고용구조 마련을 위한 무료취업알선센터를 정착시키는 것도 시급해요."

김정호 사무국장의 호소다.

그들의 무전여행

영등포산업선교회 실직 노숙자 쉼터에서 만난 건설 노동자들의 경우도 문제가 심각했다.

"노숙자 출신이라고 일반 잡부들보다 5,000원을 깎아 4만~4만 5,000원밖에 안 줘요. 용역비는 오히려 오른 거예요. 봐요. IMF 전 5만~6만 원 할 때도 5,000원 뗐어요. 그런데 IMF 터지고 3만~4만원 하는데도 용역비는 그대로 5,000원이죠. 내린 게 없으니 오른 거예요."

김덕호 씨(37살)는 경량철골과 덴죠(천장 공사) 기술자로 동생에게 전세금 담보 보증을 섰다가 전세금까지 날리고, 일자리가 없어지자 '무전여행'을 다니다 이곳에 오게 됐다고 한다.

경남 하동—악양 간 도로공사 현장에서 수로박스 기초철근 작업을 하고 있는 노동자들. 2012년. ⓒ 김해화

대림혼다 서비스센터 엔지니어로 일하다 쫓겨났다는 이재선 씨(45살)는 이런 '시국'에서도 다니던 지하철 공사장을 그만두게 되었던 사연을 이야기해주었다.

"빗속 야간작업 중 복공판(임시도로용으로 깔린 쇠 구조물)을 들어내고 호스를 설치하기 위해 뒷걸음치던 한 동료가 20미터 아래로 떨어지고 말았어요. 안전철책도, 그물도, 등도 없는 상태였어요. 근데도 아침 티브이 방송에서는 '인부 부주의 추락사'로 나오더라구요. 그 뒤로 지하철은 꼴도 보기 싫어요. 태릉역이었어요."

이승호 씨(40살)는 CIP(보링 작업)공이었다. 강 씨라는 오야지 밑에 많게는 10~20명씩 떼 지어 다녔는데 IMF 이후로는 오야지 강 씨가 건설 일용직으로 나가야 했다고 한다. 오야지와 기능공을 잡부로, 잡부들을 실업자나 노숙자로 존재 이전시킨 위대한 힘이 IMF였던 것이다.

"공공근로도 마찬가지예요. 일반 잡부 불러다 시키려면 최소 5만~6만 원 되는 궂은일이 허다해요. 우리도 사회를 위해 봉사를 한다고 생각하며 일하는 경우 많아요. 그런데도 우리가 마치 '꽁돈'만 쓰는 사람들처럼 얘기할 때면 서운해요."

이들은 새벽 4시면 일어나 채비하고 5시 전까지는 문래역 자유의 집(노숙자 쉼터) 근처 사거리로 가야 한다. 노숙자 쉼터에 있는 사람들로 구성되는 새벽시장이 서는 곳이다. 자유의 집엔 꽤 많은 사람들이 있어 근 200여 명이 모이는데 남부, 대한, 성심, 중앙, 현산 등 제법 큰 용역업체들이 4시 반 정도에 봉고나 대절 버스를 세워두고 있다가 이들을 산다고 한다. 그렇게 버스를 타고 혜화동이나 경복궁, 가리봉 등지에 있는 용역 사무실로 가면 6시가 되고, 다시 이곳에서 현장 배치를 받아 현장에 도착하면 7시다.

"그때부터 쉴 짬 없이 오후 6시경까지 일하고 용역 사무실에 오면 7시예요. 노임 받아 돌아오면 어쩔 땐 9시도 돼요. 남는 게 없어요. 점심밥 사 먹어야지요. 버스나 봉고 태워줬다고 인근은 2,000원, 서울 외곽은 3,000원씩 떼죠. 아침 요기 좀 하고, 담배 한 갑 사고, 장갑 사야죠. 안전화, 작업복 사 입어야지요. 거기다 용역비 5,000원 떼고 나면, 새벽 4시에 일어나 저녁 9시에 돌아온 대가란 게 고작 2만~3만 원 선이에요. 기름기 있는 밥 한 끼 사 먹거나 술 한 잔 하고 돌아오면 정말. 그래도 1만 9,000원 하는 공공근로보다는 나으니까 자립하려고 나가는 거죠."

우리는 이들을 과연 무능하다고, 게으르다고 탓할 수 있을까. 이들은 자신도 모르는 무슨 굴레에 싸여 쳇바퀴를 도는 것 같다고 한다. 70년대부터 지금까지 죽어라고 일했는데 이들에게 돌아온 건 의심스런 눈초리들과 노숙자라는 치욕뿐이었다.

서울건설일용노동조합에서 만난 박금영(35살), 홍성호 씨(35살)는 닥트(건물 내 냉난방 설비물을 설치하는 일) 기술자들로 임금체불 관련 상담을 하러 와 있었다.

박 씨와 홍 씨 외 8명은 4월 초부터 여의도에 있는 미래에셋증권빌딩의 개보수 작업을 했는데 공사가 마무리되어가는 5월 12일경 사장이 감쪽같이 사라진 것이다.

"같이 일한 아주머니는 돈 좀 빌려달라고 사정하는 통에 돈도 200만 원이나 빌려줬대요."

소위 불법다단계하도급 구조와 불법용역업체들의 수법에 걸린 것이다. 이러한 불법용역업체들은 금액이 낮은 임금체불은 법적 구속력이 약하다는 건설업의 특성을 파악해 전국을 돌며 인건비 가로채기에 나서고 있다. 불법다단계하도급 구조가 악어라면 불법용역업체들은 악어새인 셈이다. 이렇게 한 번씩 떼이고 나면 그 후유증이 6개월도 가고 1년도 간다. 의욕이 떨어져 힘이 안 나는 것이다.

그래도 건설 노동자들에게 가장 절실한 것은 일자리 확보다. 이들의 일

자리가 늘려면 공사 발주처가 많아져야 하고 건설 시공사들의 활동이 활발해져야 한다. 건설 시공사들의 현황은 어떤지 A건설을 찾아갔다. 넓고 텅 빈 노조 사무실에는 이철수(가명) 노조사무장이 혼자 앉아 기다리고 있었다.

"건설업계 불황은 이미 96년부터 시작됐어요. 그때부터 IMF였던 거죠. 지금도 건설업체의 25퍼센트 정도가 화의나 워크아웃에 걸린 법정관리 상태에 놓여 있어요."

한때는 재계 30대 그룹에 속하기도 했다는 이 회사는 올해만 해도 113명의 직원이 퇴직위로금 2, 3개월어치를 받고 떠났다. 200퍼센트의 월급 반납이 있고도 현재 580퍼센트라는 임금체불에 시달리고 있다 했다(그런데도 이들은 자신의 이름은 물론 자사의 이름이 이 글을 통해 나가지 않는 조건으로 취재에 응했다).

"마지막 보루는 3자 인수밖에 없어요. 그런데 소문이 나면 누가 인수하겠다고 덤비겠어요. 또 재개발지역 주민들이 시공사로 문제 있는 회사 택하겠어요, 없는 회사 택하겠어요."

하지만 건설사를 인수할 만한 덩치 큰 회사들은 대부분 BIS(자기자본비율) 200퍼센트 이하 유지라는 구조조정 아킬레스건에 걸려 있어 매각도 거의 성사되지 않고 있다고 한다.

"원인이 뭘까요."

"노태우 집권 당시 신도시 200만 호 건설을 무턱대고 하면서 시작된 거예요. 너나없이 업종에 상관없이 주택 건설업에 뛰어들었어요. '백화점' 하던 사람들도 건축하겠다고 달려들었죠, 자재값 뛰죠, 인건비 뛰죠, 미분양 사태 일어나죠. 그런데도 아무런 후속 조치가 없었어요."

"대책이 전혀 안 나온 건가요."

"작년에도 주택재개발 활성화자금이라고 풀었어요. 그런데 풀린 돈 중

대부분이 지자체를 통해 은행으로 넘어갔죠. 해당 거래은행에서는 우리도 어려운데 부실기업에 어떻게 주느냐 하는 거예요. 차라리 죽이려면 죽이든가. 이건 아예 '링거'만 꽂아놓고 말려 죽이겠다는 거예요."

건축사무소 노둣돌의 이윤하 대표가 들려준 이야기도 별반 벗어나 있지 않았다. 그의 얘기에 따르면 설계 노동자들도 70~80퍼센트가 요즘까지도 개점휴업 상태라고 한다. 재취업교육센터에서 주는 교육비나 받으러 다니는 실정이라고 한다.

앞으로 SOC(사회기반시설) 위주로 작업을 해오던 사람들은 조금 풀리겠지만 주택건설에 종사하는 대부분의 건설 노동자들에게는 당분간도 '경기회복'은 없지 않겠느냐는 이야기다. 또한 경기가 활성화 되더라도 '프리랜서 제도' 도입 등으로 대다수 설계노동이 아웃소싱(외주) 처리될 것인바 극소수의 생존자에 끼기 위한 경쟁만 더욱 치열해질 것이라 전망한다.

근로기준법을 지켜라

'안'에서 일어나기 힘든 건설 노동자들의 현실을 비춰볼 때 '밖'에 있는 연맹이 갖는 역할과 의미는 타 부분의 산별노조에 비해 각별한 것이었다.

백석근 연맹 정책실장은 가장 선결되어야 할 과제는 '8시간 노동 쟁취'라고 말한다. 연맹 조사에 의하면 현재 국내 건설일용노동자들은 1주 근로시간이 평균 68.7시간으로 일본과 프랑스 등과 비교하면 거의 두 배에 육박하는 살인적인 노동에 종사하고 있다.

"8시간 노동은 현재 근로기준법에 명시되어 있는 노동자의 당연한 권리예요. 우린 법을 지키라는 거예요. 우선 제대로 된 실태 파악에 나서고, 근로감독을 강화해야 해요."

다음으로는 건설일용노동자들과 관련된 각종 법 제도 개선투쟁이라고 한다. 전체 건설 노동자의 70퍼센트를 차지하고 있는 건설일용노동자는 산재보험과 고용보험에서는 노동자의 지위를 부여받고 있지만 의료보험, 국민연금에서는 자영업자로 취급되어 비용을 전액 건설 노동자들이 부담하고 있다.

"하지만 고용보험의 경우 한 현장에 최소 1개월 이상 일하고, 12개월 중 6개월 이상 보험료를 납부해야 하고, 3억 4,000만 원 이상의 공사에서 일한 경우에만 적용된다는 단서가 붙여져 있어요. 게다가 산재보험 역시 4,000만 원 이하 공사, 150평 이하 상가공사, 200평 이하 주택공사 등이 예외 규정으로 묶여 있어 대다수 건설 노동자들에게는 무용지물이어요."

건설 노동자에게도 퇴직금을 지급한다는 취지로 98년 1월부터 시행된 '건설근로자퇴직급 공제제도'도 효력이 없는 것은 마찬가지다. 임의 조항으로 되어 있어 사용자들이 기피하면 그만이고, 100억 원 이상 관급공사, 500호 이상 공공주택공사에서는 의무화 원칙을 두고 있지만 발주기관에서조차 설계상 계상하지 않아 사문화되어 있는 현실이다.

"공공근로도 축소하고, 더욱 강도 높은 구조조정 플랜을 실현하려는 정부는 IMF 2년 반 동안 자신감이 생긴 것 같아요. '공공근로 하면서도 살더라' 이거죠. 그간은 줄여 사는 것에 길들이는 과정이었다고 봐요. 경기회복이라는 기대치 확산 후에 구조조정이 치고 들어오겠죠. 하지만 호락호락하진 않아요. 내년이면 본질이 드러날 거예요."

백석근 실장의 이야기가 묘한 울림으로 다가왔다. '악쓰지 않으면 못 주겠다'는 거대한 초국적 자본과 정부, 기생 자본에 맞서 '악을 쓸 여력도 없는' 맨몸뚱이 노동자들이 힘차게 '건설'해 갈 새 세상은 어떤 '거푸집'과 어떤 '내용물'일까.

관련 문학예술 작품

[소설] 성석제, 『투명인간』, 창비, 2014.
[시] 김기홍, 『공친 날』, 실천문학사, 1987.
[시] 김기홍, 『슬픈 희망』, 갈무리, 2002.
[시] 김해화, 『누워서 부르는 사랑노래』, 실천문학사, 2000.
[시] 김해화, 『우리들의 사랑가』, 창비, 1991.
[시] 맹문재 외, 『완전에 가까운 결단─전태일 열사 탄생 60주년 기념시집』, 갈무리, 2009.
[시] 박노해, 『노동의 새벽』, 풀빛, 1984.
[시] 백무산, 『길 밖의 길』, 갈무리, 2004.
[시] 백무산, 『만국의 노동자여』, 청사, 1988.
[시] 백무산, 『인간의 시간』, 창비, 1996.
[시] 백무산·김선우 편, 『솔아 푸른 솔아─박영근 시선집』, 강, 2009.
[시] 일과 시 동인, 『못난 시인』, 실천문학사, 2014.

4부

못다 핀 꽃 두 송이 미선이, 효순이
공선옥

막장을 달리는 지하철
박영희

전쟁과 독재를 견딘 이라크 작가들
오수연

다른 세상은 가능하다―이주노동자 이야기
김해자

한잔 들쭉술에 녹을 60년 세월인 것을―소설가 정지아의 북녘 기행
정지아

어느 낮, 대추리에 가다
박수정

용산으로 이어진 길, 가깝고도 먼
윤예영

가만히 있지 말아라
정우영

2000

공선옥

못다 핀 꽃 두 송이 미선이, 효순이

2002년 한일월드컵이 한창이던 6월 13일 경기도 양주군 광적면 효촌리에서 훈련 중이던 주한 미군 M3 브래들리 장갑차에 의해 여중생 두 명이 압사당한다. 문제는 이 사건의 처리 과정에서 주한 미군과 한국 정부가 훈련 도중 벌어진 우발적인 불상사임을 강조하는 등 지극히 미온적인 태도를 견지함으로써 국민들을 분노케 했다는 점이다. 특히 재판의 관할권을 두고 논란이 벌어진 끝에 한국의 시민사회 진영에서는 한미주둔군 지위 협정(Status of Forces Agreement, 약자 SOFA)을 비롯한 불평등한 한미관계에 대한 전면적인 개선을 요구하는 목소리가 비등했다. 하지만 미선이, 효순이 사건에 대한 재판은 동두천의 미군 캠프 케이시 내 군사법정에서 열렸고, 예상대로 미군 재판부는 가해 미군들에 대해 무죄를 선고했다. 미군은 사건 현장에 추모비를 세우는 것으로 따가운 여론을 피해갔다.

어머니.
저는 정말 저의 입장을 해명할 잠시의 여유도 없었습니다. 바위와 바위 사이를 방황하며 목숨을 이은 지 연 사흘, 오늘 드디어 펜타곤 당국은 저를 악마가 토해낸 오물이며 동시에 인간 최대의 적으로 판정하고 전세계의 이목을 이 향미산으로 집중시킨 것이 아니겠습니까. 정말 딱했습니다. 오죽 답답하면 제가 죽은 당신을 다 붙잡고 하소연을 하게 되었겠습니까. 저는 생각다 못하여 유권자의 한 사람으로서 저의 출신구 민의원인 공(空) 모(某) 의원을 찾아가 저의 잘잘못을 솔직하게 고백하고 저의 입장을 좀 대변하여줄 것을 간곡히 부탁하고 싶었지만, 그러나 들리는 바에 의하면 공 모 의원은 벌써 스피드 상사의 상관을 찾아가 열 몇 번이나 절을 하고 내 출신구의 유권자 중에 그렇듯이 해괴한 악의 종자가 인간의 탈을 쓰고 존재했었다는 사실은 본인의 치욕이며 동시에 미국의 명예에 대한 중대한 위협임을 누누이 강조하고 나서, 내 의정단상에 나가는 대로 자유민의 체통을 더럽힌 그따위 오물을 사전에 적발하여 처단하지 못한 사직당국의 무능과 그 책임을 신랄하게 추궁할 것임을 거듭 약속하고 나오시더라니, 어머니 저는 정말 누구의 품에 안겨야만 인간이란 소리를 한번 들어보고 죽을지 캄캄하기만 합니다. 뭐라구요. 이제 뭐 일 분이 남았는데 무슨 소릴 하고 있느냐구요. 아 그까짓 일 분이면 어떻고 일 초면 어떻습니까.

_남정현, 「분지」 부분

날은 덥다. 유월 장마철이다. 그날 나는 의정부로 향했다. 생전 처음 가보는 길이다. 그 전날 『인권하루소식』지를 통해 양주군의 한 중학교에 다니는 두 어린 학생이 미군이 모는 장갑차에 치여 압사했다는 소식을 들었다. 무엇보다 아직 그 생명의 꽃을 활짝 피워보지도 못한 어린아이들이 스러졌다는 소식에 경악을 금치 못했다. 평범한 교통사고가 아니라 도로를 질주하는 미국 군인들의 탱크에 어린아이들이 비명횡사를 한 이 사태에 대해 아이 키우는 엄마의 한 사람으로 비감한 마음 가눌 길이 없었다. 이번 달에 내, 이 나라 어디를 갈 수 있을 것인가. 이 아이들이 이렇게 죽어가고 있는데.

아이들이 숨진 날은 6월 13일 지방선거 날이었다. 학교를 쉬는 그날, 아이들은 마침 제 친구의 생일을 축하해 주러 그곳 양주군 광적면 56번 도로를 두 아이가 손 꼭 붙잡고 생일을 맞은 아이의 집 쪽으로 걸어가고 있었다. 그리고 훈련이 있다는 언질도 주지 않고 군사훈련 중이던 장갑차에 치이고 말았다. 이 나라 방방곡곡이 온통 월드컵 열기에 휩싸여 있던 그때, 양주의 두 어린 생명은 그렇게 처참하게 세상을 떠났다.

6월 26일 나는 효순이, 미선이를 치여 죽인 미군들에게 항의하기 위한 1

차 국민대회가 열리는 의정부로 향했다. 이 땅에서 글을 써서 벌어먹고 사는 작가의 한 사람으로 어린 생명의 참혹한 죽음 앞에 그냥 가만히 있어서는 안 될 것 같은 어떤 양심 같은 것이 나를 의정부로 이끌었다. 아니, 거창하게 양심이라고 할 것까지도 없다. 그냥, 그곳에 가지 않으면 내내 마음이 편치 않을 것 같았다. 두 어린아이들의 죽음이 어찌 그들만의 죽음인가. 미군의 전선에 감전되어 투병하다 끝내 세상 떠난 파주 전동록 씨[1]의 죽음이 어찌 그 한 사람만의 죽음이겠는가. 당대에 벌어지고 있는 미군에 의한 '살인' 앞에 마냥 '대~한민국'만을 외칠 수 있는가. 제아무리 목이 터져라 대한민국을 연호한들, 미군에 의한 살인 행위에 대해서는 말이 없고 월드컵이라는 스포츠 행사에서만 대한민국 외친다고 이 땅이 진정 명실상부하게 대한민국이 될 수 있을 것인가. 연전에 있었던 일본 오키나와에서의 미군에 의한 일본 여성 성폭행 사건을 대하는 일본인들과 그 처리 과정과 결과만큼은 아니더라도, 온 나라를 뒤덮은 월드컵 열기만큼은 아니더라도 적어도 이 나라 사람이라면, 이대로 가만히 있을 수만은 없다는 생각, 그래서는 안 된다는 생각이 나를 생면부지의 땅, 의정부로 향하게 했는지도 모른다.

무엇이 의정부로 이끌었던가

춘천 시외버스 터미널에서 탄 차는 강원도와 경기도 북부 지방의 작은 시골 차부들을 빠짐없이 다 돈 다음에 세 시간이 좀 못 걸려서 의정부에 닿았다. 배가 고팠다. 누가 오라고 해서 온 길도 아니었다. 인터넷에서 오늘

---

[1] 2001년 7월 16일 당시 53세였던 전동록 씨가 경기도 파주시 미2사단 캠프하우즈 후문 근처에 있는 공장 증축 현장에서 일하던 중 미2사단 공병여단이 설치한 고압선에 감전되었다. 문제의 고압선은 한전이 관리하는 통상의 고압선과는 달리 최소한의 안전장치인 절연피복도 입히지 않았으며 안전표지판조차 없었다. 사고 전에 고압선의 위험을 경고했음에도 이를 무시한 미군은 정작 사고가 발생하자 "고압선이 미군 규정상에는 아무런 문제가 없다"며 책임을 전 씨의 부주의로 돌렸다.

이곳에서 집회가 있다는 소식을 접하고는 그냥 무작정 온 길이다. 아는 사람이라도 있으면 불러서 우선 어디 가서 요기라도 하고 싶은데, 집회는 이미 시작된 시간이고 나는 또 오늘 중으로 춘천 집으로 돌아가야 하니, 배가 고파도 집회가 열리는 캠프 레드클라우드 앞으로 택시를 타고 갔다. 이곳 사람들은 그 미군 부대를 '시알시'라고 한단다.

  시위 현장에 직접 나와 보기는 나 또한 실로 오랜만이다. 1990년대 초반, 분신정국이라 일컬어지는 그때 이후 처음인 듯도 싶다. 세월은 흘렀지만, 시위 현장 모습은 10여 년 전이나 지금이나 변한 것이 없다. 그때 초등학생이었을 아이들이 지금은 커서 군대를 가고 그 군대에서 차출되어 '전경'이 된 청년들이 시위를 하는 사람들보다 더 많은 것도 그렇고, 시위자들을 둘러싸고 말없이 앞만 바라보는 무표정의 표정들이 그렇다. 전경도, 시위하는 사람들도 다 한국 사람인데 한국 사람들끼리 뙤약볕 밑에서 고생들을 하고 있다. 정작 죄를 저지른 미군은 높은 철조망 안에서 내다보지도 않는다. 한국 전경들이 밖에서 잘 지켜주고 있으니 내다볼 필요도 없으리라. 아스팔트는 지열로 지글지글 끓어오르는데 인디언 문양이 새겨진 미군 부대 정문은 굳게 잠겨 있고 철조망 너머 미군 부대 안 숲에서는 매미 소리가 한가롭다. 지금 밖에서 무슨 일이 벌어지고 있든지 말든지, 철조망 안의 미군들은 한가롭고 철조망 밖, 한국 사람들은 시위를 막는 경찰들이나 시위를 하는 시민들이나 참담하다.

너희들은 짖어라, 나는 껌 씹을란다

2만 3,000볼트의 껍질 없는 전선에 감전되어 사지를 절단당한 채 신음하던 전동록 씨는 지난 6월 6일 세상을 떠났다. 죄 없이 살던 그는, 죄가 있다면 외국 군대가 주둔하는 나라에 사는 죄밖에 없는 그는 노제 한 번 지내지 못하고 제 나라 사람들에게서조차 외면당하고 한 많은 세상을 하직했다. 오키나와의 일본 여성 성폭행 사건 때는 미국 대통령이 일본식으로 사죄하고 미국 사령관이 사죄한 뒤 신속한 배상과 사후 대책이 세워졌다. 일본은 미국으로 하여금 그렇게 하도록 했다.

그러나 지금, 한국은 범죄자 미군을 지켜주고 있다. 이 땅에서 저질러진 미군의 범죄에 대하여 이 땅 사법부는 재판권을 행사하지도 못한다. 아무리 흉악한 범죄를 저지른 미군이라 하더라도 저희 미군 부대 안으로 한번 들어가 버리면 그것으로 끝이다. 그리하여 너무나 오래된 질문, 오래된 만큼 너무나 메아리 없는 질문, 하지만 너무나 피 터지는 질문을 다시 한 번 할 수밖에 없다. 대한민국에서 미군은 어떤 존재인가. 대한민국에서 미국은 어떤 의미를 가진 나라인가. 대한민국은 정말 진정으로 대한민국인가. 미국은 진정 우리의 우방인가. 미군은 진정 이 나라를 지켜주려고 이 나라에 주둔하고 있는가. 이 나라를 지켜주고 있다면 누구를 지켜주고 있는가. 지금 이 나라에서 미국 주둔을 외치는 자들이 누구인가. 미군은 정말 이 땅에 주둔해야만 하는가. 미국은 진정 아름다운 나라인가. 진정 아름다운 나라라서 이 나라 사람들 중의 누구누구들은 손주까지 원정 출산케 하여 아름다운 나라 미국 국적을 취득시키는가. 미국이 진정 아름다운 나라라서 영어 만세 외치고 미국이 진정 아름다운 나라라서 미국으로, 미국으로 유학들을 떠나고 아름다운 나라 미국에서 배워 왔기 때문에 아름답지 못한 제 나라를 씹어대고 아름다운 나라 미국에 한 번도 가보지 못한 사람들 위에 군림하고 있는가. 뙤약볕 밑에서 나는 외쳤다.

우리 딸들 다 죽이는 미군은 이 땅을 떠나라!
민족의 자존심을 걸고 범죄자 미군을 이 땅에서 몰아내자!
투쟁 양키 고 홈! 반미 투쟁!

그렇게 몇 시간을 고픈 배를 움켜쥐고, 타들어가는 목구멍 안으로 침을 삼키며 어색하지만, 힘 있게 악을 썼다. 그리고 누군가가 미군 부대 철조망을 절단기로 자르고 면도칼로 검은 비닐을 찢었다. 드디어 미군 부대 안을 들여다볼 수 있는 구멍이 뚫린 것이다. 그리고 나는 보았다. 완전무장한 미군과 '카투사'라고 불리는 미군 부대 안에서 복무하는 한국 군인들을. 그 미군과 한국 군인들의 차이를. 그들은 방패에 투구에 몽둥이를 들었다. 그리고 미군 부대 안에 근무하는 한국 군인들은 들고 있는 방패를 머리 위까지 올려 얼굴을 완전히 가렸다. 그러나 미군은 얼굴을 가리지도 않고 고개를 빳빳이 들어 올린 채 선글라스를 끼고 하나같이 껌을 씹는다. 너희들은 짖어라, 나는 껌 씹을란다. 아무리 욕을 해도 끄떡없다. 욕하는 이쪽 사람들만 열 받을 뿐이다. 그 태연자약한 표정들이 어떤 신문의 태도를 연상시키는 것은 왜일까. 당신들이 아무리 짖어댄들, 우리는 끄떡없다는 저 철벽의 무표정, 저 가공할 태연함. 억장이 무너질 때는 바로 그런 표정들, 그런 태도들 앞에서일 것이다.

  6월 26일, 나는 미군 부대 안에서 철조망 밖 사람들을 향해서 쏘는 물대포를 맞았고 그리고 『민중의 소리』 한유진, 이정미 두 기자는 미군들에게 끌려가 몰매를 맞았다.

아주 오래된 질문

7월 4일, 달을 넘겨 나는 다시 의정부로 향했다. 이번에는 『말』지 사진기자와 동행했다. 생각을 안 하고 왔는데 오늘이 미국 독립기념일이란다. 그리고 나중에 들은 바로는 저 미군 부대 안에서 어젯밤, 저희들 나라 독립한 날을 기념하기 위해 축포를 쏘고 난리가 아니었단다. 죄 없는 어린 생명들 죽여 놓고 사과 한 마디 하지 않고 저 부대 안에서, 그랬단다.

  날씨는 여전히 눅눅한 장마철의 습기와 더위로 찌는 듯이 덥다. 이번에

서울 종로. 2002년. ⓒ 노순택

는 먼저 효순이와 미선이가 사고를 당했던 현장을 갔다. 편도 1차선의 양주군 광적면 56번 지방도로가에서 나는 맨 먼저 방금 효순이, 미선이 살려내라고 피맺힌 시위를 끝낸 효순이, 미선이 동네, 효촌리 심창보 씨(60살)와 마주쳤다. 심 씨는 울분에 찬 술을 마시고 얼마간 취해 있었다. 그는 취했지만 그래서 말이 자꾸 엇나오긴 했지만 또렷하게 말했다.

"이 땅에서 벌어진 일, 이 땅의 법으로 하자는 말이야."

그가 울부짖듯 말하는 길 한편엔, '미군 장갑차 여중생 살인사건 목격자를 찾습니다'란 현수막이 걸려 있었다.

'6월 13일 오전 10시 45분경 양주 광적면 효촌리 56번 지방도로에서 2사단 44공병대 장갑차에 깔려 여중생 2명이 그 자리에서 숨진 사건을 목격하신 분을 애타게 찾습니다. 연락처 031-245-1999'

촉 3.3미터의 좁은 그 길에 대형 트럭과 군인들의 차량들이 끊임없이 질주했다. 그냥 서 있기에도 무서운 도로였다. 효순이, 미선이가 사고를 당한 그 지점에 두 아이 중 한 아이의 신발 한 짝이 떨어져 있었고 미군들이 먹다 버린 'Meal'이라 인쇄된 군인 식량봉지가 떨어져 있었다. 쫓기는 신발, 배를 채우는 식량봉지. 그것은 너무도 극명한 대조를 이루고 있었다. 미군들에게, 이 땅의 민중들은 다만 언제든지 사냥 가능한 한 마리 쫓기는 짐승에 불과한 것인가.

그렇다면 이제 자명해졌다. 미군이 이 땅에 주둔하는 이유는 그들의 배를 채우기 위함일 뿐이다. 그들은 이 땅에 주둔하는 게 아니고 점령을 하고 있는 것이며, 그들이 이 땅을 점령하고 있는 한에는 이 땅의 민중들은 그들의 'Meal'이 되고 있을 뿐이다. 이 나라 사람들에게 이 땅은 삶의 터전이지만 이 땅을 점령하고 있는 미군들에게 이 땅은 다만 작전지역 중의 한 곳일 뿐이다. 우리의 일상은 저들에게는 작전 상황일 뿐이다.

우리를 지켜주고 있다는 입에 침도 안 바른 거짓말로 무기를 강매하는 나라. 그 미국에 빌붙어서 제 민족의 현실에는 눈을 감은 채 제 사리사욕이나 채우면서 미군의 영구 주둔과 전쟁을 부추기는 자들. 그들이 누구인가. 그들은 이 나라 사람들 중 누구보다 미국 말을 잘하며, 그들은 제 자식들을 군대에 보내지 않았으므로 전쟁이 나도 상관없는 자들이며, 그들은 언제든 이 나라에서 전쟁 나면 미국으로 튈 준비의 하나로써 미국 국적을 가진 자들이며, 그들은 영구한 안전 조치의 하나로써 제 자손에게까지 미국 국적을 취득시키며, 그들은 이 나라에 사는 동안에도 미국 무기와 폭격기의 폭음이 들리지 않는 경치 좋고 안전하며 조용한 동네에 살며…….

아, 나는 그래서 이런 의심을, 강력하게 솟구치는 이런 의심을 할 수밖에 없는 것이다. 아, 그러려고, 그러니까 전쟁이 나도 자기들은 언제든 튈 수 있으므로 그렇게도 전쟁을 부추기는구나. 그렇게 언제든 튀려고 그 돈, 그 말, 그 국적들을 미리미리 챙겨두는구나. 그쪽에 가면 환영은 못 받아도 박대는 안 받으려고 그렇게도 그쪽 나라에 미리미리 아부들을 해 두는 중이구나. 그 부자들, 그 권력자들, 그자들이 지금 미국 찬성을 외치고 북한 박살을 외치는구나, 바로 그자들이. 그리하여 그들이 튀고 없는 땅에 전쟁이 나면 전동록 씨와 같은, 효순이, 미선이 같은 사람들만 이 땅에서 살아보려고, 살아보려고 그다지도 몸부림치던 이 땅 가난한 사람들만이 이제 피 흘리게 되는 것이로구나. 미국 말도 잘 못하고, 미국으로 튈 돈도 없고, 미국 국적은 꿈도 못 꾸는 이 나라 가난한 백성들이.

효촌리에 핀 백일홍

미선이 집 마당엔 지금 백일홍 꽃들이 한창이다. 채송화도 예쁘다. 꽃처럼 방실방실 피어날 우리 어린 딸, 미선이. 나는 효촌리 맨 첫 집, 미선이 집을 거쳐 효촌리 맨 끝 집, 효순이 집에 갔다. 효순이 집 앞에는 살구가 저 홀로

익어 땅바닥에 떨어져 물크러지고 있었다. 나는 그중의 한 알을 집어 입에 넣었다. 효순이는 저 살구 한 번 맛보지 못하고 끝내 저 세상으로 갔는가. 살구나무 집 둘째 딸 효순이는.

  효순이 아버지는 말했다. 아니, 절규했다.

"저는 초등학교 졸업장밖에 없습니다. 그런 제가 어떻게 해야 하는 겁니까. 저는 4남매 키운 죄밖에 없습니다. 그 아이들 착하게 크라고 한 죄밖에는 없습니다. 저는 아무것도 모릅니다. 그런 제가 어떻게 해야 하는 겁니까. 어떻게 해야 하는 겁니까."

  내가, 그리고 당신들이 어떻게 해야 하는가. 어떻게 해야 하는가.

관련 문학예술 작품

[노래] 김정환 시, 이지상 곡, 〈나의 친구야〉, 2002.
[소설] 김인숙, 「성조기 앞에 다시 서다」, 『울어라 조국아』, 풀빛, 1989.
[소설] 남정현, 『분지』, 아시아, 2014.
[소설] 송병수, 「쇼리 킴」, 1957.
[소설] 윤정모, 「빛」, 『창작과비평』 16권 3호, 1988년 가을호.
[소설] 윤정모, 『고삐』(전2권), 풀빛, 1988.
[소설] 이문구, 「해벽」, 1974.
[소설] 정도상, 「아메리카 드림」, 『아메리카드림』, 인동, 1990.
[소설] 정도상, 「여기 식민의 땅에서」, 1988.
[소설] 조해일, 「아메리카」, 1972.
[소설] 천승세, 「황구의 비명」, 1974.
[소설] 하근찬, 「왕릉과 주둔지」, 1963.
[시] 송경동, 「아스팔트 ― 효순이 미선이 추모문화제 다녀오는 길에」, 『진보평론』 제18호, 2003년 겨울호.

박영희

막장을 달리는 지하철

2003년 2월 18일 대구 도시철도 1호선 중앙로역에서 방화로 대형 화재가 일어나, 전동차가 전소되면서 192명의 사망자와 21명의 실종자, 151명의 부상자가 나오는 등 엄청난 피해가 발생했다. 사건 직후 방화범 김대한(당시 56살)은 2001년 뇌졸중으로 쓰러지자 삶을 비관하여 방화를 저질렀다고 증언했지만, 이 사건은 단순히 신병을 비관한 한 개인의 우발적인 사건이라기보다 그 사건 이전에 연이어 터진 대형사고들(1994년 서울 성수대교 붕괴사건, 1995년 서울 삼풍백화점 붕괴사건, 1999년 씨랜드 청소년수련원 참사)과 밀접한 연관성을 지니고 있다고 보는 해석이 지배적이었다. 즉, 이들 일련의 대형사건들은 압축적 고도 경제성장만을 최고의 가치로 추구하며 앞만 보고 내달린 우리 사회의 어두운 그늘을 고스란히 드러낸 사건이었다.

얼마 후, 서울 시내 한복판에서, 초여름 벌건 태양 아래, 멀쩡하게 서 있던 대형 백화점이 거짓말처럼 폭삭 주저앉았다. 1,000명 이상이 깔렸고, 그중 500명이 사망했다. 역시 서울 시내 한복판에서 멀쩡한 다리 중동이 거짓말처럼 뚝 끊어져서 출근길 시민들과 통학길 학생들이 버스에 탄 채 유명을 달리한 지 불과 8개월 만이었다. 큰 토끼를 봤다는 회사원들은 텔레비전 긴급 생중계를 통해 시시각각 전해지는 안타까운 소식에 끌끌 혀를 찼지만, 사고가 자기네 먹고사는 방식과 상관있다고는 단 0.001퍼센트도 생각하지 않았다. 입찰, 설계, 감리, 공사, 관리, 보수 등 모든 과정에서 나타난 총체적 부실에 기인한 그 말도 안 되는 참사를 통신사발 기사로 받아 보도하는 지방지 기자도 마찬가지였다. 그는 속도가 궁극적인 원인이라고는 전혀 생각하지 않아, 점심때 5분 전에 주문한 자장면을 왜 아직 안 보내주냐고 전화를 걸어 독촉하려 했는데, 워낙 바쁜 시간이다보니 걸 때마다 통화 중이라 치솟는 열불에 속이 다 뒤집힐 지경이었다. 대서양 건너에서 나비가 날갯짓만 해도 그린란드의 빙하가 녹는다고 생각하는 사람들은 아직 희귀했다. 그런 점에서 노숙은 충분히 별종 소리를 들을 만했다.

"내 탓이로다, 내 탓. 다리도 백화점도 모두 내가 잔망스럽게 쿵쿵거린 업보이려니…… 나무아미타불 관세음보살."

_김남일, 『천재토끼 차상문』 부분

헌법 제34조 4항을 보면 '국가는 재해를 예방하고 그 위험으로부터 국민을 보호하기 위하여 노력해야 한다'고 되어 있고, 도시철도법 제22조 2항은 '도시철로 차량은 대통령이 정하는 구조 및 장치가 안전운행 기준에 적합하지 아니하다고 판단되었을 때는 이를 운행하지 못한다'고 되어 있다. 그런데도 대구의 불쏘시개 전동차는 위의 법조항을 비웃기라도 하듯 운행을 하고 있다.

그때가 언제였을까. '센트럴파크에서 참새 한 마리가 죽어도 책임감을 느낀다'는 어느 시장의 한마디에 뭉클한 가슴을 안고 영화관을 나온 적 있었다. 하물며 지하철 참사로 200여 명의 무고한 시민들이 죽었는데도 대구광역시 시장은 아무런 대안도 제시하지 못한 채 빠른 수습만을 외치고 있다. 그 잘난 앵무새 언론도 예외는 아니다. 세계 대학생들의 축제인 제22회 대구 하계 유니버시아드 대회가 임박해오자 제2의, 제3의 휘발유 병을 든 정신병자가 계속해 나타날 것이라며, 시장의 정책 방향을 쫓아 헤쳐 모여를 하고 있다.

기관사, 그들은 어디를 달리고 있는가

시속 60킬로미터로 주행한다는 그 지하철을 타보았다. 그러나 기관사들은 담합이라도 한 듯 입을 꾹 다문 채다. 그들의 심정을 어찌 모르랴. 화재가 난 전동차의 1079호 기관사는 사령실로 화재 발생 보고부터 하지 않고 승객을 먼저 구조한 죄로 철창에 갇혀 있고, 1080호 기관사는 보고만 하고 화재 진압과 승객 구조에는 소홀했다는 죄를 뒤집어쓴 채 집단 따돌림을 받고 있는 것이다. 그러고 보니 궁금한 게 하나 있다. 지하철에 화재가 났다면 사령실로 먼저 보고를 해야 하는가 아니면 승객을 먼저 구조해야 하는가?

1997년 대구 지하철이 개통되었을 때다. IMF 와중에도 기관사들은 최고의 조건으로 입사를 했다. 그들의 목을 조여오기 시작한 것은 지하철이 개통되고 두 해가 지나서였다. 1999년 공기업 구조조정의 여파로 1,510명이던 대구 지하철 노동자 수는 두 해만에 1,396명으로 줄어들었다. 보이지 않는 압력에 못 이겨 지레 겁을 먹은 사람은 자진 사퇴서를 제출하였고, 명예퇴직이 그 뒤를 이었다. 현재 남아 있는 대구 지하철 노동자 수는 1,296명. 다섯 해만에 200여 명의 동료가 자취를 감추었고, 대신 역은 하나가 더 늘어났다. 시지 차고로 들어설 무렵 이름을 밝히기 꺼리는 정 모 기관사가 입을 열었다.

"내가 그 상황에 처했더라도 달리 뾰족한 수가 없었을 겁니다. 기관 고장이 난 것도 아니고, 객실에서 일어난 방화를 기관사 혼자 무슨 수로 수습한단 말입니까. 일반인들은 잘 모르겠지만 지하철 사고는 늘 납니다. 언론에 보도가 되는 건 그중 4~5퍼센트 정도입니다."

"그럼 기관사들은 최선을 다했다는 것입니까?"

"그건 아닙니다. 돌을 던진다면 돌을 맞을 것이고, 창을 들고 몰려온다고 해도 달게 받을 준비가 되어 있습니다. 하지만 이것 하나만은 알아주었으면 합니다. 지하철에서 근무하는 동료들이 가장 두려워하는 것은 사고가 아니라 언제 잘릴 지 모를 구조조정입니다. 이런 마당에 무슨 사명감을 가질 수 있겠으며 시민들의 안전에 눈 돌릴 겨를이 어디 있겠습니까."

어렵게 입을 연 기관사의 말을 듣고 보니 조금은 섭섭한 생각도 들었다. 그러나 나를 비추고 너를 비추고 우리 모두를 비추는 거울 앞에 서서 잠시 생각을 가다듬는다면 이해 못 할 것도 없었다. 국민의 정부 이후 구조조정으로 직장을 잃은 노동자의 수가 얼마던가. 그로 인해 파괴된 가정은 또 얼마였으며, 졸지에 사생아가 되어버린 아이들은 또 얼마였던가.

이번 참사로 대구 지하철은 2편승이 불에 타 소실되고 현재 34편승이 남았다. 34대의 전동차는 각 차량마다 6량으로 연결되어 시발역과 종착역을 오간다. 그렇다면 손쉬운 계산법으로 다음과 같은 셈을 해볼 수는 있다. 36대의 전동차를 운행하는 데 있어 과연 1,296명이라는 인원이 필요한가 하는. 전동차는 반자동으로 운행된다는 점에서 의구심을 가질 수밖에 없는 것이다.

"사령실을 시작으로 기관사, 전기, 신호, 통신, 보선, 매표, 설비, 건축에 이르기까지 전동차 한 대가 움직이려면 스무 곳 이상의 부서가 동시에 움직여야 합니다. 1,296명은 그래서 필요한 줄 압니다."

"노동강도는 어떻습니까?"

"지하철 노동자들은 엿새를 일주일로 기준 삼아 근무를 하는데 이틀은 주간 근무를 하고, 이틀은 야간, 나머지 이틀은 휴무로 들어갑니다. 다른 지역은 어떨지 모르나 노동강도 면에서 본다면 대구는 견딜 만합니다. 문제는 공사(대구광역시지하철공사)와 구조조정입니다. 공사는 공사대로 매일 적자 타령만 하고 있고, 우리는 우리대로 구조조정이라는 칼끝 앞에 목을 내놓고 있는 실정입니다."

"서울에서 내려온 걸 후회하는 것 같은데……?"

"그런 마음이 없지 않아 있습니다. 출부 점검 때면 음주 여부를 시작으로 그날그날의 바이오리듬 체크와 함께 안전 교육을 받는데, 간이 변기를 받아 차량으로 향할 땐 발길이 참 무겁습니다. 언제 짤릴 지 모를 밥줄 때문이지요."

『선데이서울』을 지나 『한겨레신문』 창간에 이르면 우리는 버스 한 대에 운전기사가 있고, 조수가 있고, 안내양이 있었던 시절을 만나게 된다. 그러던 어느 날, 조수가 보이지 않았다. '오라잇!'을 외치던 안내양도 보이지 않았다. 고속버스 안내양들이 자취를 감춘 것도 그 무렵이었다. 졸지에 직장을 잃은 안내양들의 소식이 전해진 건 그로부터 서너 달 지나서였다. 가진 것 없고 배운 것 없는 그들은 공장이나 빨주노초파남보를 수놓은 홍등가로 빠져들어 승객들을 상대로 몸을 팔고 있다고 했다. 하지만 지하철은 버스와 다르다. 버스와 기차는 하늘도 볼 수 있고 들과 산, 강도 볼 수 있는 지상으로 달리지만 지하철은 말 그대로 지하, 땅속에서 달린다. 그뿐 아니다. 지하철은 1편승이 최하 6량에서 10량에 이른다. 그 길이만도 100미터를 넘어선다.

"기관사의 입장에서 이번 대구 지하철 화재 참사를 지켜본 입장을 듣고 싶은데요?"

"전동차에 승무원이 두 명만 탑승했더라도 어처구니없는 참사는 피할 수 있었을 것입니다. 1080호 전동차에서 사망자가 가장 많이 발생한 곳이 몇 호 몇 호였습니까. 꼬리 부분인 5호차와 6호차였습니다. 5, 6호면 차장객실 바로 앞 칸입니다. 만약 두 명의 승무원이 탑승했다면 기관사가 사령으로 보고하는 동안 차장은 승객들을 구출했을 것입니다. 1079호도 마찬가집니다. 설령 불길이 번졌더라도 승무원만 둘이었다면 사령으로 즉시 연락을 취해 1080호 전동차의 진입을 막고도 남을 시간입니다."

듣고 보니 귀가 번쩍 열린다. 기자들이 알면 얼마나 알고, 경찰들이 알면 얼마나 알고, 특별조사단이 알면 얼마나 알겠는가. 기관사들이야말로 전동차는 자신의 분신이나 다름없지 않은가. 그러나 아쉽게도 그들에게는 자율성이 없다. 로봇에 불과하다. 안전 확보를 위해 기관실에 탑승은 하지만 전동차는 반자동으로 달리기 때문이다. 그런 만큼 위험 지역을 발견했다 하더라도 사령에서 오더가 떨어져야 비상제동이 가능하다. 사령에 보고가 가능한 지점이라고 해야 350미터 전방이 고작이지만. 이런 마당에 중앙로역의 불길을 확인한 100미터 지점에서 비상(급정거)을 친다는 건 불가능하다. 주위운전으로 취명(기적)이나 울리고 진입하는 게 고작이다.

"이런 말하기 좀 그렇습니다만 나도 이번 전동차 화재로 여동생을 잃었습니다. 하지만 누구한테도 말할 수가 없었습니다. 기관사 소리만 나와도 시민들의 분노가 들끓고 있는 요즘 아닙니까. 물론 나도 처음엔 유가족들처럼 동료 기관사가 미웠습니다. 원망도 많이 했고요. 11시간 동안이나 회사 측에 질질 끌려다니며 종적을 감췄다는 게 말이 될 소리입니까. 회사 측도 오십보백보라고 생각합니다. 직원이 그와 같은 입장에 처했으면 경찰에 알려서 자신들이 신변관리를 하고 있다는 보고 정도는 해야 하는 거 아닙니까? 신뢰가 무너진 마당에 무엇을 기대할 수 있고 누구를 믿을 수 있겠습니까. 대구 지하철을 돌아보면 한숨만 나옵니다. 2조 원이 넘는 건설 부채에다 한 해 적자 운영만도 300억이 넘고, 간부들은 자기 잇속 챙기기에 바쁘고, 동료들은 동료들대로 서로 눈치만 살피고……"

여동생을 잃은 기관사의 탄식이 오래갔다. 10여 분만에 세 개비째 줄담배로 이어졌다. 사망자와 유가족들에게만큼은 용서를 빌고 또 빌어도 죄인이 될 수밖에 없다고 했던 그의 심정을 헤아리고도 남을 것 같았다.

서울 지하철에 비해 대구 지하철은 업무량도 많지 않을뿐더러 월급도 적은 편은 아니다. 문제는 부채로 인한 인원 절감이다. 부채로 허덕이는 건설 쪽에서 보면 인건비는 무시할 수 없는 액수다. 특히 기관사의 급여는 다른 부서에 비해 높은 편에 속한다. 여기에 수당까지 계산해 넣는다면 입맛 다시지 않을 수 없다. 비용절감 차원에서 보면 기관사를 줄이는 것만큼 손쉬운 계산법도 없는 것이다.

대구에 지하철이 개통되었을 때다. 대구 지하철은 가까운 부산 지하철의 2인 승무원제를 무시하고 1인 승무원제를 채택했다. 그리고 얼마 지나지 않아 부산지하철공사도 칼을 뽑아들었다. 2호선 개통과 함께 2인 승무원제를 1인 승무원제로 바꿔버린 것이다.

이번 대구 지하철 참사에서 또 하나 짚어볼 것은 기관사들의 연령이다. 현재 기관사들의 연령은 마흔 안팎. 한참 일해야 할 나이다. 하지만 이들은 늘 불안감에 휩싸여 있다. 전동차의 소음으로 인한 청력 감소와 시력 감소, 생리 문제로 발생하는 방광염 등의 후생 문제는 따져볼 겨를조차 없다. 구조조정을 앞세워 기관사들의 목을 조여오고 있기 때문이다. 이러한 현실에서 어느 기관사인들 시민의 안전 따위를 생각하겠는가. 두 가닥의 레일은 그래서 좌우를 받쳐주는 안전한 평행선이 아니라 살얼음판이다.

그의 이름은 비정규직

달러가 바닥나면서 나라 안팎이 발칵 뒤집혔던 국민의 정부로 돌아가 보자. 어떤 이는 아시아의 올챙이가 이제야 제 꼬리를 떼어내고 개구리 시대를 맞았다며 민주주의의 성장에 점수를 주었고, 또 어떤 이는 남북정상회담에 후한 점수를 주기도 했다. 그러나 국민의 정부 다섯 해 동안 노동자들에게 남겨준 선물은 과연 무엇이었을까? 밤낮을 가리지 않고 일한 일터에서 몰아낸 뒤, 그들을 다시 받아들여 비정규직으로 밥 벌어먹도록 한 게 전부였다면 올챙이새끼의 방종일까? 한 푼의 세금이라도 더 받아내기 위한 수단의 하나로 온 국민을 상대로 카드 발급을 종용한 나머지 그 대가로 카드빚 천국을 만들어낸 것이 국민의 정부 업적 중 최대 업적이었다면 이 역시 국민의 정부를 잘 모르고 하는 소리일까?

2002년도 민주노총 자료에 따르면 국내 비정규직 노동자는 전체 노동자의 56.6퍼센트. 이들의 한 달 평균 임금은 96만 원으로, 정규직 186만 원에 비하면 절반에도 못 미치는 액수다. 특히 비정규직 노동자 중 여성의 노동 값어치는 월 77만 원으로 남성 정규직 노동자 임금의 38퍼센트에 지나지 않는다. 국민의 정부의 놀라운 변화는 거기에서 그치지 않는다. 정규직 노동자 93퍼센트는 노후를 준비할 퇴직금을 받고 있지만 비정규직 가운데 퇴직금을 받는 노동자는 14퍼센트에 불과하기 때문이다.

대구광역시지하철공사라고 해서 크게 다를 바 없다. 이번 참사로 7명이 사망하였으나 정규직 4명만 순직으로 처리되었을 뿐 청소 용역은 데드라인에서조차 밀려난 것이다. 사고 당시 중앙로역 기계실에는 11명의 노동자가 갇혀 있었다. 기계실에서 근무하는 지하철공사 노동자 7명과 용역업체 청소부 아주머니 4명이었다. 그러나 이번 화재 참사로 사망한 4명의 정규직 노동자는 순직으로 처리되어 빈소에 동료직원, 취재진들이 북새통을 이룬 반면 3명의 비정규직 청소 용역 아주머니들의 빈소는 적막감이 감돌았다. 한 일터에서 두 해가 넘도록 보아온 정규직 직원만 해도 한둘이 아니었으나 문상을 오는 직원은 없었다. 용역업체 과장이 빈소를 찾아와 부조금 5만 원을 던져주고 간 게 전부였다.

"우리 시어머니라고 해서 이러는 게 아니에요. 빈소를 지키고 있는 제 가슴이 갈기갈기 찢겨나가는 것 같았어요. 바로 옆 지하철 직원 빈소는 화환도 즐비하고 찾아오는 조문객도 끊이지 않은데 시어머니 빈소는 너무 초라했어요. 그걸 지켜보는 제 마음이 어땠을 것 같습니까? 동료랍시고 찾아오는 그 사람들까지도 밉고 원망스러웠습니다. 시어머니는 지하철에서 일하는 사람이 아니었나요?"

이번 참사로 시어머니를 잃은 며느리는 참담한 심정을 감추지 못했다. 그동안 열심히 살아온 자신의 삶이 한순간에 무너지는 것 같아 앞날이 두렵다고 했다.

"살아서 천대 받고 죽어서까지 천대를 받는다면 우리 같은 사람들은 무슨 희망으로 살아가야 하나요? 이렇게밖에 태어날 수 없었던 제 자신이 원망스럽고 하늘이 원망스럽습니다."

썰렁한 빈소를 나오자 더는 걸음을 옮길 수 없었다. 홀로 시어머니의 빈소를 지키고 있는 스물일곱 살 며느리의 탄식이 걸음마다 피눈물로 찍히는 것 같았다. 그러고 보면 사람의 운명이 하늘에 달려 있다던 어머니의 말씀은 얼마나 천박한 문맹의 척도인가.

아무 일 없었다는 듯 운행을 재개한 지하철을 타고 세 번째 찾아간 곳은 지하철 동대구역 청소 용역 쉼터였다. 지하철에서 내려 매표구가 있는 지하 1층으로 올라가자 3명의 아주머니가 부지런히 손을 놀리고 있었다. 그중 한 아주머니 곁으로 다가가 일과부터 여쭤보았다.

"늘 그렇지 뭐. 계단하고 역무실, 매표실을 매일 쓸고 닦고, 타일 바닥과 벽은 반들반들 윤기가 흐르도록 광을 내고, 바닥에 버린 껌은 떼어내고…… 그런데도 술 마신 승객이 토해놓은 토사물이나 오줌 싸놓은 걸 보면 화가 나."

대구에는 30개의 지하철역이 있다. 그 역마다에는 5~6명의 아주머니들이 2개 조로 나뉘어 청소를 한다. 아침 조는 6시까지 출근해서 오후 3시에 퇴근하고, 오후 조는 1시까지 출근해서 밤 10시에 퇴근한다. 이들의 한 달 급여는 61만 원. 노조가 설립되기 전에는 47만 원을 받았으나 2002년 용역노조가 설립되면서부터 월 54만 원으로 늘었다. 실은 54만 원도 올려주고 싶어서 오른 것은 아니었다. 대한민국 최저생계비가 오르자 덩달아 인상된 액수였다.

"우리 같은 아줌마들이 용역이 뭔지 노조가 뭔지 알기나 했나. 이번에 일이 터지면서 급여도 오른 모양인데 지하철용역노조가 따로 만들어졌다나. 그런데 가슴이 아파. 이번 화재로 세 아줌마가 죽었잖아. 그래서 그런지 요즘은 일하는 게 무서워. 어떻게든 살아보려고 일하는 거지 죽으려고 하는 게 아니잖아."

"알고 지내는 분들이셨나요?"

"그렇다고 봐야지. 우리도 한곳에만 머물러 있는 게 아니고 윗사람 지시에 따라 역을 옮겨 다니거든."

엄밀히 따진다면 청소 용역 아주머니들은 지하철 정규직과는 아무런 관계가 없다. 그러므로 그들의 지시쯤은 무시해도 좋다. 하지만 현실은 그 점을 용납하지 않는다. 역무원들의 지시나 명령에 불복종으로 맞섰다가는 불이익을 받기 때문이다.

"지하철역에서 청소하는 아줌마들은 나이가 많아. 50에서 60세야. 150명 중에는 남편 없는 아줌마들이 더 많고. 이런 우리들이 무슨 힘이 있겠어. 만에 하나 역무원한테 찍혀서 용역업체로 전화 한 통만 때리는 날엔 모든 게 끝장나고 말아."

"그래서 쫓겨난 사람이 있었나요?"

"그걸 말이라고 해. 나하고 친한 친구가 당했잖아."

"어떻게요?"

"그날따라 정신이 없었던지 물을 떠오다 바닥에 조금 흘렸던 모양이야. 안 그래도 역무원한테 고분고분하지 않는다며 밉상을 보였는데 그 역무원 눈에 발견될 건 또 뭐람. 용역업체로 고자질을 했는지 다음 날 해고됐어."

주마간산 격으로 오가던 이야기가 자리를 잡아 진행된 건 그로부터 한 시간쯤 지나서였다. 그제야 휴식 시간을 맞은 세 명의 아주머니들은 이번

대구지하철화재참사로 숨진 청소용역 노동자 3명의 영정. 그 뒤로 대구지하철 청소용역 여성노동조합의 대자보 「죽어서까지 차별받고 싶지 않습니다!!」가 붙어있다. 2003년. ⓒ 김용한·『오마이뉴스』

참사로 숨진 한 아주머니의 이야기를 조심스레 꺼냈다.

"스물네 살 때 남편 잃고 혼자 살았으니 그 고생이 오죽했겠어. 남자들도 하기 힘들다는 노동판에 나가 못도 뽑고 질통도 메고……. 내 잘못이야. 20년 넘게 한 동네에서 산 순자를 내가 청소 용역으로 불러들였거든. 그런데 저놈들 하는 짓을 보니까 열불이 나. 살아서 일할 적엔 종처럼 부려먹던 인간들이 화재로 죽어 빈소가 차려졌는데도 코빼기조차 안 내밀잖아. 아닌 말로 우리가 뭐 남의 집 파출부로 일했남. 파출부로 일하다 죽었어도 이렇게는 안 했을 거야."

사고가 난 그날도 김순자 씨는 1,700만 원짜리 도지방에서 잠을 깨어 새벽밥부터 지었다고 한다. 혼기가 다 차도록 장가를 못 보낸 두 아들을 위해서였다. 서둘러 출근한 김순자 씨는 일터인 중앙로역에 도착하자마자 계단, 매표소, 화장실 등을 오가며 부지런히 손을 놀렸다. 그의 손이 닿는 곳이면 반들반들 윤기가 흘렀다.

그는 또 승객들이 지하철역 쓰레기통에 버린 신문과 음료수 깡통을 모으는 일도 게을리하지 않았다. 얼마 안 되는 돈이지만 고물을 팔아 부식비로 충당하기 위해서였다. 물론 그는 그 고물들을 팔아 혼자 입 닦음 하지는 않았다. 일을 마치면 같은 조에서 일하는 아주머니들과 함께 식당에 들러 삼겹살에 소주잔을 곁들이기도 했다.

"아침 청소를 마치면 9시가 돼. 우리는 그제야 아침을 먹는데 그날도 그랬어. 집에서 싸온 도시락을 먹고 쉬려던 참인데 비상벨이 울리더라고. 평상시에도 잘 울리는 벨이라서 크게 신경 쓰지는 않았어. 그런데 이상했어. 연기냄새가 아주 고약했어. 속이 메스꺼울 정도로. 그래서 문을 열어 보았는데 이미 때는 늦은 것 같았어. 매표소 쪽이 보이지 않는 거야. 그러니 어떻게 해. 바로 옆에 있는 기계실로 몸을 피했지 뭐. 그때 기계실에 있던 남자들이 대여섯 명 됐나. 어떻게든 그 직원들도 밖으로 나가려고 철판으로 된 비상문까지 떼 냈는데 사정은 마찬가지였어. 단 몇 초도 숨을 쉴 수 없을 만큼 연기는 독하지, 보이는 거라곤 아무것도 없지……. 그때 총각으로 보이는 기계실 직원이 차고 있던 허리띠를 풀더니 그걸 잡으라고 했어. 절대 놓아서는 안 된다는 말도 했고. 기억나는 것은 거기까지야. 그리고는 정신을 잃어버렸거든."

유독가스에 질식되어 정신을 놓아버린 김순자 씨는 기계실에 남아 있던 직원들과 함께 병원으로 후송되었다. 하지만 그의 맥박은 이미 멈춘 뒤였다. 잠시 후 갑작스런 참사로 아비규환을 맞은 응급실에서는 사망자들의 신원 파악이 시작되었다. 그때 한 아주머니의 호주머니에서 껌을 뗄 때 사용하는 '껌칼'이 나왔다. 그리고 며칠 후, 아침으로 반을 먹고 반은 점심 때 먹으려고 남겨둔 도시락이 화재현장에서 발견되었다. 김순자 씨의 도시락이었다.

짧은 휴식 시간을 마친 한 아주머니가 자리를 털고 일어나 목장갑과 고무장갑을 챙기기 시작했다. 뒤이어 두 아주머니도 한숨을 내쉬며 자리에서 일어났다. 아쉬운 마음에 그중 한 아주머니를 붙들었다.

"노조가 생기니까 어떠세요?"

"너무 좋아. 이것이 생기기 전에는 우리를 막 대했는데 노조가 생기고 나서는 그런 사람이 없어졌어. 이제야 사람 취급을 받는 것 같아. 그런데도 덜 기뻐."

"왜요?"

"안 죽고들 살았으면 얼마나 좋아. 목구멍이 포도청이라서 일은 하고 있지만 세상이 너무 불공평한 것 같아. 노조 같은 거 안 생겨도 사람 취급 좀 해주면 안 되나?"

지하철은 벤처가 아니다

대구시는 이번 참사가 직원들의 교육을 잘못시켜 일어난 직업의식 불감증에서 비롯되었다며 그 짐을 대구광역시지하철공사에 떠넘기려 하고 있다. 이에 질세라 지하철공사는 대구시를 향해 사고 수습은 하지 않은 채 유니버시아드 대회에만 미쳐 있다며 맞받아치고 있다. 재미난 닭싸움은 광역 동네만이 아니다. 특별시 서울도 막상막하다. 얼마 전 파업에 들어간 철도노동조합은 정부가 철도 파업의 해결을 위해 성실한 자세로 교섭에 임해달라며 목소리를 높이는 반면, 법무부, 행정자치부, 노동부, 건설교통부와 한 조가 된 정부는 철도노조가 시민의 발인 철도를 담보로 불법 파업을 강행하고 있는 만큼 저들의 선동에 넘어가지 말라며 70년대식 당부를 하고 있는 것이다.

파업사태의 실마리가 풀릴 기미를 보일 즈음 부산지하철노동조합을 찾아갔다.

"국가 차원에서 보면 운송 사업은 예의 주시할 수밖에 없습니다. 다이너마이트와 비교된다고 할까요. 보십시오. 정부는 오래 전부터 관리 문제를 핑계로 도시철도공사와 서울지하철공사를 갈라놓으려는 전술에 들어갔습니다. 궤도에 종사하는 노동자들의 수가 1만 명을 넘어서자 국가 차원에서 감당하기에는 버겁다고 느낀 것이지요."

그러니까 한쪽은 분산시키는 일에 골몰해 있고, 다른 한쪽은 뭉치는 일에 총력을 기울이고 있다. 그러나 한국철도, 도시철도, 서울 지하철, 인천 지하철, 부산 지하철, 대구 지하철 공사를 하나로 묶는 '궤도노동조합' 결성은 이미 준비 단계를 넘어선 상태다. 대구에서 화재로 인한 지하철 참사가 터지자 2003년 3월 19일 대구에서 그 첫 집회를 가진 것이다. 집회를 통해 궤도노동조합은 그날 대정부 공개서한을 발표했고, 그 발표 안에는 뼈

아픈 자성의 목소리도 담겨 있었다. 임금 인상 투쟁 일변도에서 벗어나 시민들의 안전에 사활을 걸어야 한다는 것이 그것이다.

10여 년 전이다. 몇 차례 일본을 드나들면서 눈여겨본 것이 하나 있다. 다름 아닌 지하철이다. 지금도 그러는지는 확인해 보지 않았으나 당시 일본 지하철은 두 명의 승무원이 탑승을 했다. 한 명의 승무원이 탑승하는 경우도 있으나 극히 드문 경우에 속했다. 3량 이하 구간에만 그랬던 것이다. 또 하나는 국가(시)와 지하철공사와의 관계. 일본도 각 지역의 지하철공사마다 얼마간의 건설 부채를 안고 있다. 그러나 일본의 경우는 적어도 국가가 나 몰라라 하지 않는다. 운영만 민간인에게 위탁하고 제반 책임은 국가가 지고 있다.

"그런 점에서 이번 대구 지하철 화재 참사가 만약 일본에서 발생했다면 그들은 어떻게 대처했을까 하는 가정을 한번 해볼 수 있을 것 같습니다. 아마 국가가 손을 뗀 민간 경영자였다면 하루아침에 쪽박신세가 되고 말았을 것입니다. 그러나 역으로 생각해 보면, 그만큼 시민 안전에 철저할 수밖에 없었을 거라는 답안지도 얻을 수 있습니다. 그것은 곧 자신의 밥줄이자 생명줄이기 때문입니다. 한 걸음 더 나아가 민영인 만큼 그들은 보험 가입에도 만전을 기했을 것입니다. 그런 일본에 비해 한국의 현실을 어떻습니까. 대구 지하철 화재로 인해 사망자가 속출하자 서로 삿대질만 하고 있습니다. 보험 가입도 제대로 되어 있지 않습니다. 이런 판국에 아무런 준비 단계도 없이 민영화로 간다면 어떤 현상이 벌어질 것 같습니까? 생각만 해도 끔찍합니다."

평범한 시민들은 아파트와 빌딩을 건축업자들이 짓는 걸로 알고 있다. 과연 그럴까? 대구지하철공사와 노조가 합심하여 싸워도 종국에 가서 보면 2인 승무원제 열쇠는 대구시가 쥐고 있다. 대구시가 승인을 해줘야 가능하기 때문이다. 그런데도 모든 칼자루를 쥐고 있는 대구시는 그만한 돈이 없다. 현재 갚아야 할 대구 지하철 건설 부채만도 2조 원이 넘는다.

"대구에 비하면 부산은 그나마 형편이 좀 낫다고 할 수 있습니다. 부산 지하철은 공기업으로 공사를 시작해서 다이렉트 방식이 가능하지만 지방 공기업인 대구 지하철은 지방자치를 거쳐야 하는 이중의 막을 갖고 있기 때문입니다."

그렇다면 하나쯤 물어볼 수는 있다. 국가는 누구의 돈으로 순환하고 회전되는가 하는 것이다. 기업주들을 상대로 돈을 걷어서? 아니면 하늘에서 뚝 떨어진 돈으로? 국가는 백성들이 노동으로 벌어들인 돈에서 바치는 세금으로 운영된다. 그러므로 독불장군으로 설 수도 없고 백성이 탄압의 대상이 되어서도 안 된다.

"어떤 인식의 문제가 필요한 때인 것 같습니다. 세인들의 입에서 너무 쉽게 '벤처'가 오르내리는데 운송 사업은 다른 각도에서 접근해야 합니다. 많은 시민들의 일상과 밀접한 관계를 갖고 있는 지하철 사업은 벤처가 아니기 때문이지요. 그런 만큼 시민의 안전 문제와 직결되는 모든 운송 사업은 정치인들의 놀음판이 되어서는 안 됩니다. 그들이 내세우는 공약으로 피해를 보는 건 시민들이거든요."

말이 나왔으니 대구 지하철 시공에서부터 개통까지를 한번 짚어보자. 이미 언론에서 기사화된 것처럼 대구 지하철은 시공에서 개통까지 몇몇 국회의원의 입김이 있었다. 그 입김을 시작으로 시공에서부터 저가 입찰이 고개를 쳐들었고, 공사 도중 크고 작은 참사들이 줄을 이었다. 전동차도 예외일 수 없다. 가장 단가가 싼 제품의 전동차를 사들여 운행을 한 결과 화재 참사가 터졌고, 그날로 전동차는 불쏘시개라는 누명을 뒤집어써야 했다.

보상 문제도 그렇다. 화재가 난 지 보름이 다 지나도록 해결을 해보겠다며 나서는 사람이 없다. 국가는 국가대로 보상비 몇 푼만 던져놓은 상태이고, 대구시는 발뺌만 하고 있으며, 지하철공사는 여전히 침묵만 고수하고 있는 실정이다. 그렇다면 이번 화재 참사도 죽은 사람만 억울할 수밖에 없다?

부산지하철노동조합을 찾아갔다 대구로 다시 올라오던 길이었다. 두 편승의 불쏘시개 전동차가 있는 진천동으로 향했다. 검문 경계가 심상치 않았다. 전투경찰이 묻는 질문에 또박또박 답변을 한 다음 신분증을 건네자 기지 안으로 들어가도 좋다는 허락이 떨어졌다. 마침 대구지하철노동조합 위원장이 나와 있었다. 화재 참사 이후 '자판기 노조'라는 소리를 귀에 따갑도록 들어서였을까. 그는 몹시 지쳐보였다.

"많이 힘드시죠?"

"모든 책임을 두 기관사한테만 떠넘기려고 해서 속이 시커멓게 타 버렸습니다. 여전히 약자만 골라 짓밟는 세상이 참 무섭습니다. 아니 환멸을 느낍니다."

담배를 내미는 위원장의 뒤를 따라 차고로 향할 때였다. 화마에 휩싸인 두 편승의 전동차가 10여 미터 전방에서 그 모습을 드러냈다. 순간, 발걸음이 멈춰졌다. 참혹한 몰골을 하고 있는 저것은 분명 전동차가 아니었다. 공포영화를 찍기 위해 세트장으로 들어서는 기분이었다. 소름 끼치는 장면은 계속되었다. 전동차 안으로 들어서자 내부는 앙상하니 철골만 남아 있었다. 검은 무덤? 에즈라 파운드의 시「지하철 정거장에서」전문이 뇌리를 스치고 지나갔다.

군중 속에서 유령처럼 나타나는 이 얼굴들,
까맣게 젖은 나뭇가지 위의 꽃잎들.

며칠 전에 보았던 중앙로역과는 대조적이었다. 흐물흐물 내려앉은 철골은 오래 전 히로시마를 갔을 때 본 원자폭탄을 맞은 흔적들을 되살려놓기에 충분했다. 쇠를 녹여버린 저 불구덩이 속에서 엄마 보고 싶다며, 아빠 살려 달라며 세상의 아들딸들이 목 놓아 절규를…….

통신반에 근무하다 죽은 정연준 씨는 서른다섯 살이라고 했다. 그의 아들은 이제 겨우 네 살이고, 딸은 세 살이라고 했다. 검수반에서 근무하다 죽은 장대성 씨는 올해 서른넷으로 어렵게 전문대를 졸업해 세 살배기 딸 하나를 둔 가장이라고 했다. 아, 200여 명이 넘는 그 이름들을 어떻게 다 부를 수 있으랴! 그 소중한 이름들을…….

앙상하니 뼈대만 남은 두 편승의 전동차를 뒤로하고 바리케이드가 쳐진 그곳을 막 빠져나올 때였다. 누군가 뒷덜미를 낚아채며 이렇게 외치고 있었다.

"사람들한테 좀 알려주세요. 지하철은 벤처가 아닙니다. 지하철 사업은 벤처가 아니라고요!"

관련 문학예술 작품

[드라마] 신원호 연출, 〈응답하라 1994〉, 2013.
[사진] 대구지하철 참사 희생자 대책위원회, 『대구 2·18 참사 1주기 추모사진집』, 마실
  가, 2004.
[소설] 정이현, 「삼풍백화점」, 『삼풍백화점』, 현대문학, 2005.
[소설] 황석영, 『강남몽』, 창비, 2010.
[시] 이태수, 「이젠 촛불을 밝힐 때」
[연극] 극단 코끼리만보, 〈먼데서 오는 여자〉, 2014.
[연극] 데이비드 헤어 원작, 최정우 번역, 박정희 각색 연출, 〈철로〉, 극단 풍경, 2012.
[영화] 김대승 감독, 〈가을로〉, 2006.
[웹툰] 한상훈, 〈삼풍〉, 2013.
[창작판소리] 오세혁 작, 안숙선 소리, 〈유월소리〉, 서울문화재단, 2015.

오수연

전쟁과 독재를 견딘 이라크 작가들

2003년 3월 20일 미군과 영국군이 합동으로 이라크를 침공하면서 이라크 전쟁이 발발하였다. 미영 연합군은 2003년 4월 9일에 이라크의 수도 바그다드를 함락했고, 미국의 부시 대통령은 같은 해 5월 1일 전쟁의 승리를 선언했다(공식적인 종전은 2011년 12월 15일). 이라크 전쟁에 대해서 세계 각국의 지식인들이 거센 반대의 뜻을 표명하는가 하면 직접 이라크로 날아가 격렬한 반전운동을 전개하기도 했다. 이에 반해 노무현 정부는 미국의 이라크 침공을 지지하고 나아가 국내의 거센 반대에도 불구하고 경제적 이익과 한미동맹 유지 등을 이유로 들며 한국군 파병을 결정, 임기 내내 파병을 지속한다. 미국은 이라크 전쟁의 정당성 논란에 대해서, 이라크가 과거 대량 살상 무기의 보유를 밝힌 바 있어서 세계의 안보 환경에 위협이 되며, 독재자 사담 후세인이 쿠르드인을 탄압하고 민주인사를 체포·구속·고문하는 등 폭정을 행하고 있다는 점을 내세웠다. 하지만 훗날 이라크에서 대량살상무기가 발견되지 않았기 때문에 미국의 이러한 주장은 설득력을 상실했다. 오히려 이라크 전쟁으로 인해 이라크의 종족 간, 종파 간 분열이 심화되어 알카에다와 IS 등 극단적 이슬람 원리주의 정파들이 발호하는 계기를 초래했다는 해석도 존재한다.

한동안 난민촌 숙소에 머물렀고 거울 앞에서 긴 머리를 빗어내리기도 했던 동료는, 삼 주일 전쯤에 다른 도시에서 점령군의 총에 맞아 죽었다. 우리가 점령국의 수도 광장에서 추도식 겸 그의 죽음에 대한 항의 시위를 할 때, 길 맞은편 호텔에서 새파란 종업원들이 쏟아져 나와 반대 시위를 했다. 그들은 손뼉 치며 장단 맞춰 외쳤다. 너희들은, 미쳤어! 네 나라로, 돌아가! 그때 나는 죽은 동료의 비행기표를 떠올렸다. 그는 소지품을 잘 간수하지 않아 난민촌 숙소에 머무는 동안 그의 지갑과 비행기표가 방에 굴러다녔다. 그의 주검은 고국의 가족에게 돌아갔으나, 그 왕복 비행기표의 돌아가는 표는 끝내 사용되지 못했다. 죽음은 국경을 넘는데, 삶은 넘지 못했다.

_오수연,「황금지붕」부분

고립과 전복

그 작가는 인터뷰를 거절했다. 할 말이 없다는 것이다. 손님 반기는 이라크에서 그런 일을 당하기는 처음이었다. 거기 사람답잖게 성질 급한 통역인이 계단을 뛰어올라와 전화를 한 번 더 걸어 방문 허락을 받아냈다고 흥분했다. 질문은 하지 않는다는 조건이었다. 나는 그 작가가 정말로 나와 만나기를 꺼린다는 걸 알았다. 서양인이라면 단호했을 텐데, 그 작가 역시 손님 반기는 이라크인이라 단 두 통의 전화에 어쩔 수 없이 양보를 했을 것이다. 그런 조건이라면 만나봤자 소용도 없겠지만 이미 약속은 맺어졌고, 얼굴을 마주하면 설마 한 마디도 안 하랴는 오기도 들어 나는 따라갔다. 5분밖에 시간이 없다던 정당의 고위직들도 얘기를 하다보면, 차를 한 잔 더 권하며 부채까지 건네는 곳이 이라크였다.

작가의 집에 도착했을 때, 나는 예술가들의 세계적인 공통점을 다시 확인했다. 궁핍. 빈민 지역은 아니지만 중산층 주거지라고도 할 수 없는 쓰레기 날리는 골목길, 그중에서도 가장 작은 집에 그는 살고 있었다. 지나가면 모든 사람이 돌아본다는 존경받는 작가들도, 집에 가보면 이렇게 아슬아슬하게 품위를 유지하고 있기 마련이었다. 그리고 눈. 대가족이 몰려 살 게 틀림없는 그 집에서 대문을 연 50대의 남자가, 형도 사촌도 아니고 인터뷰를 거절했던 그 작가임을 나는 알아챘다. 전쟁 직후 모든 출판사와 단체와 학교가 닫히고 서점이나 신문마저 없는 상황에서, 나는 예술가들이 모인다는 곳이면 무작정 달려갔다가 자칭 천재요 저항문학가라는 자들한테 잡혀 고생하곤 했다. 그런 수다쟁이들과 나중에 여러 경로를 거쳐 만나게 된 진짜 예술가들은 눈이 달랐다. 마음속에 불 하나 켜둔 듯이 언뜻언뜻 눈동자에서 빛이 새나왔다. 그런 눈빛을 가진 사람들이 다 예술가들은 아니겠지만 예술가라면 그런 눈빛을 가져야 한다는 편견을 나는 갖게 되었다.

바그다드 무타나비 거리에서 금요일마다 열리는 책 시장에서 산 그의 책을, 나는 작가가 보라고 가방에서 꺼내 무릎 위에 올려놓았다. 자기 책에 쏠리려는 시선을 벽으로 돌리면서 작가는 자기는 유명하지도 않고 글 쓸 의욕도 전혀 없다, 글을 쓰려면 그럴 만한 환경이 돼야 하는데 지금은 모조리 엉망이라고 구시렁댔다. 문이 열리고 날씬한 청년이 쟁반에 진한 터키식 커피를 받쳐 왔다. 의과대학을 졸업하고 대학 병원에서 레지던트 과정을 밟고 있다는 그 청년은 작가의 아들이었다. 예술가들의 공통점 또 하나, 가난해도 공부 잘 하는 기특한 자식. 아들은 물론 민주주의도 좋지만 지금은 전기, 물, 약 같은 생활필수품 해결이 급하다고 말했다. 35년 동안 독재에 짓눌리다가 갑자기 해방된 이라크인들은, 컨테이너에 갇혀 있던 가축들이 들판에 놓여난 셈이니 공황 상태를 겪고 있다고 했다. 강한 자들은 시간이 걸려도 결국 적응하겠지만 약한 사람들 중에는 정신 질환자가 급증할 거라는, 의학적 견해를 밝히기도 했다. 제 자식의 능숙한 영어에 흐뭇한 표정을 감추지 못하던 작가는, 아들의 의견과 자기 의견을 혼동하지 말아 달라, 자신은 아무 말도 안 했다고 토를 달았다.

나는 책을 무릎에서 내려놓고 일어나 화장실에 갔다. 아랍말로 씌어 나로서는 제목조차 읽을 수 없는 책이었다. 아랍 문학도 잘 모르는 데다, 번역서가 전무한 사담 치하 이라크 문학에 나는 도무지 접근할 수가 없었다. 작가들은 내게 무언가를 얘기하면서 다른 무언가는 감추었다. 나는 절망감을 느꼈다. 그 집은 화장실에 가려면 부엌을 통과해야 했는데, 부엌문을 여니 외국에서 왔다는 손님을 보고 싶어도 여자라서 나오지 못했던 대여섯 명쯤 되는 딸들이 그 어머니와 함께 와락 달려들었다. 전쟁의 영향으로 프로판가스가 없어 석유 곤로에 끓이는 냄비를 가리키며 점심 먹고 가라고 손짓했다. 밥이야 좋지만 나는 밥까지 먹으며 외아들의 견해를 들어야 할 필요는 없기 때문에, 기억도 못할 딸들의 이름을 줄줄이 묻는 걸로 대신했다. 예술가들의 공통점 하나 더. 예술의 형식이야 실험해도 생활까지 실험하기는 힘들다는 것.

막상 카메라를 들이대니 서글픔이 얼굴에 배어나는 작가를, 나는 그 아들과 함께 좁은 마당에 세워놓고 사진을 찍었다. 그동안에도 부엌 창살 뒤에서 딸들이 연방 손을 흔들어 대고 있었다.

돌아오는 택시 안에서 통역인은, 그 작가가 아직도 사담 후세인이 돌아올까 봐 겁을 내고 있다고 말했다. 무슨 말을 잘못했다가 가족들이 알 바트 잔당들한테 테러라도 당할까 봐 잔뜩 경계하고 있다고, 이라크는 사담 독재 기간 동안 외부와 철저히 격리되어 있어서 모든 게 특수하므로 외국인은 이해하기 힘들 것이다, 차라리 이집트로 가지 그러냐고, 그 진취적인 통역인은 내게 권했다. 그렇다, 번역된 것으로나마 작품을 읽지도 못 했으면서 작가를 취재한다는 건 말이 안 된다. 그러나 나는 그런 짓을 했고, 그런 취재를 글로 옮기는 더욱 말이 안 되는 짓을 하려고 한다. 이유는 한 가지다. 하늘과 땅이 뒤집어지는 듯한, 전쟁 직후 이라크 문단의 대격변 현장에 내가 있었기 때문이다. 우리나라 해방 이후와 아주 비슷한, 역사의 마디를 건너가고 있는 이라크 작가들의 고민을 나는 전하고 싶다. 이 글은 작품에 대한 것이 아니라 작가들과 나눈 대화를 조립한 보고문이며, 그럴지라도 작품을 모르고 나눈 이야기이기 때문에 오류가 많을 것이다. 아랍어 전공자들이 이 잘못을 딛고 이라크 문학에 대한 진지한 글들을 써주기 바란다.

특수와 필수

과연 이라크는 특이하다. 이라크 문학의 주류는 이라크 안에는 없고 밖에 있었다. 정부의 혹독한 검열과 징계를 피해 웬만한 작가들은 조국을 떠나지 않을 수 없었던 탓이다. 무다파르 알 나왑, 알 자와헤리, 알 바야티, 사이드 유숩 등 국제적으로 유명한 작가들은 다 망명자들이며, 이라크 문학이라고 알려진 건 거의 다 '해외 반정부 문학'이었다. 하지만 모든 작가들이 망명하기는 불가능하다. 전후 이라크에서 내가 만난 많은 작가들이 외국에서 보내준 초청장이 있음에도 불구하고 망명할 수 없었다고 말했다. 어용단체였던 '문인협회'의 이름을 빌려도 정부로부터 여권을 발급받는 데만도 200달러가 들었다고 한다. 당시 초중등 교원의 월급이 한 달에 20달러였으니 지나친 부담이었다. 게다가 국경을 넘는 교통비며 국외 체재비까지 고려하면 엄두도 못 낼 일이었고, 포도송이처럼 부양해야 할 식구가 딸린 아랍의 가장들로서 차마 혼자 자유를 찾아 날아가 버릴 수는 없었다는 것이다. 가난한 작가들한테는 망명조차 배부른 소리였다는 말이다. 그리고 사담 치하에서 8년간이나 감옥에 있었던 강직한 저항 문인으로서, 사담이 물러간 후 새로 구성된 문인협회의 회장이 된 하미드 알 무크타르 같은 이는 여권이 있어도 정부로부터 국외 여행 승인을 받지 못했다. 사담 정권은 한번 찍힌 반정부 인사는 죄목을 만들어 거듭 감옥살이를 시키기 마련이었기 때문에, 하미드는 다시 체포되기 전에 하다못해 북부 쿠르디스탄 자치구에라도 피신하려고 애를 썼으나 모든 길이 막혀 있었다고 했다.

"우리는 물에 빠져 가라앉고 있었다. 우리는 밀폐된 방 안에서 서서히 질식되어 가고 있었다. 우리는 무너지는 건물 안에 갇혀 있었다……."

　많은 작가들이 사담 정권의 억압을 숨이 막히고 몸이 으깨질 듯한 고통에 비유하곤 했으나, 그들에게는 견디는 것밖에는 다른 도리가 없었다. 부도덕한 정권 아래서도 그들은 살아야 했고, 예술가이며 작가로서 존재했다. 그때도 그들은 썼다. 바위에 짓눌려 비틀어지고 꼬인 나무 같은, 괴이하면서도 독특한 문학이 이라크 안에 있었다. 이 이라크 내부의 문학과 작가들은 외부에 거의 알려지지 않았다.

　전쟁이 지나갔고, 건물들이 파괴되었을 뿐만 아니라 가치 또한 전복되었다. 예전에 영예로웠던 이름들은 치욕으로 전락하고, 이름 없었음이 오히려 긍지와 자랑이 되었다. 이전의 문화계 권력자들은 싸그리 도망갔고, 문인협회를 비롯한 모든 단체들이 젊은 새 세대에 의해 접수되었다. 젊었으므로 그들은 가능성이 많은 만큼 완성된 작가들은 아니라고 할 수도 있다. 이들보다 신중한 작가들은 아직은 언행을 삼간 채 추이를 지켜보고 있는 눈치였다. 특히 여성 작가들을 찾아볼 수가 없었는데, 이들은 상황이 정리되어야 나타날 것이라고 했다. 도망간 권력자들 중 일부는 잠자코 숨어 있지만, 일부는 얼굴을 바꿔 격렬히 사담을 비난하는 글을 써대고 있다는 소문이었다. 해외 작가들 중 망명 1세대는 망명 기간이 너무 길다보니 타국에서 대부분 죽고, 2세대, 3세대들은 이라크로 돌아오려고 준비 중이거나 정세가 좀 더 명확해질 때까지, 구체적으로는 사담 세력이 근절될 때까지 기다리고 있다고 했다. 그들이 돌아온다 해도 망명 정치가들이 그랬듯이 미군의 탱크와 함께 오지 않는다는 보장은 있을까? 옥과 돌이, 희망과 위험이, 변혁과 오염이 뒤섞인 혼란의 시기였다. 한 젊은 문인은 이라크 역사의 기차가 캄캄함 터널 속으로 진입하였다고 표현하였다. 터널 끝에 도달했을 때, 무엇을 보게 될지 아직은 아무도 모른다. 나도 그 작가들과 함께 캄캄한 터널 속에서 흔들렸다. 마음 깊이 타오르는 불길처럼 모호하지만 분명한 것, 상황이 아무리 무겁고 험해도 작가라면 지켜야 할 작가다움을 나는 그들로부터 느끼고 싶었다.

삶과 죄

사담 후세인은 대단한 문화 애호가였다. 순수예술로부터 대중문화까지, 음악, 미술, 무용, 연극, 문학 등 모든 분야에 지대한 관심을 기울인 나머지 모조리 장악하였다. 시 한 줄, 캔버스의 한 점 붓질까지 사담의 감시망을 벗어날 수 없었다. 문학제나 전시회 같은 문화 행사에는 검열관들이 반드시 참가해 시를 낭독한 시인을 2층에 끌고 가 각 행의 의미를 심문하기도 하고, 화가에게 작품에 칠해진 색깔을 문제 삼기도 했다. 검열관이야 문외한이니 어찌 속일 수 있다 해도, 같은 예술가요 작가 신분으로 동료 작품의 불온함을 캐내는 내부 고발자들이 있었다. 실제로 일어난 예술가 탄압 사건은 대개 이들의 손가락질이 발단이 되었다. 그리고 지목된 작가들은 본인만이 아니라 가족이나 친지들까지 감옥에 갇혔다. 아랍권이 그렇지만 특히 이라크의 감옥은 잔인한 고문과 가혹한 처우로 악명이 높다.

그러나 이런 노골적인 강제보다 더 심각했던 것은, 선택과 배제였다. 사담 후세인을 주제나 소재로 삼는 작가들한테는 막대한 경제적 보상과 출세가 주어지고, 그렇지 않은 작가들은 작품을 출판하거나 전시할 기회조차 봉쇄되었다. 명색은 사회주의 국가이지만, 군사 관료 체제에서는 정부와 연줄이 없으면 아무 짓도 할 수가 없는데, 정부는 사담 후세인을 칭송하는 작품들만 용납함으로써 예술을 통제하고 조종했다. 유엔에 의한 13년간의 경제제재가 이라크 민중들을 말려 죽이는 조용한 학살이었다면, 사담 정권의 문화정책은 예술을 조용히 추악한 변종으로 타락시켰다. 그 정권은 예술가들을 A, B, C 세 등급으로 나누고 한 달에 100달러에서 50달러까지 월급을 지불했다. 그러나 그런 선택받은 예술가들은 각 분야에서 200명 정도, 극소수였고 사담주의자들이 많았다. 나머지 대부분의 예술가들은 아무런 대책 없이 정부의 온정을 바랄 수밖에 없었다. 전 국토가 사담 동상과 초상화로 뒤덮이고 모든 말과 글이 사담이라는 단어로 범벅된 철두철미한 우상화는 목구멍이 포도청인 예술가들의 자발적이고 경쟁적이기까지 한 협조가 없었으면 가능하지 않았을 것이다.

예술 창작에 미친 검열의 해악이 어느 정도였느냐고 물으면, 입장마다 대답이 다르다. 소설가 압달 하랍 알 나르카비처럼 워낙 작품성이 뛰어나서 사담 치하에서도 인정받고 지금도 존중받는, 몇 안 되는 대가들은 검열이 예술을 손상시킬 수 없었다고 말한다.

"대중 예술이라면 모를까 순수문학은 검열관도 싸구려 작가인 고발자들도 이해할 만한 능력이 없었으므로, 흠잡을 수도 없었다. 아무도 눈치채거나 비난할 수 없게끔 우회적으로 행간에 암시하는 방법으로 하고 싶은 말을 다 했다."

작가 자신의 설명에 따르면 압달의 문학은 환상성을 띤, 가르시아 마르케스식의 '마술적 리얼리즘'이라고 한다. 그러나 과거에 무시당했던 작가들은 상징주의 문학조차 검열을 빠져나갈 수 없었다고, 정반대로 말한다.

"작가들은 침묵하고 있을 수도 없었다. 침묵하면 사담에 불만이 있다는 혐의로 탄압을 받았다. 작가로 버티는 길은 오직 하나, 사담을 칭송하고 사담의 정치적 목표에 부응하여 함께 떠드는 것뿐이었다. 유명한 작가일수록 그런 데에 능숙했다는 말이다."

특히 사담은 문학을 좋아하여, 물론 대필가가 있었지만 그 자신이 네 권의 소설을 발표한 적도 있다. 그는 신문이나 잡지에 실린 문학작품 중 마음에 든 것에 동그라미를 쳐두고, 작가에게 금시계나 거액의 보너스를 하사했다. 이런 특별상을 한 번도 받지 못한 작가들은 자질이 의심되었다. 상을 받은 적은 있으나 많이 받지는 않았던, 즉 문화계 데뷔에 성공하고도 아직 작품 수가 적어 부역 혐의는 없는 운 좋은 젊은 작가들은 비교적 자유롭게 이야기한다.

"아직도 명망이 훼손되지 않은 작가들은 과거 사담에 대해 좋은 말을 하지는 않았겠지만, 나쁜 말도 하지 않았다. 그랬기 때문에 그런 지위에 있을 수 있었던 것이다. 그리고 작가들이 검열이 무서워 피동적으로 대응했던 것만도 아니다. 작가도 욕심이 있다. 더 유명해지고 더 높은 지위에 오르려면 사담을 칭송해야만 했고, 원하던 지위에 오르면 그걸 유지하기 위해 계속해야 했다. 이름 있는 작가들 중 한두 편이라도 사담을 미화하는 글을 쓰지 않은 사람들은 아마 한 명도 없을 것이다."

전력 이야기만 나오면 작가들은 나이에 비례해서 피곤한 빛이 역력하고, 지나간 과거사를 이제 들추어서 무슨 소용이냐고 고개를 젓는다. 미친 독재 정권 밑에서 작가로서 살아남은 이들은 손이 깨끗할 수가 없는 것이다. 원로들은 살아온 세월이 긴 만큼 죄과도 많고, 젊은 작가들은 덜 살아서 손이 덜 더럽다뿐이지 만약 사담이 몰락하지 않았다면 그들의 미래가 선배들과 달랐을까?

예술이냐 정의냐

"과거 사담 시절의 문제는 문학이 정치에 종속되었다는 것이다. 세상이 바뀐 지금 과거의 정치적 행적으로 작가를 심판하는 건 똑같은 실책이 아닌가? 우리는 사담 정부에 협조했던 작가들을 단죄하거나 보복할 생각은 없다. 그건 작가로서 할 짓이 아니고, 문화적인 방법도 아니다. 실책이 있는 작가들은 스스로 반성하고 새로운 문학을 할 것이다. 그들에게도 기회를 주어야 한다. 정치로부터 자유로운, 진정한 문학은 이제부터 시작이다."

이라크 문학의 과거 청산 문제에 대해 대부분의 이라크 작가들은 매우 온건한 입장이다. 흔히 우리는 아랍인들이 화를 잘 내고 물불을 안 가린다는 선입견을 갖고 있는데, 전혀 그렇지 않다. 내가 만난 아랍인들은 배타적이고 옹졸하기로 유명한 우리나라 사람들보다 훨씬 개방적이고 차분하다. 그들은 전쟁과 죽음과 폭력 속에서 살았기 때문에 그것이 얼마나 나쁜지 처절하게 안다. 되도록 극한 대결을 피하고 쌍방이 이기는 현명한 방법을 찾는다.

그러나 문학이 정치에 종속되어도 안 되지만, 정치와 담을 쌓은 문학은 정치의 타락을 방조함으로써 또 다른 의미에서 정치적일 수밖에 없다. 새로 구성된 문인협회의 회장 하미드 알 무크타르는 이 점을 지적한다.

"사담을 찬양했던 문인들만 죄가 있는 게 아니다. 청빈하다는 작가들도 현실 문제를 피하다보니, 티그리스 강이나 수메리아 유적 같은 비사회적인 제재만 택함으로써 이라크 문학의 질을 떨어뜨렸다. 이 질 낮은 문학이 독재 정권을 강화시키고, 정권이 문학의 수준을 더욱 낮추는 악순환이었다."

아무리 중립적인 글이라도 한 줄 한 단락이 결국은 집권 세력을 도울 수밖에 없다면, 하미드처럼 감옥에 갈 용기는 없는 작가들은 어떻게 지조를 지켰을까? 절필. 독재 정권 아래서 명예를 더럽히지 않기 위해 줄타기를 한 작가들도 많지만, 그보다 많은 이들이 작가이기를 거부했다. 문인협회 건물 경비원조차 2만 5,000이라크 디나르만 내면 회원이 될 수 있었던 그 협회에 가입하지도 않고 일체 글을 쓰지 않음으로써 문단의 인정도 정부의 수혜도 포기하고, 그들은 농부, 이발사, 에어컨 수리공으로 살았다. 무타나비 거리에서 책을, 차가 막히는 대로변에서 담배를 팔며 연명했다. 하지만 10년도 20년도 아니고 압제는 35년이나 지속됐으며, 그들의 청춘은 이미 까마득히 지나가 버렸다.

"스무 살 청년 작가였던 이들이 지금은 쉰다섯 살의 노년이 되었다는 말이다. 인생의 황금기를 글을 쓰지 못하고 보내버린 이 작가들이 과연 지금 다시 펜을 잡을 수 있을까? 사담에 저항하다 죽거나 감옥살이를 한 것만이 아니라, 재능 있던 그 많은 작가들의 인생과 예술이 낭비된 것도 희생이다."

저명한 시인이자 바그다드대학 아랍 문학 교수인 무함마드 후세인 알리 아신은 검열이나 통제보다 무서운 독재 정권의 폐해는 예술적 가능성의 말살이었다고 말한다.

과거나 지금이나 작가로서 명맥을 유지한 작가들은, 절필했던 이들을 칭찬하며 이제 자유가 왔으니 마음껏 쓰라고 말한다. 절필 작가들은 이제부터 쓰겠다고 의욕을 보인다. 그러나 냉정한 이들은 그들의 재기를 기대하지 않는다.

"양심적이지만 그들은 예술적으로 별로 뛰어나지 못했다. 일급 작가였던 이들은 절필해도 일급으로 남는다. 무명인 작가들은 절필해서만이 아니라, 써봤자 이름을 얻지 못했던 것이다. 35년 전에 글이 그저 그랬던 작가가 세월이 흘렀다고 명작을 쓸 수 있겠나."

여우처럼 곰처럼

쓸 수도 없고 안 쓸 수도 없는, 난세를 헤쳐나가는 두 가지 방식이 있었다. 하나는 앞서 '줄타기'라고 말한 교묘한 글쓰기이다. 중의법, 애매함, 우회적이고 간접적인 표현 등으로 검열을 여우처럼 빠져나가는 것이다. 이라크의 작가들은 글을 쓰는 한 검열관의 질문을 예상하고 변명거리를 만들어 두지 않을 수 없었다. 검열관과 작가의 쫓고 쫓기는 머리싸움. 수십 년간 이런 복잡하고 까다로운 작법에 단련되어 이라크 작가들은 앞으로 세계

문학사상 유례 없는 독특한 문학을 선보일 것이라고 자신할 정도다.

다른 방식은, 몇 년 뒤가 될지 백 년 뒤가 될지 모르지만 언젠가 사담이 물러가면 발표하려고 작품을 써서 숨겨두는 것이다. 검문과 가택수색이 일상사일 때라 그러는 것만도 모험이었다고 한다. 그리고 그 열정은 가히 놀랍다. 문인협회 회장 하미드는 감옥에 있는 동안 두 권 분량의 시와 두 권의 소설을 썼다고 하며, 소설가 사이드 마하메드 라힌은 그에게 명성을 안겨준 7권의 책 말고도 5권의 책을 써서 감춰두었다고 한다. 거의 모든 작가들이 공식적으로 발표된 글만큼이나 숨겨놓은 글들이 많으며, 절필을 해서 문인 축에도 끼지 못했지만 은밀히 글쓰기를 계속함으로써 작가의 본분을 수행한 이들도 많다는 것이다.

생각해 보라, 해방은 우리에게 그랬듯이 이라크인들에게도 강도처럼 갑자기 왔다. 언젠가 해방될 거라고 누구나 믿었다지만 이렇게 빨리 올 줄은 아무도 몰랐다. 어쩌면 죽을 때까지 숨겨놓아야 할지도 모를 글을 끈질기게 써대는, 그 미련하도록 우직한 힘은 도대체 어디서 나왔을까?

"우리에게는 다른 선택이 없었다. 쓰고, 감추고, 기다리는 수밖에. 그것만이 우리가 희망을 잃지 않는 유일한 방법이었다. 많은 작가들이 그러다가 죽었다. 그들이 숨겨놓은 작품들은 아직도 어딘가 묻혀 있을 것이나, 가족들도 모르게 한 일이므로 영원히 햇빛을 보지 못할 것이다."

다행히 살아남은 작가들의 은밀한 작품들이, 바야흐로 봇물 터지듯 쏟아져 나오리라고 한다. 촉망받는 비평가 마에즈 알 사라사는 앞으로 이라크 문학의 과제는 이렇게 과거에 씌어졌으나 이제야 출판되는 작품들을 제대로 평가해주는 것, 그리고 여우처럼 교묘했던 문학을 재평가하는 것이라고 말한다. 그리고 개인적인 보복을 위해서가 아니라 이라크 문학의 새 출발을 반듯하게 하기 위해서 과거의 부끄러운 문학을 폭로하고 고발해야 한다고도 주장한다. 그렇다면 사담 우상화까지는 아니더라도 정치를

"한국군 이라크 파병 절대 반대"를 외치며 종로 1가를 행진하는 민족문학작가회의(현 한국작가회의) 회원들. 2003년

자극하지 않는 안전한 방식으로 존재했던, 사담 치하의 일반 문학은 어떻게 평가될 것인가? 무함마드 교수는 비관적인 견해를 밝힌다.

"미래의 문학사가는 사담 시기의 문학을 무시하고 삭제할지도 모른다. 문학의 공백 상태였다고, 그 시기는 문학사에서 아예 지워질 수도 있다. 기껏해야 아랍권의 비속한 대중문학으로 치부될 가능성이 높다. 하지만 아직은 너무 가까운 과거라 속단할 수 없다. 모든 작품들을 싸잡아 비난해서는 안 된다. 잘잘못을 가리되, 예술을 구해야 한다."

이라크 문학의 전망에 대해서는 대체로 의견들이 비슷하다. 젊은 작가들은 내용적·형식적으로 자유를 얻었으므로 왕성하게 작품들을 써낼 것이며, 해방과 함께 들이닥친 미국의 영향으로 서구 모더니즘의 영향이 커질 것이다. 그에 대한 대응으로 아랍 전통주의는 보다 세련되어질 것이고, 상황이 상황이니만큼 반미 민족주의 문학이 재등장할 것이다. 한동안은 과거 청산 문제가 무거운 짐으로, 누구도 그 원죄에서 자유로울 수 없을 것이다.

자유와 치욕

지난 7월 26일부터 7월 30일까지 '알 자와헤리 추모 문학제'가 열렸다. 전쟁 이후 문인들이 주관한 첫 번째 문화 행사요, 사담 치하에서는 그 이름을 언급하는 것조차 금지되었던 저항 시인 알 자와헤리를 복권시킴으로써 불구의 문학사를 치유하려는 뜻깊은 자리였다. 평소와는 달리 양복을 차려 입은 문인들은 아랍인답게 잘생긴 인물이 확 살아났다. 전기도 수돗물도 제대로 공급되지 않는 어려운 환경과 기본적인 생계조차 막연한 궁핍 속에서, 작가들이 그 행사를 준비하기 위해 얼마나 애를 썼으며 자부심을 느끼고 있는지 짐작할 수 있었다. 이라크 전통 악기로 구성된 교향악단의 반주에 남녀 혼성 합창단이 우렁찬 화음을 터뜨릴 때, 내 가슴속에서 뜨거운 감동이 치받쳤다. 여기는 이라크인들의 땅이며, 잔혹한 역사를 그들은 감당해왔고 앞으로도 그럴 것이다.

그런데 잠시 후에 뒷문도 아닌 옆문으로 미군들이 들이닥쳤다. 총을 들지는 않았지만 군복 차림에 철모를 손에 든 병사들을 이끌고 나타난, 지휘관으로 보이는 이는 나중에 알고 보니 그 지역을 관할하는 대령인가 뭐 그랬다. 그 순간 앞줄에 앉아 있던, 이라크 전국에서 올라온 내로라하는 문인들이 벌떡벌떡 일어났다. 강단에서 격정적으로 시를 낭독하는 시인은 떠들라고 두고, 문인들은 미군을 둘러싸고 웅성거렸다. 사담 치하에서는 정부와 연줄이 없으면 아무 짓도 못했다면, 이제는 미군과 연줄이 없으면 안 되는 것이다. 미군 대령은 다소 귀찮은 표정으로 휴대전화기로 통화를 하고 있었다. 모독과 치욕. 이것이 이라크와 이라크 문단의 현재 모습이다.

그날 저녁 알 자와헤리 문학에 대한 심포지엄이 끝난 후 나는 몇 명의 작가들을 인터뷰했다. 심포지엄에 참가했던 작가들한테 제공되는 저녁 식사에 초대를 받았지만, 그 한 그릇이라도 외국인이 내가 축내는 게 미안해 거절했다. 빵을 같이 나누자, 우리는 빵을 나눔으로써 형제가 된다고 작가들은 거듭 권했다. 나는 감자가 들어간 닭고기 수프 한 그릇을 받았다. 그러나 점잖고도 수줍은 이라크 작가들은 테이블 하나에 나만 앉혀놓고 자기들은 멀리서 지켜보고 있었다. 나는 내 국그릇을 들고 그들 자리에 가서, 빵을 나누자, 나도 당신들과 형제가 되고 싶다고 말했다. 우리는 커다란 쟁반 같은 이라크 빵을 찢어, 실제로 빵을 나누어 먹었다. 모든 것이 달라도 문학을 업으로 자임했다는 한 가지 때문에, 나는 그들에게 형제 같은 정과 애틋함을 느꼈다. 그들도 나를 외국인이나 기자로 대하지 않았다. 누이라고 했다. 이제껏 나한테 질문만 받았던 작가들이 말문을 열고 결혼했느냐는 등 사사로운 질문부터 한국은 일제 식민지로부터 벗어난 후 과거 청산

문제를 어떻게 해결했느냐는 본격적인 질문까지 한꺼번에 퍼부었다.

"우리는 그걸 제대로 못해 아직도 고생하고 있다. 남을 비판하는 것만큼 자신에 대해 성찰하고 참회를 해야 하지 않을까. 그리고 나도 당신들에게 하고 싶은 말이 있다. 예전에는 사담 독재 정권이 문학을 통제했다면, 이제부터는 자본주의 상업 문화가 당신들의 문학을 통제할 것이다. 당신들은 대비가 되어 있는가?"

이라크 작가들은 예상은 하고 있다며, 그러나 그게 그렇게 심각한가, 아무래도 자유가 있으니 예전보다는 낫지 않겠느냐고 반문했다. 나는 미국 영화 〈늑대와 춤을〉에서 인디언들이 주인공한테 백인들이 얼마나 몰려올 것이냐, 백 명이냐 천 명이냐고 물었을 때 그 주인공이 느꼈을 법한, 아득한 심정이 되었다. '밤하늘의 별만큼 몰려온다'가 영화 속의 대답이었던가.

"심각하다, 매우 심각하다. 압제는 당신들의 육체를 구속했지만, 상업 문화는 당신들의 영혼을 주무를 것이다."

썼고, 쓰고, 쓸 것이다

독재 치하에서도 글로써 버텨왔던 이라크 작가들의 작품을 한국에 알려야 한다는 절박한 마음으로, 나는 짐 다 빼고 책으로만 가방을 가득 채워 어깨뼈가 빠지도록 밀고 끌고 돌아왔다. 곰처럼 우직했던 숨겨진 문학은 아직은 출판 직전이라 구할 수 없었고, 이를테면 교묘하게 독재에 저항했던 여우 같은 문학작품들이었다. 자기 책을 갖지 못한 작가들한테는 직접 써달라고 해서, 육필로 받아온 작품들도 책 한 권 분량은 된다. 그러나 그 결과는 자못 충격적이다. 번역을 맡은 아랍시 전문가 임병필 선생은 작품들을 훑어보고 "재미도 없고 무슨 말인지 도무지 모르겠다"고 평했다.

'⋯⋯나는 그가 소망하는 세상에서 아무것도 아니었다/나는 자살을 준비하는 언어에서 아무것도 아니었다/나는 반대편 담장에서 상처 하나를 보았다/그들 중 한 사람이, 한 순간이 칼로부터 원소들의 죽음을 보낸다고 말했다/피가 피곤함을 튀어 오르게 한다/채찍들이 허공을 가르고 그의 내장들을 끄집어낸다/만일 행인들이 침묵을 지킨다면/만일 대지가 거부할 자유가 있다면…… 질주할 자유가 있다면/광대는 나무 막대기에서 영혼을 부풀게 할 수 있을까…….'

임 선생이 표본으로 보여준 핫산 아브드 라디라는 시인의 대표작 「광대」의 일부 번역이다. 번역가도 무슨 말인지 모르겠다는데 더구나 그 번역을 통해서 읽는 사람이 이해할 리 없다.

잠깐 인용된 시를 지은 핫산은 모든 평론가가 손꼽는 뛰어난 시인이며, 젊은 나이에 새 문인협회 임원으로 선출된 이라크 대표 작가이다. 인터뷰를 하면서 나도 참으로 진지하고 영민한 작가라는 느낌을 받았다. 그런데 그런 작가의 작품이 해독 불능인, 이 난감한 사태는 왜 벌어졌을까? 생각해보건대 일단 두 가지 설명이 떠오른다. 첫째는 아무리 교묘해도 검열을, 즉 누군가의 적대적인 시선을 의식하고 쓴 작품들은 완성도가 높을 수 없다는 것이다. 이라크 문학은 독재를 인내하는 동안 축소, 저하됐는지도 모른다. 둘째는 너무나 교묘해서 다른 언어로 옮겨질 수가 없는, 아랍어가 모국어인 자들만이 이해할 수 있는 어려운 경지가 됐다는 것이다. 이 둘 중 어느 것이 맞는지 판단할 능력이 내게는 없다. 그러나 이라크 작가들을 나는 믿고 싶다. 맨 앞에 묘사한 인터뷰를 거절했던 작가를 비롯해서, 다른 건 다 비루하고 왜소할지라도 문학에 대한 정념만큼은 감출 길 없이 환한 그들을 존중하기 때문이다. 찢어발겨지고 박살나도 쓰고 또 쓸 수밖에 없었던 그들의 몰두를 인정하기 때문이다. 글을 쓴다는 행위의 매혹만이 아니라 위험을 충분히 알면서도 그들은 거기 빠졌고, 스스로를 괴롭히면서 평생을 계속했다. 자기가 쓴 글에 대해 가장 까다로운 검열관은 작가 자신이었을 것이다. 이 자의식과 고집이야말로 시대와 국적을 뛰어넘은, 예술가들의 공통점이 아닐까.

　이 글을 쓰는 동안 이라크에 한국군을 추가 파병하기로 했다는 소식을 들었다. 이라크에 다녀온 사람으로서 이라크인들의 목소리를 알리려고 팔자에 없는 강연에다 라디오 인터뷰까지 하러 다녔건만, 결국 이렇게 되고 말았다. 현실을 손톱만치도 바꿀 수 없는데 글 따위 써봤자 뭐 하느냐는 생각에 컴퓨터를 두드리기보다는 소파에 드러누워 있는 시간이 더 길었다.

　독재 정권이 국민을 무식하게 만들고, 무식한 국민은 정권이 독재하게 만들었다는 이라크 작가들의 말을 되새겨본다. 그들은 문학을 통해 국민을 교육함으로써 민주주의를 실현하겠다는, '계몽적인' 계획에 부풀어 있었다. 한국군의 파병은 점령군 미군을 강화시킴으로써 그 반작용으로 이라크 내부에 결사항전의 정치적 구호를 부추기고, 그로 인해 기지개를 켜려던 민주주의와 문화는 다시금 퇴보할 것이다. 그러나 궁극적으로는 문화가 대안일 수밖에 없다. 전쟁과 테러는 지구상의 문제를 해결하지 못한다.

　나도 이라크 작가들처럼, 쓰고 또 쓰며 견디기로 했다.

관련 문학예술 작품

[문학] 고은 외,『전쟁은 신을 생각하게 한다』(이라크 대표시인 5인선, 한국 문학인 122인의 반전평화문학 작품선), 화남, 2003.
[산문] 아룬다티 로이, 박혜영 역,『9월이여, 오라』, 녹색평론사, 2004.
[산문] 오수연,『아부 알리, 죽지 마』(이라크 전쟁의 기록), 향연, 2004.
[산문] 자카리아 모하메드, 오수연 편역,『팔레스타인의 눈물』(개정증보판), 아시아, 2014
[소설] 박민규,『지구영웅전설』, 문학동네, 2003.
[소설] 오수연,『황금지붕』, 실천문학사, 2007.

김해자

다른 세상은 가능하다
—이주노동자 이야기

1980년대부터 산업발전의 고도화가 진행되면서 한국의 노동 시장에서는 보다 나은 근무환경과 조건을 지닌 산업 부문으로 노동력이 대거 이동하면서 취업기피의 3D업종이 등장한다. 이에 3D업종을 중심으로 한국에 이주노동자들이 유입되기 시작, 1990년대 초에 급증한다. 한국 정부는 국내 3D산업 중소기업의 인력난을 효과적으로 관리하기 위해 1993년 산업연수생제도를 도입하는데, 이름에서도 알 수 있듯 이주노동자에 대해 노동자로서 지위를 인정치 않고 한국 노동자가 가지는 기본적 권리가 연수생에게 적용되지 않았다. 그래서 '현대판 노예제'라 비판받아왔다. 이에 정부는 2004년 인력송출국가와 직접 MOU를 체결해서 운용하는 고용허가제를 도입한다. 이에 따라 이주노동자에게 내국인과 동등한 노동관계법이 적용된다. 하지만 정부는 '이주노동자 정주화 금지 원칙'에 따라 이주노동자들이 지정된 사업체에서 정해진 기간 내에서만 일하도록 하고, 구직기한도 제한하는 등 사실상 이주노동자에 대한 노동관계법 적용을 훼손하고 있다.

"어차피 그건 힌두교 신화일 뿐이야. 신이 깨뜨린 알이란 없어." 순간 못대가리에서 미끄러져 엇나간 망치가 아버지 손톱을 찧었다. 손톱 끝에 침을 바르고 통증을 참던 아버지는 떨어진 못을 찾으려고 두 손을 뻗어 바닥을 더듬었다. 문득 아버지가 코끼리처럼 여겨졌다. 구름보다 높은 히말라야에서 태어나 이곳, 후미진 공장지대에서 살아가고 있으니…….
(중략) 그때, 버려진 냉장고 뒤에서 검은 물체가 솟아오른다. 검은 물체는 빵처럼 점점 부풀어오른다. 노랭이는 더 빠른 박자로 노래한다. 퍽 소리와 함께 노랫소리가 뚝 끊긴다. 검은 물체는 쓰러진 노랭이의 앞가슴에서 심장을 뜯어내듯 지갑을 뺏는다. 희미한 달빛 아래 입을 벌리고 웃는 얼굴이 얼핏 보인다. 비재 아저씨다. 나는 눈을 질끈 감는다. 눈꺼풀 안쪽으로 은색 코끼리 한 마리가 나타난다. 구덩이에 발이 빠진 코끼리는 큰 귀를 펄럭이며 빠져나오려고 안간힘을 쓰고 있다. 하지만 발버둥 칠수록 뒷다리는 점점 더 깊이 빨려 들어간다.

_김재영, 「코끼리」 부분

작년 겨울 불법체류자 강제 단속의 위협 아래 이주노동자 10여 명이 이국에서 목숨을 놓았다. 자신이 돌리던 기계에 밧줄을 묶고, 동해 차가운 물속에 뛰어들고, 화장실 쓰레기통을 밟고 밧줄에 목을 걸면서 그들은 무슨 생각을 하였던가. 노숙하다 얼어 죽으며, 달려오는 전동차를 향해 걸어가며, 지하철 선로에 뛰어들며 죽음을 향해 걸어갔던 그들에게 죽음보다 두려운 것은 무엇이었던가.

'1년 이하의 징역, 500만 원 이하의 벌금 조치' 카드를 들고 법무부가 강력한 단속에 나섰지만 불법체류자로 낙인찍힌 출국 대상자는 7만 명에서 10만 명으로 추산된다. 대부분의 불법체류자들은 지난겨울 생필품을 사들고 구석진 데로 숨어들었다. 또 그 가운데 몇몇은 '강제 추방 반대와 노동자 합법화'를 외치며 농성에 들어갔다. 어느 쪽을 선택하든 그들에게는 쉽지 않은 두려운 일이다. 그들은 자신들이 한국에서 죽거나 다칠 수도 있고 어쩌면 돈을 벌지 못할 수도 있다는 것을 안다. 그럼에도 이주노동자들은 당장 떠날 돈이 없거나 빚이 많고, 임금을 받지 못해서 혹은 억울해서 한국을 떠나지 못했다. 그중 후자를 택한 샤하 하산은 천막 일기장에 이렇게 썼다. "혼자 싸우는 것은 힘들다. 이렇게 많은 사람들과 같이 싸우니까 힘이 생긴다. 여기에서 워킹비자 받을 때까지 싸울 수 있을 것 같다. 지금까지 불법사람으로 늘 불안하고, 힘들게 살았다. 이제는 정말 그렇게 살고 싶지 않다. 그래서 나는 지금 이 자리에 있다."

그들은 말한다. "강제 추방과 이주노동자들의 노동기본권을 말살하고 사업장 이동의 자유를 박탈하는 신종 노비문서인 고용허가제가 바로 이주노동자들을 죽음으로 내몬 살인 주범이다"라고. "사장의 동의가 없으면 다른 공장에 취업할 수도 없고, 아무리 욕먹고 맞고 월급을 떼여도 사장에게 잘못 보이면 해고되고, 해고되면 바로 불법체류자로 낙인찍어 강제 추방하겠다는 게 고용허가제"라고.

우리는 싸울 수밖에 없어요

명동성당 돌계단에 앉아 밥을 먹고 있는 나랜드라를 만났다. 플라스틱 대접에 비닐을 씌우고 밥과 닭볶음과 김치를 한데 얹어 밥을 먹으며 꽃무늬 치마를 입고 있는 한국어 선생님과 정담을 나누고 있었다. 얼른 보아서는 볕에 그을린 한국 사람처럼 얼굴도 넓고 눈도 약간 째진 나랜드라는 몽골 계통의 구릉족이라 했다.

"자동차 배터리 분리하면 위험한 유리 많아 조심해야 해요. 납은 엄청 많이 나와 아주 무거워. 하루 몇 번씩 지게차로 실어다 줘야 해. 두 시간만 하면 납이 이렇게 쌓여. 납은 아주 위험해. 얼굴에 튀면 큰일 나요. 얼마 전에 한국 친구 납 얼굴에 튀어서 18바늘 꿰맸어요. 그런 일 한국 사람 못 하고 하지 않는 일이에요. 2년 넘게 그 일 했어요. 사장 지금도 막 오라고 해요. 저 돈 벌 수 있는데 공장 안 가고 여기서 농성해요. 나 고국에 가고 싶은데 안 가요. 우리 후배들 생각하면 마음 아파서. 여기 와서 내가 한 고생 똑같이 해야 하나. 이런 생각 들기 때문에 노동허가 모두 받을 수 있을 때까지 여기 있을 거예요. 우리는 싸울 수밖에 없어요."

그는 최근 2년 동안 안산의 배터리 분리수거 공장에서 책임자로 일하며 월급을 170만 원 받았다. 이주노동자 임금으론 파격적인 액수다. 나랜드라는 네팔에서 노동일을 해본 적이 없었지만 한국 사회에 적응하며 베테랑급 기술자가 되었다. 문제가 생기면 사장이 농성장에 핸드폰을 쳐서 그에게 물어볼 정도란다. 이 일 저 일 전전하며 3D란 3D는 다 경험해본 나랜드라를 통해 이주노동자가 어떤 노동 형태에 종사하며 살아왔는지 느낄 수 있었다. 또 다수의 이주노동자들이 돈만 벌기 위해 일하는 것이 아니라 그들이 몸소 겪은 고통을 통해 인간의 평등과 인권운동에 눈을 떠가고 있음을 확인할 수 있었다.

"97년 7월에 산업연수생으로 왔어요. 처음 공장은 의정부 덕계리에서 스위밍풀 만들었는데 한 달 하다 너무 힘들어 그만두었어요. 인천 주안 가서 노가다 했어요. 1년 하다 IMF 터져서 1년간 일 못 했어요. 홍콩에 가 있는 여자친구가 돈 보내줘서 생활했는데 1999년부터 일도 많아졌어요. 그 다음 의정부에서 금형하고 샤링 했어요. 1년 정도. 아침 8시부터 저녁 7시까지 일했어요. 너무 힘들었어요. 거기서 월급 안 올라가 인천에 넥타이 만드는 공장 들어갔어요. 칼라 만드는 것, 염색, 프린트 일도 하고 포장도 하고. 염색일 어려워요. 유해 물질 엄청 많아요. 화학 물질 많기 때문에 옷에 딱 떨어지면 빵꾸 나요. 옷은 버리면 되지만 팔 얼굴에 튀면 무지 위험하죠. 눈에 안 들어가게 안경 쓰고 일하고. 전 여러 가지 일 거치고 기술 많아요. 귀뚜라미보일러 만드는 데서도 일하고. 도금 일도 여덟 달 하고. 냄새 나고 너무 힘들었어요. 컴퓨터 자판 만드는 것도 몇 달 하고, 그 일은 조금 잘못하면 사이즈 안 맞아요. 그리고 또 넥타이 공장 들어갔어요. 부도 나서 그만두고. 마지막에 플라스틱, 자동차 배터리 분쇄해서 내용 빼고 재활용하는 일 오래 했어요".

그는 '네팔공동체'에서 일하며 1995년 불교단체 NDF(Nepal Buddhist

Family)를 만들었다. 이곳에서는 네팔의 문화나 종교를 알리며 거기에서 모으는 수익금과 월급의 일부를 모아 고국의 가난한 아이들을 위해 쓴다. 네팔은 지금 내전 중이다. 소수의 부자와 왕정, 그리고 그에 반대하여 반정부 투쟁을 벌이는 반군 사이의 싸움으로 위험한 상황이다. 그의 꿈은 헤어져 사는 여자친구와 결혼하고 아버지의 뜻을 이어받아 조국의 민주화를 위해 일하는 것이다.

"나 어릴 때 아버지가 왕정 반대해서 찍혀서 인도로 나가게 되었어요. 거기서 9년간 살았어요. 그때 모든 땅을 빼앗겼어요. 나는 어릴 때 카트만두로 인도로 에베레스트로…… 왔다 가다 해서 공부 많이 못 했어요. 네팔왕국에서 들어와도 좋다고 해서 들어 왔는데 가진 게 없어 너무 힘들게 살았어요. 한국에서 자원봉사자들 보면서 나도 네팔 가서 좋은 일 하고 싶다 생각 들었어요. 물 없어 빨래 못 해. 여기 와서 우리 빨래 들고 가서 빨아다 줬어요. 날씨 추워 옷 갖다주고 밥 해주고 김치 만들어 주고…… 저도 그렇게 살고 싶어요."

고용허가제인가 노예노동 허가제인가

이주노동자들이 명동성당에서 농성을 시작한지 다섯 달째다. 추울 때는 영하 18도까지 내려가던 겨울 동안, 난방도 되지 않는 천막에서 자면서 기본적 생필품과 식수조차 부족한 상황에서 겨울을 났다. 산재의 후유증과 추위와 영양부족으로 인한 감기, 근육통 등으로 너 나 할 것 없이 힘들었다. 이제 날은 풀렸는데 병원에 다니는 사람은 더 많아졌다. 그들 중 대부분이 당 치수와 혈압이 높다. 무엇보다도 메아리 없는 긴 싸움에 지쳐간다. 그러면 무엇이 이들을 공장에도 집에도 돌아가지 못하게 하는가? 돈도 떨어지고, 아프고 힘든 상황을 견디며 이들은 대체 무엇 때문에 싸우는가?

몇 년 동안 '네팔공동체'에서 일하며 현재 명동 농성단에서 연대국장을 맡고 있는 쉬디 버랄의 얘기를 들어보았다. 감기로 마스크를 쓰고 있을 때는 몰랐는데 따스한 봄에 보니 쉬디는 까무잡잡하니 이목구비가 수려하고 품위가 있는 게 정말 브라만답다.

"아직 연수생제도 문제 그대로 있어요. 고용허가제 연수생제도 같이 하니까. 계속 1년마다 연장 계약해야 하고 돈 못 받고 월급 적어도 한 회사만 다녀야 해요. 사업장에 들어가면 사장한테 여권 뺏겨. 그것 때문에 노예처럼 붙어 있어야 해요. 그냥 주는 대로 20만 원 받기도 하고…… 견디다 뭐 나가더라도 무능력자 되는 거고 불법자 되는 거야. 어느 나라 가도 내가 네팔에서 왔다는 건 여권, 그거 하나밖에 없는 건데…… 그거 뺏기고 뭐 옮기지도 못하게 사람한테 그렇게…… 내가 동물도 아니고, 동물한테도 뭐 자유롭게 나돌아 다닐 수가 있는데. 인간 사는 세상에서 인간으로 와서…… 이런 문제 10년 걸려왔단 말예요. 그런데 이번 법, 그거 하나도 바뀌지 않았어요."

고용허가제를 받아들인 것은 그동안 쉬쉬하면서 묵인해왔던 이주노동자에 대한 수요와 이에 부응한 미등록 이주노동자의 유입이 암묵적인 수준에서 해결될 수 없음을 보여준다. 또 이제 국가가 공식적인 노동력으로서 이주노동자를 인정하고 그것을 관리·감독해야 한다는 것을 인정했다는 의미도 담고 있다. 하지만 고용허가제는 사업장 이동의 자유를 빼앗고 합법적인 노동 기한도 3년만 주며, 그나마도 1년마다 재계약하도록 해 노동3권 행사를 사실상 원천봉쇄한 이른바 '노예노동 허가제'다.

정부는 2월 말까지 자진 출국하는 이주노동자들에게 오는 8월에 고용허가제 또는 산업연수생으로 재입국을 약속했다. 하지만 다시 큰돈을 마련하지 않으면 아무리 보장해준다고 해도 올 수가 없다. 한국에 들어와도 산업연수생이나 고용허가제로 오게 되면 몇 달 후에 다시 불법체류자가 될 수밖에 없다. 작년 3월을 기준으로 미얀마의 아웅산(가명)은 3년 이상 4년 미만에 해당하기 때문에 고용허가를 받으러 고향에 다녀왔다. 그가 미얀마 대사관에 낸 돈은 빼앗긴 여권 재발급과 3년 동안의 세금을 합쳐 270만 원이었다. 왕복 비행기 표값까지 합하니 400만 원이 들었다. 그나마 빚은 졌지만 고용허가를 받을 수 있게 된 아웅산과 달리 임금이 체불되었거나 한국에 오기 위해 들인 비용을 다 갚지 못한 대부분의 이주노동자는 어떻게든 숨어 일할 수밖에 없다. 즉 고용허가제는 "다시 들어와서 불법체류자가 되라"는 법이 될 공산이 크다.

"우리 공장에서 일하고 있고 일할 수 있는 자격 가지면 노동자라 불러야 하는데 일 배우는 사람으로 되어 있고, 하는 일은 기계처럼 하는 거니까 그게 제일 나빠요. 물론 이번 고용허가제는 우리들이 노동자라는 것 인정해요. 하지만 공장을 옮길 자유가 없어. 3년 미만자만 합법적인 신분 얻을 수 있어. 4년 이상 체류한 사람 모두 떠나야 해. 합법 받아내도 맘대로 공장 옮길 수 없으면 금방 불법체류자 돼. 이런 거 보면 노동자는 노동잔데 노동자 권리 하나도 없어. 이거 어떻게 이해해야 돼요? 3, 4년 된 사람 이제 막 빚도 갚아가고 일도 잘하고 말도 알아들어. 문제 해결하려면 몇 년 연수생 안 받고 이 사람들 일 시키면 돼."

쉬디 버랄의 지적처럼 사실 오늘날 이주노동자 문제의 핵심에는 산업연수생 제도가 있다. 이는 중소기업의 인력난 해소라는 애초의 명분과 달리 각종 비리와 인권침해와 불법체류자 양산이라는 문제점을 낳았다. 이 제도는 합법을 가장한 편법 제도로, 연수생으로 규정되어 있음에도 '연수는 없고 노동만 있는' 제도이기 때문이다. 또 이 제도는 저임금과 열악한 근로조건을 강제한다. 연수취업 계약서에는 국내 최저임금 이상을 주도록 규정되어 있으나, 실제로는 최저임금조차 보장하지 않고 있으며 임금 중 상당 부분을 '이탈 방지' 등의 이유로 회사가 강제 적립해 버렸다. 뿐만 아니라 여권 압수, 외출 금지, 감금 노동, 성폭력 등 갖가지 인권침해를 묵인하는 제도였다.

"연수생 국가에서 몇 명 데려오라는 것만 허락하지 직접 관리하지 않잖아요. 중소기업협동조합 그런 민간단체에서 우리 관리해요. 거기에 수많은 로비 자금들이 있어요. 한 달 1인당 2만 4,000원 받아요. 한 사람이 2만 4,000원이지 몇십만 명이라고 생각해 보세요. 몇백 억? 우리 생각할 때 그렇게 문제 많은 연수제도 왜 또 안 없애나, 그 돈 때문인가, 이런 생각도 들어요. 다 쫓아내고 한국 사람만 일하든가 일을 시키려면 노동자 권리를 다 주든가 둘 중의 하나를 선택했으면 좋겠어요. 노동자로 일하지만 뭐 남의 집 못 가게 끈으로 묶어놓은 개처럼 취급받기 싫어요. 우리 일하면 노동자로 인정받고 세금 내고 싶어요. 인정해 줄 건 해주고 혜택 받을 건 받고. 합법적으로 노동비자 받고 일하고 싶어요."

쉬디 버랄의 말처럼 산업기술연수생의 선발과 배치, 사후 관리 등 전 과정을 '중소기업협동조합중앙회(중기협)'가 담당하고 있다. 정부는 국내 업체들이 개별적으로 외국 인력을 들여오면서 여러 가지 문제가 발생하자 1994년 외국 인력의 도입 창구를 '중기협'으로 일원화하고, '중기협'이 외국의 인력 송출 기관을 선정하도록 했다. 그러나 '중기협'의 독선적 운영과 송출 기관들과의 유착으로 온갖 비리가 생겨났다. 실제로 중소기업청이 2002년 9월 국회에 제출한 자료에 의하면, '중기협'이 6년간 산업연수생들을 도입·관리하면서 챙긴 수입이 565억 원에 이르는 것으로 드러났다. 그리고 이 수입의 대부분은 자체 유지 비용으로 사용되었다. 결국 산업연수생이 저임금과 열악한 근로조건으로 인해 사업장을 이탈하여 불법체류자가 늘어날수록 '중기협'은 더 많은 돈을 벌게 되는 기형적인 구조가 만들어져 왔던 것이다.

산업연수생으로 재입국한 중국 동포 임 모 씨는 "단속에 걸릴 위험만 빼

"NO EPS(Employment Permit System)." 이주노동자들의 고용허가제 반대 집회. 2003년 9월. ⓒ 아시아의 친구들

면 불법체류자 신분이 연수생보다 훨씬 낫습니다. 그냥 불법체류자는 낮에 일하는 것만으로도 연수생 시절 잔업에 특근까지 하는 것만큼 버는데 뭐 하러 고생하겠습니까? 연수생들의 연수 후 체류 연장 여부를 회사가 결정하기 때문에 신분이 불안하기는 마찬가지"라고 말했다. 죽어간 이주노동자들도, 단속추방을 피해 어두운 곳에서 공포의 나날을 보내고 있는 이주노동자들도, 농성투쟁을 하는 이주노동자들도, 그들이 원하는 것은 한국 땅에서 떳떳하게 노동자로서 권리를 누리며 합법적으로 노동하는 것이다.

가스총, 그물총으로 짐승 잡듯 내몰아요

강제 추방 과정의 폭력성과 외국인 보호소의 인권침해도 심각하다. 법안 자체보다 법안을 실행하기 위해 비인간적으로 모는 '인간사냥' 때문에 그들은 싸움을 택했다고 했다. 1월 7일 집회를 마친 후 명동성당으로 돌아가는 이주노동자들에게 경찰과 출입국관리소 직원들이 가스총까지 발사하면서 연행했다. 이 과정에서 10여 명이 부상을 입었으나 병원에도 가지 못했다. 연행된 2명은 '현대판 노예섬'이라 불리는 화성보호소로 이송되었다. 캐비, 헉, 굽다, 바트라시 등 4명으로 시작된 단식투쟁이 며칠 사이 17명으로 늘어나면서 보호소 측은 이주노동자들을 독방에 감금시키고(6명), 16일째 단식을 진행한 11명의 이주노동자들을 강제 출국시켰다. 강제 출국 전에도 보호소 측은 몽골의 바트라시와 다아가 피를 토하고 하혈을 하였지만 기침약만 주고 의사 진료도 거부했다. 또 개인 일기장이나 수첩 등 일체의 개인 소지품도 압수했다. 결국 3월 3일 바트라시, 다아, 뭉크엘티나, 초거엘티나 등 몽골 노동자들은 단식 16일째에 강제 출국당했으며 3월 4일에는 알렉세이, 알렉산더 등 러시아인들도 독방에 감금된 상태에서 단식 중 러시아로 강제 퇴거당했다. 쉬디 버랄은 말한다.

"출입국관리소 직원만이 아니라 경찰까지 와서 잡아가요. 가스총, 그물총 쏘고. 그거 짐승이나 강도 체포할 때 쓰는 거 아니에요? 이주노동자 그 물총으로 잡는 거 사람이 아닌 짐승 취급하는 거예요. 우리들 남의 나라서 죄 지었다 그렇게 끌려가면 범법자 되고 감옥 가고 죽어요. 우리나라 내전 중이니까."

4월 1일 명동성당 농성투쟁단 공동대표 샤말 타파(32살, 네팔) 씨도 강제 출국당했다. 샤말의 방에는 CCTV가 설치되어 24시간 감시를 받았다. 그는 2월 15일 출입국관리사무소 단속반에 의해 강제 연행되어 여수출입국관리소로 이송된 뒤 31일간 단식을 하다 건강이 악화돼 병원에 입원해 있었다. 법무부는 기습작전을 방불케 하는 방식으로 샤말 타파 씨를 강제 출국시켰다. 명절에도, 노는 때도 고국에 갈 수 없던 샤말은 10년 세월이 흐른 뒤 외국에서 범죄자가 되어 가족의 품으로 돌아간 것이다. 지난 12월 30일 한국 정부에 의해 폭력적으로 강제 추방된 비두와 자발 씨는 방글라데시에 도착해서도 본국 정부로부터 범죄자로 몰려 경찰기관에 억류되고 법무부에 소환당했다. 특히 독재나 종교·정치·인종 간의 문제로 내전이 진행 중인 네팔이나 미얀마 등 위험한 정치 상황에 놓인 나라 사람들은 출국이 곧 감옥이나 죽음으로 가는 길이다. 그런 이유로 올 2월 9일 불법체류 이주노동자 815명은 자진 출국 거부를 선언했다.

위험한 정치적 상황에 있는 나라 사람들에게 망명 신청을 받아들여 난민 지위를 부여하는 것은 동정이나 시혜가 아니라 법적 의무이자 최소한의 인권에 해당하는 일이다. 우리나라도 1994년 'UN난민협정'에 가입했기 때문이다. 미얀마의 마웅저가 그런 경우다. 그는 일명 '88-88 대학살'로 불리는 1988년 8월 무차별 총격을 가한 군부에 의해 수천 명이 죽은 후 한국에 들어왔다. 아직 고등학생이던 그는 감옥에 갇힐 것인가, 총을 들 것인가 외국으로 뜰 것인가 세 가지 길 중 세 번째를 택했다. 그는

2000년 5월 난민 지위 신청을 했는데 21명 중 세 명만 받아들여진 상태다. UNHR(유엔 한국지부)에서 심사를 받아 한국에 남든가 제3국으로 추방되든가 둘 중 하나가 그에게 선고될 것이다. 내전으로 돌아갈 수 없는 조국과 가고 싶지 않은 제3국 사이에 한국이 있다. 등 떠밀면 떠날 수밖에 없지만 그에겐 10년째 일하며 공부하고 함께 활동한 친구들이 있는 한국이 청춘을 묻은 제2의 고향이다.

"미얀마 사람도 정신 나간 사람들 많아요. 몇 년 전 친구 하나 지하철 역 넘어갔어요. 이상하니까 친구 둘이 붙어 다녔는데 갑자기 지하철 나가 뛰어들어 죽었어요. 최근 정신 많이 나가서 얼마 전 세 명 미얀마 보냈어요. 어떤 사람은 너무 정신이 많이 나가 비행기도 탈 수 없었어요. 그래서 정신병원 보내 치료받고 고향 갔어요."

미얀마 마웅저의 얘기처럼 이주노동자의 열악한 실정에서 비롯된 정신적 압박과 두려움은 육체는 물론 정신까지 앗아간다. 고용허가제를 앞두고 실시된 강제 단속은 임금체불 당하고, 산재를 당해 손가락이 잘리고, 병들어도 병원조차 갈 수 없는 이주노동자들을 양산한 것이다.

가고 싶지만 갈 수 없는 나라

레자와 고(故) 후세인 씨의 경우는 열악한 노동조건과 장시간 노동, 임금체불에도 불구하고 항의 한번 제대로 못하고 시키는 대로 일해야 하는 이주노동자의 현실과, 죽음에 이르게 하는 강제 단속의 공포를 보여준다. 지난겨울 내내 인천의 자취방에 숨어 살다 병원에 입원한 레자(45살, 방글라데시)는 강제 단속이 실시되자 고국에 돌아가고 싶었다. 하지만 임금체불로 돌아갈 수 없었고 1년 전부터 배가 아팠지만 잡혀갈까 봐 병원에 갈 수도 없었다.

"불법이니까 일 안 줘. 비자 있어야 일할 수 있어. 비행기값 없어 집에 못 가. 모아둔 돈 하나도 없어. 갈 데 없어. 무서우니까 밤에만 돌아다녔어요. 돈 없으니까 하루에 한 끼만 먹고. 김치, 물고기하고 계란 후라이하고 밥해서 낮 1시, 2시 그렇게. 라면, 빵 있지만 배 아파서 못 먹어. 배고프니까 잠만 자. 생각 많아. 자식 생각, 아내 생각, 고향 생각. 이제 나 어떻게 살아야 해? 고민하니까 머리 아프고 배고파 잠만 자. 추워도 보일러 기름 많이 때면 안 돼. 한 시간 쓰고 또 끄고……."

통증을 참을 수 없었을 때에야 동네병원에 간 그는 검사 결과 아무 이상이 없다는 판정을 받았다. 그 병원에서는 검사비로 20만 원을 받았다. '아무런 이상이 없다'는데도 통증이 더해지자 큰 병원에 갔다. 진단 결과는 십이지장 출혈로 드러났고 조금만 늦었어도 '큰일 치를 뻔'한 수준이었다. 수도 다카 출신인 레자는 1992년 관광 비자로 놀러 왔다 눌러앉았다.

"방글라에 일 없으니까 관광비자 3개월짜리로 일하고 돌아가고 다시 오고…… 방글라 사람들 배운 사람 창피해서 일 안 해요. 계급 때문에. 한국에서는 아무나 일해도 되니까 오게 되요. 다시 고국에 가서 일 없으니까 1년 후에 또 나왔어요. 하지만 지금은 아내, 아들 보고 싶어도 못 가요. 지금 저는 불법상태예요."

지난겨울 강제 단속이 실시된 동안 그는 자취방에 갇혀 살았다. 임금체불이 된 상태로 회사가 부도가 나 돌아가고 싶어도 돌아갈 수 없는 형편이 된 것이다. 한국에 온 지 10년도 넘었지만 인천 이외에는 가본 적이 없다는 그는 누구에게 손을 내밀거나 두려움 때문에 다른 회사 문을 두드릴 엄두는 애초에 못 냈다. 중간에 사장이 잠시 바뀌었을 때를 제외하고 처음 그를 데려간 사장 밑에서만 일했기 때문이다.

"처음에는 아이롱, 옷 뒤집는 것, 실밥 따는 것 재단하는 것 잡아주고 시다했어요. 그래서 미싱 배웠어요. 봉제 공장에서 미싱 배워서 한 군데 계속 있었어요. 사장 좋은데 월급 적어요. 처음 30만 원, 다음 50만 원. 인천에서만 일했어요. 무서워서 다른 데 못 가. 저번에 여권은 사장이 가지고 있었어요. 한국인 사장이 도와줬어요. 한국에서 나쁜 사람 아직 못 만났어요."

처음 공단거리를 지나다 알게 된 봉제 공장 사장은 그의 말에 의하면 '너무너무 잘해주고 좋은 사람'이었다. 야근할 땐 만 원, 2만 원씩 주고 "닭 사먹어" 하기도 했다. 사장은 현재 임금체불로 노동부에 신고된 상태다. 노동부 조사 결과 '그 잘해주고 좋은 사장'이 부동산과 예금을 합해 재산이 15억 정도 되는 걸로 드러났다. 링거를 꽂은 그의 손등이 빼빠로 문질러놓은 것처럼 딱딱하게 굳은살이 붙어 있다. 잠바 만들면서 카우스(소매 끝부분을 박을 때 손을 뒤집어 계속 밀어가며 360도 돌려야 한다)를 하도 많이 돌렸기 때문이라고 한다. 그는 사장과 과장에게서 "한국 아가씨보다 두 배로 일 잘한다"고 칭찬도 받았다고 자랑한다.

"이제 퇴직금, 월급 받으면 가야죠. 생각만 하면 아파요. 마음도 아파. 너무 생각 많이 하면 피곤해요. 돈 없어 며칠 동안 약 먹고 일당일 하러 다녔어요. 지금은 너무 아파 일 못 해. 집사람이 많이 아파서 걱정이야. 보고 싶고 생각 많아서 아파. 1년 됐어. 병원에 갔는데 머리가 이상하다 그래. 아들 보고 싶어. 5년 못 봤어. 이번 주에 대학 입학했어. 하지만 지금 돌아가지 못해. 돈 없으면 사랑도 없어. 아들 만 원 주세요. 나 돈 없어 하면 돌아서 나가. 돈 있어야 사랑 있어. 1년만 기다려라. 돈 없어도 돌아가겠다고 약속했어. 그러나 어떻게 될지 나도 몰라."

후세인(방글라데시) 씨는 4월 9일 밤 8시 반경 가슴 통증을 호소해 병원으로 옮겼다가 상태가 위독하여 큰 병원으로 옮겼으나 10시 반경 사망했다. 원인은 '과도한 노동과 스트레스의 요인으로 인한 급성심근경색증'. 그가 다니던 이불 공장은 먼지와 솜털이 많이 날리는데 집진기나 환풍 시설이 없었다. 또 최근 강제 추방 단속으로 사람이 줄어 서너 명이 하던 일을 혼자 하고 있었다. 그는 매일 14시간 넘게 일하며 때로는 새벽 2시까지 포장 작업을 했으나 임금이 밀려 회사를 그만둘 수 없었다. 또 강제 단속으로 인한 두려움으로 외출조차 하지 못한 채 몇 달째 살고 있었다. 저녁을 먹고 작업장으로 올라와 밀려 있는 일을 처리하던 중 가슴을 부여잡고 소리를 지른 게 그의 마지막이었다.

일하며 공부하며 사랑하며

'인권' 문제로 인터뷰했던 마웅저와 통화하다 그가 후배 세 명과 함께 산다는 부천의 자취방을 찾기로 했다. 그들이 무얼 먹으며 어떻게 살고 있는지 보고 싶었다. 부천에서 40여 분가량 버스를 타고 내려 시장통을 돌고 돌아 자취방에 도착했다. 3층 양옥에 부엌 하나 방 하나인 방이 서른 개쯤 있는 닭장집이었다. 방 안에 알루미늄 샤시문이 있어 열어봤더니 타일이 깔리지 않은 화장실 겸 창고가 있었다. 옷장 하나 티브이 하나 책상 하나 컴퓨터 하나 놓인 방은 네 명 눕기에는 조금 좁아보였다. 월세 22만 원이라 했다.

데이트를 하러 가는 듯 신나 보이는 부따는 모임에 간다고 말했다. 유창하게 말하다 자주 웃음을 터뜨리는 중국인 2세 부따(27살)는 한국에 온 지 5년 되었다. 그는 신발 공장에서 일하는데 저녁이면 모임에도 나가고 한국어 공부도 3년째 하고 있으며 고국의 역사와 현실 등에 대해서도 열심히 토론하고 공부한다. 또 한국 친구들도 노래 듣다 모르면 그에게 물어볼 정도로 노래 박사다.

"대학 2학년까지 다니다 92년도 12월에 데모해가지고 전체 대학이 4년 동안 문 닫았어요. 88년부터 닫고 열고 닫고 열고 공부할 처지가 안 되요.(웃음) 졸업 빨리 하려면 미얀마 가면 되요. 공부 안 해도 졸업장 줘요.(웃음) 그냥 줘요. 정치운동만 안 하면. 그런데 학교 다니며 싸움 안 하는 사람

없어요. 먹고 자고 놀기만 하니까 아빠가 야 너 뭐 어차피 학교도 문 닫았는데 돈 벌든지 뭐하든지 해라. 할 일도 없고 외국 가서 돈 벌어야겠다 생각했어요……. 처음 파주에서 5개월 동안 야간작업만 했어요. 2교대로 매일 12시간. 사출기 만드는 회산데 잔업 철야 수당 없고 일 매우 힘들었어요. 힘들어도 참았어요. 아빠한테 3,000달러 빌려왔잖아요. 빚 못 갚고 그냥 가면 안 되잖아. 3,000달러, 3,000달러, 3,000달러만 생각하고 일했어요.(웃음)"

얼굴이 희고 이목구비가 수려하면서도 깊고 선한 눈매의 아타(28살)는 카렌족이다. 수줍음이 많은 그는 일요일이면 청량리까지 교회를 다니는 독실한 크리스천이고 축구도 곧잘 한다고 한다. 그는 돈 벌어 형편이 어려운 사촌동생들에게 학비를 보내준다. 얼굴이 금세 빨개지는 아타 대신 선배인 마웅저가 설명해준다.

"미얀마는 135개 민족 있어요. 그중 카렌족은 기독교를 믿어요. 다른 민족도 미얀마 독재정권에 반대하지만 소수민족은 더 많이 당했어요. 그중 카렌족 많이 죽었어요. 말은 대놓고 안 하지만 집안 친척들 어려움이 많았을 거라 생각해요. 카렌족 영국 식민지 되면서 미얀마 식민지 되고 탄압 많이 받았어요. 우리나라 서로 싸우지만 우리끼리는 공부하면서 서로 다른 차이 뭐냐 공부해요. 또 민주화되면 각 민족마다 연방제도로 가자 한 나라로 독립하자 입장 다를 수 있어요. 비디오 보고 책 보고 우리나라 상황 공부하고 토론해요. 위에서 대표끼리 친해서 되는 일 아니잖아요? 밑에 있는 우리가 서로 친하게 지내야 되잖아요? 불교 기독교 얘기도 하고, 카렌족 당하는 것 미얀마 사람 때문이 아니라 군부 때문이라고 그거 이해해주라고 하고. 다른 인종끼리 종교끼리 많이 싸우잖아요. 인도네시아, 태국, 동티모르…… 이슬람, 기독교, 불교 서로 죽이고 마을 태우고…… 우리 50년 동안 무장투쟁했어요. 우리 남의 종교 문화 이해해야 돼요. 그래야 민주화되어도 서로 싸움 없어요."

애기 도중 마웅마웅수(41살)와 틴솔(45살)이 먹을 것을 잔뜩 들고 놀러 왔다. 후배들은 마웅마웅수를 '미얀마 대장'이라 부른다. 그는 마흔 되어가는 나이에 뒤늦게 한국에 왔지만 나이 생각 안 하고 열심히 적극적으로 일을 배웠다고 했다. 그는 현재 밸브 만드는 회사에 다니는데 지금 함께 사는 선배 틴솔에게 일자리를 마련해줬다. 그는 고용허가제 때문에 고향에 다녀오느라 돈을 많이 썼다고 한다.

"어려워도 서로 끌어주고 도와줘야 해요. 우리나라 형편 어려우니까 더 힘을 보태야 해요. 한국에서 아무리 힘들어도 우리나라보다 편했다 생각 들어요. 결혼 늦게 해 애기 아직 어려. 힘들고 애기 보고 싶으면 부천역 나가 당구도 하고 놀아. 한국 드라마 다 좋아해요. 〈장금이〉하고 〈올인〉(옆에서 틴솔이 〈명랑소녀〉, 〈자두야 학교 가자〉 등등을 읊어대니 모두들 웃는다). 평일 날 술 하면 일 못 나가니까 토요일 저녁부터 다음 날 아침까지 술 마시고 놀아. 친구들하고 한 달에 한 번 노래방 가서 태진아, 김건모 노래 부르고."

틴솔은 일찍 장가들어 대학생 딸 둘에 고등학생 딸이 하나 있다. 가족사진을 보여주자 자기들에게는 안 보여줬는데 이렇게 예뻤냐며 모두 웃는다. 사진 속의 얼굴과 달라 물어봤더니 한국 와서 살이 많이 빠졌다고 했다. 그는 밤에 잠이 잘 안 온다고 했다. 딸들이 공부 잘하고 있는지 별일 없는지, 학교 마치고 무슨 일 할 수 있는지, 일 없으면 자기처럼 또 고생하는 거 아닌지 생각이 많아서 일 힘들게 해도 잠 못 이루는 밤이 많다고 했다.

마웅저는 아웅산 수지가 이끌고 있는 NLD(버마민족민주동맹) 한국지부에서 일하다 작년에 그만두었다. 자신이 진정 하고 싶은 일이 정당 활동이 아니라 약자들의 인권을 보호하는 일이라는 걸 깨달았기 때문이다. 그래서 작년에는 APEBC(Assistance Program for Education of Burmese Children)라는 단체, 일명 '만 원계'를 만들었다.

"태국과 미얀마 국경에 난민 많아요. 나라에서 쫓긴 민주화운동가들 합쳐 150만 명. 거기 학교 다닐 수 없는 아이들 10만 명 돼요. 부모 없는 고아 살펴야 해요. 거기 마약 밀수 많아요. 거기 성매매, 소매치기, 거지 많아요. 우리 생각할 때 학교 있으면 아이들 보살필 수 있다. 그래서 운동가들이 땅과 건물 빌려 학교 세웠어요. '양지오 스쿨'에서 월세 경비 모자라 만 원씩 걷어 돈 보내줘요. 공장 다니는 친구들 아무리 어려워도 마음이니까. 처음엔 정권만 바꾸면 잘살 수 있다 생각했어요. 민주화되면 개인적으로 가족과 그냥 편하게 살고 싶었어요. 하지만 정부 바뀌어도 민주화되는 게 아니다 이제 알아요. 군사정부 무너지고 해결해야 할 문제 많이 있어요. 우리 아이들 공부 못 하면 평화적으로 해결할 수 없다고 생각해요. 우리 간디 방식, 수지 방식, 비폭력 평화 방식 좋아해요. 인종 문제, 종교 문제, 폭력 문제, 여러 문제 해결할 방법으로 비폭력밖에 없다 생각했어요. 그래서 이제 장기적으로 평화 인권 활동하고 싶어요."

다른 세상을 꿈꾼다

버스를 타고 나오면서 15년 전 선배에게 맛있게 얻어먹던 부천역 골목의 닭곰탕 집을 기웃거렸다. 10시간 12시간 일하고도 자취방에 돌아와 공부하고 토론하면서 '다른 세상'을 꿈꾸었던 20대의 필름들이 돌아가며 그들의 자취방과 오버랩되었다. 그들은 배울 만큼 배운 인텔리였지만 이국에 나와 밑바닥 경험을 하면서 새로운 세상에 눈을 뜨고 있었다. 혼자 견디었던 눈물겨운 시간은 이제 다른 세상을 향해 열리고 있다. 아래에서(under) 오래 서 있던(stand) 그들은 이제 누가 가르쳐주지 않아도 더 아픈 사람들을 이해(understand)하게 된 것이다. 그래서 그들은 다른 세상을 꿈꾸기 시작했다.

몇 년 전부터 이주노동자들을 사귀면서 처음에는 "힘들죠? 뭐가 제일 힘들어요?"라고 물었던 것 같다. 하지만 이제는 그런 질문을 하기 힘들다. 그들이 정말 힘들게 하루하루 산다는 것을 조금은 체감하고부터이고 또 아무리 힘들어도 그들 대부분은 "괜찮다"며 환히 웃기 때문이다. 이제 그들의 웃음을 조금은 이해한다. 그들은 정말 힘들지 않은 게 아니다. 이미 두려움과 고통을 있는 대로 다 겪은 그들의 가슴 밑바닥에 분노가 쌓여 있기 때문이다. 심장처럼 같이 뛰고 피처럼 함께 흐르는 감정을 새삼 힘들다고 드러낼 필요가 있겠는가.

문득 최인석의 소설 『이상한 나라에서 온 스파이』가 생각난다. 밥어미라는 스파이를 파견한 열고야국은 인간과 사랑과 즐거움이 율법인 나라다. 먹고살기 위해 노역을 하거나 사람이 사람을 사고팔거나 하지 않는 나라다. 전쟁도 착취도 차별의 벽도 없이 오로지 이해와 관심만이 잔칫집 대문처럼 열려 있는 곳이다. 그런 나라는 진정 꿈일까.

관련 문학예술 작품

[산문] 서경식, 『디아스포라 기행―추방당한 자의 시선』, 돌베개, 2006.
[소설] 강영숙, 『리나』, 랜덤하우스, 2006.
[소설] 김려령, 『완득이』, 창비, 2014.
[소설] 김연수, 「모두에게 복된 새해」, 『현대문학』 2007년 1월호.
[소설] 김재영, 『코끼리』, 실천문학사, 2005.
[소설] 김중미, 『모두 깜언』, 창비, 2015.
[소설] 박범신, 『나마스테』, 한겨레신문사, 2005.
[소설] 서성란, 『파프리카』, 화남, 2009.
[소설] 손홍규, 『이슬람 정육점』, 문학과지성사, 2010.
[소설] 조해진, 『로기완을 만났다』, 창비, 2011.
[소설] 최민석, 「시티투어버스를 탈취하라」, 『창작과 비평』 2010년 겨울호.
[소설] 황석영, 『바리데기』, 창비, 2007.
[소설] 황석영, 『심청』(상, 하), 문학동네, 2003.
[시] 하종오, 『국경 없는 공장』, 삶이 보이는 창, 2007.
[시] 하종오, 『아시아계 한국인들』, 삶이 보이는 창, 2007.
[시] 하종오, 『입국자들』, 산지니, 2009.
[영화] 송해성 감독, 〈파이란〉, 2001.
[영화] 이한 감독, 〈완득이〉, 2011.

정지아

한잔 들쭉술에 녹을 60년 세월인 것을
―소설가 정지아의 북녘 기행

민족문학작가회의(전 자유실천문인협의회, 현 한국작가회의)가 중심이 되어 남북 작가들이 대거 참석한 가운데 2005년 7월 20일부터 25일까지 북한의 평양과 백두산, 묘향산을 오가며 작가대회를 열었다. 이는 멀리는 1945년 12월 13일 서울에서 열린 전국문학자대회 이후 59년 만에 다시 열리는 남북한 작가들의 대규모 상봉행사인 동시에, 가까이는 1989년 민족문학작가회의가 북한의 작가동맹과 더불어 추진했던 남북작가회의 예비회담의 정신을 잇는 대회로서, 남북한의 작가들이 한목소리로 민족공동체와 모국어의 미래에 대한 전망을 공유하는 첫 발을 내디뎠다는 점에서 커다란 의미가 있었다. 이 대회는 남북 최고 당국자 간의 평화통일을 위한 공동선언으로서 6·15공동선언을 구체적으로 실천하기 위한 일보라는 점에서, 대회 명칭도 '6·15공동선언 실천을 위한 민족작가대회'라고 합의했다. 남측에서는 저명한 작가들을 두루 포함하여 총 115명이 북한을 방문했다. 이 대회에서는 6·15민족문학인협회 결성, 기관지 『통일문학』 발행, 통일문학상 제정 등 세 가지 중요 사항을 결의했다.

자리가 비어 있구나
고은 신경림 백락청 현기영 김진경
그리고 간절히 우리를 청해 놓고
오지 못하는 사람들
하나 우리는 나무라지 않으마
그것을 나무라기에는
가슴이 너무도 아프고
터지는 듯 분하구나
(중략)
아 분계선을 자유로이 넘나들며
오가는 바람아
떠가는 흰구름아
우리의 이 목소리를 실어가다오
그리고 전해다오
오늘은 우리 돌아서 가지만
마음만은 여기 판문점
이 회담장의 책상 위에 얹어 놓고
간다고
정의와 량심의 필봉을 높이 들고
통일의 길을 함께 갈
그 날을 기어이 함께 찾자고
바람아 구름아 전해다오

_오영재(북), 「전해다오」, 남북작가회담 예비회담(1989년) 당시 판문점 북측 지역에서 남측 대표단을 기다리며 쓴 시

60년 가까운 분단의 지난 세월이 서러워 흐느끼는 듯 인천공항에는 안개가 짙게 드리웠고, 평양발 고려항공기는 두 시간이나 지나서야 겨우 활주로에 안착했다.

과연 뜰 수 있을까 싶게 낡은 소련제 고려항공기 등받이에는 오래 전 우리 할머니가 쓰던 것과 거의 똑같이 조악한, 그러나 정겨운 부채 하나가 꽂혀 있었다. 비행기가 이륙을 시작한 후에야 우리는 그 부채의 용도를 깨달았다. 이륙하는 순간부터 안개비처럼 머리 위에서 쏟아지던 에어컨 바람이 사라졌던 것이다. 연신 부채를 부치며 100여 명의 남측 작가들은 고려항공기 승무원들이 나눠준 입국신고서를 작성했다.

입국신고서 국적란의 '민족'이란 항목

평양을 간다는 생각에 들떠 있던 나는 그제야 지금 우리가 가려는 평양이 외국보다 더 멀고 낯선 곳이었음을 자각했다. 100여 명의 작가들 모두 입국신고서의 국적란에서 잠시 망설였을 것이다. 그보다 더 난감한 것은 어느 나라에서도 보지 못한 '민족'이라는 항목이었다.

소설가 김훈 선생은 돌아온 후, 배달민족이라고 쓸 걸 그랬노라고 씁쓸한 우스갯소리를 했다. 나는 옆자리에 앉았던, 북에 관해서는 다년간의 노하우를 축적한 작가회의 사무총장 김형수 선배를 따라 남이라고, 아마도 북쪽 사람들이 가장 자연스럽게 받아들일 답을 적었는데, 그것은 정말 답에 지나지 않았다. 북과 남이라는 체제가 어떻게 민족을 대신할 수 있겠는가. 체제는 달라도 민족은 달라지지 않는 것을. 그러나 60여 년간 굳어진 체제의 차이는 북한 방문 내내 신경을 건드리고, 마음을 건드렸다.

혁명 열정 내부에 품은 평양…… '몰락으로 인해 비장한 아름다움'

순안비행장에서 숙소인 평양 고려호텔까지 이동하는 동안 차창으로 처음 보지만 늘 보았던 듯 익숙하고 낯익은 풍경이 펼쳐졌다. 들에서는 한여름 뙤약볕 아래서 벼가 익어가고 있었고, 빈터마다 옥수수가 지친 잎사귀를 바람에 흔들고 있었으며, 논두렁 밭두렁에는 까맣게 그을린 농부들이 러닝셔츠 차림으로 쭈그려 앉아 담배를 태우고 있었다. 드문드문 길거리로 통행하는 사람들은 저마다 무거운 보따리를 들고 있었는데, 대체 뭐가 들었을까 곰곰 생각해 보니 그 모습은 내 유년의 익숙한 풍경이었다. 평양까지 차로 달리는 40분 동안 나는 강물을 거슬러 오르는 연어처럼 시간을 거슬러 오르는 듯했다.

마침내 당도한 평양은, 건물도 도로도 낡긴 했으나 잘 만들어진 아름다운 도시였다. 6·25로 쑥대밭이 된 도시를 새로 건설할 무렵의 북한 인민들의 슬픔과 희망과 포부가 생생하게 손에 잡힐 듯했는데, 그러나 2005년의 평양은 8차선 도로가 활주로인 양 텅 비고, 서울보다 다양한 형식의 아파트들은 시멘트가 군데군데 떨어져 나간데다 몰락의 흔적이 역력했다. 군데군데 푸른 숲들이 마치 몰락한 도시가 떨군 눈물방울인 듯 햇살에 반짝이고 있었다.

어떤 작가들은 아름다운 도시를 이 지경으로 만든 북의 체제를 비판했고, 어떤 작가들은 이 도시에 살고 있을 인민들의 불우한 삶에 가슴앓이를 했으며, 나는, 생각했다. 북한을 이 지경으로 몰락시킨 것이 진정 체제의 문제일까. 사회주의에 대한 젊은 날의 열정이 아직도 내 가슴 깊숙이 뿌리를 틀고 앉은 탓인지는 알 수 없으나 평양은 혁명의 열정과 가능성을 아직도 그 내부에 품고 있었으며, 그러나 몰락으로 인해 비장하게 아름다웠다.

묘향산 '국제친선관람관'의 풍경

평양이 쇠퇴하고 있다는 것은 누가 보아도 의심의 여지없이 명백했다. 그러나 그 안에서 새로운 무엇인가가 꿈틀거리고 있다는 것 또한 명료해 보였다. 평양시내 곳곳에 내걸린 '위대한 수령 김일성 동지는 영원히 우리와 함께 계신다'는 표어나 '위대한 김정일 동지를 수반으로 하는 혁명의 수뇌부를 목숨으로 사수하자'라는 표어는 과거를 가슴에 품고 새로운 어떤 길로 나서지 않으면 안 되는 북의 현실을 선언적으로 보여주는 듯했다.

그 위대한 수령 김일성 동지를 남한의 작가들은 묘향산에서 다시 만났다. 과연 임꺽정의 본거지답게 묘향산은 남한의 어떤 산보다 골이 깊었다. 속리산을 좀 높이고 넓힌 모습이랄까. 그러나 우리는 그 산속으로 들어가지 못했다. 북은 남한 작가들에게 산의 정기가 아니라 천혜의 산림을 10만 평씩이나 베어내고 지은 7만 평 규모의 '국제친선관람관'이었던 것이다.

김일성과 김정일이 외국 원수나 외국기업 대표로부터 받은 선물을 유리관에 전시해 놓은 이 엄청난 규모의 전시 공간에서 남한의 작가들은 대개 착잡함을 감추지 못했다. 국제친선관람관의 하이라이트는 김일성의 생전 모습을 밀랍으로 빚어 세워놓은 납관(蠟館)이었다. 그 방으로 들어서기에 앞서 안내원은 두 손을 모은 채 경건하게 묵념을 올렸다. 그것은 신앙이라고밖에 달리 표현할 길이 없었다. 육중한 대리석 문이 열리자 김일성이 백두산 삼지연을 배경으로 봇나무 아래 양팔을 벌린 채 인자하게 웃고 있었다.

도종환 시인은 전에 왔을 때 김일성의 밀랍상 앞에서 울고 있는 북한 사람을 만난 적이 있다고 했다. 살아서도 죽어서도 김일성은 북한의 신앙인 듯했는데, 경건하고 독실한 기독교인을 만날 때와 비슷하게, 나는 도대체 이해할 수 없기도 했고, 감동적이기도 했다. 무엇이든 신실한 것은 감동을 주는 법이니까.

김일성의 밀랍상 앞에서 너무도 경건했던 북한의 여성 안내원은 잠시 후 우리를 상품 판매대로 안내했다. 그리고 사라는 독려를 잊지 않았다. 북한에 있는 5박 6일 동안 처음으로 만난 자본주의의 향기였다. 가슴에는 김일성 수령을 품고, 몸으로는 상품을 팔아야 하는 것이 오늘의 북한의 모습은 아닐까, 씁쓸했던 것이 나만은 아닐 것이다.

아직은 순수한 영혼의 그들······ '얼마나 갈까'

대개의 남한 작가들은 길거리의 구호와 지나친 통제에 한숨을 내쉬었지만 북한 사람에 대해서만큼은 감동을 느낀 듯했다. 북한 사람들은 자존심 강하고, 고집 세고, 가난하지만 꼿꼿한, 돈이라는 것에 더럽혀지지 않은 순수한 영혼을 갖고 있었다. 어린 시절 내 고향의 시골 사람들도 그러했다. 준비해간 선물을 북한의 한 소설가에게 어렵게 건넸다가 무참하게 거절당한 뒤, 무참함에도 불구하고 기분 좋아라 하는 나를 보고 한 선배가 중얼거렸다. "얼마나 갈까."

내 고향의 순박했던 사람들이 타지 나간 자식들이 타고 오는 자동차의 종류나 선물 보따리 혹은 돈 봉투를 보고 사람을 평가하기 시작한 것은, 불과 10여 년 전부터였다. 시작이 더뎠을 뿐 변화는 터무니없이 빨라서 요즘 내 고향 사람들은 중국산 더덕을 한 줌씩 꺼내놓고는 눈도 깜짝 안 하고 뒷산에서 캤다는 거짓말을 늘어놓을 줄 알게 되었다. 한 줌의 돈에 취해서. 아마 북한 사람들도 그럴지 모른다. 다만 나는 그들의 가슴속에 신앙으로 아로새겨진 주체사상의 힘이 그 변화를 조금은 늦춰주길 바라는 마음이었다.

체제란 것이 인간의 영혼까지 잠식하는 것인가?

체제나 사상의 힘이 얼마나 강력할까? 북한에 있는 6일 동안 사라지지 않는 의문이었다. 차창 밖의 풍경조차 사진에 담지 못하게 하고, 호텔 밖으로는 한 발짝도 나가지 못하게 하고, 두 번의 만찬에서 서열에 따라 자리를 배치하고, 이런저런 벽에 부딪칠 때마다 체제라는 것이 인간의 영혼까지 잠식하는 것이 아닐까 우울해졌다.

 소설가 이나미 선배는 어느 날 아침 호텔방을 서성거리며 우울한 어조로, 사적(私的) 영역이라는 것이 전혀 없는 인간이 가능한가, 라고 중얼거리기도 했다. 그러나 그야말로 사적으로 만난 북한 사람들은 우리와 조금도 다르지 않은 인간이었다. 물론 그 누구도 가슴속의 무언가를 말로 표현하지는 않았다. 통일문학에 앞장서라고 나를 격려해 주었던 북한의 한 작가는 "선생님이 하시는 게 더 빠를 것 같은데요" 하는 어쭙잖은 내 답변에, "내가 무엇을 할 수 있겠냐"고 빙그레 웃었는데, 그 웃음은 분명 자조였다. 40도짜리 들쭉술을 연거푸 들이켜는 그의 모습을 보면서 나는 그 자조가 창작의 자유를 허락하지 않는 체제로부터 기인했으리라고 확신했다. 사적 영역이라는 것이 전혀 없는 인간은, 아마도 없는 것이리라.

'만나서 우리는 알았다'…… 남북작가대회의 날

평양에 도착한 첫날, 인민문화궁전에서 해방 이후 처음으로 남북의 작가 200여 명이 한자리에 모여 남북작가대회를 개최했다. 사실 이것이 우리가 북한에 간 목적이었지만, 60년 만에 처음 만났다는 역사적이고 정치적인 의미 외에, 대회 그 자체는 모든 대회라는 것이 그렇듯 감동적일 리 없었다. 그날 협의한 '통일문학상' 제정이나 '6·15 민족문학인협회' 결성, 『통일문학』 발행 등의 문제는 이후 행로에 따라 그야말로 역사적인 의미를 지닐 수도 있을 것이고, 한낱 공염불로 날아갈 수도 있을 것이다.

설령 그렇게 된다 해도, 만남 그 자체의 의미는 컸다. 만나서 우리는 알았다. 우리가 서로 너무나 다르다는 것을. 60년 동안 다른 체제에서 다른 방식으로 살아온 거리가 생각한 이상으로 아득히 멀지도 모른다는 것을. 북한의 한 여성작가는 남한 여성작가들의 염색한 머리에도 거부감을 느꼈고, 남한의 여성작가는 여류라는 북측의 표현에도 거부감을 느꼈다. 그뿐이랴. 북한 안내원들의 꾸며낸 말투, 거대한 동상, 지극히 전형화된 조각, 곳곳에, 심지어는 백두산 정상에도 새겨진 혁명 구호, 아마 대부분의 남쪽 작가들은 숨이 막혔으리라.

북측 안내원과의 시시비비…… '진한 포옹'으로 이별

만경대나 개선문, 주체탑 등 북측이 제시한 관광코스를 일주하는 동안, 고등학교 시절의 교련 시간 이후 모든 통제에 알레르기 반응을 일으키는, 나를 포함한 남측의 몇몇 자유주의자들은 종종 통제를 벗어나 그늘 밑에 모여 서서 한가로운 잡담이나 일삼았다. 그러다 북측의 경고를 받은 소설가 이대환 선배는 막냇동생뻘의 북측 안내원에게 짜증을 감추지 않았다.

평양에서 열린 민족작가대회. 2005년 7월.

그날 이후 북측 안내원과 사사건건 시시비비를 가리던 이대환 선배는 평양에서의 마지막 밤, 인민문화궁전 만찬에서 그 안내원과 주거니 받거니 술잔을 나눴다. 고성이 오가고 결국 이대환 선배는 좌중의 눈치를 받으며 강제 퇴장(?)당했는데. 잠시 후 한결 밝아진 얼굴로 소설가 방현석 선배 왈, 저쪽도 완전히 맛이 갔는데. 그 자리에서 나온 고성은 멀쩡한 정신의 우리들에게는 누가 봐도 싸우는 것이었는데, 취한 남북의 두 주인공에게는 형, 아우의 정을 나누는 오붓한 자리였던가 보았다. 두 사람은 다음 날, 피를 나눈 형제인 양 제법 눈물겨운 이별을 했다.

북한 체류 기간 내내 가슴 졸이며 이대환 선배의 행각(?)을 지켜보던 나는 두 사람의 진한 포옹을 부럽고 애잔하게 곁눈질하며, 이것이야말로 통일로 가는 가장 근본적인 해법이 아닐까, 시골 간이역처럼 초라하기 짝이 없는 순안비행장에서 코끝이 찡했다.

분단 시대 저물기를…… 우리의 미래로 더욱 또렷한 북녘의 풍경

해가 뜨면 달이 진다. 이것이 세상만사의 순리다. 등받이에 재떨이가 있는 낡은 버스를 타고 한 뼘 남짓한 자잘한 풀들만 무성한 고원을 달려 백두산 천지에 이르렀을 때, 서쪽 하늘로는 보름달이 기울어가고, 동쪽 하늘, 구름 바다 위로는 붉은 태양이 솟고 있었다. 통일로 가는 길은 아직도 멀지 모른다. 그러나 분명한 것은 분단의 한 시대가 저물어가고 있다는 사실이다. 체류하는 내내 투덜거림을 멈추지 않던 남측 작가들 모두 천지를 향해 달리며 말을 잃었고, 달이 지고 해가 뜨던 그 풍경을 마음에 품었다. 내 발로 밟았던 평양과 백두산과 묘향산이 벌써 꿈인 듯 아득하지만 백두산 고원의 풍경은 우리의 미래로 더욱더 또렷해진다.

부록 **6·15 공동선언 실천을 위한 민족작가대회 공동선언문**

　국내외의 우리 민족문학인들은 민족 분단 60년 만에 처음으로 6·15공동선언이 발표된 유서 깊은 평양에 통일 애국의 한마음을 안고 모였다. 민족문학과 민족 정서가 상봉한 6·15 공동선언 실천을 위한 민족작가대회는 온 겨레의 축복과 전 세계의 기대 속에 통일 문학의 새 지평을 열었다.
　시대와 역사 앞에 지닌 민족문학인의 숭고한 사명을 자각하고 함께 손을 잡고 마음을 합친 우리들은 '우리 민족끼리'의 이념 아래 하나로 굳게 뭉쳐 조국의 통일을 기어이 이룩해 나가려는 서로의 결연한 의지와 신념을 확인하였다.
　갈라지고 막혔던 민족문학은 이 순간부터 한 줄기로 합쳐져 보다 거세고 장쾌하게 전진할 것이다.
　본 대회는 6·15 시대 민족통일운동의 선도자적 역할을 다하려는 우리 민족문학인들의 한결같은 마음을 담아 다음과 같이 엄숙히 선언한다.

　첫째, 우리 민족작가들은 6·15 공동선언을 조국통일의 유일한 이정표로 삼고 이를 견결히 옹호하고 끝까지 고수할 것이다.
　둘째, 우리 민족작가들은 '우리 민족끼리'의 기치 아래 민족자주, 반전평화, 통일애국의 정신으로 문학 창작에 매진할 것이다.
　셋째, 우리 민족작가들은 사상과 신앙, 출신 지역과 입장을 넘어 굳게 단합하며 민족문학 활동에서 연대와 연합을 더욱 활성화해 나갈 것이다.
　넷째, 우리는 국내외 민족문학인들의 공동의 조직으로서 '6·15민족문학인협회'를 결성하고 그 활동에 적극 참가하며 협회 기관 잡지 『통일문학』

을 온 겨레의 친근한 길동무가 되도록 편집·발행할 것이다.

다섯째, 우리는 조국통일운동에 문학으로 이바지한 사람들에게 민족의 표창으로서 '6·15 통일문학상'을 수여하는 것을 적극 지지하며 모두가 그 수상자의 영예를 지니기 위하여 힘껏 노력할 것이다.

우리 민족작가들은 어떤 역경과 시련 속에서도 본 대회의 결의를 철저히 실천해나갈 것을 문학인의 이름과 양심으로, 지성의 외침으로 전 민족 앞에 엄숙히 선언한다.

6·15 공동선언 만세!
민족작가대회 만세!
조국통일 만세!

2005년 7월 20일 평양
'6·15 공동선언 실천을 위한 민족작가대회' 대표단 일동

관련 문학예술 작품

[기행] 김하기, 「남북작가대회 참관기—동질적 문화 충격의 북한기행」, 『문화도시문화복지』 172호, 한국문화관광연구원, 2005.
[논문] 김재용, 「남북 문학계, 만남과 헤어짐의 역사」, 『실천문학』 2004년 가을호.
[산문] 김형수, 「어제는 가고 내일은 오지 않았다」, 『실천문학』 2004년 가을호.
[산문] 정도상, 「시간은 우리를 기다려주었다—민족작가대회에 대한 약간은 주관적인 경과보고」, 『실천문학』 2005년 가을호.
[산문] 정용국, 『평양에서 길을 찾다—정용국 시인 평양 기행문』, 화남출판사, 2007.
[소설] 김남일, 『속옷』, 아시아, 2014.
[소설] 정도상, 『찔레꽃』, 창비, 2008.
[시] 고은, 「다시 백두산에서」(2005년 남북작가대회 기간 중 '통일문학의 새벽'(백두산)에서 낭송)
[시] 하종오, 『남북상징어사전』, 실천문학사, 2011.
[역사] 한국작가회의 40년사 편찬위원회, 『한국작가회의 40년사—1974~2014』, 실천문학사, 2014.

박수정

어느 낮, 대추리에 가다

2004년 노무현 정권은 2008년 말 미국 제2보병사단과 용산 주한 미군기지를 경기도 평택시 팽성읍 대추리 일원으로 이전하여 확장하는 계획을 발표했는데, 이에 대해 해당 지역 주민들과 시민운동단체는 격렬히 반대했다. 특히 2006년 5월 4일 새벽 4시, 경찰 110개 중대 1만 3,000여 명이 행정대집행을 구실로 대규모 진압작전(작전명 '여명의 황새울')을 전개하는 과정에서 대추분교를 지키던 주민들과 시민단체 회원들이 다수 부상당하기도 했다. 이날 강제진압으로 경찰은 524명을 연행했는데, 검찰은 그중 37명에 대해서 구속영장을 신청했다. 정부는 이 사태를 국가 공권력에 대한 정면 도전으로 보고 강력히 엄벌할 것이라고 거듭 밝혔다. 시민사회는 이 사건이 단순한 주민생존권의 보호 차원뿐만 아니라 확장된 미군기지가 전쟁기지로 기능하여 결과적으로 한반도의 평화통일을 저해할 것이라 판단, 적극적으로 대항하였다.

내게도 하얀 감자꽃 시절이 있었지라
서로 보고 웃기만 해도
식구들을 주렁주렁 매달던
풍성한 시절도 있었지라
감자꽃 수로에 떠서
저 넓고 넓은 들판을 돌아
아득히 보이지 않던
들일하던 그 사람에게로 전해지기를
살포시 수줍던 날도 있었지라
남몰래 쓰고 쓴 편지들이
알이 굵은 고로다
내 마음에는 얼마나 많이
들어 있는지 모르겠으라
그때 영감과의 감자꽃 연분을
내 마음에서 캐서
자식들에게 올해에는 작정하고 보여주려 했는데
니들도 그때 얻은 씨알 좋은 감자들이라고
이 에미
살아 생전
자랑도 하고 싶었는데

_서수찬, 「대추리 도두리 만인보 12—김월주 어머니」

길에서

6월이다. 낮은 벌써 한여름 날씨다. 가산디지털단지역으로 바뀐 가리봉전철역에서 천안 급행 전철을 탔다. 한 시간 걸려 평택역에서 내려 평택극장을 찾았다. 코앞에 두고 빙 돌아 물어물어 평택극장 앞에 섰다. 극장 간판엔 순 싸우는 영화들이다. 누군가 그것이 현실이라고 말할지 모르겠지만 나는 불편하다. 다시 저 영화들이 사람들에게 폭력을 가르치지는 않을지, 폭력은 일상이고 평화는 먼 곳에 있는 것은 아닌지, 극장 간판 아래에서 불편했다.

버스는 쉬이 오지 않았다. 안정리 가는 20번 버스는 5분에 한 대씩 그리도 자주 오건만 대추리 가는 16번 버스는 보이지 않는다. 그동안은 여러 사람들과 함께 다녀오곤 했는데 혼자 대추리에 가는 건 이번이 처음이다. 10분, 20분, 한 시간…… 시간이 지나간다. 기다리는 수밖에. 기다리다 영영 16번 버스가 안 오는 것은 아닐까 하는 생각을 해 본다. 그래도 기다리는 방법밖에는 없다. 정거장 의자에 앉거나 서 있는 사람들 모두 가는 곳 다르고 타야 할 버스는 다르지만 기다리고 있다. 더위에 지쳐가면서, 견디면서, 기다린다. 가난하거나 힘이 없거나 약한 사람은 늘 기다려야 했고, 더 많이 기다려야 했다. 기다림을 강요당해 온 삶이었다. 기다림이 부당하고 더 길어져도 이유를 따져 묻지 못하고 그저 묵묵히 기다려야 했다. 하지만 그 묵묵한 기다림이, 지독한 기다림이 어느 순간 모든 걸 휩쓸어버릴 만큼 커다란 저항의 파도가 되지 않을까, 대추리 가는 버스를 기다리며, 기다리는 사람들을 보며 생각해 본다.

생각에 빠져 있다가 아는 사람을 만났다. 아무도 아는 이 없는 평택에서, 그것도 평일 한낮에 아는 얼굴을 만나니 참 반갑다. 대추리에서 문학예술인들이 차린 들사람들 모임에 함께 하는 미술 쪽 사람이었다. 그이는 평택에서 살면서 서울로 출퇴근하는데 쉬는 날 집에 있으면 마음이 불편해 대추리로 간다고 한다. 그렇게들 대추리에 한번쯤 들어갔다 온 사람들은 대추리 밖에서 지내는 일상이 불편하다. 도대체 대추리에서 무엇을 보았기에, 무엇이 마음속으로 파고들어왔기에 대추리 밖에서 불편할까. 대추리는 지도에 새겨진 한 공간이기도 하지만 이제 그 지도를 뚫고 나와 우리에게 어떤 한 상징이 되었다. 평화를 원한다면, 평화를 말한다면 외면할 수 없는, 비껴갈 수 없는 상징이 되었다.

한 시간 20분쯤 기다려 16번 버스를 탔다. 대추리로 들어서자 너른 들판 곳곳 바닥이 파헤쳐진 논이 눈에 들어온다. 물이 고이고 그곳에 둥근 철조망이 몇 겹으로 쳐져 있다. 논길을 끊어 놓았다. 함께 가는 이가 말한다. 중요한 것은 저런 것을 보는 것이라고. 그렇다. 누구든 와서 보았으면 좋겠다. 안보니, 전략이니, 유연성이니, 동맹이니, 약속이니, 국익이니 하는 말들을 다 집어치우고 와서 보면 좋겠다.

나는 본다. 말라가는 논, 파헤쳐진 논, 철조망 쳐진 논, 논 한가운데 세워진 초록색 이동식 화장실, 논 한가운데 쳐진 검은 막사, 굴삭기로 논을 파고 있는 모습, 논 한가운데 서 있는 전경들, 농부 없는 논을. 모내기를 끝내고 어린 초록빛으로 물들어야 할 논이 지금 말라가고 있는 모습을 본다. 그 위를 낮게 날며 소리로 위협하는 헬기를 본다.

빈집

비어 있는, 사람이 살지 않는 집에 들어가 보았다. 집에 들어서자 오른쪽 벽에 '농기구 정리대'라고 쓴 나무판이 붙어 있다. 그 아래로 나무판에 굵고 큰 못 일곱 개가 나란히 박혀 있다. 그곳에 걸렸을 농기구들은 지금 없다. 드나드는 집 첫머리에 나란히 걸어놓았을 농기구들. 따로 광이나 뒤란이 아니라 살림집 첫발을 딛는 곳에 농기구 정리대를 만들어 놓고 이름까지 적어 붙여둔 것은, 그만큼 가장 소중하고 이들에게 밥과 생명을 주는 것이 호미며 낫과 같은 농기구들이었기 때문이었을까. 이제 손때 익은 농기구들은 없고, 다른 벽에 작업복 하나가 걸려 있다.

집안 바닥에는 온갖 신발들이 먼지를 뒤집어쓴 채 나뒹굴고 있었다. 학생이 신었을 실내화, 구두, 운동화, 슬리퍼. 베게도 있고, 아이를 키웠을까 유모차도 있다. 씽크대도 그대로고, 찬장도 그대로다. 쟁반이 바닥에 떨어져 있다.

방에 들어서자 옷장이며 서랍장이 남아 있다. 커튼이 떨어져 있었고, 지갑, 통장도 빼내어진 서랍 속에 있다. 두껍고 딱딱한, 어두운 쑥색 표지에 영어로 'INDIVIDUAL MILEAGE BOOK RECORD'(개인기록장, 장부)라고 쓰인 공책을 펼치자 1부터 191까지 번호를 매겨 사람들의 이름을 적어 놓았다. 이름 옆에는 회비로 걷었을 성 싶은 돈의 액수가 적혀 있다. 모두 만 원씩이다. 드물게 5,000원도 적혀 있다. 계를 부은 건 아닌 것 같고, 뭔가 좋은 일에 돈을 모았을 것 같다. 특별히 어떤 일이라는 건 적혀 있지 않았다. 공책에는 딱 이 기록뿐 다른 기록은 없다.

방바닥에 있는 큰 스케치북 한 권을 들춰보니 아이가 물감으로 그린 그림들이 있다. 스케치북이지만 영어 공부를 한 흔적이 여러 장에 남아 있다. "Hi! My name is Amy. What's your name?"이라는 문구를 앞, 뒤, 중간 반복해서 적어놓았다. 'Amy'라는 걸 나는 자꾸 'Army'로 왜곡해서 읽었다. 몇 번을 읽으면서야 내가 잘못 읽었음을 알았다. 내 눈에는 왜 'Army'로 보였던 것일까.

방에 걸려 있는 달력이 2005년 9월에서 멈추었다. 장수건강연구원에서 준 달력이다. 화장실에 걸린 햇쌀마을에서 준 달력도 2005년 9월이다. 이 집에 살던 사람들이 대추리를 떠난 날은 2005년 9월 어느 날이었던가 보다.

보통 이사하면서는 물건들을 가져가고 깨끗이 쓸지는 않더라도 뒤에 올 사람들을 위해 어지간히는 치우는 법인데 이곳은 다시 살러 올 사람이 없는 곳, 사람들은 모두 버리고 떠났다. 새집으로 들어가면서 살림도 새로 장만한 건지 큰 살림살이들을 모두 남겨놓고 떠났다. 사람들이 살았던 흔적을 본다는 것, 그이들이 이제껏 살내음 새기며 산 물건들이 먼지 속에, 흙 속에 나뒹구는 모습을 보는 것이 편안하지만은 않다. 살림살이들을 버리고 가면서 함께 버린 것도 있을까, 있다면 그것은 무엇일까. 남겨놓고 간 것들이 밤마다 떠오르지는 않을까. 버려진 이 물건들은 밤이면 가버린 주인들을 그리워하는 것은 아닐까. 사람의 훈김이 빠진 집은 금방 늙어버린다. 당장이라도 집이 무너질 것만 같다. 버려진 집, 사람이 떠나간 집들 옆에서 사람들이 산다.

빈집에서 나와 황새울 영농단 건물이 보이는 들판으로 나왔다. 하얀 표지판에 '야만을 멈춰라—논 일동'이라고 쓰여 있다. 표지의 경고를 무시하고 국방부는 여전히 논을 파헤치고 있다. 농부들이 있어야 할 자리에 전경들과 군인들이 있고, 이동식 화장실 여섯 개가 서 있다. 논을 바라보고 있는 집 문에는 '올해도 농사짓자!'라고 쓴 펼침막이 붙어 있다. '미군 막기 대장부', '땅지킴 여장부' 장승들이 외롭게 서 있다. 그들 위로 헬기가 낮게 난다. 국방부는 자신들이 파헤치고 있는 것이 논뿐만이 아니라는 것을 모르고 있다. 지금 자신들이 파헤치고 있는 것이 사람들의 심장이라는 것을 모르고 있다. 그 끝에 무엇이 올지 정녕 모르는 것일까.

대추리 집들에는 '국방부(평택시·토지공사·한국감정원·주택공사) 우편물 수취거부·감정평가 거부'라는 팻말이 붙어 있다. 마을 집 담벼락에 걸린 'RESIST(저항하다)'라는 펼침막처럼 이곳 대추리 주민들은 지금 저항하고 있다. 국가의 권위주의에, 국가의 폭력에, 생명을 죽이는 그 모든 움직임에.

마을 사람들

논에 나가 일을 할 수는 없지만 그렇다고 맥 놓고, 맥없이 있을 수만도 없다. 밭에 나갔다 돌아오는 할머니. 숨이 가빠 몇 걸음 걷다가 멈추고, 잠시 땅바닥에 그대로 주저앉아 쉬시기도 한다. 잡풀을 뽑고 돌아오는 길이시라고 한다. 언젠가 들렀을 때도 이 할머니는 밭에 나가 풀을 뽑고 돌아오는 길이라고 채 열 걸음도 못 걷고 멈추어 쉬고, 앉아 쉬고 하셨다. 숨 가쁘게 하는 길이지만 거르지 않고 밭에 나가시는 건, 거기 살아 있는 생명들이 할머니 손길을 기다리고 있기 때문이겠지. 평생 사람을 먹여 살린 푸성귀들이 숨 쉬고 있기 때문이겠지. 이렇게라도 하지 않으면 할머니, 숨이 더 가빠오기 때문이리라.

마을 둘레에 있는 밭에서 일하는 아주머니들이 간간이 눈에 띈다. 한 아저씨는 트랙터로 밭을 간다. 한참 마르고 잡풀 우거졌던 땅이 속살을 드러낸다. 붉은 흙으로 뒤바뀐 밭에 그 무엇이라도 뿌리고 심으면 그대로 쑥쑥 자랄 것만 같은 흙이다. 흙을 뒤집는 아저씨는 그렇게 잘못되고 거꾸로 된 세상을 뒤집어 순수한 속살 그대로 보이게 하고 싶지 않을까. 군사보호시설이라는 이곳에서, 어서 나가라는 이곳에서 저렇게 땅을 갈고 씨를 뿌리고 모종을 심는 것은 농부가 할 당연한 일이기도 하지만 이제 그것은 가장 큰 저항의 몸짓이기도 하다. 여기에서 사는 사람들이 오래전부터 늘 해오

평택 대추리. 2004년. ⓒ 노순택

던 대로 올해에도 농사를 짓겠다고 하는 것을 정부는 가장 무서워하고 있는 것 아닌가. 그래서 저렇게 논을 파헤치고 물이 고이게 하고 논길을 끊어놓는 것이겠지.

미군기지 철망 앞에서

K-6 미군기지 철망 앞에 가 보았다. 대추리 표지가 붙어 있다. 마을 들머리인 것이다. 그 철망에 마을 지도가 걸려 있다. 주민들이 예전 기억들을 더듬어 지도를 그려놓았나 보다. 지도에는 그림도 그려져 있고 글도 쓰여 있다. 거기에 적힌 글들을 옮겨 보았다(맞춤법과 띄어쓰기가 틀려도 쓰인 그대로 옮긴다. 잘 보이지 않는 부분은 말줄임표로 표시).

「내가 어린시절」

6·25 전쟁 당시 미군비행기가 부락주변인 황새울(산) 일원에 기관총을 발사하였쓸시 어린 마음으로 탄피를 주섰으며 탄피를 주을 당시 탄피가 뜨거워 손을 딘 적이 있씀을 상기됩니다.
미군으로부터 무단 철거된 후 집을 짓기 위하여 아무 준비도 되지 않은 상태에서 보도 없고 섣가레도 없어 할수없이 일본군이 사용하던 뇌로도 사용하고 섣가레라고 하는 것도 겨우 부지갱이 같은 것으로 쓰고 바침대도 할수없이 부지갱이로 사용 그것도 모자라 뼈침대를 몽당 사용하다가 다 지은 집조차 잃어버린 허무한 경험을 잊지 못하…… 집을 짖던 목수마저 도망쳐버린…….
1944년 당시 아버님께서 일본군에 강제징용 당하여 일터로 끌려가시며 어머님께서 아버님에게 점심을 갔다 주시라 하여 도시락을 가지고 갔더니 200명 정도의 강제징용 되신 분들이 흙손을 일을 하시기에 무었하는 것이냐고 물었더니 비행장을 만드는 것이라고 하였습니다.

그 당시 기억으로는 팽성초등학교 1~2년 다닌 것으로 알고 있으며 그 후 미국 비행장으로 철거되며 폐쇄된 것으로 알고 있다.

6·25라는 국민의 슬픈 기억 속에서 누구나 격은 참상 속에서 살아왔다. 기억. 기억 또 기억해본다. 무참하게 폭격하는 상황을 본 그 당시 비팥같이 쏙아지는 총탄과 폭탄으로 보리밭 꼴랑으로 숨던 기억과 사람들의 아우성 소리 그 속에서 총에 맞아 피를 흘리는…… 모습 아무 죄없이 총에 맞고 아무 말 항의 할 수 없는 그 시절 지금도 생각하면 치가 떨리고 피을 토할 지경이다.

마을은 흔적 없이 탄피만 남아 그것도 주어 팔아 살겠다고 몸부림 친 시절 기억하기 실다.

대추리 소년단. 당시 2년여(1949~1950) 짧분 기간이였지만 활기찬 소년들은 박선생님의 지도로 공차는 연씁을 잘하였다. 이웃 부락과 시압도 여러 번 하였으며 우승을 많이 하고 돌아오는 잊이 못할 추억이 있었습니다. 당시 박선생님은 6·25전쟁이 발발하여 이곳에서 떠나게 되었고 대추리가 미군기지 확장으로 현재 위치에…… 되면서 대추리 소년단은 자연히 해체되게 되었습니다.

52년 8월 10일…… 미군이 불도저로 밀고 들어와 담뒤에 공회장 산밭 흙을 밀어놓고 다음날 저녁에 집까지 밀고 들와 주민들은 밀여나왔다.

왜놈들이 비행장을 하기 위…… 산을 깍아버리고 간…….

지금 60, 70대가 되실 어르신들이 어린 시절을 떠올리며 대추리 마을이 만들어지기까지 있었던 일들을 지도 위에 새긴 글들이다. 다시 떠올리기 싫은 전쟁의 기억, 쫓겨나던 기억, 그래도 어떻게든 살아야 했던 기억들이다. 쫓기고 빼앗기고 밀려나면서도 땅을 붙잡고 살았던 어르신들, 이제 살 만하다 싶은 게 얼마 되지 않는다는데 그나마 살 만해지니 다시 나가라고 한다. 빼앗겠다고 한다. 그 어느 땅보다 흙심이 좋아 밥 지어놓으면 기름기 잘잘 흐르는 평택쌀 만들어낸 이 땅에 미군기지를 확장하겠다고 한다. 봄이면 초록빛으로 물들고 가을이면 황금빛으로 물들던 땅을, 그 빛에 잘도 어울리던 노을빛마저 이제 내놓으라고 한다.

미군기지를 둘러싼 철망을 본다. 그 위에 다시 가시철조망이 죽 늘어서 있다. 다시 그 위로 둥근 철조망이 쳐져 있다. 몇 겹의 철망들. 그것이 평화를 가져오는 것이라고 믿는 것일까. 평화는 열려 있는 것이 아닐까. 이렇게 막고, 치고, 가리는 것이 아니라 활짝 열려 있는 것 아닐까. 철망 위로 풀들이 기어오른다. 철망을 이기려고 한다. 평화는 가시 돋친 철망처럼 뾰족하고 상처 내게 하고 피 흘리게 하는 것이 아니다. 평화는 저 철망을 기어오르는 풀처럼 부드럽고 연약하다. 딱딱하고 차갑고 날카롭고 생명 없는 것을 저 부드럽고 연약하고 생명 있는 것이 결국 이겨내리라.

철망에 '제한구역 출입금지'라고 쓴 판이 붙어 있다. 왜 그랬는지 모르지만 까맣게 칠해 글씨를 가렸다. 평화는 제한하지 않는다. 출입금지 시키지 않는다. 평화는 그 모든 것에 열려 있을 것이다. 이 땅에 전쟁기지를 두고, 전쟁기지를 확장시키려 하면서 '평화'를 말하지 말자. 미국이 말하는 평화는, 정부가 말하는 평화는, 가진 자들이 말하는 평화는 무력으로, 돈으로, 위선으로 조작하는 평화일지 모르지만 우리가 원하는 평화는 그것이 아니다. 다르다.

담벼락 밑에서

미군기지 철망을 바라보다 다시 마을 쪽으로 몸을 돌려 세우니 한 할머니께서 모퉁이 담벼락 아래 쭈그려 앉아 계신다. 대추초등학교 동창회 천막이 쳐진 곳에 소파도 놓여 있는데 왜 그곳에 앉으시지 불편하게 계시냐고 했더니 그늘진 곳을 찾아 앉아계신다고 한다. 할머니는 올 2월에 30여 년 살던 집을 두고 이곳을 떠나신 분이다. 안정리에 새로 지은 아파트에 사신다고 한다. 갑갑하다고 한다. 새장에 갇혀 사는 것 같다고 하신다. 마을에서 살던 사람들이 함께 이사가 있기는 하지만 찾아가 보려고 해도 어디가 어딘지 잘 모르겠다고 한다. 이곳이 좋지, 하신다. 오늘은 지난주에 이곳을 떠나 같은 아파트로 이사한 할머니와 집 텃밭에 심은 쌈거리와 파를 뜯으러 오셨다고 한다. 마침 이사나간 사람이 차를 가지고 마을에 들어와 태워주겠다고 해서 그 차를 기다리는 중이신 게다. 지나가는 마을 분을 만나자 인사를 건네지만 여간 불편해 보이지 않는다. 남은 사람들이 자신들을 어떻게 볼까 걱정하는 눈빛이다. 떠나긴 했지만 시원하지 않은가 보다.

가까이서 새가 운다. 이곳에 올 때마다 듣는 새 울음인데 그 새가 무슨 새일까 궁금했다. 할머니께 여쭈어보니 '구국새'란다. 그 울음 소리는 "지집(계집) 죽고 꾹꾹/자식 죽고 구국국" 하고 우는 것이란다. 알려주시고는 "그럴 듯 하잖여" 하신다. 저 구국새도 이곳의 60여 년 세월을 함께 했으리라.

마을엔 이제까지 떠나간 사람들 말고도 앞으로 떠날 사람들과 끝까지 남아 이 땅을 지키겠다고 하는 사람들이 함께 살고 있다. 일본군과 미군에 두 번씩 쫓겨나면서 갯벌을 일궈 옥토로 만들고 그 어느 마을보다 화합한 마을이 되어 살 만한 마을로 만든 사람들이지만 지금 이 시련 앞에서 아무래도 상처가 크지 않을까 싶다.

평화예술동산에서

평화예술동산에서 노을을 바라보는 한 할머니를 만나 나무 의자에 앉았다. 할머니도 몇 달 뒤에는 떠나려고 한다. 다른 사람들이 이사 나간 아파트에 가 보았단다. 넓고 깨끗하지만 도저히 그곳에서는 살 수 없을 것 같았다고 한다. 딸이 살고 있는 안성에 터를 사서 지금 집을 짓고 있다고 한다. 집이 다 지어지면 할머니는 여기에서 떠날 것이다. 몇 년 동안 함께 이곳을 지키기 위해 싸워오고 음력 10월 전까지는 촛불집회에 함께 해 왔지만 지금은 그 촛불집회에 나가지 않고 있다. 땅을 팔고 난 뒤부터였다.

  철없던 열일곱 살에 얼굴도 모르는 남자에게 시집와 이곳에서 다섯 남매를 낳아 키우셨다고 한다. 마을 사람들과 함께 갯벌을 일구고, 새벽 4시면 일어나 일을 시작하고 해가 져 어두컴컴해질 때까지는 집에 발을 들여놓지 않았다고 한다. 마을 사람들 모두 허리띠 졸라매가며 일했다고 한다. 여기 돈은 절대 밖으로 나가지 못하게 하자고 다른 마을에 품을 팔러 갈 때도 꼭 도시락을 싸서 다녔다고 한다. 남편이 예순 넘었을 때도 농사짓는 틈틈이 막노동을 나가 돈을 벌었다고 한다. 제법 살 만한 집을 지은 지 이제 10년이 조금 넘는다. 그러니 살 만해진 게 사실 얼마 안 된 것이다. 젊어서는 가난과 싸우느라, 자식들 키우느라 그 시절을 다 보냈는데 이제 살 만해지니 다시 나가라고 한다. 논길도 어디로 가든 다 통할 수 있게 잘 내었는데 그 길을 다 못 가게 끊어놓았다고 속상해 하신다. 비록 땅을 팔기는 했지만 할머니는 논이 파헤쳐지기 전에는 그래도 남은 사람들이 이겨서 농사를 다시 지을 수 있으리라 생각하셨다. 그런데 파헤쳐진 논을 보면서 불안한 생각이 든다고 한다. 하지만 끝까지 싸워 이긴다면야 논 속에 쳐놓은 철망 다 걷어내고, 파헤쳐진 흙들 다시 덮어 너끈히 농사지을 수 있을 것이라 하신다.

  떠나기로 결정하고부터 가슴에 품은 희망은 사라지나 보다. 남은 사람들이야 이기리라는 희망을 갖고 싸우지만 떠나기로 결정한 사람들은 이길 수 있을까 하는 의심과 이기지 못할 것이라는 낙담이 마음에 자리하고 있다. 떠나더라도 있는 동안에는 함께 하고 싶은 마음이었다는데 그게 쉬운 일은 아닌가보다. 자주 가던 노인정도 발걸음 하지 못하고, 저녁을 먹고 다들 촛불집회가 열리는 장소로 발걸음을 옮기는 때, 할머니는 그 사람들을 멀리서 바라본다. 사람들과 이야기 나누지 못한 시간이 꽤 된 것 같다.

지배세력이 원하는 것은 이런 것일 거다. 하나였던 사람들을 여럿으로 찢어놓고, 불신하고, 의심하고, 반목하게 하는 것. 전쟁기지가 원하는 것은 결국 이런 것일 거다. 하나로 뭉쳐 저항하지 못하게 하는 것. 뿔뿔이 흩어지게 하는 것. 자신을 의심하고 남을 의심하게 하는 것. 믿음을 버리게 하는 것. 지금까지 지녀온 것들을 버리게 하는 것. 가치를 흔들리게 하는 것. 서로 싸우게 하는 것. 저 논에 깊게 골을 내어 물이 들어차게 하는 것처럼 사람들 가슴에 골을 내어 서로 건너지 못하게 하는 것. 스스로 상처에 맘껏 휘둘려 메말라버리게 하는 것. 자신을 파괴하는 것.

그래서 지금 대추리는 싸우고 있다. 대추리에 살면서 이 땅을 결코 미군기지로 내줄 수 없다고 하는 사람들, 이곳에 살지 않지만 틈만 나면 달려오고, 오지 못해도 먼 곳에서 마음을 함께 하는 사람들은 누군가 만든 구호처럼 '평화를 택하'기 위해서 지금 싸우고 있다. 삶의 권리를 빼앗기지 않기 위해서, 사람과 사람의 관계를 파괴당하지 않기 위해서, 아름다운 노을빛 아래 누군가를 죽음으로 몰아치기 위한 군사기지로 이 땅을 내주지 않기 위해서, 평화를 폭력으로 대체하지 못하게 하기 위해서 말이다.

저녁 8시 무렵만 해도 밝더니 늦게 해가 떨어지는 대신 해 떨어지자마자 깊은 어둠이다. 버스를 기다리는데 바람이 분다. 하루 종일 덥더니 밤바람이 더위에 지친 땅도, 사람도 시원하게 쓸어준다. 바람에 소리 내는 나뭇잎들이 무언가 이야기를 하는 것 같다. 그동안 이곳에서 있었던 일들을, 사람들의 마음을 나무들은 다 알고 있다는 듯 말이다.

관련 문학예술 작품

[사회] 박래군 글, 대추리 사람들 엮음, 『아! 대추리—대추리 주민들의 평택 미군기지 확장이전 반대 투쟁기록』, 사람생각, 2010.
[소설] 이문구, 「해벽」, 『해벽』, 창작과비평사, 1974.
[소설] 조해일, 「아메리카」, 『선생과 황태자, 아메리카, 영자의 전성시대』(20세기 한국소설 29), 창비, 2005.
[소설] 천승세, 「황구의 비명」, 『황구의 비명』, 창작과비평사, 1974.
[아동] 김정희, 『대추리 아이들』, 사계절, 2009.
[영화] 정일건 감독, 〈대추리전쟁—평택 미군기지 확장 반대 이야기〉, 2006.

윤예영

용산으로 이어진 길, 가깝고도 먼

2009년 1월 20일 용산구 한강로 2가에 위치한 남일당 건물 옥상에서 세입자와 전국철거민연합회 회원들이 점거농성을 벌이던 중 경찰의 강제 진압으로 인해 화재가 발생하고 이로 인해 철거민 5명과 경찰특공대 1명이 사망, 23명이 크고 작은 부상을 입었다. 정부와 일부 언론은 이 사건을 도시개발 계획을 집행하는 과정에서 벌어진 우발적 사건처럼 호도하기도 했으나, 무엇보다도 인명의 위협이 충분히 예상되는 데도 무리하게 진압을 시도한 정부 당국에게 일차적인 책임이 있었다. 이 사건은 시민사회에 커다란 충격을 안겨주었으며, 특히 무엇보다 생명을 존중하는 문화예술인들이 '6·9 작가선언'을 발표하는 등 이후의 투쟁에 적극적으로 동참하는 계기로 작용했다. 이들은 용산참사를 빚어낸 이명박 정부를 살인정권이자 자본과 속물의 제국이 낳은 기형아라고 신랄하게 비판했다.

경찰은 그들을 적으로 생각하였다. 2009년 1월 20일 오전 5시 30분, 한강로 일대 5차선 도로의 교통이 전면 통제되었다. 경찰 병력 20개 중대 1,600명과 서울지방경찰청 소속 대테러 담당 경찰 특공대 49명, 그리고 살수차 4대가 배치되었다 경찰은 처음부터 철거민을 사람으로 생각하지 않았다. (중략) 불길 속에서 뛰쳐나온 농성자 3, 4명이 연기를 피해 옥상 난간에 매달려 살려달라고 외쳤으나 아무도 그들을 돌아보지 않았다. 그들은 결국 매트리스도 없는 차가운 길바닥 위로 떨어졌다. 이날의 투입작전은 경찰 한 명을 포함, 여섯 구의 숯처럼 까맣게 탄 시신을 망루 안에 남긴 채 끝났으나 애초에 경찰은 철거민을 사람으로 생각하지 않았으며 철거민 또한 그들을 전혀 자신의 경찰로 여기지 않았다.

_이시영, 「경찰은 그들을 사람으로 보지 않았다」 부분

잔혹동화, 2009 대한민국 용산

환한 대낮에 길 한복판에서 어린 소녀가 강도에게 맞아 죽었다. 그리고 오랫동안 소녀의 주검이 방치되었다. 국화꽃을 갖다놓던 사람들의 발길도 점차 뜸해졌다. 어떤 이들은 냄새나는 주검을 왜 아무도 치우지 않느냐고 화를 내기도 했다. 그러나 고약한 냄새도, 불편한 진실도 모두 익숙해지기 마련. 사람들은 이제 그 곁으로 아무렇지 않게 지나다니고, 심지어는 그 강도가 다음 먹잇감을 찾아 돌아다니는 걸 보고도 그건 그 소녀만의 불행이었다고 중얼거린다.

그곳에 가보셨나요? 용산

용산참사 현장은 한강로에 위치하고 있다. 버스전용차로를 포함해서 그 앞으로 왕복 8차선 대로가 나 있다. 사건 현장인 남일당 건물 뒤로 초고층 주상복합건물 세 동이 보이고, 걸어서 5분 거리엔 이마트와 아이파크몰 그리고 용산CGV가 입점한 용산역이 있다. 삼각지역부터 용산역 사이에는 주상복합과 아파트가 늘어서 있고, 용산역과 용산참사가 일어난 남일당 건물 부근, 그리고 한강로에는 아직 오래된 건물들이 서 있다. 하지만 그곳에도 이른바 명품주거단지와 주상복합건물이 들어설 날이 머지않아 보인다.

누군가에겐 용산이 삶의 터전이었겠지만, 내게 용산은 그저 어디론가 통하는 길목이었다. 한강대교로 진입하기 전 언제나 차가 막히던 곳 정도랄까? 그래서 1월 20일, 뉴스를 보고도 그곳을 바로 사건 현장과 연결시키지는 못했다.

적어도 그런 일이 도심 한복판에서, 그리고 용산소방서와 5분 거리도 안 되는 곳에서 일어날 수는 없다고 생각했다. 생존권을 요구하는 사람들을 벼랑으로 몰아세우고, 불이 날 줄 뻔히 알면서도 물대포를 쏘고 컨테이너로 찍어 누른다면, 희생자들의 시신을 빼돌리고, 검게 탄 시신을 난도질한다면, 그리고 이 모든 일을 법과 공권력의 이름으로 자행한다면 그곳은 최소한 사람들의 시선이 닿지 않는 어두운 뒷골목일 거라 마음대로 상상했던 것이다. 그러나 이런 순진한 믿음은 용산참사 현장, 그 태양이 작열하는 광장 앞에서 여지없이 무너져 내렸다.

학살의 현장에서 일상을 사는 사람들

남일당 건물 안으로 들어가 분향을 하고, 남일당 건물 옆에서 레아호프 뒤편까지 이어진 골목길에서 추모 미사를 드린다. 어디선가 고기 냄새가 난다. 고개를 돌려보니 저쪽 골목에는 철거되지 않은 건물이 있다. 사람들이 갈빗집 앞에서 고기를 굽고, 소주잔을 기울이고 있다. 매일 추모 미사가 열리는 곳에서 불과 20여 미터 떨어져 있을까?

남일당 건물 1층엔 분향소가 있고, 바로 그 곁엔 유가족들이 먹고 자고 생활하는 공간이 있다. 유가족과 신부님들이 매일 이곳에서 눈을 뜨고,

밥을 먹고, 또다시 잠드는 동안, 수많은 사람들이 그 앞을 지나간다. 그들은 각기 학교로, 직장으로 그리고 집으로 향한다. 어디선가는 예쁜 아기가 태어나고, 누군가는 병에 걸리고, 또 누군가는 사랑에 빠질 것이다. 그들도 그들의 삶을 사는 것이다. 일상의 공간에서, 광장 한가운데서 학살이 일어났고, 학살의 흔적과 주검을 곁에 두고 우린 태연히 각자의 삶을 살고 있다.

그렇게 6개월이 흘렀다.

용산으로 이어진 길

남일당 건물 바로 건너편 버스정류장에서 "이번에 내리실 역은 용산참사역입니다"란 피켓을 들고 서 있을 때, 사람들의 반응은 참 다양했다. 이제야 용산참사 현장을 '발견'했다는 듯이 호기심 어린 눈길을 던지는 사람, 닫았던 버스 앞문을 열고 전단지를 달라던 버스 기사 아저씨, 조용히 다가와서 말없이 차가운 음료수를 쥐어주던 아주머니, 매일 그 앞을 지나 직장에 나간다며 유가족들에게 편지를 남기고 간 인근 주민, 피켓을 대신 들어줄테니 앉아서 좀 쉬라던 아가씨. 한 할아버지가 전단지를 물끄러미 바라본다. 고(故) 이상림 할아버지의 사진을 가리키며 말씀하신다.

"이 사람, 내가 이 사람 잘 알았지. 참 사람이 좋았어. 이 아주머니도 내가 아주 잘 안다구. 전에는 고깃집을 했어. 나도 여기 20년째 장사를 하는데, 남의 일 같지 않아, 남 일 같지가……."

이미 수십 장을 집어 들었을 그 할아버지는 힘겹게 전단지를 집어 들고 쓸쓸하게 돌아서셨다.

그들은 남의 일이 언제까지나 남의 일만은 아니라는 걸 안다. 누군가에게 부끄럽고, 서로가 아픈 사람들이다. 그들 사이엔 좁고 가느다란 길이 놓

남일당 앞. 용산 참사 희생자 5명에 대한 범국민장. 2010년. ⓒ 이상엽

여 있었다.

너무 먼 나라 용산

하지만 서로에게 연결된 그 길은 자주 끊기고, 자주 어둑해졌다.
"여기서 이러고 있는 것도 잘하는 거 아니에요!"
 가시 돋힌 말을 던지고 지나가던 아저씨, 유가족의 사진을 가리키며 '참 사납게도 나왔다'고 빈정댔다는 사복경찰, 그리고 참사 현장을 지날 때마다 노골적으로 적의와 멸시의 눈빛을 던지던 사람들. 그보다 더 무서운 건 목에 사원증을 걸고 밝은 표정으로 점심을 먹으러 가는 말끔한 회사원들이었다. 그들은 현장 쪽에는 시선 한 번 던지지 않고 반듯하게 제 갈 길로 갔다. 그럴 때면 괜스레 피켓을 든 두 손에 힘이 빠졌다.
 용산에서 20여 년을 살았다는 한 아주머니는 현장을 가리키며 내게 하소연했다.
"이 동네 사람들은 다 저 사람들 미워해. 누가 좋아하겠어. 저러고들 있는데. 저 건물 주인은 누구야 도대체? 그럼 저 건물만 개발을 못 하는 건가? 보상도 받을 만큼 받았다며?"
 어디선가 많이 들은 소리다. 아! 용산참사 현장에 간다는 내게 열을 올리던 그 택시 기사님.
"그 사람들 완전 꾼이잖아, 꾼! 그 사람들이 원래 그런 사람들이라고. 그렇지 않고 평범한 사람들이 어떻게 그런 망루를 짓고 화염병을 던져요? 아줌마 할 수 있어요?"
 그래 꾼 맞다. 추모 미사에서 유가족 대표로 말씀을 하시던 할머니는 완전히 투사였다. 할머니 입에서는 '투쟁'이란 말도, '연대'란 말도 어색하지 않게 흘러나왔다. 정말 꾼이다! 그런데 열사가 된 할아버지, 투사가 된 할머니는 6개월 전엔 그저 사람 좋은 사람, 평범한 장사꾼이었다.

누가 그들을 싸움꾼으로 만들고, 열사로 만들었을까? 멀쩡하게 살아 있던 가족이 개죽음을 당했는데 사납게 울부짖지 않을 아내가 있을까? 저들이 그토록 무서워하는 '불법단체 전철연'이 사실은 같은 처지에 놓인 철거민들이 서로 돕는 품앗이란 사실을 정말 모를까?

만일 세상이 이익과 손해의 관점에서만 정의된다면, 한 번도 공감과 연대를 경험해보지 못한 자들이라면, 전철연의 배후는 분명 수상한 이념이나 돈으로만 설명될 수 있을 것이다. 그래야만 납득할 수 있을 것이다. 택시 기사 아저씨와 용산에 집을 두 채나 갖고 있다는 아주머니, 그들 사이에, 그리고 그들과 용산 사이에는 너무 많은 오해와 몰이해가 놓여 있었다.

"기사님, 기사님이 만약에 이 택시에 2억을 투자했는데, 3,000만 원 받고 넘기라면 넘기시겠어요?"

"아주머니, 저분들은 다들 세입자예요. 이 지역에서 벌써 몇십 년씩 가게 하신 분들이에요. 큰 걸 바란 게 아니구요, 재개발이 될 동안 장사할 가수용 상가라도 지어주고, 나중에 임대 상가에 들어갈 권리라도 달라는 거였어요. 직장 다니는 사람들은 퇴직금이라도 있지요, 평생 장사만 하던 분들이 하루아침에 가게 뺏기고 거리에 나앉으면 어떻게 살겠어요? 하루라도 더 버텨보자고 저 위에 올라갔다가 하루도 안 돼서 죽어 내려왔어요. 하루도 안 돼서요."

그러나 그들은 성급하게 말꼬리를 끊는다.

"그러니 우리나라는 없는 사람들만 불쌍한 나라지. 그러니 학생, 아니 작가라고 했나? 여기서 괜히 헛힘 빼지 말고, 가서 돈 벌어, 응?"

서로가 조금이라도 통했다고 생각하는 순간 우린 사실 서로 다른 길 위에 서 있음을 깨닫는다. 그들이 성급하게 다다른 길의 끝엔 타인의 고통에 대한 공감은 없었다. 아니 그런 일이 어쩌면 내게도 생길지 모른다는 소박한 상상 근처에도 미치지 못했다.

 오히려 애써 그곳을 외면하고, 애써 그들을 적대시함으로써, 적어도 자신만은 그들과는 다른 인생을 살 거라고 자기최면을 걸고 있었다. 정말 그럴까?

다음 내리실 역도 용산참사역

현재 서울과 수도권에서 추진 중인 재개발과 재건축을 모두 합하면 600여 건에 달한다. 당장에 내가 사는 아파트에서 내려다보이는 '개미마을'만 해도 벌써 몇 년 전부터 재개발에 대한 소문으로 들썩였다. 아직도 공동 화장실을 이용할 정도로 주거 환경이 열악하고, 거주민의 절반이 노인인 동네다. 그들에게 필요한 것이 과연 3~4억이 넘는 없는 중대형 아파트나 고급 빌라일까?

 딸아이의 친구네는 세운상가에서 악기상을 한다. 점포 주인인 줄 알았더니, 세입자란다. 상가 세입자들은 도심 재개발이 이루어질 때 권리금도 못 찾고 턱없이 낮은 보상금을 받고 거리로 쫓겨난다는 사실을 짝꿍 엄마는 알고 있을까? 그 자리에 들어설 건물이 아무리 초고층이라 해도 그들을 위한 자린 한 평도 없을지 모른다는 걸 짐작이나 하고 있을까?

 서울엔 점점 깨끗하고 근사한 건물들이 늘어나고 있다. 언젠가 스카이라운지에 올라 서울 시내를 둘러보고 곳곳에 장벽처럼 늘어선 아파트를 보고 감탄에 감탄을 했다. 저렇게 아파트가 많은데 왜 우린 아직 집을 못 샀을까? 서울 주택 공급률이 100퍼센트가 넘었다는데, 도대체 저 집은 다 누구 집일까? 집이 남아돈다는데 왜 자꾸 짓고 부수고 짓고 부술까?

 서울엔 허름한 골목길이 사라지고, 오래된 건물들이 사라지고 있다. 이제 그 자리엔 초고층 주상복합이 들어설 것이고, 갈비집이나 호프집, 정육

점이나 약국 대신에 기업형 슈퍼마켓이나 패밀리 레스토랑이 들어설 것이다. 세상은 분명 더 편리해지고, 더 근사해지고 있다.

하지만 우린 그만큼 더 행복해졌나?

대학 신입생 때 재개발 지역 공부방에서 봉사활동을 했다. 여름이면 실내 온도가 실외 온도보다 높았고, 어둑하고 냄새나는 화장실은 그나마 바깥채에 있었다. 그랬던 공부방은 어느 날 가수용단지 한편에 새 보금자리를 얻게 되었다. 공부방이 그곳으로 이사하던 날 무악동 언덕에선 마을 잔치가 열렸다. 선생님들에게 '똥자루 선생님', '꼴뚜기 왕자님'이란 별명을 붙여주던 개구쟁이 명호는 컨테이너로 만든 가건물 앞에서 새집이 생겼다고 뛰어다녔다. 10년이 지난 지금, 명호는 가수용단지에서 나와 임대아파트의 주민이 되어 있을까?

모두들 은평뉴타운에 환호할 때, 친환경마을, 서울에서 가장 아름다운 마을로 선정되었던 한양주택의 주민들은 삶의 터를 지키기 위해 투쟁에 나섰다. 그러나 결국 그들은 토지보상금을 받고 흩어졌다. 10년 전 가수용단지를 얻어냈던 무악동 주민들이나, 토지보상금을 받고 각자의 길로 떠난 한양주택 주민들은 적어도 지금 용산의 사람들보다는 행복할지 모른다. 그들은 어찌 되었든 생명까지 철거당하지는 않았으니.

2009년 여름, 우리는 여전히 용산참사역에 멈춰 있다
그렇다면 다음 내릴 역은 어디일까?

용산참사의 원인과 책임을 규명하라. 정부와 검찰은 사죄하라. 구속자들을 석방하고, 희생자들의 명예를 회복시켜라. 유가족과 용산 4구역 철거민들의 생존권을 보장하라.

   그리고 우리 모두 꽝꽝 얼어붙은 주검 옆에서 고통받고, 부끄러워하며, 오래 동안 아파해야 한다. 그렇지 않다면 다음 우리가 내릴 역, 또 그다음 역은 언제나 용산참사역일 것이다.

부록 이것은 사람의 말—작가 188인 '6·9 작가선언'

작가들이 모여 말한다.
우리의 이념은 사람이고 우리의 배후는 문학이며 우리의 무기는 문장이다.
우리는 다만 견딜 수 없어서 모였다.

모든 눈물은 똑같이 진하고 모든 피는 똑같이 붉고 모든 목숨은 똑같이 존엄한 것이다. 그러나 권력자와 그 하수인들은 극소수 특권층의 이익을 위해 절대 다수 국민의 눈물과 피와 목숨을 기꺼이 제물로 바치려 한다. 우리는 지금 대한민국 국민이라는 사실이 수치스럽고 고통스럽다. 본래 문학은 한계를 알지 못한다. 상대적 자유가 아니라 절대적 자유를 꿈꾼다. 어떤 사회 체제 안에서도 그 가두리를 답답해하면서 탈주와 월경을 꿈꾸는 것이 문학이다. 그러나 문학 본연의 정신을 되새기는 것이 차라리 사치가 되어버린 시대를 우리는 살아가고 있다. 우리는 다급한 마음으로 1987년 6월을 떠올린다.

박종철의 죽음이 앞에 있었고 이한열의 죽음이 뒤에 있었다. 그 죽음들의 대가로 민주주의를 쟁취했고 힘겹게 그것을 가꿔왔다. 우리에게는 이 모든 것을 기억해야 할 의무가 있다. 아니다. 우리에게는 이 모든 것을 망각할 권리가 없다. 이명박 정권 1년 만에 대한민국은 1987년 이전으로 후퇴해버렸기 때문이다. 그래서 각자가 하나의 정부인 작가들이 이 자리에 모였다. 조직도, 집행부도, 정강도 없다.

우리는 특정한 이념에 기대어 발언하지 않는다. 이명박 정부가 아무런 이념도 갖고 있지 않기 때문이다. 그들이 내세운 '중도실용주의'라는 가짜 이념은 집권 1년도 못 돼 폐기해야 할 대상이 되어버렸다. 우리는 도처에서 헌법 위에 군림하는 독재의 얼굴을 본다.

용산 철거민들의 생존권을 짓밟는 와중에 여섯 명의 무고한 목숨을 앗아가고도 이명박 정부는 끝내 사죄하지 않았다. 미국산 쇠고기 수입을 강행하여 국민적 저항에 직면했지만 저들이 행한 일은 위선적인 사과와 광범위한 탄압이었다. 수단과 방법을 가리지 않고 언론 장악을 기도했고 도심 광장과 사이버 광장에 차벽을 치고 철조망을 세웠다.

한국문화예술위원회, 한국예술종합학교 사태는 이 정부가 시대착오적인 색깔론과 천박한 관료주의로 문화예술의 토대를 위협하고 있음을 극명하게 보여주었다. 전직 대통령을 겨냥한 사상 최악의 표적수사와 비열한 여론몰이는 그를 벼랑에서 투신하게 하였다. 민주주의의 가치는 매장되었다.

이 모든 일에 적극 가담한 정치검찰과 수구언론을 우리는 민주주의의 조종(弔鐘)을 울린 종지기들로 고발한다. 살아 있는 권력에는 굴종하고 죽은 권력에는 군림하면서 영혼을 팔고 정의를 내던진 정치검찰들, 증오와 저주의 저널리즘으로 민주화의 역사를 모독하고 민주주의의 가치들을 조롱하는 수구언론에 우리는 분노한다.

우리가 저들과 같은 모국어를 사용하고 있다는 사실에 참혹해진다. 저들을 여전히 검찰과 언론이라고 불러야 하나. 곰팡이가 온 집을 뒤덮었다면 그것은 곰팡이가 슨 집이 아니라 집처럼 보이는 곰팡이일 뿐이다. 저 권력의 몸종들과 함께 민주주의의 일반 원리와 보편 가치를 무자비하게 짓밟으면서 달려온 이명박 정권 1년은 이토록 참담하다.

오늘날 대한민국의 권력자와 그 하수인들에게서 우리는 깊은 절망을 느낀다. 저들은 수치를 모르고 슬픔을 모른다. 수치와 슬픔을 아는 것이 사람이고, 사람됨이라는 가치에 헌신하는 것이 문학이다. 우리는 문학의 이름으로 이명박 정부를 규탄한다.

이곳은 아우슈비츠다. 민주주의의 아우슈비츠, 인권의 아우슈비츠, 상상력의 아우슈비츠. 이것은 과장인가? 그러나 문학은 한 사회의 가장 예민한 살갗이어서 가장 먼저 상처 입고 가장 빨리 아파한다. 문학의 과장은 불길한 예언이자 다급한 신호일 수 있다.

아우슈비츠의 생존자 프리모 레비는 이렇게 적었다. "우리가 노예일지라도, 아무런 권리도 없을지라도, 갖은 수모를 겪고 죽을 것이 확실할지라도, 우리에게 한 가지 능력만은 남아 있다. 바로 그들에게 동의하지 않는 것이다."

과연 아무것도 남아 있지 않다면 그래야만 할 것이다. 그러나 우리에게는 아직 종이와 펜이 있다. 그러니 동의하지 않는 것에서 멈추지 않고 끝내 저항할 것이다. 민주주의의 정원을 갈아엎고 있는 눈먼 불도저를 향해, 머리도 영혼도 심장도 없는 권력자와 그 하수인들에게 저항할 것이다.

가장 뜨거운 한 줄의 문장으로, 가장 힘센 한 문장의 모국어로 말할 것이다. 사람의 말을, 사람만이 할 수 있고 사람이니까 해야 하며 사람인 한 멈출 수 없는 그 말을. 아름답고 정의로운 모든 문학의 마지막 말, 그 말을.

  우리는 작가입니다.
  우리는 각자의 말을 합니다.
  우리는 각자의 글을 씁니다.
  우리는 각자의 나라를 가졌습니다.
  하지만 우리에겐 공통점이 있습니다.
  우리가 쓰는 글의 바탕에 언제나 인간이 있다는 것입니다.
  우리는 이념이 아니라 사람의 편에 섭니다.

  우리는 모였습니다.
  참혹한 오늘을 불러온 것도 우리이지만
  참다운 내일을 만드는 이도 우리이기 때문입니다.

  우리는 정권의 야만에 분노합니다.
  사람의 설 자리가 사라진 현실에 분노합니다.
  우리는 보고 싶습니다.
  이견을 두려워하지 않고 국민과 소통할 줄 아는 정치가의 얼굴을.
  우리는 듣고 싶습니다.
  아첨과 왜곡의 목소리가 아니라 공정하고 진실된 언론의 발언을.
  우리는 느끼고 싶습니다.
  이 땅의 주인은 국민이며 모든 권력은 국민으로부터 나온다는 확신과 자부를.
  우리는 되찾고 싶습니다.

본래 우리 것인 광장과 집과 대지, 스스로 흘러 생명일 수 있는 강물을.
우리는 꿈꾸고 싶습니다.
그 어떤 권력에 의해서도 사람이 죽어나가지 않는 사회,
양심과 이성이 죄가 되지 않는 세상,
자유와 평등은 원래 사람의 것이라 믿고 자라날 수 있는 아이들의 미래를.

우리는 입을 엽니다.
이것은 사람의 말입니다.

2009년 6월 9일

■ '한줄선언' 참가자 명단

강경희 강성은 강 진 고나리 고명철 고봉준 고인환 고찬규 곽은영 구효서 권 온 권혁웅 권현형 권희철 김경인 김경주 김경후 김 근 김나영 김남극 김남혁 김대성 김명기 김미월 김미정 김민정 김사과 김사람 김사이 김산 김선재 김성중 김소연 김 안 김양선 김애란 김 언 김연수 김요일 김윤환 김이강 김이은 김이정 김자흔 김재영 김정남 김정란(소설가) 김지녀 김지선 남상순 맹문재 명지현 문동만 문혜진 박대현 박민규(시인) 박 상 박상수 박성원 박수연 박슬기 박시하 박연준 박정석 박창범 박형서 복도훈 박형숙 박형준 박혜상 방현희 배영옥 백가흠 백지은 서성란 서안나 서영식 서영인 서효인 서희원 성기완 손세실리아 손홍규 송기영 송승환 송종원 신용목 신해욱 신형철 신혜진 심보선 안상학 양윤의 양진오 여태천 오창은 우대식 원종국 원종찬 유용주 유정이 유형진 유홍준 윤성희 윤예영 윤이형 윤지영 이경재 이기성 이기호 이덕규 이도연 이동욱 이만교 이문

재 이민하 이선우 이성미 이성혁 이순원 이시영 이신조 이 안 이영광 이영주 이용임 이용헌 이은림 이장욱 이진희 이 찬(평론가) 이현승 이현우(로쟈) 이혜경 이혜미 임수현 임영봉 임지연 장무령 전도현 전성욱 전성태 전형철 정여울 정영효 정우영 정은경 정주아 정한아(시인) 정혜경 정홍수 조강석 조동범 조성면 조연정 조연호 조용숙 조원규 조 윤 조 정 조해진 조형래 조효원 주영중 진은영 차미령 채 은 천운영 천수호 최성각 최진영 최창근 하성란 하재연 한세정 한용국 한지혜 함기석 함돈균 해이수 허병식 허윤진 허 정 홍기돈 홍준희 황광수 황규관 황호덕 (총 188명)

관련 문학예술 작품

[만화] 김홍모·김성희·김수박·신성식·앙꼬·유승하,『내가 살던 용산』, 보리, 2010.
[만화] 김홍모·김성희·김수박·심흥아·유승하·이경석,『떠날 수 없는 사람들―또 다른 용산 집을 잃은 사람들의 이야기』, 보리, 2012.
[미술] 용산참사와 함께하는 미술인들,『끝나지 않는 전시―용산참사 추모 파견미술 헌정집』, 삶이 보이는 창, 2010.
[산문] 김재호,『꽃피는 용산―딸에게 보낸 편지』, 서해문집, 2013.
[산문] 유채림,『매력만점 철거 농성장』, 실천문학사, 2012.
[산문] 작가선언 6·9,『지금 내리실 역은 용산참사역입니다』, 실천문학사, 2009.
[소설] 손아람,『소수의견』, 들녘, 2010.
[소설] 윤흥길,『아홉 켤레의 구두로 남은 사내』(1977년 발표), 문학과지성사, 2001.
[소설] 조세희,『난장이가 쏘아올린 작은 공』(1978년 첫 출간), 이성과힘, 2000.
[소설] 주원규,『망루』, 문학의문학, 2010.
[시] 송경동,『꿀잠』, 삶이 보이는 창, 2011.
[시] 송경동,『사소한 물음에 답함』, 창비, 2009.
[시] 이시영,「경찰은 그들을 사람으로 보지 않았다」/박일환,「남일당」/오도엽,「지독한 저항을 하자」/손세실리아,「거리에 두고 온 시」/안현미,「뉴타운천국」/도종환,「그해 여름」/이상국,「틈」/정희성,「물구나무서서 보다」/홍일선,「그날, 붉은 달이 장엄하셨다」/안도현,「입추」/박후기,「난간에 대하여」/손택수,「나무의 수사학 5」/김사이,「숨을 쉴 수가 없어」/김윤환,「신바벨탑」/박민규,「진혼가」(이상『지금 내리실 역은 용산참사역입니다』에 수록).
[영화] 김성제 감독, 〈소수의견〉, 2015.
[영화] 김일란·홍지유 감독, 〈두 개의 문〉, 2012.
[영화] 이원세 감독, 〈난장이가 쏘아올린 작은 공〉, 1981.

정우영

가만히 있지 말아라

2014년 4월 16일 세월호 참사

숨가쁘게 기다리다 끝끝내 접히고 만,
저 여리디 여린 꽃잎들에게
무슨 말을 드려야 할까.
태초로 돌아가는데도 말이 필요하다면
그중에 가장 선한 말을 골라
공순하게 바쳐 올리고 싶다.
그러나 아무리 궁리해도 나는
사랑한다 미안하다
미안하다 사랑한다
이보다 선한 말 찾을 수 없다.
어떤 말이 더 필요하랴.
이 통절함 담을 말 어찌 있으랴.
새벽까지 뒤척이다 마당에 나와
팽목항 향해 나직나직 읊조린다.
사랑한다 미안하다
미안하다 사랑한다
동트기 전 대지에다 속삭인다.

얼마나 하찮은지 뻔히 알면서도
웅얼웅얼 여기저기 심는다.
불귀의 영혼들아, 사랑한다
내 속삭임 듣고 싹 틔워라, 빌면서
거듭거듭 단단하게 심는다.
이제는 기다리지 말아라.
가만히 있지도 말아라.
너는 완전 자유다, 아이들아.
그러니 가만히 따르지 말고
다시 태어나라, 아이들아.
다시 돌아와 온전히 네 나라를 살아라.
너희가 꿈꾸던 그 나라를 살아라
사랑한다, 아이들아.
내 새깽이들아.

해설

한국 현대사와 르포—망각된 목소리와 공감하다
김 원

르포 '문학'의 복권을 위하여
장성규

한국 현대사와 르포—망각된 목소리와 공감하다

김 원 (정치사학자)

1. 르포와 한국 현대사

근자에 들어 규범적인 장르 인식을 넘어선 인터뷰, 르포, 평전, 에세이(수기), 대담 등의 글쓰기가 활발하다. 특히 실험적이며 자기성찰적인 서사적 역사 서술의 방식으로 인터뷰, 르포, 수기나 자서전 등이 부각되고 있다. 하지만 아직 학계에서 이들을 둘러싼 논란은 지속되고 있다. 이러한 논쟁과 별도로, 사회과학 연구에서 서사적 사료에 대한 시각은 어떠한가? 전반적으로 문학, 증언, 인터뷰 그리고 수기 등에 대한 사회과학의 기본적인 태도는 '부정적'이다. 더 나아가 사회과학이라고 불리는 분과학문과 이야기를 기반으로 한 서사 사료를 다루는 문학 간의 '거리'도 매우 멀다.

역사학 등 인문학에서 인식도 상당히 유사하지만, 역사적 사실(fact)은 문자로 구성된 문헌을 통해 분석, 검증이 가능하다고 믿어 왔으며 사료와 역사서술의 객관성과 대표성 등을 강조한다. 이런 인식은 개인의 주관적이고 사적인 기억이나 평가에 기초한 사료를 불신하기 쉽다. 흔히 근대 이후 민족, 국가, 계급 등의 '거대 주체'로부터 일탈된 분석 대상을 다룬다는 것은 과학적이며 객관적으로 서술되어야 할 역사 서술에 나쁜 영향을 줄 수 있다고 역사학자들은 생각해 왔다. 1990년대 중반만 해도 사회과학 연구에서 증언, 수기, 르포, 구술, 자서전 등은 거의 사용되지 않거나, 문헌에서 부족한 사실을 보완하기 위한 2차적인 보조 자료로 사용되었다. 사회현상을 다루는 사회과학자들이 이러한 입장을 보였던 이유는 무엇일까? 우선 구술 등 서사적 텍스트가 생산되는 과정을 둘러싼 문제가 존재했다. 1980년대 후반 이후 생산된 구술, 수기, 증언 텍스트는 생산자 개인의 기억에 초점이 두어지지 않았다. 오히려 반공 이데올로기 하에서 감추어졌던 역사적 사실을 확인, 복원하기 위한 목적이 1차적이었다.[1] 더불어 이는 레드 컴플렉스를 깨트리기 위한 폭로, 공식적 역사에 대한 반정립이란 목적의식이 강한 작업이었다. 이러한 목적성은 사료로서 객관성에 대한 의구심을 불러일으키게 된 원인 가운데 하나였다.

다른 한편 한국 사회과학이 지닌 이론적 지향도 서사적 텍스트에 대한 접근 가능성을 가로막는 또 다른 원인이었다. 한국 사회과학은 이론 지향성을 지녀왔으며, 이는 구조적 역사에 대한 강한 천착에서 기인했다. 1960년대 이후 한국 사회과학은 근대화론-구조기능주의라는 단선론적이고 체제 통합적 이론 패러다임에 의해 주도되었다. 이른바 시스템의 순조롭고 조화로운 운영을 위한 '사회과학'이 지배적이었던 것이다. 하지만 1970년대 초보적으로 민중론과 비판적 정치경제학이 소수 연구자에게 전유되며, 1980년대 중반에 들어서 사회구성체-사회성격 논쟁이 가시화되었

---

[1] 대표적인 것은 『역사비평사』에서 기획한 현대사 증언 시리즈다.

다. 하지만 사회과학의 비판적 성격의 본원은 근본적 한계를 내재하고 있었다. 이는 다름 아닌 인간 주체에 대한 이해의 결핍이었다. 사회관계, 국가성격, 계급구조 등에 대한 천착이 지니는 의미가 존재했지만, 이는 주체, 타자, 경험, 감수성 등의 영역, 범주에 대한 성찰이나 고민이 부족한 결과를 낳았다. 다른 식으로 말하자면 구조 분석이 인간의 감정 구조를 대치할 수는 없었으며, 1980년대 비판적 사회과학이 지닌 근본주의적 성격에도 불구, 인간 자체에 대한 탐구는 등한시했다. 이러한 1980년대 사회과학의 한계는 이론 지향적 성격과 결합되어, 지적 폭력성이나 동원 혹은 배제의 논리로 작동하기도 했다.

끝으로, 서사적 사료들 자체가 탐구의 대상이 되기보다 특정한 목적을 위한 합리화-정당화의 '도구'로 활용되었다. 후술하겠지만 르포, 수기 등 자체가 지닌 사료적 가치와 한계에 대한 논박이 이루어지기보다, 특정한 목적—단적인 예로 운동의 정당화 등—을 위해 사료가 윤색되거나, 특정 입장만이 강조되는 것이 그러한 경향이었다. 서사적 사료가 지닌 개인성과 주관성이란 특성은 사라진 채 공동의 목적을 위한 '공식적 이야기(official narrative)'로 동원되는 경우가 적지 않았고, 이것이 '공식적 역사-담론'으로 고착되곤 했다. 이처럼 서사적 사료에 대한 관심은 최근에 이르기까지 드문 일이었다. 이하에서는 1970년대부터 2010년대에 이르는, 이 책에 게재된 르포의 정치사회적 맥락을 당시 시대상에 비추어 소개하고자 한다.

2. 1970년대와 1980년대 르포, 역사 그리고 문학—전태일에서 5·18 그리고 1987년 민주화

인터뷰, 르포, 평전, 에세이(수기), 대담 등 자료가 생산되기 시작했던 것은

1970년대였다. 1970년대 생산된 자료들의 경우 정권이나 자의적인 권력 행사에 의해 피해를 받았지만 자기 목소리를 낼 통로가 없는 개인이나 집단을 드러내기 위한 방식이자 노동자, 농민, 빈민 등 자기 기록을 지니기 어려운 주체들의 목소리를 텍스트화해왔다. 이 책에 소개된 박태순(「소신(燒身)의 경고(警告)―평화시장 재단사 전태일(全泰壹)의 얼」)이나, 황석영(「벽지(僻地)의 하늘」)을 통해 기술된 노동 현장의 진실은 1970년대 숨겨진 진실과 국가주도 자본주의화의 모순을 폭로하기 위한 목적에서 씌어졌다. 이를 통해 지식인의 각성, 노동문제의 사회화라는 민주화운동의 목적에 복무하기 위한 것이었다. 대부분 지식인에 의해 작성된 1970년대 르포는 아직 주체적인 각성이 부족한 노동운동의 현실과 이를 계몽하려는 비판적 지식인들의 의도가 강하게 배어 있다. 특히 『신동아』, 『대화』 등에 실린 르포 문학, 자전적 수기2, 조영래의 『전태일 평전』, 석정남과 유동우 등 노동운동 관계자들이 자신의 삶을 쓴 자전적 수기와 평전 등 1970년대 당대 노동 현실을 드러내는 자료들은 한편 노동 현실을 둘러싼 경험을 진솔하게 이야기해준 동시에, 노동운동에 대해 고민하는 개인들을 의식화시키는 중요한 기제였다.3 이런 맥락에서 1970년대는 한국전쟁 이후 르포의 '제1기'였으며, 유신 시기 자본주의화에 따른 사회적 모순과 긴장관계를 내포하고 있었다.

한편 1980년대에 들어서 1970년대와 다른 결을 지닌 서사적 자료들이 생산되었다.4 첫 번째 흐름은 이 책에 소개된 윤재걸(「광주, 그 비극의 10일

2　몇 가지 문헌을 들면 김동현, 「르뽀 근로자」, 『신동아』 11월호, 1974; 김언호, 「소외학교」, 『대화』 10월호, 1977; 김현장, 「무등산 타잔」, 『대화』 8월호, 1977; 석정남, 「인간답게 살고 싶다」, 『대화』 11월호, 1976; 이태호, 「어용노조, 그 실태」, 『월간중앙』 6월호, 1980 등이 그것이다.
3　그 외에 모범근로자들이 생산한 수기들도 존재했는데, 자세한 내용은 김준, 「1970년대 여성 노동자의 일상생활과 의식: 이른바 '모범근로자'를 중심으로」, 『역사연구』 제10호, 2002, pp.53~99 참조.
4　이하 내용은 졸고, 『여공 1970, 그녀들의 반역사』, 이매진, 2006 가운데 일부를 재집필했다.

간」) 등 1980년 광주의 진실에 관한 것이었다.[5] 신군부에 의해 자행된 광주에서 국가폭력, 시민군, 공동체의 진실을 발굴하고 규명함으로써 1980년대 운동 주체의 '집단적 자각'을 촉구한 것이다.

두 번째 흐름은 1970년대 7~8개 존재했던 민주노조운동 관련 '집단 전기'와 '수기(手記)'였다. 이 수기들의 형태는 민주노조에 참여했던 노동자의 개인 수기, 노조의 이름으로 이루어진 공식적인 민주노조 수기, 정기간행물에 실린 노동자의 수기 등 다양했다. 이들 수기들은 산업화 시기 한국 기층사회와 노동자들의 세계관을 둘러싼 많은 정보 그리고 상이한 시각들을 제공해주었으며, 그런 의미에서 산업화 시기 노동자들의 수기와 노동조합 자료들은 일종의 '집단 전기'라고 말할 수 있다.

이들 서사적 자료들은 대부분 1980년대 초반에 출간되었는데, 이들 텍스트가 생산된 목적은 1980년대 노동운동이 지향했던 '변혁지향성'이라는 목적을 전파하기 위해 씌어졌다. 1980년대 중반 1985년 구로동맹파업과 서울노동운동연합 등 변혁적 노동운동이 대두되면서 1970년대 민주노조운동의 성격을 둘러싼 논쟁―구체적으로 경제주의, 조합주의, 조직보존주의 등―이 존재했다. 이 와중에 변혁적 노동운동을 주도했던 1980년대 활동가들은 1970년대 노조운동을 임금 인상에 매몰된 경제주의이자 정치투쟁을 방기한 조합주의라고 비판하며 자신들의 운동을 정당화했다. 이 시기 씌어진 수기와 자료들은 변혁적 노동운동의 입장에서 이전 시기 운동을 비판하고 변혁적 운동에 유리한 특정한 사실을 부각시키기 위해 작성된 면도 없지 않았다. 대부분 자신의 논리에 따라 노동자가 되는 과정, 노조 만들기, 투쟁의 전개 과정 및 의식의 흐름 등을 체계적으로 기록

---

5   좀 더 대중적으로 알려진 르포는 황석영, 『죽음을 넘어 시대의 어둠을 넘어―광주 5월 민중항쟁의 기록』, 풀빛, 1985.

했다. 서울노동운동연합(서노련)에 대한 기록인 『선봉에 서서』나 노동자 수기, 증언, 르포 자료들은 특정한 목적을 위해 만들어진 담론으로서 성격이 강하기 때문이다.6 물론 이들 수기와 자료들은 권위주의 하에서 금지된 기록과 사실을 폭로하고 공개화했다는 점에서 소중한 기록이며, 이들이 모두 윤색/조작되었다는 의미는 아니다. 하지만 중요한 사안 및 논쟁에 대해서는 자기변호, 은폐, 생략 및 누락, 국부적 사실로 처리하거나 혹은 특정한 부분의 의도적 부각 등이 여러 곳에 드러나 있다.

세 번째 흐름은 1987년 6월 항쟁과 7~9월 노동자대투쟁의 체험에 관한 르포들이다. 노동 현실의 르포(「6월 항쟁, 민주국가 문은 열었다」)에서 확인할 수 있듯이, 6월 항쟁은 박종철의 죽음을 통해 '죽음의 도덕화'를 거쳐 '직선제 쟁취'로 종결되는 현대사의 결정적 시기다. 넥타이부대, 밤 시위의 전국화, 흘러넘치는 해방구 그리고 6·29 직후 승리의 공유를 통해 새로운 시대를 예고하는 것이 이 시기 르포들의 특성이다.7 1987년 노동자대투쟁도 남성 중공업 노동자의 영웅적 투쟁, 독자적인 역사적 실체로서 노동자계급을 드러내는 데 집중되어 있다. 이 책에 실린 김남일의 르포(「노동운동의 성지 모란공원」)는 노동자대투쟁 이후 마석 모란공원에 묻힌 노동열사와 민주열사의 의미를 되새기는 내용이다. 노동해방-열사-투사/전사로 이어지는 의례는 산자들로 하여금 '투쟁의 다짐'을 공유하게 하는 것이었다.8 모란공원은 그 가운데 있던 '장소'였다.

---

6 전 YH노동조합·한국노동자복지협의회 편, 『YH노동조합사』, 형성사, 1984; 동일방직복직투쟁위원회 편, 『동일방직 노동조합 운동사』, 돌베개, 1985; 원풍모방 해고노동자 복직투쟁위원회 편, 『민주노조 10년―원풍모방 노동조합활동과 투쟁』, 풀빛, 1988 등이 몇 가지 사례다.
7 6월 항쟁에 대한 기록과 연구로는 서중석, 『6월 항쟁―1987년 민중운동의 장엄한 파노라마』, 돌베개, 2011; 김원, 『87년 6월 항쟁』, 책세상, 2009 참조. 다큐멘터리로 반드시 참조해야 할 작품은 김동원, 『명성, 그 6일간의 기록』, 푸른영상 제작, 2007.
8 열사 담론에 관해서는 김재은, 「민주화 운동과정에서 구성된 주체위치의 '성별화'에 관한 연구 (1985~1991)―상징정치 담론분석을 중심으로」, 서울대학교 대학원 사회학과 석사논문, 2003.

마지막 흐름은 1987년 민주화 이후 다양한 형태의 민주화운동 활성화에 관한 르포다. 1988년 조국통일투쟁은 1960년 4·19 직후 통일 운동이 폭발한 이후 금기되어온 통일이란 화두를 대중화시킨 계기였다. 1988년 여소야대 국회 이후 5공 청문회, 광주 청문회 이후 정세는 민주화운동에 유리한 상황이었다. 5공화국과 인적인 단절을 추진하던 노태우 정권은 1989년 동의대 사건 직후 범죄와의 전쟁을 선포하고 이철규 의문사 사건 등 여소야대로 만들어진 국면을 돌파해야 했다. 그 와중에 당시 평민당 의원 서경원과 문익환 목사의 북한 방문 등을 계기로 '공안정국'이 만들어졌다. 이 책에 실린 문익환의 글(「걸어서라도 갈 테야」)은 1980년대 후반 통일운동의 '당위'를 강렬하게 내세운 르포다. 오랫동안 금기시되어온 통일 논의는 르포뿐 아니라 여러 사건을 통해 폭발했다. 1989년 세계청년학생축전 참가 투쟁 일환으로 북한을 방문한 전국대학생대표자협의회(전대협) 대표 임수경은 장안의 화제였던 동시에 북한에서 거침없는 언행은 기성세대에게 충격이었다. 비슷한 시기부터 대학가에 활발했던 '북한바로알기 운동'과 함께 이들 사건은 '분단의 현재성'을 드러내는 사건들이었다.[9]

3. 1991년 5월 투쟁의 패배 그리고 IMF 경제위기

1990년대는 1987년 민주화 이후 한국 사회의 급격한 변화가 본격적으로 드러난 시기다. 1990년 3당 합당을 통해 보수대연합을 구축한 노태우 정권은 민중운동과 민주화운동에 대한 대대적 탄압을 시작했다. 이 와중

---

9 1989년이라는 시기에 대한 흥미로운 자료는 「임수경의 통일편지와 임종석의 수배일기」, 『월간 말』 40, 1989.10; Ruth Barraclough, "Disaster Tourism and Political Commitment: South Korea and Australasia Student Exchanges in the 1980s", 〈아래로부터의 글쓰기와 타자의 문학—노동·자본의 문화적 전회, 또는 민주주의〉, 2014년 11월 14일~15일, 동국대학교 만해관 모의법정

에 터진 사건이 이 책에 실린 이원규(「기수(旗手)」)와 이상석(「부신 햇살 어둔 하늘」)의 르포에서 그리고 있는 '1991년 5월 투쟁'이다. 명지대 강경대 군의 사망 이후 한 달이 넘게 전개된 이 투쟁은 1987년 이후 최대 대중투쟁인 동시에, 1980년대 민중운동의 결절점이기도 했다. 연이은 분신으로 조성된 '분신정국'은 김지하 등의 '죽음의 굿판' 논쟁을 거쳐 사그라들었다. 그 결과는 패배였다. 죽음으로 시작된 투쟁은 대중의 죽음에 대한 공포로 종결지워 졌다. 이 책에 실린 르포뿐 아니라 1991년 5월을 다룬 르포, 소설 그리고 연구들은 이런 '패배'라는 아우라를 깔고 있다.[10]

패배에 대한 고통은 운동의 반성과 패배에 대한 회한으로 이어졌다. 여기에 불을 지폈던 것은 '현존 사회주의의 붕괴'였다. 얼굴 없는 노동자 시인 박노해가 사형선고를 받은 날 일어난 소련에서 쿠데타와 실패는 지식인과 민중운동에게 큰 충격이었다. 80년대 비판적 지성의 모델이었던 리영희의 자기고백은 이런 충격을 반영하는 일이었다.[11] 더 나아가 민중운동 내부에서 '고백', '청산' 논쟁[12], 한국사회주의노동당의 '신노선'을 둘러싼 전위정당 논쟁[13] 등이 이어졌다. 지성사로 보았을 때도 마르크스주의의 포기와 '포스트주의'의 대두가 같은 시기 나타났다.[14]

현실에서 변화는 더욱 컸다. 1993년 문민정부 집권 이후 '부르주아 민주주의의 가능성' 타진, 대중소비사회의 본격화 그리고 통일전선, 전위/민

---

10 김별아, 『개인적 체험』, 실천문학사, 1999; 김소진, 『열린 사회와 그 적들』, 솔, 1995; 김정한, 『대중과 폭력』, 이후, 1998; 구십일년오월투쟁청년모임, 『그러나 지난 밤 꿈속에서 이 친구들이 나에 대하여 이야기하는 소리가 들려왔다 1991년 5월』, 이후, 2003; 전재호·김원·김정한, 『91년 5월 투쟁과 한국의 민주주의』, 민주화운동기념사업회, 2004.
11 리영희, 「사회주의의 실패를 보는 한 지식인의 고민과 갈등」, 『변혁시대 한국 지식인의 사상적 좌표』, 1991년 1월 26일, 한국정치연구회.
12 신지호, 「고백」, 『사회평론』 92집 8호, 1992.
13 주대환, 『진보정치의 논리』, 현장문학, 1994.
14 이병천, 「맑스 역사관의 재검토」, 『사회경제평론』 제4집, 1991.

중운동에서 시민운동/시민사회론 등이 이런 변화를 반영하는 것이었다.[15] 하지만 문민정부는 금융실명제, 하나회 숙청, 전두환·노태우 구속 등 '개혁'도 존재했지만, 김일성 사망과 주사파 파동, 전쟁위기설, 한총련 사태, 한보사태, 성수대교 붕괴와 삼풍백화점 붕괴[16] 그리고 국가경쟁력 강화를 위한 세계화 등 민주주의의 심화에 역행했다.[17] 특히 세계화라는 명목으로 진행된 우루과이라운드는 한국 농촌을 근저에서 파괴하는 반농민 정책이었다. 이 책에 소개된 공지영의 르포(「부엌에서 우루과이라운드까지—여성 농민의 하루」)는 전북 순창 덕진마을을 방문해 여성 농민과 대화를 바탕으로 씌어졌다. 망해버린 배추농사, 농촌 공동화, 정부의 농업개방정책에 대한 불신, 농사가 망한 뒤 알코올중독자가 된 농민들 모습은 우루과이라운드 이후 농민의 피폐한 일상을 드러내 주었다.

세계화로 치닫던 한국 사회는 1997년 완전히 변해버렸다. 이 해는 지역등권론을 바탕으로 한 DJP연합으로 최초로 여야 간 수평적 정권교체가 이뤄진 해였다.[18] 하지만 그 와중에 발생한 IMF 경제위기는 개발주의 시대의 종언이자, 위기를 예측하지 못한 지식사회의 반성을 촉구했다.[19] 한국 사회의 변화 조짐은 이미 1990년대 중반부터 시작되고 있었다. 구로공단 등 노동집약적 사업체는 소사장제, 값싼 노동력을 찾아 해외 이전, 신경영전략 등으로 노동력의 유연화를 진행했다.[20] 뿐만 아니라 '불안정 노동'

---

15 『신세대, 네멋대로 해라』(현실문화연구, 1993), 고(故) 최진실의 〈질투〉, 서태지와 아이들 그리고 X세대론 등이 대표적이다.
16 당시 대형 사고의 연이은 발생에 대한 분석은 신병현, 「大型事故와 組織—儀禮, 談論, 그리고 實踐論理」, 『경영연구』 제19집, 1994.
17 세계화 담론에 관해서는 김윤철, 「새로운 '성장 정치' 시대의 지배담론에 관한 일고찰—김영삼 정권 시기 '세계화' 담론을 중심으로」, 『동향과 전망』 43호, 1999 참조.
18 황태연, 『지역패권의 나라—5대 소외지역민과 영남서민의 연대를 위하여』, 무당미디어, 1997.
19 김동춘, 「한국의 지식인들은 왜 오늘의 위기를 읽지 못했는가」, 『경제와사회』 37호, 1998; 손호철, 「위기의 한국, 위기의 사회과학—IMF위기를 보며」, 『경제와사회』 37호, 1998.
20 신병현, 『문화, 조직 그리고 관리』, 한울, 1995; 서울역사박물관 편, 『가리봉동—구로공단 배후지에서

으로 불리는 노동자층이 광범위하게 확산되기 시작한다. 이 책에 실린 안재성과 방현석의 르포(「어느 지구조각가의 아침—중장비기사의 하루」, 「"여기는 목숨을 담보로 한 곡예작업장"—1960년대로 돌아간 한라중공업 삼호조선소의 산업재해」)는 이 시기 불안정노동의 현실을 고발한 글이다. "지구조각가"(366쪽)로 자신을 부르는 안산 중장비기사들의 일상과 영암 한라중공업 삼호조선소 산재 문제를 "살인 크레인"(390쪽)이란 말로 드러낸 이들 르포는 노동력의 유연화가 진행되며 약화된 노동조합과 자본의 전횡을 적나라하게 폭로하고 있다.

1998년 이후 한국 사회는 신자유주의의 시기로 본격적으로 접어든다. 경제위기라는 국가적 생존이 박세리, 박찬호, 아버지 담론 등으로 극복되었다는 분위기 속에서, 인터넷, PC방, 휴대전화 상용화, 스타벅스 등 대중소비사회가 그 모습을 드러냈다. 동시에 대북화해정책을 추진하던 김대중 정부는 서해교전, 이념논쟁, 언론권력에 포위 등으로 불안정한 상황이었다. 특히 정리해고와 고용 불안, 실업률 급증과 가족 해체 등의 움직임이 가속화되고 한국 사회의 평생고용 신화는 무너졌으며 20 대 80의 사회로 접어든다. 1987년 민주화 이후 사회경제적인 삶의 조건이 오히려 악화되는 '민주주의의 보수화' 현상이 만연하게 된 것이다.[21] 송경동의 르포("우리는 한평생이 IMF였어"-IMF 2년, 건설 노동자의 삶」)는 안산역 건설일용노동자의 불안정 노동, 실업 그리고 노숙 생활을 드러냈다. "쓰레기인간"(401쪽)으로 스스로를 자조하는 이들에게, '우린 평생이 IMF'라는 현실은 새로운 일이 아니었던 것이다.

2000년대 한국 사회는 경제위기 이후 새로운 가능성을 찾고자 했으나,

다문화의 공간으로」, 서울역사박물관, 2013.
21 최장집, 『민주화 이후의 민주주의』, 후마니타스, 2002.

사회 각 부분과 일상에서 양극화와 피폐함이 한층 심화된 시기다. 2000년 역사적인 남북 간 6·15공동선언이 이뤄졌다. 하지만 이듬해 2001년 9·11 테러로 북한은 '악의 축'으로 지목됐고 남북관계는 경색됐다. 김대중 정권은 친인척 부패 사건으로 재집권이 불투명했다. 2002년 한일공동월드컵으로 '붉은 악마'라는 집단적 열정이 폭발하면서 연말 대선 국면에서는 지역주의를 타파하고 시민의 밑으로부터 참여를 촉구하는 노무현-노사모 현상이 가속화됐다. 예상치 못한 노무현의 대선 승리는 노사모라는 시민참여 민주주의에 대한 기대를 폭발시키고, 네티즌을 통한 전자민주주의 혁명이 개시됐다.

하지만 2002년에 잊어서는 안 되는 사건은 '효순·미선 사건'이다. 이른바 '촛불시위'가 점화된 시기가 바로 이 사건부터였다.[22] 이 책에서 공선옥의 르포(「못다 핀 꽃 두 송이 미선이, 효순이」)는 두 여성이 미군 장갑차에 의해 사망한 의정부로 찾아가 기지 앞의 시위 풍경, 미군을 국내법으로 처벌할 수 없는 한미 간 불평등을 1980년대 반미운동과는 다른 반미라는 차원에서 사유하게 만든다.

기대와 가능성으로 출발했던 노무현 정부는 2003년 열린우리당 창당 이후 하락세를 걷다가, 2005년 '탄핵정국'과 17대 총선 압승을 통해 일시적인 지지를 회복했다. 하지만 국가보안법, 사립학교법, 과거사법, 언론관계법 등 4대 개혁입법 논란, 이틀에 한 명꼴로 132명의 노동자구속, 자본편중적인 '노사관계 로드맵' 등으로 비판을 받았다. 2004년 대구참사를 다룬 박영희의 르포(「막장을 달리는 지하철」)는 "지하철은 벤처가 아니다"(441쪽)라는 문구처럼 공공부문을 이윤을 위해 바꾸려는 지하철의 고용불안,

---

22 2002년 촛불시위에 관해서는 김원, 「사회운동의 새로운 구성방식에 대한 연구—2002년 촛불시위를 중심으로」, 『담론 201』 8집 2호, 한국사회역사학회, 2005.

1인 승무원제 등의 제도가 이미 참사를 낳을 수 밖에 없었던 '구조적 조건'이었음을 노동조건을 통해 드러낸다. 뿐만 아니라 사망한 비정규직 청소용역 여성노동자들은 죽은 뒤에도 차별받고 있다는 '신자유주의의 잔인함'을 폭로했다.

2003년 노무현 정부는 이라크파병으로 다시 논란에 휩싸인다. 북핵사태 해결과 한미동맹 공고화 등을 이유로 파병을 하게 되자, 국회가 평화의 길을 버리고 전쟁의 길을 선택한 치욕의 날로 기억될 것이라는 비판뿐 아니라, 민주노총 등 46개 단체 모임인 전국민중연대와 한국노총 등은 국회 주변을 에워싸고 파병 반대 시위를 벌였다. 그 결과 노무현 정부는 지지층이 대거 이탈하며 위기에 봉착한다. 오수연(「전쟁과 독재를 견딘 이라크 작가들」)은 사담 후세인 이후 이라크 문인들에 대한 현지 르포를 통해 이라크의 검열, 침묵조차 불만으로 여기는 문학에 대한 통제, 문학이 정치에 종속되어 예술적 가능성을 말살당한 현실을 그들의 목소리를 불러내어 독자에게 들려준다. 이라크의 현실은 다른 나라의 현실이 아닌, 한국의 현실이며, "이라크 작가들처럼, 쓰고 또 쓰며 견디기로"(465쪽) 하는 결의를 이 르포에서는 잔잔하게 전한다.

노무현 정부 시기 또 다른 중요한 문제는 '이주노동자'였다. 자본의 세계화에 따라 노동의 이주가 본격화되고 한국 사회에서도 이주노동이 늘어나게 된다. 하지만 이들에 대한 인권침해, 노동권 침해 등의 문제가 불거지고 조직적 행동이 늘어갔다.[23] 2003년 7월 31일 국회에서 고용허가제 법률안이 통과됨에 따라 1990년대 이후 이주노동자운동의 주요 목표 가운데 하나였던 '근로자'로서 지위 인정 투쟁이 종결되었다는 견해도 존재한다.

---

23   1990년대 후반 이후 한국 사회 이주노동담론에 관해서는 김원, 「한국 사회 이주노동을 둘러싼 담론분석」, 『정신문화연구』 28집 2호, 한국학중앙연구원, 2005.

하지만 다른 일각에서는 국가의 고용허가제가 이주노동자의 자유로운 이동을 막는 산업연수생제도의 '재판'이란 비판도 공존했다. 김해자의 르포(「다른 세상은 가능하다―이주노동자 이야기」)는 이주민/노동자로서 이들의 현실을 그들 자신의 목소리를 통해 들려준다. 또 하나의 잊어서는 안 되는 문제가 미군기지 이전을 둘러싼 대추리 투쟁이다.[24] 박수정(「어느 낯, 대추리에 가다」)은 2006년 5월 이후 미군기지 확장을 둘러싼 정부와 주민 간의 갈등을 담담하게 그리고 있다. 철조망, 이동식 화장실 등 대추리의 풍경을 보여주며 "야만을 멈춰라", "미군 막기 대장부"(508쪽) 그리고 대추리 사람들이 한국전쟁 시기부터 대추리를 가꿔온 생애사를 들려주며 "대추리는 싸우고 있다"(516쪽)는 미군기지 확장 투쟁에 동참을 호소한다.

집권 막바지인 2005~2006년에도 노무현 정부는 한나라당과 대연정 제안으로 지지율이 10퍼센트 밑으로 급락했고, 이듬해에는 한미FTA협상, 4년 연임개헌 제안 등으로 '몰락'에 이르렀다. 2007년 연말 선거에서 압승한 한나라당이 집권한 시기, 2000년대 막바지는 보수정권 이명박 정권과 더불어 시작된다. 실용주의와 4대강 사업으로 잃어버린 10년을 되찾겠다고 선언한 이명박 정부는, 집권 직후 고소영 내각, 뉴타운 논쟁, 미네르바 신드롬 등으로 논란에 휩싸였다. 보수정권의 정책에 첫 번째 브레이크를 건 것은 2008년 미국산 광우병 소고기 수입 반대 촛불시위였다. 2008년 촛불시위는 2002년 이후 최대 규모 대중 시위로 초기 보수정권을 위기로 몰아넣었다.[25] 이듬해인 2009년 이 책에 실린 윤예영의 르포

---

[24] 대추리에 관해서는 박래군, 『아! 대추리―대추리 주민들의 평택 미군기지 확장이전 반대 투쟁기록』, 사람생각, 2010; 정일건, 〈대추리전쟁―평택 미군기지 확장 반대 이야기〉, 푸른영상 제작, 2006; 김정희, 『대추리 아이들』, 사계절, 2009. 매향리 투쟁에 대한 연구로는 윤충로, 「전장의 일상화와 고통의 재구성―매향리 사례를 중심으로」, 『경제와 사회』 제102호, 2014 참조.

[25] 자세한 내용은 조정환, 『미네르바의 촛불』, 갈무리, 2009; 당대비평 기획위원회, 『그대는 왜 촛불을 끄셨나요』, 산책자, 2009 등 참조.

(「용산으로 이어진 길, 가깝고도 먼」)를 포함한 6·9 작가선언 등을 통해 재개발의 사각지대인 '용산참사'에 대한 책임자 처벌 등 항의가 일어났다.[26] 2000년대를 넘어갈수록 한국 사회를 재현하는 르포의 주제와 범위는 이처럼 갈수록 넓어져 갔다.

4. 최근 르포와 현실[27]

최근 2010년 이후 르포들에서 주목되는 첫 번째 경향은 '차별'이다. 한국 사회에서 차별은 새로운 문제가 아니다. 국민으로서 자격을 박탈당한 개인과 집단에 대한 노골적인 차별은 불안정노동자, 이주민 등이 한국 사회와 관계 맺는 것조차 어렵게 만들고 있다.『4천원 인생―열심히 일해도 가난한 우리 시대의 노동일기』(안수찬, 한겨레출판사, 2010)에서 드러난 가장 가시적인 것은 언어를 통한 차별이다. 대형마트 노동자들은 겉으로는 '형님'으로 불리면서 나이를 존중받는 듯이 보인다. 그러나 형님이란 호칭은, 존중받아야 할 기술이나 지식을 인정받지 못하는, 타파해야 할 연공서열(年功序列)조차 없다는 현실의 반영이다. 르포『우리가 보이나요―홍익대 청소 경비 노동자 이야기』(이승원·정경원, 한내, 2011)에서 청소노동자들의 경우도 크게 다르지 않다. 홍익대 청소노동자 투쟁에서, 학교 측은 기혼여성인 이들에게 '즈그년', '썩을 년' 등 반말과 쌍소리를 서슴지 않았다. 뿐만 아니라 소장이 오면 반드시 일어나서 인사를 해야 한다는 식의 군기를 잡는 것은 인간의 존엄성 자체를 무시하는 행위였다. 바로 이들에게 중요했

---

26 용산참사에 대한 르포는 6·9 작가선언,『이것은 사람의 말―6·9 작가선언』, 이매진, 2009; 강곤 외,『여기 사람이 있다―대한민국 개발 잔혹사, 철거민의 삶』, 삶이 보이는 창, 2009 참조.
27 4장과 5장은 김원,「서발턴의 재림―2000년대 르포에 나타난 99퍼센트의 현실」,『실천문학』 2012년 봄호 중 일부를 축약 재구성한 것이다.

던 것은 저임금-장시간 노동이기도 했지만 무시당한다는 사실이었다. 심각한 문제는 정규직과 비정규직 그리고 그 사이에 차별에 대한 인식조차 부재하다는 점이다. 'poor-hard working'이란 말은, 자신이 당하는 것이 차별인지조차 파악하는 것을 어렵게 만든다.

다음 화두는 트라우마와 고통 그리고 비가시화다. 이들의 고통은 자신만이 아닌, 가족과 세대를 넘나든다. 또한 고통은 이들을 투명인간이나 유령처럼 존재하지만 존재하지 않는 것처럼 만든다. 쌍용자동차 비대위를 기록한 르포 『연두색 여름—쌍용자동차가족대책위 이야기』(홍새라·쌍용자동차 가족대책위원회, 한내, 2009)에는, 노란 봉투 해고통지서가 날아온 뒤 주변 아이들로부터 "거지"라고 놀림을 받는 해고자의 아이들, 급식비를 지원해준다는 명분으로 아버지가 해고자인 사람을 손을 들게 하는 폭력 그리고 해고 이후 이어지는 자살과 죽음의 행렬이란 트라우마가 절절하게 기록돼있다.

마지막으로 최근 씌어진 르포 가운데 가장 충격적인 폭로로 가득 찬 작품은 『삼성이 버린 또 하나의 가족』(희정, 아카이브, 2011)이다. 이 르포에는 삼성반도체의 노동과정, 삼성 측의 산재 방치, 삼성 신화의 허구성, 산재노동자에 대한 삼성의 반인간적 행태 등이 적나라하게 기술되어 있다.

산재에 대한 삼성의 태도는 돈으로 산재환자를 설득하고, 삼성은 아무런 책임이 없다는 것으로 일관되었다. 산재로 항의를 하는 노동자에게 삼성은 "산재라니요. 증거 있으세요? 큰 회사를 상대로 싸우려면 싸워보시든가요"로 응수했다. 노동자가 사망했을 경우에도 삼성은, "초일류기업이라서 성의 표시를 하는 거다"이지 삼성 측의 잘못은 절대 인정하지 않았다.[28] 보상 시에도 삼성 측은, 소송 취하, 민주노총 및 사회단체와 만나지 말 것

---

28 희정, 『삼성이 버린 또 하나의 가족』, 165쪽.

등을 조건으로 억대 보상금을 입금했다. 늘 삼성은 유감이라는 말을 입에 달지만 이를 전하는 방법을 몰랐다. 산재 사망자인 연제옥의 동생은 삼성이 저지른 수많은 잘못 가운데 하나로 "삼성은 자식을 잃은 부모님 앞에서 돈 이야기만 했습니다"라고 짚었다.[29] 여전히 삼성은 반도체 공정에서 유해물질이 배출되고 이로 인해 치명적인 병이 발생할 수 있다는 것을 알고 있었다. 그렇기에 관련자들은 그것은 산재가 아닌, "살인"이라고 외치는 것이다. 그럼에도 이들은 생존을 위해 신체의 안전선(安全線)보다 삶의 안전선을 선택할 수밖에 없었다.

이처럼 2010년 이후 최근 르포에는 주목할 만한 미덕이 있다. 그것은 관찰자나 지배적 질서의 공범자로부터 벗어나기와 성찰성이다. 삼성반도체 산업재해 피해자들에 대한 르포는 폭로와 한국 사회의 공범자 심리에 대해 적나라하게 파헤치고 있다. 바로 삼성 신화 속에서 한국 사회가 약자를 희생시켜 남은 자들이 이익을 나눠 갖는 약탈 경제에서 벗어나지 못했음을 폭로하고, 지금 이 순간에도 삼성이 무슨 일을 저지르는지 알고 싶어 하지 않는 우리 자신도 삼성이 저지른 산업재해 은폐라는 살인에 공조하는 공범일 수도 있다는 사실을 강조했다.

다음으로 성찰성은 유령과 같은 서발턴들의 언어를 이해하고 들어줌으로써, 르포 작가 스스로 성찰을 해 나가는 것이다. 최근 르포에서 등장하는 이들의 언어는 선정적이며 단발마적일지 모르지만, 그 날것의 언어 속에는 진실이 담겨 있다. 동시에 '들어주기'를 들 수 있다. 노숙인과 생활하는 실무자들에게 중요한 것은 들어주기였다. 대부분 깊은 고독의 그림자를 지닌 이들에게 '들어주기'란 대화와 소통이다. 육체적 질병도 중요하지만 '도심 속의 섬'처럼 살아가는 이들에게 더욱 중요한 것은 다른 사람과의

---

29   위의 책, 168쪽.

대화와 소통이다. 또 르포를 통해 이들의 삶을 써나가면서 작가 자신의 상처, 욕망을 성찰할 수 있기도 했다. 바로 이것이 최근 르포가 지닌 '공감'의 힘이다.

5. 르포, 기억하기 그리고 공감하기

1970년대 개발주의 시기 이래 도시 하층민, 미성년자와 소년범, 가난한 여성, 탄광이라는 사회적 게토에 갇힌 광부들 그리고 생계와 안온한 삶의 터를 빼앗긴 도시 빈민 등은 르포의 주요 소재였다. 그리고 최근 르포의 주인공 역시 고정된 존재가 아닌 시기별로 다른 이질성을 지닌 존재들이다. 당시에는 이들을 호명할 용어가 부재했기에 인식이 불가능했다. 하지만 시간이 지나면서 우발적인 사건 등을 계기로 이들의 존재가 가시화되었다. 마치 유해 물질이 사라지지 않고 노후 설비와 유독 물질을 사용하는 공정이 하청업체 직원, 임시계약직, 이주노동자 몫으로 이전되고, 개발도상국 반도체 산업의 그늘은 중국이나 제3세계 노동자들이 10년 뒤에 겪게 될 일이듯이 말이다.

지금도 이들은 망각을 강요당하고 있지만 여전히 기억되어야 하며 그들의 말은 한국 사회에서 공유되어야 한다. 우리는 그들이 남긴 '흔적'을 찾는 것을 멈추어서는 안 된다. 또한 이들의 고통에 대한 연대의 손을 내밀기에 두려워해서도 안 된다. 현대사의 르포에서 기록된 이들은 지배적 역사 서사에 의해 언급되는 것조차 불경스럽고 위험하기 짝이 없는 존재들이기 때문이다. 하지만 그들은 기억과 사건이라는 '흔적'을 남겼다. 이 점에서 르포를 통해 기자와 작가들이 그들의 내면을 들여다보고자 하며, 이들이 남긴 흔적을 찾아내어 그들에게 이름을 붙여주고 그들의 침묵과 고통에 공감할 수 있는 장을 마련하려는 것은 고무적이다. 바로 이들이 입이 없는 이들을 오감(五感)을 통해 만나 실업자 수, 최저임금 등의 수치나 통계로 환원되지 않는 노동사회를 이해하고, 호명되지 않은 많은 노동자의 개인사를 복기하기 위해선 현실에 대한 충분한 이해가 우선되어야 한다. 하지만 아직도 한국 사회에서 이들 비가시적 존재들의 문제의식을 공유하려는 노력 자체가 부족한 현실이다.

평소 시민들은 여성들을 서비스업이나 청소용역에 종사한다고 무시하고 차별 대우했다. 하지만 매장 점거와 농성이라는 사건을 통해, 시민들은 여성 조합원들도 같은 지역 주민이자 시민임을 인식하게 되었다. 다시 말해서 이들 사건은 지배담론에 의한 '자리 정해짐'에 균열을 냈다. 하지만 이런 사건들조차 이른바 현대사의 '정전(canon)'과는 거리가 존재했다. 이들은 제도화된 지식과는 다른 모습인 광주대단지 사건, 동일방직 여성들의 똥물 사건과 나체시위, 1980년 광주항쟁 이후 떠돌아다녔던 비공식 문건들, 르포 문학의 모습으로 우리 앞에 등장했다. 이들은 시, 소설, 문학, 다큐멘터리, 수기, 르포, 연극, 타령, 춤, 굿, 신세타령, 그림 등 문자로 회귀되지 않는 자기 재현의 형태일 것이다. 트라우마를 지닌 이들은 자신의 행위 의도를 초과하는 감정과 경험을 흐느낌이나 울음, 떨림 등 소리 언어와 비언어적 표현으로 드러내거나 육화된 언어로만 표현될 수 있는 재현의 형태를 보이기도 한다. 앞으로도 르포를 통한 주체들의 재현은 '정전'으로서 역사 서사와 충돌과 거리두기를 반복할 것이며 이 점에서 최근 르포의 확산은 서발턴의 재림 가능성을 보여주는 징후다.

르포 '문학'의 복권을 위하여

장성규 (문학평론가)

1. 문학의 '공백'으로서의 르포 '문학'[1]

아직 엄밀한 통계로 입증되지는 않았으나, 아마도 1980년대 문학 텍스트 중에서 가장 광범위하게 당대 사람들의 '삶'에 영향을 미친 것은 고(故) 조영래가 쓴 『전태일 평전』(돌베개, 1983)이 아닐까 싶다. 이와 유사하게 1970년대 소수의 엘리트층이 아닌 다수 대중에게 또 다른 의미에서의 '정전'으로 기능했던 것 중 하나는 유동우의 『어느 돌멩이의 외침』(청년사, 1984)이었을 듯하다. 그리고 이는 1990년대 『체 게바라 평전』(장 코르미에, 김미선 역, 실천문학사, 2000)이나 2000년대 『88만원 세대』(우석훈·박권일, 레디앙,

---

[1] 이 글은 졸고(「한국현대르포문학사 서술을 위한 시론」, 『국제어문』, 2015. 6)를 이 책에 수록된 작품에 대한 해설 중심으로 보완·수정한 것임을 밝혀둔다.

2007), 그리고 2010년대 공지영의 『의자놀이』(휴머니스트, 2012) 등에도 마찬가지로 적용 가능할 듯하다.

그럼에도 이들 텍스트는 문학 연구에서 배제되어 있다. 주류 문학연구자들에 의해 문학은 시, 소설, 희곡의 세 가지로 분류되었고, 비평이 이들 텍스트를 추동하는 내적 논리로서 승인되었다. 현재 거의 모든 문학 이론이 시, 소설, 희곡을 중심으로 서술되어 있다는 사실이 이를 단적으로 보여준다. 문제는 이 과정에서 위에서 언급한 텍스트들은 '문학'의 외부로 추방된다는 사실이다. 그렇다면 우리가 자명한 것으로 간주하는 문학이란 결국 소수 엘리트층에 의해 구성된 '그들만의 리그'일 수도 있을 것이다. 바꾸어 말하자면 문학의 공공성을 복원하려는 문학 연구는, 기존의 주류적인 장르 이외에도 다수 대중의 삶에 영향을 미친 다양한 장르에 속하는 텍스트들에 대한 체계적인 분석과 의미 부여를 통해서만 비로소 가능할 수 있을 것이다.

이러한 문제의식에서 특히 르포 장르는 매우 중요한 위상을 지닌다. 르포는 서사 구성물이라는 점에서 문학적 특성을 지니지만, '픽션'을 절대화하는 근대 문학의 규범에 의해 문학장 외부로 추방된 바 있다. 그러나 '픽션'만이 서사문학을 구성하는 것으로 재단될 이유는 존재하지 않는다. 오히려 중요한 것은 르포가 지니고 있는 독특한 고유의 미적 속성을 귀납적인 방식으로 추출하고, 이로부터 르포 '문학'에 대한 재인식을 시도하는 연구자의 자의식이다. 그리고 이를 통해 르포 문학사를 서술하고, 온전한 의미에서의 문학사적 공공성을 구성하려는 지적 기획이다.

그런 면에서 이 책에 실린 르포들은 각별한 의미를 지닌다. 르포 문학에 대한 연구가 부재한 이유 중 하나는, 르포가 문학장 외부로 추방되어 체계적인 형식으로 수합되고 유통될 수 있는 매개, 즉 책 자체가 부족했기 때문이다. 특히 과거의 여러 매체들에 산개되어 있는 르포들의 경우 그 중요성에도 불구하고 충분히 접근할 수 있는 기회를 얻지 못한 것이 사실이다. 이 글은 이 책에 실린 르포들을 통해 우리 르포 문학의 역사와 그 미적 특성에 대한 논의를 촉발시키고자 하는 작은 시도일 따름이다.

2. 공적 담론장 '외부'의 증언과, 다른 '리얼리티'의 복원

르포 문학을 접할 경우 우선 마주치게 되는 것은 공적 담론장 '외부'의 증언들이다. 이는 르포가 '문학'이기에 가능한 일인데, 예컨대 역사 서술과 같은 공적 담론으로 환원되지 않는 미시적이지만 중요한 사실들의 기록이 르포 텍스트를 통해 복원 가능하다.

　박태순은 여러 모로 흥미로운 작가다. 한편으로는 『산문시대』의 동인이면서 4·19 세대를 대표하는 작가라는 점에서 그러하지만, 동시에 그가 1970년대 이후 르포 창작에 나섰다는 점에서 그러하다. 그는 4·19를 다룬 일련의 소설을 발표하고 이후 도시 주변부의 삶을 소설화한 후, 몇 편의 르포를 발표한다. 그 첫 텍스트가 바로 '전태일'의 죽음을 다룬 「소신(燒身)의 경고(警告)—평화시장 재단사 전태일(全泰壹)의 얼」이다. 여기서 주목되는 것은 그의 르포를 통해 전태일에 대해 공적 담론장에 기록되지 않는 중요한 사실들을 복원할 수 있다는 것이다. 특히 박태순의 르포를 통해 우리는 비로소 전태일 열사가 죽기 전 "가공적인 편지"(24쪽)와 "자서전적인 대하소설"(25쪽)을 썼음을 알 수 있다. 물론 이후 『내 죽음을 헛되이 하지 말라』[2]는 제목으로 그의 일기, 수기, 편지 등을 모은 단행본이 출간되지만, 이 단행본이 출간되기 전까지 전태일이 쓴 "가공적인 편지"와 "자서전적인 대하소설"의 존재는 알려지지 못했다. 거기에다 박태순의 르포에 기

2　전태일·전태일기념사업회 엮음, 『내 죽음을 헛되이 말라』, 돌베개, 1988.

록된 "45장(章)에 이르는 방대한 계획을 세워" 구상한 소설의 "목차"는 위의 책에도 수록되어 있지 않으며(25쪽), 박태순이 발췌한 내용 역시 마찬가지다.[3] 결국 전태일이 쓴 소설은 박태순의 르포를 통해서만 그 존재를 확인할 수 있는 셈이다.

이러한 공적 담론장 외부의 증언들은 이 책에 수록된 르포들에 매우 잘 기록되어 있다. 예컨대 고(故) 문익환 목사의 북한 방문기인 「걸어서라도 갈테야」는 다름 아닌 수사기관에서의 '진술서' 형식을 지니고 있다. 집필이 불가능한 상황, 그로 인해 공적 담론장에 진입할 수 없는 증언들은 때로는 이처럼 아이러니한 형식을 빌려 발화되기도 한다. 오히려 어떤 면에서는 다소 서술자의 주관적 감상에 기울어질 수 있는 위험이 '진술서'라는 형식을 통해 매우 객관적이고 세밀하게 기록되기도 한다.

정지아의 「한잔 들쭉술에 녹을 60년 세월인 것을—소설가 정지아의 북녘 기행」의 경우에는 2005년 북에서 열린 '남북작가대회'를 생생히 기록하고 있다. 이 르포의 경우 이른바 '6·15 시대의 문학'이라는 거대 담론으로 환원되지 않는 세밀한 증언을 풍부히 담고 있어 흥미롭다. 공적 담론장에서 '남북작가대회'는 "'통일문학상' 제정이나 '6·15 민족문학인협회' 결성, 『통일문학』 발행"(496쪽) 등의 항목으로 기록되기 마련이다. 반면 르포는 바로 '문학'이기에 이러한 말들의 미세한 틈새를 증언한다. 예컨대 "가슴에는 김일성 수령을 품고, 몸으로는 상품을 팔아야 하는"(494쪽) 북한의 현실에 대한 기록이나, "차창 밖의 풍경조차 사진에 담지 못하게 하고, 호텔 밖

3   『내 죽음을 헛되이 말라』의 서문에는 이에 대한 사정이 어느 정도 서술되어 있다. "동지는 모두 5권의 노트를 남겼다. 그런데 분신 직후, 조선일보사에서 기사 작성에 참고한다며 가져갔는데, 일기의 중요한 부분들이 예리한 면도칼에 의해 잘려나가 없어져버린 채 되돌아 왔다. 이후 동지의 가족은 1년여에 걸쳐 없어진 일기를 되찾으려 무진 애를 썼으나 결국 돌려받지 못했다. 게다가 1978년 어느 날에는 동지의 가족들이 집을 비운 사이에 일기장 3권을 집을 뒤져 도둑질해 간 일도 일어났다. 일기마저 동지의 혼과 사상이 세상에 알려질세라 빼앗고 도둑질해 가는 등 비열한 탄압을 해 온 것이다."(「전태일 전집을 펴내면서」, 위의 책, 7쪽)

으로는 한 발짝도 나가지 못하게 하고, 두 번의 만찬에서 서열에 따라 자리를 배치하"(495쪽)는 미시적 차원에서의 사적 영역의 폐쇄에 대한 기록이 그러하다. 그리고 그럼에도 불구하고, "분단의 한 시대가 저물어가고 있다는 사실"(498쪽)을 확인하는 서술자의 정체성 역시 중요한 증언일 것이다.

비단 이들의 르포뿐 아니라 1985년 발표 당시 금기시되었던 1980년 광주 항쟁에 대한 매우 면밀한 증언을 보여주는 윤재걸의 르포(「광주, 그 비극의 10일간」), 1987년 6월 항쟁을 다룬 노동 현실의 르포(「6월 항쟁, 민주국가 문은 열었다」), 이주노동자들의 목소리를 담은 김해자의 르포(「다른 세상은 가능하다—이주노동자 이야기」), 2006년 평택 대추리 미군기지 이전 반대 투쟁을 다룬 박수정의 르포(「어느 낮, 대추리에 가다」) 등은 모두 공통적으로 대문자 역사(History)에서 배제된 이들의 '낮은 목소리'를 증언하고 있다. 이는 르포 문학이 거대 담론으로 환원되지 않는 외부의 리얼리티를 복원하기 위한 중요한 문학적 양식임을 보여주는 구체적인 사례로 평가될 수 있을 것이다. 특히 역사 서술에서 간과되기 쉬운 구체적 개인의 내면과 부차적인 것으로 간주되는 조그마한 틈새에 대한 증언은 르포 문학만이 수행할 수 있는 매우 중요한 미적 성과로 볼 수 있을 것이다.

3. 이질적인 장르 혼종과 다성적 텍스트의 구성

1980년대 민중문학운동에서 중요한 위상을 지니는 소설가 김남일 역시 르포를 발표한 바 있다. 이 책에 수록된 그의「노동운동의 성지 모란공원」은 르포 문학 고유의 구성 원리에 관련되어 중요한 가치를 지닌다. 이 텍스트의 서술자는 모란공원에서 "간단한 추모의 예를 올리고, 나는 지극히 직업적으로 비문과 추모비의 글귀들을 적어 내려갔다"(249쪽)라고 진술한다. 그리고 곧 텍스트에는 박영진 열사가 죽기 전에 투쟁의 결의를 담은 글, 박래전 열사의 자작시 「동화(冬花)」, 전태일 열사의 추모비에 쓰여진 조영래와 장일순의 글, 문송면 열사의 추모비문, 박종철 열사의 추모비에 쓰여진 서울대 언어학과 학생들의 시 「우리는 결코 너를 빼앗길 수 없다」 등이 그대로 삽입된다.

이러한 구성으로 인해 김남일의 르포는 매우 다양한 장르 간의 혼종이 일어난다. 서술자에 의한 기록은 물론, 그의 회고에 의한 역사적 사건의 기술, 시와 비문, 민중가요와 대중가요 노래가사의 변용(노가바) 등이 이 르포를 구성하고 있는 장르들이다. 즉, 이 르포는 르포라는 특정 장르의 규범을 통해 구성되는 것이 아니라, 역으로 다양한 이질적인 장르들의 혼종을 통해 새로운 장르적 특성을 획득하는 것이다.

이와 같은 양상은 황석영의 르포에서 보다 뚜렷이 나타난다. 황석영의 경우 작품 활동 초기부터 르포 창작을 병행하거나, 혹은 르포를 토대로 소설을 창작하는 경향을 보여준다. 이는 작품 활동 초기부터 르포와 소설을 공히 서사 장르로 통합하여 인식하고 있었음을 방증한다. 이는 그의 르포에서 구체화되어 나타난다. 그의 르포 「벽지(僻地)의 하늘」에는 탄광 사측 관계자나 지역 의사, 노동자들과의 인터뷰는 물론, 신문기사, 일기 등 다양한 서사 텍스트가 삽입되어 있다. 이들 이질적인 장르들은 각각의 특성에 따라 상이한 효과를 생성하며 하나의 르포에서 독특한 장르적 특성을 새롭게 구성한다. 특히 황석영의 경우 이후에도 지속적으로 르포를 창작하는 한편, 이와 상호텍스트성을 지닌 소설을 발표한다는 점에서 르포 문학의 장르적 특성과 관련하여 매우 중요한 작가로 평가될 수 있다.

이들 외에도 1996년 산업재해 현장을 다룬 방현석의 르포(「"여기는 목숨을 담보로 한 곡예 작업장"—60년대로 돌아간 한라중공업 삼호조선소의 산업재해」), 1997년 IMF사건을 다룬 송경동의 르포(「"우리는 한평생이 IMF였어"—IMF 2년, 건설 노동자의 삶」), 2002년 미군 장갑차 사건을 다룬 공선옥의 르포(「못다 핀 꽃 두 송이 미선이, 효순이」), 2003년 대구지하철참사를 다룬 박영희의 르포(「막장을 달리는 지하철」) 등 역시 인터뷰, 공문서, 신문기사, 노래가사 등을 비롯한 다양한 서사 장르를 활용하고 있다. 이들 이질적 서사 장르들은 각기 다른 장르적 특성을 드러내며 하나의 르포 텍스트를 구성한다. 그리고 르포는 바로 이질적인 텍스트들로 구성되기 때문에 작가의 목소리뿐 아니라 다양한 목소리들을 담아내는 다성적 성격을 획득한다. 이는 르포만의 독특한 장르적 특성을 보여주는 구체적인 사례라는 점에서 중요한 문학적 의미를 지니는 것으로 평가할 수 있을 것이다.

4. 기록자의 자기 인식과 서술적 정체성의 모색

르포의 경우 기록하는 주체와 기록하는 대상 간의 상호 교섭이 매우 강하게 수행되는 특성을 지닌다. 특히 이 과정에서 기록자가 보다 진전된 자기 인식을 획득하기도 하며, 이를 통해 서술적 정체성을 모색하기도 한다. 이 점이 중요한 것은 르포가 단순한 대상에 대한 객관적 기록이 아니라, 문학의 한 장르로서 서술자의 내적 변화를 추동하는 미적 규범을 지닌다는 사실 때문이다. 특히 이 과정에서 서술자가 서술 대상과 교감하지 못하거나, 혹은 서술자가 자신의 입장을 과도하게 내세워 서술 대상이 지니는 고유성을 손쉽게 해소시킬 위험이 존재한다는 사실은 충분히 고려되어야 할 필요가 있다. 이러한 경우 텍스트는 르포가 아니라 대상을 비판하는 계몽적 논설이나, 혹은 대상과 서술자를 동일한 것으로 설정하는 의사 체험 수기가 될 위험이 크다. 이런 맥락에서 '서술적 정체성'의 모색은 르포 장르의 핵심적인 미적 규범으로 볼 수 있다.

공지영의 르포인 「부엌에서 우루과이라운드까지―여성 농민의 하루」은 서술 주체와 서술 대상 간의 거리 확보를 통해 위와 같은 위험을 피하고 있는 텍스트로 평가할 수 있다. 이 텍스트는 부제처럼 "여성 농민의 하루"를 기록하는 형식을 취하고 있다. 주목되는 것은 서술자와 서술 대상 간의 객관적 거리가 유지되어, 손쉬운 동일화의 위험을 피하고 있다는 점이다. 이 텍스트의 시작에서 서술자는 "서울에서 태어나 서울에서만 30년을 자란" 자신과 "농촌 여성" 간의 차이로 인한 "불안"을 느낀다.(343쪽) 그리고 농촌으로 결혼 올 생각이 있냐는 농촌 여성의 질문에 아니라고 답한다. 그럼에도 서술 대상과의 교감을 통해 여성 농민의 삶을 기록하는 작가로서의 서술적 정체성을 새롭게 획득하게 된다.

안재성의 르포인 「어느 지구조각가의 아침 — 중장비기사의 하루」은 작가로서의 정체성과 중장비기사로서의 정체성이 겹쳐지며 '노동자 작가'라는 중요한 자기 인식이 드러나는 텍스트다. 르포를 쓰고 있는 서술 주체는 작가인 '나'이지만, 동시에 서술되는 서술 대상인 중장비기사 역시 '나'인 셈이다. 그는 이 텍스트를 통해 중장비기사를 "지구조각가"(366쪽)라고 호명하게 된다. 이를 통해 서로 분리된 것처럼 보이는 작가와 중장비기사는 모두 예술가로 인식되며, 나아가 '노동자 작가'라는 새로운 서술적 정체성이 획득된다.

오수연의 르포는 서술적 정체성이라는 측면에서 평가하자면 현재 한국 르포 문학이 이룬 최고의 성과물 중 하나라고 해도 큰 무리가 없을 것이다. 그녀의 「전쟁과 독재를 견딘 이라크 작가들」에서도 이러한 성과는 빛난다. 서술자는 단순히 이라크 작가들을 서술 대상으로 간주하지 않는다. 오히려 역으로 그들로부터 질문을 받기도 하고, 이로부터 자신의 정체성에 대해 고민하기도 한다. 이러한 과정을 거쳐 텍스트 도입부에서 제시된 서술 주체는 결말부에서 완전히 '다른' 서술 주체로 변화한다. 이러한 변화는 서술 주체와 서술 대상 간의 교감과 연대가 매우 진지하게 수행되었기에 가능한 것이다. 그녀는 손쉽게 서술자를 서술 대상과 일치시키지도 않으며, 동시에 서술 대상과의 소통을 통한 새로운 정체성 모색의 가능성을 포기하지도 않는다. 주체와 타자 간의 윤리적인 마주침을 통해 자신의 정체성 자체를 재구성하려는 의지가 미학적 구조로 발현되어있다는 점에서 그녀의 성과는 매우 중요한 것으로 평가할 수 있을 것이다.[4]

  이들 외에도 1991년 5월 투쟁 과정에서 한 아이의 아버지와 작가, 그리고 투쟁 주체로서의 복수(複數)의 정체성에 대한 사유가 드러나는 이원규의 르포(「기수(旗手)」), 1991년 전교조 투쟁 과정에서 교사와 투사 사이의 정체성 모색을 보이는 이상석의 르포(「부신 햇살 어둔 하늘」), 2009년 용산참사의 현장에서 소시민과 작가, 그리고 윤리적 시민의 정체성에 대해 성찰하는 윤예영의 르포(「용산으로 이어진 길, 가깝고도 먼」) 등 역시 모두 기록자의 자기 인식에 기반을 둔 서술적 정체성의 모색을 보여준다는 점에서 중요한 성과로 평가할 수 있을 것이다. 이러한 사례는 특히 르포 문학이 쓰는 주체가 씌어지는 대상과의 교감과 연대를 통해 자신의 정체성 자체를 재구성하는 특성을 지니고 있음을 보여준다는 점에서 주목할 필요가 있을 것이다.

5. 르포 '문학'의 복권을 위하여

이와 같이 르포 문학은 그 풍부한 미학적 성취에도 불구하고 문학장에서 거의 주목되지 못한 것이 사실이다. 여러 가지 이유가 있겠지만 크게 두 가지 사정 때문인 듯하다. 하나는 엘리트주의적 문학장에서 단순한 기록물로 간주되어 문학 '외부'의 것으로 취급되어온 경향이고, 다른 하나는 체계

---

[4] 더불어 오수연이 보여주는 논픽션과 픽션의 장르 혼종 현상 역시 흥미롭다. 이에 대한 연구 역시 르포 문학과 관련하여 중요한 과제로 판단된다.

적인 르포 문학사의 흐름 속에서 주요 텍스트들을 정리하고 수합하여 의미화하려는 연구의 중요성이 간과되어온 경향이다.

그러나 현재 문학의 공공성을 복원하려는 우리에게, 르포 문학은 매우 소중한 자산이다. 르포 문학은 현실의 문제를 핍진하게 형상화하며 고유한 미학적 특성을 통해 타자와의 교감과 연대를 가능하게 한다. 이 책이 의미를 지니는 것은 이 때문이다. 시대의 가장 낮은 곳, 가장 아픈 곳을 증언해온 우리 르포 문학사의 흐름을 모으고, 이로부터 르포 문학 고유의 미학을 모색하는 것은 문학의 공공성 복원에 있어 매우 중요한 과제이기 때문이다. 그리고 2015년 지금, 우리 문학은 최소한의 문학적 공공성의 위기에 직면해있기 때문이다. 그러니 이 책이 단지 과거의 기록이 아니라 현재를 직시하기 위한 사유의 매개가 되기를 바랄 뿐이다.

부록

현대 한국사 연표

현대 한국사의 주요 기록문학

현대 세계사의 주요 기록문학

출전

지은이 약력

현대 한국사 연표

1970년대

1970년
4월 22일	박정희 대통령, 새마을운동 제창
6월 2일	김지하 담시「오적」필화사건
7월 7일	경부고속도로 개통
11월 13일	서울 동대문 평화시장 재단사 전태일 분신
4월 19일	민주수호국민협의회 결성
8월 10일	경기도 광주에서 철거민을 포함한 도시빈민들 대규모 시위. 이른바 광주대단지 사건
10월 15일	서울시내 대학에 위수령 발동

1972년
7월 4일	7·4 남북 공동성명 발표. 자주, 평화, 민족대단결의 3대 원칙 천명
8월 30일	제1차 남북 적십자 회담 평양 개최
10월 17일	박정희 쿠데타. 제3공화정을 무너뜨리고 비상조치 선포. 10월유신
12월 27일	유신헌법 공포

1973년
8월 8일	박정희 정권, 일본 도쿄에서 김대중 납치
10월	중동전쟁으로 인한 제1차 유가파동

1974년
1월 8일	일체의 헌법 개정 논의를 봉쇄하는 대통령 긴급조치 1호와 2호 선포
	4월 민청학련 사건

8월 15일	서울 지하철 1호선 개통, 육영수 여사 피격 사망
11월 18일	고은을 비롯한 문인들, 광화문에서 시위를 갖고 자유실천문인협의회 결성
12월 16일	『동아일보』 광고탄압 사태와 언론자유수호투쟁 전개

1975년
4월 11일	서울대생 김상진, 반독재 양심선언문 발표하고 할복자살
5월 13일	대통령 긴급조치 9호 선포
8월 17일	장준하 의문사

1976년
3월 1일	재야운동권, 3·1민주구국선언
8월 18일	판문점 도끼만행사건
11월	함평고구마사건. 농민운동 최초의 정치투쟁으로 비화

1977년
6월 27일	양성우 시인, 노예수첩 사건으로 연행, 구속

1978년
2월 21일	동일방직 똥물사건
12월	제2차 석유(유가) 파동

1979년
8월 11일	YH 무역 사건
10월 4일	박정희 정권 야당인 신민당 총재 김영삼 제명
10월 16~17일	부마항쟁
10월 26일	박정희 대통령 피격 사망
11월 24일	통일주체국민회의를 통한 대통령 간접선거 저지를 위한 YWCA위장결혼식 사건
12월 12일	전두환의 신군부 12·12 군사쿠데타

1980년대

1980년
4월 21일	사북탄광 광부들, 임금 인상과 어용노조 해산을 요구하며 농성
5월 17일	신군부, 비상계엄 전국확대 및 휴교령
5월 18일~27일	5·18 광주민주화운동(광주항쟁)
7월 31일	창작과비평사, 문학과지성사 포함 172개 정기간행물 등록 취소
11월 12일	언론 통폐합과 언론기본법 제정

1981년
2월 25일	대통령선거인단, 제12대 대통령선거. 전두환 당선(득표율 90.2퍼센트)
6월 10일	전국민주학생연맹·전국민주노동자연맹 사건(학림사건)

1982년
3월 18일	부산 미문화원 방화사건
3월 27일	한국 프로야구 개막전

1983년
6월 30일	KBS 이산가족 찾기 생방송
9월 1일	KAL007기 캄차카 상공에서 격추
9월 30일	민주화운동청년연합(민청련) 결성(초대 의장 김근태)
10월 9일	아웅산 묘역 폭탄테러사건

1984년
10월 25일	대우어패럴 노동자들 농성

1985년
2월 12일	총선에서 신민당 제1야당으로 약진
3월 29일	민주통일민중운동연합(민통련) 결성(초대 의장 문익환)
5월 23일	서울미문화원 점거농성투쟁
6월 24일	구로노동자 동맹파업
	7월 중순 『민중교육』지 사건. 계간 『실천문학』 언론기본법 위반 혐의로 등록 취소 폐간
8월 25일	노동자 대중정치조직 서울노동운동연합(서노련) 출범
12월 9일	창작과비평사 출판등록 취소

1986년

3월 17일	신흥정밀 노동자 박영진 분신자살
4월 28일	서울대생 김세진, 이재호 반미 구호를 외치며 분신자살
5월 10일	교육민주화선언
	7월 부천서 성고문사건
9월 6일	『월간 말』지, 제5공화국 보도지침 폭로
10월 28일	삼민투쟁위원회(삼민투), 건대사태 주도. 1,525명 연행
10월 30일	전두환, 북한의 수공(水攻)에 대처한다는 명분으로 평화의 댐 건설 발표

1987년

1월 14일	박종철, 고문으로 사망
4월 13일	전두환, 4·13호헌조치
6월 9일	연세대생 이한열 군 시위 도중 최루탄에 맞아 중태(7월 5일 사망)
6월 10일	민정당 전당대회 개최. 노태우 대통령 후보로 선출. 6월 민주항쟁 개시
6월 29일	6·29 선언
7월~9월	노동자대투쟁
11월 29일	대한항공 858편 실종사건
12월 16일	제13대 대통령선거에서 노태우 당선

1988년

7월 19일	납월북작가 해금
9월 17일	서울 올림픽 개막

1989년

3월 20일	소설가 황석영 북한 방문
3월 25일	문익환 목사 북한 방문
5월 28일	전국교직원노동조합 결성(초대 위원장 윤영규)
6월 30일	전대협 대표 임수경 방북
11월 12일	남한사회주의노동자동맹(사노맹) 공식 출범

1990년대

1990년

1월 22일	전국노동조합협의회 창립대회
9월 5일	제1차 남북고위급회담 개최(서울)

10월 1일	한국과 소련, 국교 수립
10월 4일	윤석영 이병, 보안사 민간인 사찰기록 공개 양심선언
10월 29일	정부, 우루과이라운드 무역협상 관련 수입제한품목 관세 수용 오퍼리스트를 가트(GATT)에 제출

1991년

4월 26일	명지대생 강경대 치사사건
4월 29일	제41회 세계탁구선수권대회에서 여자단체전 남북단일팀 우승(한반도기 처음 사용)
5월 5일	김지하, 『조선일보』에 「죽음의 굿판 당장 걷어치워라」 기고
5월 25일	성균관대생 김귀정, 시위 도중 경찰의 폭력 진압으로 사망
6월 24일	강기훈, 유서 대필 공방 끝에 검찰에 자진출두
9월 17일	제46차 유엔총회, 한국·북한의 유엔가입을 만장일치로 승인

1992년

8월 22일	한국·중국, 국교 수립. 대만과 단교 발표
9월 2일	MBC 노조 공정방송쟁취 전면 파업
10월 28일	윤금이, 주한미군에게 살해
10월 29일	연세대 마광수 교수, 소설 『즐거운 사라』 음란물 제작 및 배포 혐의로 구속

1993년

2월 25일	김영삼 제14대 대통령 취임, 문민정부 출범
3월 12일	조선민주주의인민공화국, 핵 확산 금지 조약(NPT) 탈퇴 선언
3월 19일	정부, 비전향장기수 이인모 북측에 송환
8월 12일	금융실명제 실시
10월 10일	서해 훼리호 침몰 참사
12월 9일	김영삼 대통령, 쌀시장 개방 특별담화

1994년

7월 8일	김일성 주석 사망. 남북정상회담 무산
8월 29일	삼성전자, 256메가 D램 시제품 세계 최초 개발
10월 21일	성수대교 붕괴

1995년

1월 1일	WTO 정식 가입

6월 25일	쌀 북송선 출항
6월 29일	서울 서초동 삼풍백화점 붕괴사고. 사망 실종 506명, 부상 940여 명

1996년

8월 12일~20일	한총련 학생 1만여 명 연세대 점거투쟁
8월 26일	전두환·노태우 두 전직대통령 반란, 내란 수괴죄 등으로 각각 사형과 무기징역 선고

1997년

1월 23일	한보철강 부도
2월 12일	황장엽 조선민주주의인민공화국 노동당서기 망명
8월 6일	대한항공 801편 괌에서 추락
11월 21일	대한민국 정부, 국제통화기금(IMF)에 구제 금융 요청
12월 3일	임창렬 경제부총리·캉드쉬 국제통화기금 총재, 한국에 550억 달러 긴급지원 발표

1998년

1월 12일	외채상환 금모으기 범국민운동 발대식
2월 25일	김대중 대통령 취임, 국민의 정부 출범. 햇볕정책 발표
6월 16일	정주영 현대그룹 명예회장, 소 500마리를 실은 트럭과 함께 판문점 통해 방북
10월 20일	정부, 일본영화 등 제1차 일본 대중문화 개방 발표
11월 18일	금강산관광유람선 현대금강호, 북한 장전항으로 첫 출항
12월 15일	김대중 대통령 베트남 방문. 유감 표명

1999년

6월 15일	서해교전(제1연평해전)
9월 29일	미국 AP통신, 6·25전쟁 당시 미군의 노근리 양민학살사건 보도
11월 18일	금강산 관광 시작

2000년대

2000년

6월 15일	김대중 대통령·김정일 국방위원장, 제1차 남북정상회담(6월 13일) 후 '6·15

	남북 공동 선언' 발표
8월 15일	제1차 남북이산가족 방문단, 서울과 평양에서 이산가족 상봉
8월 28일	제주 4·3사건 진상규명 및 희생자 명예회복 위원회 출범
9월 2일	비전향장기수 63명, 판문점 통해 북한으로 송환
12월 1일	김대중 대통령, 노르웨이 오슬로에서 노벨평화상 수상

2001년

3월 29일	인천국제공항 정식 개항
10월 15일	고이즈미 일본총리, 서대문독립공원을 방문하여 일본의 식민지배에 반성과 사죄의 뜻 표명

2002년

5월 31일	2002년 한일 월드컵 개최
6월 13일	동두천 여중생 미군 장갑차 압사사건
6월 29일	제2차 서해교전 발생. 남한고속정 침몰로 6명 전사, 19명 중경상
9월 18일	남북 경의선, 동해선 철도 및 도로 연결공사 착공
12월	미군 장갑차에 의한 여중생 사망사건을 규탄하는 대규모 촛불집회

2003년

2월 15일	한국·칠레, 자유무역협정(FTA)에 공식 서명
2월 18일	대구 지하철 화재사고
2월 25일	노무현 대통령 취임, 참여정부 출범

2004년

3월 12일	노무현 대통령 탄핵 소추안 국회 통과
4월 1일	KTX 개통
4월 22일	북한 룡천 열차폭발 사고
5월 14일	헌법재판소, 노무현 대통령 탄핵 소추안 기각
6월 22일	피납 김선일 씨, 이라크 무장단체에 의해 살해

2005년

2월 10일	북한 핵보유 선언

2006년

10월 9일	북한 핵실험

2007년

1월 23일	대법원, 인민혁명당 사건에 대해 무죄 판결
6월	제주 강정마을에 해군기지 건설 결정
10월 2일~4일	노무현 대통령·김정일 국방위원장, 제2차 남북정상회담 후 '남북관계 발전과 평화번영을 위한 선언' 발표
12월 7일	충남 태안 원유 유출

2008년

2월	이명박 대통령직 인수위, 국책과제로 한반도대운하사업 선정
2월 10일	국보1호 숭례문 화재 전소
2월 25일	이명박 대통령 취임
4월 18일	한미 소고기협상 타결
5월 2일	소고기 광우병파동으로 촛불집회 전국민 저항운동
7월 11일	금강산 관광객 피격사건
9월 10일	삼성 특검
12월	4대강 사업 추진 발표

2009년

1월 20일	용산참사. 서울 용산에서 철거민들과 경찰과 대치 중 6명이 사망하고 17명 부상
5월 25일	노무현 전 대통령 서거
8월 4일	경찰, 쌍용자동차 평택공장 폭력적 시위 진압
8월 22일	김대중 대통령 서거

2010년

3월 26일	해군 초계함 천안함 침몰
4월 27일	새만금 방조제 준공
11월 23일	북한 연평도 폭격. 민간인 2명, 군인 2명 사망
12월	한미FTA협정 체결

2011년

12월 17일	김정일 국방위원장 사망

2012년

3월 15일	한미FTA 발효

2013년

2월 25일	박근혜 대통령 취임, 박근혜 정부 출범
4월 8일	조선민주주의인민공화국, 개성공단 근로자들을 철수시키겠다고 선언
9월 5일	통진당 이석기 의원 내란음모혐의 관련 체포동의안 국회 통과
12월 3일	북한 장성택 국방위 부위원장 실각. 특별군사재판 후 처형

2014년

4월 16일	진도 팽목항에서 세월호 침몰, 사망자 295명 실종 9명(2015년 9월 기준)

현대 한국사의 주요 기록문학

−1970년대부터 현재까지 르포를 중심으로 하되, 논픽션, 기행문, 수기, 실록 따위 보고문학 혹은 기록문학 범주를 두루 수용했다. 다만 자서전이나 평전, 산문 에세이 종류는 극히 일부만 수록했다. 경우에 따라 실록소설 혹은 자전소설도 포함했다.
−'기록문학'이라고 했지만 반드시 문학적 분류를 염두에 두지는 않았다.
−작품이 출간된 때를 기준으로 시대를 구분했다. 여러 세대에 걸치거나, 특정한 시기를 확정하기 곤란한 경우에도 출판연도를 기준으로 삼았다(평전의 상당수가 여기에 속한다).
−단행본은 물론 신문이나 잡지에 실린 글도 포함했다.
−가능한 한 현재의 표기법을 따랐다(예: 르뽀→르포로 통일).

제1부 1970년대

계훈제·정옥진·고은, 『식민지 야화』(청년사 논픽션 선집 2권: 계훈제의 「식민지 야화」, 정옥진의 「혼혈아 학교」, 고은의 「김관식 평전」 3편 수록), 청년사, 1977.
공진석, 「고서주변」, 『신동아』 1977년 9월호.
김대숙, 「버스 안내양의 근무일기」, 『신동아』 1977년 9월호.
김도규, 「매혈자」, 『신동아』 1975년 4월호.
김도규, 「취로사업」, 『신동아』 1978년 5월호.
김도규, 「하역회사」, 『신동아』 1976년 11월호.
김상현 편저, 『독방―대학자 투옥기』(실록 민족의 저항 2), 한샘출판사, 1977.
김상현 편저, 『분노의 여울―일기 및 체험기』(실록 민족의 저항 5), 한샘출판사, 1977.
김상현 편저, 『오욕의 시대―학병수기집』(실록 민족의 저항 3), 한샘출판사, 1977.
김상현 편저, 『죽음의 집의 기록―옥중기선』(실록 민족의 저항 1), 한샘출판사, 1977.
김상현 편저, 『항쟁의 대열―투쟁일지』(실록 민족의 저항 4), 한샘출판사, 1977.
김언호, 「소외학교」, 『월간 대화』 1977년 10월호.

김진석, 『베트남에 오른 횃불―월남전 종군 700일』, 신아각, 1970.
김현장, 「무등산 타잔의 진상」, 『월간 대화』 1977년 8월호.
민종숙, 「인간시장」, 『월간 대화』 1977년 4월호.
박수복, 『소리도 없다 이름도 없다―한국 원폭피해자 30년의 기록』, 창원사, 1975.
박순동, 「모멸의 시대」, 『오욕의 시대―학병수기집』(실록 민족의 저항 3), 한샘출판사, 1977.
박순동·이부영·이정환, 『암태도 소작쟁의』(청년사 논픽션 선집 1권: 박순동의 「암태도 소작쟁이」, 이부영의 「윤용하 평전」, 이정환의 「사형수 풀려나다」 3편 수록), 청년사, 1977.
박정환, 『죽음의 정글을 뚫고』, 이학사, 1971.
박태순, 「광주단지 4박 5일」, 『월간중앙』 1971년 10월호.
박태순, 「소신(燒身)의 경고―평화시장 재단사 전태일의 얼」, 『여성동아』 1971년 1월호.
석정남, 「공장의 불빛」(제1부 「인간답게 살고 싶다」, 『월간 대화』 1977년 11월호/제2부 「불타는 눈물」, 『월간 대화』 1977년 12월호), 일월서각, 1984.
신상웅, 「르포 광주대단지」, 『창조』 1971년 10월호.
안병찬, 「사이공 최악의 날」, 『한국일보』 1975년 4월 28일자.
안병찬, 「사이공 최후의 새벽」, 『한국일보』 1975년 4월 30일자.
안병찬, 「항복전야」, 『한국일보』 1975년 4월 29일자.
유동우, 「어느 돌멩이의 외침」, 『월간 대화』 1977년 1월호~3월호. (단행본 초판 1978년)
이경만, 「광산촌」(상, 하)(어느 광부의 생활체험 수기), 『월간 대화』 1977년 7월호~10월호.
이범석, 『우둥불』(항일전투 회상기), 사상사, 1971.
이범석, 『톰스크의 하늘 아래서』, 신현실사, 1973.
이정환, 『벌 받는 회사』, 노벨문화사, 1971.
이종대, 「우리는 왜 정든 땅을 버렸는가」, 『월간 대화』 1976년 1월호.
이칠봉(본명 이정환), 「사형수 풀리다」, 『신동아』 1970년 10월호.
이칠봉(본명 이정환), 「사슬이 풀린 뒤」, 『신동아』 1972년 7월호.
장준하, 『돌베개』, 사상사, 1971.
정옥진, 「지암리」, 『신동아』 1971년 9월호.
정을병·윤흥길·조정래·이광복, 『꿈을 사는 사람들―인기 작가 4인 르포소설선』, 태창출판부, 1978.
정태정, 「기름밥」, 『신동아』 1976년 9월호.
황석영, 「구로공단의 노동실태」, 『월간중앙』 1973년 12월호.
황석영, 「벽지의 하늘」, 『한국문학』 4호, 1974년 2월호.
황석영, 「잃어버린 순이」, 『한국문학』 7호, 1974년 5월호.
황석영·오소백·박순동·주창길, 『벽지의 하늘』(청년사 논픽션 선집 3권: 황석영의 「벽지의 하늘」, 오소백의 「현장에 산다」, 박순동의 「모멸의 시대」, 주창길의 「소리를 들려주마」 4편

수록), 청년사, 1977.

제2부 1980년대

강대석, 『구사대—어느 구사대원의 고백』, 형성사, 1988.
고광헌 외, 『르포시대』(제2권), 실천문학사, 1985.
고마태오, 『아, 조국과 민족은 하나인데』, 중원문화, 1988.
교육운동 무크, 『민중교육』 창간호, 실천문학사, 1985.
권인숙, 『하나의 벽을 넘어서』(부천서 성 고문 사건 주인공의 자필 수기), 거름, 1989.
김경숙 외, 『그러나 이제는 어제의 우리가 아니다』(80년대 노동자 생활글 모음), 돌베개, 1986.
김남일, 「5월에서 통일로」, 『문예운동의 현단계』, 풀빛, 1989.
김원, 『87년 6월항쟁』, 책세상, 2009.
김인숙, 「글에 들어가기에 앞서」, 『전진하는 동지여—제1회 전태일문학상 수상작품집(2)』, 세계사, 1988.
김준엽, 『장정』, 나남, 1987.
김찬정 저, 편집실 편역, 『어느 여공의 노래』(원제: 朝鮮人女工のうた—1930年·岸和田紡績爭議, 1982), 인간사, 1984.
김태엽, 『투쟁과 증언』, 풀빛, 1981.
나명순, 『작은 거인들—나명순 르포집』, 한겨레, 1988.
나보순 외, 『우리들 가진 것 비록 적어도』(근로자들의 글모음 1), 돌베개, 1983.
동일방직복직투쟁위원회, 『동일방직노동조합 운동사』, 돌베개, 1985.
문익환, 『걸어서라도 갈테야』, 실천문학사, 1989.
민주화운동기념사업회 연구소 편, 『박영진』, 민주화운동기념사업회, 2003.
민주화운동기념사업회·(사)6월민주항쟁계승사업회 공저, 『6월 항쟁 사진집—80년 5월에서 87년 6월로』, 푸른나무, 2007.
박계동·박종운 외, 『쇠창살 없는 감옥—수배자들의 삶과 투쟁이야기』, 아침, 1989.
박영근, 『공장 옥상에 올라』(일하는 사람들의 짧은 이야기), 풀빛, 1984.
박용수, 『민중의 길』(박용수 민주화운동 사진집), 분도출판사, 1989.
박태순, 『국토와 민중』, 한길사, 1983.
박호재·정명섭, 『오월의 아픔을 통일의 환희로』, 동광출판사, 1989.
배승원, 『낙동강 문화 그 원류를 찾아서—민족문화 발상지의 현장 르포』, 청하, 1984.
서울노동운동연합, 『선봉에 서서』, 돌베개, 1986.
서중석, 『(80년대) 민중의 삶과 투쟁』(서중석 르포집), 역사비평사, 1988.

서중석,『6월 항쟁』(1987년 민중운동의 장엄한 파노라마), 돌베개, 2011.
선경식,『5공 멸망사』(선경식 르포집), 황토, 1989.
송효순,『서울로 가는 길』, 형성사, 1982.
순점순,『8시간 노동을 위하여―해태제과 여성노동자들의 투쟁기록』, 풀빛, 1984.
심산,「소설 79-80 공동창작 보고서」,『문예운동의 현단계』, 풀빛, 1989.
안동일,『갈라진 45년 가서 본 반쪽―안동일 기자의 1989년 북한르포』, 돌베개, 1990.
안병찬,『사이공 최후의 새벽』, 문조사, 1980.
안재성,『타오르는 광산』(80년대 광산노동운동사), 돌베개, 1988.
양은식 외,『(북한방문기) 분단을 뛰어넘어』, 중원문화, 1988.
오길성 구술, 김남일 기록,『전진하는 동지여』(전태일문학상 제1회 수상작품집 제2권), 세계, 1988.
오연호,『식민지의 아들에게』, 백산서당, 1989.
오하나,『80년대 공장으로 간 대학생들』, 이매진, 2010.
오효진 외,『르포시대』(제1권), 실천문학사, 1983.
오효진,『톡 까놓고 말합시다―시사르포』, 한국양서, 1983.
원풍모방해고노동자복직투쟁위원회 편,『민주노조 10년』, 풀빛, 1988.
유경순,『아름다운 연대―들불처럼 타오른 1985년 구로동맹파업』, 메이데이, 2007.
유재순,『난지도 사람들』(현장소설), 글수레, 1984.
유재순,『벌거벗은 여자들』, 글수레, 1986.
유재순,『서울서 팔리는 여자들』, 나남, 1983.
윤재걸,『'힘글' 향한 '발글' 들』(윤재걸 르포집), 동녘, 1983.
윤재걸,『분노의 현장』(윤재걸 사회르포집), 수레, 1985.
윤재걸,『작전명령 화려한 휴가』, 실천문학사, 1987.
윤재걸,『청와대 밀명』(윤재걸 르포집), 한겨레, 1987.
이동선,『전쟁과 폭력―사이공 1972년』, 동산출판사, 1988.
이동철 구술, 황석영 기록,『어둠의 자식들』, 현암사, 1980.(1996년 재출간)
이동철,『꼬방동네 사람들』, 현암사, 1981.
이동철,『오과부』, 소설문학사, 1982.
이은영,『민주깡통을 아십니까―인천 삼화실업 노동조합 투쟁기』, 돌베개, 1988.
이태,『남부군』, 두레, 1988.(개정판 2014년)
이태호,「어용노조, 그 실태」,『월간중앙』1980년 6월호.
이태호,『70년대 현장』, 한마당, 1982.
이태호,『불꽃이여 이 어둠을 밝혀라』, 돌베개, 1984.
이태호,『최근 노동운동기록』, 청사, 1986.
이판돌, 송수근 외,『외쳐라, 천만 노동자여』(한영알미늄 노동자들의 삶과 투쟁), 새길,

1988.
임정남,「이대로 얼마나 갈 수 있습니까」,『실천문학』 6호, 1985년 봄호.
장남수,『빼앗긴 일터』, 창비, 1984.
전 YH노동조합·한국노동자복지협의회,『YH노동조합사』, 형성사, 1984.
전남사회운동협의회 편, 황석영 기록,『죽음을 넘어 시대의 어둠을 넘어』, 풀빛, 1985.
전태일,『내 죽음을 헛되이 말라』, 돌베개, 1988.
전태일기념관건립위원회 편,『어느 청년노동자의 삶과 죽음』, 돌베개, 1983.
정도상,「나는 이렇게 죽었다」, 녹두, 1989.
정도상,『천만 개의 불꽃으로 타올라라』(실명소설), 청사, 1988.
정순덕,『실록 정순덕』, 대제학, 1989.
채광석,『그 어딘가의 구비에서 우리가 만났듯이』, 형성사, 1981.
최순임,「마산수출자유지역의 하루」,『마산문화』 1집(겨울 언덕에 서서), 1982.
최현석,「1987 구로구청, 그 뜨거웠던 마지막 보름의 일기」,『문예운동의 현단계』, 풀빛, 1989.
한윤수 편,『비바람 속에 피어난 꽃』, 청년사, 1980.
홍동근,『미완의 귀향일기 '주체의 나라' 북한을 가다—홍동근 북한방문기』(상, 하), 한울, 1988.

제3부 1990년대

기록문학회,『부끄러운 문화 답사기』, 실천문학사, 1997.
김남일,「1995년 7월, 사이공에서 하노이까지」,『역사비평』 32호, 1995년 가을호.
김단,『철거』, 논장, 1990.
김미영,『마침내 전선에 서다』, 노동문학사, 1990.
김성동,「불가사리의 바다」,『생명에세이』, 풀빛, 1992.
김수열,「송악산 군사기지, 누구를 위한 것인가」,『실천문학』 13호, 1989년 봄호.
김영규,『(IMF 르포) IMF공황, 개혁과 개방』, 인하대학교 출판부, 1998.
김윤심 외,『부끄러운 건 우리가 아니고 너희다—전 일본군 위안부 할머니의 수기』(제8회 전태일문학상), 작은책, 1998.
김진계 구술 기록, 김응교 기록,『조국』(상, 하), 현장문학사, 1990.
김하경,『내 사랑 마창노련』(상, 하), 갈무리, 1999.
김해자,「산재, 여성가장, 정리해고 실태」,『실천문학』 52호, 1998년 겨울호.
김현종,『골리앗 상공에서 쓴 비밀일기』, 노동문학사, 1990.
문익환,『걸어서라도 갈테야』, 실천문학사, 1990.

방현석, 『아름다운 저항』, 일하는사람들의작은책, 1999.
서승, 김경자 역, 『옥중 19년』, 역사비평사, 1999.
송경동 외, 『아빠소리 하지마! 사람들이 듣잖아―IMF시대를 살아가는 사람들의 진솔한 이야기』, 노기연, 1998.
신영복, 『감옥으로부터의 사색』, 햇빛출판사, 1990.
안병찬, 『베트남, 오늘의 베트남』, 한국일보사, 1990.
안환균, 『르포, 기독문화가 위태롭다』, 규장문화사, 1999.
연합통신 편, 『(현장 대르포) 독일통일의 명암―통독3년이 우리에게 주는 교훈』, 연합통신, 1993.
오연호, 『노근리 그 후―주한미군범죄 55년사』(20세기 야만과의 결별을 위한 현장 보고서), 월간 말, 1999.
오연호, 『더 이상 우리를 슬프게 하지 말라―발로 찾은 주한미군 범죄 45년사』, 백산서당, 1990.
원명희, 「먹이사슬」, 『창작과비평』 1991년 가을호.
원명희, 『높새 부는 바다』, 창비, 1991.
이가형, 『분노의 강―나의 버마전쟁 1944~45』, 경운출판사, 1993.
이상문, 『혁명은 끝나지 않았다―작가 이상문의 베트남 공산화 16년 르포』, 부산일보사, 1991.
이수원, 『현대그룹노동운동 그 격동의 역사』, 대륙, 1994.
이옥순, 『나 이제 주인 되어』, 녹두, 1990.
이충렬, 『상속받은 나라에 가다』, 살림터, 1995.
임수경, 『어머니, 하나 된 조국에 살고 싶어요』, 돌베개, 1990.
정지아, 『빨치산의 딸』(전3권), 실천문학사, 1990.
정희상, 『이대로는 눈을 감을 수 없소―6·25 전후 민간인 학살사건 발굴 르포』, 돌베개, 1990.
조광동, 『더디 가도 사람생각 하지요―다시 쓰는 북한 방문기』, 지리산, 1991.
조영래, 『전태일 평전』, 돌베개, 1990.
조화순, 『고난의 현장에서 사랑의 불꽃으로』(도시산업선교), 대한기독교서회, 1992.
케이넨, 신용태 역, 『임진왜란 종군기』, 경서원, 1997.
크라운전자노동조합 편집부, 『언니, 우리 힘내자, 알았지?』, 사계절, 1991.
홍세화, 『나는 빠리의 택시운전사』, 창비, 1995.
홍승일, 『철의 기지』, 풀빛, 1990.
황석영 석방대책위 편, 『사람이 살고 있었네―황석영 북한 방문기』, 시와사회사, 1993.

제4부 2000년대

강대석, 『김남주 평전』, 한얼미디어, 2004.
강은교 외, 『(4대강 산문집) 강은 오늘 불면이다』, 아카이브, 2011.
고경태, 『1968년 2월 12일 ─ 베트남 퐁니·퐁넛 학살 그리고 세계』, 한겨레출판, 2015.
고병권, 『점거, 새로운 거버넌트: 월스트리트 점거운동 르포르타주』, 그린비, 2012.
고상만, 『다시, 사람이다』, 책담, 2014.
공지영, 『의자놀이』(작가 공지영의 첫 르포르타주: 쌍용자동차 이야기), 휴머니스트, 2012.
길상호, 「낙동강은 앓고 있다」, 『실천문학』 99호, 2010년 여름호.
김곰치, 『발바닥 내 발바닥』(김곰치 르포 산문집), 녹색평론사, 2005.
김곰치, 『지하철을 탄 개미』(김곰치 르포 산문집), 산지니, 2011.
김남일, 「피가 아니라 장미의 붉은색을 노래하리라 ─ 2009년 12월, 팔레스타인 문학기행」, 『창작과비평』 제38호, 2010년 봄호.
김남일, 『민중신학자 안병무 평전 ─ 성문 밖에서 예수를 말하다』, 사계절, 2007.
김삼웅, 『김대중 평전』(전2권), 시대의창, 2010.
김삼웅, 『노무현 평전 ─ 지울 수 없는 얼굴, 꿈을 남기고 간 대통령』, 책보세, 2012.
김삼웅, 『리영희 평전 ─ 시대를 밝힌 '사상의 은사'』, 책보세, 2010.
김선명 외, 『0.75평 지상에서 가장 작은 내 방 하나 ─ 비전향 장기수 7인의 유예된 삶』, 창, 2000.
김성수, 『함석헌 평전』(『신의 도시와 세속 도시 사이에서』 개정판), 삼인, 2011.
김순천 외, 『마지막 공간 ─ 청계천 사람들의 삶의 기록』, 삶이 보이는 창, 2004.
김순천 외, 『부서진 미래 ─ 세계화 시대 비정규직 사람들 이야기』, 삶이 보이는 창, 2006.
김순천 외, 『여기 사람이 있다 ─ 대한민국 개발 잔혹사』, 철거민의 삶, 삶이 보이는 창, 2009.
김순천 외, 『우리의 소박한 꿈을 응원해줘 ─ 이랜드노동자 이야기』, 후마니타스, 2008.
김순천, 『대한민국 10대를 인터뷰하다』, 동녘, 2009.
김순천, 『인간의 꿈 ─ 두산중공업 노동자 배달호 평전』, 후마니타스, 2011.
김영주·김이정·이재웅·장남수, 『못다 이룬 꿈도 아름답다』, 삶이 보이는 창, 2010.
김용직, 『김태준 평전 ─ 지성과 역사적 상황』, 일지사, 2007.
김원일, 「고난일지」, 『물방울 하나 떨어지면』, 문이당, 2004.
김재명, 「23년 전란의 땅 아프가니스탄을 가다 ─ 전쟁은 끝났어도 걷히지 않은 포연」, 『월간 말』 189호, 2002년 3월호.
김재명, 「제국주의와 아랍 민중의 고통: 중동 인티파다의 현장을 가다 ─ 자유를 향한 팔레스타인의 투쟁」, 『월간 말』 218호, 2004년 8월호.
김중생, 『(북만주반일운동근거지) 취원창(聚源昶)』, 명지출판사, 2001.
김현아, 『전쟁의 기억 기억의 전쟁』, 책갈피, 2002.

김형수, 「(특별기획: 6·15공동선언 실천을 위한 민족작가대회) 어제는 가고 내일은 오지 않았다」, 『실천문학』 75호, 2004년 가을호.
김형수, 『문익환 평전』, 실천문학사, 2004.
김호웅·김해양 편, 『김학철 평전』, 실천문학사, 2007.
김효순, 『간도특설대—1930년대 만주, 조선인으로 구성된 '친일토벌부대'』, 서해문집, 2014.
노순택, 『사진의 털』(노순택 사진 에세이), 씨네21북스, 2013.
리명호 편, 『명령—조국해방전쟁승리를 위하여』, 문학예술출판사(평양), 2010.
마창진 르포모임, 『저무는 골목에서 삶을 만나다』, 비매품, 2005.
민족문학작가회의 자유실천위원회, 들사람들 공편, 『거기 마을 하나 있었다: 사람생각—대추리 도두리 헌정 반전평화 시산문선』, 사람생각, 2007.
민청학련운동계승사업회 편, 『실록 민청학련 1974년 4월』(전4권), 학민사, 2005.
박규원, 『상하이 올드 데이스』, 민음사, 2003.
박노해, 『아체는 너무 오래 울고 있다』, 느린걸음, 2005.
박래군, 『아, 대추리—대추리 주민들의 평택 미군기지 확장이전 반대 투쟁기록』, 사람생각, 2010.
박민나, 『가시철망 위의 넝쿨장미』, 지식의날개, 2004.
박수정, 『숨겨진 한국 여성의 역사』, 아름다운사람들, 2004.
박순희 외, 『선한 싸움꾼 박순희 아그네스』, 삶이 보이는 창, 2007.
박영희, 『만주의 아이들—부모를 한국으로 떠나보낸 조선족 아이들 이야기』, 문학동네, 2011.
박영희, 『아파서 우는 게 아닙니다—소외된 삶의 현장을 찾아서』, 삶이 보이는 창, 2007.
박영희, 『해외에 계신 동포 여러분—만주 그리고 조선족 이야기』, 삶이 보이는 창, 2014.
박영희·오수연·전성태, 『길에서 만난 세상』, 국가인권위원회, 우리교육, 2006.
박영희, 『보이지 않는 사람들—길에서 만난 세상 두 번째 이야기』, 우리교육, 2009.
박태순, 『나의 국토 나의 산하』(전3권), 한길사, 2008.
박형숙, 「닭 공장을 가다—이것은 식품인가 공산품인가」, 『월간 말』 195호, 2002.9.
방현석, 『하노이에 별이 뜨다』, 해냄, 2002.
배성훈, 『물류를 멈춰 세상을 바꾸자!—화물연대 파업투쟁, 8일 간의 기억』, 삶이 보이는 창, 2003.
북멘토 편집부 편, 『그대, 강정—작가, 제주와 연애하다』, 북멘토, 2013.
세르주 브롱베르제 편. 정진국 역, 『한국전쟁통신—네 명의 프랑스 종군기자가 본 6·25전쟁』, 눈빛출판사, 2012.
손홍규, 「한중 마늘협상에 분노한 국내 최대 마늘산지 경북 의성을 찾아서—농민들이 한나라당 정창화 의원을 때린 이유는?」, 『민족21』 18호, 2002년 9월호.

송경동,「어떤 휴가―2008년 기륭여성 비정규직 투쟁에 함께하며」,『황해문화』, 새얼문화재단, 2008. 12.
송경동,『꿈꾸는 자 잡혀간다』, 실천문학사, 2011.
송기역 글·이상엽 사진,『흐르는 강물처럼―우리 곁을 떠난 강, 마을, 사람들의 이야기』, 레디앙미디어, 2011.
송기역,『달려라 할머니―송기역의 '인생7막' 르포르타주』, SUB(상상+모색), 2013.
시노트 신부, 김건옥·이우경 역,『현장증언 1975년 4월 9일』, 빛두레, 2004.
안미선,『여성, 목소리들』, 오월의봄, 2014.
안성규,『천년의 전쟁―스무하루 이라크전 종군기록』, 인간사랑, 2003.
안수찬·전종휘·임인택·임지선,『4천원 인생―열심히 일해도 가난한 우리 시대의 노동일기』, 한겨레출판, 2010.
안영민,『지도 위에서 지워진 이름, 팔레스타인에 물들다―어느 평화주의자가 만난 팔레스타인 사람들』, 책으로여는세상, 2010.
안재성 외,『땅과 더불어 사는 사람들』, 삶이 보이는 창, 2005.
안재성,『거짓말잔치』(강기훈 유서대필 조작사건 전말기), 주목, 2015.
안재성,『박헌영 평전』, 실천문학사, 2009.
안재성,『부르지 못한 연가』(전력노조 노동자 김시자 평전), 삶이 보이는 창, 2006.
안재성,『신불산』(빨치산 구연철 생애사), 산지니, 2011.
안재성,『연안행』(장편소설), 삶이 보이는 창, 2011.
안재성,『이관술―1902~1950』(조국엔 언제나 감옥이 있었다), 사회평론, 2006.
안재성,『이현상 평전』, 실천문학사, 2013.
안재성,『청계 내 청춘』(청계피복노조의 빛나는 기억), 돌베개, 2007.
오도엽,『밥과 장미』, 삶이 보이는 창, 2010.
오도엽,『지겹도록 고마운 사람들아』(이소선, 여든의 기억), 후마니타스, 2008.
오수연,『아부 알리, 죽지 마―이라크 전쟁의 기록』, 향연, 2004.
오인동,『평양에 두고 온 수술가방―의사 오인동의 북한 방문기』, 창비, 2010.
원풍모방노동운동사발간위원회 기획, 김남일 정리,『원풍모방노동운동사』, 삶이 보이는 창, 2010.
유경순 편,『같은 시대 다른 이야기―구로동맹파업의 주역들, 삶을 말하다』, 메이데이, 2007.
유시춘 외,『우리 강물이 되어(전2권)』(실록 민주화운동), 경향신문사, 2005.
유재현,『샬롬과 쌀람, 장벽에 가로막힌 평화―유재현의 이스라엘, 팔레스타인 기행』, 창비, 2008.
유정숙 외,『나, 여성노동자 1―1970~80년대 민주노조와 함께한 삶을 말한다』, 그린비, 2011.

유채림, 『매력만점 철거농성장』, 실천문학사, 2012.
윤지형, 『교사를 위한 변명, 전교조―그 스무 해의 비망록』, 우리교육, 2009.
윤홍은 외, 『마지막 공간―청계천 사람들의 삶의 기록』, 삶이 보이는 창, 2004.
이경옥 외, 『나, 여성노동자 2―2000년대 오늘 비정규직 삶을 말한다』, 그린비, 2011.
이규봉, 『미안해요! 베트남―한국군의 베트남 민간인 학살의 현장을 가다』, 푸른역사, 2011.
이동권, 『강경대 평전』(1991년 5월투쟁의 꽃), 민중의소리, 2011.
이란주, 『말해요, 찬드라―불법 대한민국 외국인 이주 노동자의 삶의 이야기』, 삶이 보이는 창, 2003.
이란주, 『아빠, 제발 잡히지 마―끝나지 않은 이야기, 이주노동자들의 삶의 기록』, 삶이 보이는 창, 2009.
이문숙, 『이우정 평전』, 삼인, 2012.
이세기, 『이주, 그 먼 길』, 후마니타스, 2012.
이시우, 『민통선 평화기행』, 창비, 2003.
이치석, 『씨알 함석헌 평전―혁명을 꿈꾼 낭만주의자』, 시대의창, 2015.
작가선언 6·9 편, 『지금 내리실 역은 용산참사역입니다』, 실천문학사, 2009.
작가선언 6·9 편, 『이것은 사람의 말』, 이매진, 2009.
장현자, 『그때 우리들은』(반도상사 노동조합 위원장의 회고), 한울사, 2002.
전순옥, 『끝나지 않은 시다의 노래』, 한겨레신문사, 2004.
정대근, 『황새울』, 리젬, 2006.
정도상, 「(다가오는 통일시대와 북한문학) 시간은 우리를 기다려주었다: 민족작가대회에 대한 약간은 주관적인 경과보고」, 『실천문학』 79호, 2005년 가을호.
정문태, 『전선기자 정문태 전쟁취재 16년의 기록』, 한겨레신문사, 2004.
정문태, 『현장은 역사다』, 아시아네트워크, 2010.
정용국, 『평양에서 길을 찾다―정용국 시인 평양 기행문』, 화남출판사, 2007.
정지아, 『벼랑 위의 꿈들―길에서 만난 세상, 인권 르포르타주』, 삶이 보이는 창, 2013.
정혜윤, 『그의 슬픔과 기쁨』, 후마니타스, 2014.
제민일보 4·3취재반, 『4·3은 말한다』, 전예원, 2000.
제정임·단비뉴스 취재팀, 『벼랑에 선 사람들―서럽고 눈물 나는 우리 시대 가장 작은 사람들의 삶의 기록』, 오월의봄, 2012.
조갑제, 『사형수 오휘웅 이야기』, 조갑제닷컴, 2015.
조영래, 『전태일 평전』(신판), 아름다운전태일(전태일기념사업회), 2001.
차길진 편, 『빨치산 토벌대장 차일혁의 수기』(개정증보판), 후아이엠, 2011
차성환, 『최성묵 평전―부산 민주화운동의 거목』, 산지니, 2014.
채명신, 『베트남전쟁과 나』, 팔복원, 2010.

최유정, 『박관현 평전—새벽 기관차』, 사계절, 2012.
최화성, 『유랑, 이후—떠나야 했던 사람들, 그 내밀한 삶의 기록들』, 실천문학사, 2013.
한국작가회의 편찬위원회, 『한국작가회의 40년사—1974~2014』, 실천문학사, 2014.
한금선, 『사람을 보라』, 아카이브, 2011.
홍남순 평전 간행위원회, 『영원한 재야, 대인 홍남순』, 나남출판, 2004.
홍성태, 『김진균 평전—민중을 위한 학문과 실천의 삶』, 진인진, 2014.
황광우, 『젊음이여 오래 거기 남아있거라』(시대의 격랑을 헤쳐나간 젊은 영혼들의 기록), 창비, 2007.
황재옥, 『국경을 걷다—황재옥의 평화 르포르타주, 북한 국경 답사기』, 서해문집, 2013.
희정, 『노동자, 쓰러지다—르포, 한 해 2000명이 일하다 죽는 사회를 기록하다』, 오월의봄, 2014.

현대 세계사의 주요 기록문학

- 주로 20세기 이후 세계사를 다룬 르포 혹은 보고문학을 중심으로 하되, 논픽션, 기행문, 수기, 실록 따위도 일부 포함했다. 자서전이나 평전, 산문 에세이 종류는 가능한 한 배제했다. '기록문학'이라고 했지만 반드시 문학적 분류를 염두에 두지는 않았다.
- 역서의 경우, 책 제목 옆 괄호는 원제목과 처음 출간(발표)연도를 말한다.

안톤 체호프(Антóн Пáвлович Чéхов), 배대화 역, 『안톤 체호프 사할린 섬』(Остров Сахалин, 1895), 동북아역사재단, 2013.
* 이국적 풍경으로서 시베리아와 러시아의 식민지 혹은 유형지로서 시베리아 사이에 선 체호프의 고민이 진솔하게 드러나는 현대 르포 문학의 고전.

잭 런던(Jack London), 정주연 역, 『밑바닥 사람들』(The People of the Abyss, 1903), 궁리, 2011.
* 소설가 잭 런던이 1902년 런던의 빈민가 이스트엔드에서 노숙자로 살아가면서 체험하고 관찰한 내용을 기록한 글.

잭 런던, 윤미기 역, 『잭 런던의 조선 사람 엿보기—1904년 러일전쟁 종군기』(La coree en feu, 1904), 한울, 2011.(개정판)
* 20세기 초 미국의 대표적 사회주의 소설가 잭 런던이 러일전쟁 취재차 조선에 와서 보고 듣고 느낀 바를 기록한 글. 조선에 대한 부정적 시선이 지배적이다.

존 리드(John Reed), 장영덕 역, 『세계를 뒤흔든 10일』(Ten Days that Shook the World, 1919), 두레, 1986.
* 미국의 신문기자 존 리드가 러시아 페테르부르크 현지에서 1917년 10월 혁명의 긴박했던 순간들을 기록한 르포 문학의 고전.

취추바이[瞿秋白], 『아향기정』(餓鄕紀程), 1922.
* 1920년 신문사 특파원으로 모스크바에 1년간 머물면서 10월혁명 이후의 새로운 생활 작풍과 그곳에서 만난 많은 사람들의 활동을 기술한 책. 그의 두 번째 저서 『적도심사』(赤都心史, 1924)와 함께 중국 현대문학사상 최초의 보고문학으로 평가받는다.

에르빈 키쉬(Egon Erwin Kisch), 『분노한 리포터』(Der rasende Reporter), 1924.
* 에르빈 키쉬는 체코 프라하 출생의 유태계 독일인 작가이자 언론인으로 르포르타주 문학의 개척자로 간주된다. 1920년대 독일 바이마르 공화국 시대 르포르타주에 대한 관심을 이끌어내는 것은 물론 신사실주의 예술운동에도 반향을 불러일으켰다.

발터 벤야민(Walter Benjamin), 김남시 역, 『모스크바 일기』(Moskauer Tagebuch, 1927), 그린비, 2009.
* 소련 혁명이 성공한 직후 벤야민이 연인인 러시아 사회주의자 아샤 라시스를 찾아 모스크바를 방문해 때마침 사회주의 건설에 매진하던 소련 사회를 관찰한 기록. 동시에 벤야민의 삶에 대해 가장 사적이면서 냉정하리만치 진솔한 기록을 담고 있다는 평을 받는다.

레마르크(Erich Maria Remarque), 홍성광 역, 『서부전선 이상 없다』(Im Westen Nichts Neues, 1929), 열린책들, 2009.
* 작가의 제1차 세계대전 체험을 감정의 개입을 최대한 배제하며 담담하게 그려낸다. 전쟁소설의 고전으로 자리를 잡고 있는 동시에 르포 문학의 걸작으로도 간주된다.

아잉[阿英] 편, 『상하이사변과 보고문학』(上海事變与報告文學), 1932.
* 1932년 1·28 상하이사변을 현장에서 보고 겪은 사람들의 기록 28편을 모아 펴낸 보고문학 작품집. 일본 침략에 맞서 보고문학이 항일투쟁의 중요한 수단으로 자리 잡는 계기가 되었다.

막심 고리키(Maxim Gorky, Макси́м Го́рький) 편, 『세계의 하루』, 1937.
* 1935년 9월 27일 하루 동안 전 세계에서 일어난 일을 작가, 신문기자, 과학자 등이 다양한 방식으로 서술한 글을 국가별로 사진과 함께 모아 편찬했다. 고리키가 이 방대한 작업을 기획했지만, 정작 책은 그의 사후에 『평화의 책』(Den Mira)이라는 제목으로 나왔다.

샤옌[夏衍], 『포신공』(包身工), 1935.
* 반식민지 반봉건 근대 중국에서 별을 보고 출근했다가 달빛을 밟으며 퇴근한다는 여공들의 비참한 현실을 고발한 보고문학 작품. 이 작품을 쓰기 위해 작가는 직접 상하이의 방직공장에 취직해 포신공 생활을 경험하기도 했다.

앙드레 지드(Andre Gide), 김붕구 역, 「소련에서 돌아오다」(Retour de I'U. R. S. S, 1936), 『앙드레 지드 전집 4』, 휘문출판사, 1966.
* 소설가 앙드레 지드의 소련기행. 그는 1932년부터 공산주의에 경도되어 혁명을 성공시킨 소련을 방문했으나, 예상과 다른 소련 사회의 폐쇄적인 모습에 실망, 이를 기행문집에서 통렬히 비판했다. 이로 인해 서구의 좌파 지식인들로부터 거센 공격을 받았다. 그는 다시 「속 소련에서 돌아오다」(1937)를 발표하며 맞섰다.

마오둔[茅盾] 편, 『중국의 하루』(支那的一日), 1936.
* 고리키의 『세계의 하루』가 성공을 거두자 기획한 종합문집. 1936년 5월 21일 하루를 대상으로 공모한 3,000여 편 중 약 500편의 다양한 글을 소설가 마오둔이 선정해 편집했다. 중국의 초기 보고문학에서 각별한 위상을 점한다.

에드가 스노우(Edgar Snow), 신홍범 역, 『중국의 붉은 별』(Red Star over China, 1937), 두레, 1985.
* 중국 공산당의 대장정 과정을 취재한 르포로 현대 중국의 탄생 배경을 생생하게 보여주어, 존 리드의 『세계를 뒤흔든 10일』, 조지 오웰의 『카탈로니아 찬가』와 더불어 세계 3대 르포 문학으로 꼽힌다. 우리나라에는 해방 직후 『홍군 종군기 — 중국해방구의 실정과 그 지도자들』(인정식·김병겸 공역, 동심사, 1946)이라는 이름으로 발췌, 번역된 바 있다.

조지 오웰(George Orwell), 이한중 역, 『위건 부두로 가는 길』(The Road to Wigan Pier, 1937), 한겨레출판, 2010.
* 1936년 영국 북부 탄광 지대에서 소설가 조지 오웰이 노동계급의 처절한 삶의 현장을 직접 체험하며 쓴 생생한 체험담이자 관찰 기록.

조지 오웰, 정영목 역, 『카탈로니아 찬가』(Homage to Catalonia, 1938), 민음사, 2001.
* 소설가 조지 오웰이 스페인 내전 당시 1936년 겨울부터 1937년까지 통일노동자당의 민병대 대원으로 참전해 적은 기록.

앙드레 말로(André Malraux), 김치수 역, 『희망』(L'Espoir, 1937), 한길사, 1981.
* 작가가 국제의용군의 일원으로 스페인내전에 참전한 경험을 바탕으로 쓴 장편소설로 르포 문학의 고전에 속한다.

뤄빈지[骆宾基], 『대상하이의 하루』(大上海的一日), 1938.
* 중국의 항일전쟁 시기 상하이 민중이 어떻게 살아갔으며 어떻게 싸웠는지를 현지에서 직접 써내려간 보고문학.

저우리보[周立波], 『진찰기변구 인상기』(晉察翼邊區印象記), 1938.
* 소설가인 저자가 생명의 위험을 무릅쓰고 진찰기변구에 들어가 문화정치공작원으로 활약하며 팔로군 병사와 인민들의 항일투쟁을 담아낸 르포. 또 다른 보고문학 작품 『전지일기』(戰地日記)도 유명하다.

히노 아시헤이[火野葦平], 『보리와 병정』(麥と兵隊), 1938.
* 저자가 중일전쟁 당시 쉬저우 침공전에 보도반원으로 종군하며 쓴 르포 문학으로 향후 일본에서 전쟁문학의 고전으로 자리 잡는다. 이 작품의 영향을 받아 식민지 조선에서 박영희, 김동인, 임학수 3인의 황군위문 조선작가사절단이 구성된다. 1939년에 일본인 니시무라 신타로[西村眞太郞]의 조선어 번역본(조선총독부)이 나왔다.

칼 크로우(Carl Crow), 『중화(中華)의 양귀들』(Foreign Devils in the Flowery Kingdom: Tales of Old China), 1940.
* 미국 언론의 특파원으로 상하이에서 25년간 체류한 경험을 바탕으로 쓴 자서전. 격동의 시기, 서양이 중국, 나아가 동양을 어떻게 만났는지 잘 보여준다. 중국에서는 『옛 중국의 서양인』(旧中國的洋人, 2012)이라는 순화된 제목으로 번역 출간되었다.

님 웨일즈(Nym Wales)·김산 공저, 조우화 역, 『아리랑』(Song of Ariran, 1941), 동녘, 1984.
* 일제 강점기 중국 대륙에서 활약한 조선인 혁명가 김산(본명 장지락)의 삶을 정리한 전기. 한국에는 1980년대에 민주화운동 과정에서 소개되어 폭발적 반응을 불러일으켰다. 님 웨일즈는 『중국의 붉은 별』로 유명한 에드가 스노우의 아내였다.

멍레이[孟磊]·관궈펑[關國鋒]·궈샤오양[郭小陽] 편, 고상희 역, 『1942 대기근—삼백만 명이 굶어죽은 허난 대기근을 추적하다』(一九四二饑餓中國, 1942), 글항아리, 2013.
* 중국 정부가 기록조차 남기지 않았던 대참사 1942년 허난성의 끔찍했던 대기근을 오랜 추적 끝에 밝혀낸다. 소설가 류전윈[劉震云]은 이 참사를 소재로 「1942년을 돌아보다」(『닭털 같은 나날』, 밀리언하우스, 2011)라는 소설을 쓴 바 있다.

저우얼푸[周而復], 「노먼 베쑨」(諾尔曼·白求恩片段), 1943.
* 1938년 옌안에 가서 팔로군에 종군한 이후, 캐나다인 의사 닥터 노먼 베쑨의 전선의료 활동을 기록한 르포. 나중에 이를 토대로 장편소설 『노먼 베쑨 대부』(白求恩大夫, 1953)도 썼다.

존 스타인벡(John Steinbeck), 『한때 전쟁이 있었다』(Once There Was a War), 1958.

* 미국의 대표적인 참여작가 존 스타인벡이 『뉴욕 헤럴드 트리뷴』의 특파원으로 1943년 6월부터 12월까지 유럽 전선에 종군하여 쓴 보고문학.

미하일 숄로호프(Михаил Александрович Шолохов), 『그들은 조국을 위해 싸웠다』(Они сражались за Родину, 1944), 청문각, 1998.
* 작가가 제2차 세계대전 당시 독소전쟁의 현장을 직접 시찰하고 나서 그 생생한 인상을 전달하는 데 초점을 맞춘 기록문학으로서 소련공산당 기관지 『프라우다』에 연재되었다. 장편 전쟁소설의 형식을 취하고 있다.

에드가 스노우, 왕명 역, 『민주주의의 승리―대전중 소련·중국·몽고 여행기』(원제 People on Our Side, 1944), 수문당, 1946.
* 중국혁명을 외부세계에 알린 것으로 유명한 저자가 1942년 10월 소련에 들어가 6개월여 체류하면서 관찰한 기록. 앙드레 지드가 1936년 2개월여 체류하면서 '개인이 없는 사회' 소련을 발견하고 신랄하게 비판한 것과 대조되면서, 전세계 좌파 진영, 특히 해방 조선의 사회주의 진영에서도 그 가치를 인정받았다.

A. 기토비차·B. 볼소프, 최학송 역, 『1946년 북조선의 가을―우리는 조선을 다녀왔다』, 글누림, 2006.
* 소련 작가들이 해방직후 북조선에 장기 체류하면서 보고 느낀 해방 초기 북한 사회의 역동적인 변화 모습. 당대 북한 사회를 생생하게 보여주는 드문 기록이라는 점에서 가치가 있다.

궈모뤄[郭沫若], 윤영춘 역, 『소련 기행』(苏联纪行, 1946), 을유문화사, 1949.
* 소련과학원 창립 기념대회 참석차 소련을 방문했을 때 쓴 일기를 정리하여 남긴 기록. 제국주의 침략을 받은 조국의 상황에 대해 깊은 우려를 표명하는 등 강렬한 민족의식을 드러냈다.

마크 게인(Mark Gayn), 『일본일기』(Japan Diary), 1948.
* 미국과 캐나다 언론의 일본 특파원으로서 패전 직후의 일본에 대한 관찰기. 저자가 1946년 10월 15일부터 11월 8일까지 혼란의 소용돌이 속에 있던 한국에 건너와 직접 목격하고 취재한 기록인 제3장은 『해방과 미군정』(까치글방, 1986)이라는 제목으로 번역되었다.

존 스타인벡·로버트 카파(Robert Capa), 『러시아 저널』(A Russian Journal), 1948.
* 소련이 동유럽을 수중에 넣은 직후, 스타인벡은 세계적인 보도사진가 로버트 카파와 함께 '철의 장막' 너머에서 벌어지는 일을 생생하게 기록으로 남겼다. 스타인벡은 스스로 이 작

품을 '러시아 인민들의 사생활'이라고 불렀다. 냉전 초기 스탈린 치하의 소련을 외부인의 시선으로 관찰했다는 점에서 역사적 가치를 지닌다.

안나 루이스 스트롱(Anna Louise Strong), 『북조선에서—첫 목격자 보고서』(In North Korea: First Eye-Witness Report), 1949.
* 해방 직후 북한을 처음 방문한 서방 기자로서 북한의 새로움 두 가지를 "토지개혁과 말할 수 있는 자유"라고 꼽을 만큼 북한 체제에 대해 긍정적인 시선을 숨기지 않았다. 우리나라에는 「북한, 1947년 여름」(『해방전후사의 인식 5』, 한길사, 2006)이 번역되어 있다.

레지널드 톰슨(Reginald Thompson), 『울어라 한국아』(Cry Korea: The Korean War; A Reporter's Notebook), 1951.
* 저자가 영국의 『데일리 텔레그래프』지 특파원으로 전쟁 초기부터 종군했던 기록.

마거리트 히긴스(Marguerite Higgins), 이현표 역, 『자유를 위한 희생』(War in Korea, 1951), KORUS, 2009.
* 한국전쟁 당시 유일한 여성 종군기자로서 인천상륙작전, 장진호 전투를 포함해 전선을 종횡으로 누비며 활약했고, 그 공로로 1951년 여성 최초로 퓰리처상을 수상했다. 한국 해병대의 활약상을 '귀신 잡는 해병대(They might capture even devil)'라고 소개했다.

목타르 루비스(Mochtar Lubis), 『한국수첩』(Catatan Korea), 1951.
* 인도네시아 현대문학을 대표하는 소설가로서 목타르 루비스가 한국전쟁 당시 인도네시아 신문의 특파원으로 한국에 종군한 기록. 그는 나중에 이를 바탕으로 한국을 소재로 한 소설도 썼다.

바진[巴金], 『영웅들 사이에서의 생활』(生活在英雄们中间), 1953.
* 중국의 소설가 바진이 항미원조(抗美援朝, 한국전쟁) 시기 1952년 봄과 1953년 가을 두 차례 한국전선을 찾아 기록한 보고문학. 당연히 북한을 도와 참전한 중국의 입장을 반영했다. 그의 『평화를 지키는 사람들』(保衛和平的人們, 1954)도 한국전쟁을 다룬 보고문학이다.

리처드 라이트(Richard Wright), 『컬러 커튼』(The Color Curtain), 1956.
* 제2차 세계대전 이후 새로운 세계질서를 구축하기 위해 1955년 인도네시아 반둥에서 수카르노(인도네시아), 네루(인도), 은크루마(가나), 나세르(이집트), 저우언라이(중국), 호치민(베트남) 등 제3세계를 대표하는 쟁쟁한 혁명가, 정치가들이 총출동한 가운데 열린 제3세계 국가들의 비동맹회의, 즉 반둥회의에 참가한 르포. 저자는 유명한 흑인 소설가.

로돌포 왈쉬(Rodolfo Walsh), 『집단학살(Operación Masacre)』, 1957.
* 작가인 저자가 아르헨티나 현대사의 부도덕하고 부패한 모습을 추적한 작품으로, 논픽션 소설 혹은 증언소설의 시초로 간주되기도 한다. 『에비타』, 『누가 로센도를 살해했는가』 등의 보고문학 작품으로도 유명한 저자는 1977년 군부에 납치, 실종된다.

프리모 레비(Primo Levi), 이현경 역, 『이것이 인간인가』(Se Questo e' un Uomo, 1958), 돌베개, 2007.
* 이탈리아의 작가이자 화학자인 프리모 레비가 아우슈비츠 제3수용소에서 보낸 10개월간의 체험을 기록했다. 프리모 레비의 대표작이자, 현대 증언문학을 대표하는 중요한 작품 가운데 하나로 꼽힌다.

라이트 밀즈(C. Wright Mills), 신일철 역, 『들어라 양키들아』(Listen, Yankees: The Revolution in Cuba, 1961), 정향사, 1961.
* 미국의 사회학자인 저자는 1960년 8월 쿠바를 방문한 뒤 거기서 만난 혁명가, 지식인, 관리들과의 토론을 기록해 그들이 진정으로 바라는 바가 무엇인지 알리기 위해 이 책을 썼다고 밝혔다. 그 후 이 책은 미국이 중남미에서 저지른 '더러운 전쟁'의 실체를 적나라하게 드러낸 일종의 반미 교과서로 자리 잡았다.

오스카 루이스(Oscar Lewis), 박현수 역, 『산체스네 아이들—빈곤의 문화와 어느 멕시코 가족에 관한 인류학적 르포르타주』(The Children Of Sanchez, 1961), 이매진, 2013.(청년사, 1978)
* 인류학자 오스카 루이스 부부가 멕시코시티의 빈민가 베씬다드 까사그란데에서 살아가는 어느 가족의 생애를 4년에 걸쳐 생생히 인터뷰하고 기록한 결과물.

J. A. 베이커(J. A. Baker), 『송골매』(The Peregrine), 1962.
* 해마다 집 근처에 날아오는 송골매에 푹 빠진 영국인 저자가 1962년 가을부터 이듬해 봄까지 송골매들을 지루할 정도로 끈질기게 관찰한 보기 드문 기록. 인간이 자연과 어떤 관계를 맺어야 하는지 잘 보여주었다는 점에서 20세기의 가장 의미 있는 기록문학 중 하나로 꼽힌다.

존 스타인벡, 이정우 역, 『찰리와 함께한 여행』(Travels with Charley in Search of America, 1962), 궁리, 2006.
* 소설가 존 스타인벡이 애완견 찰리와 함께 미국의 구석구석을 누빈 4개월의 여정을 담은 기행문. 여행은 곧 미국이라는 나라의 정체성을 스스로 묻고 답하는 과정이었다. 이 판본은 『아메리카의 초상』(삼중당, 1965)의 개정판.

오에 겐자부로[大江健三郎], 이애숙 역, 『히로시마 노트』(ヒロシマ ノート, 1965), 삼천리, 2012.
* 『세카이』지의 의뢰를 받고 제9회 원수폭 금지 세계대회를 취재하기 위해 처음 방문한 이 래 여러 차례 히로시마를 방문하며 생존자들의 삶과 죽음, 고통을 관찰하고 기록한 고발 문학의 진수.

아키히코 오카무라[岡村昭彦], 『남베트남전쟁종군기』(南ヴェトナム戦争従軍記), 1965.
* 보도사진작가로서 1964년 『라이프』지에 추악한 베트남전쟁이라는 제목으로 사진을 연재 하여 세계적으로 커다란 반향을 불러일으켰다. 1965년에는 단신으로 베트콩 점령지역에 잠입, 취재해 그 내용을 「해방전선의 우편배달부」(리영희의 『베트남 전쟁—30년 베트남 전쟁의 전개와 종결』(두레, 1985)에 번역 소개)로 보도했다.

윌리엄 힌튼(William H. Hinton), 강칠성 역, 『번신』(翻身, 전2권)(A Documentary of Revolution in a Chinese Village), 풀빛, 1986.
* 장궁촌이라는 중국의 한 농촌 마을을 무대로 농민들이 어떻게 혁명을 받아들이고 그 과 정에서 농민들이 어떻게 스스로 변모해 가는지를 치밀하게 추적한 현장 보고서. 저자가 1947년부터 1953년까지 장기간 중국에 머문 경험이 바탕이 되었다.

해리슨 솔즈베리(Harrison E. Salisbury), 『봉쇄선 너머의 하노이』(Behind the Lines: Hanoi, December 23, 1966~January 7, 1967), 1967.
* 베트남전이 한창이던 1966년 『뉴욕타임스』의 편집부국장으로서 하노이를 방문해 많은 사람을 만나 인터뷰하고 또 직접 관찰한 결과를 기록한 르포. 미국의 북폭으로 인해 북베 트남이 얼마나 큰 피해를 입었는가 하는 참상을 비롯해 베트남인들의 저항의지를 생생하 게 전달했다는 평을 받는다. 베트남전에 대한 반전 여론을 이끌어내는 데 한몫을 한 르포 로서 의미를 지니는 한편, 반공주의자들로부터는 증오와 비난의 대상이 되었다.

노먼 메일러(Norman Kingsley Mailer), 권택영 역, 『밤의 군대들』(The Armies of the Night, 1968), 민음사, 2007.
* 1967년 10월 21일 펜타곤 앞에서 벌어진 베트남전쟁 반대 시위를 뉴저널리즘적 형식으 로 다룬 작품. 작가 자신이 직접 시위에 참여해 하룻밤 동안 감옥에 구속되어 겪은 이야기 를 풍자적으로 보여준다.

타리크 알리(Tariq Ali), 안효상 역, 『1960년대 자서전—열정의 시대 희망을 쏘다』(Street-Fighting Years: An Autobiography of the Sixties, 1987), 책과함께, 2008.
* 파키스탄 출신의 영국 지식인 타리크 알리가 격동의 68혁명의 한복판에서 써내려간 거리

의 자서전. 무엇보다 베트남전쟁의 와중에서 각국 좌파(혹은 신좌파) 지식인들이 새로운 세계를 열망하며 전개하는 희망과 좌절의 생생한 기록이다.

이시무레 미치코[石牟礼道子], 김경인 역, 『슬픈 미나마타』(苦海淨土, 1969), 달팽이, 2007.
* 1953년 일본 구마모토현 미나마타시에서 수은중독으로 인해 발생한 '미나마타병'에 대해, 평범한 주부였던 저자가 환자들과 그들 가족을 만나며 취재한 자료를 바탕으로 완성했다. 무분별한 문명의 역습이라 할 수 있는 환경재앙에 대해 경각심을 불러일으킨 기록소설.

호세 라카바(Jose F. Lacaba), 『동요의 낮들, 분노의 밤들』(Days of Disquiet, Nights of Rage), 1982.
* 필리핀 민주화운동사에서 이른바 '1/4분기 폭풍의 시절'(First Quarter Storm, 타갈로그어로는 Sigwa ng Unang Kuwarto)이라는 이름으로 불리는, 1970년 1월부터 3월까지 벌어진 격렬한 반정부 민주화운동에 대해 저자가 경험을 바탕으로 정리한 기록.

오에 겐자부로, 이애숙 역, 『오키나와 노트』(沖繩ノート, 1970), 삼천리, 2012.
* 일본의 패전 이후 미군에 점령되었다가 일본에 반환된 이후에도 여전히 미군기지가 존속하는 동시에 일본 본토와 관련해서는 편견과 차별의 땅으로 각인되는 오키나와에 대해 평화적 공감을 이끌어내기 위해 쓴 르포.

당 투이 쩜(Đặng Thùy Trâm), 안경환 역, 『지난밤 나는 평화를 꿈꾸었네─1970년 베트남, 한 여의사의 일기』(Nhật ký Đặng Thùy Trâm), 자음과모음, 2008.
* 1966년 하노이 의과대학을 졸업하고 참전한 당 투이 쩜은 1970년 6월 22일 미군의 매복에 걸려 희생되었다. 이때 그녀의 나이는 불과 28세였다. 그녀가 전선에서 3년간 쓴 일기는 한 미군 정보장교에 의해 보관되어 오다가 뒤늦게 세상에 알려지게 되었다. 출간 즉시 베트남에서 엄청난 반향을 불러일으켰다.

가마타 사토시[鎌田慧], 허명구·서혜영 역, 『자동차 절망공장─어느 계절공의 일기』(自動車絶望工場-ある季節工の日記, 1973), 우리일터기획, 1995.
* 전후 해마다 천문학적 이윤을 기록하며 일본경제를 이끈 도요타의 신화가 실은 참혹한 노동조건 하에서 노동자들을 무자비하게 수탈한 결과임을 입증하여 충격을 던진 르포. 저자는 이 글을 쓰기 위해 1972년 9월부터 이듬해 2월까지 직접 도요타에서 기간제 노동자로 일했다.

장 주네(Jean Genet), 「팔레스타인 사람들」, 『월간 중앙』 76호, 1974년 7월호.

* 말년의 장 주네는 특히 1970년 팔레스타인해방기구의 수장 야세르 아라파트를 만난 이후 아랍과 프랑스를 오가며 팔레스타인 민족해방운동을 적극적으로 지지했다. 그의 유작 『사랑의 포로』는 이때의 체험을 바탕으로 하는 장편소설이다.

다치바나 다카시[立花隆], 『일본공산당 연구』(日本共産党の研究), 1976.
* 일본을 대표하는 저널리스트인 저자가 전후 자신이 직접 면담한 증언에 기초하여 재구성한 전전의 일본공산당에 대한 실증적 통사.

구엔 카오 키(응우옌 카오 키, Nguyễn Cao Kỳ), 홍인근 역, 『월남 20년 패망 20일』(Twenty years and twenty days, 1976), 연희출판사, 1977.
* 남베트남의 군인으로서 여러 번의 쿠데타에 직간접으로 관여했으며 1965년에는 총리가 되었던 저자가 1975년 사이공이 함락되자 미국으로 망명하여 쓴 회고록. 부패한 남베트남 정권의 몰락 과정을 내부의 시선으로 고발한다는 데 의의가 있다.

마이클 헤르(Michael Herr), 『특전』(特電, Dispatches), 1977.
* 베트남전 당시 미국『에스콰이어』지의 특파원(1967~1969년)으로 지낸 경험을 회고록 형태로 썼다. 저자는 이를 토대로 훗날 베트남전을 소재로 한 영화〈풀 메탈 자켓〉(Full Metal Jacket, 1987)의 시나리오 작업에 참여한다.

히로카와 요리치[広河隆一] 편, 이인철 역, 『타오르는 이란』(燃える石油王国イラン, 1979), 일월서각, 1979.
* 1979년 전세계를 놀라게 한 반(反) 팔레비 이란 혁명의 실상을 중동 전문 저널리스트인 저자가 현지 르포를 통해 생생하게 전달한다. 저자는 팔레스타인과 이스라엘의 분쟁, 레바논 내전 등에 관한 르포 작업과 사진 작업으로도 유명하다.

시드니 션버그(Sydney Schanberg), 『디스 프란의 삶과 죽음』(The Death and Life of Dith Pran), 1980.
* 베트남전에서 미군의 철수 이후『뉴욕타임스』의 기자로서 그는 "미군의 철수로 인도차이나 반도는 대부분 사람들에게 훨씬 나은 생활을 보장할 것이다"라는 제하의 글을 송고한다. 하지만 실상은 달랐다. 그는 크메르루즈가 장악한 캄보디아에서 취재를 계속하다가 생사를 넘는 위험을 수차례 겪는데, 이때 그를 도와준 캄보디아인 친구 디스 프란의 이야기를 쓴 수기. 나중에 영화〈킬링필드〉의 원작이 된다.

마가렛 랜달(Margaret Randall), 편집부 역, 『산디노의 딸들』(Sandino's Daughters: Testimonies of Nicaraguan Women in Struggle. 1981), 우리, 1986.

* 니카라과 민족해방투쟁 과정에서 소모사 독재정권을 무너뜨리기 위해 투쟁한 여성들의 생생한 체험담.

루이제 린저(Luise Rinser), 한민 역, 『또 하나의 조국—루이제 린저의 북한 기행』(Nordkoreanisches Reisetagebuch, 1981), 공동체, 1988.
* 독일의 작가 루이제 린저가 1980~1982년 세 차례에 걸쳐 북한을 방문하며 관찰한 내용을 우호적인 시선으로 한 기록한 기행문. 작가는 남한에 대해서는 정반대로 부정적인 시선을 감추지 않은 여행기도 다수 발표해 논란을 불러일으키기도 했다.

해리슨 솔즈베리, 정성호 역, 『대장정』(The Long March: The Untold Story, 1984), 범우사, 1985.
* 언론인인 저자가 1930년대 중국 혁명과정에서 공산당의 대장정 과정을 훗날 자신이 직접 답사한 현장과 생존자들의 인터뷰를 통해 쓴 기록.

스베틀라나 알렉시예비치(벨라루스어: Святлана Аляксандраўна Алексіевіч, 러시아어: Светлана Александровна Алексиеʹвич), 박은정 역, 『전쟁은 여자의 얼굴을 하지 않았다』(У войны не женское лицо, 1985), 문학동네, 2015.
* 제2차 세계대전에 관한 서사는 차고 넘친다. 그럼에도 불구하고 새삼 이 작품이 귀한 것은 백만 명이 넘게 참전했지만 훗날 거의 그 존재조차 망각되어 버린 여성들을 본격적으로 다루기 때문이다. 나아가 그것을 '목소리 소설'이라는 작가만의 독특한 장르를 통해 전달하고 있다는 점도 주목을 끈다. 소련으로부터 독립한 소국 벨라루스 출신의 작가는 이 작품과 『체르노빌의 목소리』처럼 사회성이 짙은 기록문학 작품들로 2015년 노벨문학상을 수상했다.

귄터 발라프(Günter Wallraff), 서정일 역, 『가장 낮은 곳에서 가장 보잘 것 없이: 르포기자 귄터 발라프의 인권 사각지대 잠입 취재기』(Ganz Unten, 1985), 알마, 2012.
* 독일인 작가 귄터 발라프가 터키인 '알리'로 위장한 채 맥도널드, 제철소, 제약업체의 임상시험 연구실 등에 지원해 외국인 노동자 용역노동의 현실에 대한 고발한다.

치엔깡[錢鋼], 『탕산대지진』(唐山大地震), 1986.
* 1976년의 탕산대지진을 정치, 사회, 경제, 문화, 과학 등 여러 방면에서 입체적으로 추적한 르포로 많은 독자와 작가들로부터 큰 관심을 이끌어냈다. 현대 중국에서 이른바 광각식(廣角式) 보고문학이 활발해지는 계기가 되었다.

가브리엘 가르시아 마르케스(Gabriel Garcia Marquez), 조구호 역, 『칠레의 모든 기록』(La

Aventura de Miguel Littín, Clandestino en Chile, 1986), 간디서원(크레파스), 2011.(초판은 2000년)
* 1985년 영화감독 미겔 라틴이 계엄령 하의 칠레에 잠입하여 모든 순간의 기록을 촬영한 기적적인 6주일이 작가 마르케스의 유려한 필치로 생생하게 재구성된다.

존 캐리(John Carey), 김기협 역, 『역사의 원전—역사의 목격자들이 직접 쓴 2,500년 현장의 기록들』(The Faber Book of Reportage, 1987), 바다출판사, 2014.
* BC 430년 아테네에서 유행했던 역병에 대해 기록한 투키디데스의 원전을 첫 장으로 하여, 1982년 이스라엘의 레바논 침공 당시의 기록에 이르기까지 2,500년의 인류사를 총망라한 현장기록들.

마쓰모토 진이치[松本仁一], 『아파르트헤이트의 백인들』(アパルトヘイトの白人たち), 1989.
* 일본 『아사히 신문』 기자로 아프리카 특파원을 오래 지낸 저자가 특히 아파르트헤이트 치하 남아공의 현실을 기록한 르포. 저자의 또 다른 아프리카 르포 『아프리카의 눈물』(평단문화사, 2010)은 우리나라에도 번역 소개되었다.

히로세 다카시[広瀬隆], 육후연 역, 『체르노빌의 아이들』(チェルノブリの少年たち, 1990), 프로메테우스, 2011.(개역개정판)
* 일본을 대표하는 논픽션 작가 히로세 다카시가 1986년 4월 26일 일어난 소련 체르노빌 발전소 폭발사건을 배경으로 한 반핵평화소설.

퍼트리샤 스테인호프(Patricia Steinhoff), 『적군파』(日本赤軍派—その社會學的物語, 1991), 교양인, 2013.
* 일본 좌파운동 전문연구자인 저자가 일본 적군파 출신자들을 직접 인터뷰한 자료를 바탕으로 평범한 청년들을 광기 어린 비극으로 몰고 간 동인(動因)을 파헤친다.

이회성·미즈노 나오끼[水野直樹] 공편, 윤해동 외 역, 『아리랑 그 후—김산과 님 웨일즈』(『アリランの歌』覚書: キム·サンとニム·ウェ·ルズ, 1991), 동녘, 1993.
* 조선인 혁명가 김산의 파란만장한 삶을 기록한 『아리랑』이 어떻게 세상에 나오게 되었는지, 그 배경을 추적했다. 님 웨일즈와 이회성의 대담도 수록.

세스 노터봄(Cees Nooteboom), 『산티아고 가는 길』(De Omweg Naar Santiago, 1992), 민음사, 2010.
* 네덜란드를 대표하는 소설가로서 세스 노터봄이 세계적으로 각광받는 스페인의 산티아

고까지 걷는 순례의 길을 작가의 독특한 시선으로 기록한다.

피에르 부르디외(Pierre Bordieu), 김주경 역, 『세계의 비참』(La Misere du monde, 1993), 동문선, 2000.
* 피에르 부르디외가 22명의 프랑스 사회학자들과 함께 3년 동안 사회적 불행의 형태에 대한 사회학적 관찰을 수행한 산물.

임마꿀레 일리바기자(Immaculee Ilibagiza), 김태훈 역, 『내 이름은 임마꿀레』(Left to Tell: Discovering God Amidst the Rwandan Holocaust, 2006), 섬돌, 2007.
* 1994년 르완다 사태 당시 91일 동안 한 평 남짓 되는 목욕탕에서 다른 여덟 명의 이웃과 함께 지내면서 극적으로 살아남은 경험의 증언록.

노마 필드(Norma Field), 박이엽 역, 『죽어가는 천황의 나라에서』(In the Realm of a Dying Emperor), 창비, 1995.
* 일본계 미국인으로 미군점령기 일본에서 성장한 저자가 오키나와, 야마구치, 나가사키 등 3개 지역의 평범한 인물을 직접 만나 그들이 왜 천황제 국가 일본의 역사적 기억의 왜곡을 반대하는지 대화와 관찰을 통해 추적한 르포 형식의 연구서.

후안 고이티솔로(Juan Goytisolo), 고인경 역, 『전쟁의 풍경』(Paisajes de Guerra, 1996), 실천문학사, 2004.
* 스페인 현대문학을 대표하는 작가 후안 고이티솔로가 이슬람과 기독교의 대립이 첨예한 네 지역, 사라예보, 팔레스타인, 알제리, 체첸을 방문하여 전쟁과 전쟁 속 사람들의 삶을 기록한 에세이집.

가브리엘 가르시아 마르케스, 권미선 역, 『납치일기』(전 2권)(Noticia de un secuestro, 1996), 민음사, 1999.
* 콜롬비아 사회를 좀먹고 있는 극심한 범죄와 부패에 대한 작가 마르케스의 생생한 증언. 콜롬비아 최대의 마약조직인 메델린 카르텔과 정부 사이의 치열한 전쟁을 193일 동안 이어진 납치극을 통해 집중 조명한다.

무라카미 하루키[村上春樹], 양억관 역, 『언더그라운드』(アンダーグラウンド, 1997), 문학동네, 2010.
* 1990년대 일본을 뒤흔든 옴진리교 지하철 사린사건을 다룬 무라카미 하루키의 르포르타주.

모리드 바르구티(Mourid Barghouti), 구정은 역, 『나는 라말라를 보았다』(I Saw Ramallah, 1997), 후마니타스, 2014.
* 1966년 저자는 학업을 위해 이집트의 카이로로 갔다. 이듬해 이른바 6일전쟁이 터졌을 때, 그는 학업을 마치고 팔레스타인에 돌아왔지만 입국을 거절당했다. 그로부터 30년 동안 그는 다른 많은 팔레스타인 청년들처럼 해외에서 살아야 했다. 이 책은 결국 '자기 땅에서 유배당한 자'의 기록 그 이상도 이하도 아니다.

빔 꿋사왕(Pim Koetsawang), 참여연대 국제연대위원회 역, 『양지를 찾는 사람들—버마 이주노동자들의 이야기』(In Search of Sunlight, 2001), 아시아, 2008.
* 태국의 NGO 활동가인 저자가 오랜 기간 버마 노동자들을 직접 인터뷰한 자료를 토대로 쓴 책. 버마 이주 노동자들이 직접 쓴 글, 그리고 NGO 활동가들의 글도 수록되어 있다.

레티시아 바카이으(Laetitia Bucaille), 정재곤 역, 『봉기—팔레스타인 민중봉기의 현장에서 보내온 생생한 일상의 기록』(Growing Up Palestinian: Israeli Occupation and the Intifada Generation, 2002), 서해문집, 2004.
* 1987년 1차 인티파다 이후 무장 투쟁의 길로 접어들어 날마다 목숨을 건 싸움을 해나가는 팔레스타인 청년들의 일상에 대한 보고서.

빈첸쪼 꼰쏠로(Vincenzo Consolo), 조흥근 역, 「국제작가회의의 이스라엘·팔레스타인 방문기」(The IPW's Journey to Israel/Palestine), 『창작과비평』 30권 제2호, 2002년 여름호.
* 저자가 2002년 국제작가회의의 일원으로 월레 소잉카, 주제 사마라구 등 노벨문학상 수상작가들을 포함한 다른 7명의 작가와 함께 팔레스타인의 대표시인 마흐무드 다르위시의 초청에 응해 이루어진 답사의 기록. 『창작과비평』 30권 제2호에 다른 두 편의 기록이 함께 수록되어 있다.

레그 테리오(Reg Theriault), 박광호 역, 『노동계급은 없다—부속인간의 삶을 그린 노동 르포르타주』(The Unmaking of the American Working Class, 2003), 실천문학사, 2013.
* 미국에서 가장 강력한 노동조합 중 하나인 항만노조에서 활동한 저자가 자신의 체험을 바탕으로 쓴 르포.

셀리그 해리슨(Selig S. Harrison), 『코리안 엔드게임』(Korean Endgame: A Strategy for Reunification and U.S. Disengagement, 2003), 삼인, 2003.
* 1972년 미국 언론인으로서 한국전쟁 이후 처음으로 북한에 들어가 김일성 주석을 만났다. 이후 김일성과 인연을 바탕으로 북한을 독자적인 취재 영역으로 확보했으며 2001년 6

월까지 모두 일곱 차례 북한을 방문했다. 이 책은 그 결과물로 북한에 대한 해리스 역할은 흔히 과거 중국을 바깥 서방 세계와 연결한 에드가 스노우의 역할에 비견된다.

천구이디[陈桂棣]·우춘타오[春桃] 공저, 박영철 역, 『중국 농민 르포』(中國農民調査, 2004), 길, 2014.
* 중국공산당에 의해 한때 중국의 미래로까지 간주되던 농민이 개혁개방 이후 급격한 경제 발전 과정에서 어떻게 소외받고 있는가 그 불평등한 상황을 적나라하게 고발한 르포.

사이라 샤(Saira Shah), 유은영 역, 『파그만의 정원』(The Storyteller's Daughter, 2004), 한겨레신문사, 2004.
* 아버지의 조국 아프가니스탄에서 자신의 정체성을 찾으려는 한 서구 여성이 위험을 무릅쓰고 부르카에 몸을 숨긴 채 탈레반 치하 아프가니스탄에 잠입하여 관찰한 모험의 기록.

라파엘 젤리히만(Rafael Seligmann), 박정희·정지인 역, 『(집단애국의 탄생) 히틀러—독일 국민과 히틀러의 공모, 집단적 애국주의의 광기에 대한 르포르타주』(Hitler, 2004) 생각의나무, 2008.
* '독일국민의 집단적 애국주의와 히틀러의 공모'라는 관점에서 히틀러의 독재를 조명하고 '애국'이란 이름으로 집단적으로 그에게 충성을 맹세한 독일국민의 사회심리학적 상태를 확인한다.

가마타 사토시, 김승일 역, 『르포 절망의 열도』(痛憤の現場を歩く, 2005), 산지니, 2009.
* 구멍에 들어가길 좋아해 한번 들어가면 좀처럼 밖으로 나오지 묻어의 습성처럼 절망으로 치닫는 일본사회의 어두운 이면을 적나라하게 고발한 증언집. 그러나 대자본, 보수주의, 군국주의와 우경화 등이 지배적인 세태에서도 희망을 갖고 활동하는 사람들의 목소리도 놓치지 않는다.

귄터 발라프, 황현숙 역, 『암행기자 귄터 발라프의 언더커버 리포트—세계화가 만들어낸 멋진 신세계 탐험』(Aus der schönen neuen Welt: Expeditionen ins Landesinnere, 2009), 프로네시스(웅진), 2010.
* 잠입 취재로 유명한 독일 68혁명 세대 르포작가인 저자가 2007년부터 2년간 취재한 르뽀로, 세계화의 그늘에서 살아가는 사람들에 대한 충격적인 보고서.

조 사코(Joe Sacco), 정수란 역, 『팔레스타인 가자 지구 비망록』(Footnotes in Gaza, 2009), 글논그림밭, 2012.
* 팔레스타인, 그중에서도 특히 폭 11킬로미터, 길이 45킬로미터의 길고 비좁은 가자 지구

의 비참한 현실을 만화 형식으로 추적한 르포르타주.

플로랑스 오브나(Florence Aubenas), 윤인숙 역, 『위스트르앙 부두─우리 시대 '투명인간'에 대한 180일간의 르포르타주』(Quai de Ouistreham, 2010), 현실문화연구, 2010.
* 저자가 2009년 2월부터 7월까지 실업자에서 시급 8유로의 정규직 청소부가 되는 순간을 기록한 '종군일기'로서, 프랑스 불안정노동계급의 삶을 가감 없이 담았다.

치누아 아체베(Chinua Achebe), 『한 나라가 있었다』(There was a Country: A Personal History of Biafra), 2012.
* 현대 아프리카 문학을 대표하는 소설가로서 1967년부터 1970년까지 나이지리아에서 비아프라 내전이 발생했을 때 비아프라의 독립을 적극적으로 지지한 이보족 출신 저자의 회고록. 식민지로부터 해방된 아프리카 국가들이 부딪쳤던 끔찍한 민족분쟁이 초점이다.

안나 에렐(Anna Erelle), 박상은 역, 『지하드 여전사가 되어─프랑스 여기자의 목숨 건 이슬람국가 IS 잠입 르포』(Dans La Peau D'Une Djihadiste, 2015), 글항아리, 2015.
* 이교도 유럽인들까지 거침없이 빨아들이는 이슬람국가(IS)의 실체를 추적하기 위해 저자들이 직접 시리아로 가려고 시도하는 일련의 과정을 기록한 르포.

_김남일 정리

출전

제1부 1970년대

박태순, 「소신(燒身)의 경고(警告)—평화시장 재단사 전태일(全泰壹)의 얼」, 『여성동아』 1971년 1월호.

황석영, 「벽지(僻地)의 하늘」, 『한국문학』 1974년 2월호.
　　　　『한국논픽션선서 3』, 청년사, 1976.

제2부 1980년대

윤재걸, 「광주, 그 비극의 10일간」, 『신동아』 1985년 7월호.
　　　　「도큐멘터리—그 비극의 10일간」, 『작전명령 화려한 휴가』, 실천문학사, 1987.

전무용·이은식, 「녹두밭 윗머리 사람들—충남 공주군 B면 K리 1구를 찾아」, 『삶의 문학』 제6집, 1984.

윤정모, 「우리들의 밤과 낮」, 『여성운동과 문학』 제1권, 실천문학사, 1988. (저자의 요청으로 원고 일부 수정)

김남일, 「노동운동의 성지 모란공원」, 『월간 말』 1989년 11월호.

문익환, 「걸어서라도 갈 테야」, 『실천문학』 1989년 겨울호.
　　　　『걸어서라도 갈 테야』, 실천문학사, 1990.

제3부 1990년대

이원규, 「기수(旗手)」, 『실천문학』 1991년 가을호.

이상석, 「부신 햇살 어둔 하늘」, 『실천문학』 1991년 가을호.

공지영, 「부엌에서 우루과이라운드까지—여성농민의 하루」, 『여성과사회』 제2호, 1991.

안재성, 「어느 지구조각가의 아침—중장비기사의 하루」, 『실천문학』 1998년 겨울호.

방현석, 「"여기는 목숨을 담보로 한 곡예작업장"—60년대로 돌아간 한라중공업 삼호조선소의 산업재해」, 『사회평론 길』 96권 5호, 1996.
송경동, 「"우리는 한평생이 IMF였어"—IMF 2년, 건설 노동자의 삶」, 『월간 말』 169호, 2000. 7.

제4부 2000년대
공선옥, 「못다 핀 꽃 두 송이 미선이, 효순이」, 『월간 말』 194호, 2002. 8.
　　　　『마흔에 길을 나서다』, 월간 말, 2003.
박영희, 「지하철, 막장을 달리다—대구지하철사고와 지하철노조」, 『당대비평』 22호, 2003. 6.
　　　　『아파서 우는 게 아닙니다』, 삶이 보이는 창, 2007.
오수연, 「전쟁과 독재를 견딘 이라크 작가들」, 『실천문학』 2003년 겨울호.
　　　　『아부 알리, 죽지 마』, 향연, 2004.
김해자, 「다른 세상은 가능하다—이주노동자 이야기」, 『실천문학』 2004년 여름호.
정지아, 「한잔 들쭉술에 녹을 60년 세월인 것을—소설가 정지아의 북녘 기행」, 『출판저널』, 2005. 9.
박수정, 「어느 낮, 대추리에 가다」, 『진보평론』 28호, 2006. 6.
윤예영, 「용산으로 이어진 길, 가깝고도 먼」, 『지금 내리실 역은 용산참사역입니다』(작가선언 6·9 편), 실천문학사, 2009.
정우영, 「가만히 있지 말아라」, 『우리 모두가 세월호였다』(세월호 추모시집), 실천문학사, 2014.

지은이 약력

공선옥 소설가. 1963년 전남 곡성 출생. 1991년 계간 『창작과비평』에 중편소설 「씨앗불」을 발표하며 작품 활동 시작. 소설집으로 『피어라 수선화』, 『내 생의 알리바이』, 『명랑한 밤길』, 『멋진 한세상』, 장편소설로 『오지리에 두고 온 서른살』, 『시절들』, 『수수밭으로 오세요』, 『꽃 같은 시절』, 『유랑가족』, 『내가 가장 예뻤을 때』, 『그 노래는 어디서 왔을까』, 『영란』, 『붉은 포대기』, 산문집 『자운영 꽃밭에서 나는 울었네』, 『행복한 만찬』, 『공선옥, 마흔에 길을 나서다』, 『사는 게 거짓말 같을 때』 등이 있다.

공지영 소설가. 1963년 서울 출생. 1988년 『창작과 비평』에 단편 「동트는 새벽」을 발표하며 작품 활동 시작. 장편소설 『높고 푸른 사다리』, 『도가니』, 『우리들의 행복한 시간』, 『봉순이 언니』, 『착한 여자』, 『고등어』, 『무소의 뿔처럼 혼자서 가라』, 『더 이상 아름다운 방황은 없다』 등, 소설집 『인간에 대한 예의』, 『존재는 눈물을 흘린다』, 『별들의 들판』, 산문집 『네가 어떤 삶을 살든 나는 너를 응원할 것이다』, 『아주 가벼운 깃털 하나』, 『공지영의 지리산 행복학교』, 『공지영의 수도원 기행』, 『딸에게 주는 레시피』 등과 르포르타주 『의자놀이』가 있다.

김남일 소설가. 1957년 경기 수원 출생. 1983년 『우리 세대의 문학』에 단편 「베리」를 발표하며 작품 활동 시작. 장편소설로 『청년일기』, 『국경』, 『천재토끼 차상문』, 소설집으로 『일과 밥과 자유』, 『천하무적』, 『세상의 어떤 아침』, 『산을 내려가는 법』, 산문집 『책』, 평전 『민중신학자 안병무 평전』 등이 있다. 보고문학 작품으로 『전진하는 동지여』를 공동 집필했고, 『원풍모방노동운동사』를 대표 집필했다.

김해자 시인. 1961년 전남 신안 출생. 1998년 『내일을 여는 작가』로 작품 활동 시작. 시집 『무화과는 없다』, 『축제』, 『못난 시인』(공저), 『집에 가자』, 산문집 『민중열전』, 『내가 만난 사람은 모두 다 이상했다』, 민중구술자서전 『당신을 사랑합니다』 등이 있다.

문익환 시인. 통일운동가. 1918년 만주 북간도 출생. 1976년 3월 3·1 민주구국선언 사건, 1989년 3월 북한 방문 등으로 여섯 차례 투옥되어 12년 넘는 수감 생활을 했다. 저서로 시집 『새삼스런 하루』, 『꿈을 비는 마음』, 『난 뒤로 물러설 자리가 없어요』, 『한 하늘 두 하늘』, 산문집 『통일은 어떻게 가능한가』, 『꿈이 오는 새벽녘』, 『통일을 비는 마음』, 『가슴으로 만난 평양』, 『걸어서라도 갈 테야』 등이 있다. 1994년 1월 심장마비로 사망. 사후 『문익환 전집』 출간.

박수정 르포작가. 1969년 경기 고양 출생. 보고문학 작품으로 『숨겨진 한국여성의 역사』, 『버려진 조선의 처녀들』, 『내일로 희망을 나르는 사람들』, 『세계의 꿈꾸는 자들 그대들은 하나다―박수정의 남미 변두리 여행』 등이 있다. 나우정밀노동조합 10년사 『영원히 꺼지지 않는 희망의 횃불로』를 공동 집필했고, 2000년 극단 한강과 함께 〈연극 전태일〉을 공동 창작했다.

박영희 시인. 르포작가. 1962년 전남 무안 출생. 1985년 문학 무크 『민의』로 작품 활동 시작. 시집으로 『조카의 하늘』, 『해 뜨는 검은 땅』, 『팽이는 서고 싶다』, 『즐거운 세탁』이 있으며, 서간집 『영희가 서로에게』, 평전 『김경숙』, 르포집 『길에서 만난 세상』(공저), 『아파서 우는 게 아닙니다』, 『사라져 가는 수공업자, 우리 시대의 장인들』, 『보이지 않는 사람들』, 『나는 대학에 가지 않았다』, 『만주의 아이들』, 기행산문집 『만주를 가다』, 『해외에 계신 동포 여러분』, 청소년소설 『대통령이 죽었다』, 『운동장이 없는 학교』 등을 펴냈다.

박태순 소설가. 1942년 황해도 신천 출생. 1964년 『사상계』 신인문학상으로 등단. 주요 작품으로 『낮에 나온 반달』, 『신생』, 『무너진 극장』, 『정든 땅 언덕 위』, 『어느 사학도의 젊은 시절』 등이 있고, 『작가기행』, 『국토와 민중』, 『나의 국토 나의 산하』 등의 기행산문집, 『자유실천문인협의회 문예운동사』 등의 기록물, 『자유의 길』, 『팔레스타인 민족시집』, 『무너지는 사람들』 등의 번역서를 펴냈다.

방현석 소설가. 1961년 경남 울산 출생. 1988년 『실천문학』에 단편 「내딛는 첫발은」을 발표하며 작품 활동 시작. 소설집 『내일을 여는 집』, 『랍스터를 먹는 시간』, 장편 『십년간』, 『당신의 원편』, 『그들이 내 이름을 부를 때』, 산문집 『아름다운 저항』, 『하노이에 별이 뜨다』 등이 있다. 그 밖의 저서로 『소설의 길 영화의 길』, 『백 개의 아시아』(공저), 『서사패턴 959』 등이 있다.

송경동 시인. 1967년 전남 벌교 출생. 2001년 『내일을 여는 작가』와 『실천문학』을 통해 작품 활동을 시작했고, 시집 『꿀잠』, 『사소한 물음들에 답함』, 『못난 시인』(공저), 산문집 『꿈꾸는 자 잡혀간다』, 『사람을 보라』(공저) 등이 있다.

안재성 소설가. 1960년 경기도 용인 출생. 장편소설『파업』으로 제2회 전태일문학상을 수상하면서 작품 활동 시작. 장편소설로『파업』,『경성트로이카』,『황금이삭』,『연안행』,『사랑의 조건』, 평전과 생애사 기록 작업으로『이관술─1902~1950』,『이현상 평전』,『박헌영 평전』,『실종작가 이태준을 찾아서』,『신불산』,『부르지 못한 연가』,『나의 아버지 박판술』,『식민지 노동자의 벗 이재유』 등이 있다. 노동운동과 관련해서『한국노동운동사』,『청계 내 청춘』,『타오르는 광산』 등을 펴냈다.

오수연 소설가. 1964년 서울 출생. 1994년『현대문학』장편공모에「난쟁이 나라의 국경일」이 당선되어 작품 활동 시작. 주요 작품으로『빈집』,『부엌』,『돌의 말』이 있으며, 2004년에 민족문학작가회의 파견작가로 이라크 전쟁을 취재한 후『아부 알리, 죽지 마─이라크 전쟁의 기록』을 펴냈다. 2006년에는 팔레스타인 산문집『팔레스타인의 눈물』을 기획해서 펴냈다.

윤예영 시인. 1977년 서울 출생. 1998년『현대문학』에「동그라미 변주곡」외 4편으로 작품 활동 시작. 시집『해바라기 연대기』.

윤재걸 시인. 르포작가. 언론인. 1947년 전남 해남 출생. 1973년『중앙일보』를 통해 언론계에 첫발을 내디딘 이래『동아일보』기자로 재직 중 1980년 5월 광주민주화운동 취재와 관련 강제해직. 시집으로『후여후여 목청 같아』,『금지곡을 위하여』, 르포집으로『서울공화국』,『청와대 밀명』,『작전명령─화려한휴가』, 정치사회 평론집으로『정치, 너는 죽었다』,『우상의 나라』,『분노의 현장』 등이 있다.

윤정모 소설가. 1946년 경북 경주 출생. 1981년『여성중앙』중편 공모에「바람벽의 딸들」로 작품 활동 시작. 주요 작품으로『광화문통 아이』,『에미 이름은 조센삐였다』,『밤길』,『그리고 함성이 들렸다』,『님』,『고삐』,『빛』,『들』,『봄비』,『나비의 꿈』,『그들의 오후』,『딴 나라 여인』,『슬픈 아일랜드』,『우리는 특급열차를 타러 간다』,『꾸야 삼촌』 등이 있다.

이상석 교사. 작가. 1952년 경남 창녕 출생. 1979년 교단에 선 뒤로 전교조 결성에 참여하여 해직당한 바 있으며, 2014년 정년퇴직.「굴종의 삶을 떨치고」란 보고문학 작품으로 제3회 전태일문학상 수상. 저서로『사랑으로 매긴 성적표』,『못난 것도 힘이 된다』가 있으며, 학생들 글을 엮어『여울에서 바다로』,『있는 그대로가 좋아』를 펴냈다.

이원규 시인. 1962년 경북 문경 출생. 1984년『월간문학』과 1989년『실천문학』을 통해 창작 활동을 시작. 시집『강물도 목이 마르다』,『옛 애인의 집』,『돌아보면 그가 있다』,『빨치산 편지』,『지푸라기로 다가와 어느덧 섬이 된 그대에게』 등과 산문집『길을 지우며 길을 걷다』,『벙어리 달빛』,『멀리 나는 새는 집이 따로 없다』등이 있다.

이은식 소설가. 1953년 충남 공주 출생. 1983년『삶의 문학』에 중편「사슬」을 발표하며 작품 활동 시작. 소설집『땅거미』. 오랫동안 교직에 근무했다.

전무용 시인. 1956년 충북 영동 출생. 1983년『삶의 문학』동인으로 문단 활동을 시작. 시집『희망과 다른 하루』.

정우영 시인. 1960년 전북 임실 출생. 1989년『민중시』로 작품 활동 시작. 시집으로『마른 것들은 제 속으로 젖는다』,『집이 떠나갔다』,『살구꽃 그림자』,『창덕궁은 생각한다』가 있으며, 시평 에세이『이 갸륵한 시들의 속삭임』,『시는 벅차다』를 펴냈다.

정지아 소설가. 1965년 전남 구례 출생. 1990년 부모님의 삶을 다룬 장편소설『빨치산의 딸』을 발표하며 작품 활동 시작. 이어 1996년 조선일보 신춘문예에 단편소설「고욤나무」당선. 소설집『행복』,『봄빛』,『숲의 대화』, 청소년소설『숙자 언니』, 인물이야기『천국의 이야기꾼 권정생』,『임종국』, 르포집『벼랑 위의 꿈들』등이 있다.

황석영 소설가. 1943년 만주 장춘 출생. 고교 재학 중 단편소설「입석 부근」으로『사상계』신인문학상을 수상했다. 주요 작품으로『객지』,『가객』,『삼포 가는 길』,『한씨연대기』,『무기의 그늘』,『장길산』,『오래된 정원』,『손님』,『모랫말 아이들』,『심청, 연꽃의 길』,『바리데기』,『개밥바라기별』,『강남몽』,『낯익은 세상』,『여울물 소리』등이 있다.

민중을 기록하라
작가들이 발로 쓴 한국 현대사: 전태일에서 세월호까지

2015년 10월 19일 1판 1쇄 펴냄
2017년 4월 18일 1판 4쇄 펴냄

지은이	박태순·황석영 외 20인
펴낸이	윤한룡
편집	이연희
디자인	윤려하
관리·영업	김선화, 조은하

펴낸곳	(주)실천문학
등록	10-1221호(1995.10.26.)
주소	서울특별시 성북구 보문로 82-3 801호(보문동 4가, 통광빌딩)
전화	322-2161~5
팩스	322-2166
홈페이지	www.silcheon.com

ⓒ박태순·황석영 외 20인, 2015

ISBN 978-89-392-0739-4 03300

이 책 내용의 전부 또는 일부를 재사용하려면
반드시 지은이와 실천문학사 양측의 동의를 받아야 합니다.

> 이 도서의 국립중앙도서관 출판시도서목록(CIP)은 e-CIP홈페이지(http://www.nl.go.kr/ecip)와
> 국가자료공동목록시스템(http://www.nl.go.kr/kolisnet)에서 이용하실 수 있습니다.
> (CIP제어번호:CIP2015027051)